KB090930

1등급부터 9등급까지
81개 합격 전략

내 점수로
이 대학
간다!

일러두기 🖊

❶ 이 책을 읽기 전 가장 먼저 해야 하는 일은 맨 앞(또는 20~21쪽)의 '81개 대입 정거장 노선도'를 보고 자신의 위치를 파악하는 것입니다.

❷ 모든 정보는 평준화 일반고를 기준으로 합니다.
   내신에 관한 정보는 특목고, 자사고와 기타 학교별 사정에 부합하지 않을 수 있습니다. 하지만 대학별 객관적 평가 지표는 동일하게 적용되므로 본인 위치의 파악, 해당 정거장에서 준비해 볼 수 있는 대학ㆍ전형 전략이라는 큰 틀에서 이해해야 합니다.

❸ 대학별 입시 정보는 2020학년도 모집요강을 기준으로 합니다. 아직 발표되지 않은 세부 내용은 2019학년도 모집요강이나 2020 대입전형 계획을 기준으로 명시했습니다. 따라서 이후의 세부 시행 계획은 대학별 홈페이지에서 확인할 필요가 있습니다.

❹ 이 책은 대학별 배치표가 아닙니다. 대입 진학 방법을 막연하게만 생각하는 학생들이 손쉽게 컨설팅 받을 수 있는 자료를 제공하는 데 목적이 있습니다.

고3 담임들이
몰래보는
**컨설팅
필독서**

1등급부터 9등급까지
81개 합격 전략

내 점수로
이 대학
간다!

강인실·박승의·조원배·황일주 지음

BM 성안당
www.cyber.co.kr

현재 우리나라는 '대입전형 간소화'라는 기치 아래 대입 정책을 실시하고 있습니다. 하지만 대입의 주인공인 학생과 학부모들은 대입전형에 대해 여전히 복잡하고 어렵다는 인상을 지우지 못합니다. 학생부종합전형이 확대되고 강화되면서 학생들은 수능 공부만 하기에도 부족한 시간을 동아리활동, 과제 연구 등의 비교과 활동에 투자해야만 합니다.

수많은 학생이 그렇게 학교생활을 하면서도 이 방법이 옳은 것인지, 내가 모르는 다른 쉽고 효율적인 방법이 있는 것은 아닌지 끊임없이 불안해하고 궁금해 합니다.

여기저기 입시설명회를 다녀 봐도 수많은 이야기 속에서 '나에게 맞는 부분'은 극히 일부분입니다. 진학 상담을 여러 차례 받아도 명확하게 딱 떨어지는 해답을 얻기 어렵습니다.

그러나 이러한 어려움들이 비단 올해만의 문제는 아닙니다. 작년에도 그전에도 해마다 대입 정책이 바뀌다 보니, 이를 학생들이 미처 따라가지 못해 불안해하다가 알 만하면 대입전형이 끝나 버리는 모순이 되풀이되었으니까요.

혼란을 느끼는 것은 학교 교사들도 마찬가지입니다. 예전에는 학교에서 공부만 열심히 시켜도 좋은 학교와 좋은 교사의 역할을 다하는 것이라고 볼 수 있었습니다. 하지만 이제는 학생부종합전형 시대를 맞아 학교와 교사의 역할이 이전보다 훨씬 더 많아지고 복잡해졌습니다. 교과 수업을 하며 공부를 돕는 것은 물론, 학교생활기록부를 대입에 유리하게 잘 기재하고 학생이 쓰는 자기소개서도 첨삭 지도를 해 줘야 합니다. 여기에 교사추천서도 준비해야 하죠. 이처럼 수많은 교사가 현장에서 슈퍼맨의 역할을 감당하고 있습니다.

대입전형에 관한 정보는 인터넷부터 책까지 이미 홍수처럼 쏟아져 나와 있습니다. 그 홍수 속에서 '나의 길'을 제대로 찾을 수 있는 방법은 무엇일까요?

우선은 스스로를 정확히 분석하고, 지금 자신이 서 있는 위치를 파악해야 합니다. 그리고 그곳을 출발점으로 하여 목적지를 어디로 설정할 것인지 계획해야겠죠. 냉철하면서도 꿈을 잃지 않고 실현할 수 있는 자신만의 그림을 그려야만 합니다.

그래서 우리 아이들과 학부모님 그리고 선생님들께 현장에서 배우고 익힌 진학 준비의 노하우를 더 실제적이고 현실적인 맞춤식 전략으로 꺼내 놓고자 합니다. 지금 내가 어떤 위치에 서 있고, 그 위치에서 지금 무엇을 해야 하는지 파악하여 자신의 위치를 바꾸는 방법과 더 쉽게 목표하는 학교와 학과를 찾아갈 수 있는 길을 그려 놓았습니다.

부디 이 책이 우리나라 교육의 목마름을 해소하는 역할을 할 수 있기를 바랍니다.

저자 일동

차례

PART

01 복잡한 대입 이렇게 준비하라!

**대입정거장
120%
활용법**

1

**81개 대입 정거장 노선도에서 자신의
내신과 수능 등급에 맞는 정거장을 찾아라!**

2

2장에서 자신의 정거장 번호를 찾아라!
(차례 활용)

29번
정거장

3

**정거장 소개를 읽고, 자신의 상태를
전반적으로 파악하라!**

눈높이는 높고 그에 도달할 수 있는 적합한 전형을 찾기는 애매하군요!
현재는 내신 성적을 활용한 학생부 위주 전형이 유리해 보이지만... 모
든 전형에 대해 가능성을 열어 두어야 합니다.

4

자신의 위치를 알고, 우선순위로 두어야 할 정시와 수시(학생부교과전형, 학생부종합전형, 적성고사전형, 논술전형)에 관한 정보를 습득하라!

현재 나의 위치는?

학생부종합전형

　내신과 수능 모두 최상위권에 있는 학생입니다. 이 정거장의 학생들은 내신과

5

현재 위치한 정거장에서 노려 볼 수 있는 대학별 정보와 꿀팁을 내 것으로 만들어라!

어떤 대학을 주목해야 할까?

전형	지원가능대학	Tip
		• 고등학교별 추천 인원 2명 • 서류평가 70% + 면접 30%(2019학년도: 서류평가와 면접의 비율 없음)

6

앞으로 어떤 노력을 해야 하는지 살펴보고 지금 당장 실행하라!

어떤 노력을 기울여야 할까?

수능까지의 장기 레이스에서 평정심을!

　이 정거장의 학생들은 내신과 수능 성적 어느 것 하나 흠잡을 데 없이 최고입니다.

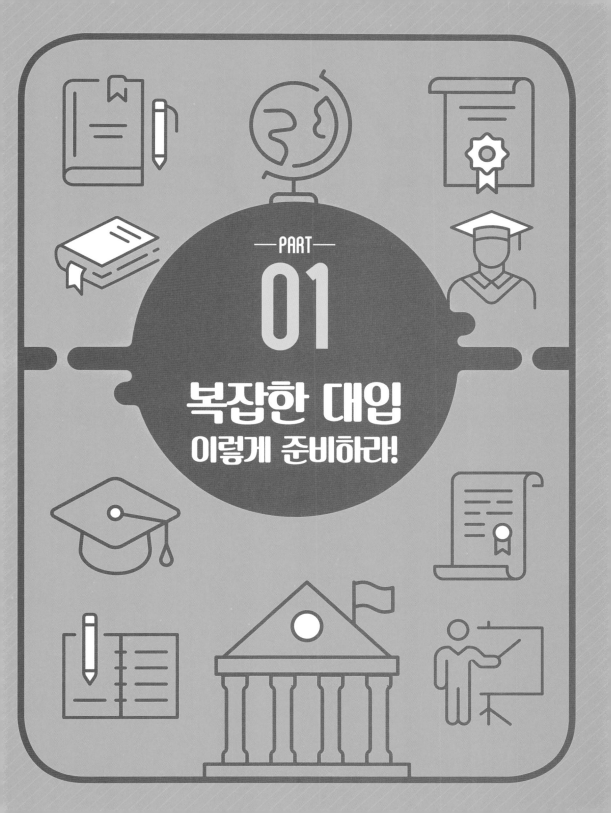

PART
01

복잡한 대입
이렇게 준비하라!

대입의
흐름을
읽어라

대학 입시 정책은 매년 격변하고 있습니다. 이러한 변화의 흐름을 제대로 파악하고 준비해야만 대입에 성공할 수 있습니다.

2020학년도 대입 시행 계획은 2019학년도와 크게 다르지 않습니다. 물론 2021년부터 시작된 2015 개정 교육과정, 2022년 대입 개편안 발표 등의 큰 변화를 앞두고 있지만, 수많은 학생부종합전형 공정성 시비와 정시확대 논란 속에서도 큰 제도의 변화 없이 2019학년도 입시를 따라가면 될 것으로 보입니다.

여전히 수시는 소폭 확대되면서 학생부 위주 전형과 기회균형전형은 확대되고, 정시는 계속 축소되어 왔습니다. 2018학년도부터 실시된 영어 절대평가는 출제 난이도에 따라 수능최저학력기준의 충족 여부가 수시전형 합격에 큰 영향을 주는 변화 요소로 자리 잡았습니다. 이러한 변화들이 이미 치른 2019학년도 입시에서도, 올해 맞게 될 2020학년도 입시에서도 수험생과 학부모들을 입시 정보전에 허덕이게 만드는 주요인이 되고 있습니다.

대학별로는 크고 작은 변화가 있습니다. 2018학년도부터 2020학년도까지의 대입 전형별 모집 인원을 살펴보면, 최근 대입의 큰 흐름을 엿볼 수 있습니다.

- 2018~2020학년도 대입 전형별 모집 인원

구분	전형 유형	2018학년도	2019학년도	2020학년도
수시	* 학생부(교과)	140,935명(40.0%)	144,340명(41.4%)	147,345명(42.4%)
	* 학생부(종합)	83,231명(23.6%)	84,764명(24.3%)	85,168명(24.5%)
	*논술 위주	13,120명(3.7%)	13,310명(3.8%)	12,146명(3.5%)
	*실기 위주	18,466명(5.3%)	19,383명(5.6%)	19,377명(5.6%)
	기타	3,921명(1.1%)	4,065명(1.2%)	4,740명(1.4%)
소계		259,673명(73.7%)	265,862명(76.2%)	268,776명(77.3%)
정시	*수능 위주	80,311명(22.8%)	72,251명(20.7%)	69,291명(19.9%)
	* 실기 위주	11,334명(3.2%)	9,819명(2.8%)	8,968명(2.6%)
	학생부(교과)	491명(0.1%)	332명(0.1%)	281명(0.1%)
	학생부(종합)	435명(0.1%)	445명(0.1%)	436명(0.1%)
	기타	81명(0.0%)	125명(0.0%)	114명(0.0%)
소계		92,652명(26.3%)	82,972명(23.8%)	79,090명(22.7%)
합계		352,325명	348,834명	347,866명
전문대		210,129명	206,207명	205,531명
총원		562,454명	555,041명	553,397명

나를 알고 목적지를 정하라

성공적인 대입을 위해서는 대입 전형의 특징과 변화 등 여러 가지 알아야 할 것이 많지만, 대부분의 학생들이 이에 대한 이해 없이 가고 싶은 목적지만 바라봅니다. 하지만 자신이 원하는 목적지로 향하기 위해서는 먼저 출발점을 정확히 알고 노선을 살펴보아야 합니다.

출발점은 바로 지금 자신의 위치입니다. 현재 나의 위치가 어디쯤인지 정확히 파악하여 자신이 서 있는 정거장을 알아야만 지금 당장 무엇부터 해야 하는지 계획을 세울 수 있습니다. 여러 갈래의 노선 중에서 자신에게 맞는 길을 전략적으로 개척해 나가야 합니다.

정거장은 두 축으로 나뉩니다. 9등급의 내신과 9등급의 수능, 이를 경우의 수로 환산하면 총 81개의 정거장이 나옵니다. 정거장은 잠시 들르는 곳이므로 앞으로 어떻게 하느냐에 따라 이동할 수 있습니다. 지금 내가 서 있는 정거장이 출발점이 됩니다.

정거장이 지니는 중요한 의미는 두 가지입니다.

첫째, 정거장을 통해 대입에서 현재 자신의 위치가 어디이며, 어떤 준비를 해야 하는지 알 수 있습니다. 각 정거장마다 갈 수 있는 대학이 어디이고 준비해야 하는 전형이 무엇인지, 어떤 노력을 해야 어느 정거장으로 옮겨 갈 수 있는지, 각각의 분석이 다릅니다. 그 의미를 읽는 것이 대입 준비의 핵심입니다.

둘째, 앞에서 언급한 대로 다른 정거장으로 옮겨 갈 수 있는 가능성을 열어줍니다.

특히 고1은 1차 지필평가와 전국 단위 모의고사의 종합 등급을 통해 첫 정거장을 가늠합니다. 학기 중반기와 하반기, 그러니까 1년에 두 번씩 자신의 정거장을 확인하고, 자신의 위치에 맞는 준비 전략을 점검해야 합니다. 고2와 고3도 마찬가지입니다. 자신의 정거장을 그때그때 자주 확인하고, 정거장의 변화를 감지하며, 각 정거장마다 다른 전략을 분석하고 대응할수록 훨씬 큰 효과를 볼 수 있습니다.

목표는 지금보다 더 높은 정거장으로 올라가는 것입니다. 물론 81번에서 1번 정거장으로의 이동은 쉽지 않습니다. 한 계단씩 차근차근 올라간다는 각오로 꾸준히 노력해야 합니다. 그 노력 끝에는 반드시 보답이 있을 것입니다.

나의 위치(정거장)와 내게 유리한 전형(노선)을 찾아 점검해 보세요.

수능 \ 내신	1~1.5	1.5~2.0	2.0~3.0	3.0~4.0
1~1.5	**1** 1. 학종(최저 O) 1. 정시 1. 학종(최저 X) 2. 논술(최저 O) 3. 교과	**2** 1. 정시 2. 학종(최저 O) 2. 학종(최저 X) 3. 논술(최저 O)	**3** 1. 정시 2. 논술(최저 O) 3. 학종(최저 O) 3. 학종(최저 X)	**4** 1. 정시 2. 논술(최저 O)
1.5~2.0	**10** 1. 학종(최저 O) 1. 학종(최저 X) 2. 교과 2. 논술(최저 O) 3. 논술(최저 X)	**11** 1. 학종(최저 O) 1. 학종(최저 X) 2. 논술(최저 O) 2. 논술(최저 X) 2. 정시 3. 교과	**12** 1. 논술(최저 O) 1. 논술(최저 X) 1. 정시 2. 학종	**13** 1. 정시 2. 논술(최저 O) 2. 논술(최저 X)
2.0~3.0	**19** 1. 학종(최저 X) 1. 학종(최저 O) 2. 교과 3. 논술(최저 O) 3. 논술(최저 X) 4. 정시	**20** 1. 학종(최저 X) 1. 학종(최저 O) 2. 교과 2. 논술(최저 O) 2. 논술(최저 X) 3. 정시	**21** 1. 학종(최저 X) 2. 논술(최저 O) 2. 논술(최저 X) 3. 정시 4. 교과	**22** 1. 정시 2. 논술(최저 O) 2. 논술(최저 X) 3. 학종
3.0~4.0	**28** 1. 학종(최저 X) 2. 교과 3. 논술(최저 X)	**29** 1. 학종(최저 X) 2. 교과 3. 논술(최저 O) 3. 논술(최저 X)	**30** 1. 학종(최저 X) 2. 논술(최저 X) 2. 논술(최저 O) 3. 교과 4. 정시	**31** 1. 논술(최저 X) 1. 논술(최저 O) 1. 학종(최저 X) 2. 정시 3. 교과
4.0~5.0	**37** 1. 학종(최저 X) 1. 교과 2. 논술(최저 X)	**38** 1. 학종(최저 X) 2. 교과 3. 논술(최저 X)	**39** 1. 학종(최저 X) 2. 교과 3. 논술(최저 X)	**40** 1. 학종(최저 X) 2. 논술(최저 X) 3. 교과 3. 적성
5.0~6.0	**46** 1. 학종(최저 X) 2. 교과	**47** 1. 학종(최저 X) 2. 교과	**48** 1. 학종(최저 X) 2. 교과 3. 논술(최저 X)	**49** 1. 학종(최저 X) 2. 교과 3. 논술(최저 X) 3. 적성
6.0~7.0	**55** 1. 학종(최저 X) 2. 교과	**56** 1. 학종(최저 X) 2. 교과	**57** 1. 학종(최저 X) 2. 교과	**58** 1. 학종(최저 X) 2. 교과
7.0~8.0	**64** 1. 학종(최저 X) 2. 교과	**65** 1. 학종(최저 X) 2. 교과	**66** 1. 학종(최저 X) 2. 교과	**67** 1. 학종(최저 X) 2. 교과
8.0~9.0	**73** 1. 학종(최저 X) 2. 교과	**74** 1. 학종(최저 X) 2. 교과	**75** 1. 학종(최저 X) 2. 교과	**76** 1. 학종(최저 X) 2. 교과

4.0~5.0	5.0~6.0	6.0~7.0	7.0~8.0	8.0~9.0
5 1. 정시 2. 논술(최저 O)	**6** 1. 정시 2. 논술(최저 O)	**7** 1. 정시 2. 논술(최저 O)	**8** 1. 정시 2. 논술(최저 O)	**9** 1. 정시 2. 논술(최저 O)
14 1. 정시 2. 논술(최저 O) 2. 논술(최저 X)	**15** 1. 정시 2. 논술(최저 O) 2. 논술(최저 X)	**16** 1. 정시 2. 논술(최저 O) 2. 논술(최저 X)	**17** 1. 정시 2. 논술(최저 O) 2. 논술(최저 X)	**18** 1. 논술(최저 O) 2. 논술(최저 X)
23 1. 정시 2. 논술(최저 O) 2. 논술(최저 X)	**24** 1. 정시 2. 논술(최저 O) 2. 논술(최저 X)	**25** 1. 정시 2. 논술(최저 O) 2. 논술(최저 X)	**26** 1. 정시 2. 논술(최저 O) 2. 논술(최저 X)	**27** 1. 정시 2. 논술(최저 O) 2. 논술(최저 X)
32 1. 논술(최저 X) 1. 논술(최저 O) 2. 정시	**33** 1. 정시 2. 논술(최저 X) 2. 논술(최저 O)	**34** 1. 정시 2. 논술(최저 X) 2. 논술(최저 O)	**35** 1. 정시 2. 논술(최저 X) 2. 논술(최저 O)	**36** 1. 정시
41 1. 논술(최저 X) 1. 적성 1. 학종 2. 정시 3. 교과	**42** 1. 논술(최저 X) 1. 정시 2. 적성	**43** 1. 정시 2. 논술(최저 X) 2. 적성	**44** 1. 정시 2. 논술(최저 X)	**45** 1. 정시 2. 논술(최저 X)
50 1. 적성 2. 학종(최저 X) 2. 논술(최저 X) 3. 교과	**51** 1. 적성 1. 학종(최저 X) 2. 정시 3. 교과	**52** 1. 정시	**53** 1. 정시	**54** 1. 정시
59 1. 학종(최저 X) 1. 교과	**60** 1. 학종(최저 X) 1. 교과	**61** 1. 정시 1. 교과	**62** 1. 정시	**63** 1. 정시
68 1. 학종(최저 X) 2. 교과	**69** 1. 학종(최저 X) 2. 교과	**70** 1. 교과 2. 정시	**71** 1. 정시 1. 교과	**72** 1. 정시 1. 교과
77 1. 학종(최저 X) 2. 교과	**78** 1. 학종(최저 X) 2. 교과	**79** 1. 학종(최저 X) 1. 교과	**80** 1. 정시 1. 교과	**81** 1. 정시 1. 교과

2020학년도 입시는 2019년도 입시와 비슷한 흐름으로 가고 있지만, 대학별·전형별로 크고 작은 변화들은 많습니다. 이러한 변화 속에서 대입을 안전하게 준비하기 위해서는 내신 등급과 수능 등급에 따라 어떤 전형을 준비할지 결정해야 합니다. 예를 들어, 수능 1~2등급, 내신 3.5등급 혹은 수능 4등급, 내신 2~3등급…. 이렇게 연계한 분류로 수시에 유리한지 정시에 유리한지 판단해야 합니다.

예를 들어 정시에서 몇 등급을 올렸을 때 몇 번 정거장으로 이동할 수 있을지,·내신 등급을 몇 등급 올렸을 때 희망하는 정거장으로 갈 수 있을지, 혹은 내신과 수능 점수를 얼마나 올렸을 때 지원을 희망하는 대학이나 학과로 도달할 수 있는지 노선을 변경할 수 방법에 대해 확인해야 합니다.

더 세부적으로 들어가 보면, 학생부종합전형으로 선발하는 방법에도 대학별로 큰 차이가 있습니다. 예를 들어, 건국대나 한양대는 대학 수준에 비해 합격 내신의 폭이 매우 넓습니다. 건국대의 자기추천전형은 전공 관련 역량을 중요하게 보고, 한양대는 수상 및 과제 연구 활동 등을 내신에 버금가는 평가 요소로 반영하기 때문에 내신 성적만으로 합격과 불합격을 예측하기 어렵습니다. 반면 연세대,

고려대 그리고 전국의 교대처럼 여전히 내신의 영향력이 큰 대학들도 있습니다. 이처럼 학생부종합전형만 들여다보아도 대학별로 입시의 특징이 제각기 다릅니다. 학과별로도 인재상이 다르죠. 학생부교과전형도 교과 100%인 학교가 있는가 하면, 면접을 실시하는 학교도 있는 등 학교마다 제각기 특징이 다릅니다.

즉, 대학별 전형 방식이 모두 다르다는 사실을 인식하고, 전형별 노선을 확인하며 자신에게 맞는 전략을 세워야 합니다. '성공한 사람은 모두 노력했지만 노력했다고 모두 성공하는 것은 아니다'라는 말이 있습니다. 대입을 준비하는 과정에서 노력의 방향을 제대로 잡으면, 지원할 수 있는 대학과 학과의 범위가 훨씬 더 넓어집니다.

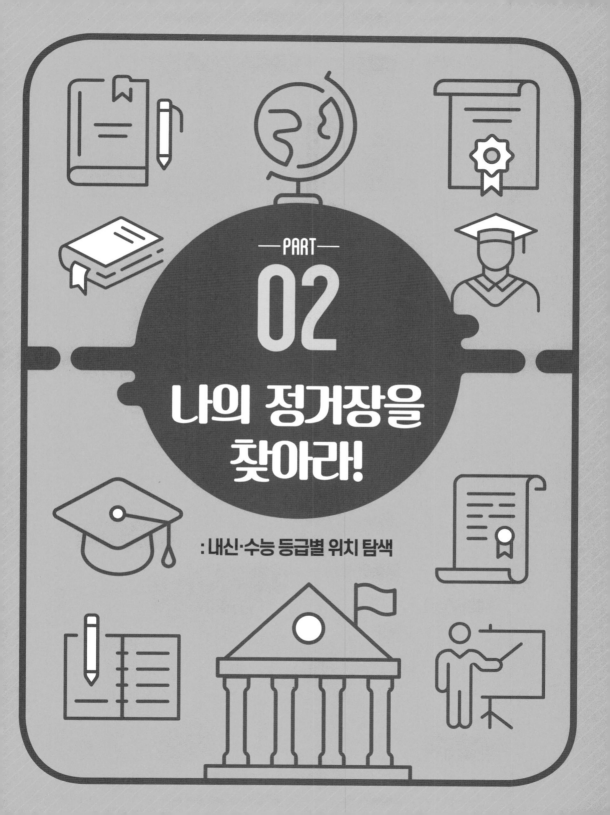

PART
02
나의 정거장을
찾아라!

: 내신·수능 등급별 위치 탐색

내신 **1** ~ **1.5** 등급, 수능 **1** ~ **1.5** 등급

단연코 최고입니다! 그러나 내신과 수능 점수 모두 최상위권에 해당하는 이 정거장의 학생들도 고민은 많습니다. 수시전형뿐 아니라 정시전형까지 적절한 안배가 필요합니다. 철저한 자기 관리를 통해 지금의 성적을 수능 때까지 유지하는 것이 최대의 관건입니다.

현재 나의 위치는?

학생부종합전형

내신과 수능 모두 최상위권에 있는 학생입니다. 이 정거장의 학생들은 내신과 함께 비교과 활동도 양적 · 질적 측면에서 훌륭하게 준비해 왔으리라 짐작됩니다. 우수한 내신과 더불어 비교과에서 지적 호기심을 바탕으로 한 학업 역량과 자신의 강점을 잘 나타낸다면 최상위권 대학의 학생부종합전형에서 좋은 결과를 이끌어 낼 수 있는 정거장입니다.

2단계 면접이 중요하므로 심층면접 준비를 미리 하는 것이 좋습니다. 자연계 최상위권이면서 이공계 학과에 목표를 두고 있는 학생이라면 수시 6회 제한이 적용되지 않는 카이스트 등의 과학기술원에 지원해 보는 것도 좋은 방법입니다. 어떤 수능최저학력기준이라도 충족할 수 있는 성적이므로 수능최저학력기준이 적용되는 최상위권 대학의 학생부종합전형에 지원하면 실질 경쟁률을 낮추면서 합격 가능성을 높일 수 있습니다.

논술전형

수능 성적이 우수하므로 역시 높은 수능최저학력기준이 적용되는 대학에 지원하는 것이 실질 경쟁률을 낮추고 합격 가능성을 높이는 방법입니다. 자연계의 경우는 의대 논술에 도전해 보는 것도 좋습니다. 대부분의 대학에서 대학별 고사를 수능 이후 시행하므로 수능 가채점 결과를 보고 논술 응시 여부를 결정하는 것도 하나의 방법이 될 것입니다. 다만 최고의 경쟁률과 최저의 합격률을 보이는 논술전형만으로 수시 6장을 채우는 방법은 피하는 편이 좋습니다.

학생부교과전형

많은 상위권 대학들은 학생부교과전형을 실시하지 않습니다. 2018학년도부터 연세대도 학생부교과전형을 폐지함에 따라 이 정거장 학생들은 고려대 학교추천 I 전형을 목표로 삼을 수 있습니다. 역시 수능최저학력기준이 적용되는 대학의 학생부교과전형을 공략하는 경우 실질 경쟁률을 낮출 수 있습니다. 그리고 수능최저학력기준이 적용되지 않는 한양대는 수능과 관계없이 내신에 의한 합격을 기대할 수 있습니다.

정시전형에서 이 정거장의 학생들은 1~2점을 다투는 최상위권이므로 탐구 2과목의 조합과 관련해서도 전략이 필요합니다. 인문계의 경우는 사회탐구 1과목과 대체 가능한 제2외국어/한문 과목 선택도 고민해 보아야 합니다. 쉬운 수능일수록 한 문제로 당락이 결정되는 성적대이므로 작은 실수도 하지 않도록 실전에 대비하면서 정시라는 장기 레이스에서 11월 수능 때까지 자신의 페이스를 유지하는 것이 중요합니다.

어떤 대학을 주목해야 할까?

전형		지원가능대학		Tip
학생부 종합	수능최저 적용	서울대 지역균형선발전형		• 고등학교별 추천 인원 2명 • 서류평가 70% + 면접 30%(2019학년도: 서류평가와 면접의 비율 없음) • 수능최저학력기준: 국어, 수학, 영어, 탐구(2) 중 3개 영역 2등급(탐구 각 2등급) / 과탐 – 서로 다른 분야의 Ⅰ+Ⅱ, Ⅱ+Ⅱ 조합 중 선택 • 대부분의 지역균형선발전형 합격자가 나오는 정거장임. 1~1.5등급 내에서는 내신 성적 차이보다는 서류를 통해 드러난 역량 및 열정 등의 평가 요소에 의한 영향이 크다고 볼 수 있음. 서류를 기반으로 한 면접이므로 자신의 서류에 대한 심층면접 준비가 필요함
		고려대	학교추천Ⅱ	• 1단계: 서류 100% / 2단계: 1단계 50% + 면접 50% • 수능최저학력기준: 인문 – 3개 영역 등급 합 5 / 자연 – 3개 영역 등급 합 6 / (탐구 2 평균) *인문 – 한국사 3등급 / 자연 – 한국사 4등급 • 내신 성적도 수능 등급도 부족함이 없으므로 합격 가능성이 높음
			일반전형	• 1단계: 서류 100% / 2단계: 1단계 70% + 면접 30% • 수능최저학력기준: 인문 – 4개 영역 등급 합 6 / 자연 – 4개 영역 등급 합 7 / 탐구 상위 1과목 반영(단, 응시는 반드시 2개 과목) *인문 – 한국사 3등급 / 자연 – 한국사 4등급 • 학생부종합전형 중 최고의 수능최저학력기준 적용, 충족 여부가 합불의 관건임 • 학교추천Ⅰ전형, 학교추천Ⅱ전형, 일반전형 모두 중복 지원이 안 되므로 분산될 가능성이 큼
		서울교대 교직인성우수자전형		• 1단계: 서류 100%(2배수) / 2단계: 1단계 50% + 면접 50% • 수시 모집인원 축소: 120명 → 100명(20명 감소) • 수능최저학력기준: 4개 영역 등급 합 9[탐구 2 평균, 수학(가) + 과탐 응시자는 등급 합 11, 성비 적용 없음] / 한국사 4등급 • 수능최저학력기준 통과율이 높음 • 교과와 함께 비교과 활동이 우수한 학생이 지원함 • 합격자 내신 분포: 2등급 초반까지

전형		지원가능대학		Tip
학생부 종합	수능최저 미적용	서울대 일반전형		• 1단계: 서류 100%(2배수) / 2단계: 1단계 100% + 면접 및 구술고사 100% ＊사범대: 1단계 100% + 면접 및 구술고사 60% + 교직적성, 인성면접 40% • 합격자 비율(2019학년도 기준): 일반고 : 특목고(예,체고 제외) : 자사·공고 = 33.4 : 38.1 : 17.6 • 면접: 2018, 2019학년도와 동일한 방식으로 유지될 예정임. 제시문과 문항이 제공되며, 모집단위별로 30~45분의 답변 준비 시간과 15분의 면접 시간이 주어짐. 정답보다 풀이 과정에서의 사고방식과 학업 능력을 평가함
		포스텍 일반전형/창의IT인재전형		• 1단계: 서류 100%(3배수 내외) / 2단계: 면접 100% ＊서류: 학생부, 자소서, 교사추천서 • 단일 계열(무학과)로 선발함 • 개인면접으로 지원자의 인성, 자질, 학업 태도, 사고력 등 과학 기술계 글로벌 리더로서의 잠재력을 종합적으로 평가함. 잠재력 평가는 제출한 서류의 내용을 확인하면서 지원자의 인성적 측면을 평가함(예 자기소개, 지원 동기, 공부하다가 무엇인가를 발견하고 기뻤던 일) • 전형 간 중복 지원 불가능함
		연세대	면접형	• 1단계: 학생부 교과 40% + 서류평가 60%(3배수)[2019학년도: 교과 50% + 비교과 50%] ＊교과: Z점수(50%) + 석차 등급(50%) 반영 ＊서류평가: 비교과, 자소서 활용 인성·발전 가능성 종합평가, 추천서 폐지 • 2단계: 1단계 40% + 면접 60% • 고3 재학생만 지원 가능함 • 학생부 등급 간 점수 차: 1~2등급 5점, 2~3등급 7.5점(1등급 100점) ＊전 과목 반영: 국어, 영어, 수학, 사탐, 과탐 70점 + 기타 과목 30점 • 면접: 2019학년도와 동일한 방식으로 유지될 예정임. 제시문 활용 논리, 사고력면접(7분) + 서류 기반 창의사고력면접(7분) – 수능최저학력기준이 없고, 60% 반영이므로 합불의 결정 요소가 될 것으로 예측됨(면접 문제는 대체로 평이했다는 평가) • 활동우수형과 중복 지원 가능함
			활동우수형	• 1단계: 서류 100%(2.5배수 내외) / 2단계: 1단계 70% + 면접 30% • 서류평가: 학생부, 자소서, 추천서 • 수능최저학력기준 폐지 • 2019학년도 수능최저학력기준 : 국어, 수학(가/나), 탐구 1, 탐구 2 중 2과목 등급 합 4등급(탐구 2과목을 각각의 1과목으로 인정함, 국어와 수학 중 상위 등급 1과목 반드시 포함), 영어 2등급(국제 계열 1등급), 한국사 4등급

전형		지원가능대학		Tip
학생부 종합	수능최저 미적용	서강대	종합형	• 전형명 변경 : 종합형(2019학년도: 자기주도형) • 서류 100%(학생부, 자소서, 추천서(선택)) • 전공적합성보다는 학업 역량을 강조함 • 학교생활보충자료는 2019학년도부터 폐지 • 정시모집 인원 확대로 인한 수시 모집인원 감소, 영미문화계 모집인원 대폭 감소(34명에서 24명으로) 등 학과별 모집인원 확인 필요함.
			학업형	• 전형명 변경 : 학업형(2019학년도: 일반형) • 서류 100%(자소서와 추천서 수능 이후 입력 및 제출) • 수능최저학력기준 폐지 – 2019학년도 : 3개 영역 등급 합 6(탐구 1), 한국사 4등급 • 지원 계열에 따른 응시 영역 간 구분 두지 않음(수학, 탐구) • 일부 모집단위 학과별이 아닌 학부로 모집, 지원 학과 확인 필수
		성균관대 계열모집/학과모집		• 서류 100%(학생부, 자소서)[2019학년도: 학생부, 자소서, 교사추천서 (선택)] • 전형명 변경: 계열모집(2019 성균인재) – 계열 및 광역 모집단위 / 학과모집(2019 글로벌인재) – 학과 모집단위 선발 • 전자전기공학부(98명), 경영학(105명) 학과모집으로 선발(2019년 성균인재 전형으로 선발) • 소프트웨어과학인재(특기자) 60명 폐지 → 학생부종합전형으로 흡수 • 글로벌인재전형 중 일부 학과[의예, 사범대(교육학, 한문교육, 수학교육, 컴퓨터교육), 스포츠과학]: 1단계 – 서류 100%(3배수 내외) / 2단계 – 1단계 80% + 면접 20% • 학업 역량이 중요함
		한양대 학생부종합 (일반)		• 학생부종합평가 100%, 면접 없음 • 오직 학생부 하나로 평가함 *학업 역량(적성) 50% + 인성 및 잠재력 50%로 학생부의 수상 경력, 창의적 체험활동 상황, 세부 능력 및 특기 사항, 행동 특성 및 종합 의견을 유기적·종합적으로 평가함 • 같은 수준의 대학 중 합격 내신의 폭이 가장 넓은 대학임. 내신 성적을 보지 않는다기보다는 다양한 요소로 역량을 평가한다는 측면임 • 경영학부: 자연 계열 12명 선발 • 경제금융학부 자연 계열 5명 선발, 국제학부 10명 선발(2019학년도 특기자전형으로만 선발) • 미래산업학부 데이터사이언스학과(신설) 20명 선발
		경인교대 교직적성전형		• 전형명 변경: 교직적성전형(2019학년도: 교직적성잠재능력우수자) • 모집인원 감소: 400명 → 323명(77명 감소), 합격선의 상승이 예측됨 • 1단계: 서류 100%(2배수) / 2단계: 서류 70% + 면접 30%(성비 적용 없음) • 면접: 개인면접(서류 확인 – 교직인적성) + 집단면접(자체 개발 문항을 활용하여 토론면접 – 협동심, 리더십, 창의적 문제해결 능력, 의사소통 능력 평가) • 합격자 내신 분포: 대부분 1등급 초반~1.6등급. 그 이후 등급 충원 합격 사례가 있음

전형		지원가능대학	Tip
정시			• 서울대, 연세대, 고려대, 서강대, 성균관대, 한양대, 서울교대 등은 이 점수대의 학생들이 가장 많이 지원하는 대학임 • 모든 최상위권 대학에 지원 가능한 정거장으로, 탐구 과목에 대한 대학별 변환표준점수 적용법이 다르므로 전략적인 탐구 과목 조합이 필요함. 한두 문제로도 당락이 바뀔 수 있으므로 실수를 줄이고 실전에 대비해야 함 • 상위권 대학의 정책학과, 즉 특성화학과 등에 지원할 수 있음 　예 한양대 다이아몬드학과, 성균관대 글로벌경영학과, 한국외국어대 LD·LT 학부 등
			• 이 정거장의 하위 성적에 가깝다면 연세대, 고려대 하위 일부 학과와 서강대, 성균관대, 한양대, 중앙대, 이화여대 등에 지원할 수 있음 • 자연 계열 학생에게는 의치한이라는 완충 지대가 있어 인문 계열보다 더 유리한 고지에 있음을 알고 과목별 표준점수 합을 잘 활용한다면 좋은 결과를 얻을 수 있음
논술	수능최저 적용	서강대 논술전형	• 논술 80% + 학생부 20%(교과 10% + 비교과 10%) 　*비교과: 출결 5% + 봉사 5% • 모집인원(2019학년도 346명 → 2020학년도 235명 111명 감소) 변화에 따른 지원 주의(특히 인문 계열 경영.경제 모집인원 대폭 감소 주의) • 수능최저학력기준: 3개 영역 등급 합 6(탐구 1) / 한국사 4등급 • 수능 응시 계열 및 지원 계열의 구분 없이 동일한 기준으로 적용함 • 논술 출제 분야 : 인문/자연 계열(지식융합미디어학부) – 인문/사회과학 관련 제시문과 논제, 자연 계열 – 수리 관련 제시문과 논제(각 2문항)
		성균관대 논술전형	• 논술 60% + 학생부 40%(교과 30% + 비교과 10%) • 모집인원(900명 → 532명, 368명 감소, 감소 인원 대부분 정시로 이동) 변화에 따른 지원 주의 　*비교과: 출결 5% + 봉사 5% 　*교과: 1등급(30점)~4등급(29.7점)까지 0.1점씩 감점 • 수능최저학력기준: 국어, 수학, 탐구(2) 중 2개 영역 등급 합 4(인문) / 국어, 수학(가), 과탐(2) 중 2개 영역 등급 합 4(자연) / 2개 영역 등급 합 3(글로벌) / 수학(가), 과탐(1) 등급 합 3(반도체시스템공학, 소프트웨어학, 글로벌바이오메디컬공학) / 영어 2등급 / 한국사 4등급 　*탐구 영역 2개 과목 등급 평균 계산 시 소수점 이하 절사 　　예 탐구 2등급 + 탐구 3등급 = 5등급(평균 2.5등급 → 2등급으로 인정) 　*인문계(글로벌리더학, 글로벌경제학, 글로벌경영학 제외)는 제2외국어/한문을 탐구 1과목으로 대체 가능함
	수능최저 미적용	연세대 논술전형	• 전형방법: 논술 100% • 2020학년도부터 수능최저학력기준 폐지(2019학년도 국어, 수학, 탐구(2개 과목) 등 총 4개 과목의 등급 합이 7 이내(자연 8 이내)) • 모집인원 축소: 643명 → 607명(36명 감소)(의예과 논술 폐지 등으로 모집인원의 감소가 나타났지만, 경영학부 등 일부 학과는 모집인원이 확대됨)

전형		지원가능대학	Tip
논술	수능최저 미적용	한양대 논술전형	• 논술 80% + 학생부종합평가 20%(2019학년도: 논술 70% + 학생부종 합평가 30%) * 학생부종합평가: 학생부에 기록되어 있는 출결, 수상 경력, 봉사활 동, 행동 특성 및 종합 의견 등을 참고하여 학생의 학교생활 성실도 를 중심으로 종합평가함 • 경영학부: 자연 계열 9명 선발 / 경제금융학부: 자연 계열 7명 선발 (2019학년도 인문으로 19명 선발함, 2020학년도 인문 12명/자연 7명 으로 분할하여 선발함) • 공과대(융합전자공학부, 컴퓨터소프트웨어학부, 에너지공학과, 미래자 동차공학과), 의예과 논술 야간(17:00 이후) 시행
학생부 교과	수능최저 적용	고려대 학교추천 I 전형	• 1단계: 학생부 교과 100% / 2단계: 1단계 50% + 면접 50%(2019학년 도: 1단계 – 학생부 교과 100% / 2단계 – 면접 100%) • 수능최저학력기준: 인문 – 3개 영역 등급 합 6 / 자연 – 3개 영역 등급 합 7 / 의대 – 4개 영역 등급 합 5 / (탐구 2 평균) * 한국사 3등급(자연: 4등급)
		서울교대 학교장추천전형	• 1단계: 학생부 교과 100%(2배수) / 2단계: 1단계 90% + 면접 10% • 수능최저학력기준: 4개 영역 등급 합 9[탐구 2 평균. 수학(가) + 과탐 응시자는 합 11] / 한국사 4등급 • 합격자 대부분 1등급 초반임 • 학교장 추천 인원 제한 없음
	수능최저 미적용	한양대 학생부교과전형	• 학생부 교과 100%(인문, 상경: 국어, 영어, 수학, 사회 / 자연: 국어, 영 어, 수학, 과학 교과의 전 과목 반영) • 매우 높은 합격 커트라인을 형성함
		이화여대 고교추천전형	• 1단계: 학생부 교과 80% + 면접 20%(지원자 전원 면접) • 계열 구분 없이 학교당 5명 이내 • 국어, 수학, 영어, 사회, 과학 전 단위 반영

어떤 노력을 기울여야 할까?

수능까지의 장기 레이스에서 평정심을!

이 정거장의 학생들은 내신과 수능 성적 어느 것 하나 흠잡을 데 없이 최고입니다. 걱정이라면 혹시 내신 성적이 떨어질까, 수능 날 실수할까 정도입니다. 그동안 준비해 온 대로 평정심을 유지하면서 목적지까지 무사히 도착해야 합니다. 비교과 활동은 대학별 선발 요소에 맞게 정리하고, 수능 준비에도 소홀함이 없어야 합니다. 수시전형 기간에 자칫 학생부종합전형 서류 준비나 면접 준비로 수능 점수가 떨어지는 경우가 종종 있기 때문입니다.

심층면접 준비, 합격의 지름길!

학생부종합전형의 경우 최상위권 대학일수록 특히 심층면접 준비가 필수입니다. 제시문을 활용한 면접이나 제출 서류를 기반으로 한 확인 면접이 주를 이루므로 이에 맞게 모의면접을 통해 실전에 대비해야 합니다. 수업 시간에 발표와 토론에 적극적으로 참여하고, 기출문제를 풀거나 선배들의 면접 후기를 읽으면서 분위기를 익히는 등의 연습이 필요합니다.

전형 간 적절한 안배가 필요합니다!

내신과 수능 성적이 최고인 만큼, 수시에 납치되는 일은 일어나지 않도록 적절한 배치가 이루어져야 하며, 수시에서도 전형 간의 적절한 안배가 필요합니다.

2.번 정거장

내신 **1.5 ~ 2.0** 등급, 수능 **1 ~ 1.5** 등급

훌륭합니다. 모두 참 열심히 했습니다. 수능 성적이 강력한 무기로 군요. 우선은 지금의 성적을 잘 유지하고, 좀 더 노력해서 조금만 더 향상시킨다면 희망하는 대학과 학과 어디라도 지원이 가능합니다. 내신 성적까지 최상위로 끌어올릴 수 있다면 두려울 것이 없겠는데요?

현재 나의 위치는?

정시전형

조금은 부족한 내신에 비해 최고의 수능 성적을 자랑하는 이 학생들에게 제일 좋은 대입 지원 방법은 역시 정시입니다. 2020학년도 대입에서 중상위권 이상의 대학은 정시 선발 인원을 확대했으므로 이 정거장의 학생들에게는 고무적입니다. 최상위 성적을 향한 노력으로 희망 대학의 목표도 높여 봅시다.

내 성적이 어디까지 올라갈 수 있는지 한번 도전해 보는 것도 좋지 않을까요?

학생부종합전형

학교생활에 성실하고 학업 역량이 뛰어난 이 정거장의 학생들은 학생부종합전형의 취지에도 잘 맞습니다. 높은 수능 성적으로 정시에서 좋은 결과를 보는 것이 최선이지만, 학생부종합전형이라는 수시 전략도 함께 세워놓는 것이 좋습니다. 그러나 내신 성적이 수능 성적에 비해 조금은 부족하므로 최상위권 대학 진학을 위해서는 자신만의 매력이 돋보일 수 있는 콘텐츠로 학업 역량, 열정 등을 충분히 드러낼 수 있어야 합니다. 내신 성적 최상위 1등급 학생들과 경쟁해도 결코 뒤지지 않는 역량을 갖고 있음을 알리는 것이 목표입니다.

학생부종합전형의 장점은 일부 대학을 제외하고 수능최저학력기준이 적용되지 않는다는 것입니다. 그리고 최상위권 대학의 경우, 수능최저학력기준이 높으면 높을수록 실질 경쟁률이 떨어지고, 합격 가능성은 커집니다. 이 정거장의 학생들은 수능최저학력기준이 높은 대학으로 지원해야 합격 가능성을 높일 수 있습니다. 고려대의 학교추천Ⅱ전형에서는 '3개 영역 등급 합 5(인문), 3개 영역 등급 합 6(자연)', 일반전형에서는 '4개 영역 등급 합 6(인문), 4개 영역 등급 합 7(자연)'이라는 최고의 수능최저학력기준을 내걸고 있어 그 충족 여부가 합격과 불합격을 갈라놓는 중요한 요소로 작용했습니다. 이 정거장의 학생에게는 수시에서 자신의 무기를 살리는 최고의 방법이 될 수 있습니다.

논술전형

이 정거장의 수험생이 최상위권 대학에 진학할 수 있는 또 다른 방법은 바로 논술전형입니다. 수능최저학력기준이 높으면 높을수록 실질 경쟁률이 낮아지고 합격 가능성이 커지므로 수능 성적이 최고인 이 정거장의 학생들은 매우 유리한 고지에 있다고 볼 수 있지만, 대부분 대학에서 논술 수능최저학력기준을 완화하면서 수능최저학력기준 충족 여부에 대한 걱정보다는 논술 실력이 갖춰져야 하는 정거장입니다. 대부분의 대학에서 논술전형을 수능 이후에 실시하기 때문에 수능 성적에 따라 정시와 논술 사이에서 조율이 가능하므로 유리한 선택을 할 수 있다는 장점이 있습니다.

수시 6회 제한의 테두리 안에서 학생부종합전형과 논술전형의 적절한 안배가 필요합니다. 논술전형, 학생부종합전형 모두 최상위권 대학으로 지원할 수 있는 이유는 최고의 수능 성적 때문입니다. 즉, 논술 준비와 비교과 활동도 중요하지만 든든한 뒷받침이 되고 있는 수능 성적을 유지하고 향상시키는 일이 무엇보다 중요하다는 사실을 잊지 말아야 합니다.

어떤 대학을 주목해야 할까?

전형		지원가능대학	Tip
정시			• 서울대, 연세대, 고려대, 서강대, 성균관대, 한양대, 서울교대 등은 이 점수대의 학생들이 가장 많이 지원하는 대학임 • 모든 최상위권 대학에 지원 가능한 정거장으로, 탐구 과목에 대한 대학별 변환표준점수 적용법이 다르므로 전략적인 탐구 과목 조합이 필요함. 한두 문제에 의해서도 당락이 바뀔 수 있으므로 실수를 줄이고 실전에 대비해야 함 • 상위권 대학의 정책학과, 즉 특성화학과 등에 지원할 수 있음 예) 한양대 다이아몬드학과, 성균관대 글로벌경영학과, 한국외국어대 LD · LT 학부 등
			• 이 정거장의 하위 성적에 가깝다면 연세대, 고려대 하위 일부 학과와 서강대, 성균관대, 한양대, 중앙대, 이화여대 등에 지원할 수 있음 • 자연 계열 학생에게는 의치한이라는 완충 지대가 있어 인문 계열보다 더 유리한 고지에 있음을 알고 과목별 표준점수 합을 잘 활용한다면 좋은 결과를 얻을 수 있음
학생부 종합	수능최저 적용	서울대 지역균형선발전형	• 고등학교별 추천 인원 2명 • 서류평가 70% + 면접 30%(2019학년도: 서류평가와 면접의 비율 없음) • 수능최저학력기준: 국어, 수학, 영어, 탐구(2) 중 3개 영역 2등급(탐구 각 2등급) / 과탐 – 서로 다른 분야의 I+II, II+II 조합 중 선택 • 대부분의 지역균형선발전형 합격자가 나오는 정거장임. 1~1.5등급 내에서는 내신 성적 차이보다는 서류를 통해 드러난 역량 및 열정 등의 평가 요소에 의한 영향이 크다고 볼 수 있음. 서류를 기반으로 한 면접이므로 자신의 서류에 대한 심층면접 준비가 필요함

전형		지원가능대학		Tip
학생부 종합	수능최저 적용	고려대	학교추천II 전형	• 1단계: 서류 100% / 2단계: 1단계 50% + 면접 50% • 수능최저학력기준: 인문 – 3개 영역 등급 합 5 / 자연 – 3개 영역 등급 합 6 / (탐구 2 평균) ＊인문 – 한국사 3등급 / 자연 – 한국사 4등급 • 내신 성적도 수능 등급도 부족함이 없으므로 합격 가능성이 높음
			일반전형	• 1단계: 서류 100% / 2단계: 1단계 70% + 면접 30% • 수능최저학력기준: 인문 – 4개 영역 등급 합 6 / 자연 – 4개 영역 등급 합 7 / 탐구 상위 1과목 반영(단, 응시는 반드시 2개 과목) ＊인문 – 한국사 3등급 / 자연 – 한국사 4등급 • 학생부종합전형 중 최고의 수능최저학력기준 적용, 충족 여부가 합불의 관건임 • 학교추천I전형, 학교추천II전형, 일반전형 모두 중복 지원이 안 되므로 분산될 가능성이 큼
		서울교대 교직인성우수자전형		• 1단계: 서류 100%(2배수) / 2단계: 1단계 50% + 면접 50% • 수시 모집인원 축소: 120명 → 100명(20명 감소) • 수능최저학력기준: 4개 영역 등급 합 9[탐구 2 평균, 수학(가) + 과탐 응시자는 등급 합 11, 성비 적용 없음] / 한국사 4등급 • 수능최저학력기준 통과율이 높음 • 교과와 함께 비교과 활동이 우수한 학생이 지원함 • 합격자 내신 분포: 2등급 초반까지
	수능최저 미적용	서울대 일반전형		• 1단계: 서류 100%(2배수) / 2단계: 1단계 100% + 면접 및 구술고사 100% ＊사범대: 1단계 100% + 면접 및 구술고사 60% + 교직적성, 인성면접 40% • 합격자 비율(2019학년도 기준): 일반고 : 특목고(예.체고 제외) : 자사·공고 = 33.4 : 38.1 : 17.6 • 면접: 2019학년도와 동일한 방식으로 유지될 예정임. 제시문과 문항이 제공되며, 모집단위별로 30～45분의 답변 준비 시간과 15분의 면접 시간이 주어짐. 정답보다 풀이 과정에서의 사고방식과 학업 능력을 평가함
		포스텍 일반전형/ 창의IT인재전형		• 1단계: 서류 100%(3배수 내외) / 2단계: 면접 100% ＊서류: 학생부, 자소서, 교사추천서 • 단일 계열(무학과)로 선발함 • 개인면접으로 지원자의 인성, 자질, 학업 태도, 사고력 등 과학 기술계 글로벌 리더로서의 잠재력을 종합적으로 평가함. 잠재력 평가는 제출한 서류의 내용을 확인하면서 지원자의 인성적 측면을 평가함(예) 자기소개, 지원 동기, 공부하다가 무엇인가를 발견하고 기뻤던 일) • 전형 간 중복 지원 불가능함

전형		지원가능대학		Tip
학생부 종합	수능최저 미적용	연세대	면접형	• 1단계: 학생부 교과 40% + 서류평가 60%(3배수)[2019학년도: 교과 50% + 비교과 50%] ＊교과: Z점수(50%) + 석차 등급(50%) 반영 ＊서류평가: 비교과, 자소서 활용 인성·발전 가능성 종합평가, 추천서 폐지 • 2단계: 1단계 40% + 면접 60% • 고3 재학생만 지원 가능함 • 학생부 등급 간 점수 차: 1~2등급 5점, 2~3등급 7.5점(1등급 100점) ＊전 과목 반영: 국어, 영어, 수학, 사탐, 과탐 70점 + 기타 과목 30점 • 면접: 2018, 2019학년도와 동일한 방식으로 유지될 예정임. 제시문 활용 논리. 사고력면접(7분) + 서류 기반 창의사고력면접(7분) – 수능최저학력기준이 없고, 60% 반영이므로 합불의 결정 요소가 될 것으로 예측됨(면접 문제는 대체로 평이했다는 평가) • 활동우수형과 중복 지원 가능함
			활동 우수형	• 1단계: 서류 100%(2.5배수 내외) / 2단계: 1단계 70% + 면접 30% • 서류평가: 학생부, 자소서, 추천서 • 수능최저학력기준 폐지 • 2019학년도 수능최저학력기준 : 국어, 수학(가/나), 탐구 1, 탐구 2 중 2과목 등급 합 4등급(탐구 2과목을 각각의 1과목으로 인정함. 국어와 수학 중 상위 등급 1과목 반드시 포함), 영어 2등급(국제 계열 1등급), 한국사 4등급
		서강대	종합형	• 전형명 변경: 종합형(2019학년도: 자기주도형) • 서류 100%(학생부, 자소서, 추천서(선택)) • 전공적합성보다는 학업 역량을 강조함 • 학교생활 보충자료는 2019학년도부터 폐지 • 정시 모집인원 확대로 인한 수시 모집인원 감소, 영미문화계 모집인원 대폭 감소(34명에서 24명으로) 등 학과별 모집인원 확인 필요함
			학업형	• 전형명 변경 : 학업형(2019학년도: 일반형) • 서류 100%(자소서와 추천서 수능 이후 입력 및 제출) • 수능최저학력기준 폐지 – 2019학년도 : 3개 영역 등급 합 6(탐구 1), 한국사 4등급 • 지원 계열에 따른 응시 영역 간 구분 두지 않음(수학, 탐구) • 일부 모집단위 학과별이 아닌 학부로 모집, 지원 학과 확인 필수
		성균관대 계열모집/학과모집		• 서류 100%(학생부, 자소서)[2019학년도: 학생부, 자소서, 교사추천서(선택)] • 전형명 변경: 계열모집(2019 성균인재): 계열 및 광역 모집단위 / 학과모집(2019 글로벌인재) : 학과 모집단위 선발 • 전자전기공학부(98명), 경영학(105명) 학과모집으로 선발(2019년 성균인재 전형으로 선발) • 소프트웨어과학인재(특기자) 60명 폐지 → 학생부종합전형으로 흡수 • 글로벌인재전형 중 일부 학과[의예, 사범대(교육학, 한문교육, 수학교육, 컴퓨터교육), 스포츠과학]: 1단계 – 서류 100%(3배수 내외) / 2단계 – 1단계 80% + 면접 20% • 학업 역량이 중요함

전형		지원가능대학	Tip
학생부 종합	수능최저 미적용	한양대 학생부종합 (일반)	• 학생부종합평가 100%, 면접 없음 • 오직 학생부 하나로 평가함 　＊학업 역량(적성) 50% + 인성 및 잠재력 50%로 학생부의 수상 경력, 　　창의적 체험활동 상황, 세부 능력 및 특기 사항, 행동 특성 및 종합 　　의견을 유기적 · 종합적으로 평가함 • 같은 수준의 대학 중 합격 내신의 폭이 가장 넓은 대학임. 내신 성적을 　보지 않는다기보다는 다양한 요소로 역량을 평가한다는 측면임 • 경영학부: 자연 계열 12명 선발 • 경제금융학부 자연계 열 5명 선발, 국제학부 10명 선발(2019학년도 특 　기자전형으로만 선발) • 미래산업학부 데이터사이언스학과(신설) 20명 선발
		경인교대 교직적성전형전형	• 전형명 변경: 교직적성전형(2019학년도: 교직적성잠재능력우수자) • 모집인원 감소: 400명 → 323명(77명 감소), 합격선의 상승이 예측됨 • 1단계: 서류 100%(2배수) / 2단계: 서류 70% + 면접 30%(성비 적용 없음) • 면접: 개인면접(서류 확인 – 교직인적성) + 집단면접(자체 개발 문항 　을 활용하여 토론면접 – 협동심, 리더십, 창의적 문제해결 능력, 의사 　소통 능력 평가) • 합격자 내신 분포: 대부분 1등급 초반~1.6등급. 그 이후 등급 충원 합 　격 사례가 있음
논술	수능최저 적용	서강대 논술전형	• 논술 80% + 학생부 20%(교과 10% + 비교과 10%) 　＊비교과: 출결 5% + 봉사 5% • 모집인원(2019학년도 346명 → 2020학년도 235명, 111명 감소) 변화에 　따른 지원 주의(특히 인문 계열 경영, 경제 모집인원 대폭 감소 주의) • 수능최저학력기준: 3개 영역 등급 합 6(탐구 1) / 한국사 4등급 • 수능 응시 계열 및 지원 계열의 구분 없이 동일한 기준으로 적용함 • 논술 출제 분야 : 인문/자연 계열(지식융합미디어학부) – 인문/사회과학 　관련 제시문과 논제, 자연 계열 – 수리 관련 제시문과 논제(각 2문항)
		성균관대 논술전형	• 논술 60% + 학생부 40%(교과 30% + 비교과 10%) • 모집인원(900명 → 532명, 368명 감소, 감소 인원 대부분 정시로 이 　동) 변화에 따른 지원 주의 　＊비교과: 출결 5% + 봉사 5% 　＊교과: 1등급(30점)~4등급(29.7점)까지 0.1점씩 감점 • 수능최저학력기준: 국어, 수학, 탐구(2) 중 2개 영역 등급 합 4(인문) / 　국어, 수학(가), 과탐(2) 중 2개 영역 등급 합 4(자연) / 2개 영역 등급 　합 3(글로벌) / 수학(가), 과탐(1) 등급 합 3(반도체시스템공학, 소프트 　웨어학, 글로벌바이오메디컬공학) / 영어 2등급 / 한국사 4등급 　＊탐구 영역 2개 과목 등급 평균 계산 시 소수점 이하 절사 　　예 탐구 2등급 + 탐구 3등급 = 5등급(평균 2.5등급 → 2등급으로 인정) 　＊인문계(글로벌리더학, 글로벌경제학, 글로벌경영학 제외)는 제2외국 　　어/한문을 탐구 1과목으로 대체 가능함

전형		지원가능대학	Tip
논술	수능최저 미적용	연세대 논술전형	• 전형방법: 논술 100% • 2020학년도부터 수능최저학력기준 폐지(2019학년도 국어, 수학, 탐구 (2개 과목) 등 총 4개 과목의 등급 합이 7 이내(자연 8 이내) • 모집인원 축소: 643명 → 607명(36명 감소)(의예과 논술 폐지 등으로 모집 인원의 감소가 나타났지만, 경영학부 등 일부 학과는 모집인원이 확대됨)
		한양대 논술전형	• 논술 80% + 학생부종합평가 20%(2019학년도 논술 70% + 학생부종 합평가 30%) ＊학생부종합평가: 학생부에 기록되어 있는 출결, 수상 경력, 봉사활 동, 행동 특성 및 종합 의견 등을 참고하여 학생의 학교생활 성실도 를 중심으로 종합평가함 • 경영학부: 자연 계열 9명 선발, 경제금융학부: 자연 계열 7명 선발 (2019학년도 인문으로 19명 선발함. 2020학년도 인문 12명/자연 7명 으로 분할하여 선발함) • 공과대(융합전자공학부, 컴퓨터소프트웨어학부, 에너지공학과, 미래자 동차공학과), 의예과 논술 야간(17:00 이후) 시행
학생부 교과	수능최저 적용	고려대 학교추천 I전형	• 1단계: 학생부 교과 100% / 2단계: 1단계 50% + 면접 50%(2019학년 도 1단계: 학생부 교과 100% / 2단계: 면접 100%) • 수능최저학력기준: 인문 – 3개 영역 등급 합 6 / 자연 – 3개 영역 등급 합 7 / 의대 – 4개 영역 등급 합 5 / (탐구 2 평균) ＊한국사 3등급(자연: 4등급)
		서울교대 학교장추천전형	• 1단계: 학생부 교과 100%(2배수) / 2단계: 1단계 90% + 면접 10% • 수능최저학력기준: 4개 영역 등급 합 9(탐구 2 평균, 수학(가) + 과탐 응시자는 합 11) / 한국사 4등급 • 합격자 대부분 1등급 초반임 • 학교장 추천 인원 제한 없음
	수능최저 미적용	한양대 학생부교과전형	• 학생부 교과 100%(인문, 상경: 국어, 영어, 수학, 사회 / 자연: 국어, 영 어, 수학, 과학 교과의 전 과목 반영) • 매우 높은 합격 커트라인을 형성함
		이화여대 고교추천전형	• 1단계: 학생부 교과 80% + 면접 20%(지원자 전원 면접) • 계열 구분 없이 학교당 5명 이내 • 국어, 수학, 영어, 사회, 과학 전 단위 반영

어떤 노력을 기울여야 할까?

수능이라는 자신의 강점을 더 강화해야 합니다!

수능 고득점과 수능최저학력기준 통과라는 자신의 강점을 활용해야 합니다. 수시와 정시 모두에 적용될 수 있는 이 무기는 그 어느 것보다도 강력하므로 지금까지 해 온 것처럼 더 열심히 공부하고 실력을 향상시켜야 합니다. 학생부종합전형에서 내신 성적이나 비교과 영역이 조금 부족하더라도 높은 수능최저학력기준 충족이 행운의 결과를 안겨 줄 수도 있기 때문입니다. 이와 더불어 높은 수능 성적은 정시라는 든든한 마지막 기회를 성공적으로 치러 낼 수 있는 발판이 될 것입니다. 논술전형에서도 역시 수능최저학력기준을 높게 걸고 있는 대학일수록 유리합니다. 그러나 수능최저학력기준을 충족한 최상위 학생들과의 경쟁에서는 논술의 경쟁력이 가장 큰 변수로 작용하므로 철저한 논술 준비도 필요합니다. 이때 철저한 수능 준비가 곧 가장 좋은 논술 준비 방법입니다.

상위 정거장으로 옮겨 가야 합니다!

고3이라면 수시 지원을 위해서는 마지막 남은 3학년 1학기 내신에서 최고의 성적을 거둘 수 있도록 노력해야 합니다. 특히 희망 전공과 관련한 교과는 전공 관련 열정과 역량을 보여 주는 지표가 될 수 있습니다. 우수한 수능 성적을 유지하면서 2% 부족한 내신 성적을 올린다면, 최상의 정거장을 통해 최고의 대학으로 진학할 수 있는 발판을 마련할 수 있을 것입니다.

● 내신 성적을 향상시키면

1번(26쪽) 정거장으로 GO!

3 번
정거장

내신 **2.0 ~ 3.0** 등급, 수능 **1 ~ 1.5** 등급

최고의 수능 성적입니다! 수능 만점을 향해 달려가야 하는 정거장입니다. 여기에 내신 성적까지 좀 더 향상시킨다면, 정시뿐만 아니라 수시에서도 최상위권 대학으로 지원할 수 있습니다

현재 나의 위치는?

정시전형

내 강력한 무기는 더 강하게! 내신 성적보다 훨씬 우수한 수능 성적을 활용해 최상위권 대학으로 진학할 수 있는 가장 좋은 방법은 역시 정시입니다. 지금의 수능 성적을 유지만 해도 희망 대학 진학이 가능하지만, 최상위 성적을 향한 노력은 계속되어야 합니다.

논술전형

이 정거장의 수험생이 최상위권 대학에 진학할 수 있는 또 다른 방법은 바로 논술전형입니다. 수능최저학력기준이 높으면 높을수록 실질 경쟁률이 낮아지고 합격 가능성이 커지므로 수능 성적이 최고인 이 정거장의 학생들은 매우 유리한 고지에 있다고 볼 수 있지만, 대부분 대학에서 논술 수능최저학력기준을 완화하면서 수능최저학력기준 충족 여부에 대한 걱정보다는 논술 실력이 갖춰져야 하는 정거장입니다.

대부분의 대학에서 논술전형을 수능 이후에 실시하기 때문에 수능 성적에 따라 정시와 논술 사이에서 조율이 가능하므로 유리한 선택을 할 수 있다는 장점이 있습니다.

학생부종합전형

내신 성적에 비해 수능 성적이 우수하므로 정시전형이나 수시의 논술전형에 지원하는 경우의 수가 많겠지만, 비교과 활동이 탁월하거나 두드러진다면 주요 대학에서 모집 규모가 가장 큰 학생부종합전형을 무시할 수는 없습니다. 최상위권 대학에서도 합격자가 나오는 내신 성적대이므로 대학의 인재상을 확인하고 그에 맞는 잠재력과 열정 등을 서류를 통해 드러낸다면, 학생부종합전형에서도 최고의 결과를 끌어낼 수 있습니다.

일부 최상위권 대학의 경우, 높은 수능최저학력기준을 충족할 수 있다면 합격 가능성이 매우 높아집니다. 고려대의 학교추천Ⅱ전형에서는 '3개 영역 등급 합 5(인문), 3개 영역 등급 합 6(자연)', 일반전형에서는 '4개 영역 등급 합 6(인문), 4개 영역 등급 합 7(자연)'이라는 최고의 수능최저학력기준을 내걸고 있어 그 충족 여부가 합격과 불합격을 갈라놓는 중요한 요소로 작용하고 있으므로 이 정거장의 학생들이 수시에서 자신의 무기를 살리는 최고의 방법이 될 수 있습니다.

수시 6회 제한의 테두리 안에서 학생부종합전형과 논술전형의 적절한 안배가 필요합니다. 논술전형, 학생부종합전형 모두 최상위권 대학으로 지원할 수 있는 이유는 최고의 수능 성적 때문입니다. 즉, 논술 준비와 비교과 활동도 중요하지만 든든한 뒷받침이 되고 있는 수능 성적을 유지하고 향상시키는 일이 무엇보다 중요하다는 사실을 잊지 말아야 합니다.

어떤 대학을 주목해야 할까?

전형		지원가능대학	Tip
정시			• 서울대, 연세대, 고려대, 서강대, 성균관대, 한양대, 서울교대 등은 이 점수대의 학생들이 가장 많이 지원하는 대학임 • 모든 최상위권 대학에 지원 가능한 정거장으로, 탐구 과목에 대한 대학별 변환표준점수 적용법이 다르므로 전략적인 탐구 과목 조합이 필요함. 한두 문제에 의해서도 당락이 바뀔 수 있으므로 실수를 줄이고 실전에 대비해야 함 • 상위권 대학의 정책학과, 즉 특성화학과 등에 지원할 수 있음 예) 한양대 다이아몬드학과, 성균관대 글로벌경영학과, 한국외국어대 LD · LT 학부, 중앙대 글로벌금융학과, 공공인재학과 등
			• 이 정거장의 하위 성적에 가깝다면 연세대와 고려대 일부 학과, 서강대, 성균관대 상위 일부 학과, 중앙대, 한양대 상위 일부 학과 등에 지원할 수 있음 • 자연 계열 학생에게는 의치한이라는 완충 지대가 있어 인문 계열보다 더 유리한 고지에 있음을 알고 과목별 표준점수 합을 잘 활용한다면 좋은 결과를 얻을 수 있음
논술	수능최저 적용	서강대 논술전형	• 논술 80% + 학생부 20%(교과 10% + 비교과 10%) ＊비교과: 출결 5% + 봉사 5% • 모집인원(2019학년도 346명 → 2020학년도 235명, 111명 감소) 변화에 따른 지원 주의(특히 인문 계열 경영, 경제 모집인원 대폭 감소 주의) • 수능최저학력기준: 3개 영역 등급 합 6(탐구 1) / 한국사 4등급 • 수능 응시 계열 및 지원 계열의 구분 없이 동일한 기준으로 적용함 • 논술 출제 분야 : 인문/자연 계열(지식융합미디어학부) – 인문/사회과학 관련 제시문과 논제, 자연 계열 – 수리 관련 제시문과 논제(각 2문항)
		성균관대 논술전형	• 논술 60% + 학생부 40%(교과 30% + 비교과 10%) • 모집인원(900명 → 532명, 368명 감소, 감소 인원 대부분 정시로 이동) 변화에 따른 지원 주의 ＊비교과: 출결 5% + 봉사 5% ＊교과: 1등급(30점)～4등급(29.7점)까지 0.1점씩 감점

전형		지원가능대학	Tip
논술	수능최저 적용	성균관대 논술전형	• 수능최저학력기준: 국어, 수학, 탐구(2) 중 2개 영역 등급 합 4(인문) / 국어, 수학(가), 과탐(2) 중 2개 영역 등급 합 4(자연) / 2개 영역 등급 합 3(글로벌) / 수학(가), 과탐(1) 등급 합 3(반도체시스템공학, 소프트웨어학, 글로벌바이오메디컬공학) / 영어 2등급 / 한국사 4등급 ＊탐구 영역 2개 과목 등급 평균 계산 시 소수점 이하 절사 예 탐구 2등급 + 탐구 3등급 = 5등급(평균 2.5등급 → 2등급으로 인정) ＊인문계(글로벌리더학, 글로벌경제학, 글로벌경영학 제외)는 제2외국어/한문을 탐구 1과목으로 대체 가능함
	수능최저 미적용	연세대 논술전형	• 전형방법: 논술 100% • 2020학년도부터 수능최저학력기준 폐지(2019학년도 국어, 수학, 탐구(2개 과목) 등 총 4개 과목의 등급 합이 7 이내(자연 8 이내)) • 모집인원 축소: 643명 → 607명(36명 감소)(의예과 논술 폐지 등으로 모집인원의 감소가 나타났지만, 경영학부 등 일부 학과는 모집인원이 확대됨)
		한양대 논술전형	• 논술 80% + 학생부종합평가 20%(2019학년도: 논술 70% + 학생부종합평가 30%) ＊학생부종합평가: 학생부에 기록되어 있는 출결, 수상 경력, 봉사활동, 행동 특성 및 종합 의견 등을 참고하여 학생의 학교생활 성실도를 중심으로 종합평가함 • 경영학부: 자연 계열 9명 선발, 경제금융학부: 자연 계열 7명 선발(2019학년도 인문으로 19명 선발함, 2020학년도 인문 12명/자연 7명으로 분할하여 선발함) • 공과대(융합전자공학부, 컴퓨터소프트웨어학부, 에너지공학과, 미래자동차공학과), 의예과 논술 야간(17:00 이후) 시행
학생부 종합	수능최저 적용	고려대 일반전형	• 1단계: 서류 100% / 2단계: 1단계 70% + 면접 30% • 수능최저학력기준: 인문 – 4개 영역 등급 합 6 / 자연 – 4개 영역 등급 합 7 / 탐구 상위 1과목 반영(단, 응시는 반드시 2개 과목) ＊인문 – 한국사 3등급 / 자연 – 한국사 4등급 • 학생부종합전형 중 최고의 수능최저학력기준 적용, 충족 여부가 합불의 관건임 • 학교추천 I 전형, 학교추천 II 전형, 일반전형 모두 중복 지원이 안 되므로 분산될 가능성이 큼
	수능최저 미적용	한양대 학생부종합 (일반)	• 학생부종합평가 100%, 면접 없음 • 오직 학생부 하나로 평가함 ＊학업 역량(적성) 50% + 인성 및 잠재력 50%로 학생부의 수상 경력, 창의적 체험활동 상황, 세부 능력 및 특기 사항, 행동 특성 및 종합 의견을 유기적·종합적으로 평가함. • 같은 수준의 대학 중 합격 내신의 폭이 가장 넓은 대학임. 내신 성적을 보지 않는다기보다는 다양한 요소로 역량을 평가한다는 측면임 • 경영학부: 자연 계열 12명 선발 • 경제금융학부 자연 계열 5명 선발, 국제학부 10명 선발(2019학년도 특기자전형으로만 선발) • 미래산업학부 데이터사이언스학과(신설) 20명 선발

수능이라는 자신의 강점을 더 강화해야 합니다!

수능 고득점과 수능최저학력기준 통과라는 자신의 강점을 활용해야 합니다. 수시와 정시 모두에 적용될 수 있는 이 무기는 그 어느 것보다도 강력하므로 지금까지 해 온 것처럼 더 열심히 공부하고 실력을 향상시켜야 합니다. 학생부종합전형에서 내신 성적이나 비교과 영역이 조금 부족하더라도 높은 수능최저학력기준 충족이 행운의 결과를 안겨 줄 수도 있기 때문입니다. 이와 더불어 높은 수능 성적은 정시라는 든든한 마지막 기회를 성공적으로 치러 낼 수 있는 발판이 될 것입니다. 논술전형에서도 역시 수능최저학력기준을 높게 걸고 있는 대학일수록 유리합니다.

그러나 수능최저학력기준을 충족한 최상위 학생들과의 경쟁에서는 논술의 경쟁력이 가장 큰 변수로 작용하므로 철저한 논술 준비도 필요합니다. 이때 철저한 수능 준비가 곧 가장 좋은 논술 준비 방법입니다.

무엇보다 자신감이 필요합니다!

대학수학능력시험이라는 큰 산을 앞에 두고 주변에서는 많은 그릇된 정보가 넘쳐 나고, 그로 인해 불안감이 커지는 것은 당연한 일입니다. 하지만 이 정거장은 수능 최고의 그룹입니다! 자신에 대해 믿음을 가져도 됩니다. 마지막 순간까지 한 조각도 놓치지 말고 앞만 보고 가기 바랍니다. 노력은 결코 배신하지 않습니다.

상위 정거장으로 갈 수 있도록 노력해야 합니다!

이 정거장에 있는 학생에게 무엇보다 아쉬운 것은 상대적으로 낮은 내신입니다. 저학년의 경우, 내신 성적까지 향상시킨다면 수시 모집에서도 희망하는 최상위권 대학 선택의 폭이 넓어집니다. 수시의 규모가 매우 크기 때문에 결코 무시할 수 없음을 잊지 말기 바랍니다.

● **내신 성적을 향상시키면**

1번(26쪽), 2번(34쪽) 정거장으로 GO!

4번 정거장

내신 3.0 ~ 9.0 등급, 수능 1 ~ 1.5 등급

5~9번 정거장 포함

수능 성적은 최고! 그런데 내신 준비는 소홀했군요. 일반고에서는 쉽게
찾기 어려운 성적 분포입니다. 그러나 수능이라는 강력한 무기를 활용
한다면 충분히 최상위권 대학으로 진학할 수 있습니다.

현재 나의 위치는?

정시전형

수능 성적은 최고지만 내신 성적이 부족한 이 정거장의 경우, 대입 지원하는 최
고의 방법은 역시 정시입니다. 다행히 대입전형 간소화 정책으로 정시에서 수능
100% 선발 대학이 대부분이라서 학생부 성적이 미치는 영향력은 거의 없거나 아
주 미미합니다. 그러나 수시전형이 시작되면 수시 준비에 몰두하면서 수능최저학
력기준을 못 맞출 정도로 수능 공부를 놓치는 학생들이 많습니다.

수시전형보다는 정시전형에서 결판을 내야 하는 이 정거장의 학생들은 수능까지의 장기 레이스에서 지치는 일이 없도록, 그리고 수시전형 시기에 동요하는 일이 없도록 평정심을 유지하고 자기 페이스를 잘 지켜 나가야 합니다.

논술전형

수시전형 중에서는 내신 성적의 영향력이 작은 논술전형에 도전해 보는 것이 좋습니다. 보통 논술전형에서 학생부를 반영할 때 5,6등급까지의 등급 간 점수 차는 작게 하고 6,7등급부터 격차를 벌려 놓는 경우가 많습니다. 그러나 수능 성적이 높은 이 정거장의 학생들이 지원하게 될 대학에서는 등급 간 점수 차가 크지 않아 크게 걱정할 일은 없어 보입니다. 이 경우 논술 성적에 의한 당락의 영향력이 훨씬 크다고 볼 수 있습니다. 더욱이 수능 성적이 최고이므로 수능최저학력기준이 높게 적용되는 대학에 지원하는 것이 실질 경쟁률을 낮추면서 합격률을 높일 수 있는 방법입니다. 또 하나의 전략이라면, 대부분의 대학에서 논술고사가 수능 이후에 치러지므로 수능 결과를 보고 응시 여부를 결정하는 것이 좋습니다.

철저한 수능 준비가 논술 준비이므로 두 마리 토끼를 모두 잡을 수 있는 학습전략이 필요합니다.

어떤 대학을 주목해야 할까?

전형	지원가능대학	Tip
정시		• 서울대, 연세대, 고려대, 서강대, 성균관대, 한양대, 서울교대 등은 이 점수대의 학생들이 가장 많이 지원하는 대학임 • 모든 최상위권 대학에 지원 가능한 정거장으로, 탐구 과목에 대한 대학별 변환표준점수 적용법이 다르므로 전략적인 탐구 과목 조합이 필요함. 한두 문제에 의해서도 당락이 바뀔 수 있으므로 실수를 줄이고 실전에 대비해야 함 • 상위권 대학의 정책학과, 즉 특성화학과 등에 지원할 수 있음 예 한양대 다이아몬드학과, 성균관대 글로벌경영학과, 한국외국어대 LD · LT 학부, 중앙대 글로벌금융학과, 공공인재학과 등

전형		지원가능대학	Tip
정시			• 이 정거장의 하위 성적에 가깝다면 연세대와 고려대 일부 학과, 서강대, 성균관대 상위 일부 학과, 중앙대, 한양대 상위 일부 학과 등에 지원할 수 있음 • 자연 계열 학생에게는 의치한이라는 완충 지대가 있어 인문 계열보다 더 유리한 고지에 있음을 알고 과목별 표준점수 합을 잘 활용한다면 좋은 결과를 얻을 수 있음
논술	수능최저 적용	서강대 논술전형	• 논술 80% + 학생부 20%(교과 10% + 비교과 10%) ＊비교과: 출결 5% + 봉사 5% • 모집인원(2019학년도 346명 → 2020학년도 235명 111명 감소) 변화에 따른 지원 주의(특히 인문 계열 경영, 경제 모집인원 대폭 감소 주의) • 수능최저학력기준: 3개 영역 등급 합 6(탐구 1) / 한국사 4등급 • 수능 응시 계열 및 지원 계열의 구분 없이 동일한 기준으로 적용함 • 논술 출제 분야 : 인문/자연 계열(지식융합미디어학부) – 인문/사회과학 관련 제시문과 논제, 자연 계열 – 수리 관련 제시문과 논제(각 2문항)

		성균관대
		논술전형
			• 논술 60% + 학생부 40%(교과 30% + 비교과 10%)
			• 모집인원(900명 → 532명, 368명 감소, 감소 인원 대부분 정시로 이동) 변화에 따른 지원 주의
			  ＊비교과: 출결 5% + 봉사 5%
			  ＊교과: 1등급(30점)～4등급(29.7점)까지 0.1점씩 감점
			• 수능최저학력기준: 국어, 수학, 탐구(2) 중 2개 영역 등급 합 4(인문) / 국어, 수학(가), 과탐(2) 중 2개 영역 등급 합 4(자연) / 2개 영역 등급 합 3(글로벌) / 수학(가), 과탐(1) 등급 합 3(반도체시스템공학, 소프트웨어학, 글로벌바이오메디컬공학) / 영어 2등급 / 한국사 4등급
			  ＊탐구 영역 2개 과목 등급 평균 계산 시 소수점 이하 절사
			    예 탐구 2등급 + 탐구 3등급 = 5등급(평균 2.5등급 → 2등급으로 인정)
			  ＊인문계(글로벌리더학, 글로벌경제학, 글로벌경영학 제외)는 제2외국어/한문을 탐구 1과목으로 대체 가능함

	수능최저 미적용	연세대 논술전형	• 전형방법: 논술 100% • 2020학년도부터 수능최저학력기준 폐지(2019학년도 국어, 수학, 탐구(2개 과목) 등 총 4개 과목의 등급 합이 7 이내(자연 8 이내) • 모집인원 축소: 643명 → 607명(36명 감소)(의예과 논술 폐지 등으로 모집인원의 감소가 나타났지만, 경영학부 등 일부 학과는 모집인원이 확대됨)
		한양대 논술전형	• 논술 80% + 학생부종합평가 20%(2019학년도: 논술 70% + 학생부종합평가 30%) ＊학생부종합평가: 학생부에 기록되어 있는 출결, 수상 경력, 봉사활동, 행동 특성 및 종합 의견 등을 참고하여 학생의 학교생활 성실도를 중심으로 종합평가함 • 경영학부: 자연 계열 9명 선발, 경제금융학부: 자연 계열 7명 선발(2019학년도 인문으로 19명 선발함, 2020학년도 인문 12명/자연 7명으로 분할하여 선발함) • 공과대(융합전자공학부, 컴퓨터소프트웨어학부, 에너지공학과, 미래자동차공학과), 의예과 논술 야간(17:00 이후) 시행

어떤 노력을 기울여야 할까?

자신의 무기를 갈고 닦읍시다!

이 정거장의 가장 강력한 무기인 수능 성적은 마지막 보루이기도 합니다. 학생부 위주 전형보다는 수능에 기반을 둔 논술전형과 정시 모집에 지원하는 것이 최선입니다. 따라서 수능이라는 무기를 갈고닦아 최고의 효과를 거두어야 합니다. 기출문제나 모의고사를 통해 출제 경향을 파악하고, 동요 없이 마음을 다스리면서 실전에 대비해야 합니다.

이 성적대는 정시에서 1~2점 차에 의해 격차가 벌어지므로 탐구 과목의 조합, 인문 계열 학생들의 제2외국어의 탐구 과목 대체, 과목별 반영 비율이나 가산점, 가중치에 대한 고려 등 세심한 전략도 필요합니다.

보통은 고등학교 2학년 겨울방학부터 논술 준비를 시작합니다. 그러나 수능 공부가 곧 논술 준비가 되는 요즘에는 평소 수업 시간에 발표, 토론, 독서 등의 기본 소양을 쌓고, 대학별 기출문제와 모의 논술고사, 가이드북, 논술 동영상을 통해 출제 경향 등을 파악하며 차근차근 준비하는 것이 좋습니다.

상위 정거장으로 옮겨 가야 합니다!

고3이라면 내신 성적을 향상시키기 위해 노력하는 것은 무의미합니다. 그러나 수능 성적으로는 이미 최고! 더 이상 옮겨 갈 정거장이 없습니다. 성적 유지와 향상에 더욱 힘써야 합니다. 저학년이라면 앞으로 어떤 대학에 어떤 전형으로 지원하게 될지는 아무도 예측할 수 없습니다. 부족한 내신 성적 향상을 위해 노력한다면 좀 더 선택의 폭이 넓어질 것입니다.

● 내신 성적을 향상시키면

1번(26쪽), 2번(34쪽) 정거장으로 GO!

10. 번 정거장

내신 **1 ~ 1.5** 등급, 수능 **1.5 ~ 2.0** 등급

최고의 내신! 그에 비해 수능 성적이 2% 부족해 보이지만, 수능 성적도 만만치 않게 좋습니다. 그걸 끌어올려 최고의 성적으로 만든다면 더 이상 무서울 것이 없겠는데요?

현재 나의 위치는?

학생부종합전형

최고의 내신과 더불어 비교과 활동도 양적·질적 측면에서 훌륭하게 준비해 왔으리라 짐작됩니다. 학생부종합전형에서 가장 중요한 평가요소는 학업 역량입니다. 지적 호기심과 지적 역량을 채워나가는 과정을 드러내면서 자신의 강점을 잘 나타낸다면 최상위권 대학의 학생부종합전형에서 좋은 결과를 이끌어 낼 수 있는 정거장입니다.

다만 2단계 면접이 중요하므로 심층면접에 대한 준비를 미리 해 두는 것이 좋습니다. 이공계에 목표를 두고 있는 학생이라면 수시 6회 제한이 적용되지 않는 카이스트 등의 과학기술원에 지원해 보는 것도 좋은 방법입니다.

수능 성적도 어떤 수능최저학력기준이든 충족할 수 있으므로 수능최저학력기준이 높게 적용되는 최상위권 대학의 학생부종합전형에 지원한다면 실질 경쟁률을 낮추면서 합격 가능성을 높일 수 있습니다.

학생부교과전형

최고의 내신 성적이므로 상위권대학의 학생부교과전형에 지원해볼 만합니다. 수능 성적도 우수하므로 고려대, 중앙대, 서울시립대처럼 수능최저학력기준이 적용되는 대학을 공략하는 것이 실질 경쟁률을 낮춰서 합격 가능성을 높이는 방법입니다. 한양대, 이화여대, 한국외국어대 등은 수능최저학력기준을 적용하지 않아 높은 합격선을 형성합니다. 한국외국어대는 2020년에 수능최저학력기준을 폐지했습니다.

논술전형

내신 성적은 최고지만 학생부교과전형에서 합격을 담보할 수 없고 비교과 활동이 부족해서 학생부종합전형 또한 자신할 수 없을 때, 수시전형에서 상위권 이상의 대학으로 진학할 수 있는 또 다른 방법은 논술전형입니다. 역시 수능최저학력기준을 적용하는 대학에 지원하여 실질 경쟁률을 낮춰 합격가능성을 높이는 방법이 좋습니다.

그러나 정시 지원 가능 대학보다는 높은 수준으로의 지원이 원칙이라는 사실을 잊지 말고, 수시 6회 지원의 테두리 안에서 적절히 안배해야 합니다.

수시 지원은 정시 지원 가능 대학보다는 높은 수준의 대학이나 학과로 지원하는 것이 원칙입니다. 수시에 실패했을 때는 정시가 기다리고 있으니까요. 이 정거장의 학생들은 최고의 내신 성적을 갖고 있지만, 누구라도 수시 모집에서 합격을 보장하기는 어렵습니다. 따라서 자신의 비교과 활동 수준에 따라 학생부종합전형의 합격 여부를 가늠하거나 학생부교과전형에서 확실한 합격처를 만들어 놓을 필요가 있습니다. 학생부교과전형에서 수능최저학력기준을 적용하지 않는 한양대와 이화여대는 좋은 목표가 될 수 있습니다. 그러나 학과에 따라 1등급의 초중반대에서 합격 커트라인이 끝나는 경우가 허다하므로 내신 성적을 잘 유지하거나 최고의 내신을 위해 노력해야 합니다.

어떤 대학을 주목해야 할까?

전형		지원가능대학		Tip
학생부 종합	수능최저 적용	서울대 지역균형선발전형		• 고등학교별 추천 인원 2명 • 서류평가 70% + 면접 30%(2019학년도: 서류평가와 면접의 비율 없음) • 수능최저학력기준: 국어, 수학, 영어, 탐구(2) 중 3개 영역 각 2등급(탐구 각 2등급) / 과탐 – 서로 다른 분야의 Ⅰ+Ⅱ, Ⅱ+Ⅱ 조합 중 선택 • 대부분의 지역균형선발전형 합격자가 나오는 정거장임. 1~1.5등급 내에서는 내신 성적 차이보다는 서류를 통해 드러난 역량 및 열정 등의 평가 요소에 의한 영향이 크다고 볼 수 있음. 서류를 기반으로 한 면접이므로 자신의 서류에 대한 심층면접 준비가 필요함
		고려대	학교추천 Ⅱ전형	• 1단계: 서류 100% / 2단계: 1단계 50% + 면접 50% • 수능최저학력기준: 인문 – 3개 영역 등급 합 5 / 자연 – 3개 영역 등급 합 6 / (탐구 2 평균) *인문 – 한국사 3등급 / 자연 – 한국사 4등급 • 내신 성적도 수능 등급도 부족함이 없으므로 합격 가능성이 높음
			일반전형	• 1단계: 서류 100% / 2단계: 1단계 70% + 면접 30% • 수능최저학력기준: 인문 – 4개 영역 등급 합 6 / 자연 – 4개 영역 등급 합 7 / 탐구 상위 1과목 반영(단, 응시는 반드시 2개 과목) 　*인문 – 한국사 3등급 / 자연 – 한국사 4등급 • 학생부종합전형 중 최고의 수능최저학력기준 적용, 충족 여부가 합불의 관건임 • 학교추천Ⅰ전형, 학교추천Ⅱ전형, 일반전형 모두 중복 지원이 안 되므로 분산될 가능성이 큼

전형		지원가능대학	Tip
학생부 종합	수능최저 적용	서울교대 교직인성우수자전형	• 1단계: 서류 100%(2배수) / 2단계: 1단계 50% + 면접50% • 수시 모집인원 축소: 120명 → 100명(20명 감소) • 수능최저학력기준: 4개 영역 등급 합 9[탐구 2 평균, 수학(가) + 과탐 응시자는 등급 합 11, 성비 적용 없음] / 한국사 4등급 • 수능최저학력기준 통과율이 높음 • 교과와 함께 비교과 활동이 우수한 학생이 지원함 • 합격자 내신 분포: 2등급 초반까지
		한국교원대 학생부종합우수자 일반전형	• 전형명 변경: 학생부종합우수자 일반전형(2019학년도: 학생부종합우수자 특별전형) • 시·도 교육감 추천 조항 폐지(2019학년도: 시·도 교육감 추천을 받을 수 있는 사람) • 1단계: 서류 100%(3배수) / 2단계: 1단계 80% + 면접 20% • 수능최저학력기준: 초등교육과, 불어교육과 – 없음 / 체육교육과 – 국어(수학), 영어, 탐구 3개 영역 등급 합 9 / 그 외 학과 – 4개 영역 등급 합 13(탐구 2 평균, 일부 모집단위 수학 가형 또는 과탐 응시자 1등급 상향)
		춘천교대 교직적·인성인재 전형	• 1단계: 서류 100%(3배수) / 2단계: 1단계 40% + 면접 60% • 수능최저학력기준(신설) : 국어, 수학, 영어, 탐구 영역 등급 합 14 이내 (한국사 등급 4 이내) ＊면접: 60%로 비율이 큼. 교직적성(교직과 관련된 본질적 문제나 현실적 쟁점), 교직인성(서류 확인)으로 9단계 평가함
		이화여대 미래인재전형	• 서류 100% • 수능최저학력기준: 충족 여부가 합불에 큰 영향을 미치며, 특히 자연계열 수능최저학력기준의 강화(2개 합 4 → 3개 합 6)에 주의 ＊인문 – 3개 영역 등급 합 5 / 자연 – 3개 영역 등급 합 6 / 스크랜튼학부(인문) – 3개 영역 등급 합 4 / 스크랜튼학부(자연), 뇌인지과학 – 3개 영역 등급 합 5 ＊제2외국어/한문을 탐구 1과목으로 대체 가능함. 한국사 필수 응시, 탐구 영역 1과목 반영(탐구 영역 등급 평균 계산 시 소수점 이하 절사 제도는 폐지)
	수능최저 미적용	서울대 일반전형	• 1단계: 서류 100%(2배수) / 2단계: 1단계 100% + 면접 및 구술고사 100% ＊사범대: 1단계 100% + 면접 및 구술고사 60% + 교직적성, 인성면접 40% • 합격자 비율(2019학년도 기준): 일반고 : 특목고(예+체고 제외) : 자사·공고 = 33.4 : 38.1 : 17.6 • 면접: 2019학년도와 동일한 방식으로 유지될 예정임. 제시문과 문항이 제공되며, 모집단위별로 30~45분의 답변 준비 시간과 15분의 면접 시간이 주어짐. 정답보다 풀이 과정에서의 사고방식과 학업 능력을 평가함

전형		지원가능대학		Tip
학생부 종합	수능최저 미적용	포스텍 일반전형/ 창의IT인재전형		• 1단계: 서류 100%(3배수 내외) / 2단계: 면접 100% ＊ 서류: 학생부, 자소서, 교사추천서 • 단일 계열(무학과)로 선발함 • 개인면접으로 지원자의 인성, 자질, 학업 태도, 사고력 등 과학 기술계 글로벌 리더로서의 잠재력을 종합적으로 평가함. 잠재력 평가는 제출한 서류의 내용을 확인하면서 지원자의 인성적 측면을 평가함(예) 자기소개, 지원 동기, 공부하다가 무엇인가를 발견하고 기뻤던 일) • 전형 간 중복 지원 불가능함

		연세대	면접형	• 1단계: 학생부 교과 40% + 서류평가 60%(3배수)[2019학년도: 교과 50% + 비교과 50%]
				  ＊ 교과: Z점수(50%) + 석차 등급(50%) 반영
				  ＊ 서류평가: 비교과, 자소서 활용 인성 · 발전 가능성 종합평가, 추천서 폐지
				• 2단계: 1단계 40% + 면접 60%
				• 고3 재학생만 지원 가능함
				• 학생부 등급 간 점수 차: 1～2등급 5점, 2～3등급 7.5점(1등급 100점)
				  ＊ 전 과목 반영: 국어, 영어, 수학, 사탐, 과탐 70점 + 기타 과목 30점
				• 면접: 2019학년도와 동일한 방식으로 유지될 예정임. 제시문 활용 논리, 사고력면접(7분) + 서류 기반 창의사고력면접(7분) – 수능최저학력기준이 없고, 60% 반영이므로 합불의 결정 요소가 될 것으로 예측됨(면접 문제는 대체로 평이했다는 평가)
				• 활동우수형과 중복 지원 가능함

			활동 우수형	• 1단계: 서류 100%(2.5배수 내외) / 2단계: 1단계 70% + 면접 30% • 서류평가: 학생부, 자소서, 추천서 • 수능최저학력기준 폐지 • 2019학년도 수능최저학력기준 : 국어, 수학(가/나), 탐구 1, 탐구 2 중 2 과목 등급 합 4등급(탐구 2과목을 각각의 1과목으로 인정함. 국어와 수학 중 상위 등급 1과목 반드시 포함), 영어 2등급(국제 계열 1등급), 한국사 4등급
		서강대	종합형	• 전형명 변경 : 종합형(2019학년도: 자기주도형) • 서류 100%(학생부, 자소서, 추천서(선택)) • 전공적합성보다는 학업 역량을 강조함 • 학교생활 보충자료는 2019학년도부터 폐지 • 정시 모집인원 확대로 인한 수시 모집인원 감소, 영미문화계 모집인원 대폭 감소(34명에서 24명으로) 등 학과별 모집인원 확인 필요함
			학업형	• 전형명 변경 : 학업형(2019학년도: 일반형) • 서류 100%(자소서와 추천서 수능 이후 입력 및 제출) • 수능최저학력기준 폐지 – 2019학년도 : 3개 영역 등급 합 6(탐구 1), 한국사 4등급 • 지원 계열에 따른 응시 영역 간 구분을 두지 않음(수학, 탐구) • 일부 모집단위 학과별이 아닌 학부로 모집, 지원 학과 확인 필수

전형		지원가능대학	Tip	
학생부 종합	수능최저 미적용	성균관대 계열모집/학과모집	• 서류 100%(학생부, 자소서)[2019학년도: 학생부, 자소서, 교사추천서 (선택)] • 전형명 변경: 계열모집(2019 성균인재): 계열 및 광역 모집단위 / 학과 모집(2019 글로벌인재): 학과 모집단위 선발 • 전자전기공학부(98명), 경영학(105명) 학과모집으로 선발(2019년 성균 인재 전형으로 선발) • 소프트웨어과학인재(특기자) 60명 폐지 → 학생부종합전형으로 흡수 • 글로벌인재전형 중 일부 학과[의예, 사범대(교육학, 한문교육, 수학교 육, 컴퓨터교육), 스포츠과학]: 1단계 – 서류 100%(3배수 내외) / 2단계 – 1단계 80% + 면접 20% • 학업 역량이 중요함	
		한양대 학생부종합 (일반)	• 학생부종합평가 100%, 면접 없음 • 오직 학생부 하나로 평가함 ＊학업 역량(적성) 50% + 인성 및 잠재력 50%로 학생부의 수상 경력, 창의적 체험활동 상황, 세부 능력 및 특기 사항, 행동 특성 및 종합 의견을 유기적·종합적으로 평가함 • 같은 수준의 대학 중 합격 내신의 폭이 가장 넓은 대학임. 내신 성적을 보지 않는다기보다는 다양한 요소로 역량을 평가한다는 측면임 • 경영학부: 자연 계열 12명 선발 • 경제금융학부 자연 계열 5명 선발, 국제학부 10명 선발(2019학년도 특 기자전형으로만 선발) • 미래산업학부 데이터사이언스학과(신설) 20명 선발	
		중앙대	다빈치형 인재전형	• 전형방법 변경: 서류 100%(일괄합산)(2019학년도 단 계별, 2단계 면접) • 의학부: 8명 선발 / 체육교육과: 15명 선발 • 2019학년도 학부모집에서 2020학년도 학과별 모집 으로 일부 모집단위 변경 및 다수 학과 모집인원 변 동에 따른 확인 필수 • 서류를 근거로 지원자의 학업 및 교내 다양한 활동을 통한 성장 가능성을 종합적으로 평가함	☞ 대학별·학 과별 정시 지원 과의 유불리를 따져서 지원을 고려해야 함
			탐구형 인재전형	• 전형방법 변경: 서류 100%(일괄합산)(2019학년도 단 계별, 2단계 면접) • 의학부: 8명 선발 • 2019학년도 학부모집에서 2020학년도 학과별 모집 으로 일부 모집단위 변경 및 다수 학과 모집인원 변 동에 따른 확인 필수 • 서류를 근거로 지원자의 탐구 능력, 전공 분야의 학 업 잠재력, 학교 충실성 등을 종합적으로 평가함(소 논문, 과제 연구, 심화 연구 등의 지적 탐구 과정에서 역량을 보여 줄 수 있어야 함)	

전형		지원가능대학		Tip	
학생부 종합	수능최저 미적용	중앙대	SW인재 전형	• 소프트웨어대학 75명 모집(2019학년도 소프트웨어학부 70명 모집) • 전형방법 변경: 서류 100%(일괄합산)(2019학년도 단계별 모집, 2단계 면접) • 서류평가는 학생부, 자소서, 추천서(2019학년도 제출한 SW 역량 입증 서류 폐지)	☞ 대학별·학과별 정시 지원과의 유불리를 따져서 지원을 고려해야 함
		한국외국어대 학생부종합전형		• 1단계: 서류 100%(3배수) / 2단계: 서류 70% + 면접 30% • 전형 자료를 종합적·정성적으로 종합평가하지만 학업 역량이 중요한 평가 요소 중 하나임 • 모집인원 확대: 400명 → 442명(42명 증가)로 일부 모집단위(독일어, 스페인어, 경영학부 등) 모집인원 대폭 확대	
		경희대	네오르네 상스전형	• 1단계: 서류 100%(3배수 내외) / 2단계: 서류 70% + 면접 30% • 학생부종합전형의 대표 브랜드	
			고교연계 전형	• 전형방법 변경: 서류 70% + 학생부 교과 30%(서류평가 비중 확대(60% → 70%)) • 학교장 추천 인원: 인문 2명, 자연 3명, 예체능 1명 계열 구분은 대학 모집단위 기준임 • 지원 자격: 문화인재, 글로벌인재, 리더십인재, 과학인재 중 하나여야 함(태권도학과 지원자는 2단(품) 이상의 단증 소지자)	
		서울시립대 학생부종합전형		• 1단계: 서류 100%(2~4배수) / 2단계: 서류 50% + 면접 50% *2단계 면접 100%에서 50%로 축소되었지만 중요함 • 학부·학과별 인재상이 명확하게 제시되어 있으므로 반드시 확인이 필요함 *제시문 활용 발표 및 서류확인면접 • 서류평가: 학생부, 자소서(2019학년도: 학생부, 자소서, 교사추천서)	
		경인교대 교직적성전형		• 전형명 변경: 교직적성전형(2019학년도: 교직적성잠재능력우수자) • 모집인원 감소: 400명 → 323명(77명 감소), 합격선의 상승이 예측됨 • 1단계: 서류 100%(2배수) / 2단계: 서류 70% + 면접 30%(성비 적용 없음) • 면접: 개인면접(서류 확인 – 교직인적성) + 집단면접(자체 개발 문항을 활용하여 토론면접 – 협동심, 리더십, 창의적 문제해결 능력, 의사소통 능력 평가) • 합격자 내신 분포: 대부분 1등급 초반~1.6등급. 그 이후 등급 충원 합격 사례가 있음	

전형		지원가능대학	Tip
학생부 종합	수능최저 미적용	부산교대 초등교직적성자 전형	• 전형방법 변경: 1단계 – 학생부(교과·비교과) 100%(2배수) / 2단계 – 1단계 성적 60% + 면접 40%(2019학년도: 1단계 – 서류 100%(2배수) / 2단계 – 1단계 60% + 면접 40%) • 제출서류 간소화: 학생부(2019학년도: 학생부, 자소서, 추천서) ＊면접 방식 변경: 심층면접(면접관 3인이 지원자 3인 내외의 다대다 면접)[2019학년도: 집단면접 20% + 개별(교직·인적성)면접 20%] • 성비 적용(어느 한 성이 모집인원의 65%를 초과할 수 없음) • 합격자 내신 분포: 대부분 1등급 초반~2등급 초반
		청주교대 배움나눔인재전형	• 1단계: 서류 100%(3배수) / 2단계: 1단계 60% + 면접 40% • 성비 적용(어느 한 성이 모집인원의 75%를 초과할 수 없음)
		진주교대 21세기형교직적성자 전형	• 전형방법 변경: 1단계: 서류100%(2.5배수 내외) / 2단계: 1단계 70% + 심층면접 30%(2019학년도 1단계 50% + 심층면접 50%) 서류평가 반영 비율 확대 • 제출서류 중 교사추천서 폐지(필요시 현장 방문) ＊심층면접: 개별면접, 집단면접 시행 • 성비 적용(어느 한 성이 모집인원의 80%를 초과할 수 없음) • 합격자 내신 분포: 1등급 후반~2등급 초반
		광주교대 교직적성우수자전형	• 전형방법 변경: 1단계 – 서류 100%(3배수) / 2단계 – 1단계 60% + 심층면접 40%(2019학년도: 1단계 50% + 심층면접 50%) • 모집인원 축소 : 146명 → 126명(20명 감소) • 성비 적용(어느 한 성이 모집인원의 60%를 초과할 수 없음) • 합격자 내신 분포: 1등급 초반~2등급 초반
		대구교대 참스승전형전형	• 1단계: 서류 100%(2.5배수) / 2단계: 1단계 50% + 면접 50%(2019학년도: 1단계 2배수) • 교사추천서 폐지 • 모집인원 축소: 130명 → 90명(40명 감소)로 인한 합격선 상승 예상(지역인재전형 모집인원 확대 80명 → 120명) • 심층면접: 개별면접, 집단면접 시행 • 성비 적용(어느 한 성이 모집인원의 70%를 초과할 수 없음) • 합격자 내신 분포: 1등급 초반~2등급 초반
학생부 교과	수능최저 적용	고려대 학교추천I	• 1단계: 학생부 교과 100% / 2단계: 1단계 50% + 면접 50%(2019학년도: 1단계 – 학생부 교과 100% / 2단계 – 면접 100%) • 수능최저학력기준: 인문 – 3개 영역 등급 합 6 / 자연 – 3개 영역 등급 합 7 / 의대 – 4개 영역 등급 합 5 / (탐구 2 평균) ＊한국사 3등급(자연: 4등급)
		중앙대 학생부교과전형	• 학생부 교과 70% + 학생부 비교과 30%(출결, 봉사) ＊비교과: 무단결석 / 미인정 1일 이하, 봉사 시간 25시간 이상 만점 • 수능최저학력기준 완화: 인문 – 3개 영역 등급 합 6(탐구 2 / 2019학년도 – 3개 영역 등급 합 5(탐구 1) / 자연 – 3개 영역 등급 합 6(수학(가) 필수, 탐구 1 / 2019학년도 – 3개 영역 등급 합 5] / 한국사 4등급 ＊제2외국어/한문을 사탐 1과목으로 대체 가능함

전형		지원가능대학	Tip
학생부 교과	수능최저 적용	중앙대 학생부교과전형	• 모집인원이 소폭 확대(2019학년도 417명 → 2020학년도 436명)되었지만 학부모집이 학과모집으로 변동되는 등 모집단위의 변화와 모집인원의 변화가 있으므로 확인이 필요함

		서울시립대 학생부교과	• 학생부 교과 100%
			• 학생부 성적: 원점수, 평균, 표준편차 활용 – Z점수
			  – 인문: 국어, 영어, 수학, 사회 70% + 그 외 과목 30%
			  – 자연: 국어, 영어, 수학, 과학 70% + 그 외 과목 30%
			• 수능최저학력기준: 인문 – 3개 영역 등급 합 7(탐구 1) / 자연 – 3개 영역 등급 합 8(탐구 1)

		서울교대 학교장추천전형	• 1단계: 학생부 교과 100%(2배수) / 2단계: 1단계 90% + 면접 10% • 수능최저학력기준: 4개 영역 등급 합 9[탐구 2 평균. 수학(가) + 과탐 응시자는 합 11] / 한국사 4등급 • 합격자 대부분 1등급 초반임 • 학교장 추천 인원 제한 없음
		공주교대 고교성적우수자전형	• 1단계: 학생부 교과 100%(3배수 내외) / 2단계: 학생부 교과 90.2% + 면접 9.8% *면접: 자체 개발 문항으로 교직관 및 교양, 표현력, 태도 평가 • 수능최저학력기준 변경: 국어, 영어, 수학, 탐구(2)의 합 11 이내(2019학년도: 국어, 수학, 탐구(탐구 2 평균) 3개 영역 등급 합 8(소수점 첫째 자리에서 반올림) • 합격자 내신 분포: 1등급 초반~1.7등급 • 모집인원 감소에 따른 지원 주의(109명 → 80명)
		전주교대 고교성적우수자전형	• 1단계: 교과 90% + 출결 10%(2배수) / 2단계: 1단계 성적 90% + 면접 10% • 수능최저학력기준: 5개 영역 등급 합 13(탐구 2 평균 / 한국사 포함) • 합격자 내신 분포: 대부분 1.5등급 이내
	수능최저 미적용	한양대 학생부교과전형	• 학생부 교과 100%(인문, 상경: 국어, 영어, 수학, 사회 / 자연: 국어, 영어, 수학, 과학 교과의 전 과목 반영) • 매우 높은 합격 커트라인을 형성함
		이화여대 고교추천전형	• 1단계: 학생부 교과 80% + 면접 20%(지원자 전원 면접) • 계열 구분 없이 학교당 5명 이내 • 국어, 수학, 영어, 사회, 과학 전 단위 반영
		중앙대 학교장추천전형	• 학생부 교과 60% + 서류(학생부, 자소서) 40% • 고등학교별 추천 인원 4명(단, 서울캠 3명까지), 모집단위별 1명씩만 추천 가능 • 모집인원의 소폭 증가(10명 증가)로 인한 모집단위의 변동과 모집단위별 모집인원의 변동 확인 필요

전형		지원가능대학	Tip
학생부 교과	수능최저 미적용	한국외국어대 교과전형	• 학생부 교과 100% 석차 등급(2019학년도 석차 등급 혹은 원점수 적용에서 석차 등급으로만 변경) 　– 수능최저학력기준 : 2020학년도부터 폐지(2019학년도 국어, 수학(가/나), 영어, 사회탐구(2과목 평균) 중 2개 역 등급 합이 4 이내이고, 한국사 4등급 이내) 　– 수능최저학력기준의 폐지로 LD·LT 학부 등 일부 상위 학과 입결이 높아질 것으로 예상
논술	수능최저 적용	서강대 논술전형	• 논술 80% + 학생부 20%(교과 10% + 비교과 10%) 　＊비교과: 출결 5% + 봉사 5% • 모집인원(2019학년도 346명 → 2020학년도 235명 111명 감소) 변화에 따른 지원 주의(특히 인문 계열 경영, 경제 모집인원 대폭 감소 주의) • 수능최저학력기준: 3개 영역 등급 합 6(탐구 1) / 한국사 4등급 • 수능 응시 계열 및 지원 계열의 구분 없이 동일한 기준으로 적용함 • 논술 출제 분야 : 인문/자연 계열(지식융합미디어학부) – 인문/사회과학 관련 제시문과 논제, 자연 계열 – 수리 관련 제시문과 논제(각 2문항)
		성균관대 논술전형	• 논술 60% + 학생부 40%(교과 30% + 비교과 10%) • 모집인원(900명 → 532명, 368명 감소, 감소 인원 대부분 정시로 이동) 변화에 따른 지원 주의 　＊비교과: 출결 5% + 봉사 5% 　＊교과: 1등급(30점)～4등급(29.7점)까지 0.1점씩 감점 • 수능최저학력기준: 국어, 수학, 탐구(2) 중 2개 영역 등급 합 4(인문) / 국어, 수학(가), 과탐(2) 중 2개 영역 등급 합 4(자연) / 2개 영역 등급 합 3(글로벌) / 수학(가), 과탐(1) 등급 합 3(반도체시스템공학, 소프트웨어학, 글로벌바이오메디컬공학) / 영어 2등급 / 한국사 4등급 　＊탐구 영역 2개 과목 등급 평균 계산 시 소수점 이하 절사 　　예 탐구 2등급 + 탐구 3등급 = 5등급(평균 2.5등급 → 2등급으로 인정) 　＊인문계(글로벌리더학, 글로벌경제학, 글로벌경영학 제외)는 제2외국어/한문을 탐구 1과목으로 대체 가능함
		이화여대 논술전형	• 논술 70% + 학생부 교과 30% • 모집인원 축소: 670명 → 543명(127명 감소)(사범대 일부 학과 논술 선발 폐지 등 모집단위별 논술 선발 인원 확인) • 수능최저학력기준 변화: 인문 – 3개 영역 등급 합 5 / 자연 – 3개 영역 등급 합 6 / 한국사 필수 응시(탐구 2과목 평균에서 상위 1과목 반영) 　＊스크랜튼학부: 인문 – 3개 영역 등급 합 4 / 자연, 뇌인지과학 – 3개 영역 등급 합 5 / 한국사 필수 응시 / 제2외국어/한문을 사탐 1과목으로 대체 가능함 • 학생부 반영: 국어, 영어, 수학, 사회(역사, 도덕 포함), 과학 상위 30 단위, 1～2등급 간 6점, 2～3등급 간 12점, 3～4등급 간 18점 　＊쉬운 논술 출제로 내신의 영향력이 커져서 1등급대 합격 사례가 많음(내신 성적이 좋은 이 정거장의 학생들에게 유리함)

전형		지원가능대학	Tip
논술	수능최저 미적용	연세대 논술전형	• 전형방법 : 논술 100% • 2020학년도부터 수능최저학력기준 폐지(2019학년도 국어, 수학, 탐구 (2개 과목) 등 총 4개 과목의 등급 합이 7 이내(자연 8 이내) • 모집인원 축소: 643명 → 607명(36명 감소)(의예과 논술 폐지 등으로 모집인원의 감소가 나타났지만, 경영학부 등 일부 학과는 모집인원이 확대됨)
		한양대 논술전형	• 논술 80% + 학생부종합평가 20%(2019학년도: 논술 70% + 학생부종 합평가 30%) ＊학생부종합평가: 학생부에 기록되어 있는 출결, 수상 경력, 봉사활 동, 행동 특성 및 종합 의견 등을 참고하여 학생의 학교생활 성실도 를 중심으로 종합평가함 • 경영학부: 자연 계열 9명 선발, 경제금융학부: 자연 계열 7명 선발 (2019학년도 인문으로 19명 선발함, 2020학년도 인문 12명/자연 7명 으로 분할하여 선발함) • 공과대(융합전자공학부, 컴퓨터소프트웨어학부, 에너지공학과, 미래자 동차공학과), 의예과 논술 야간(17:00 이후) 시행

어떤 노력을 기울여야 할까?

고3이라면? 수능 성적도 꽤 좋습니다!

현재는 수능 성적이 내신 성적에 비해 조금은 부족해 보이지만 충분히 훌륭한 성적입니다. 하지만 지금부터 노력해서 조금만 더 수능 성적을 최상으로 향상시 킨다면, 수시에서도 정시에서도 선택의 폭이 넓어지고, 최상위권 대학에 지원하 기 훨씬 수월해집니다.

막강한 수능 성적으로 정시가 든든한 뒷배가 되어줄 때, 수시에서도 소신껏 당 당하게 지원할 수 있을 것입니다. 내신도 최고, 수능도 최고! 모든 면에서 최고의 준비로 최고의 선택을 할 수 있는 기회가 기다리고 있습니다.

학생부 위주 전형에서 빛을 발할 수 있습니다!

높은 내신을 활용하는 가장 좋은 방법은 학생부교과전형과 학생부종합전형에 지원하는 것입니다. 특히 상위권 이상의 수능최저학력기준을 적용하는 대학은 수능 성적이 강한 이 정거장 학생들에게는 더없이 좋은 조건입니다. 내신이라는 자신의 무기는 잃지 않으면서 수능 성적을 향상시켜 최고의 수능최저학력기준까지 충족하게 된다면 최상위권 대학에도 자유롭고 안전하게 지원할 수 있을 것입니다.

학생부종합전형의 가장 중요한 평가 요소는 학업 역량입니다. 물론 학업 역량이 내신 성적을 의미하는 것은 아니지만, 가장 객관적이고 정량화된 지표임에는 틀림이 없습니다. 현재의 가장 좋은 무기인 내신 성적을 살리고 지원 학과와 관련된 관심과 열정 혹은 전공 관련 학업 역량 등 자신만의 콘텐츠를 서류 속에 녹여내어 학생부교과전형이나 학생부종합전형에 지원하는 것이 최선입니다.

심층면접 준비, 합격의 지름길!

학생부종합전형의 경우 최상위권 대학일수록 특히 심층면접 준비가 필수입니다. 제시문을 활용한 면접이나 제출 서류를 기반으로 한 확인 면접이 주를 이루므로 이에 맞게 모의면접을 통해 실전에 대비해야 합니다. 수업 시간에 발표와 토론에 적극적으로 참여하고, 기출문제를 풀거나 선배들의 면접 후기를 읽으면서 분위기를 익히는 등의 연습이 필요합니다.

상위 정거장으로 옮겨 가야 합니다!

최고의 내신! 여기에 수능 성적까지 향상된다면 금상첨화입니다. 최고의 정거장으로 갈 수 있습니다.

● **수능 성적을 향상시키면**

1번(26쪽) 정거장으로 GO!

11.번 정거장

내신 **1.5 ~ 2.0** 등급, 수능 **1.5 ~ 2.0** 등급

두루두루 모두 잘했습니다! 그런데 눈높이에 맞는 최상위권 대학으로 가기 위해서는 현실적으로 내신과 수능 모두 2% 부족해 아쉽습니다. 내신과 수능 두 마리 토끼를 다 잡아야 하는 이 정거장의 학생에게는 더 높이 올라갈 수 있다는 확신이 필요합니다.

현재 나의 위치는?

학생부종합전형

학교생활에 성실하고 학업 역량이 뛰어난 이 정거장의 학생들은 학생부종합전형의 취지에 잘 맞습니다. 그러나 최상위권 대학에 진학하기 위해서는 내신 성적이 조금은 부족하므로 자신만의 매력을 돋보일 수 있는 콘텐츠로 학업 역량, 열정 등을 충분히 드러낼 수 있어야 합니다. 내신 성적 최상위 1등급의 학생들과 경쟁해도 결코 뒤지지 않는 역량을 갖고 있음을 알리는 것이 목표입니다.

학생부종합전형의 장점은 일부 대학을 제외하고 수능최저학력기준이 적용되지 않는다는 것입니다. 그리고 최상위권 대학의 경우, 수능최저학력기준이 높으면 높을수록 실질 경쟁률이 떨어지고, 합격 가능성은 커집니다. 이 정거장의 학생들은 수능최저학력기준이 높은 대학으로 지원해야 합격 가능성을 높일 수 있습니다. 고려대의 학교추천Ⅱ전형에서는 '3개 영역 등급 합 5(인문), 3개 영역 등급 합 6(자연)', 일반전형에서는 '4개 영역 등급 합 6(인문), 4개 영역 등급 합 7(자연)'이라는 최고의 수능최저학력기준을 내걸고 있어 그 충족 여부가 합격과 불합격을 갈라놓는 중요한 요소로 작용했습니다. 이 정거장의 학생에게는 수시에서 자신의 무기를 살리는 최고의 방법이 될 수 있습니다.

논술전형

이 정거장의 수험생이 최상위권 대학에 진학할 수 있는 또 다른 방법은 바로 논술전형입니다. 수능최저학력기준이 높으면 높을수록 실질 경쟁률이 낮아지고 합격 가능성이 커지므로 수능최저학력기준 충족이 가능한 이 정거장의 학생들은 매우 유리한 고지에 있다고 볼 수 있지만, 대부분 대학에서 논술 수능최저학력기준을 완화하면서 수능최저학력기준 충족 여부와 함께 논술 실력이 갖춰져야 하는 정거장입니다. '고교 3년 과정 내 출제 원칙'하에 수능 준비가 곧 논술 준비가 되었습니다. 철저한 학습 전략을 세우고 지킨다면 정시뿐만 아니라 논술에서도 좋은 결과를 이끌어 낼 수 있습니다. 수시 6회 지원이라는 테두리 안에서 학생부종합전형과 논술전형의 적절한 안배가 필요합니다.

정시전형

지금의 내신 성적, 수능 성적 모두를 고려할 때, 학생부 위주 전형과 더불어 정시전형도 놓을 수 없는 중요한 승부처입니다. 수능 성적은 앞으로의 노력 여하에 따라 무한한 가능성이 열려 있습니다. 지금의 수능 성적도 매우 훌륭하지만, 조금만 더 분발해서 정시전형에서 최고의 희망 대학을 향해 도전해 보는 것도 좋습니다.

학생부교과전형

학생부교과전형의 내신 합격 커트라인이 너무 높아서 이 정거장의 성적으로는 희망하는 대학에 학생부교과전형으로 지원하는 것보다 정시 지원이 유리할 수 있습니다. 그런데 교대의 경우, 마니아층을 형성하고 있어서 수능 성적과 관계없이 수시에 지원할 경우 이 정거장의 내신 성적이 합격의 마지막 선이 될 수 있는 정거장입니다.

어떤 대학을 주목해야 할까?

전형		지원가능대학		Tip	
학생부 종합	수능최저 적용	서울대 지역균형선발전형		• 고등학교별 추천 인원 2명 • 서류평가 70% + 면접 30%(2019학년도: 서류평가와 면접의 비율 없음) • 수능최저학력기준: 국어, 수학, 영어, 영어, 탐구(2) 중 3개 영역 2등급(탐구 각 2등급) / 과탐 – 서로 다른 분야의 I+II, II+II 조합 중 선택 • 대부분의 지역균형선발전형 합격자가 나오는 정거장임. 1~1.5등급 내에서는 내신 성적 차이보다는 서류를 통해 드러난 역량 및 열정 등의 평가 요소에 의한 영향이 크다고 볼 수 있음. 서류를 기반으로 한 면접이므로 자신의 서류에 대한 심층면접 준비가 필요함	☞ 비교과 활동을 통해 부족한 내신 성적을 보완할 수 있을 때 지원을 고려해야 함
		고려대	학교추천 II전형	• 1단계: 서류 100% / 2단계: 1단계 50% + 면접 50% • 수능최저학력기준: 인문 – 3개 영역 등급 합 5 / 자연 – 3개 영역 등급 합 6 / (탐구 2 평균) *인문 – 한국사 3등급 / 자연 – 한국사 4등급 • 내신 성적도 수능 등급도 부족함이 없으므로 합격 가능성이 높음	

전형		지원가능대학		Tip	
학생부 종합	수능최저 적용	고려대	일반전형	• 1단계: 서류 100% / 2단계: 1단계 70% + 면접 30% • 수능최저학력기준: 인문 – 4개 영역 등급 합 6 / 자연 – 4개 영역 등급 합 7 / 탐구 상위 1과목 반영(단, 응시는 반드시 2개 과목) *인문 – 한국사 3등급 / 자연 – 한국사 4등급 • 학생부종합전형 중 최고의 수능최저학력기준 적용, 충족 여부가 합불의 관건임 • 학교추천 I 전형, 학교추천 II 전형, 일반전형 모두 중복 지원이 안 되므로 분산될 가능성이 큼	☞ 비교과 활동을 통해 부족한 내신 성적을 보완할 수 있을 때 지원을 고려해야 함
		서울교대 교직인성우수자 전형		• 1단계: 서류 100%(2배수) / 2단계: 1단계 50% + 면접 50% • 수시 모집인원 축소: 120명 → 100명(20명 감소) • 수능최저학력기준: 4개 영역 등급 합 9[탐구 2 평균, 수학(가) + 과탐 응시자는 등급 합 11, 성비 적용 없음] / 한국사 4등급 • 수능최저학력기준 통과율이 높음 • 교과와 함께 비교과 활동이 우수한 학생이 지원함 • 합격자 내신 분포: 2등급 초반까지	

		이화여대
		미래인재전형
				• 서류 100%
				• 수능최저학력기준: 충족 여부가 합불에 큰 영향을 미치며, 특히 자연계열 수능최저학력기준의 강화(2개 합 4 → 3개 합 6)에 주의
				  *인문 – 3개 영역 등급 합 5 / 자연 – 3개 영역 등급 합 6 / 스크랜튼학부(인문) – 3개 영역 등급 합 4 / 스크랜튼학부(자연), 뇌인지과학 – 3개 영역 등급 합 5
				  *제2외국어/한문을 탐구 1과목으로 대체 가능함, 한국사 필수 응시, 탐구 영역 1과목 반영(탐구 영역 등급 평균 계산 시 소수점 이하 절사 제도 폐지)	

		한국교원대 학생부종합우수자 일반전형		• 전형명 변경: 학생부종합우수자 일반전형(2019학년도: 학생부종합우수자 특별전형) • 시 · 도 교육감 추천 조항 폐지(2019학년도: 시 · 도 교육감 추천을 받을 수 있는 사람) • 1단계: 서류 100%(3배수) / 2단계: 1단계 80% + 면접 20% • 수능최저학력기준: 초등교육과, 불어교육과 – 없음 / 체육교육과 – 국어(수학), 영어, 탐구 3개 영역 등급 합 9 / 그 외 학과 – 4개 영역 등급 합 13(탐구 2 평균, 일부 모집단위 수학 가형 또는 과탐 응시자 1등급 상향)	
		춘천교대 교직적 · 인성인재		• 1단계: 서류 100%(3배수) / 2단계: 1단계 40% + 면접60% • 수능최저학력기준(신설) : 국어, 수학, 영어, 탐구영역 등급 합 14 이내(한국사 등급 4 이내) *면접: 60%로 비율이 큼. 교직적성(교직과 관련된 본질적 문제나 현실적 쟁점), 교직인성(서류 확인)으로 9단계 평가함	

전형		지원가능대학		Tip	
학생부 종합	수능최저 미적용	서울대 일반전형		• 1단계: 서류 100%(2배수) / 2단계: 1단계 100% + 면접 및 구술고사 100% ＊사범대: 1단계 100% + 면접 및 구술고사 60% + 교직적성, 인성면접 40% • 합격자 비율(2019학년도 기준): 일반고 : 특목고(예.체고 제외) : 자사 · 공고 = 33.4 : 38.1 : 17.6 • 면접: 2018, 2019학년도와 동일한 방식으로 유지될 예정임. 제시문과 문항이 제공되며, 모집단위별로 30~45분의 답변 준비 시간과 15분의 면접 시간이 주어짐. 정답보다 풀이 과정에서의 사고방식과 학업 능력을 평가함	☞ 비교과 활동을 통해 부족한 내신 성적을 보완할 수 있을 때 지원을 고려해야 함
		포스텍 일반전형/ 창의IT인재전형		• 1단계: 서류 100%(3배수 내외) / 2단계: 면접 100% ＊서류: 학생부, 자소서, 교사추천서 • 단일 계열(무학과)로 선발함 • 개인면접으로 지원자의 인성, 자질, 학업 태도, 사고력 등 과학 기술계 글로벌 리더로서의 잠재력을 종합적으로 평가함. 잠재력 평가는 제출한 서류의 내용을 확인하면서 지원자의 인성적 측면을 평가함(예 자기소개, 지원 동기, 공부하다가 무엇인가를 발견하고 기뻤던 일) • 전형 간 중복 지원 불가능함	
		연세대	면접형	• 1단계: 학생부 교과 40% + 서류평가 60%(3배수) [2019학년도: 교과 50% + 비교과 50%] ＊교과: Z점수(50%) + 석차 등급(50%) 반영 ＊서류평가: 비교과, 자소서 활용 인성 · 발전 가능성 종합평가, 추천서 폐지 • 2단계: 1단계 40% + 면접 60% • 고3 재학생만 지원 가능함 • 학생부 등급 간 점수 차: 1~2등급 5점, 2~3등급 7.5점(1등급 100점) ＊전 과목 반영: 국어, 영어, 수학, 사탐, 과탐 70점 + 기타 과목 30점 • 면접: 2019학년도와 동일한 방식으로 유지될 예정임. 제시문 활용 논리. 사고력면접(7분) + 서류 기반 창의사고력면접(7분) – 수능최저학력기준이 없고, 60% 반영이므로 합불의 결정 요소가 될 것으로 예측됨(면접 문제는 대체로 평이했다는 평가) • 활동우수형과 중복 지원 가능함	
			활동 우수형	• 1단계: 서류 100%(2.5배수 내외) / 2단계: 1단계 70% + 면접 30% • 서류평가: 학생부, 자소서, 추천서 • 수능최저학력기준 폐지	

전형		지원가능대학		Tip
학생부 종합	수능최저 미적용	연세대	활동 우수형	• 2019 수능최저학력기준 : 국어, 수학(가/나), 탐구 1, 탐구 2 중 2과목 등급 합 4등급(탐구 2과목을 각각의 1과목으로 인정함. 국어와 수학 중 상위 등급 1과목 반드시 포함), 영어 2등급(국제 계열 1등급), 한국사 4등급
		서강대	종합형	• 전형명 변경 : 종합형(2019학년도: 자기주도형) • 서류 100%(학생부, 자소서, 추천서(선택)) • 전공적합성보다는 학업 역량을 강조함 • 학교생활 보충자료는 2019학년도부터 폐지 • 정시 모집인원 확대로 인한 수시 모집인원 감소, 영미문화계 모집인원 대폭 감소(34명에서 24명으로) 등 학과별 모집인원 확인 필요함
			학업형	• 전형명 변경 : 학업형(2019학년도: 일반형) • 서류 100%(자소서와 추천서 수능 이후 입력 및 제출) • 수능최저학력기준 폐지 – 2019학년도 : 3개 영역 등급 합 6(탐구 1), 한국사 4등급 • 지원 계열에 따른 응시 영역 간 구분 두지 않음(수학, 탐구) • 일부 모집단위 학과별이 아닌 학부로 모집, 지원 학과 확인 필수
		성균관대 계열모집/학과모집		• 서류 100%(학생부, 자소서)[2019학년도: 학생부, 자소서, 교사추천서(선택)] • 전형명 변경: 계열모집(2019 성균인재): 계열 및 광역 모집단위 / 학과모집(2019 글로벌인재) : 학과 모집단위 선발 • 전자전기공학부(98명), 경영학(105명) 학과모집으로 선발(2019년 성균인재전형으로 선발) • 소프트웨어과학인재(특기자) 60명 폐지 → 학생부종합전형으로 흡수 • 글로벌인재전형 중 일부 학과[의예, 사범대(교육학, 한문교육, 수학교육, 컴퓨터교육), 스포츠과학]: 1단계 – 서류 100%(3배수 내외) / 2단계 – 1단계 80% + 면접 20% • 학업 역량이 중요함
		한양대 학생부종합 (일반)		• 학생부종합평가 100%, 면접 없음 • 오직 학생부 하나로 평가함 ＊학업 역량(적성) 50% + 인성 및 잠재력 50%로 학생부의 수상 경력, 창의적 체험활동 상황, 세부 능력 및 특기 사항, 행동 특성 및 종합 의견을 유기적·종합적으로 평가함 • 같은 수준의 대학 중 합격 내신의 폭이 가장 넓은 대학임. 내신 성적을 보지 않는다기보다는 다양한 요소로 역량을 평가한다는 측면임 • 경영학부: 자연 계열 12명 선발 • 경제금융학부 자연 계열 5명 선발, 국제학부 10명 선발(2019학년도 특기자전형으로만 선발) • 미래산업학부 데이터사이언스학과(신설) 20명 선발

전형		지원가능대학		Tip
학생부 종합	수능최저 미적용	중앙대	다빈치형 인재전형	• 전형방법 변경: 서류 100%(일괄합산)(2019학년도 단계별, 2단계 면접) • 의학부: 8명 선발 / 체육교육과: 15명 선발 • 2019학년도 학부모집에서 2020학년도 학과별 모집으로 일부 모집단 위 변경 및 다수 학과 모집인원 변동에 따른 확인 필수 • 서류를 근거로 지원자의 학업 및 교내 다양한 활동을 통한 성장 가능 성을 종합적으로 평가함
			탐구형 인재전형	• 전형방법 변경: 서류 100%(일괄합산)(2019학년도 단계별, 2단계 면접) • 의학부: 8명 선발 • 2019학년도 학부모집에서 2020학년도 학과별 모집으로 일부 모집단 위 변경 및 다수 학과 모집인원 변동에 따른 확인 필수 • 서류를 근거로 지원자의 탐구 능력, 전공 분야의 학업 잠재력, 학교 충 실성 등을 종합적으로 평가함(소논문, 과제 연구, 심화 연구 등의 지적 탐구 과정에서 역량을 보여 줄 수 있어야 함)
			SW인재 전형	• 소프트웨어대학 75명 모집(2019학년도 소프트웨어학부 70명 모집) • 전형방법 변경: 서류 100%(일괄합산)(2019학년도 단계별 모집, 2단계 면접) 서류평가는 학생부, 자소서, 추천서(2019학년도 제출한 SW 역량 입증 서류 폐지)
		한국외국어대 학생부종합전형		• 1단계: 서류 100%(3배수) / 2단계: 서류 70% + 면접 30% • 전형 자료를 종합적·정성적으로 종합평가하지만 학업 역량이 중요한 평가 요소 중 하나임 • 모집인원 확대: 400명 → 442명(42명 증가)로 일부 모집단위(독일어, 스페인어, 경영학부 등) 모집인원 대폭 확대
		경희대	네오 르네상스 전형	• 1단계: 서류 100%(3배수 내외) / 2단계: 서류 70% + 면접 30% • 학생부종합전형의 대표 브랜드
			고교연계 전형	• 전형방법 변경: 서류 70% + 학생부 교과 30%(서류평가 비중 확대 (60% → 70%)) • 학교장 추천 인원: 인문 2명, 자연 3명, 예체능 1명(계열 구분은 대학 모집단위 기준임) • 지원 자격: 문화인재, 글로벌인재, 리더십인재, 과학인재 중 하나여야 함(태권도학과 지원자는 2단(품) 이상의 단증 소지자)
		서울시립대 학생부종합전형		• 1단계: 서류 100%(2~4배수) / 2단계: 서류 50% + 면접 50% ＊2단계 면접 100%에서 50%로 축소되었지만 중요함 • 학부·학과별 인재상이 명확하게 제시되어 있으므로 반드시 확인이 필요함 ＊제시문 활용 발표 및 서류확인면접 • 서류평가: 학생부, 자소서(2019학년도: 학생부, 자소서, 교사추천서)

전형		지원가능대학	Tip
학생부 종합	수능최저 미적용	경인교대 교직적성전형	• 전형명 변경: 교직적성전형(2019학년도: 교직적성잠재능력우수자) • 모집인원 감소: 400명 → 323명(77명 감소), 합격선의 상승이 예측됨 • 1단계: 서류 100%(2배수) / 2단계: 서류 70% + 면접 30%(성비 적용 없음) • 면접: 개인면접(서류 확인 – 교직인적성) + 집단면접(자체 개발 문항을 활용하여 토론면접 – 협동심, 리더십, 창의적 문제해결 능력, 의사소통 능력 평가) • 합격자 내신 분포: 대부분 1등급 초반~1.6등급. 그 이후 등급 충원 합격 사례가 있음
		부산교대 초등교직적성자 전형	• 전형방법 변경: 1단계: 학생부(교과 · 비교과) 100%(2배수) / 2단계 – 1단계 성적 60% + 면접 40%(2019학년도: 1단계 – 서류 100%(2배수) / 2단계 – 1단계 60% + 면접 40%) • 제출서류 간소화: 학생부(2019학년도: 학생부, 자소서, 추천서) ＊면접 방식 변경: 심층면접(면접관 3인이 지원자 3인 내외의 다대다 면접)[2019학년도: 집단면접 20% + 개별(교직 · 인적성)면접 20%] • 성비 적용(어느 한 성이 모집인원의 65%를 초과할 수 없음) • 합격자 내신 분포: 대부분 1등급 초반~2등급 초반
		청주교대 배움나눔인재전형	• 1단계: 서류 100%(3배수) / 2단계: 1단계 60% + 면접 40% • 성비 적용(어느 한 성이 모집인원의 75%를 초과할 수 없음)
		진주교대 21세기형교직적성자 전형	• 전형방법 변경: 1단계 – 서류100%(2.5배수 내외) / 2단계 – 1단계 70% + 심층면접 30%(2019학년도: 1단계 50% + 심층면접 50%) 서류평가 반영 비율 확대 • 제출서류 중 교사추천서 폐지(필요시 현장 방문) ＊심층면접: 개별면접, 집단면접 시행 • 성비 적용(어느 한 성이 모집인원의 80%를 초과할 수 없음) • 합격자 내신 분포: 1등급 후반~2등급 초반
		광주교대 교직적성우수자전형	• 전형방법 변경: 1단계 – 서류 100%(3배수) / 2단계 – 1단계 60% + 심층면접 40%(2019학년도: 1단계 50% + 심층면접 50%) • 모집인원 축소 : 146명 → 126명(20명 감소) • 성비 적용(어느 한 성이 모집인원의 60%를 초과할 수 없음) • 합격자 내신 분포: 1등급 초반~2등급 초반
		대구교대 참스승전형	• 1단계: 서류 100%(2.5배수) / 2단계: 1단계 50% + 면접 50%(2019학년도: 1단계 2배수) • 교사추천서 폐지 • 모집인원 축소: 130명 → 90명(40명 감소)로 인한 합격선 상승 예상(지역인재전형 모집인원 확대 80명 → 120명) • 심층면접: 개별면접, 집단면접 시행 • 성비 적용(어느 한 성이 모집인원의 70%를 초과할 수 없음) • 합격자 내신 분포: 1등급 초반~2등급 초반

전형		지원가능대학	Tip
논술	수능최저 적용	서강대 논술전형	• 논술 80% + 학생부 20%(교과 10% + 비교과 10%) 　＊비교과: 출결 5% + 봉사 5% • 모집인원(2019학년도 346명 → 2020학년도 235명 111명 감소) 변화에 따른 지원 주의(특히 인문 계열 경영, 경제 모집인원 대폭 감소 주의) • 수능최저학력기준: 3개 영역 등급 합 6(탐구 1) / 한국사 4등급 • 수능 응시 계열 및 지원 계열의 구분 없이 동일한 기준으로 적용함 • 논술 출제 분야 : 인문/자연 계열(지식융합미디어학부) − 인문/사회과학 관련 제시문과 논제, 자연 계열 − 수리 관련 제시문과 논제(각 2문항)
		성균관대 논술전형	• 논술 60% + 학생부 40%(교과 30% + 비교과 10%) • 모집인원(900명 → 532명, 368명 감소, 감소 인원 대부분 정시로 이동) 변화에 따른 지원 주의 　＊비교과: 출결 5% + 봉사 5% 　＊교과: 1등급(30점)～4등급(29.7점)까지 0.1점씩 감점 • 수능최저학력기준: 국어, 수학, 탐구(2) 중 2개 영역 등급 합 4(인문) / 국어, 수학(가), 과탐(2) 중 2개 영역 등급 합 4 (자연) / 2개 영역 등급 합 3(글로벌) / 수학(가), 과탐(1) 등급 합 3(반도체시스템공학, 소프트웨어학, 글로벌바이오메디컬공학) / 영어 2등급 / 한국사 4등급 　＊탐구 영역 2개 과목 등급 평균 계산 시 소수점 이하 절사 　　예) 탐구 2등급 + 탐구 3등급 = 5등급(평균 2.5등급 → 2등급으로 인정) 　＊인문계(글로벌리더학, 글로벌경제학, 글로벌경영학 제외)는 제2외국어/한문을 탐구 1과목으로 대체 가능함
		이화여대 논술전형	• 논술 70% + 학생부 교과 30% • 모집인원 축소: 670명 → 543명(127명 감소)(사범대 일부 학과 논술선발 폐지 등 모집단위별 논술 선발 인원 확인) • 수능최저학력기준 변화: 인문 − 3개 영역 등급 합 5 / 자연 − 3개 영역 등급 합 6 / 한국사 필수 응시(탐구 2과목 평균에서 상위 1과목 반영) 　＊스크랜튼학부: 인문 − 3개 영역 등급 합 4 / 자연, 뇌인지과학 − 3개 영역 등급 합 5 / 한국사 필수 응시 / 제2외국어/한문을 사탐 1과목으로 대체 가능함 • 학생부 반영: 국어, 영어, 수학, 사회(역사, 도덕 포함), 과학 상위 30단위, 1～2등급 간 6점, 2～3등급 간 12점, 3～4등급 간 18점 　＊쉬운 논술 출제로 내신의 영향력이 커져서 1등급대 합격 사례가 많음(내신 성적이 좋은 이 정거장의 학생들에게 매우 유리함)
		중앙대 논술전형	• 논술 60% + 학생부 40%(교과 20% + 비교과 20%) • 학생부 반영 방법 : 국어, 수학, 영어, 사회, 과학 중 상위 10과목) • 수능최저학력기준 완화: 인문 − 3개 영역 등급 합 6(탐구 2, 제2외국어/한문으로 사탐 1과목 대체 가능) (2019학년도 3개 영역 등급 합 5, 탐구 1) / 자연 − 3개 영역 등급 합 6(수학(가) 필수, 과탐 1) (2019학년도 3개 영역 등급 합 5) / 한국사 4등급 • 논술 유형: 인문사회 − 언어 / 경영경제 − 언어, 수리 / 자연 − 수리, 과학(선택형)

전형		지원가능대학	Tip
논술	수능최저 적용	한국외국어대 논술전형	• 논술 70% + 학생부 교과 30% • 논술은 캠퍼스 구분 없이 인문만 시행함 • 모집인원 축소: 546명 → 493명(53명 감소) • 학생부 성적은 석차 등급만 반영(2020학년도부터 원점수 적용 폐지) • 수능최저학력기준(서울): 2개 영역 등급 합 4(사탐 2) / LD · LT 학부 3개 영역 등급 합 4(사탐 1) / 한국사 4등급(제2외국어/한문으로 사탐 1과목 대체 가능)
		경희대 논술전형	• 논술 70% + 학생부 교과, 비교과(출결, 봉사) 30% • 모집인원 축소: 770명 → 714명(56명 감소) • 수능최저학력기준: 인문 – 2개 영역 등급 합 4(탐구 1, 제2외국어/한문을 사탐 1과목으로 대체 가능) / 자연 – 2개 영역 등급 합 5(탐구 1) / 한국사 5등급 / 체육대 – 국어, 영어 중 1개 영역 3등급(한국사 필수 응시)
	수능최저 미적용	연세대 논술전형	• 전형방법 : 논술 100% • 2020학년도부터 수능최저학력기준 폐지(2019학년도 국어, 수학, 탐구(2개 과목) 등 총 4개 과목의 등급 합이 7 이내(자연 8 이내) • 모집인원 축소: 643명 → 607명(36명 감소)(의예과 논술 폐지 등으로 모집인원의 감소가 나타났지만, 경영학부 등 일부 학과는 모집인원이 확대됨)
		한양대 논술전형	• 논술 80% + 학생부종합평가 20%(2019학년도: 논술 70% + 학생부종합평가 30%) ＊학생부종합평가: 학생부에 기록되어 있는 출결, 수상 경력, 봉사활동, 행동 특성 및 종합 의견 등을 참고하여 학생의 학교생활 성실도를 중심으로 종합평가함 • 경영학부: 자연 계열 9명 선발, 경제금융학부: 자연 계열 7명 선발(2019학년도 인문으로 19명 선발함, 2020학년도 인문 12명/자연 7명으로 분할하여 선발함) • 공과대(융합전자공학부, 컴퓨터소프트웨어학부, 에너지공학과, 미래자동차공학과), 의예과 논술 야간(17:00 이후) 시행
		서울시립대 논술전형	• 1단계: 논술 100%(4배수) / 2단계: 논술 60% + 학생부 교과 40% • 학생부 성적: 원점수, 평균, 표준편차 활용 – Z점수
정시		자연 계열	• 연세대, 고려대 일부 학과는 과목별 난이도를 고려한 표준점수 합에 따라 지원 가능한 점수대임. 성균관대, 한양대, 이화여대, 경인교대의 경우 지원 가능 학과가 많음
		인문 계열	• 한양대 일부 학과, 경인교대에 지원 가능한 점수대임
			• 중앙대, 경희대, 한국외국어대, 서울시립대, 지방 교대, 건국대, 동국대 등은 이 정거장의 학생들이 가장 많이 지원하는 대학임 • 중상위권 대학의 인기 학과, 특성화학과, 사범대 등은 이 정거장의 상위권 학생들이 선호하는 지원 희망 대학임

전형		지원가능대학	Tip	
학생부 교과	수능최저 적용	공주교대 고교성적우수자전형	• 1단계: 학생부 교과 100%(3배수 내외) / 2단계: 학생부 교과 90.2% + 면접 9.8% ＊면접: 자체 개발 문항으로 교직관 및 교양, 표현력, 태도 평가 • 수능최저학력기준 변경: 국어, 영어, 수학, 탐구(2)의 합 11 이내(2019학년도: 국어, 수학, 탐구(탐구 2 평균) 3개 영역 등급 합 8(소수점 첫째 자리에서 반올림) • 합격자 내신 분포: 1등급 초반~1.7등급 • 모집인원 감소에 따른 지원 주의(109명 → 80명)	☞ 합격자의 내신이 1.5등급 내외이므로 내신 성적 향상을 전제로 함
		전주교대 고교성적우수자전형	• 1단계: 교과 90% + 출결 10%(2배수) / 2단계: 1단계 성적 90% + 면접 10% • 수능최저학력기준: 5개 영역 등급 합 13(탐구 2 평균 / 한국사 포함) • 합격자 내신 분포: 대부분 1.5등급 이내	
		중앙대 학생부교과전형	• 학생부 교과 70% + 학생부 비교과 30%(출결, 봉사) ＊비교과: 무단결석/미인정 1일 이하, 봉사 시간 25시간 이상 만점 • 수능최저학력기준 완화: 인문 – 3개 영역 등급 합 6(탐구 2 / 2019학년도 – 3개 영역 등급 합 5(탐구 1) / 자연 – 3개 영역 등급 합 6[수학(가) 필수, 탐구 1 / 2019학년도 – 3개 영역 등급 합 5] / 한국사 4등급 ＊제2외국어/한문을 사탐 1과목으로 대체 가능함 • 모집인원이 소폭 확대(2019학년도 417명 → 2020학년도 436명)되었지만 학부모집이 학과모집으로 변동되는 등 모집단위와 모집인원의 변화가 있으므로 확인이 필요함	
		서울시립대 학생부교과전형	• 학생부 교과 100% • 학생부 성적: 원점수, 평균, 표준편차 활용 –Z점수 ＊인문: 국어, 영어, 수학, 사회 70% + 그 외 과목 30% ＊자연: 국어, 영어, 수학, 과학 70% + 그 외 과목 30% • 수능최저학력기준: 인문 – 3개 영역 등급 합 7(탐구 1) / 자연 – 3개 영역 등급 합 8(탐구 1)	
	수능최저 미적용	이화여대 고교추천전형	• 1단계: 학생부 교과 80% + 면접 20%(지원자 전원 면접) • 계열 구분 없이 학교당 5명 이내 • 국어, 수학, 영어, 사회, 과학 전 단위 반영	
		한국외국어대 교과전형	• 학생부 교과 100% 석차 등급(2019학년도 석차 등급 혹은 원점수 적용에서 석차 등급으로만 변경) – 수능최저학력기준: 2020학년도부터 폐지(2019학년도 국어, 수학 (가/나), 영어, 사회탐구(2과목 평균) 중 2개 역 등급 합이 4 이내이고 한국사 4등급 이내) – 수능최저학력기준의 폐지로 LD·LT 학부 등 일부 상위 학과 입결이 높아질 것으로 예상	

어떤 노력을 기울여야 할까?

고3이라면? 경쟁자와 차별되는 자신의 이야기를 만들어야 합니다!

이 정거장에 있는 수험생이 희망하는 대학에 갈 수 있는 가장 효과적인 방법은 학생부종합전형입니다. 조금은 부족한 내신 성적을 보완할 수 있는 방법은 우수한 비교과 활동입니다. 전공과 관련된 열정과 잠재 역량을 비교과 활동으로 구체화 하고 서류에 드러낸다면 좋은 결과를 기대할 수 있습니다. 따라서 다른 경쟁자와 차별되는 자신만의 콘텐츠가 가장 훌륭한 자산입니다.

이미 정해진 내신이라도 마지막 남은 3학년 1학기 시험에서 지원 학과와 관련된 교과는 1등급을 목표로 공부해야 합니다. 대학에서는 과거의 모습이 아닌 현재의 모습, 즉 대학에 지원하는 시기의 학습 역량인 3학년 1학기 내신을 주의 깊게 봅니다. 더불어 성적의 향상은 발전 가능한 잠재 역량이 있음을 드러냅니다.

수능이라는 자신의 강점을 더 강화해야 합니다!

수시와 정시 모두에 적용될 수 있는, 수능 고득점과 수능최저학력기준 통과라는 무기는 그 어느 것보다도 강력하므로 지금까지 해 온 것보다 더 열심히 공부하고 향상시켜야 합니다.

특히 학생부종합전형에서 내신 성적이나 비교과 영역이 조금 부족하더라도 일부 대학에서는 수능최저학력기준 충족 여부가 합격의 행운을 가져올 수도 있습니다. 이와 더불어 높은 수능 성적은 정시라는 든든한 뒷배가 되어 줄 수 있습니다.

상위 정거장으로 옮겨야 합니다!

내신과 수능 어느 하나라도 향상시켜서 상위 정거장으로 이동할 수 있다면 지원 가능한 대학의 폭이 매우 커질 수 있습니다. 학습 과정에서 자신의 강점을 더 강화하고 부족한 2%를 메울 수 있다면, 최상의 정거장에서 대학을 선택하는 자신을 발견할 수 있을 것입니다.

● **내신 성적을 향상시키면**

10번(52쪽) 정거장으로 GO!

● **수능 성적을 향상시키면**

2번(34쪽) 정거장으로 GO!

● **내신과 수능 성적을 모두 향상시키면**

1번(26쪽) 정거장으로 GO!

12번 정거장

내신 **2.0** ~ **3.0** 등급, 수능 **1.5** ~ **2.0** 등급

자신의 강점인 수능 성적을 조금만 더 올릴 수 있다면 선택의 폭은 매우 넓어질 것입니다. 그러나 내신 또한 놓아 버리기엔 훌륭한 성적입니다. 저학년이라면 둘 다 잡을 수 있는 전략이 필요합니다

현재 나의 위치는?

논술전형

이 정거장의 수험생이 상위권 대학에 진학할 수 있는 정시 외의 또 다른 방법은 바로 논술전형입니다. 수능최저학력기준이 충족되는 성적대이므로 수능최저학력기준이 적용되는 대학으로 지원하는 것이 유리합니다. 수능최저학력기준이 높으면 높을수록 실질 경쟁률이 많이 낮아져 합격 가능성이 커지기 때문입니다. 그러나 대부분 대학에서 논술 수능최저학력기준을 완화하면서 수능최저학력기준 충

족 여부와 더불어 논술 실력이 갖춰져야 하는 정거장입니다. 철저한 수능 준비가 논술 준비이므로 두 마리 토끼를 모두 잡을 수 있는 학습 전략이 필요합니다.

정시전형

누적되어 온 내신 성적은 이미 어쩔 수 없더라도, 수능 성적은 지금부터의 노력 여하에 따라 어디까지 올라갈지 모릅니다. 끝까지 수능 공부에 최선을 다한다면 희망하는 대학으로 진학할 수 있는 충분한 위치입니다.

현재의 수능 등급을 그대로 반영하더라도, 과목별 난이도를 고려한 표준점수 합에 따라서는 최상위권 대학(일부 학과)에 합격할 가능성이 보이기도 합니다. 그러나 희망하는 대학과 학과에 마음껏 지원하고 싶다면, 수능 날까지 최선을 다하는 것이 최선입니다!

학생부종합전형

누가 보아도 성실하게 학업에 노력을 기울여 왔음이 보이는 정거장입니다. 그러나 수능 성적에 비해 부족한 내신 성적으로 인해 학생부종합전형으로는 정시나 논술전형보다 만족할 만한 대학에 지원하기 쉽지 않습니다.

더구나 1등급의 우수한 학생들 그리고 전국적으로 너무나 많은 내신 2등급대 학생들과의 경쟁에서 이기려면, 자신만의 장점과 역량을 드러낼 수 있는 매력적인 비교과 활동이 필요합니다. 더불어 학생부종합전형이 교과와 비교과를 종합적으로 평가하고, 대학이나 학과별로 원하는 인재상이 다르므로 그에 맞는 준비가 되어 있다면 충분히 승산이 있습니다.

그리고 또 한 가지! 수능최저학력기준이 적용되는 대학에 지원하는 방법이 있습니다. 내신 2등급대의 이 정거장에서 가장 노려볼 만한 대학이 있다면, 이화여대 미래인재전형과 고려대 일반전형입니다. 이화여대 미래인재전형의 수능최저학력기준이 상향되고, 특히 고려대 일반전형은 내신 성적으로는 부족해 보이지만 '4개 영역 등급 합 6(인문), 4개 영역 등급 합 7(자연)'이라는 최고의 수능최저학력기준을 내걸고 있어서 그 충족 여부가 합격과 불합격을 갈라놓는 행운의 키로 작용할 수 있습니다. 이 정거장의 학생에게는 자신의 무기를 살리는 최고의 방법이 될 수도 있습니다.

어떤 대학을 주목해야 할까?

전형		지원가능대학	Tip
논술	수능최저 적용	서강대 논술전형	• 논술 80% + 학생부 20%(교과 10% + 비교과 10%) ＊비교과: 출결 5% + 봉사 5% • 모집인원(2019학년도 346명 → 2020학년도 235명, 111명 감소) 변화에 따른 지원 주의(특히 인문 계열 경영, 경제 모집인원 대폭 감소 주의) • 수능최저학력기준: 3개 영역 등급 합 6(탐구 1) / 한국사 4등급 • 수능 응시 계열 및 지원 계열의 구분 없이 동일한 기준으로 적용함 • 논술 출제 분야: 인문/자연 계열(지식융합미디어학부) – 인문/사회과학 관련 제시문과 논제, 자연 계열 – 수리 관련 제시문과 논제(각 2문항)
		성균관대 논술전형	• 논술 60% + 학생부 40%(교과 30% + 비교과 10%) • 모집인원(900명 → 532명, 368명 감소, 감소 인원 대부분 정시로 이동) 변화에 따른 지원 주의 ＊비교과: 출결 5% + 봉사 5% ＊교과: 1등급(30점)~4등급(29.7점)까지 0.1점씩 감점 • 수능최저학력기준: 국어, 수학, 탐구(2) 중 2개 영역 등급 합 4(인문) / 국어, 수학(가), 과탐(2) 중 2개 영역 등급 합 4(자연) / 2개 영역 등급 합 3(글로벌) / 수학(가), 과탐(1) 등급 합 3(반도체시스템공학, 소프트웨어학, 글로벌바이오메디컬공학) / 영어 2등급 / 한국사 4등급 ＊탐구 영역 2개 과목 등급 평균 계산 시 소수점 이하 절사 예 탐구 2등급 + 탐구 3등급 = 5등급(평균 2.5등급 → 2등급으로 인정) ＊인문계(글로벌리더학, 글로벌경제학, 글로벌경영학 제외)는 제2외국어/한문을 탐구 1과목으로 대체 가능함
		이화여대 논술전형	• 논술 70% + 학생부 교과 30% • 모집 인원 축소: 670명 → 543명(127명 감소)(사범대 일부 학과 논술선발 폐지 등 모집단위별 논술선발인원 확인) • 수능최저학력기준 변화: 인문 – 3개 영역 등급 합 5 / 자연 –3개 영역 등급 합 6 / 한국사 필수 응시(탐구 2과목 평균에서 상위 1과목 반영)

전형		지원가능대학	Tip
논술	수능최저 적용	이화여대 논술전형	*스크랜튼학부: 인문 -3개 영역 등급 합 4 / 자연, 뇌인지과학 -3개 영역 등급 합 5 / 한국사 필수 응시 / 제2외국어/한문을 사탐 1과목으로 대체 가능함 • 학생부 반영: 국어, 영어, 수학, 사회(역사, 도덕 포함), 과학 상위 30단위, 1~2등급 간 6점, 2~3등급 간 12점, 3~4등급 간 18점 *쉬운 논술 출제로 내신의 영향력이 커져서 1등급대 합격 사례가 많음
		중앙대 논술전형	• 논술 60% + 학생부 40%(교과 20% + 비교과 20%) • 학생부 반영 방법 : 국어, 영어, 수학, 사회/과학 중 상위 10과목 • 수능최저학력기준 완화: 인문 - 3개 영역 등급 합 6(탐구 2, 제2외국어/한문으로 사탐 1과목 대체 가능) (2019학년도 3개 영역 등급 합 5, 탐구 1) / 자연 - 3개 영역 등급 합 6(수학(가) 필수, 과탐 1) (2019학년도 3개 영역 등급 합 5) / 한국사 4등급 • 논술 유형: 인문사회 - 언어 / 경영경제 - 언어, 수리 / 자연 - 수리, 과학(선택형)
		한국외국어대 논술전형	• 논술 70% + 학생부 교과 30% • 논술은 캠퍼스 구분 없이 인문만 시행함 • 모집인원 축소 : 546명 → 493명(53명 감소) • 학생부 성적은 석차 등급만 반영(2020학년도부터 원점수 적용 폐지) • 수능최저학력기준(서울): 2개 영역 등급 합 4(사탐 2) / LD · LT 학부 3개 영역 등급 합 4(사탐 1) / 한국사 4등급(제2외국어/한문으로 사탐 1과목 대체 가능)
		경희대 논술전형	• 논술 70% + 학생부 교과, 비교과(출결, 봉사) 30% • 모집인원 축소: 770명 → 714명(56명 감소) • 수능최저학력기준: 인문 - 2개 영역 등급 합 4(탐구 1, 제2외국어/한문을 사탐 1과목으로 대체 가능) / 자연 - 2개 영역 등급 합 5(탐구 1) / 한국사 5등급 / 체육대 - 국어, 영어 중 1개 영역 3등급(한국사 필수 응시)
	수능최저 미적용	연세대 논술전형	• 전형방법 : 논술 100% • 2020학년도부터 수능최저학력기준 폐지(2019학년도 국어, 수학, 탐구(2개 과목) 등 총 4개 과목의 등급 합이 7 이내(자연 8 이내) • 모집인원 축소: 643명 → 607명(36명 감소)(의예과 논술 폐지 등으로 모집인원의 감소가 나타났지만, 경영학부 등 일부 학과는 모집인원이 확대됨)
		한양대 논술전형	• 논술 80% + 학생부종합평가 20%(2019학년도: 논술 70% + 학생부종합평가 30%) *학생부종합평가: 학생부에 기록되어 있는 출결, 수상 경력, 봉사활동, 행동 특성 및 종합 의견 등을 참고하여 학생의 학교생활 성실도를 중심으로 종합평가함 • 경영학부: 자연 계열 9명 선발, 경제금융학부: 자연 계열 7명 선발(2019학년도 인문으로 19명 선발함, 2020학년도 인문 12명/자연 7명으로 분할하여 선발함) • 공과대(융합전자공학부, 컴퓨터소프트웨어학부, 에너지공학과, 미래자동차공학과), 의예과 논술 야간(17:00 이후) 시행

전형		지원가능대학	Tip	
논술	수능최저 미적용	서울시립대 논술전형	• 1단계: 논술 100%(4배수) / 2단계: 논술 60% + 학생부 교과 40% • 학생부 성적: 원점수, 평균, 표준편차 활용 – Z점수	
정시		자연 계열	• 연세대, 고려대 일부 학과는 과목별 난이도를 고려한 표준점수 합에 따라 지원 가능한 점수대임. 성균관대, 한양대, 이화여대, 경인교대의 경우, 지원 가능 학과가 많음	
		인문 계열	• 한양대 일부 학과, 경인교대에 지원 가능한 점수대임	
		\multicolumn{2}{l}{• 중앙대, 경희대, 한국외국어대, 서울시립대, 지방 교대, 건국대, 동국대 등이 이 정거장의 학생들이 가장 많이 지원하는 대학임 • 중상위권 대학의 인기 학과, 특성화학과, 사범대 등은 이 정거장의 상위권 학생들이 선호하는 지원 희망 대학임}	
학생부 종합	수능최저 적용	고려대 일반전형	• 1단계: 서류 100% / 2단계: 1단계 70% + 면접 30% • 수능최저학력기준: 인문 – 4개 영역 등급 합 6 / 자연 – 4개 영역 등급 합 7 / 탐구 상위 1과목 반영(단, 응시는 반드시 2개 과목) *인문 – 한국사 3등급 / 자연 – 한국사 4등급 • 학생부종합전형으로서는 최고의 수능최저학력기준을 적용하고 있으므로 내신 성적이 2등급대라도 수능최저학력기준을 충족할 경우 합격 가능성이 있음	☞ 높은 수능 최저학력기준 충족 여부가 관건! ☞ 비교과 활동을 통해 부족한 내신을 보완해야 함
		이화여대 미래인재전형	• 서류 100% • 수능최저학력기준: 충족 여부가 합불에 큰 영향을 미치며, 특히 자연 계열 수능최저학력기준의 강화(2개 합 4 → 3개 합 6)에 주의 *인문 – 3개 영역 등급 합 5 / 자연 – 3개 영역 등급 합 6 / 스크랜튼학부(인문) – 3개 영역 등급 합 4 / 스크랜튼학부(자연), 뇌인지과학 – 3개 영역 등급 합 5 *제2외국어/한문을 탐구 1과목으로 대체 가능함. 한국사 필수 응시, 탐구 영역 1과목 반영(탐구 영역 등급 평균 계산 시 소수점 이하 절사 제도는 폐지)	
		한국교원대 학생부종합우수자 일반전형	• 전형명 변경: 학생부종합우수자 일반전형(2019학년도: 학생부종합우수자 특별전형) • 시 · 도 교육감 추천 조항 폐지(2019학년도: 시 · 도 교육감 추천을 받을 수 있는 사람) • 1단계: 서류 100%(3배수) / 2단계: 1단계 80% + 면접 20% • 수능최저학력기준: 초등교육과, 불어교육과 – 없음 / 체육교육과 – 국어(수학), 영어, 탐구 3개 영역 등급 합 9 / 그 외 학과 – 4개 영역 등급 합 13(탐구 2 평균, 일부 모집단위 수학 가형 또는 과탐 응시자 1등급 상향)	

전형		지원가능대학		Tip	
학생부 종합	수능최저 미적용	중앙대	다빈치형 인재전형	• 전형방법 변경: 서류 100%(일괄합산)(2019학년도 단계별, 2단계 면접) • 의학부: 8명 선발 / 체육교육과: 15명 선발 • 2019학년도 학부모집에서 2020학년도 학과별 모집으로 일부 모집단위 변경 및 다수 학과 모집인원 변동에 따른 확인 필수 • 서류를 근거로 지원자의 학업 및 교내 다양한 활동을 통한 성장 가능성을 종합적으로 평가함	
			탐구형 인재전형	• 전형방법 변경: 서류 100%(일괄합산)(2019학년도 단계별, 2단계 면접) • 의학부: 8명 선발 • 2019학년도 학부모집에서 2020학년도 학과별 모집으로 일부 모집단위 변경 및 다수 학과 모집인원 변동에 따른 확인 필수 • 서류를 근거로 지원자의 탐구 능력, 전공 분야의 학업 잠재력, 학교 충실성 등을 종합적으로 평가함(소논문, 과제 연구, 심화 연구 등의 지적 탐구 과정에서 역량을 보여 줄 수 있어야 함)	
			SW인재 전형	• 소프트웨어대학 75명 모집(2019학년도 소프트웨어학부 70명 모집) • 전형방법 변경: 서류 100%(일괄합산)(2019학년도 단계별 모집, 2단계 면접) 서류평가는 학생부, 자소서, 추천서(2019학년도 제출한 SW 역량 입증 서류 폐지)	
		경희대 네오르네상스전형		• 1단계: 서류 100%(3배수 내외) / 2단계: 서류 70% + 면접 30% • 학생부종합전형의 대표 브랜드	
		한국외국어대 학생부종합전형		• 1단계: 서류 100%(3배수) / 2단계: 서류 70% + 면접 30% • 전형 자료를 종합적 · 정성적으로 종합평가하지만 학업 역량이 중요한 평가 요소 중 하나임 • 모집인원 확대: 400명 → 442명(42명 증가)로 일부 모집단위(독일어, 스페인어, 경영학부 등) 모집인원 대폭 확대	
		서울시립대 학생부종합전형		• 1단계: 서류 100%(2~4배수) / 2단계: 서류 50% + 면접 50% ＊2단계 면접 100%에서 50%로 축소되었지만 중요함 • 학부 · 학과별 인재상이 명확하게 제시되어 있으므로 반드시 확인이 필요함 ＊제시문 활용 발표 및 서류확인면접 • 서류평가: 학생부, 자소서(2019학년도: 학생부, 자소서, 교사추천서)	
학생부 교과	수능최저 적용	홍익대 교과우수자전형		• 학생부 교과 100% • 학생부 반영 방법이 2019학년도 국어, 수학, 영어, 사회/과학 3과목씩 총 12과목 반영이었으나 2020학년도에는 반영 교과군의 전 교과목을 반영함에 주의 • 모집인원 감소(478명 → 386명)됨 • 수능최저학력기준 : 인문, 예술, 자율전공(인문, 예능) – 3개 영역 등급 합 6(탐구 1) / 자연, 자율전공(자연, 예능) – 3개 영역 등급 합 7[수학(가) 필수, 탐구 1]	☞ 정시 지원과의 유불리를 따져서 지원해야 함

어떤 노력을 기울여야 할까?

고3이라면?

최고의 수능 성적을 향해 달려가야 합니다! 지금으로서는 수능 성적 향상을 통한 정시 지원이 최선의 방법입니다. 평가원의 6·9월 수능모의평가를 통한 수능 출제 경향 분석과 기출문제 풀이를 통한 수능 적응 훈련도 필요합니다.

수시에 지원할 경우에는 '수능최저학력기준 통과'라는 무기를 활용하는 것이 좋습니다. 학생부 위주 전형과 논술전형에서 상위권 대학일수록 수능최저학력기준이 높게 적용되는데, 이를 충족시킨다면 훨씬 쉽게 합격의 기회를 얻을 수 있습니다. 단, 이때 정시 지원 가능 대학보다 하향 지원을 해서는 안 됩니다.

1학기 말 고사 이후 느슨해진 학사 운영과 수시모집 시기에 따른 어수선한 분위기에 편승해 수능이라는 자신의 무기조차 잃게 되는 안타까운 결과를 얻지 않기를 바랍니다.

경쟁자와 차별되는 자신만의 이야기를 만들어야 합니다!

학생부종합전형에 지원하는 경우, 자신보다 우수한 내신 성적을 가진 수많은 수험생과 경쟁해야 합니다. 내신 성적이 다소 부족하더라도 다양하고 깊이 있는 비교과 활동을 통한 잠재 역량, 열정 등을 자신만의 이야기로 엮어 낼 수 있다면 충분히 승산이 있습니다. 입시 위주의 스펙보다는 진로를 위한 진정성 있는 스토리를 만들어 봅시다.

상위 정거장으로 옮겨 가야 합니다!

내신과 수능, 비교과 활동 등 어느 것 하나 소홀히 할 수 없는 가장 힘든 정거장에 와 있습니다. 하지만 그중 하나라도 조금만 더 향상시킬 수 있다면 대학과 학과의 수준 역시 한층 업그레이드될 것입니다.

단순히 대학에 합격하는 데 목적을 두기보다 현재의 노력이 자신이 꿈꿔 온 목표에 다가가기 위한 것이라는 내적 동기를 가지면, 내신과 수능 모두에서 역전의 기회를 얻을 수 있을 것입니다.

● 내신 성적을 향상시키면

10번(52쪽), 11번(64쪽) 정거장으로 GO!

● 수능 성적을 향상시키면

3번(42쪽) 정거장으로 GO!

● 내신과 수능 성적을 모두 향상시키면

1번(26쪽), 2번(34쪽) 정거장으로 GO!

13.번 정거장

내신 **3.0** ~ **6.0** 등급, 수능 **1.5** ~ **2.0** 등급

14·15번 정거장 포함

내신 성적은 부족하지만, 수능 성적이 든든하게 받쳐 주고 있군요! 기왕 수능 성적을 믿고 갈 것이라면, 좀 더 확실한 무기로 만들어 버리면 어떨까요?

현재 나의 위치는?

정시전형

　누적되어 온 내신 성적은 이미 어쩔 수 없더라도, 수능 성적은 지금부터의 노력 여하에 따라 어디까지 올라갈지 모릅니다. 끝까지 수능 공부에 최선을 다한다면 희망하는 대학으로 진학할 수 있는 충분한 위치입니다. 대부분의 대학이 정시에서 수능을 100% 반영하고 있으므로 내신의 불리함은 거의 없습니다.

　현재의 수능 등급을 그대로 반영하더라도, 과목별 난이도를 고려한 표준점수 합에 따라서는 최상위권 대학(일부 학과)에 합격할 가능성이 보이기도 합니다. 그러나 희망하는 대학과 학과에 마음껏 지원하고 싶다면, 수능 날까지 최선을 다하는 것이 최선입니다!

논술전형

이 정거장의 수험생이 상위권 대학에 진학할 수 있는 또 다른 방법은 바로 논술전형입니다. 내신 성적이 조금 부족하더라도 논술전형에서는 내신 성적의 실질 반영률이 작기 때문에 영향이 크지 않습니다. 수능최저학력기준이 충족되는 성적대이므로 수능최저학력기준이 적용되는 대학으로 지원하는 것이 유리합니다. 수능최저학력기준이 높으면 높을수록 실질 경쟁률이 많이 낮아져 합격 가능성이 커지기 때문입니다.

이 정거장의 최대 무기인 수능 역량을 최대한 발휘해야 합니다. '수능 공부가 곧 논술 준비'라는 사실도 잊지 마세요.

어떤 대학을 주목해야 할까?

전형	지원가능대학	Tip
정시	자연 계열	• 연세대, 고려대 일부 학과는 과목별 난이도를 고려한 표준점수 합에 따라 합격 가능성이 있는 점수대임. 서강대, 성균관대, 한양대, 경인교대의 경우, 지원 가능 학과가 많음
	인문 계열	• 한양대 일부 학과, 경인교대에 지원 가능한 점수대임
		• 중앙대, 경희대, 한국외국어대, 서울시립대, 한국교원대, 지방 교대 등은 이 점수대의 학생들이 가장 지원을 희망하는 대학임 • 학생부를 반영하는 지방 교대의 경우 내신 성적에 따른 유불리를 따져 보아야 함. 부산, 광주, 진주교대는 1단계부터, 대구, 청주, 춘천, 전주교대는 2단계부터 반영됨 • 중상위권 대학의 인기학과, 특성화학과 그리고 사범대 등은 이 정거장의 상위권 학생들이 선호하는 지원 희망 대학임

전형		지원가능대학	Tip
논술	수능최저 적용	서강대 논술전형	• 논술 80% + 학생부 20%(교과 10% + 비교과 10%) ＊비교과: 출결 5% + 봉사 5% • 모집인원(2019학년도 346명 → 2020학년도 235명 111명 감소) 변화에 따른 지원 주의(특히 인문 계열 경영, 경제 모집인원 대폭 감소 주의) • 수능최저학력기준: 3개 영역 등급 합 6(탐구 1) / 한국사 4등급 • 수능 응시 계열 및 지원 계열의 구분 없이 동일한 기준으로 적용함 • 논술 출제 분야 : 인문/자연 계열(지식융합미디어학부) – 인문/사회과학 관련 제시문과 논제, 자연 계열 – 수리 관련 제시문과 논제(각 2문항)
		성균관대 논술전형	• 논술 60% + 학생부 40%(교과 30% + 비교과 10%) • 모집인원(900명 → 532명, 368명 감소, 감소 인원 대부분 정시로 이동) 변화에 따른 지원 주의 ＊비교과: 출결 5% + 봉사 5% ＊교과: 1등급(30점)～4등급(29.7점)까지 0.1점씩 감점 • 수능최저학력기준: 국어, 수학, 탐구(2) 중 2개 영역 등급 합 4(인문) / 국어, 수학(가), 과탐(2) 중 2개 영역 등급 합 4(자연) / 2개 영역 등급 합 3(글로벌) / 수학(가), 과탐(1) 등급 합 3(반도체시스템공학, 소프트웨어학, 글로벌바이오메디컬공학) / 영어 2등급 / 한국사 4등급 ＊탐구 영역 2개 과목 등급 평균 계산 시 소수점 이하 절사 　예) 탐구 2등급 + 탐구 3등급 = 5등급(평균 2.5등급 → 2등급으로 인정) ＊인문계(글로벌리더학, 글로벌경제학, 글로벌경영학 제외)는 제2외국어/한문을 탐구 1과목으로 대체 가능함
		이화여대 논술전형	• 논술 70% + 학생부 교과 30% • 모집인원 축소: 670명 → 543명(127명 감소)(사범대 일부 학과 논술선발 폐지 등 모집단위별 논술 선발 인원 확인) • 수능최저학력기준 변화: 인문 – 3개 영역 등급 합 5 / 자연 – 3개 영역 등급 합 6 / 한국사 필수 응시(탐구 2과목 평균에서 상위 1과목 반영) ＊스크랜튼학부: 인문 –3개 영역 등급 합 4 / 자연, 뇌인지과학 –3개 영역 등급 합 5 / 한국사 필수 응시 / 제2외국어/한문을 사탐 1과목으로 대체 가능함 • 학생부 반영: 국어, 영어, 수학, 사회(역사, 도덕 포함), 과학 상위 30단위, 1～2등급 간 6점, 2～3등급 간 12점, 3～4등급 간 18점 ＊쉬운 논술 출제로 내신의 영향력이 커져서 1등급대 합격 사례가 많음
		중앙대 논술전형	• 논술 60% + 학생부 40%(교과 20% + 비교과 20%) • 학생부 반영 방법 : 국어, 수학, 영어, 사회/과학 중 상위 10과목 • 수능최저학력기준 완화: 인문 – 3개 영역 등급 합 6(탐구 2, 제2외국어/한문으로 사탐 1과목 대체 가능) (2019학년도 3개 영역 등급 합 5, 탐구 1) / 자연 – 3개 영역 등급 합 6(수학(가) 필수, 과탐 1) (2019학년도 3개 영역 등급 합 5) / 한국사 4등급 • 논술 유형: 인문사회 – 언어 / 경영경제 – 언어, 수리 / 자연 – 수리, 과학(선택형)

전형		지원가능대학	Tip
논술	수능최저 적용	한국외국어대 논술전형	• 논술 70% + 학생부 교과 30% • 논술은 캠퍼스 구분 없이 인문만 시행함 • 모집인원 축소 : 546명 → 493명(53명 감소) • 학생부 성적은 석차 등급만 반영(2020학년도부터 원점수 적용 폐지) • 수능최저학력기준: 2개 영역 등급 합 4(LD · LT 학부 3개 등급 합 4(사 탐 1) / 한국사 4등급(제2외국어/한문으로 사탐 1과목 대체 가능)
		경희대 논술전형	• 논술 70% + 학생부 교과, 비교과(출결, 봉사) 30% • 모집인원 축소 : 770명 → 714명(56명 감소) • 수능최저학력기준: 인문 – 2개 영역 등급 합 4(탐구 1, 제2외국어/한문 을 사탐 1과목으로 대체 가능) / 자연 – 2개 영역 등급 합 5(탐구 1) / 한국사 5등급 / 체육대 – 국어, 영어 중 1개 영역 3등급(한국사 필수 응시)
	* 논술전형 지원 가능 대학: 수능최저학력기준 적용(내신 성적 고려) 13, 14, 15번 정거장: 서강대, 성균관대, 중앙대, 한국외국어대, 경희대		
	수능최저 미적용	연세대 논술전형	• 전형방법: 논술 100% • 2020학년도부터 수능최저학력기준 폐지(2019학년도 국어, 수학, 탐구 (2개 과목) 등 총 4개 과목의 등급 합이 7 이내(자연 8 이내) • 모집인원 축소: 643명 → 607명(36명 감소)(의예과 논술 폐지 등으로 모집인원의 감소가 나타났지만, 경영학부 등 일부 학과는 모집인원이 확대됨)
		한양대 논술전형	• 논술80% + 학생부종합평가 20%(2019학년도 논술 70% + 학생부종합 평가 30%) *학생부종합평가: 학생부에 기록되어 있는 출결, 수상 경력, 봉사활 동, 행동 특성 및 종합 의견 등을 참고하여 학생의 학교생활 성실도 를 중심으로 종합평가함 • 경영학부: 자연 계열 9명 선발, 경제금융학부: 자연 계열 7명 선발 (2019학년도 인문으로 19명 선발함, 2020학년도 인문 12명/자연 7명 으로 분할하여 선발함) • 공과대(융합전자공학부, 컴퓨터소프트웨어학부, 에너지공학과, 미래자 동차공학과), 의예과 논술 야간(17:00 이후) 시행
		서울시립대 논술전형	• 1단계: 논술 100%(4배수) / 2단계: 논술 60% + 학생부 교과 40% • 학생부 성적: 원점수, 평균, 표준편차 활용 – Z점수

	* 논술전형 지원 가능 대학 : 수능최저학력기준 미적용(내신 성적 고려)
	   13~14번 정거장 : 연세대, 한양대, 시립대
	   15번 정거장 : 연세대, 한양대		

어떤 노력을 기울여야 할까?

고3이라면?

이미 내신 성적을 올려서 수시 학생부 위주 전형에 지원하는 것은 어렵습니다. 내신에 비해 훨씬 높은 수능 성적을 활용해서 정시전형에 지원하는 것이 최선입니다. 그러나 현재의 수능 성적으로는 최상위권 대학, 희망 학과에 지원하기에는 부족함이 있어 보입니다. 최고의 수능 성적을 향해 달려갑시다!

또 대학과 학과에 따라 과목별 반영 비율과 변환점수에 의해 결과가 크게 달라질 수 있으므로 희망 대학의 전형방법에도 관심을 기울여 준비해야 합니다.

수능최저학력기준과 논술전형이 결합한다면 최상의 결과!

이 정거장의 수험생이 가장 만족스럽게 대학에 진학할 수 있는 방법은 논술전형에서 수능최저학력기준을 충족하면서 최상위권 대학과 희망 학과로의 진입을 노려보는 것입니다. 이때 대학별로 논술 문제의 유형과 방법이 다르므로 대학별 논술고사에 대한 분석과 대비가 필요합니다. 단, 무엇보다 강력한 무기인 수능 성적을 유지하고 향상시키는 것이 중요하다는 사실을 잊어서는 안 됩니다!

상위 정거장으로 옮겨 가야 합니다!

저학년이라면 아직은 내신과 수능, 어느 것 하나 버려서는 안 됩니다. 지속적인 수시와 학생부 위주 전형 선발 인원의 확대로 인해 내신 성적의 중요성은 아무리 말해도 부족함이 없습니다. 즉, 모두 향상시킬 수 있다는 가능성을 열어 두고 상위 정거장으로의 이동을 목표로 삼아야 합니다.

특히 이 정거장의 강력 무기인 수능 성적을 최고로 상승시키는 것이 꿈꿔 왔던 미래에 좀 더 가까이 갈 수 있는 지름길입니다. 따라서 학습 과정에서 자신의 강점을 더 강화하고 약점은 보완하면서 부족한 2%를 메우기 위해 노력한다면, 희망 대학이나 학과로의 진학에 대한 꿈을 이룰 수 있을 것입니다.

● 내신 성적을 향상시키면

10번(52쪽), 11번(64쪽), 12번(77쪽) 정거장으로 GO!

● 수능 성적을 향상시키면

4번(48쪽) 정거장으로 GO!

● 내신과 수능 성적을 모두 향상시키면

1번(26쪽), 2번(34쪽), 3번(42쪽) 정거장으로 GO!

내신 **6.0 ~ 9.0** 등급, 수능 **1.5 ~ 2.0** 등급

17·18번 정거장 포함

수능이라는 막강한 힘을 갖고 있군요! 일반고에서는 흔치 않은 성적 구조입니다. 기왕 수능 성적의 힘을 활용할 것이라면 좀 더 상승시켜서 최고까지 가 봅시다!

현재 나의 위치는?

정시전형

누적되어 온 내신 성적은 이미 어쩔 수 없더라도, 수능 성적은 지금부터의 노력 여하에 따라 어디까지 올라갈지 모릅니다. 끝까지 수능 공부에 최선을 다한다면 희망하는 대학으로 진학할 수 있는 충분한 위치입니다. 대부분의 대학이 정시에서 수능을 100% 반영하고 있으므로 내신의 불리함은 거의 없습니다.

현재의 수능 등급을 그대로 반영하더라도, 과목별 난이도를 고려한 표준점수 합에 따라서는 최상위권 대학(일부 학과)에 합격할 가능성이 보이기도 합니다. 그러나 희망하는 대학과 학과에 마음껏 지원하고 싶다면, 수능 날까지 최선을 다하는 것이 최선입니다!

논술전형

이 정거장의 수험생이 상위권 대학에 진학할 수 있는 또 다른 방법은 바로 논술전형입니다. 내신 성적이 부족하지만 논술전형에서는 내신 성적의 실질 반영률이 낮기 때문에 논술 경쟁력으로 역전이 가능합니다. 그러나 많은 대학에서 학생부를 반영할 때 5,6등급까지의 등급 간 점수 차는 작게 하고 6,7등급부터 격차를 벌려 놓는 경우가 많습니다. 따라서 이 정거장의 학생들은 등급 간 성적 차이가 적은 대학의 논술전형에 지원하거나, 그것을 만회할 수 있을 정도의 논술 실력을 갖춰야 합니다.

또 수능최저학력기준이 적용되는 대학으로 지원하는 것이 유리합니다. 수능최저학력기준이 높을수록 실질 경쟁률이 낮아지고 합격 가능성은 커지기 때문입니다.

따라서 수능과 논술을 둘 다 잡을 수 있는 학습 전략이 필요합니다.

어떤 대학을 주목해야 할까?

전형	지원가능대학	Tip
정시	자연 계열	• 연세대, 고려대 일부 학과는 과목별 난이도를 고려한 표준점수 합에 따라 합격 가능성이 있는 점수대임. 서강대, 성균관대, 한양대, 경인교대의 경우, 지원 가능 학과가 많음
	인문 계열	• 한양대 일부 학과, 경인교대에서 합격 가능성이 있는 점수대임. 지방 국립대로는 사범 계열 등 일부 상위 학과에 지원할 수 있는 점수대임
		• 중앙대, 경희대, 한국외국어대, 서울시립대, 한국교원대, 지방 교대 등은 이 점수대의 학생들이 가장 지원을 희망하는 대학임

전형	지원가능대학	Tip
정시		• 학생부를 반영하는 지방 교대의 경우 내신 성적에 따른 유불리를 따져 보아야 함. 부산, 광주, 진주교대는 1단계부터, 대구, 청주, 춘천, 전주교대는 2단계부터 반영됨. 특히 진주교대는 내신 6등급이하는 감점이 커 지원이 어려움 • 중상위권 대학의 인기 학과, 특성화학과 그리고 사범대 등은 이 정거장의 상위권 학생들이 선호하는 지원 희망 대학임

전형		지원가능대학	Tip
논술	수능최저 적용	서강대 논술전형	• 논술 80% + 학생부 20%(교과 10% + 비교과 10%) ＊비교과: 출결 5% + 봉사 5% • 모집인원(2019학년도 346명 → 2020학년도 235명, 111명 감소) 변화에 따른 지원 주의(특히 인문 계열 경영, 경제 모집인원 대폭 감소 주의) • 수능최저학력기준: 3개 영역 등급 합 6(탐구 1) / 한국사 4등급 • 수능 응시 계열 및 지원 계열의 구분 없이 동일한 기준으로 적용함 • 논술 출제 분야: 인문/자연 계열(지식융합미디어학부) – 인문/사회과학 관련 제시문과 논제, 자연 계열 – 수리 관련 제시문과 논제(각 2문항)
		성균관대 논술전형	• 논술 60% + 학생부 40%(교과 30% + 비교과 10%) • 모집인원(900명 → 532명, 368명 감소, 감소 인원 대부분 정시로 이동) 변화에 따른 지원 주의 ＊비교과: 출결 5% + 봉사 5% ＊교과: 1등급(30점)~4등급(29.7점)까지 0.1점씩 감점 • 수능최저학력기준: 국어, 수학, 탐구(2) 중 2개 영역 등급 합 4(인문) / 국어, 수학(가), 과탐(2) 중 2개 영역 등급 합 4(자연) / 2개 영역 등급 합 3(글로벌) / 수학(가), 과탐(1) 등급 합 3(반도체시스템공학, 소프트웨어학, 글로벌바이오메디컬공학) / 영어 2등급 / 한국사 4등급 ＊탐구 영역 2개 과목 등급 평균 계산 시 소수점 이하 절사 　예) 탐구 2등급 + 탐구 3등급 = 5등급(평균 2.5등급 → 2등급으로 인정) ＊인문계(글로벌리더학, 글로벌경제학, 글로벌경영학 제외)는 제2외국어/한문을 탐구 1과목으로 대체 가능함
		중앙대 논술전형	• 논술 60% + 학생부 40%(교과 20% + 비교과 20%) • 학생부 반영 방법: 국어, 수학, 영어, 사회/과학 중 상위 10과목 • 수능최저학력기준 완화: 인문 – 3개 영역 등급 합 6(탐구 2, 제2외국어/한문으로 사탐 1과목 대체 가능) (2019학년도 3개 영역 등급 합 5, 탐구 1) / 자연 – 3개 영역 등급 합 6(수학(가) 필수, 과탐 1) (2019학년도 3개 영역 등급 합 5) / 한국사 4등급 • 논술 유형: 인문사회 – 언어 / 경영경제 – 언어, 수리 / 자연 – 수리, 과학(선택형)

＊ 논술전형 지원 가능 대학: 수능최저학력기준 적용(내신 성적 고려)
　16번 정거장: 서강대, 성균관대, 중앙대
　17번 정거장: 서강대

전형	지원가능대학	Tip
논술	수능최저 미적용 연세대 논술	• 전형방법: 논술 100% • 2020학년도부터 수능최저학력기준 폐지(2019학년도 국어, 수학, 탐구 (2개 과목) 등 총 4개 과목의 등급 합이 7 이내(자연 8 이내) • 모집인원 축소: 643명 → 607명(36명 감소)(의예과 논술 폐지 등으로 모집인원의 감소가 나타났지만, 경영학부 등 일부 학과는 모집인원이 확대됨)
	* 논술전형 지원 가능 대학: 수능최저학력기준 미적용(내신 성적 고려) 16, 17, 18번 정거장: 연세대	

어떤 노력을 기울여야 할까?

고3이라면? 수능이라는 자신의 강점을 더 강화해야 합니다!

수능이라는 자신의 강점을 활용해야 합니다. 수시와 정시에서 수능최저학력기준 통과와 수능 고득점이라는 무기는 그 어느 것보다도 강력합니다. 수능최저학력기준이 적용되는 상위 대학의 논술전형 그리고 정시로의 도전이 가장 효과적인 방법입니다.

자신의 강점인 수능을 최고의 성적으로 끌어올려 효과를 극대화 해봅시다!

논술전형은 '고교 3년 과정 내 출제 원칙'하에 평소의 수능 준비로 가능해졌고, 2020 대입에서 정시 선발 인원이 확대되는 등, 이 정거장의 학생들에게는 꽤나 고무적인 일입니다. 그러나 무엇보다도 정시가 든든한 뒷배가 되어줄 때, 수시에서 소신있게 꿈을 펼쳐볼 수 있습니다. 아직은 최고라고 자부하기엔 2% 부족한 수능 성적을 조금만 더 보완할 수 있다면 1번 정거장이 부럽지 않습니다.

무엇보다 자신감이 필요합니다!

대학수학능력시험이라는 큰 산을 앞에 두고 흔들림 없는 자신감이 필요합니다. 수시모집 시기가 되면서 엄청난 입시 정보와 어수선한 분위기에 휩싸여 자칫 자신의 가장 강력한 무기이며 보루가 될 수능 성적을 잃을 수 있습니다. 수시전형 중에서도 논술전형에 적합한 정거장이므로 수능 준비가 곧 논술 준비이며, 수능 최저학력기준 충족 여부도 중요한 변수로 작용합니다. 다시 말해 첫째도 둘째도 수능 공부입니다. 수시와 정시 두 전형과 모집시기 사이에서 균형 있는 시간 배분이 필요합니다. 그리고 무엇보다도 평정심과 자신에 대한 믿음이 필요합니다. 노력은 결코 배신하지 않습니다.

상위 정거장으로 옮겨 가야 합니다!

수능에서 모두 1등급을 받는다면 불확실한 수시를 넘어 정시모집에서 최고의 위치를 점할 수 있습니다. 또 내신 성적을 조금만 더 올릴 수 있다면, 논술전형에서 내신 성적의 영향력이 크게 작용해서 지원할 수 없는 상황에서 벗어날 수 있습니다. 특히 고3이라면 수시 지원을 위해서는 마지막 남은 1학기 내신에서 더 이상 떨어지지 않도록 조심하는 것도 필요합니다. 하지만 내신보다 더 관심을 쏟아야 하는 것이 바로 수능 대비입니다.

● **내신 성적을 향상시키면**

7번(48쪽) 정거장으로 GO!

● **수능 성적을 향상시키면**

10번(52쪽), 11번(64쪽), 12번(77쪽), 13번(85쪽), 14번(85쪽), 15번(85쪽) 정거장으로 GO!

● **내신과 수능 성적을 모두 향상시키면**

1번(26쪽), 2번(34쪽), 3번(42쪽), 4번(48쪽), 5번(48쪽), 6번(48쪽) 정거장으로 GO!

19. 번 정거장

내신 **1** ~ **1.5** 등급, 수능 **2.0** ~ **3.0** 등급

최고의 내신! 그렇다면 훌륭한 내신 성적을 활용하는 것이 가장 효과적인 방법이지만, 좀 더 노력해서 수능 성적까지 향상시킨다면 최상위권 대학으로의 진학이 훨씬 수월해집니다!

현재 나의 위치는?

'최고의 내신'이라는 무기를 활용하기 위해서는 학생부 위주 전형 지원이 유리합니다. 그러나 수능최저학력기준 불충족으로 최상위권 대학으로의 진입이 수월하지 않을 수도 있는 정거장입니다. 따라서 수능 성적을 향상시켜서 수능최저학력기준을 충족해야만 원하는 모든 대학으로의 진학이 가능해집니다. 그리고 이 정거장의 학생들은 학생부종합전형 혹은 학생부교과전형에서 확실한 합격처를 만들어 놓는 것이 좋습니다.

학생부종합전형

이 정거장의 학생들에겐 최고의 내신과 비교과 활동을 활용한 학생부종합전형 지원이 최고의 방법입니다. 대부분의 대학은 학생부종합전형에 수능최저학력기준을 적용하지 않으므로 수능 성적이 부족한 이 정거장의 학생들에게는 반드시 잡아야 할 승부처가 되어야 합니다. 최상위권 대학의 학교장 추천 대상자가 될 가능성이 많지만, 수능최저학력기준 충족 여부가 발목을 잡을 수 있습니다. 따라서 불안한 수능 성적을 잡아야만 희망하는 대학 진학에 걸림돌이 없어집니다. 서류에서 지적 호기심과 지적 역량을 채워나가는 과정에 대한 서술을 통해 학업에 대한 열정과 역량을 잘 드러내고, 2단계 면접이 중요하므로 심층면접에 대한 준비를 미리 하는 것이 좋습니다. 단순한 문제 풀이식이 아니라 평소 수업 시간을 활용한 발표 및 토론 그리고 풍부한 독서가 많은 도움이 될 것입니다. 자연계 최상위권이면서 이공계 학과에 목표를 두고 있는 학생이라면 수시 6회 제한이 적용되지 않는 카이스트 등의 과학기술원에 지원해 보는 것도 좋은 방법입니다.

학생부교과전형

훌륭한 내신 성적을 살릴 수 있는 또 하나의 방법은 학생부교과전형을 공략하는 것입니다. 상위권 많은 대학에서 학생부교과전형을 실시하지 않고 있지만, 아직은 학생부교과전형을 실시하는 대학은 내신 성적이 좋은 학생들에게 안식처가 되고 있습니다.

이 정거장의 학생들은 수능최저학력기준 충족을 확신할 수 없으므로, 미적용 대학인 한양대, 이화여대(고교 추천), 중앙대(학교장 추천), 한국외국어대(2020학년도부터 수능최저학력기준 폐지) 등에 지원하는 것이 좋습니다. 그러나 수능최저학력기준이 적용되지 않는 대신 꽤 높은 합격선을 형성하므로 전체 1등급에 가깝게 내신 성적을 향상시켜야 희망하는 학과의 합격을 노려볼 수 있습니다.

따라서 수능 성적을 조금만 더 향상시켜 수능최저학력기준을 적용하는 대학까지 지원의 폭을 넓히는 것이 최선의 방법입니다.

논술전형

우수한 내신 성적을 활용한 학생부 위주 전형 지원이 최선이겠지만 비교과 활동이 준비되지 못하고 학생부교과전형으로 지원하기에는 내신 성적이 조금 부족한 경우, 아직은 상위권 대학에서 꽤나 많이 선발하고 있는 논술전형을 고려해볼 만합니다.

대부분의 대학에서 수능최저학력조건을 완화하면서 이 정거장의 학생들도 도전해볼 만해졌습니다. 무엇보다도 최근 '공교육 정상화 촉진 및 선행교육 규제에 관한 특별법(이하 공교육진흥법)'에 따라 대학별 고사에 '고교 교육과정 내 출제 원칙'이 적용되어 논술 시험이 예전에 비해 쉬워졌고, 대학별 정보 공개가 활발히 이루어져 충분히 대비 가능한 수준으로 바뀌고 있습니다. 즉, 수능 준비가 논술 준비이므로 최종 정시전형에서 승부를 본다는 마음으로 학업에 정진할 때 수시전형에서도 소신 있게 지원할 수 있습니다.

어떤 대학을 주목해야 할까?

전형		지원가능대학	Tip
학생부 종합	수능최저 적용	서울교대 교직인성우수자전형	• 1단계: 서류 100%(2배수) / 2단계: 1단계 50% + 면접 50% • 수시 모집인원 축소: 120명 → 100명(20명 감소) • 수능최저학력기준: 4개 영역 등급 합 9[탐구 2 평균, 수학(가) + 과탐 응시자는 등급 합 11, 성비 적용 없음] / 한국사 4등급 • 수능최저학력기준 통과율이 높음 • 교과와 함께 비교과 활동이 우수한 학생이 지원함 • 합격자 내신 분포: 2등급 초반까지
		한국교원대 학생부종합우수자 일반전형	• 전형명 변경: 학생부종합우수자 일반전형(2019학년도: 학생부종합우수자 특별전형)

전형		지원가능대학		Tip
학생부 종합	수능최저 적용	한국교원대 학생부종합우수자 일반전형		• 시·도 교육감 추천 조항 폐지(2019학년도: 시·도 교육감 추천을 받을 수 있는 사람) • 1단계: 서류 100%(3배수) / 2단계: 1단계 80% + 면접 20% • 수능최저학력기준: 초등교육과, 불어교육과 – 없음 / 체육교육과 – 국어(수학), 영어, 탐구 3개 영역 등급 합 9 / 그 외 학과 – 4개 영역 등급 합 13(탐구 2 평균, 일부 모집단위 수학 가형 또는 과탐 응시자 1등급 상향)
		춘천교대 교직적·인성인재 전형		• 1단계: 서류 100%(3배수) / 2단계: 1단계 40% + 면접 60% • 수능최저학력기준(신설) : 국어, 수학, 영어, 탐구 영역 등급 합 14 이내(한국사 등급 4 이내) ＊면접: 60%로 비율이 큼. 교직적성(교과와 관련된 본질적 문제나 현실적 쟁점), 교직인성(서류 확인)으로 9단계 평가함
	수능최저 미적용	서울대 일반전형		• 1단계: 서류 100%(2배수) / 2단계: 1단계 100% + 면접 및 구술고사 100% ＊사범대: 1단계 100% + 면접 및 구술고사 60% + 교직적성, 인성면접 40% • 합격자 비율(2019학년도 기준): 일반고 : 특목고(예·체고 제외) : 자사·공고 = 33.4 : 38.1 : 17.6 • 면접: 2018, 2019학년도와 동일한 방식으로 유지될 예정임. 제시문과 문항이 제공되며, 모집단위별로 30~45분의 답변 준비 시간과 15분의 면접 시간이 주어짐. 정답보다 풀이 과정에서의 사고방식과 학업 능력을 평가함
		포스텍 일반전형/ 창의IT인재전형		• 1단계: 서류 100%(3배수 내외) / 2단계: 면접 100% ＊서류: 학생부, 자소서, 교사추천서 • 단일 계열(무학과)로 선발함 • 개인면접으로 지원자의 인성, 자질, 학업 태도, 사고력 등 과학 기술계 글로벌 리더로서의 잠재력을 종합적으로 평가함. 잠재력 평가는 제출한 서류의 내용을 확인하면서 지원자의 인성적 측면을 평가함(예 자기소개, 지원 동기, 공부하다가 무엇인가를 발견하고 기뻤던 일) • 전형 간 중복 지원 불가능함
		연세대	면접형	• 1단계: 학생부 교과 40% + 서류평가 60%(3배수)[2019학년도: 교과 50% + 비교과 50%] ＊교과: Z점수(50%) + 석차 등급(50%) 반영 ＊서류평가: 비교과, 자소서 활용 인성·발전 가능성 종합평가, 추천서 폐지 • 2단계: 1단계 40% + 면접 60% • 고3 재학생만 지원 가능함 • 학생부 등급 간 점수 차: 1~2등급 5점, 2~3등급 7.5점(1등급 100점) ＊전 과목 반영: 국어, 영어, 수학, 사탐, 과탐 70점 + 기타 과목 30점 • 면접: 2019학년도와 동일한 방식으로 유지될 예정임. 제시문 활용 논리, 사고력면접(7분) + 서류 기반 창의사고력면접(7분) – 수능최저학력기준이 없고, 60% 반영이므로 합불의 결정 요소가 될 것으로 예측됨(면접 문제는 대체로 평이했다는 평가) • 활동우수형과 중복 지원 가능함

전형		지원가능대학		Tip
학생부 종합	수능최저 미적용	연세대	활동 우수형	• 1단계: 서류 100%(2.5배수 내외) / 2단계: 1단계 70% + 면접 30% • 서류평가: 학생부, 자소서, 추천서 • 수능최저학력기준 폐지 • 2019학년도 수능최저학력기준: 국어, 수학(가/나), 탐구 1, 탐구 2 중 2 과목 등급 합 4등급(탐구 2과목을 각각의 1과목으로 인정함, 국어와 수 학 중 상위 등급 1과목 반드시 포함), 영어 2등급(국제 계열 1등급), 한 국사 4등급
		서강대	종합형	• 전형명 변경: 종합형(2019학년도: 자기주도형) • 서류 100%(학생부, 자소서, 추천서(선택)) • 전공적합성보다는 학업 역량을 강조함 • 학교생활 보충자료는 2019학년도부터 폐지 • 정시 모집인원 확대로 인한 수시 모집인원 감소, 영미문화계 모집인원 대폭 감소(34명에서 24명으로) 등 학과별 모집인원 확인 필요함
			학업형	• 전형명 변경: 학업형(2019학년도: 일반형) • 서류 100%(자소서와 추천서 수능 이후 입력 및 제출) • 수능최저학력기준 폐지 – 2019학년도: 3개 영역 등급 합 6(탐구 1), 한국사 4등급 • 지원 계열에 따른 응시 영역 간 구분 두지 않음(수학, 탐구) • 일부 모집단위 학과별이 아닌 학부로 모집, 지원 학과 확인 필요
		성균관대 계열모집/학과모집		• 서류 100%(학생부, 자소서)[2019학년도: 학생부, 자소서, 교사추천서 (선택)] • 전형명 변경: 계열모집(2019 성균인재) – 계열 및 광역 모집단위 / 학 과모집(2019 글로벌인재) – 학과 모집단위 선발 • 전자전기공학부(98명), 경영학(105명) 학과모집으로 선발(2019년 성균 인재전형으로 선발) • 소프트웨어과학인재(특기자) 60명 폐지 → 학생부종합전형으로 흡수 • 글로벌인재전형 중 일부 학과[의예, 사범대(교육학, 한문교육, 수학교 육, 컴퓨터교육), 스포츠과학]: 1단계 – 서류 100%(3배수 내외) / 2단계 – 1단계 80% + 면접 20% • 학업 역량이 중요함

		한양대
		학생부종합
		(일반)
				• 학생부종합평가 100%, 면접 없음
				• 오직 학생부 하나로 평가함
				  * 학업 역량(적성) 50% + 인성 및 잠재력 50%로 학생부의 수상 경력,
				   창의적 체험활동 상황, 세부 능력 및 특기 사항, 행동 특성 및 종합
				   의견을 유기적 · 종합적으로 평가함
				• 같은 수준의 대학 중 합격 내신의 폭이 가장 넓은 대학임. 내신 성적을
				보지 않는다기보다는 다양한 요소로 역량을 평가한다는 측면임
				• 경영학부: 자연 계열 12명 선발
				• 경제금융학부 자연 계열 5명 선발, 국제학부 10명 선발(2019학년도 특
				기자전형으로만 선발)
				• 미래산업학부 데이터사이언스학과(신설) 20명 선발

전형		지원가능대학		Tip
학생부 종합	수능최저 미적용	중앙대	다빈치형 인재전형	• 전형방법 변경: 서류 100%(일괄합산)(2019학년도 단계별, 2단계 면접) • 의학부: 8명 선발 / 체육교육과: 15명 선발 • 2019학년도 학부모집에서 2020학년도 학과별 모집으로 일부 모집단 위 변경 및 다수 학과 모집인원 변동에 따른 확인 필수 • 서류를 근거로 지원자의 학업 및 교내 다양한 활동을 통한 성장 가능 성을 종합적으로 평가함
			탐구형 인재전형	• 전형방법 변경: 서류 100%(일괄합산)(2019학년도 단계별, 2단계 면접) • 의학부: 8명 선발 • 2019학년도 학부 모집에서 2020학년도 학과별 모집으로 일부 모집단 위 변경 및 다수 학과 모집인원 변동에 따른 확인 필수 • 서류를 근거로 지원자의 탐구 능력, 전공 분야의 학업 잠재력, 학교 충 실성 등을 종합적으로 평가함(소논문, 과제 연구, 심화 연구 등의 지적 탐구 과정에서 역량을 보여 줄 수 있어야 함)
			SW인재 전형	• 소프트웨어대학 75명 모집(2019학년도 소프트웨어학부 70명 모집) • 전형방법 변경: 서류 100%(일괄합산)(2019학년도 단계별 모집, 2단계 면접) • 서류평가는 학생부, 자소서, 추천서(2019학년도 제출한 SW 역량 입증 서류 폐지)
		한국외국어대 학생부종합전형		• 1단계: 서류 100%(3배수) / 2단계: 서류 70% + 면접 30% • 전형 자료를 종합적·정성적으로 종합평가하지만 학업 역량이 중요한 평가 요소 중 하나임 • 모집인원 확대: 400명 → 442명(42명 증가)로 일부 모집단위(독일어, 스페인어, 경영학부 등) 모집인원 대폭 확대
		경희대	네오르네 상스전형	• 1단계: 서류 100%(3배수 내외) / 2단계: 서류 70% + 면접 30% • 학생부종합전형의 대표 브랜드
			고교연계 전형	• 전형방법 변경: 서류 70% + 학생부 교과 30%(서류평가 비중 확대 (60% → 70%)) • 학교장 추천 인원: 인문 2명, 자연 3명, 예체능 1명 • 계열 구분은 대학 모집단위 기준임 • 지원 자격: 문화인재, 글로벌인재, 리더십인재, 과학인재 중 하나여야 함(태권도학과 지원자는 2단(품) 이상의 단증 소지자)

		서울시립대
		학생부종합전형
				• 1단계: 서류 100%(2~4배수) / 2단계: 서류 50% + 면접 50%
				  *2단계 면접 100%에서 50%로 축소되었지만 중요함
				• 학부·학과별 인재상이 명확하게 제시되어 있으므로 반드시 확인이
				필요함
				  *제시문 활용 발표 및 서류확인면접
				• 서류평가: 학생부, 자소서(2019학년도: 학생부, 자소서, 교사추천서)

전형		지원가능대학	Tip
학생부 종합	수능최저 미적용	경인교대 교직적성전형	• 전형명 변경: 교직적성전형(2019학년도: 교직적성잠재능력우수자) • 모집인원 감소: 400명 → 323명(77명 감소), 합격선의 상승이 예측됨 • 1단계: 서류 100%(2배수) / 2단계: 서류 70% + 면접 30%(성비 적용 없음) • 면접: 개인면접(서류 확인 – 교직인적성) + 집단면접(자체 개발 문항을 활용하여 토론면접 – 협동심, 리더십, 창의적 문제해결 능력, 의사소통 능력 평가) • 합격자 내신 분포: 대부분 1등급 초반~1.6등급, 그 이후 등급 충원 합격 사례가 있음
		부산교대 초등교직적성자전형	• 전형방법 변경: 1단계 – 학생부(교과·비교과) 100%(2배수) / 2단계 – 1단계 성적 60% + 면접 40%(2019학년도: 1단계 – 서류 100%(2배수) / 2단계 – 1단계 60% + 면접 40%) • 제출서류 간소화: 학생부(2019학년도: 학생부, 자소서, 추천서) ＊면접 방식 변경: 심층면접(면접관 3인이 지원자 3인 내외의 다대다 면접)[2019학년도: 집단면접 20% + 개별(교직인적성)면접 20%] • 성비 적용(어느 한 성이 모집인원의 65%를 초과할수 없음) • 합격자 내신 분포: 대부분 1등급 초반~2등급 초반
		청주교대 배움나눔인재전형	• 1단계: 서류 100%(3배수) / 2단계: 1단계 60% + 면접 40% • 성비 적용(어느 한 성이 모집인원의 75%를 초과할 수 없음)
		진주교대 21세기형교직적성자 전형	• 전형방법 변경: 1단계 – 서류100%(2.5배수 내외) / 2단계 – 1단계 70% + 심층면접 30%(2019학년도: 1단계 50% + 심층면접 50%) 서류평가 반영 비율 확대 • 제출서류 중 교사추천서 폐지(필요시 현장 방문) ＊심층면접: 개별면접, 집단면접 시행 • 성비 적용(어느 한 성이 모집인원의 80%를 초과할 수 없음) • 합격자 내신 분포: 1등급 후반~2등급 초반
		광주교대 교직적성우수자전형	• 전형방법 변경: 1단계 – 서류 100%(3배수) / 2단계 – 1단계 60% + 심층면접 40%(2019학년도: 1단계 50% + 심층면접 50%) • 모집인원 축소: 146명 → 126명(20명 감소) • 성비 적용(어느 한 성이 모집인원의 60%를 초과할 수 없음) • 합격자 내신 분포: 1등급 초반~2등급 초반
		대구교대 참스승전형	• 1단계: 서류 100%(2.5배수) / 2단계: 1단계 50% + 면접 50%(2019학년도: 1단계 2배수) • 교사추천서 폐지 • 모집인원 축소: 130명 → 90명(40명 감소)로 인한 합격선 상승 예상(지역인재전형 모집인원 확대 80명 → 120명) • 심층면접: 개별면접, 집단면접 시행 • 성비 적용(어느 한 성이 모집인원의 70%를 초과할 수 없음) • 합격자 내신 분포: 1등급 초반~2등급 초반

전형		지원가능대학	Tip	
학생부 교과	수능최저 적용	고려대 학교추천I 전형	• 1단계: 학생부 교과 100% / 2단계: 1단계 50% + 면접 50%(2019학년도: 1단계 – 학생부 교과 100% / 2단계 – 면접 100%) • 수능최저학력기준: 인문 – 3개 영역 등급 합 6 / 자연 – 3개 영역 등급 합 7 / 의대 – 4개 영역 등급 합 5 / (탐구 2 평균) ＊한국사 3등급(자연: 4등급)	☞ 수능 성적 향상으로 수능최저학력기준 충족을 전제로 함
		서울시립대 학생부교과전형	• 학생부 교과 100% • 학생부 성적: 원점수, 평균, 표준편차 활용 – Z점수 – 인문: 국어, 영어, 수학, 사회 70% + 그 외 과목 30% – 자연: 국어, 영어, 수학, 과학 70% + 그 외 과목 30% • 수능최저학력기준: 인문 – 3개 영역 등급 합 7(탐구 1) / 자연 – 3개 영역 등급 합 8(탐구 1)	
		서울교대 학교장추천전형	• 1단계: 학생부 교과 100%(2배수) / 2단계: 1단계 90% + 면접 10% • 수능최저학력기준: 4개 영역 등급 합 9[탐구 2 평균. 수학(가) + 과탐 응시자는 합 11] / 한국사 4등급 • 합격자 대부분 1등급 초반임 • 학교장 추천 인원 제한 없음	
		공주교대 고교성적우수자전형	• 1단계: 학생부 교과 100%(3배수 내외) / 2단계: 학생부 교과 90.2% + 면접 9.8% ＊면접: 자체 개발 문항으로 교직관 및 교양, 표현력, 태도 평가 • 수능최저학력기준 변경: 국어, 영어, 수학, 탐구(2)의 합 11 이내(2019학년도: 국어, 수학, 탐구(탐구 2 평균) 3개 영역 등급 합 8(소수점 첫째 자리에서 반올림) • 합격자 내신 분포: 1등급 초반~1.7등급 • 모집인원 감소에 따른 지원 주의(109명 → 80명)	
		전주교대 고교성적우수자전형	• 1단계: 교과 90% + 출결 10%(2배수) / 2단계: 1단계 성적 90% + 면접 10% • 수능최저학력기준: 5개 영역 등급 합 13(탐구 2 평균 / 한국사 포함) • 합격자 내신 분포: 대부분 1.5등급 이내	
	수능최저 미적용	한양대 학생부교과전형	• 학생부 교과 100%(인문, 상경: 국어, 영어, 수학, 사회 / 자연: 국어, 영어, 수학, 과학 교과의 전 과목 반영) • 매우 높은 합격 커트라인을 형성함	
		이화여대 고교추천전형	• 1단계: 학생부 교과 80% + 면접 20%(지원자 전원 면접) • 계열 구분 없이 학교당 5명 이내 • 국어, 수학, 영어, 사회, 과학 전 단위 반영	

전형		지원가능대학	Tip	
학생부 교과	수능최저 미적용	중앙대 학교장추천전형	• 학생부 교과 60% + 서류(학생부, 자소서) 40% • 고등학교별 추천 인원 4명(단, 서울캠 3명까지), 모집단위별 1명씩만 추천 가능 • 모집인원의 소폭 증가(10명 증가)로 인한 모집단위의 변동과 모집단위별 모집인원의 변동 확인 필요	
		한국외국어대 교과전형	• 학생부 교과 100% 석차 등급(2019학년도 석차 등급 혹은 원점수 적용에서 석차 등급으로만 변경) 　– 수능최저학력기준 : 2020학년도부터 폐지(2019학년도 국어, 수학 (가/나), 영어, 사회탐구(2과목 평균) 중 2개 역 등급 합이 4 이내이고 한국사 4등급 이내) 　– 수능최저학력기준의 폐지로 LD · LT 학부 등 일부 상위 학과 입결이 높아질 것으로 예상	
논술	수능최저 적용	서강대 논술전형	• 논술 80% + 학생부 20%(교과 10% + 비교과 10%) 　*비교과: 출결 5% + 봉사 5% • 모집인원(2019학년도 346명 → 2020학년도 235명, 111명 감소) 변화에 따른 지원 주의(특히 인문 계열 경영, 경제 모집인원 대폭 감소 주의) • 수능최저학력기준: 3개 영역 등급 합 6(탐구 1) / 한국사 4등급 • 수능 응시 계열 및 지원 계열의 구분 없이 동일한 기준으로 적용함 • 논술 출제 분야 : 인문/자연 계열(지식융합미디어학부) – 인문/사회과학 관련 제시문과 논제, 자연 계열 – 수리 관련 제시문과 논제(각 2문항)	☞ 수능 성적 향상으로 수능최저학력기준을 충족할 수 있을 때 지원을 고려해야 함
		성균관대 논술전형	• 논술 60% + 학생부 40%(교과 30% + 비교과 10%) • 모집인원(900명 → 532명, 368명 감소, 감소 인원 대부분 정시로 이동) 변화에 따른 지원 주의 　*비교과: 출결 5% + 봉사 5% 　*교과: 1등급(30점)~4등급(29.7점)까지 0.1점씩 감점 • 수능최저학력기준: 국어, 수학, 탐구(2) 중 2개 영역 등급 합 4(인문)/ 국어, 수학(가), 과탐(2) 중 2개 영역 등급 합 4 (자연) / 2개 영역 등급 합 3(글로벌) / 수학(가), 과탐(1) 등급 합 3(반도체시스템공학, 소프트웨어학, 글로벌바이오메디컬공학) / 영어 2등급 / 한국사 4등급 　*탐구 영역 2개 과목 등급 평균 계산 시 소수점 이하 절사 　예) 탐구 2등급 + 탐구 3등급 = 5등급(평균 2.5등급 → 2등급으로 인정) 　*인문계(글로벌리더학, 글로벌경제학, 글로벌경영학 제외)는 제2외국어/한문을 탐구 1과목으로 대체 가능함	

전형	지원가능대학	Tip	
논술	수능최저 적용	중앙대 논술전형	• 논술 60% + 학생부 40%(교과 20% + 비교과 20%) • 학생부 반영 방법 : 국어, 수학, 영어, 사회/과학 중 상위 10과목 • 수능최저학력기준 완화: 인문 – 3개 영역 등급 합 6(탐구 2, 제2외국어/한문으로 사탐 1과목 대체 가능) (2019학년도 3개 영역 등급 합 5, 탐구 1) / 자연 – 3개 영역 등급 합 6(수학 (가) 필수, 과탐 1) (2019학년도 3개 영역 등급 합 5) / 한국사 4등급 • 논술 유형: 인문사회 – 언어 / 경영경제 – 언어, 수리 / 자연 – 수리, 과학(선택형)	☞ 수능 성적 향상으로 수능최저학력기준을 충족할 수 있을 때 지원을 고려해야 함
		한국외국어대 논술전형	• 논술 70% + 학생부 교과 30% • 논술은 캠퍼스 구분 없이 인문만 시행함 • 모집인원 축소 : 546명 → 493명(53명 감소) • 학생부 성적은 석차 등급만 반영(2020학년도부터 원점수 적용 폐지) • 수능최저학력기준(서울): 2개 영역 등급 합 4(사탐 2) / (LD · LT 학부 3개 영역 등급 합 4(사탐 1) / 한국사 4등급(제2외국어/한문으로 사탐 1과목 대체 가능)	
		경희대 논술전형	• 논술 70% + 학생부 교과, 비교과(출결, 봉사) 30% • 모집인원 축소: 770명 → 714명(56명 감소) • 수능최저학력기준: 인문 – 2개 영역 등급 합 4(탐구 1, 제2외국어/ 한문을 사탐 1과목으로 대체 가능) / 자연 – 2개 영역 등급 합 5(탐구 1) / 한국사 5등급 / 체육대 – 국어, 영어 중 1개 영역 3등급(한국사 필수 응시)	
	수능최저 미적용	연세대 논술전형	• 전형방법: 논술 100% • 2020학년도부터 수능최저학력기준 폐지(2019학년도 국어, 수학, 탐구 (2개 과목) 등 총 4개 과목의 등급 합이 7 이내(자연 8 이내) • 모집인원 축소: 643명 → 607명(36명 감소)(의예과 논술 폐지 등으로 모집인원의 감소가 나타났지만, 경영학부 등 일부 학과는 모집인원이 확대됨)	
		한양대 논술전형	• 논술 80% + 학생부종합평가 20%(2019학년도: 논술 70% + 학생부종합평가 30%) ＊학생부종합평가: 학생부에 기록되어 있는 출결, 수상 경력, 봉사활동, 행동 특성 및 종합 의견 등을 참고하여 학생의 학교생활 성실도를 중심으로 종합평가함 • 경영학부: 자연 계열 9명 선발, 경제금융학부: 자연 계열 7명 선발 (2019학년도 인문으로 19명 선발함, 2020학년도 인문 12명/자연 7명으로 분할하여 선발함) • 공과대(융합전자공학부, 컴퓨터소프트웨어학부, 에너지공학과, 미래자동차공학과), 의예과 논술 야간(17:00 이후) 시행	
		서울시립대 논술전형	• 1단계: 논술 100%(4배수) / 2단계: 논술 60% + 학생부 교과 40% • 학생부 성적: 원점수, 평균, 표준편차 활용 – Z점수	

어떤 노력을 기울여야 할까?

수능 성적 향상은 학생부 위주 전형에서 더욱 빛을 발할 수 있습니다!

높은 내신을 활용하는 가장 좋은 방법은 학생부교과전형과 학생부종합전형에 지원하는 것입니다. 그러나 상위권 이상의 일부 대학에서 학생부 위주 전형에도 수능최저학력기준을 적용하고 있어 이 정거장 학생들의 발목을 잡을 수 있습니다. 내신이라는 자신의 무기는 잃지 않으면서 수능 성적을 향상시켜 수능최저학력기준을 충족하고 최상위권 대학으로 진입하는 것이 가장 효과적인 방법입니다. 현재 성적에서 아주 조금만 더 올리면 됩니다!

그러나 상위권을 포함한 대다수 대학은 학생부종합전형에서 수능최저학력기준을 적용하지 않으므로, 지원 학과와 관련된 비교과 활동에 관심과 열정을 기울이고 자신만의 강점을 서류 속에 잘 녹여 낸다면 합격으로 가는 티켓을 따낼 수 있습니다. 기왕 학생부종합전형으로 지원할 것이라면, 내신을 더 높게, 비교과를 수준 있고 풍요롭게 준비합시다.

단, 수능 성적 향상의 가능성을 열어 놓고, 정시 지원이 가능한 대학보다는 높은 수준으로 지원해야 함을 잊지 말아야 합니다.

심층면접 준비, 합격의 지름길!

학생부종합전형의 경우 최상위권 대학일수록 특히 심층면접 준비가 필수입니다. 제시문을 활용한 면접이나 제출 서류를 기반으로 한 확인 면접이 주를 이루므로 이에 맞게 모의면접을 통해 실전에 대비해야 합니다. 수업 시간에 발표와 토론에 적극적으로 참여하고, 기출문제를 풀거나 선배들의 면접 후기를 읽으면서 분위기를 익히는 등의 연습이 필요합니다.

상위 정거장으로 옮겨 가야 합니다!

최고의 내신! 여기에 수능 성적까지 향상된다면 금상첨화입니다. 수능 향상은 놀라운 결과를 가져올 수 있습니다.

● **수능 성적을 향상시키면**

1번(26쪽), 10번(52쪽) 정거장으로 GO!

내신 **1.5** ~ **2.0** 등급, 수능 **2.0** ~ **3.0** 등급

내신 성적으로 보아 상위권 대학으로 눈높이가 맞춰져 있겠지만, 내신
성적, 수능 성적이 조금씩 부족해서….
자신에게 준비되어 있는 것이 무엇인지 확인부터 해야 합니다!

현재 나의 위치는?

학생부종합전형

　학교생활에 성실하고 학업 역량이 뛰어난 이 정거장의 학생들은 학생부종합전
형의 취지에 잘 맞습니다. 자신만의 매력이 돋보이는 콘텐츠로 학업 역량, 열정
등을 충분히 드러내서 최상위 1등급대의 우수한 학생들과 경쟁해도 결코 뒤지지
않는 역량이 있음을 알리는 것이 목표입니다!

　학생부종합전형의 장점은 최상위권 대학과 일부 대학을 제외하고는 수능최저

학력기준이 적용되지 않으므로 이 정거장의 학생들에게는 최적의 전형입니다. 그러나 고려대나 이화여대의 경우 수능최저학력기준을 적용하고 있고, 충족할 수 있다면 충분히 합격할 수 있는 성적대입니다.

수능최저학력기준을 충족하고, 비교과에서 차별화하고, 내신 성적도 향상시키고…. 모두 조금씩만 더 올려봅시다!

논술전형

논술전형이 최고의 경쟁률을 보임에도 불구하고 미련을 버리지 못하는 것은 내신 성적과 상관없이 최상위권 대학까지도 지원해볼 수 있다는 장점이 있기 때문일 것입니다. 그러나 논술전형에 지원할 때 가장 먼저 고려해야 할 변수는 수능최저학력기준 충족 여부입니다. 수능이 발목을 잡지 않도록 성적 향상을 위해 최선의 노력을 해야 합니다.

반면에 수능최저학력기준이 없거나 낮은 대학은 그만큼 경쟁률이 높고, 논술 실력이 가장 큰 변수가 되므로 더욱더 꼼꼼한 논술 준비가 필요합니다. 논술전형은 수시 6회 지원의 테두리 안에서 학생부 위주 전형과 적절하게 안배하여 지원하는 것이 좋습니다.

학생부교과전형

많은 중상위권 이상의 대학에서는 학생부교과전형을 실시하지 않습니다. 그러나 이 정거장의 학생들은 수능 성적보다는 내신 성적이 우수하므로 학생부교과전형이 꽤 의미가 있습니다. 이 성적대의 하위로(2등급 가까이) 내려갈수록 정시 지원 가능권 대학과 차이가 없어지므로 학생부교과전형은 의미가 없어집니다. 즉, 학생부교과전형으로 지원하는 효과를 극대화하기 위해서는 내신을 더 강하게 만들어야 합니다. 또 많은 대학에서 학생부교과전형에 수능최저학력기준을 적용하고 있습니다. 논술전형에서와 마찬가지로 수능 성적이 발목을 잡지 않도록 성적 향상에 최선을 다해야 합니다.

정시전형

이 정거장에서 정시로 지원한다면 지원 대학의 폭이 넓은 성적대입니다. 서울 중위권(중상위권 일부 포함) 대학, 지방 국립대 상위 학과 등에 지원할 수 있습니다. 인문 계열보다는 자연 계열의 선택 폭이 넓습니다. 정시전형 지원 대학이 수시모집 학생부교과전형에서 지원하는 대학과 중복될 가능성이 있습니다. 따라서 수능 성적을 조금만 더 올려준다면 수시에서 소신 있게 지원할 수 있는 발판이 되어 줄 것입니다.

어떤 대학을 주목해야 할까?

전형		지원가능대학		Tip	
학생부종합	수능최저적용	홍익대	학교생활우수자전형	• 인문, 자연: 서류 100% • 수능최저학력기준: 인문 – 3개 영역 등급 합 6(탐구 1) / 자연 – 3개 영역 등급 합 7(과탐 1) / 한국사 4등급 • 학생부 교과전형과 동일한 너무 높은 수능최저학력기준으로, 충족 여부가 합불을 결정할 것으로 판단됨	☞수능 성적 향상으로 수능최저학력기준을 충족할 수 있을 때 지원해야 함
			미술우수자전형	• 전형명 변경: 미술우수자전형(2019학년도: 학교생활우수자전형 미술 계열) • 1단계: 학생부 교과 100%(6배수 선발) / 2단계: 서류 100%(3배수 선발) / 3단계: 2단계 성적 40% + 면접 60% 수능최저학력기준: 3개 영역 등급 합 8(탐구 1) / 한국사 4등급	
		부산대 학생부종합전형		• 전형 통합: 학생부종합전형(2019학년도: 학생부종합 I, II) • 서류(학생부) 100%, 자소서 폐지(2019학년도: 학생부, 자소서) • 수능최저학력기준: 경영대, 경제통상대 – 3개 영역 등급 합 6 / 인문대, 사회과학대, 사범대, 생명자원과학대 – 3개 영역 등급 합 7 / 자연과학대, 공과대, 간호대,	

전형		지원가능대학	Tip	
학생부 종합	수능최저 적용	부산대 학생부종합전형	나노과학기술대 – 수학(가) 포함 2개 영역 등급 합 5 / 생활환경대, 생명자원과학대 – 2개 영역 등급 합 6 / 한국사 4 / 탐구 2 평균 / 제2외국어 사탐 대체 가능 *학종, 학교, 논술전형의 수능최저학력기준이 동일한 대학 – 충족 여부가 합불의 관건 •2019학년도 학생부종합전형으로 선발한 체육교육과는 2020학년도에는 실기전형으로 선발함 •수시모집 100% 모집: 사범대학(불어교육과, 독어교육과, 체육교육과), 경제통상대학(국제학부)	☞수능 성적 향상으로 수능최저학력기준을 충족할 수 있을 때 지원해야 함
		한국교원대 학생부종합우수자 일반전형	•전형명 변경: 학생부종합우수자 일반전형(2019학년도: 학생부종합우수자 특별전형) •시·도 교육감 추천 조항 폐지(2019학년도: 시·도 교육감 추천을 받을 수 있는 사람) •1단계: 서류 100%(3배수) / 2단계: 1단계 80% + 면접 20% •수능최저학력기준: 초등교육과, 불어교육과 – 없음 / 체육교육과 – 국어(수학), 영어, 탐구 3개 영역 등급 합 9 / 그 외 학과 – 4개 영역 등급 합 13 (탐구 2 평균, 일부 모집단위 수학 가형 또는 과탐 응시자 1등급 상향)	
		춘천교대 교직적·인성인재 전형	•1단계: 서류 100%(3배수) / 2단계: 1단계 40% + 면접 60% •수능최저학력기준(신설): 국어, 수학, 영어, 탐구 영역 등급 합 14 이내 (한국사 등급 4 이내) *면접: 60%로 비율이 큼. 교직적성(교직과 관련된 본질적 문제나 현실적 쟁점), 교직인성(서류 확인)으로 9단계 평가함	
	수능최저 미적용	서울대 일반전형	•1단계: 서류 100%(2배수) / 2단계: 1단계 100% + 면접 및 구술고사 100% *사범대: 1단계 100% + 면접 및 구술고사 60% + 교직적성, 인성면접 40% •합격자 비율(2019학년도 기준): 일반고 : 특목고(예·체고 제외) : 자사·공고 = 33.4 : 38.1 : 17.6 •면접: 2019학년도와 동일한 방식으로 유지될 예정임. 제시문과 문항이 제공되며, 모집단위별로 30~45분의 답변 준비 시간과 15분의 면접 시간이 주어짐. 정답보다 풀이 과정에서의 사고방식과 학업 능력을 평가함	☞비교과 활동을 통해 부족한 내신을 보완할 수 있을 때 지원을 고려해야 함 ☞심층면접 준비가 필수
		포스텍 일반전형/ 창의IT인재전형	•1단계: 서류 100%(3배수 내외) / 2단계: 면접 100% *서류: 학생부, 자소서, 교사추천서 •단일 계열(무학과)로 선발함 •개인면접으로 지원자의 인성, 자질, 학업 태도, 사고력 등 과학 기술계 글로벌 리더로서의 잠재력을 종합적으로 평가함. 잠재력 평가는 제출한 서류의 내용을 확인하면서 지원자의 인성적 측면을 평가함(예 자기소개, 지원 동기, 공부하다가 무엇인가를 발견하고 기뻤던 일) •전형 간 중복 지원 불가능함	

전형		지원가능대학		Tip	
학생부 종합	수능최저 미적용	연세대	면접형	• 1단계: 학생부 교과 40% + 서류평가 60%(3배수) 　[2019학년도: 교과 50% + 비교과 50%] 　＊교과: Z점수(50%) + 석차 등급(50%) 반영 　＊서류평가: 비교과, 자소서 활용 인성 · 발전 가능성 　　종합평가, 추천서 폐지 • 2단계: 1단계 40% + 면접 60% • 고3 재학생만 지원 가능함 • 학생부 등급 간 점수 차: 1~2등급 5점, 2~3등급 　7.5점(1등급 100점) 　＊전 과목 반영: 국어, 영어, 수학, 사탐, 과탐 70점 + 　　기타 과목 30점 • 면접: 2019학년도와 동일한 방식으로 유지될 예정임. 　제시문 활용 논리, 사고력면접(7분) + 서류 기반 창 　의사고력면접(7분) - 수능최저학력기준이 없고, 60% 　반영이므로 합불의 결정 요소가 될 것으로 예측됨(면 　접 문제는 대체로 평이했다는 평가) • 활동우수형과 중복 지원 가능함	☞ 비교과 활동 을 통해 부족한 내신을 보완할 수 있을 때 지 원을 고려해야 함 ☞ 심층면접 준 비가 필수
			활동 우수형	• 1단계: 서류 100%(2.5배수 내외) / 2단계: 1단계 70% 　+ 면접 30% • 서류평가: 학생부, 자소서, 추천서 • 수능최저학력기준 폐지 • 2019학년도 수능최저학력기준: 국어, 수학(가/나), 탐 　구 1, 탐구 2 중 2과목 등급 합 4등급(탐구 2과목을 　각각의 1과목으로 인정함, 국어와 수학 중 상위 등급 　1과목 반드시 포함), 영어 2등급(국제 계열 1등급), 한 　국사 4등급	
		서강대	종합형	• 전형명 변경 : 종합형(2019학년도: 자기주도형) • 서류 100%(학생부, 자소서, 추천서(선택)) • 전공적합성보다는 학업 역량을 강조함 • 학교생활 보충자료는 2019학년도부터 폐지 • 정시 모집인원 확대로 인한 수시 모집인원 감소, 영 　미문화계 모집인원 대폭 감소(34명에서 24명으로) 등 　학과별 모집인원 확인 필요함	
			학업형	• 전형명 변경: 학업형(2019학년도: 일반형) • 서류 100%(자소서와 추천서 수능 이후 입력 및 제출) • 수능최저학력기준 폐지 　- 2019학년도 : 3개 영역 등급 합 6(탐구 1), 한국사 4 　　등급 • 지원 계열에 따른 응시 영역 간 구분을 두지 않음(수 　학, 탐구) • 일부 모집단위 학과별이 아닌 학부로 모집, 지원 학 　과 확인 필수	

전형		지원가능대학	Tip	
학생부 종합	수능최저 미적용	서울시립대 학생부종합전형	• 1단계: 서류 100%(2~4배수) / 2단계: 서류 50% + 면접 50% ＊2단계 면접 100%에서 50%로 축소되었지만 중요함 • 학부·학과별 인재상이 명확하게 제시되어 있으므로 반드시 확인이 필요함 ＊제시문 활용 발표 및 서류확인면접 • 서류평가: 학생부, 자소서(2019학년도: 학생부, 자소서, 교사추천서)	☞ 비교과 활동을 통해 부족한 내신을 보완할 수 있을 때 지원을 고려해야 함 ☞ 심층면접 준비가 필수
		성균관대 계열모집/학과모집	• 서류 100%(학생부, 자소서)[2019학년도: 학생부, 자소서, 교사추천서(선택)] • 전형명 변경: 계열모집(2019 성균인재): 계열 및 광역 모집단위 / 학과모집(2019 글로벌인재) : 학과 모집단위 선발 • 전자전기공학부(98명), 경영학(105명) 학과모집으로 선발(2019년 성균인재전형으로 선발) • 소프트웨어과학인재(특기자) 60명 폐지 → 학생부종합전형으로 흡수 • 글로벌인재전형 중 일부 학과[의예, 사범대(교육학, 한문교육, 수학교육, 컴퓨터교육), 스포츠과학]: 1단계 – 서류 100%(3배수 내외) / 2단계 – 1단계 80% + 면접 20% • 학업 역량이 중요함	
		한양대 학생부종합 (일반)	• 학생부종합평가 100%, 면접 없음 • 오직 학생부 하나로 평가함 ＊학업 역량(적성) 50% + 인성 및 잠재력 50%로 학생부의 수상 경력, 창의적 체험활동 상황, 세부 능력 및 특기 사항, 행동 특성 및 종합 의견을 유기적·종합적으로 평가함 • 같은 수준의 대학 중 합격 내신의 폭이 가장 넓은 대학임. 내신 성적을 보지 않는다기보다는 다양한 요소로 역량을 평가한다는 측면임 • 경영학부: 자연 계열 12명 선발 • 경제금융학부 자연 계열 5명 선발, 국제학부 10명 선발(2019학년도 특기자전형으로만 선발) • 미래산업학부 데이터사이언스학과(신설) 20명 선발	
		중앙대 다빈치형 인재전형	• 전형방법 변경: 서류 100%(일괄합산)(2019학년도 단계별, 2단계 면접) • 의학부: 8명 선발 / 체육교육과: 15명 선발 • 2019학년도 학부모집에서 2020학년도 학과별 모집으로 일부 모집단위 변경 및 다수 학과 모집인원 변동에 따른 확인 필수 • 서류를 근거로 지원자의 학업 및 교내 다양한 활동을 통한 성장 가능성을 종합적으로 평가함	

전형		지원가능대학	Tip
학생부 종합	수능최저 미적용	중앙대 탐구형 인재전형	• 전형방법 변경: 서류 100%(일괄합산)(2019학년도 단계별, 2단계 면접) • 의학부: 8명 선발 • 2019학년도 학부모집에서 2020학년도 학과별 모집으로 일부 모집단 위 변경 및 다수 학과 모집인원 변동에 따른 확인 필수 • 서류를 근거로 지원자의 탐구 능력, 전공 분야의 학업 잠재력, 학교 충 실성 등을 종합적으로 평가함(소논문, 과제 연구, 심화 연구 등의 지적 탐구 과정에서 역량을 보여 줄 수 있어야 함)
		중앙대 SW인재 전형	• 소프트웨어대학 75명 모집(2019학년도 소프트웨어학부 70명 모집) • 전형방법 변경: 서류 100%(일괄합산)(2019학년도 단계별 모집, 2단계 면접) 서류평가는 학생부, 자소서, 추천서(2019학년도 제출한 SW 역량 입증 서류 폐지)
		한국외국어대 학생부종합전형	• 1단계: 서류 100%(3배수) / 2단계: 서류 70% + 면접 30% • 전형 자료를 종합적·정성적으로 종합평가하지만 학업 역량이 중요한 평가 요소 중 하나임 • 모집인원 확대: 400명 → 442명(42명 증가)로 일부 모집단위(독일어, 스페인어, 경영학부 등) 모집인원 대폭 확대
		경희대 네오르네 상스전형	• 1단계: 서류 100%(3배수 내외) / 2단계: 서류 70% + 면접 30% • 학생부종합전형의 대표 브랜드
		경희대 고교연계 전형	• 전형방법 변경: 서류 70% + 학생부 교과 30%(서류평가 비중 확대 (60% → 70%)) • 학교장 추천 인원: 인문 2명, 자연 3명, 예체능 1명 • 계열 구분은 대학 모집단위 기준임 • 지원 자격: 문화인재, 글로벌인재, 리더십인재, 과학인재 중 하나여야 함(태권도학과 지원자는 2단(품) 이상의 단증 소지자)
		건국대 KU 자기추천 전형	• 전형방법 변경: 1단계 – 서류 100%(학생부, 자소서, 3배수) / 2단계 – 1단계 70% + 면접 30%(2019학년도: 1단계 40% + 면접 60%) • 2020학년도부터 학생부종합 내 중복 지원 가능 • 합격자의 내신 성적 분포가 매우 넓은 대학임 • 교내 활동에 자발적으로 참여하고 해당 전공에 관심과 소질이 있어 스스로를 추천할 수 있는 학생에게 유리함
		건국대 KU 학교추천 전형	• 전형방법 변경: 학생부 교과 30% + 서류 70%(학생부, 자소서, 학교장 명의 추천 공문, 추천서 폐지)[2019학년도 교과 40% + 서류 60%(학생 부, 자소서, 교사추천서)] • 2020학년도부터 학생부 종합 내 중복 지원 가능 • 인성과 학업 역량이 우수하고 타의 모범이 되어 고교에서 추천받은 학생 • 학교별 추천 인원 제한 없음

전형		지원가능대학		Tip
학생부 종합	수능최저 미적용	동국대	Do Dream 전형	• 1단계: 서류 100%(2.5~3배수) / 2단계: 1단계 70% + 면접 30% • 서류: 학생부, 자소서 • 서류평가: 전공적합성 40%, 자기 주도적 학습 능력 25%, 인성 · 사회성 20%, 지원 동기 및 진로 계획 15% • 면접: 서류 내용 확인, 면접위원 2인, 10분 내외
			학교장 추천인재 전형	• 전형방법 변경: 학생부 100%, 자소서 폐지(2019학년도: 학생부, 자소서), 면접 없음 • 학교장 추천 인원: 총 4명 이내(인문 2명, 자연 2명 – 대학 모집단위 기준) • 서류평가: 자기 주도적 학습 능력 40%, 전공적합성 25%, 인성 · 사회성 20%, 지원 동기 및 진로 계획 15%
		숙명여대	숙명인재 I (서류형) 전형	• 2020학년도 신설 전형, 420명 모집 • 서류: 학생부 100%, 면접 없음, 자소서 폐지 • 두 전형 간 중복 지원 가능
			숙명인재 II (면접형) 전형	• 전형명 변경: 숙명인재 II(면접형) 전형(2019학년도: 숙명인재전형) • 1단계: 서류 100%(4배수, 2019학년도 3배수) / 2단계: 1단계 40% + 면접 60% • 2단계에서 면접 비율 60%로 높음 • 2020학년도 학생부종합전형이 두 유형으로 분리됨에 따라 모집단위별 학과 모집인원 변동 확인 필요 • 두 전형 간 중복 지원 가능
		한국항공대 미래인재전형		• 전형방법 변경: 1단계 – 서류 100%(3배수) / 2단계 – 1단계 성적 70% + 일반면접 30%(2019학년도: 1단계 성적 60% + 일반면접 40%) • 대학 특성상 대학 학부(과) 특성화 분야에 잠재적 능력을 가진 학생이 유리함 • 학생부종합전형 모집인원의 확대로 항공교통물류학부와 경영학부의 모집인원 증가
		아주대	ACE 전형	• 1단계: 서류 100%(3배수) / 1단계 70% + 면접 30%(의학과만 수능최저 적용) ＊인재상: 성실한 고교 활동과 교과, 비교과의 균형을 갖춘 인재 선발 • 소프트웨어학과 및 사이버보안학과는 특히 학과별 전공적합성이 뛰어난 인재를 선발하고자 함
			다산인재 전형	• 서류 100%, 면접 없음 • 모집인원 축소: 290명 → 246명(44명 감소) ＊인재상: 융 · 복합적 사고, 실천적 창의, 의사소통, 글로벌 역량 중 하나 이상의 강점이 있는 학생 – 자기 주도성 항목에서 평가 • 2019학년도 다산인재전형으로 선발한 소프트웨어학과는 2020학년도부터 학생부종합(SW융합인재전형)으로 전형을 변경하여 선발

전형		지원가능대학		Tip
학생부 종합	수능최저 미적용	아주대	SW융합 인재전형	• 2020학년도 신설 전형(소프트웨어학과 30명 모집) • 1단계: 서류종합평가(3배수) / 2단계: 1단계 70% + 면접 30% • 인재상: 수학 및 과학을 바탕으로 SW 분야의 역량과 잠재력을 갖춘 학생

		인하대	인하미래
			인재전형
				• 1단계: 서류 100%(3배수 내외) / 2단계: 1단계 70% + 면접 30%
				• 모집단위별 모집인원 대폭 변경에 따른 모집인원 비교 후 지원 필요
				  (확대 모집학과: 기계공학과 등, 축소 모집학과 : 국제통상학과 등)
				  ＊전공 분야의 잠재력을 갖춘 창의적 인재를 선발함
				• CUBE 평가: 지성(전공 학업 역량) 25%, 인성(개인) 25%, 적성(전공 탐
				  색) 25%, 종합(모집단위 인재상) 25%로 서류와 면접평가에 적용함

			학교장
			추천전형
				• 서류 100%, 면접 없음
				• 기계공학과 모집인원 축소 주의(31명 → 22명)
				  ＊계열 구분 없이 학교당 5명 이내 추천(학교생활에 충실하며 적극적
				  으로 참여한 학생을 선발함)
				• CUBE 평가: 지성(기초 학업 역량) 30%, 인성(공동체) 30%, 적성(진로
				  관심) 20%, 종합(모집단위 인재상) 20%로 서류와 면접평가에 적용함

		경북대
		일반학생전형
				• 1단계: 서류 100%(3배수) / 2단계: 1단계 70% + 면접 30%
				  ＊서류(학생부, 자소서): 0~350점 / 면접: 0~150점, 개인 발표(지원
				  동기 및 학업 계획, 2분 이내) 후 질의응답 / 각 절대평가

		부산교대
		초등교직적성자전형
				• 전형방법 변경: 1단계 - 학생부(교과ㆍ비교과) 100%(2배수) / 2단계 -
				  1단계 성적 60% + 면접 40%(2019학년도: 1단계 - 서류 100%(2배수)
				  / 2단계 - 1단계 60% + 면접 40%)
				• 제출서류 간소화: 학생부(2019학년도: 학생부, 자소서, 추천서)
				  ＊면접 방식 변경: 심층면접(면접관 3인이 지원자 3인 내외의 다대다
				  면접)[2019학년도: 집단면접 20% + 개별(교직인성)면접 20%]
				• 성비 적용(어느 한 성이 모집인원의 65%를 초과할 수 없음)
				• 합격자 내신 분포: 대부분 1등급 초반~2등급 초반

		청주교대 배움나눔인재전형		• 1단계: 서류 100%(3배수) / 2단계: 1단계 60% + 면접 40% • 성비 적용(어느 한 성이 모집인원의 75%를 초과할 수 없음)

		진주교대
		21세기형교직적성자
		전형
				• 전형방법 변경: 1단계 - 서류100%(2.5배수 내외) / 2단계 - 1단계 70%
				  + 심층면접 30%(2019학년도 1단계 50% + 심층면접 50%) 서류평가
				  반영 비율 확대
				• 제출서류 중 교사추천서 폐지(필요시 현장 방문)
				  ＊심층면접: 개별면접, 집단면접 시행
				• 성비 적용(어느 한 성이 모집인원의 80%를 초과할 수 없음)
				• 합격자 내신 분포: 1등급 후반~2등급 초반

		광주교대 교직적성우수자전형		• 전형방법 변경: 1단계 - 서류 100%(3배수) / 2단계 - 1단계 60% + 심 층면접 40%(2019학년도 1단계 50% + 심층면접 50%) • 모집인원 축소: 146명 → 126명(20명 감소) • 성비 적용(어느 한 성이 모집인원의 60%를 초과할수 없음) • 합격자 내신 분포: 1등급 초반~2등급 초반

전형		지원가능대학	Tip	
학생부 종합	수능최저 미적용	대구교대 참스승전형	• 1단계: 서류 100%(2.5배수) / 2단계: 1단계 50% + 면접 50%(2019학년 　도: 1단계 2배수) • 교사추천서 폐지 • 모집인원 축소: 130명 → 90명(40명 감소)로 인한 합격선 상승 예상(지 　역인재전형 모집인원 확대 80명 → 120명) • 심층면접: 개별면접, 집단면접 시행 • 성비 적용(어느 한 성이 모집인원의 70%를 초과할 수 없음) • 합격자 내신 분포: 1등급 초반~2등급 초반	
논술	수능최저 적용	서강대 논술전형	• 논술 80% + 학생부 20%(교과 10% + 비교과 10%) 　＊비교과: 출결 5% + 봉사 5% • 모집인원(2019학년도 346명 → 2020학년도 235명 　111명 감소) 변화에 따른 지원 주의(특히 인문 계열 경 　영, 경제 모집인원 대폭 감소 주의) • 수능최저학력기준: 3개 영역 등급 합 6(탐구 1) / 한국 　사 4등급 • 수능 응시 계열 및 지원 계열의 구분 없이 동일한 기 　준으로 적용함 • 논술 출제 분야 : 인문/자연 계열(지식융합미디어학 　부) – 인문/사회과학 관련 제시문과 논제, 자연 계열 　– 수리 관련 제시문과 논제(각 2문항)	☞수능 성적 향 상으로 수능최 저학력 기준을 충족할 수 있을 때 지원해야 함
		성균관대 논술전형	• 논술 60% + 학생부 40%(교과 30% + 비교과 10%) • 모집인원(900명 → 532명, 368명 감소, 감소 인원 대 　부분 정시로 이동) 변화에 따른 지원 주의 　＊비교과: 출결 5% + 봉사 5% 　＊교과: 1등급(30점)~4등급(29.7점)까지 0.1점씩 감점 • 수능최저학력기준: 국어, 수학, 탐구(2) 중 2개 영역 　등급 합 4(인문)/ 국어, 수학(가), 과탐(2) 중 2개 영역 　등급 합 4 (자연) / 2개 영역 등급 합 3(글로벌) / 수 　학(가), 과탐(1) 등급 합 3(반도체시스템공학, 소프트 　웨어학, 글로벌바이오메디컬공학) / 영어 2등급/ 한 　국사 4등급 　＊탐구 영역 2개 과목 등급 평균 계산 시 소수점 이하 　절사 　　예) 탐구 2등급 + 탐구 3등급 = 5등급(평균 2.5등급 　　→ 2등급으로 인정) 　＊인문계(글로벌리더학, 글로벌경제학, 글로벌경영학 제 　외)는 제2외국어/한문을 탐구 1과목으로 대체 가능함	
		한국외국어대 논술전형	• 논술 70% + 학생부 교과 30% • 논술은 캠퍼스 구분 없이 인문만 시행함 • 모집인원 축소: 546명 → 493명(53명 감소) • 학생부 성적은 석차 등급만 반영(2020학년도부터 원 　점수 적용 폐지)	

전형		지원가능대학	Tip	
논술	수능최저 적용	한국외국어대 논술전형	• 수능최저학력기준(서울): 2개 영역 등급 합 4(사탐 2) / LD·LT 학부 3개 영역 등급 합 4(사탐 1) / 한국사 4등급(제2외국어/한문으로 사탐 1과목 대체 가능)	☞수능 성적 향상으로 수능최저학력기준을 충족할 수 있을 때 지원해야 함
		중앙대 논술전형	• 논술 60% + 학생부 40%(교과 20% + 비교과 20%) • 학생부 반영 방법: 국어, 수학, 영어, 사회/과학 중 상위 10과목 • 수능최저학력기준 완화: 인문 – 3개 영역 등급 합 6(탐구 2, 제2외국어/한문으로 사탐 1과목 대체 가능)(2019학년도 3개 영역 등급 합 5, 탐구1) / 자연 – 3개 영역 등급 합 6(수학(가) 필수, 과탐 1) (2019학년도 3개 영역 등급 합 5) / 한국사 4등급 • 논술 유형: 인문사회 – 언어 / 경영경제 – 언어, 수리 / 자연 – 수리, 과학(선택형)	
		동국대 논술우수자전형	• 논술 60% + 학생부 40%(교과 20%, 출결 10%, 봉사 10%) • 경찰행정학부 자연계 모집(5명) • 수능최저학력기준 완화: 인문 – 2개 영역 등급 합 4(탐구 1 / 2019학년도: 3개 영역 등급 합 6) / 자연 – 2개 영역 등급 합 4(수학(가) 또는 과탐(1) 포함) / 2019학년도 2개 영역 각각 2등급) / 경찰행정학부(인문/자연): 국어, 수학, 영어 중 2개 영역 등급 합 4(2019학년도 3개 영역 등급 합 5) / 한국사 4등급 • 자연 계열 논술: 과학논술 폐지, 수리논술 3개 문제(3개 소문항 출제 가능)	
		경희대 논술전형	• 논술 70% + 학생부 교과, 비교과(출결, 봉사) 30% • 모집인원 축소: 770명 → 714명(56명 감소) • 수능최저학력기준: 인문 – 2개 영역 등급 합 4(탐구 1, 제2외국어/한문을 사탐 1과목으로 대체 가능) / 자연 – 2개 영역 등급 합 5(탐구 1) / 한국사 5등급 / 체육대 – 국어, 영어 중 1개 영역 3등급(한국사 필수 응시)	
		건국대 KU논술우수자전형	• 전형방법 변경: 논술 100%(2019학년도: 논술 60% + 학생부 교과 40%) • 수능최저학력기준 신설: 인문 – 2개 영역 등급 합 4(탐구 1) / 자연 – 2개 영역 등급 합 5[과탐 1] / 수의예 – 3개 영역 등급 합 4(과탐 1) / 한국사 5등급	
		홍익대 논술전형	• 논술 60% + 학생부 교과 40% • 수능최저학력기준: 자율전공(인문/예능), 인문, 예술 – 국어, 수학(가/나), 영어, 탐구 중 3개 영역 등급 합 6(탐구 1) / 자율전공(자연/예능), 자연 – 국어, 수학(가), 영어, 과탐 중 3개 영역 등급 합 7(탐구 1) / 한국사 4등급 • 같은 수준의 대학에 비해 수능최저학력기준이 너무 높아 수능최저학력기준을 충족할 경우, 합격 가능성이 매우 큼	

전형		지원가능대학	Tip	
논술	수능최저 미적용	연세대 논술전형	• 전형방법: 논술 100% • 2020학년도부터 수능최저학력기준 폐지(2019학년도 국어, 수학, 탐구 (2개 과목) 등 총 4개 과목의 등급 합이 7 이내(자연 8 이내) • 모집인원 축소: 643명 → 607명(36명 감소)(의예과 논술 폐지 등으로 모집 인원의 감소가 나타났지만, 경영학부 등 일부 학과는 모집인원이 확대됨)	
		한양대 논술전형	• 논술 80% + 학생부종합평가 20%(2019학년도: 논술 70% + 학생부종 합평가 30%) ＊학생부종합평가: 학생부에 기록되어 있는 출결, 수상 경력, 봉사활 동, 행동 특성 및 종합 의견 등을 참고하여 학생의 학교생활 성실도 를 중심으로 종합평가함 • 경영학부: 자연 계열 9명 선발, 경제금융학부: 자연 계열 7명 선발 (2019학년도 인문으로 19명 선발함, 2020학년도 인문 12명/자연 7명 으로 분할하여 선발함) • 공과대(융합전자공학부, 컴퓨터소프트웨어학부, 에너지공학과, 미래자 동차공학과), 의예과 논술 야간(17:00 이후) 시행	
		서울시립대 논술전형	• 1단계: 논술 100%(4배수) / 2단계: 논술 60% + 학생부 교과 40% • 학생부 성적: 원점수, 평균, 표준편차 활용 – Z점수	
학생부 교과	수능최저 적용	고려대 학교추천I 전형	• 1단계: 학생부 교과 100% / 2단계: 1단계 50% + 면접 50%(2019학년도: 1단계 – 학생부 교과 100% / 2단 계 – 면접 100%) • 수능최저학력기준: 인문 – 3개 영역 등급 합 6 / 자 연 – 3개 영역 등급 합 7 / 의대 – 4개 영역 등급 합 5 / (탐구 2 평균) ＊한국사 3등급(자연: 4등급)	☞합격 내신이 1.5등급 내외이 므로 내신 성적 향상을 전제로 함 ☞수능 성적 향 상으로 수능최 저학력 기준을 충족할 수 있을 때 지원해야 함
		서울시립대 학생부교과전형	• 학생부 교과 100% • 학생부 성적: 원점수, 평균, 표준편차 활용 – Z점수 – 인문: 국어, 영어, 수학, 사회 70% + 그 외 과목 30% – 자연: 국어, 영어, 수학, 과학 70% + 그 외 과목 30% • 수능최저학력기준: 인문 – 3개 영역 등급 합 7(탐구 1) / 자연 – 3개 영역 등급 합 8(탐구 1)	
		숙명여대 학생부교과전형	• 학생부 교과 100% • 전형명 변경: 학업우수자 → 학생부 교과 • 수능최저학력기준: 인문(완화) – 2개 영역 등급 합 4(탐구 1)[2019학년도: 3개 영역 등급 합 6] / 자연 – 2개 영역 등급 합 4(탐구 1)	☞수능 성적 향 상으로 수능최 저학력 기준을 충족할 수 있을 때 지원해야 함
		가톨릭대 학생부교과전형 (간호학과)	• 학생부 교과 100% • 수능최저학력기준 강화 ＊간호학과(인문): 국어, 수학(나), 영어, 사탐(1) 중 3 개 영역 등급 합 6(2019학년도: 2개 영역 각 2등급) ＊간호학과(자연): 국어, 수학(가), 영어, 과탐(1) 중 3 개 영역 등급 합 6(2019학년도: 2개 영역 각 2등급)	

전형		지원가능대학	Tip
학생부 교과	수능최저 적용	한국항공대 교과성적우수자전형	• 학생부 교과 100% • 수능최저학력기준: 항공우주 및 기계공학부, 항공전자정보공학부, 항공재료공학과 – 2개 영역 등급 합 6(탐구 1 / 수학 나형 응시 경우 수학 나형을 제외하고 2개 영역 반영) / 소프트웨어학과, 항공운항과, 항공교통물류학부, 자유전공, 경영학부 – 2개 영역 등급 합 5(탐구 1) • 일부 학과(항공운항과, 항공교통물류학부)는 내신 1등급 초반대의 합격선을 이루고 있음
		인하대 학생부교과전형	• 학생부 교과 100% • 수능최저학력기준: 인문 – 3개 영역 등급 합 7(탐구 1) / 자연(완화) – 2개 영역 등급 합 4(과탐 1) / (2019학년도 2개 영역 각 2등급(탐구 1) ＊제2외국어/한문을 사탐 영역의 1개 과목으로 인정함 ＊의류디자인학과(일반)의 경우, 인문을 따름
		숭실대 학생부우수자전형	• 학생부 교과 100% • 학생부 교과 반영에서 계열별 반영 교과 가중치가 적용되므로 지원에 유의(예 인문 계열은 국어, 영어 각 35% / 수학, 사회 각 15%) • 전형명 변경: 학생부 교과 → 학생부우수자 • 수능최저학력기준: 인문 – 국어, 수학(나), 탐구 2 중 2개 영역 등급 합 6 / 자연 – 국어, 수학(가), 과탐(2) 중 2개 영역 등급 합 7(탐구 2 평균) / 영어, 한국사 필수 응시
		홍익대 교과우수자전형	• 학생부 교과 100% • 학생부 반영 방법이 2019학년도 국어, 수학, 영어, 사회/과학 3과목씩 총 12과목 반영이었으나 2020학년도에는 반영 교과군의 전 교과목을 반영함에 주의 • 모집인원 감소(478명 → 386명)됨 • 수능최저학력기준 : 인문, 예술, 자율전공(인문/예능) – 3개 영역 등급 합 6(탐구 1) / 자연, 자율전공(자연/예능) – 3개 영역 등급 합 7[수학(가) 필수, 탐구 1] / 한국사 4등급
		국민대 교과성적우수자전형	• 전형방법 변경: 학생부 교과 100%(2019학년도: 1단계 – 학생부 교과 100%(5배수) / 2단계 – 학생부 교과 70% + 면접 30%) • 수능최저학력기준(신설): 인문 – 국어, 수학, 탐구(1) 중 2개 영역 등급 합 6 / 자연 – 국어, 수학 과탐(1) 중 2개 영역 등급 합 7
		단국대(죽전) 학생부교과우수전형	• 학생부 교과 100% • 학생부 교과 반영에서 계열별 반영 교과 가중치가 적용되므로 지원에 유의 • 모집인원 대폭 축소(483명 → 383명)에 따른 모집단위별 선발 인원 감소 • 수능최저학력기준: 인문 – 국어, 수학(나), 영어, 사탐/과탐(1) 중 2개 영역 등급 합 6 / 자연 – 국어, 수학(가), 영어, 과탐(1) 중 2개 영역 등급 합 6 ＊모집단위별로 필수 반영 과목 모두 응시해야 함

전형		지원가능대학	Tip
학생부 교과	수능최저 적용	성신여대 교과우수자전형	• 학생부 100%(교과 90% + 출석 10%) • 모집인원 확대(257명 → 274명)에 따른 일부 학과(경영, 운동재활복지)의 선발 인원 대폭 확대에 주의 • 수능최저학력기준(신설): 인문 – 3개 영역 등급 합 7(탐구 1) / 자연 – 3개 영역 등급 합 8(탐구 1)
		부산대 학생부교과전형	• 학생부 교과 100% • 모집인원 확대(1,171명 → 1,275명)는 지역인재전형 모집인원이 확대되었음에 유의 • 수능최저학력기준: 인문 – 3개 영역 등급 합 7(경영대, 경제통상대, 간호대는 3개 영역 등급 합 6) / 자연 – 수학(가) 포함 2개 영역 등급 합 5[생활환경대, 생명자원과학대는 2개 영역 등급 합 6, 수학(가) 지정 아님] / 한국사 4등급
		경북대 일반학생	• 학생부 교과 90% + 비교과(출결, 봉사) 10% • 수능최저학력기준: 3개 영역 등급 합 8(탐구 1) (수(가)/수(나) 선택에 따라 2등급 상향 또는 하향 적용이므로 수능최저학력기준 판단에 주의) *단, 경상대, 수의대, 사범대, 행정학부는 3개 영역 등급 합 6(탐구 1) / 한국사 4등급
	수능최저 미적용	아주대 학업우수자전형	• 학생부 교과 100%(2019학년도 학생부 교과 80% + 비교과 20%) • 학생부 교과 반영에서 계열별 반영 교과 가중치가 적용되므로 지원에 유의 • 모집인원 감소(336명 → 290명)에 따른 모집단위별 모집인원 확인 필요 (예 생명과학과 15명 → 5명 등 대폭 감소 또는 행정학과 10명 → 15명 확대 등) • 수능최저학력기준을 적용하지 않지만, 계열 필수 과목은 반드시 수능에 응시해야 함
		한국외국어대 (글로벌) 학생부교과전형	• 학생부 교과 100% • 2020학년도부터 교과 반영 시 등급 환산 점수만 반영(원점수 환산 점수 선택 폐지)
		광운대 교과성적우수자전형	• 학생부 100%(교과 80% + 출석 10% + 봉사 10%)
		세종대 학생부우수자전형	• 학생부 교과 100% • 모집인원 확대(415명 → 460명) • 합격자 내신 분포: 1등급 중반~2등급 초반

전형	지원가능대학	Tip	
정시	자연 계열	• 건국대, 경북대, 경희대, 동국대, 서울시립대, 홍익대 일부 학과는 과목별 난이도에 따른 표준점수 합산 점수를 고려하여 지원해야 함	☞수시 지원과 의 조화가 필 요함
		• 이 정거장의 수능 성적 중위권(2.5등급) 이상의 경우 건국대, 동국대, 홍익대, 숙명여대, 숭실대, 아주대, 인하대, 한국항공대, 부산대, 경북대 및 지방 국립대 사범대, 인기학과 지원 가능	
		• 이 정거장의 수능 성적 중위권(2.5등급) 이하의 경우 광운대, 국민대, 세종대 성신여대, 한양대(에), 서울과학기술대 그리고 숭실대, 숙명여대, 아주대, 인하대, 동국대, 경희대(국), 부산대, 경북대 일부 하위 학과 그리고 지방 거점 국립대 사범 및 보건 일부 학과, 단국대(죽)에 지원 가능	
	인문 계열	• 건국대, 동국대, 홍익대, 숙명여대, 경희대(국) 등은 과목 난이도별 표준점수 합이나 군별 지원 상황에 따라 지원을 고려해야 함	
		• 이 정거장의 수능 성적 중위권(2.5등급) 이상의 경우 홍익대, 숙명여대, 인하대, 아주대, 경희대(국), 국민대, 세종대, 광운대, 한국항공대, 부산대, 경북대 / 지방 국립 사범대 인기학과, 한국외국어대(글), 단국대(죽), 경기대(서), 가천대(글), 상명대 지원 가능	
		• 이 정거장의 수능 성적 중위권(2.5등급) 이하의 경우 명지대, 성신여대, 한양대(에), 단국대, 가톨릭대, 서울여대, 덕성여대, 동덕여대, 인천대, 연세대(원) / 부산대, 경북대 하위 학과 / 지방 국립대의 중상위 학과 등에 지원 가능	

어떤 노력을 기울여야 할까?

고3이라면? 경쟁자와 차별되는 자신만의 이야기를 만들어야 합니다!

이 정거장에 있는 수험생이 희망하는 대학에 갈 수 있는 가장 효과적인 방법은 학생부종합전형입니다. 조금은 부족한 내신 성적을 보완할 수 있는 방법은 우수한 비교과 활동입니다. 전공과 관련된 열정과 잠재 역량을 비교과 활동으로 구체화 하고 서류에 드러낸다면 좋은 결과를 기대할 수 있습니다. 따라서 다른 경쟁자와 차별되는 자신만의 콘텐츠가 가장 훌륭한 자산입니다.

이미 정해진 내신이라도 마지막 남은 3학년 1학기 시험에서 지원 학과와 관련된 교과는 1등급을 목표로 공부해야 합니다. 대학에서는 과거의 모습이 아닌 현재의 모습, 즉 대학에 지원하는 시기의 학습 역량인 3학년 1학기 내신을 주의 깊게 봅니다. 더불어 성적의 향상은 발전 가능한 잠재 역량이 있음을 드러냅니다.

심층면접 준비, 합격의 지름길!

학생부 위주 전형에서 최상위권 대학일수록 특히 심층면접 준비가 필수입니다. 제시문을 활용한 면접이나 제출 서류를 기반으로 한 확인 면접이 주를 이루므로 이에 맞게 모의면접을 통해 실전에 대비해야 합니다. 수업 시간에 발표와 토론에 적극적으로 참여하고, 기출문제를 풀거나 선배들의 면접 후기를 읽으면서 분위기를 익히는 등의 연습이 필요합니다.

상위 정거장으로 옮겨 가야 합니다!

내신과 수능 어느 하나라도 향상시킬 수 있다면 희망하는 어떤 정거장으로도 이동할 수 있습니다! 학습 과정에서 자신의 강점을 더 강화하고, 작은 실수도 하지 않도록 실전에 대비하면서 부족한 2%를 메울 수 있다면, 최상의 정거장에서 대학을 선택하는 자신을 발견할 수 있을 것입니다.

● **내신 성적을 향상시키면**

19번(96쪽) 정거장으로 GO!

● **수능 성적을 향상시키면**

2번(34쪽), 11번(64쪽) 정거장으로 GO!

● **내신과 수능 성적을 모두 향상시키면**

1번(26쪽), 10번(52쪽) 정거장으로 GO!

21번 정거장

내신 **2.0 ~ 3.0** 등급, 수능 **2.0 ~ 3.0** 등급

내신과 수능 모두 잘했어요…. 그래도 조금씩 아쉽군요. 적합한 전형을 찾기가 애매한 정거장입니다. 그러나 내신, 수능 양쪽 모두 조금씩만 향상시킬 수 있다면 많은 전형에서 성공할 수 있는 발전 가능성이 큰 정거장이기도 합니다. 희망을 가지고 상위권 대학 진입을 노려봅시다!

현재 나의 위치는?

학생부종합전형

이 정거장의 내신은 대입 지원의 폭이 넓은 성적대입니다. 2등급의 상하 위치에 따라 지원 및 합격 대학이 달라질 수 있으므로 내신 관리에 더욱 힘을 쏟아야 합니다. 학생부종합전형에서 내신 성적을 일률적으로 평가하는 것은 아니지만, 여전히 역량과 잠재력의 가장 객관적 지표임에는 틀림이 없습니다.

비교과 활동이 훌륭하고 전공적합성, 열정 등이 대학의 평가 기준에 적합하다면 서울 소재 중상위권 이상 대학으로 지원이 가능하며, 상위권 대학에서도 많은 합격자가 나오는 성적대입니다. 차별화된 자신만의 콘텐츠가 자산입니다!

정시전형

학생부 위주 전형에서 조금은 부족한 내신 성적으로 인해 합격을 확신할 수 없을 때 최종 정시전형을 목표로 수능 공부에 최선을 다하는 것이 좋습니다. 이 정거장의 수능 성적은 정시 지원의 폭이 넓은 성적대입니다. 서울 중위권(중상위권 일부 포함) 대학, 지방 국립대 상위 학과 등에 지원할 수 있습니다. 즉, 같은 정거장 내라도 2등급 상위로 수능 성적을 향상시키면, 지원 가능한 대학의 수준이 크게 달라질 것입니다.

더불어 수시전형에서 수능최저학력기준을 충족하면서 지원 가능한 대학의 범위를 넓히고, 소신껏 지원할 수 있는 발판을 마련해 줄 것입니다.

논술전형

논술전형이 최고의 경쟁률을 보임에도 불구하고 미련을 버리지 못하는 것은 내신 성적과 상관없이 최상위권 대학까지도 지원해 볼 수 있다는 장점 때문일 것입니다. 그러나 논술전형에 지원할 때 가장 먼저 고려해야 할 변수는 수능최저학력기준 충족 여부입니다.

다른 20번대 정거장과 마찬가지로 논술전형에서 대학을 선택할 때 수능최저학력기준으로 인해 갈림길에 놓여 있는 성적대이므로 수능 성적을 향상시켜서 선택의 폭을 넓히는 것이 최선입니다. 반면에 수능최저학력기준이 없거나 낮은 대학은 그만큼 경쟁률이 높고, 논술 실력이 가장 큰 변수가 되므로 더욱더 꼼꼼히 논술 준비를 해야 합니다.

학생부교과전형

내신과 수능 성적 모두 2등급대인 이 정거장은 수시와 정시의 모든 전형에 지원 가능한 반면, 눈높이에 맞는 대학으로 진학하기에는 2% 부족한 성적입니다. 그러나 반면 수능 성적이 뒷받침될 때 상위권 대학으로도 진입이 가능한 영역이기도 합니다.

어떤 전형도 합격을 담보할 수 없을 때, 학생부교과전형은 수시 6회 지원의 마지노선 역할을 하게 될 것입니다. 학생부교과전형은 합격 성적이 너무 높아서 수능최저학력기준이 적용되거나 면접을 실시하는 대학으로 지원하는 것이 합격 내신의 커트라인을 낮추는 효과가 있으므로 효율적인 지원 방법이 될 수 있습니다. 이 정거장의 학생들이 학생부교과전형으로 지원할 경우에는 정시 지원과 유불리를 따져서 지원할 필요가 있습니다.

어떤 대학을 주목해야 할까?

전형		지원가능대학	Tip	
학생부종합	수능최저적용	홍익대	학교생활우수자전형	• 인문, 자연: 서류 100% • 수능최저학력기준: 인문 – 3개 영역 등급 합 6(탐구 1) / 자연 – 3개 영역 등급 합 7(과탐 1) / 한국사 4등급 • 학생부교과전형과 동일한 너무 높은 수능최저학력기준으로, 충족 여부가 합불을 결정할 것으로 판단됨	☞ 수능 성적 향상으로 수능최저학력기준을 충족하고, 두드러진 비교과 활동으로 부족한 내신을 보완할 수 있을 때 지원을 고려해야 함
			미술우수자전형	• 전형명 변경: 미술우수자전형(2019학년도: 학교생활우수자전형 미술 계열) • 1단계: 학생부 교과 100%(6배수 선발) / 2단계: 서류 100%(3배수 선발) / 3단계: 2단계 성적 40% + 면접 60% • 수능최저학력기준: 3개 영역 등급 합 8(탐구 1) / 한국사 4등급	
		부산대 학생부종합전형		• 전형 통합: 학생부종합전형(2019학년도: 학생부종합 I, II) • 서류(학생부) 100%, 자소서 폐지(2019학년도: 학생부, 자소서)	

전형		지원가능대학	Tip	
학생부 종합	수능최저 적용	부산대 학생부종합전형	• 수능최저학력기준: 경영대, 경제통상대 – 3개 영역 등급 합 6 / 인문대, 사회과학대, 사범대, 생명자원과학대 – 3개 영역 등급 합 7 / 자연과학대, 공과대, 간호대, 나노과학기술대 – 수학(가) 포함 2개 영역 등급 합 5 / 생활환경대, 생명 자원과학대 – 2개 영역 등급 합 6 / 한국사 4 / 탐구 2 평균 / 제2외국어 사탐 대체 가능 ＊학종, 학교, 논술전형의 수능최저학력기준이 동일한 대학 – 충족 여부가 합불의 관건 • 2019학년도 학생부종합전형으로 선발한 체육교육과는 2020학년도에는 실기전형으로 선발함 • 수시모집 100% 모집: 사범대(불어교육과, 독어교육과, 체육교육과), 경제통상대(국제학부)	☞ 수능 성적 향상으로 수능최저학력기준을 충족하고, 두드러진 비교과 활동으로 부족한 내신을 보완할 수 있을 때 지원을 고려해야 함
	수능최저 미적용	한양대 학생부종합 (일반)	• 학생부종합평가 100%, 면접 없음 • 오직 학생부 하나로 평가함 ＊학업 역량(적성) 50% + 인성 및 잠재력 50%로 학생부의 수상 경력, 창의적 체험활동 상황, 세부 능력 및 특기 사항, 행동 특성 및 종합 의견을 유기적·종합적으로 평가함 • 같은 수준의 대학 중 합격 내신의 폭이 가장 넓은 대학임. 내신 성적을 보지 않는다기보다는 다양한 요소로 역량을 평가한다는 측면임 • 경영학부: 자연 계열 12명 선발 • 경제금융학부 자연 계열 5명 선발, 국제학부 10명 선발(2019학년도 특기자전형으로만 선발) • 미래산업학부 데이터사이언스학과(신설) 20명 선발	☞상위권 대학에 걸맞은 심화되고 두드러진 비교과 활동으로 부족한 내신을 보완할 수 있을 때 지원을 고려해야 함
		중앙대 다빈치형 인재전형	• 전형방법 변경: 서류 100%(일괄합산)(2019학년도 단계별 모집, 2단계 면접) • 의학부: 8명 선발 / 체육교육과: 15명 선발 • 2019학년도 학부모집에서 2020학년도 학과별 모집으로 일부 모집단위 변경 및 다수 학과 모집인원 변동에 따른 확인 필수 • 서류를 근거로 지원자의 학업 및 교내 다양한 활동을 통한 성장 가능성을 종합적으로 평가함	
		중앙대 탐구형 인재전형	• 전형방법 변경: 서류 100%(일괄합산)(2019학년도 단계별 모집, 2단계 면접) • 의학부: 8명 선발 • 2019학년도 학부모집에서 2020학년도 학과별 모집으로 일부 모집단위 변경 및 다수 학과 모집인원 변동에 따른 확인 필수 • 서류를 근거로 지원자의 탐구 능력, 전공 분야의 학업 잠재력, 학교 충실성 등을 종합적으로 평가함(소논문, 과제 연구, 심화 연구 등의 지적 탐구 과정에서 역량을 보여 줄 수 있어야 함)	

전형		지원가능대학		Tip	
학생부종합	수능최저미적용	중앙대	SW인재	• 소프트웨어대학 75명 모집(2019학년도 소프트웨어학부 70명 모집) • 전형방법 변경: 서류 100%(일괄합산)(2019학년도 단계별 모집, 2단계 면접) 서류평가는 학생부, 자소서, 추천서(2019학년도 제출한 SW 역량 입증 서류 폐지)	☞ 상위권 대학에 걸맞은 심화되고 두드러진 비교과 활동으로 부족한 내신을 보완할 수 있을 때 지원을 고려해야 함
		한국외국어대 학생부종합전형		• 1단계: 서류 100%(3배수) / 2단계: 서류 70% + 면접 30% • 전형 자료를 종합적·정성적으로 종합평가하지만 학업 역량이 중요한 평가 요소 중 하나임 • 모집인원 확대: 400명 → 442명(42명 증가)로 일부 모집단위(독일어, 스페인어, 경영학부 등) 모집인원 대폭 확대	
		경희대	네오르네 상스전형	• 1단계: 서류 100%(3배수 내외) / 2단계: 서류 70% + 면접 30% • 학생부종합전형의 대표 브랜드	
			고교연계 전형	• 전형방법 변경: 서류 70% + 학생부 교과 30%(서류평가 비중 확대 (60% → 70%)) • 학교장 추천 인원: 인문 2명, 자연 3명, 예체능 1명 • 계열 구분은 대학 모집단위 기준임 • 지원 자격: 문화인재, 글로벌인재, 리더십인재, 과학인재 중 하나여야 함(태권도학과 지원자는 2단(품) 이상의 단증 소지자)	
		건국대	KU 자기추천 전형	• 전형방법 변경: 1단계 – 서류 100%(학생부, 자소서, 3배수) / 2단계 – 1단계 70% + 면접 30%(2019학년도: 1단계 40% + 면접 60%) • 2020학년도부터 학생부종합 내 중복 지원 가능 • 합격자의 내신 성적 분포가 매우 넓은 대학임 • 교내 활동에 자발적으로 참여하고 해당 전공에 관심과 소질이 있어 스스로를 추천할 수 있는 학생에게 유리함	
			KU 학교추천 전형	• 전형방법 변경: 학생부 교과 30% + 서류 70%(학생부, 자소서, 학교장 명의 추천 공문, 추천서 폐지)[2019학년도: 교과 40% + 서류 60%(학생부, 자소서, 교사추천서)] • 2020학년도부터 학생부종합 내 중복 지원 가능 • 인성과 학업 역량이 우수하고 타의 모범이 되어 고교에서 추천받은 학생 • 학교별 추천 인원 제한 없음	
		동국대	Do Dream 전형	• 1단계: 서류 100%(2.5~3배수) / 2단계: 1단계 70% + 면접 30% • 서류: 학생부, 자소서 • 서류평가: 전공적합성 40%, 자기 주도적 학습 능력 25%, 인성·사회성 20%, 지원 동기 및 진로 계획 15% • 면접: 서류 내용 확인, 면접위원 2인, 10분 내외	

전형		지원가능대학		Tip
학생부 종합	수능최저 미적용	동국대	학교장 추천인재 전형	• 전형방식 변경: 학생부 100%, 자소서 폐지(2019학년도: 학생부, 자소서), 면접 없음 • 학교장 추천 인원: 총 4명 이내(인문 2명, 자연 2명 – 대학 모집단위 기준) • 서류평가: 자기 주도적 학습 능력 40%, 전공적합성 25%, 인성·사회성 20%, 지원 동기 및 진로 계획 15%
		숙명 여대	숙명인재 I (서류형) 전형	• 2020학년도 신설 전형, 420명 모집 • 서류: 학생부 100%, 면접 없음, 자소서 폐지 • 두 전형 간 중복 지원 가능
			숙명인재 II (면접형) 전형	• 전형명 변경: 숙명인재II(면접형)전형(2019학년도: 숙명인재전형) • 1단계: 서류 100%(4배수, 2019학년도 3배수) / 2단계: 1단계 40% + 면접 60% • 2단계에서 면접 비율 60%로 높음 • 2020학년도 학생부종합전형이 두 유형으로 분리됨에 따라 모집단위별 학과 모집인원 변동 확인 필요 • 두 전형 간 중복 지원 가능
		한국항공대 미래인재전형		• 전형방법 변경: 1단계 – 서류 100%(3배수) / 2단계 – 1단계 성적 70% + 일반면접 30%(2019학년도: 1단계 성적 60% + 일반면접 40%) • 대학 특성상 대학 학부(과) 특성화 분야에 잠재적 능력을 가진 학생이 유리함 • 학생부종합전형 모집인원의 확대로 항공교통물류학부와 경영학부의 모집인원 증가
		숭실대 SSU미래인재전형		• 1단계: 서류 100%(3배수) / 2단계: 1단계 70% + 면접 30% • 모집인원 증가: 686명 → 731명(45명 증가), 모집단위별 골고루 모집인원 증가 • 지원한 모집단위 전공에 관심과 열정이 뚜렷한 '자기 주도형, 창의형, 성실형' 인재상 • 서류(활동 역량 55%, 학업 역량 25%, 잠재 역량 20%)와 면접(전공적합성 50%, 인성 25%, 잠재력 25%) 평가 모두 계열별 전공적합성에 대한 점수가 매우 높음
		아주대	ACE전형	• 1단계: 서류 100%(3배수) / 1단계 70% + 면접 30%(의학과만 수능최저 적용) ＊인재상: 성실한 고교 활동과 교과, 비교과의 균형을 갖춘 인재 선발 • 소프트웨어학과 및 사이버보안학과는 특히 학과별 전공적합성이 뛰어난 인재를 선발하고자 함
			다산인재 전형	• 서류 100%, 면접 없음 • 모집인원 축소: 290명 → 246명(44명 감소) ＊인재상: 융복합적 사고, 실천적 창의, 의사소통, 글로벌 역량 중 하나 이상의 강점이 있는 학생 – 자기 주도성 항목에서 평가 • 2019학년도 다산인재전형으로 선발한 소프트웨어학과는 2020학년도부터 학생부종합(SW융합인재전형)으로 전형을 변경하여 선발

전형		지원가능대학		Tip
학생부 종합	수능최저 미적용	아주대	SW융합 인재전형	• 2020학년도 신설 전형(소프트웨어 학과 30명 모집) • 1단계: 서류종합평가(3배수) / 2단계: 1단계 70% + 면접 30% • 인재상: 수학 및 과학을 바탕으로 SW 분야의 역량과 잠재력을 갖춘 학생
		인하대	인하미래 인재전형	• 1단계: 서류 100%(3배수 내외) / 2단계: 1단계 70% + 면접 30% • 모집단위별 모집인원 대폭 변경에 따른 모집인원 비교 후 지원 필요 (확대 모집학과: 기계공학과 등, 축소 모집학과: 국제통상학과 등) ＊전공 분야의 잠재력을 갖춘 창의적 인재를 선발함 • CUBE 평가 : 지성(전공 학업 역량) 25%, 인성(개인) 25%, 적성(전공 탐색) 25%, 종합(모집단위 인재상) 25%로 서류와 면접평가에 적용함
			학교장추천 전형	• 서류 100%, 면접 없음 • 기계공학과 모집인원 축소 주의(31명 → 22명) ＊계열 구분 없이 학교당 5명 이내 추천(학교생활에 충실하며 적극적으로 참여한 학생을 선발함) • CUBE 평가: 지성(기초 학업 역량) 30%, 인성(공동체) 30%, 적성(진로 관심) 20%, 종합(모집단위 인재상) 20%로 서류와 면접평가에 적용함
		한양대 (에리카)	학생부 종합 I 전형	• 학생부종합평가 100%, 면접 없음 • 모집인원 축소: 329명 → 246명(83명 감소)에 따른 모집단위별 선발 인원 변동 확인 필요
			학생부 종합 II 전형	• 1단계: 학생부종합평가 100%(3배수) / 2단계: 1단계 70% + 면접 30% • 소프트웨어융합대학(소프트웨어학부 자연 15명, 인문 9명 / ICT융합학부 자연 9명, 인문 6명) 총 39명 모집
		국민대	국민 프런티어 전형	• 1단계: 서류 100%(3배수) / 2단계: 1단계 70% + 면접 30% ＊615명 모집(예체능계 20명 포함) • 서류평가 요소: 자기 주도성 및 도전 정신 50%, 전공적합성 40%, 인성 10% • 제출 서류 기반 면접 10분 내외
			학교장 추천전형	• 서류 70% + 학생부 교과 30% • 학교장 추천 인원 제한 없음, 면접 없음 • 서류평가 요소: 자기 주도성 및 도전 정신 50%, 전공적합성 40%, 인성 10%
		세종대 창의인재전형		• 1단계: 서류 100%(3배수) / 2단계: 1단계 70% + 면접 30% • 면접평가 요소: 인성, 전공적합성, 발전 가능성, 의사소통 능력 등

☞학생부종합 평가: 오직 학생부를 기반으로 교과 관련 성취, 전공적합성, 학교생활 충실도 및 학업 의지, 발전 가능성 등의 영역을 종합적으로 평가함

전형		지원가능대학	Tip
학생부 종합	수능최저 미적용	단국대(죽전) DKU인재전형	• 서류 100%(문예창작과 제외) ＊문예창작과: 1단계 – 서류 100%(3배수) / 2단계 – 1단계 70% + 면접 30%(2019학년도 실기 위주 전형이었으나 2020학년도부터 DKU인재 전형으로 변경) • 학업 역량, 전공적합성 비중이 큼 ＊자소서에 기록하는 활동은 학생부에 기재되어 있는 활동만을 작성해야 함(단, 필요시 해당자에 한해 고교 방문 또는 전화로 실사함) • 모집인원 확대: 309명 → 360명(51명 증가)에 따른 모집단위별 선발인원 확인 필요(예) 전기전자공학과 등 자연 계열 학과)
		경북대 일반학생전형	• 1단계: 서류 100%(3배수) / 2단계: 1단계 70% + 면접 30% ＊서류(학생부, 자소서): 0~350점 / 면접: 0~150점, 개인 발표(지원동기 및 학업 계획, 2분 이내) 후 질의응답 / 각 절대평가
정시		자연 계열	• 건국대, 경북대, 경희대, 동국대, 서울시립대, 홍익대 일부 학과는 과목별 난이도에 따른 표준점수 합산 점수를 고려하여 지원해야 함
			• 이 정거장의 수능 성적 중위권(2.5등급) 이상의 경우 건국대, 동국대, 홍익대, 숙명여대, 숭실대, 아주대, 인하대, 한국항공대, 부산대, 경북대 및 지방 국립대 사범대, 인기학과 지원 가능 대학임
			• 이 정거장의 수능 성적 중위권(2.5등급) 이하의 경우 광운대, 국민대, 세종대, 성신여대, 한양대(에), 서울과학기술대 그리고 숭실대, 숙명여대, 아주대, 인하대, 동국대, 경희대(국), 부산대, 경북대 일부 하위 학과 그리고 지방 거점 국립대 사범 및 보건 일부 학과, 단국대(죽)에 지원 가능한 대학임
		인문 계열	• 건국대, 동국대, 홍익대, 숙명여대, 경희대(국) 등은 과목 난이도별 표준점수 합이나 군별 지원 상황에 따라 지원을 고려해야 함
			• 이 정거장의 수능 성적 중위권(2.5등급) 이상의 경우 홍익대, 숙명여대, 인하대, 아주대, 경희대(국), 국민대, 세종대, 광운대, 한국항공대, 부산대, 경북대 / 지방 국립 사범대 인기학과, 한국외국어대(글), 단국대(죽), 경기대(서), 가천대(글), 상명대 지원 가능한 대학임
			• 이 정거장의 수능 성적 중위권(2.5등급) 이하의 경우 명지대, 성신여대, 한양대(에), 단국대, 가톨릭대, 서울여대, 덕성여대, 동덕여대, 인천대, 연세대(원) / 부산대, 경북대 하위 학과 / 지방 국립대의 중상위 학과 등에 지원 가능함

☞수시 지원과의 조화가 필요함

전형		지원가능대학	Tip	
논술	수능최저 적용	서강대 논술전형	• 논술 80% + 학생부 20%(교과 10% + 비교과 10%) *비교과: 출결 5% + 봉사 5% • 모집인원(2019학년도 346명 → 2020학년도 235명, 111명 감소) 변화에 따른 지원 주의(특히 인문 계열 경영, 경제 모집인원 대폭 감소 주의) • 수능최저학력기준: 3개 영역 등급 합 6(탐구 1) / 한국사 4등급 • 수능 응시 계열 및 지원 계열의 구분 없이 동일한 기준으로 적용함 • 논술 출제 분야 : 인문/자연 계열(지식융합미디어학부) – 인문/사회과학 관련 제시문과 논제, 자연 계열 – 수리 관련 제시문과 논제(각 2문항)	☞수능 성적 향상으로 수능최저학력기준을 충족할 수 있을 때 지원을 고려해야 함
		성균관대 논술전형	• 논술 60% + 학생부 40%(교과 30% + 비교과 10%) • 모집인원(900명 → 532명, 368명 감소, 감소 인원 대부분 정시로 이동) 변화에 따른 지원 주의 *비교과: 출결 5% + 봉사 5% *교과: 1등급(30점)～4등급(29.7점)까지 0.1점씩 감점 • 수능최저학력기준: 국어, 수학, 탐구(2) 중 2개 영역 등급 합 4(인문)/ 국어, 수학(가), 과탐(2) 중 2개 영역 등급 합 4 (자연) / 2개 영역 등급 합 3(글로벌) / 수학(가), 과탐(1) 등급 합 3(반도체시스템공학, 소프트웨어학, 글로벌바이오메디컬공학) / 영어 2등급 / 한국사 4등급 *탐구 영역 2개 과목 등급 평균 계산 시 소수점 이하 절사 예 탐구 2등급 + 탐구 3등급 = 5등급(평균 2.5등급 → 2등급으로 인정) *인문계(글로벌리더학, 글로벌경제학, 글로벌경영학 제외)는 제2외국어/한문을 탐구 1과목으로 대체 가능함	
		중앙대 논술전형	• 논술 60% + 학생부 40%(교과 20% + 비교과 20%) • 학생부 반영 방법 : 국어, 수학, 영어, 사회/과학 중 상위 10과목 • 수능최저학력기준 완화: 인문 – 3개 영역 등급 합 6(탐구 2, 제2외국어/한문으로 사탐 1과목 대체 가능) (2019학년도 3개 영역 등급 합 5, 탐구 1) / 자연 – 3개 영역 등급 합 6(수학(가) 필수, 과탐 1) (2019학년도 3개 영역 등급 합 5) / 한국사 4등급 • 논술 유형: 인문사회 – 언어 / 경영경제 – 언어, 수리 / 자연 – 수리, 과학(선택형)	

전형		지원가능대학	Tip	
논술	수능최저 적용	한국외국어대 논술전형	• 논술 70% + 학생부 교과 30% • 논술은 캠퍼스 구분 없이 인문만 시행함 • 모집인원 축소: 546명 → 493명(53명 감소) • 학생부 성적은 석차 등급만 반영(2020학년도부터 원 점수 적용 폐지) • 수능최저학력기준(서울): 2개 영역 등급 합 4(사탐 2) / LD · LT 학부 3개 영역 등급 합 4(사탐 1) / 한국사 4 등급(제2외국어/한문으로 사탐 1과목 대체 가능)	
		동국대 논술우수자전형	• 논술 60% + 학생부 40%(교과 20%, 출결 10%, 봉사 10%) • 경찰행정학부 자연계 모집(5명) • 수능최저학력기준 완화: 인문 – 2개 영역 등급 합4 (탐구 1 / 2019학년도: 3개 영역 등급 합 6) / 자연 – 2개 영역 등급 합 4(수학(가) 또는 과탐(1) 포함 / 2019학년도 2개 영역 각각 2등급) / 경찰행정학부 (인문/자연): 국어, 수학, 영어 중 2개 영역 등급 합 4(2019학년도 3개 영역 등급 합 5) / 한국사 4등급 • 자연계열 논술: 과학논술 폐지, 수리논술 3개 문제(3 개 소문항 출제 가능)	
		숙명여대 논술우수자전형	• 전형방법 변경: 논술 70% + 학생부 교과 30%(2019 학년도: 논술 60% + 학생부 교과 40%) • 수능최저학력기준 : 인문(완화) – 2개 영역 등급 합 4 (탐구 1)(2019학년도: 3개 영역 등급 합 6) / 자연 – 2 개 영역 등급 합 4(탐구 1) • 학생부 등급 간 점수차 : 1~2등급 3.3점, 2~3등급 3.4점 등, 1등급~5등급 13.8점 차이	
		홍익대 논술전형	• 논술 60% + 학생부 교과 40% • 수능최저학력기준: 자율전공(인문/예능), 인문, 예술 – 국어, 수학(가/ 나), 영어, 탐구 중 3개 영역 등급 합 6(탐구 1) / 자율전공(자연/예능), 자연 – 국어, 수학(가), 영어, 과탐 중 3개 영역 등급 합 7(탐구 1) / 한 국사 4등급 • 같은 수준의 대학에 비해 수능최저학력기준이 너무 높아 수능최저학 력기준을 충족할 경우, 합격 가능성이 매우 큼	
		경희대 논술전형	• 논술 70% + 학생부 교과, 비교과(출결, 봉사) 30% • 모집인원 축소: 770명 → 714명(56명 감소) • 수능최저학력기준: 인문 – 2개 영역 등급 합 4(탐구 1, 제2외국어/한 문을 사탐 1과목으로 대체 가능) / 자연 – 2개 영역 등급 합 5(탐구 1) / 한국사 5등급 / 체육대 – 국어, 영어 중 1개 영역 3등급(한국사 필 수 응시)	

전형		지원가능대학	Tip
논술	수능최저 적용	건국대 KU논술우수자전형	• 전형방법 변경: 논술 100%(2019학년도: 논술 60% + 학생부 교과 40%) • 수능최저학력기준 신설: 인문 – 2개 영역 등급 합 4(탐구 1)/ 자연 – 2개 영역 등급 합 5[과탐 1] / 수의예 – 3개 영역 등급 합 4(과탐 1) / 한국사 5등급
		숭실대 논술우수자전형	• 논술 60% + 학생부 교과 40% • 모집인원 축소: 322명 → 296명(26명 감소) • 학생부 교과 반영에서 계열별 반영교과 가중치가 적용되므로 지원에 유의 (예 인문 계열은 국어, 영어 각 35% / 수학, 사회 각 15%) • 자연계 논술: 과학논술 폐지 • 수능최저학력기준: 인문, 경상 – 국어, 수학(나), 탐구(2) 중 2개 영역 등급 합 6 / 자연 – 국어, 수학(가), 과탐(2) 중 2개 영역 등급 합 7(탐구 2 평균) / 한국사 필수 응시
		세종대 논술우수자전형	• 전형방법 변경: 논술 70% + 학생부 교과 30%(2019학년도: 논술 60% + 학생부 교과 40%) • 모집인원 감소: 392명 → 348명 • 수능최저학력기준 완화: 인문 – 2개 영역 등급 합 4(탐구 1) / 자연 – 2개 영역 등급 합 5(과탐 1) / 한국사 필수 응시(2019학년도: 인문 – 3개 영역 등급 합 6(탐구 2 평균) / 자연 – 3개 영역 등급 합 7(탐구 2 평균))
		한양대(에리카) 논술전형	• 논술 70% + 학생부 교과 30% • 수능최저학력기준: 인문/상경 – 2개 영역 등급 합 6(탐구 1) / 자연 – 2개 영역 등급 합 6(탐구 1) / 한국사 필수 응시(2019학년도 선택한 영역 각 4등급 이내였음) • 합격자 내신 분포: 3등급 중후반~4등급 초반
		경북대 논술(AAT)전형	• 논술 70% + 학생부 30%(교과 20%, 비교과 10%), • 수능최저학력기준: 인문대, 사회대, 자연대, 공과대, 농업생명과학대, 간호대, IT대, 생활과학대, 자율전공 – 3개 영역 등급 합 8(탐구 1) / 경상대, 사범대, 수의과대, 행정학부 – 3개 영역 등급 합 6(탐구 1) / 한국사 4등급 ＊모바일 전공 – 수학(가), 과탐 2개 영역 등급 합 3(한국사 필수 응시) • 문항 유형: 논술형, 약술형, 풀이형(빈칸 채우기, 단답형 병행 출제). 20자 정도로 짧게 쓰는 서술식 문제이므로 제시문의 내용을 정확히 파악하는 것이 무엇보다 중요함
		부산대 논술전형	• 논술 70% + 학생부 30%(교과 20%, 비교과 10%) • 모집인원 감소: 727명 → 679명 • 학생부 교과 실질 반영이 낮으므로 논술이 당락의 중요한 요소가 됨 • 수능최저학력기준: 인문대, 사회과학대, 사범대, 예술대(예술문화영상학과) – 3개 영역 등급 합 7 / 경영대, 경제통상대 – 3개 영역 등급 합 6 / 자연과학대, 공과대, 사범대, 간호대, 나노과학기술대 – 수학(가) 포함 2개 영역 등급 합 5(생활환경대 2개 영역 등급 합 6) / 한국사 4등급 / (탐구 2 평균)

전형		지원가능대학	Tip
논술	수능최저 미적용	연세대 논술전형	• 전형방법: 논술 100% • 2020학년도부터 수능최저학력기준 폐지(2019학년도 국어, 수학, 탐구 (2개 과목) 등 총 4개 과목의 등급 합이 7 이내(자연 8 이내)) • 모집인원 축소: 643명 → 607명(36명 감소)(의예과 논술 폐지 등으로 모집인원의 감소가 나타났지만, 경영학부 등 일부 학과는 모집인원이 확대됨)
		한양대 논술전형	• 논술 80% + 학생부종합평가 20%(2019학년도 논술 70% + 학생부종합평가 30%) ＊학생부종합평가: 학생부에 기록되어 있는 출결, 수상 경력, 봉사활동, 행동 특성 및 종합 의견 등을 참고하여 학생의 학교생활 성실도를 중심으로 종합평가함 • 경영학부: 자연 계열 9명 선발, 경제금융학부: 자연 계열 7명 선발 (2019학년도 인문으로 19명 선발함, 2020학년도 인문 12명/자연 7명으로 분할하여 선발함) • 공과대(융합전자공학부, 컴퓨터소프트웨어학부, 에너지공학과, 미래자동차공학과), 의예과 논술 야간(17:00 이후) 시행
		서울시립대 논술전형	• 1단계: 논술 100%(4배수) / 2단계: 논술 60% + 학생부 교과 40% • 학생부 성적: 원점수, 평균, 표준편차 활용 – Z점수
		인하대 논술우수자전형	• 논술 70% + 학생부 교과 30% • 학생부 등급 간 점수 차: 1등급 300점, 2등급 288점, 3등급~6등급 3점씩 감점
		아주대 논술우수자전형	• 논술 80% + 학생부 교과 20% • 학생부 변별력이 매우 낮음(논술이 당락을 결정함) • 자연계: 수리논술만 • 금융공학 10명 모집, 수리논술 응시
		한국항공대 논술우수자전형	• 논술 70% + 학생부 교과 30% • 모집인원 축소: 215명 → 166명(49명 감소) • 학생부 반영 방법 : 매학기 반영 교과 영역별 최고 석차 등급 각 1과목 반영(매학기 4과목 반영, 일부 학과 사회/과학 중 우수성적 선택) • 합격자 내신 분포: 2등급~3등급 중반
		광운대 논술우수자전형	• 논술 60% + 학생부 40%(교과 20% + 출결 10% + 봉사 10%) • 교과 성적 등급 간 점수 차가 크므로 내신을 고려해 지원 • 논술평가: 인문(통합교과형, 2문제), 자연(수리논술 2문제 – 문제당 5개 내외 소문제) • 합격자 내신 분포: 인문/자연 평균 3등급 중후반
		단국대(죽전) 논술우수자전형	• 논술 60% + 학생부 교과 40% • 학생부 등급 간 점수 차: 1~6등급 각 4점 • 논술평가: 인문(인문사회 통합교과형 3문제), 자연(통합교과형 수학 2문제 – 문제별 소문항이 있을 수 있음) • 합격자 내신 분포: 4등급대

전형		지원가능대학	Tip	
학생부 교과	수능최저 적용	숙명여대 학생부교과전형	• 학생부 교과 100% • 전형명 변경: 학업우수자 → 학생부 교과 • 모집인원 축소: 315명 → 260명(55명 감소) • 수능최저학력기준: 인문(완화) − 2개 영역 등급 합 4(탐구 1)[2019학년도: 3개 영역 등급 합 6], 자연 − 2개 영역 등급 합 4(탐구 1)	☞수능최저학력기준을 충족할 수 있을 때 지원을 고려해야 함
		한국항공대 교과성적우수자전형	• 학생부 교과 100% • 수능최저학력기준: 항공우주 및 기계공학부, 항공전자정보공학부, 항공재료공학과 − 2개 영역 등급 합 6(탐구 1, 소프트웨어학과 제외 / 수학 나형 응시 경우 수학 나형을 제외하고 2개 영역 반영) / 소프트웨어학과, 항공운항과, 항공교통물류학부, 자유전공, 경영학부 − 2개 영역 등급 합 5(탐구 1) • 경영학부 제2외국어/한문을 사탐 1과목으로 대체 불가능함(2018학년도: 대체 가능함) • 일부 학과(항공운항과, 항공교통물류학부)는 내신 1등급 초반대의 합격선을 이루고 있음	
		인하대 학생부교과전형	• 학생부 교과 100% • 수능최저학력기준: 인문 − 3개 영역 등급 합 7(탐구 1) / 자연(완화) − 2개 영역 등급 합 4(과탐 1, 2019학년도 2개 영역 각 2등급(탐구 1)) ＊제2외국어/한문을 사탐 영역의 1개 과목으로 인정함 ＊의류디자인학과(일반)의 경우 인문을 따름	
		숭실대 학생부우수자전형	• 학생부 교과 100% • 학생부 교과 반영에서 계열별 반영 교과 가중치가 적용되므로 지원에 유의(예 인문 계열은 국어, 영어 각 35% / 수학, 사회 각 15%) • 전형명 변경: 학생부 교과 → 학생부우수자 • 수능최저학력기준: 인문 − 국어, 수학(나), 탐구 2 중 2개 영역 등급 합 6 / 자연 − 국어, 수학(가), 과탐(2) 중 2개 영역 등급 합 7(탐구 2 평균) / 영어, 한국사 필수 응시	
		한양대(에리카) 학생부교과전형	• 학생부 교과 100% • 학생부 반영 방법 변경: 국어, 수학, 사회(과학) → 국어, 영어, 수학, 사회(과학) • 모집인원 증가: 290명 → 341명(51명 증가) • 수능최저학력기준: 인문/상경 − 국어, 수학(나), 영어, 사탐 필수 응시, 2개 영역 등급 합 6 / 자연 − 국어, 수학(가), 영어, 과탐 필수 응시, 2개 영역 등급 합 6 / (탐구 1) / 디자인 − 2개 영역 등급 합 6(교과 100%, 탐구 1)	
		가톨릭대 학생부교과전형	• 학생부 교과 100% • 수능최저학력기준 강화: 2개 영역 등급 합 6(탐구 1)[2019학년도: 1개 영역 3등급(탐구 1)]	

전형		지원가능대학		Tip
학생부 교과	수능최저 적용	단국대 학생부 교과우수 전형	(천안) 간호학과	• 학생부 교과 100% • 수능최저학력기준: 국어, 수학(가/나), 영어 중 2개 영역 등급 합 5
			죽전	• 학생부 교과 100% • 학생부 교과 반영에서 계열별 반영 교과 가중치가 적용되므로 지원에 유의 • 모집인원 대폭 축소(483명 → 383명)에 따른 모집단위별 선발 인원 감소 • 수능최저학력기준: 인문 – 국어, 수학(나), 영어, 사탐/과탐(1) 중 2개 영역 등급 합 6 / 자연 – 국어, 수학(가), 영어, 과탐(1) 중 2개 영역 등급 합 6 ＊모집단위별로 필수 반영 과목 모두 응시해야 함
		부산대 학생부교과전형		• 학생부 교과 100% • 모집인원 확대(1,171→1,275)는 지역인재전형 모집인원이 확대되었음에 유의 • 수능최저학력기준: 인문 – 3개 영역 등급 합 7(경영대, 경제통상대, 간호대는 3개 영역 등급 합 6) / 자연 – 수학(가) 포함 2개 영역 등급 합 5[생활환경대, 생명자원과학대는 2개 영역 등급 합 6, 수학(가) 지정 아님], 한국사 4등급
		경북대 일반학생전형		• 학생부 교과 90% + 비교과(출결, 봉사) 10% • 수능최저학력기준: 3개 영역 등급 합 8(탐구 1) (수(가)/수(나) 선택에 따라 2등급 상향 또는 하향 적용이므로 수능최저학력기준 판단에 주의) ＊단, 경상대, 수의대, 사범대, 행정학부는 3개 영역 등급 합 6(탐구 1) / 한국사 4등급
		홍익대 교과우수자전형		• 학생부 교과 100% • 학생부 반영 방법이 2019학년도 국어, 영어, 수학, 사회/과학 3과목씩 총 12과목 반영이었으나 2020학년도에는 반영교과군의 전 교과목을 반영함에 주의 • 모집인원 감소됨(478명 → 386명) • 수능최저학력기준: 인문, 예술, 자율전공(인문/예능) – 3개 영역 등급 합 6(탐구 1) / 자연, 자율전공(자연/예능) – 3개 영역 등급 합 7[수학(가) 필수, 탐구 1] / 한국사 4등급
		국민대 교과성적우수자전형		• 전형방법 변경: 학생부 교과 100%(2019학년도: 1단계 – 학생부 교과 100%(5배수) / 2단계 – 학생부 교과 70% + 면접 30%) • 수능최저학력기준(신설): 인문 – 국어, 수학, 탐구(1) 중 2개 영역 등급 합 6 / 자연 – 국어, 수학, 과탐(1) 중 2개 영역 등급 합 7
		성신여대 교과우수자전형		• 학생부 100%(교과 90% + 출석 10%) • 모집인원 확대(257명 → 274명)에 따른 일부 학과(경영, 운동재활복지)의 선발 인원 대폭 확대에 주의 • 수능최저학력기준(신설): 인문 – 3개 영역 등급 합7(탐구 1) / 자연 – 3개 영역 등급 합 8(탐구 1)

전형		지원가능대학	Tip
학생부 교과	수능최저 적용	가천대 학생부우수자전형	• 학생부 교과 80% + 학생부 비교과 20%(출결, 봉사활동) (2019학년도: 학생부 교과 100%) • 학생부 반영 방법 : 반영 교과별 상위 등급 5과목, 또한 특정 과목이 우수한 학생에게 유리한 교과 반영 방법 적용(국어, 영어, 수학, 사회/과학 교과 중 반영 교과의 점수가 높은 순으로 35%, 25%, 25%, 15% 반영함) • 모집인원 감소(481명 → 441명)에 따른 모집단위별 선발 인원 주의(예 자유전공학부 22명 → 11명) • 수능최저학력기준: 국어, 수학(가/나), 영어, 사탐/과탐(1) 중 2개 영역 등급 합 6[자연 계열 일부 학과 수학(가) 지정]
		덕성여대 학생부100% (교과)	• 학생부 교과 100% • 모집인원 감소: 173명 → 153명 • 2019학년도 학과별 모집에서 2020학년도 계열별 모집으로 변경에 따른 합격 점수의 상승 예상 • 수능최저학력기준 변경 : 글로벌융합대학 – 국어, 영어, 수학(가/나), 사탐/과탐(상위 1과목) 중 2개 영역 등급 합 7 이내 / 국어, 영어, 수학(가/나), 사탐/과탐(상위 1과목) 중 2개 영역 등급 합 7 이내 단, 선택 2개 영역 중 수학(가) 포함 시 2개 영역 등급 합 8 이내 *반영하는 2개 영역 각각 4등급 이내
		서울여대 교과우수자전형	• 학생부 교과 100% • 학생부 교과 반영 방법 : 국어, 영어, 수학, 사회/과학 교과 상위 3과목씩 12과목 반영 • 수능최저학력기준 완화: 국어, 수학(가/나), 영어, 탐구(1과목, 2019학년도 2과목 평균) 2개 영역 등급 합 7 / 영어 포함 시 2개 영역 등급 합 5(각 4등급 이내) – 수능최저학력기준 충족 여부 중요함 • 제2외국어/한문은 사탐 영역의 한 과목으로 대체 불가(2019학년도 대체 가능)
		동덕여대 학생부교과우수자 전형	• 학생부 교과 100% • 수능최저학력기준: 국어, 수학(가/나), 영어, 탐구(2 평균) 2개 영역 등급 합 7(단, 영어 포함 시 2개 영역 등급 합 6)
		을지대 교과성적우수전형 (간호학과)	• 학생부 교과 100% • 수능최저학력기준: 국어, 수학, 탐구(2 평균) 중 2개 영역 등급 합 6, 영어 3등급 이내 • 합격자 내신 분포: 2등급 후반까지
	수능최저 미적용	아주대 학업우수자전형	• 학생부 교과 100%(2019학년도: 학생부 교과 80% + 비교과 20% • 학생부 교과 반영에서 계열별 반영 교과 가중치가 적용되므로 지원에 유의 • 모집인원 감소(336명 → 290명)에 따른 모집단위별 모집인원 확인 필요(예 생명과학과 15명 → 5명 등 대폭 감소 또는 행정학과 10명 → 15명 확대 등) • 수능최저학력기준을 적용하지 않지만, 계열 필수 과목은 반드시 수능에 응시해야 함

전형		지원가능대학		Tip
학생부 교과	수능최저 미적용	광운대 교과성적우수자전형		• 학생부 100%(교과 80% + 출석 10% + 봉사 10%)
		세종대 학생부우수자전형		• 학생부 교과 100% • 모집인원 확대: 415명 → 460명 • 합격자 내신 분포: 1등급 중반~2등급 초반
		명지대	교과성적 전형	• 학생부 교과 100% • 모집인원 감소(409명 → 307명) 주의 • 학교생활기록부 반영 교과 변경에 따른 합격 성적 상승 예상(2019학년도: [전 계열] 국어, 영어, 수학, 사회, 과학 → 2020학년도 : [인문 계열] 국어, 영어, 수학, 사회 / [자연 계열] 국어, 영어, 수학, 과학)
			교과면접 전형	• 1단계: 학생부 교과 100%(5배수) / 2단계: 학생부 교과 70% + 면접 30% • 모집인원 감소: 396명 → 367명 • 학과별 면접고사 질문 문항 입학처 홈페이지에 참조 • 학교생활기록부 반영 교과 변경에 따른 합격 성적 상승 예상(2019학년도: [전 계열] 국어, 영어, 수학, 사회, 과학 → 2020학년도 : [인문 계열] 국어, 영어, 수학, 사회 / [자연 계열] 국어, 영어, 수학, 과학 / [예체능 계열] 국어, 영어) • 디자인학부, 시각 · 패션: 교과면접에서 선발하지 않음

어떤 노력을 기울여야 할까?

고3이라면? 갈림길에 서 있습니다!

내신과 수능 모두 아쉬움이 있는 이 정거장의 학생들은 목표 의식이 뚜렷해야 합니다. 지원 가능한 대학의 범위가 서울, 경인 지역의 상위권에서 하위권 그리고 지방 거점 국립대까지 꽤 넓습니다. 종착역이 어디일지는 지금 이 순간에 달려 있습니다. 마지막 남은 3학년 1학기 내신 성적, 모의고사 성적을 위로 끌어올릴 수 있다면 수시와 정시 모두 선택의 폭은 꽤 넓어집니다.

긴 여정이다 보니 3월의 긴장감과 각오가 갈수록 약해지기 마련입니다. 약간의 긴장은 자신에게 약이 되고 동기 부여가 될 수 있음을 인식하고 마지막까지 긴장의 끈을 놓지 마세요. 얼마 남지 않은 레이스에서 자신과의 싸움에서 승리하느냐 실패하느냐가 도착지를 결정할 것입니다.

수시모집에 지원하려면 이것을 준비하자!

| 학생부종합전형 |

내신 상위권 학생들과의 경쟁에서 뒤지지 않기 위해서는 비교과를 통해 학업 역량, 발전 가능성, 전공 관련 열정 등을 매력적인 나만의 콘텐츠로 보여 줄 수 있어야 합니다. 평소 학교생활을 충실히 하면서 꿈을 이루기 위해 노력해 온 과정이 학생부를 통해 여실히 드러나야 합니다. 그러나 최근 그 무엇보다 중요한 것은 그 모든 내용이 학업을 바탕으로 이루어져야 한다는 점입니다.

| 논술전형 |

만약 논술전형을 통한 상위권 대학 진학을 목표로 잡았다면 논술 준비에서 중요한 것은 바로 수능 준비입니다. 수능최저학력기준 충족 여부도 중요하지만, 인문논술은 제시문의 독해와 논리적 주장이 중요하고, 자연논술은 수학·과학의 문제 해결이 중요하기 때문에 일단 수능 준비를 통한 학습 역량이 갖춰져야 논술 공부가 빛을 발할 수 있습니다. 논술은 글을 작성하는 시험이므로 어떤 방법으로 답안을 작성할지 정확한 방향을 잡고 연습하며 내면화하는 과정과 기출문제 풀이를 통한 적응 훈련이 반드시 필요합니다.

상위 정거장으로 옮겨 가야 합니다!

목적지가 어딘지 명확히 정하고, 그곳으로 갈 수 있도록 마음과 자세를 단단히 다잡도록 합시다.

● **내신 성적을 향상시키면**

19번(96쪽), 20번(108쪽) 정거장으로 GO!

● **수능 성적을 향상시키면**

3번(42쪽), 12번(77쪽) 정거장으로 GO!

● **내신과 수능 성적을 모두 향상시키면**

1번(26쪽), 2번(34쪽), 10번(52쪽), 11번(64쪽) 정거장으로 GO!

21번 정거장

22번 정거장

내신 3.0 ~ 4.0 등급, 수능 2.0 ~ 3.0 등급

수능 성적은 절대로 잃지 말아야 할 무기로군요! 물론 내신 성적을 향상시킬 수 있다면 선택의 폭은 더 넓어지겠지만, 수능 성적을 계속 향상시켜 상위권으로 진입하겠다는 목표를 잊어서는 안 됩니다!

현재 나의 위치는?

정시전형

내신 성적보다는 수능 성적이 우수한 이 정거장에서는 최종적으로 정시를 목표로 달려가는 것이 최선입니다. 현재 서울 중위권 대학부터 지방 거점 국립대까지 지원의 폭이 넓은 성적대입니다. 2등급대 초반으로 올라갈수록 지원 가능한 대학의 수준이 꽤 달라질 것입니다.

더불어 수능 성적의 향상은 수시전형에서 수능최저학력기준을 충족하면서 지원 가능한 대학의 범위를 넓히고, 소신껏 지원할 수 있는 발판을 마련해 줄 것입니다. 인문 계열보다는 자연 계열에서 선택의 폭이 넓습니다.

논술전형

아직은 논술전형에서 크게 내신의 불리함이 없는 정거장이므로 논술전형을 통한 상위권 대학 진입을 목표로 하는 것도 좋습니다. 논술전형이 최고의 경쟁률을 보임에도 불구하고 미련을 버리지 못하는 것은 내신 성적과 상관없이 최상위권 대학까지도 지원해볼 수 있다는 장점 때문일 것입니다. 그러나 논술전형에 지원할 때 가장 먼저 고려해야 할 변수는 수능최저학력기준 충족 여부입니다. 다른 20번대 정거장과 마찬가지로 논술전형에서 대학을 선택할 때 수능최저학력기준 충족 여부로 인해 갈림길에 놓여 있는 성적대이므로 수능 성적을 향상시켜서 선택의 폭을 넓히는 것이 최선입니다.

반면에 수능최저학력기준이 없거나 낮은 대학은 그만큼 경쟁률이 높고, 논술 실력이 가장 큰 변수가 되므로 더욱더 꼼꼼히 논술 준비를 해야 합니다. 수능 준비가 곧 논술 준비이지만, 논술 형식에 맞는 준비 역시 필요합니다.

학생부종합전형

학생부종합전형으로 자신의 눈높이에 맞는 대학에 지원하기에는 내신 성적이 아쉽습니다. 그러나 최근 내신 성적이 낮더라도 대학에서 선발하고자 하는 인재상에 맞으면 합격하는 사례가 꽤 있으므로 자신의 교과와 비교과를 종합적으로 살펴보며 합격 포인트를 찾아내야 합니다. 또 앞으로 남아 있는 내신 성적 관리에도 최선을 다하며, 전공 관련 역량을 보여 주기 위해서는 특히 전공 관련 교과목에 신경 써야 합니다.

전형		지원가능대학	Tip	
정시		자연 계열	• 건국대, 경북대, 경희대, 동국대, 서울시립대, 홍익대 일부 학과는 과목별 난이도에 따른 표준점수 합산 점수를 고려하여 지원해야 함	☞수시와 유불리를 따져서 지원해야 함
			• 이 정거장의 수능 성적 중위권(2.5등급) 이상의 경우 건국대, 동국대, 홍익대, 숙명여대, 숭실대, 아주대, 인하대, 한국항공대, 부산대, 경북대 및 지방 국립 사범대, 인기학과 지원 가능 대학임	
			• 이 정거장의 수능 성적 중위권(2.5등급) 이하의 경우 광운대, 국민대, 세종대, 성신여대, 한양대(에), 서울과학기술대 그리고 숭실대, 숙명여대, 아주대, 인하대, 동국대, 경희대(국), 부산대, 경북대 일부 하위 학과 그리고 지방 거점 국립대 사범 및 보건 일부 학과, 단국대(죽)에 지원 가능한 대학임	
		인문 계열	• 건국대, 동국대, 홍익대, 숙명여대, 경희대(국) 등은 과목 난이도별 표준점수 합이나 군별 지원 상황에 따라 지원을 고려해야 함	
			• 이 정거장의 수능 성적 중위권(2.5등급) 이상의 경우 홍익대, 숙명여대, 인하대, 아주대, 경희대(국), 국민대, 세종대, 광운대, 한국항공대, 부산대, 경북대 / 지방 국립 사범대 인기학과, 한국외국어대(글), 단국대(죽), 경기대(서), 가천대(글), 상명대 지원 가능한 대학임	
			• 이 정거장의 수능 성적 중위권(2.5등급) 이하의 경우 명지대, 성신여대, 한양대(에), 단국대, 가톨릭대, 서울여대, 덕성여대, 동덕여대, 인천대, 연세대(원) / 부산대, 경북대 하위 학과 / 지방 국립대의 중상위 학과 등에 지원 가능함	
논술	수능최저 적용	서강대 논술전형	• 논술 80% + 학생부 20%(교과 10% + 비교과 10%) ＊비교과: 출결 5% + 봉사 5% • 모집인원(2019학년도 346명 → 2020학년도 235명 111명 감소) 변화에 따른 지원 주의(특히 인문 계열 경영, 경제 모집인원 대폭 감소 주의) • 수능최저학력기준: 3개 영역 등급 합 6(탐구 1) / 한국사 4등급 • 수능 응시 계열 및 지원 계열의 구분 없이 동일한 기준으로 적용함 • 논술 출제 분야: 인문/자연 계열(지식융합미디어학부) – 인문/사회과학 관련 제시문과 논제, 자연 계열 – 수리 관련 제시문과 논제(각 2문항)	☞ 수능 성적 향상으로 수능최저학력기준을 충족할 수 있을 때 지원을 고려해야 함

전형		지원가능대학	Tip	
논술	수능최저 적용	성균관대 논술전형	• 논술 60% + 학생부 40%(교과 30% + 비교과 10%) • 모집인원(900명 → 532명, 368명 감소, 감소 인원 대부분 정시로 이동) 변화에 따른 지원 주의 　*비교과: 출결 5% + 봉사 5% 　*교과: 1등급(30점)~4등급(29.7점)까지 0.1점씩 감점 • 수능최저학력기준: 국어, 수학, 탐구(2) 중 2개 영역 등급 합 4(인문) / 국어, 수학(가), 과탐(2) 중 2개 영역 등급 합 4(자연) / 2개 영역 등급 합 3(글로벌) / 수학(가), 과탐(1) 등급 합 3(반도체시스템공학, 소프트웨어학, 글로벌바이오메디컬공학) / 영어 2등급 / 한국사 4등급 　*탐구 영역 2개 과목 등급 평균 계산 시 소수점 이하 절사 　　⒠ 탐구 2등급 + 탐구 3등급 = 5등급(평균 2.5등급 → 2등급으로 인정) 　*인문계(글로벌리더학, 글로벌경제학, 글로벌경영학 제외)는 제2외국어/한문을 탐구 1과목으로 대체 가능함	☞ 수능 성적 향상으로 수능최저학력기준을 충족할 수 있을 때 지원을 고려해야 함
		중앙대 논술전형	• 논술 60% + 학생부 40%(교과 20% + 비교과 20%) • 학생부 반영 방법 : 국어, 수학, 영어, 사회/과학 중 상위 10과목 • 수능최저학력기준 완화: 인문 – 3개 영역 등급 합 6(탐구 2, 제2외국어/한문으로 사탐 1과목 대체 가능) (2019학년도 3개 영역 등급 합 5, 탐구 1) / 자연 – 3개 영역 등급 합 6(수학(가) 필수, 과탐 1) (2019학년도 3개 영역 등급 합 5) / 한국사 4등급 • 논술 유형: 인문사회 – 언어 / 경영경제 – 언어, 수리 / 자연 – 수리, 과학(선택형)	
		한국외국어대 논술전형	• 논술 70% + 학생부 교과 30% • 논술은 캠퍼스 구분 없이 인문만 시행함 • 모집인원 축소 : 546명 → 493명(53명 감소) • 학생부 성적은 석차 등급만 반영(2020학년도부터 원점수 적용 폐지) • 수능최저학력기준(서울): 2개 영역 등급 합 4(사탐 2) / LD · LT 학부 3개 영역 등급 합 4(사탐 1) / 한국사 4등급(제2외국어/한문으로 사탐 1과목 대체 가능)	
		동국대 논술우수자전형	• 논술 60% + 학생부 40%(교과 20%, 출결 10%, 봉사 10%) • 경찰행정학부 자연계 모집(5명)	

전형		지원가능대학	Tip
논술	수능최저 적용	동국대 논술우수자전형	• 수능최저학력기준 완화: 인문 – 2개 영역 등급 합 4(탐구 1 / 2019학년도: 3개 영역 등급 합 6) / 자연 – 2개 영역 등급 합 4(수학(가) 또는 과탐(1) 포함) / 2019학년도 2개 영역 각각 2등급) / 경찰행정학부(인문/자연): 국어, 수학, 영어 2개 영역 중 등급 합 4(2019학년도 3개 영역 등급 합 5) / 한국사 4등급 • 자연 계열 논술: 과학논술 폐지, 수리논술 3개 문제(3개 소문항 출제 가능)
		숙명여대 논술우수자전형	• 전형방법 변경: 논술 70% + 학생부 교과 30%(2019학년도: 논술 60% + 학생부 교과 40%) • 수능최저학력기준: 인문(완화) – 2개 영역 등급 합 4(탐구 1) (2019학년도: 3개 영역 등급 합 6) / 자연 – 2개 영역 등급 합 4(탐구 1) • 학생부 등급 간 점수차 : 1~2등급 3.3점, 2~3등급 3.4점 등, 1등급~5등급 13.8점 차이
		홍익대 논술전형	• 논술 60% + 학생부 교과 40% • 수능최저학력기준: 자율전공(인문/예능), 인문, 예술 – 국어, 수학(가/나), 영어, 탐구 중 3개 영역 등급 합 6(탐구 1) / 자율전공(자연/예능), 자연 – 국어, 수학(가), 영어, 과탐 중 3개 영역 등급 합 7(탐구 1) / 한국사 4등급 • 같은 수준의 대학에 비해 수능최저학력기준이 너무 높아 수능최저학력기준을 충족할 경우, 합격 가능성이 매우 큼
		경희대 논술전형	• 논술 70% + 학생부 교과, 비교과(출결, 봉사) 30% • 모집인원 축소: 770명 → 714명(56명 감소) • 수능최저학력기준: 인문 – 2개 영역 등급 합 4(탐구 1, 제2외국어/한문을 사탐 1과목으로 대체 가능) / 자연 – 2개 영역 등급 합 5(탐구 1) / 한국사 5등급 / 체육대 – 국어, 영어 중 1개 영역 3등급(한국사 필수 응시)
		건국대 KU논술우수자전형	• 전형방법 변경: 논술 100%(2019학년도: 논술 60% + 학생부 교과 40%) • 수능최저학력기준 신설 : 인문 – 2개 영역 등급 합 4(탐구 1) / 자연 – 2개 영역 등급 합 5[과탐 1] / 수의예 – 3개 영역 등급 합 4(과탐 1) / 한국사 5등급
		숭실대 논술우수자전형	• 논술 60% + 학생부 교과 40% • 모집인원 축소: 322명 → 296명(26명 감소) • 학생부 교과 반영에서 계열별 반영 교과 가중치가 적용되므로 지원에 유의(예 인문 계열은 국어, 영어 각 35% / 수학, 사회 각 15%) • 자연 계열 논술: 과학논술 폐지 • 수능최저학력기준: 인문, 경상 – 국어, 수학(나), 탐구(2) 중 2개 영역 등급 합 6 / 자연 – 국어, 수학(가), 과탐(2) 중 2개 영역 등급 합 7(탐구 2 평균) / 영어, 한국사 필수 응시

전형		지원가능대학	Tip
논술	수능최저 적용	세종대 논술우수자전형	• 전형방법 변경: 논술 70% + 학생부 교과 30%(2019학년도: 논술 60% + 학생부 교과 40%) • 모집인원 감소: 392명 → 348명 • 수능최저학력기준 완화: 인문 – 2개 영역 등급 합 4(탐구 1) / 자연 – 2개 영역 등급 합 5(과탐 1) / 한국사 필수 응시(2019학년도: 인문 – 3개 영역 등급 합 6(탐구 2 평균) / 자연 – 3개 영역 등급 합 7(탐구 2 평균)
		한양대(에리카) 논술전형	• 논술 70% + 학생부 교과 30% • 수능최저학력기준: 인문, 상경 – 2개 영역 등급 합 6(탐구 1) / 자연 – 2개 영역 등급 합 6(탐구 1) / 한국사 필수 응시(2019학년도 선택한 영역 각 4등급 이내였음) • 합격자 내신 분포: 3등급 중후반~4등급 초반
		경북대 논술(AAT)전형	• 논술 70% + 학생부 30%(교과 20%, 비교과 10%), • 수능최저학력기준: 인문대, 사회대, 자연대, 공과대, 농업생명과학대, 간호대, IT대, 생활과학대, 자율전공 –3개 영역 등급 합 8(탐구 1) / 경상대, 사범대, 수의과대, 행정학부 – 3개 영역 등급 합 6(탐구 1) / 한국사 4등급 *모바일 전공 –수학(가), 과탐 2개 영역 등급 합 3(한국사 필수 응시) • 문항 유형: 논술형, 약술형, 풀이형(빈칸 채우기, 단답형 병행 출제). 20자정도로 짧게 쓰는 서술식 문제이므로 제시문의 내용을 정확히 파악하는 것이 무엇보다 중요함
		부산대 논술전형	• 논술 70% + 학생부 30%(교과 20%, 비교과 10%) • 모집인원 감소: 727명 → 679명 • 학생부 교과 실질 반영이 낮으므로 논술이 당락의 중요한 요소가 됨 • 수능최저학력기준: 인문대, 사회과학대, 사범대, 예술대(예술문화영상학과) – 3개 영역 등급 합 7 / 경영대, 경제통상대 – 3개 영역 등급 합 6 / 자연과학대, 공과대, 사범대, 간호대, 나노과학기술대 – 수학(가) 포함 2개 영역 등급 합 5(생활환경대 2개 영역 등급 합 6) / 한국사 4등급 / (탐구 2 평균)
		성신여대 논술우수자전형	• 논술 70% + 학생부(교과 + 출석) 30% • 모집인원 감소: 311명 → 288명 • 수능최저학력기준 강화: 인문 – 3개 영역 등급 합 7(탐구 1) / 자연 – 3개 영역 등급 합 8(탐구 1)[2019학년도: 인문 – 2개 영역 등급 합 5(탐구 1) / 자연 – 2개 영역 등급 합 6(탐구 1)]
	수능최저 미적용	연세대 논술전형	• 전형방법: 논술 100% • 2020학년도부터 수능최저학력기준 폐지(2019학년도 국어, 수학, 탐구(2개 과목) 등 총 4개 과목의 등급 합이 7 이내(자연 8 이내) • 모집인원 축소: 643명 → 607명(36명 감소)(의예과 논술 폐지 등으로 모집인원의 감소가 나타났지만, 경영학부 등 일부 학과는 모집인원이 확대됨)

전형		지원가능대학		Tip
논술	수능최저 미적용	한양대 논술전형		• 논술 80% + 학생부종합평가 20%(2019학년도: 논술 70% + 학생부종합평가 30%) ＊학생부종합평가: 학생부에 기록되어 있는 출결, 수상 경력, 봉사활동, 행동 특성 및 종합 의견 등을 참고하여 학생의 학교생활 성실도를 중심으로 종합평가함 • 경영학부: 자연 계열 9명 선발, 경제금융학부: 자연 계열 7명 선발(2019학년도 인문으로 19명 선발함, 2020학년도 인문 12명/자연 7명으로 분할하여 선발함) • 공과대(융합전자공학부, 컴퓨터소프트웨어학부, 에너지공학과, 미래자동차공학과), 의예과 논술 야간(17:00 이후) 시행
		서울시립대 논술전형		• 1단계: 논술 100%(4배수) / 2단계: 논술 60% + 학생부 교과 40% • 학생부 성적: 원점수, 평균, 표준편차 활용 – Z점수
		인하대 논술우수자전형		• 논술 70% + 학생부 교과 30% • 학생부 등급 간 점수 차: 1등급 300점, 2등급 288점, 3등급~6등급 3점씩 감점
		아주대 논술우수자전형		• 논술 80% + 학생부 교과 20% • 학생부 변별력이 매우 낮음(논술이 당락을 결정함) • 자연계: 수리논술만 • 금융공학 10명 모집, 수리논술 응시
		한국항공대 논술우수자전형		• 논술 70% + 학생부 교과 30% • 모집인원 축소: 215명 → 166명(49명 감소) • 학생부 반영 방법 : 매학기 반영 교과 영역별 최고 석차 등급 각 1과목 반영(매학기 4과목 반영, 일부 학과 사회/과학 중 우수성적 선택) • 합격자 내신 분포: 2등급~3등급 중반
		광운대 논술우수자전형		• 논술 60% + 학생부 40%(교과 20% + 출결 10% + 봉사 10%) • 교과 성적 등급 간 점수 차가 크므로 내신을 고려해 지원 • 논술평가: 인문(통합교과형, 2문제), 자연(수리논술 2문제 – 문제당 5개 내외 소문제) • 합격자 내신 분포: 인문, 자연 평균 3등급 중후반
		단국대(죽전) 논술우수자전형		• 논술 60% + 학생부 교과 40% • 학생부 등급 간 점수 차: 1~6등급 각 4점 • 논술평가: 인문(인문사회 통합교과형 3문제), 자연(통합교과형 수학 2문제 – 문제별 소문항이 있을 수 있음) • 합격자 내신 분포: 4등급대
학생부 종합	수능최저 적용	홍익대	학교생활 우수자전형	• 인문, 자연: 서류 100% • 수능최저학력기준: 인문 – 3개 영역 등급 합 6(탐구 1) / 자연 – 3개 영역 등급 합 7(과탐 1) / 한국사 4등급 • 학생부 교과전형과 동일한 너무 높은 수능최저학력 기준으로, 충족 여부가 합불을 결정할 것으로 판단됨

전형	지원가능대학		Tip
학생부 종합	수능최저 적용	홍익대 미술우수자 전형	• 전형명 변경: 미술우수자전형(2019학년도: 학교생활우수자전형 미술계열) • 1단계: 학생부 교과 100%(6배수 선발) / 2단계: 서류 100%(3배수 선발) / 3단계: 2단계 성적 40% + 면접 60% • 수능최저학력기준: 3개 영역 등급 합 8(탐구1)/한국사 4등급
		부산대 학생부종합전형전형	• 전형 통합: 학생부종합전형(2019학년도: 학생부종합 I, II) • 서류(학생부) 100%, 자소서 폐지(2019학년도: 학생부, 자소서) • 수능최저학력기준: 경영대, 경제통상대 – 3개 영역 등급 합 6 / 인문대, 사회과학대, 사범대, 생명자연과학대 – 3개 영역 등급 합 7 / 자연과학대, 공과대, 간호대, 나노과학기술대 – 수학(가) 포함 2개 영역 등급 합 5 / 생활환경, 생명 자원과학대 – 2개 영역 등급 합 6 / 한국사 4 / 탐구 2 평균 / 제2외국어 사탐 대체 가능 ＊학종, 학교, 논술전형의 수능최저학력기준이 동일한 대학 – 충족 여부가 합불의 관건 • 2019학년도 학생부종합전형으로 선발한 체육교육과는 2020학년도에는 실기전형으로 선발함 • 수시모집 100% 모집: 사범대(불어교육과, 독어교육과, 체육교육과), 경제통상대(국제학부)
	수능최저 미적용	건국대 KU자기추천전형	• 전형방법 변경: 1단계 – 서류 100%(학생부, 자소서, 3배수) / 2단계 – 1단계 70% + 면접 30%(2019학년도 1단계 40% + 면접 60%) • 2020학년도부터 학생부 종합 내 중복 지원 가능 • 합격자의 내신 성적 분포가 매우 넓은 대학임 • 교내 활동에 자발적으로 참여하고 해당 전공에 관심과 소질이 있어 <u>스스로를 추천할 수 있는 학생</u>에게 유리함
		동국대 Do Dream전형	• 1단계: 서류 100%(2.5~3배수) / 2단계: 1단계 70% + 면접 30% • 서류: 학생부, 자소서 • 서류평가: 전공적합성 40%, 자기 주도적 학습 능력 25%, 인성·사회성 20%, 지원 동기 및 진로 계획 15% • 면접: 서류 내용 확인, 면접위원 2인, 10분 내외
		한국항공대 미래인재전형	• 전형방법 변경: 1단계 – 서류 100%(3배수) / 2단계 – 1단계 성적 70% + 일반면접 30%(2019학년도: 1단계 – 성적 60% + 일반면접 40%) • 대학 특성상 대학 학부(과) 특성화 분야에 잠재적 능력을 가진 학생이 유리함 • 학생부종합전형 모집인원의 확대로 항공교통물류학부와 경영학부의 모집인원 증가

☞ 두드러진 비교과 활동으로 부족한 내신을 보완할 수 있을 때 지원을 고려해야 함

22만정거장

전형		지원가능대학		Tip
학생부 종합	수능최저 미적용	숭실대 SSU미래인재전형		• 1단계: 서류 100%(3배수) / 2단계: 1단계 70% + 면접 30% • 모집인원 증가: 686명 → 731명(45명 증가), 모집단위별 골고루 모집인원 증가 • 지원한 모집단위 전공에 관심과 열정이 뚜렷한 '자기 주도형, 창의형, 성실형' 인재상 • 서류(활동 역량 55%, 학업 역량 25%, 잠재 역량20%)와 면접(전공적합성 50%, 인성 25%, 잠재력 25%) 평가 모두 계열별 전공적합성에 대한 점수가 매우 높음
		인하대 인하미래인재전형		• 1단계: 서류 100%(3배수 내외) / 2단계: 1단계 70% + 면접 30% • 모집단위별 모집인원 대폭 변경에 따른 모집인원 비교 후 지원 필요(확대 모집학과 : 기계공학과 등, 축소 모집학과 : 국제통상학과 등) ＊전공 분야의 잠재력을 갖춘 창의적 인재를 선발함 • CUBE 평가: 지성(전공 학업 역량) 25%, 인성(개인) 25%, 적성(전공 탐색) 25%, 종합(모집단위 인재상) 25%로 서류와 면접평가에 적용함
		국민대 프런티어전형		• 1단계: 서류 100%(3배수) / 2단계: 1단계 70% + 면접 30% ＊615명 모집(예능예능계 20명 포함) • 서류평가 요소: 자기 주도성 및 도전 정신 50%, 전공적합성 40%, 인성 10% • 제출 서류 기반 면접 10분 내외
		아주대	ACE전형	• 1단계: 서류 100%(3배수) / 1단계 70% + 면접 30%(의학과만 수능최저 적용) ＊인재상: 성실한 고교 활동과 교과, 비교과의 균형을 갖춘 인재 선발 • 소프트웨어학과 및 사이버보안학과는 특히 학과별 전공적합성이 뛰어난 인재를 선발하고자 함
			다산인재 전형	• 서류 100%, 면접 없음 • 모집인원 축소: 290명 → 246명(44명 감소) ＊인재상: 융복합적 사고, 실천적 창의, 의사소통, 글로벌 역량 중 하나 이상의 강점이 있는 학생 – 자기 주도성 항목에서 평가 • 2019학년도 다산인재전형으로 선발한 소프트웨어학과는 2020학년도부터 학생부종합(SW융합인재전형)으로 전형을 변경하여 선발

☞ 두드러진 비교과 활동으로 부족한 내신을 보완할 수 있을 때 지원을 고려해야 함

전형		지원가능대학		Tip	
학생부 종합	수능최 저미적 용	아주대	SW융합 인재전형	• 2020학년도 신설 전형(소프트웨어 학과 30명 모집) • 1단계: 서류종합평가(3배수) / 2단계: 1단계 70% + 면접 30% • 인재상: 수학 및 과학을 바탕으로 SW 분야의 역량과 잠재력을 갖춘 학생	☞ 두드러진 비교과 활동 으로 부족한 내신을 보완 할 수 있을 때 지원을 고려 해야 함
		단국대(죽전) DKU인재전형		• 서류 100%(문예창작과 제외) ＊문예창작과: 1단계 – 서류 100%(3배수) / 2단계 – 1 단계 70% + 면접 30%(2019학년도 실기 위주 전형 이었으나 2020학년도부터 DKU인재전형으로 변경) • 학업 역량, 전공적합성 비중이 큼 ＊자소서에 기록하는 활동은 학생부에 기재되어 있는 활동만을 작성해야 함(단, 필요시 해당자에 한해 고 교 방문 또는 전화로 실사함) • 모집인원 확대: 309명 → 360명(51명 증가)에 따른 모집단위별 선발 인원 확인 필요 (예 전기전자공학과 등 자연계열학과)	
		경북대 일반학생전형		•1단계: 서류 100%(3배수) / 2단계: 1단계 70% + 면접 30% ＊서류(학생부, 자소서): 0∼350점 / 면접: 0∼150점, 개인 발표(지원 동기 및 학업 계획, 2분 이내) 후 질 의응답 / 각 절대평가	

어떤 노력을 기울여야 할까?

고3이라면?

내신 성적에 비해 상대적으로 수능 성적이 좋은 이 정거장 학생들은 남아 있는 기간 수능 준비에 최선을 다해 정시에 지원하거나 논술전형을 준비하는 것이 가 장 효율적인 방법입니다. 수능 성적 향상은 정시는 물론 논술전형에서도 수능최 저학력기준을 충족하면서 지원 대학의 폭을 넓힐 수 있는 발판을 마련해 줄 것입 니다.

그러나 훌륭한 비교과 활동을 통한 잠재력과 열정이 서류에 잘 드러나고 지원 을 희망하는 대학의 인재상에 부합하는 학생이라면 학생부종합전형에 지원하는 것도 고려해야 합니다. 충분히 많은 합격생을 배출하는 성적대이기도 합니다. 이 경우 남아 있는 내신에도 당연히 총력을 기울여야 하고 특히 전공 관련 교과는 더 말할 것이 없습니다.

반면 수시 지원에 몰입하다가 자칫 수능 공부의 끈을 놓거나 페이스를 놓치지 않을까 걱정됩니다. 이 정거장은 우선 수능 성적 향상을 통한 정시전형이나 논술전형 지원이 1순위이기 때문입니다. 흔들림 없는 자기 관리가 무엇보다 중요합니다.

논술전형에 지원하려면 이것을 준비하자!

앞으로 성취하게 될 수능 성적에 따라 논술전형에서 지원 가능한 대학이 바뀌게 됩니다. 그러므로 논술에서 가장 중요한 것은 바로 수능 준비입니다. 수능최저학력기준의 충족 여부가 중요하기 때문입니다. 또 인문논술은 제시문의 독해와 논리적 주장이 중요하고, 자연논술은 수학·과학의 문제 해결이 중요하기 때문에 일단 수능 준비를 통한 학습 역량이 갖춰져야 논술 공부가 빛을 발할 수 있습니다. 논술은 글을 작성하는 시험이므로 어떤 방법으로 답안을 작성할지 정확한 방향을 잡고 연습하며 내면화하는 과정과 기출문제 풀이를 통한 적응 훈련이 반드시 필요합니다. 상위권 대학 인기 학과는 100 : 1이 넘는 최고의 경쟁률을 보이고 있습니다.

상위 정거장으로 옮겨 가야 합니다!

대학수학능력시험 그날까지 최선을 다해 노력해서 위로 위로 정거장을 옮겨 갑시다! 어디까지 올라갈지는 지금은 그 누구도 알 수 없습니다.

● 내신 성적을 향상시키면

19번(96쪽), 20번(108쪽), 21번(124쪽) 정거장으로 GO!

● 수능 성적을 향상시키면

4번(48쪽), 13번(85쪽) 정거장으로 GO!

● 내신과 수능 성적을 모두 향상시키면

1번(26쪽), 2번(34쪽), 3번(42쪽), 4번(48쪽), 10번(52쪽), 11번(64쪽), 12번(77쪽) 정거장으로 GO!

23.번
정거장

내신 **4.0** ~ **6.0** 등급, 수능 **2.0** ~ **3.0** 등급

24번 정거장 포함

내신 성적보다는 수능 성적으로 승부를 봐야겠네요! 그렇다면 수시전형의 논술과 정시전형에 집중하는 것이 좋습니다. 다만 저학년이라면 내신 성적을 향상시켜서 선택의 폭을 넓혀 가는 것도 고려해 보세요. 수시 학생부 위주 전형의 규모가 커서 무시할 수 없습니다.

현재 나의 위치는?

정시전형

　현재 위치로는 서울 중위권 대학부터 지방 거점 국립대까지 지원의 폭이 넓은 정거장입니다. 어차피 내신보다는 수능을 선택해서 정시전형 지원을 목표로 한다면, 수능 공부에 전력을 다해 좀 더 위로 진입하는 것을 목표로 해야 합니다. 경쟁이 심한 인문 계열보다는 자연 계열에서 선택의 폭이 더 넓습니다.

논술전형

수능최저학력기준을 충족하는 경우 중상위권 이상 대학의 논술전형에 지원할 수 있습니다. 이 정거장의 학생들에게는 수능최저학력기준 충족 여부가 지원 대학을 갈라놓는 중요한 지표가 될 것입니다. 수능최저학력기준을 충족한 학생들끼리의 경쟁에서는 논술 실력이 대학 당락의 열쇠가 되므로 논술 준비에 소홀해서는 안 됩니다. 최근 공교육진흥법에 따라 대학별 고사에 '고교 교육과정 내 출제 원칙'이 적용되면서 시험이 예전에 비해 쉬워졌습니다. 게다가 대학별 정보 공개가 활발히 이루어져 수험생 혼자서도 충분히 대비 가능한 수준으로 바뀌고 있습니다. 즉, 수능 공부가 논술 준비라는 뜻입니다. 수능최저학력기준 충족, 논술 준비 두 마리 토끼를 모두 잡을 수 있는 학습 전략이 필요합니다.

어떤 대학을 주목해야 할까?

전형	지원가능대학	Tip	
정시	자연 계열	• 건국대, 경북대, 경희대, 동국대, 서울시립대, 홍익대 일부 학과는 과목별 난이도에 따른 표준점수 합산 점수를 고려하여 지원해야 함	☞ 수시와 유불리를 따져서 지원해야 함
		• 이 정거장의 수능 성적 중위권(2.5등급) 이상의 경우 건국대, 동국대, 홍익대, 숙명여대, 숭실대, 아주대, 인하대, 한국항공대, 부산대, 경북대 및 지방 국립 사범대, 인기학과 지원 가능 대학임	
		• 이 정거장의 수능 성적 중위권(2.5등급) 이하의 경우 광운대, 국민대, 세종대, 성신여대, 한양대(에), 서울과학기술대 그리고 숭실대, 숙명여대, 아주대, 인하대, 동국대, 경희대(국), 부산대, 경북대 일부 하위 학과 그리고 지방 거점 국립 사범대 및 보건 일부 학과, 단국대(죽)에 지원 가능한 대학임	
	인문 계열	• 건국대, 동국대, 홍익대, 숙명여대, 경희대(국) 등은 과목 난이도별 표준점수 합이나 군별 지원 상황에 따라 지원을 고려해야 함	

전형		지원가능대학	Tip	
정시		인문 계열	• 이 정거장의 수능 성적 중위권(2.5등급) 이상의 경우 홍익대, 숙명여대, 인하대, 아주대, 경희대(국), 국민대, 세종대, 광운대, 한국항공대, 부산대, 경북대 / 지방 국립 사범대 인기학과, 한국외국어대(글), 단국대(죽), 경기대(서), 가천대(글), 상명대 지원 가능한 대학임	☞수시와 유불리를 따져서 지원해야 함
			• 이 정거장의 수능 성적 중위권(2.5등급) 이하의 경우 명지대, 성신여대, 한양대(에), 단국대, 가톨릭대, 서울여대, 덕성여대, 동덕여대, 인천대, 연세대(원) / 부산대, 경북대 하위 학과 / 지방 국립대의 중상위 학과 등에 지원 가능함	
논술	수능최저 적용	서강대 논술전형	• 논술 80% + 학생부 20%(교과 10% + 비교과 10%) ＊비교과: 출결 5% + 봉사 5% • 모집인원(2019학년도 346명 → 2020학년도 235명, 111명 감소) 변화에 따른 지원 주의(특히 인문 계열 경영, 경제 모집인원 대폭 감소 주의) • 수능최저학력기준: 3개 영역 등급 합 6(탐구 1) / 한국사 4등급 • 수능 응시 계열 및 지원 계열의 구분 없이 동일한 기준으로 적용함 • 논술 출제 분야 : 인문/자연 계열(지식융합미디어학부) – 인문/사회과학 관련 제시문과 논제, 자연 계열 – 수리 관련 제시문과 논제(각 2문항)	☞수능최저학력기준을 충족할 수 있을 때 지원을 고려해야 함
		성균관대 논술전형	• 논술 60% + 학생부 40%(교과 30% + 비교과 10%) • 모집인원(900명 → 532명, 368명 감소, 감소 인원 대부분 정시로 이동) 변화에 따른 지원 주의 ＊비교과: 출결 5% + 봉사 5% ＊교과: 1등급(30점)~4등급(29.7점)까지 0.1점씩 감점 • 수능최저학력기준: 국어, 수학, 탐구(2) 중 2개 영역 등급 합 4(인문) / 국어, 수학(가), 과탐(2) 중 2개 영역 등급 합 4 (자연) / 2개 영역 등급 합 3(글로벌) / 수학(가), 과탐(1) 등급 합 3(반도체시스템공학, 소프트웨어학, 글로벌바이오메디컬공학) / 영어 2등급 / 한국사 4등급 ＊탐구 영역 2개 과목 등급 평균 계산 시 소수점 이하 절사 예) 탐구 2등급 + 탐구 3등급 = 5등급(평균 2.5등급 → 2등급으로 인정) ＊인문계(글로벌리더학, 글로벌경제학, 글로벌경영학 제외)는 제2외국어/한문을 탐구 1과목으로 대체 가능함	

전형		지원가능대학	Tip	
논술	수능최저 적용	중앙대 논술전형	• 논술 60% + 학생부 40%(교과 20% + 비교과 20%) • 학생부 반영 방법: 국어, 수학, 영어, 사회/과학 중 상위 10과목 • 수능최저학력기준 완화: 인문 – 3개 영역 등급 합 6(탐구 2, 제2외국어/한문으로 사탐 1과목 대체 가능)(2019학년도 3개 영역 등급 합 5, 탐구 1) / 자연 – 3개 영역 등급 합 6(수학(가) 필수, 과탐 1) (2019학년도 3개 영역 등급 합 5) / 한국사 4등급 • 논술 유형: 인문사회 – 언어 / 경영경제 – 언어, 수리 / 자연 – 수리, 과학(선택형)	☞ 수능최저학력기준을 충족할 수 있을 때 지원을 고려해야 함
		한국외국어대 논술전형	• 논술 70% + 학생부 교과 30% • 논술은 캠퍼스 구분 없이 인문만 시행함 • 모집인원 축소 : 546명 → 493명(53명 감소) • 학생부 성적은 석차 등급만 반영(2020학년도부터 원점수 적용 폐지) • 수능최저학력기준(서울): 2개 영역 등급 합 4(사탐 2) / LD·LT 학부 3개 영역 등급 합 4, (사탐 1) / 한국사 4등급(제2외국어/한문으로 사탐 1과목 대체 가능)	
		동국대 논술우수자전형	• 논술 60% + 학생부 40%(교과 20%, 출결 10%, 봉사10%) • 경찰행정학부 자연 계열 모집(5명) • 수능최저학력기준 완화: 인문 – 2개 영역 등급 합 4(탐구 1 / 2019학년도: 3개 영역 등급 합 6) / 자연 – 2개 영역 등급 합 4(수학(가) 또는 과탐(1) 포함 / 2019학년도 2개 영역 각각 2등급) / 경찰행정학부(인문/자연): 국어, 수학, 영어 중 2개 영역 등급 합 4(2019학년도 3개 영역 등급 합 5) / 한국사 4등급 • 자연 계열 논술: 과학논술 폐지, 수리논술 3개 문제(3개 소문항 출제 가능)	
		숙명여대 논술우수자전형	• 전형방법 변경: 논술 70% + 학생부 교과 30%(2019학년도: 논술 60% + 학생부 교과 40%) • 수능최저학력기준 : 인문(완화) – 2개 영역 등급 합 4(탐구 1)(2019학년도: 3개 영역 등급 합 6) / 자연 – 2개 영역 등급 합 4(탐구 1) • 학생부 등급 간 점수차 : 1~2등급 3.3점, 2~3등급 3.4점 등, 1등급~5등급 13.8점 차이	
		홍익대 논술전형	• 논술 60% + 학생부 교과 40% • 수능최저학력기준: 자율전공(인문/예능), 인문, 예술 – 국어, 수학(가/나), 영어, 탐구 중 3개 영역 등급 합 6(탐구 1) / 자율전공(자연/예능), 자연 – 국어, 수학(가), 영어, 과탐 중 3개 영역 등급 합 7(탐구 1) / 한국사 4등급	

전형		지원가능대학	Tip
논술	수능최저 적용	홍익대 논술전형	• 같은 수준의 대학에 비해 수능최저학력기준이 너무 높아 수능최저학력기준을 충족할 경우, 합격 가능성이 매우 큼
		경희대 논술전형	• 논술 70% + 학생부 교과, 비교과(출결, 봉사) 30% • 모집인원 축소: 770명 → 714명(56명 감소) • 수능최저학력기준: 인문 – 2개 영역 등급 합 4(탐구 1, 제2외국어/한문을 사탐 1과목으로 대체 가능) / 자연 – 2개 영역 등급 합 5(탐구 1) / 한국사 5등급 / 체육대 – 국어, 영어 중 1개 영역 3등급(한국사 필수 응시)
		건국대 KU논술우수자전형	• 전형방법 변경 ; 논술 100%(2019학년도: 논술 60% + 학생부 교과 40%) • 수능최저학력기준 신설 : 인문 – 2개 영역 등급 합 4(탐구 1) / 자연 – 2개 영역 등급 합 5(과탐 1) / 수의예 – 3개 영역 등급 합 4(과탐 1) / 한국사 5등급
		숭실대 논술우수자전형	• 논술 60% + 학생부 교과 40% • 모집인원 축소: 322명 → 296명(26명 감소) • 학생부 교과 반영에서 계열별 반영교과 가중치가 적용되므로 지원에 유의(예 인문 계열은 국어, 영어 각 35%/수학, 사회 각 15%) • 자연계 논술: 과학논술 폐지 • 수능최저학력기준: 인문, 경상 – 국어, 수학(나), 탐구(2) 2개 영역 등급 합 6 / 자연 – 국어, 수학(가), 과탐(2) 중 2개 영역 등급 합 7(탐구 2 평균) / 한국사 필수 응시
		세종대 논술우수자전형	• 전형방법 변경: 논술 70% + 학생부 교과 30%(2019학년도: 논술 60% + 학생부 교과 40%) • 모집인원 감소: 392명 → 348명 • 수능최저학력기준 완화 : 인문 – 2개 영역 등급 합 4(탐구 1) / 자연 – 2개 영역 등급 합 5(과탐 1) / 한국사 필수 응시(2019학년도: 인문 – 3개 영역 등급 합 6(탐구 2 평균) / 자연 – 3개 영역 등급 합 7(탐구 2 평균)
		한양대(에리카) 논술전형	• 논술 70% + 학생부 교과 30% • 수능최저학력기준: 인문, 상경 – 2개 영역 등급 합 6(탐구 1)/ 자연 – 2개 영역 등급 합 6(탐구 1)/ 한국사 필수 응시(2019학년도 선택한 영역 각 4등급 이내였음) • 합격자 내신 분포: 3등급 중후반~4등급 초반
		경북대 논술(AAT)전형	• 논술 70% + 학생부 30%(교과 20%, 비교과 10%), • 수능최저학력기준: 인문대, 사회대, 자연대, 공과대, 농업생명과학대, 간호대, IT대, 생활과학대, 자율전공 – 3개 영역 등급 합 8(탐구 1) / 경상대, 사범대, 수의과대, 행정학부 – 3개 영역 등급 합 6(탐구 1) / 한국사 4등급 ＊모바일 전공 – 수학(가), 과탐 2개 영역 등급 합 3(한국사 필수 응시) • 문항 유형: 논술형, 약술형, 풀이형(빈칸 채우기, 단답형 병행 출제). 20자 정도로 짧게 쓰는 서술식 문제이므로 제시문의 내용을 정확히 파악하는 것이 무엇보다 중요함

전형		지원가능대학	Tip
논술	수능최저 적용	부산대 논술전형	• 논술 70% + 학생부 30%(교과 20%, 비교과 10%) • 모집인원 감소: 727명 → 679명 • 학생부 교과 실질 반영이 낮으므로 논술이 당락의 중요한 요소가 됨 • 수능최저학력기준: 인문대, 사회과학대, 사범대, 예술대(예술문화영상학과) – 3개 영역 등급 합 7/ 경영대, 경제통상대 – 3개 영역 등급 합 6 / 자연과학대, 공과대, 사범대, 간호대, 나노과학기술대 – 수학(가) 포함 2개 영역 등급 합 5(생활환경대 2개 영역 등급 합 6) / 한국사 4등급 / (탐구 2 평균)
		성신여대 논술우수자전형	• 논술 70% + 학생부(교과 + 출석) 30% • 모집인원 감소: 311명 →288명 • 수능최저학력기준 강화: 인문 – 3개 영역 등급 합 7(탐구 1) / 자연 – 3개 영역 등급 합 8(탐구 1)[2019학년도: 인문 – 2개 영역 등급 합 5(탐구 1) / 자연 – 2개 영역 등급 합 6(탐구 1)]

	* 논술전형 지원 가능 대학 : 수능최저학력기준 적용(내신 성적 고려)
	   23번 정거장: 서강대, 성균관대, 중앙대, 한국외국어대, 경희대, 동국대, 숙명여대, 홍익대, 숭실대, 세종대, 한양대(에), 부산대, 경북대, 성신여대, 건국대
	   24번 정거장: 서강대, 성균관대, 중앙대, 한국외국어대, 경희대, 동국대, 숙명여대, 숭실대, 부산대, 경북대, 성신여대, 건국대		

	수능최저 미적용	연세대 논술전형	• 전형방법: 논술 100% • 2020학년도부터 수능최저학력기준 폐지(2019학년도 국어, 수학, 탐구(2개 과목) 등 총 4개 과목의 등급 합이 7 이내(자연 8 이내) • 모집인원 축소: 643명 → 607명(36명 감소)(의예과 논술 폐지 등으로 모집인원의 감소가 나타났지만, 경영학부 등 일부 학과는 모집인원이 확대됨)
		한양대 논술전형	• 논술 80% + 학생부종합평가 20%(2019학년도: 논술 70% + 학생부종합평가 30%) *학생부종합평가: 학생부에 기록되어 있는 출결, 수상 경력, 봉사활동, 행동 특성 및 종합 의견 등을 참고하여 학생의 학교생활 성실도를 중심으로 종합평가함 • 경영학부: 자연 계열 9명 선발, 경제금융학부: 자연 계열 7명 선발(2019학년도 인문으로 19명 선발함, 2020학년도 인문 12명/자연 7명으로 분할하여 선발함) • 공과대(융합전자공학부, 컴퓨터소프트웨어학부, 에너지공학과, 미래자동차공학과), 의예과 논술 야간(17:00 이후) 시행
		서울시립대 논술전형	• 1단계: 논술 100%(4배수) / 2단계: 논술 60% + 학생부 교과 40% • 학생부 성적: 원점수, 평균, 표준편차 활용 – Z점수
		인하대 논술우수자전형	• 논술 70% + 학생부 교과 30% • 학생부 등급 간 점수 차: 1등급 300점, 2등급 288점, 3등급~6등급 3점씩 감점

전형		지원가능대학	Tip
논술	수능최저 미적용	아주대 논술우수자전형	• 논술 80% + 학생부 교과 20% • 학생부 변별력이 매우 낮음(논술이 당락을 결정함) • 자연계: 수리논술만 • 금융공학 10명 모집, 수리논술 응시
		한국항공대 논술우수자전형	• 논술 70% + 학생부 교과 30% • 모집인원 축소: 215명 → 166명(49명 감소) • 학생부 반영 방법 : 매학기 반영 교과 영역별 최고 석차 등급 각 1과목 반영(매학기 4과목 반영, 일부 학과 사회/과학 중 우수성적 선택) • 합격자 내신 분포: 2등급~3등급 중반
		광운대 논술우수자전형	• 논술 60% + 학생부 40%(교과 20% + 출결 10% + 봉사 10%) • 교과 성적 등급 간 점수 차가 크므로 내신을 고려해 지원 • 논술평가: 인문(통합교과형, 2문제), 자연(수리논술 2문제 – 문제당 5개 내외 소문제) • 합격자 내신 분포: 인문, 자연 평균 3등급 중후반
		단국대(죽전) 논술우수자전형	• 논술 60% + 학생부 교과 40% • 학생부 등급 간 점수 차: 1~6등급 각 4점 • 논술평가: 인문(인문사회 통합교과형 3문제), 자연(통합교과형 수학 2 문제 – 문제별 소문항이 있을 수 있음) • 합격자 내신 분포: 4등급대

어떤 노력을 기울여야 할까?

고3이라면? 선택과 집중을 통한 합격 전략을 짜자!

내신뿐 아니라 수능 성적도 아쉬운 정거장입니다. 마지막 남은 3학년 1학기 내신으로 전체 성적을 뒤집기는 쉽지 않습니다. 하지만 내신을 아예 포기하면 논술전형에서 학생부 성적 반영 시 불리하게 작용할 수 있습니다. 내신 성적을 더 이상은 떨어지지 않도록 유지하면서 수능 점수를 향상시켜서 논술과 정시전형에 맞는 지원 전략을 짜는 것이 유리합니다. 수능에서 실수하지 않고 한 문제라도 더 맞히겠다는 집중력이 필요합니다. 하나의 실수가 대학의 위치를 바꿀 정도로 매우 중요한 정거장에 있음을 인식해야 합니다.

논술전형에 지원하려면 이것을 준비하자!

앞으로 성취하게 될 수능 성적에 따라 논술전형에서 지원 가능한 대학이 바뀌게 됩니다. 그러므로 논술에서 가장 중요한 것은 바로 수능 준비입니다. 수능최저학력기준 충족 여부가 중요하기 때문입니다. 또 인문논술은 제시문의 독해와 논리적 주장이 중요하고, 자연논술은 수학·과학의 문제 해결이 중요하기 때문에 일단 수능 준비를 통한 학습 역량이 갖춰져야 논술 공부가 빛을 발할 수 있습니다. 논술은 글을 작성하는 시험이므로 어떤 방법으로 답안을 작성할지 정확한 방향을 잡고 연습하며 내면화하는 과정과 기출문제 풀이를 통한 적응 훈련이 반드시 필요합니다. 상위권 대학 인기 학과는 100 : 1이 넘는 최고의 경쟁률을 보이고 있습니다.

상위 정거장으로 옮겨 가야 합니다. 약간의 긴장은 약!

수시전형과 정시전형을 동시에 준비하다 보면 심리 상태에 굴곡이 생기기 쉽지만, 자신감을 가지고 이겨 나가야 합니다. 힘들거나 고민이 있을 때는 주변에 도움을 요청해 문제를 빨리 해결하는 것도 좋은 방법입니다. 입시는 심리전입니다. 긴 여정이다 보니 처음의 다짐들이 갈수록 약해지는 경우가 많은데, 약간의 긴장은 자신에게 약이 되고 동기 부여가 될 수 있음을 인식하고 마지막까지 긴장의 끈을 놓지 않도록 합시다.

● 내신 성적을 향상시키면

19번(96쪽), 20번(108쪽), 21번(124쪽), 22번(142쪽) 정거장으로 GO!

● 수능 성적을 향상시키면

5번(48쪽), 14번(85쪽) 정거장으로 GO!

● 내신과 수능 성적을 모두 향상시키면

1번(26쪽), 2번(34쪽), 3번(42쪽), 4번(48쪽), 10번(52쪽), 11번(64쪽), 12번(77쪽), 13번(85쪽) 정거장으로 GO!

25번 정거장

내신 **6.0 ~ 7.0** 등급, 수능 **2.0 ~ 3.0** 등급

26·27번 정거장 포함

수능 성적으로 승부를 봐야겠지요? 그렇다면 정시전형과 수능 성적의 영향을 받는 수시의 논술전형에 집중하는 것이 좋습니다. 어차피 길이 하나라면, 최고의 경지로 올린다는 각오로 임해야 합니다.

현재 나의 위치는?

정시전형

내신 성적과는 현저하게 차이 나는 수능 성적이 이 정거장 학생들에게는 반드시 잡고 가야 할 무기입니다.

현재 서울 중위권 대학부터 지방 거점 국립대까지 지원의 폭이 넓은 성적대입니다. 2등급대 초반으로 올라갈수록 지원 가능한 대학의 수준이 꽤 달라질 것입니다. 더불어 수능 성적의 향상은 수시전형에서 수능최저학력기준을 충족하면서 지원 가능한 대학의 범위를 넓히고, 소신껏 지원할 수 있는 발판을 마련해 줄 것입니다. 인문 계열보다는 자연 계열에서 선택의 폭이 넓습니다.

논술전형

수능최저학력기준을 충족하는 경우 중상위권 이상 대학의 논술전형에 지원할 수 있습니다. 이 정거장의 학생들에게는 수능최저학력기준 충족 여부가 지원 대학을 갈라놓는 중요한 지표가 될 것입니다. 수능최저학력기준을 충족한 학생들끼리의 경쟁에서는 논술 실력이 대학 당락의 열쇠가 되므로 논술 준비에 소홀해서는 안 됩니다. 최근 공교육진흥법에 따라 대학별 고사에 '고교 교육과정 내 출제 원칙'이 적용되면서 시험이 예전에 비해 쉬워졌습니다. 게다가 대학별 정보 공개가 활발히 이루어져 수험생 혼자서도 충분히 대비 가능한 수준으로 바뀌고 있습니다. 즉, 수능 공부가 논술 준비라는 뜻입니다. 수능최저학력기준 충족, 논술 준비 두 마리 토끼를 모두 잡을 수 있는 학습 전략이 필요합니다.

그리고 반드시 대학별 학생부 반영 방법을 주시해야 합니다. 일반적으로 내신 6 · 7등급부터 등급 간 점수 차를 크게 벌려 놓는 대학이 많아서 논술 실력만으로는 사실상 합격이 어렵습니다. 내신 성적을 향상시켜서 점수 차를 줄이거나, 점수 차가 크지 않은 대학을 선택해서 지원해야 합니다.

전형		지원가능대학	Tip	
정시		자연 계열	• 건국대, 경북대, 경희대, 동국대, 서울시립대, 홍익대 일부 학과는 과목별 난이도에 따른 표준점수 합산 점수를 고려하여 지원해야함.	☞수시와 유불리를 따져서 지원해야 함
			• 이 정거장의 수능 성적 중위권(2.5등급) 이상의 경우 건국대, 동국대, 홍익대, 숙명여대, 숭실대, 아주대, 인하대, 한국항공대, 부산대, 경북대 및 지방 국립 사범대, 인기학과 지원 가능 대학임	
			• 이 정거장의 수능 성적 중위권(2.5등급) 이하의 경우 광운대, 국민대, 세종대, 성신여대, 한양대(에), 서울과학기술대 그리고 숭실대, 숙명여대, 아주대, 인하대, 동국대, 경희대(국), 부산대, 경북대 일부 하위 학과 그리고 지방 거점 국립 사범대 및 보건 일부 학과, 단국대(죽)에 지원 가능한 대학임	
		인문 계열	• 건국대, 동국대, 홍익대, 숙명여대, 경희대(국) 등은 과목 난이도별 표준점수 합이나 군별 지원 상황에 따라 지원을 고려해야 함	
			• 이 정거장의 수능 성적 중위권(2.5등급) 이상의 경우 홍익대, 숙명여대, 인하대, 아주대, 경희대(국), 국민대, 세종대, 광운대, 한국항공대, 부산대, 경북대 / 지방 국립 사범대 인기학과, 한국외국어대(글), 단국대(죽), 경기대(서), 가천대(글), 상명대 지원 가능한 대학임	
			• 이 정거장의 수능 성적 중위권(2.5등급) 이하의 경우 명지대, 성신여대, 한양대(에), 단국대, 가톨릭대, 서울여대, 덕성여대, 동덕여대, 인천대, 연세대(원) / 부산대, 경북대 하위학과 / 지방 국립대의 중상위 학과 등에 지원 가능함	
논술	수능최저 적용	서강대 논술전형	• 논술 80% + 학생부 20%(교과 10% + 비교과 10%) *비교과: 출결 5% + 봉사 5% • 모집인원(2019학년도 346명 → 2020학년도 235명, 111명 감소) 변화에 따른 지원 주의(특히 인문 계열 경영, 경제 모집인원 대폭 감소 주의) • 수능최저학력기준: 3개 영역 등급 합 6(탐구 1) / 한국사 4등급 • 수능 응시 계열 및 지원 계열의 구분 없이 동일한 기준으로 적용함 • 논술 출제 분야 : 인문/자연 계열(지식융합미디어학부) – 인문/사회과학 관련 제시문과 논제, 자연 계열 – 수리 관련 제시문과 논제(각 2문항)	☞수능최저학력기준을 충족할 수 있을때 지원해야 함

전형		지원가능대학	Tip	
논술	수능최저 적용	성균관대 논술전형	• 논술 60% + 학생부 40%(교과 30% + 비교과 10%) • 모집인원(900명 → 532명, 368명 감소, 감소 인원 대부분 정시로 이동) 변화에 따른 지원 주의 ＊비교과: 출결 5% + 봉사 5% ＊교과: 1등급(30점)～4등급(29.7점)까지 0.1점씩 감점 • 수능최저학력기준: 국어, 수학, 탐구(2) 중 2개 영역 등급 합 4(인문) / 국어, 수학(가), 과탐(2) 중 2개 영역 등급 합 4 (자연) / 2개 영역 등급 합 3(글로벌) / 수학(가), 과탐(1) 등급 합 3(반도체시스템공학, 소프트웨어학, 글로벌바이오메디컬공학) / 영어 2등급 / 한국사 4등급 ＊탐구 영역 2개 과목 등급 평균 계산 시 소수점 이하 절사 　예 탐구 2등급 + 탐구 3등급 = 5등급(평균 2.5등급 → 2등급으로 인정) ＊인문계(글로벌리더학, 글로벌경제학, 글로벌경영학 제외)는 제2외국어/한문을 탐구 1과목으로 대체 가능함	☞수능최저학력기준을 충족할 수 있을 때 지원해야 함
		중앙대 논술전형	• 논술 60% + 학생부 40%(교과 20% + 비교과 20%) • 학생부 반영 방법 : 국어, 수학, 영어, 사회/과학 중 상위 10과목 • 수능최저학력기준 완화: 인문 - 3개 영역 등급 합 6(탐구 2, 제2외국어/한문으로 사탐 1과목 대체 가능) (2019학년도 3개 영역 등급 합 5, 탐구 1) / 자연 - 3개 영역 등급 합 6(수학(가) 필수, 과탐 1) (2019학년도 3개 영역 등급 합 5) / 한국사 4등급 • 논술 유형: 인문사회 - 언어 / 경영경제 - 언어, 수리 / 자연 - 수리, 과학(선택형)	
		건국대 KU논술우수자전형	• 전형방법 변경: 논술 100%(2019학년도: 논술 60% + 학생부 교과 40%) • 수능최저학력기준 신설: 인문 - 2개 영역 등급 합 4(탐구 1)/ 자연 - 2개 영역 등급 합 5[과탐 1] / 수의예 - 3개 영역 등급 합 4(과탐 1) / 한국사 5등급	
		경북대 논술(AAT)전형	• 논술 70% + 학생부 30%(교과 20%, 비교과 10%), • 수능최저학력기준: 인문대, 사회대, 자연대, 공과대, 농업생명과학대, 간호대, IT대, 생활과학대, 자율전공 - 3개 영역 등급 합 8(탐구 1) / 경상대, 사범대, 수의과대, 행정학부 -3개 영역 등급 합 6(탐구 1) / 한국사 4등급 ＊모바일 전공: 수학(가), 과탐 2개 영역 등급 합 3(한국사 필수 응시) • 문항 유형: 논술형, 약술형, 풀이형(빈칸 채우기, 단답형 병행 출제), 20자 정도로 짧게 쓰는 서술식 문제이므로 제시문의 내용을 정확히 파악하는 것이 무엇보다 중요함	

전형		지원가능대학	Tip
논술	수능최저 적용	부산대 논술전형	• 논술 70% + 학생부 30%(교과 20%, 비교과 10%) • 모집인원 감소: 727명 → 679명 • 학생부 교과 실질 반영이 낮으므로 논술이 당락의 중요한 요소가 됨 • 수능최저학력기준: 인문대, 사회과학대, 사범대, 예술대(예술문화영상학과) – 3개 영역 등급 합 7 / 경영대, 경제통상대 – 3개 영역 등급 합 6 / 자연과학대, 공과대, 사범대, 간호대, 나노과학기술대 – 수학(가) 포함 2개 영역 등급 합 5(생활환경대 2개 영역 등급 합 6) / 한국사 4등급 / (탐구 2 평균)
		성신여대 논술우수자전형	• 논술 70% + 학생부(교과 + 출석) 30% • 모집인원 감소: 311명 → 288명 • 수능최저학력기준 강화: 인문 – 3개 영역 등급 합 7(탐구1) / 자연 – 3개 영역 등급 합 8(탐구 1)[2019학년도: 인문 – 2개 영역 등급 합 5(탐구 1) / 자연 – 2개 영역 등급 합 6(탐구 1)]

	* 논술전형 지원 가능 대학 : 수능최저학력기준 적용(내신 성적 고려)
	  25번 정거장: 서강대, 성균관대, 중앙대, 부산대, 경북대, 성신여대, 건국대
	  26번 정거장: 서강대, 경북대, 건국대
	  27번 정거장: 건국대		

	수능최저 미적용	연세대 논술전형	• 전형방법: 논술 100% • 2020학년도부터 수능최저학력기준 폐지(2019학년도 국어, 수학, 탐구(2개 과목) 등 총 4개 과목의 등급 합이 7 이내(자연 8 이내) • 모집인원 축소: 643명 → 607명(36명 감소)(의예과 논술 폐지 등으로 모집인원의 감소가 나타났지만, 경영학부 등 일부 학과는 모집인원이 확대됨)
	* 논술전형 지원 가능 대학 : 수능최저학력기준 미적용(내신 성적 고려) 25, 26, 27번 정거장: 연세대		

어떤 노력을 기울여야 할까?

고3이라면? 선택과 집중을 통한 합격 전략을 짜자!

내신과 수능 성적 차이가 현저하게 크므로, 어차피 수능 성적으로 승부를 봐야 한다면 최고의 수능 점수를 받기 위해 노력해야 합니다. 수능에서 실수하지 않고 한 문제라도 더 맞히겠다는 집중력이 필요합니다. 이 정거장의 학생들은 정시전형으로 지원할 경우 서울, 경기·인천 지역 그리고 지방 국립대까지 선택의 폭이 넓습니다. 하나의 실수가 대학 위치를 바꿀 정도로 매우 중요한 정거장에 있음을 인식해야 합니다.

그리고 지금의 내신 성적으로 논술전형에 지원할 경우, 많은 대학에서 학생부 성적 반영 방법에 따라 불리할 수 있습니다. 마지막 남은 3학년 1학기 내신으로 전체 성적을 뒤집기는 어렵겠지만 5~6등급 안쪽으로 올려놓는 것이 유리합니다. 지금의 수능 성적을 보면 충분한 역량이 보입니다.

논술전형에 지원하려면 이것을 준비하자!

논술전형으로 승부를 보고 싶다면 수능 준비가 우선되어야 합니다. 수능최저학력기준 충족 여부가 중요하기 때문입니다. 탐구 영역이 수능최저학력기준 과목으로 적용될 때, 1과목만 반영되는 대학이 많습니다. 2개 과목 중 한 과목이라도 흔들림 없는 1등급이 나온다면 수능최저학력기준 충족에 큰 도움이 될 것입니다. 더불어 인문 계열의 경우, 제2외국어/한문으로 사탐 과목 대체가 가능한 대학이 많으므로 수능최저학력기준뿐만 아니라 정시전형에서 점수 합산 시 유불리를 따져서 선택에 신중을 기해야 합니다.

또 인문논술은 제시문의 독해와 논리적 주장이 중요하고, 자연논술은 수학·과학의 문제 해결이 중요하기 때문에 수능 준비를 통한 학습 역량이 갖춰져야 논술 공부가 빛을 발할 수 있습니다. 논술은 글을 작성하는 시험이므로 어떤 방법으로 답안을 작성할지 정확한 방향을 잡고 연습하며 내면화하는 과정과 기출문제 풀이를 통한 적응 훈련이 반드시 필요합니다. 상위권 대학 인기 학과는 100 : 1이 넘을 정도로 최고의 경쟁률을 보이고 있습니다.

또 하나! 등급 간 내신 점수 차가 크지 않은 대학으로 지원하거나 내신에 의한 불리함을 없앨 수 있을 정도의 3학년 1학기 내신 성적 상승을 이끌어 내야 합니다.

상위 정거장으로 옮겨 가야 합니다!

　내신 성적보다는 수능에 집중해서 승부를 보아도 될 정거장입니다. 정시전형은 대부분의 대학에서 수능 100%로 반영하기 때문에 내신의 영향을 크게 받지 않지만, 논술전형에 지원할 경우 내신의 불이익을 받을 수 있는 경계에 있으므로 더 이상은 떨어지지 않도록 노력해야 합니다.

　무엇보다 중요한 건 역시 수능! 수능 성적이 1등급에 가까울수록 불확실한 수시를 넘어 정시전형 모집에서 유리한 위치를 차지할 수 있습니다.

● **내신 성적을 향상시키면**

19번(96쪽), 20번(108쪽), 21번(124쪽), 22번(142쪽), 23번(154쪽), 24번(154쪽) 정거장으로 GO!

● **수능 성적을 향상시키면**

7번(48쪽), 16번(91쪽) 정거장으로 GO!

● **내신과 수능 성적을 모두 향상시키면**

1번(26쪽), 2번(34쪽), 3번(42쪽), 4번(48쪽), 5번(48쪽), 6번(48쪽), 10번(52쪽), 11번(64쪽), 12번(77쪽), 13번(85쪽), 14번(85쪽), 15번(85쪽) 정거장으로 GO!

28번 정거장

내신 **1** ~ **1.5** 등급, 수능 **3.0** ~ **5.0** 등급

37번 정거장 포함

내신 성적은 최고! 그러나 수능 성적이 뒷받침 된다면 최고의 내신이 최고의 빛을 발할 수 있습니다!

현재 나의 위치는?

최고의 내신 성적이지만 최상위권 대학으로의 진입이 수월하지 않을 수 있습니다. 수능최저학력기준이 발목을 잡을 수 있기 때문입니다. 또 수능 공부가 곧 논술과 심층면접 준비가 되고, 수능최저학력기준을 충족하면서 선택의 폭을 넓힐 수 있으므로 내신 성적이라는 무기를 활용해서 학생부 위주 전형에 지원하더라도 수능 성적을 향상시키기 위한 노력은 계속되어야 합니다.

학생부종합전형

학교생활에 충실하고 학업 역량도 좋지만 상대적으로 수능 성적이 부족한 전형적인 내신형 학생입니다. 자신만의 매력이 돋보이는 콘텐츠로 학업 역량, 열정 등을 충분히 드러내서 학생부종합전형에서 반드시 승부를 보아야 합니다. 내신 성적이 훌륭해 학교장추천전형 추천 대상이 될 가능성이 높으나, 수능최저학력기준 충족 여부로 인해 최종 추천 대상이나 합격 여부에서 어려움을 겪을 수 있습니다. 또 서울대 일반전형이나 연세대 학생부종합전형은 수능최저학력기준을 적용하지 않지만, 2단계의 면접 문항이 결코 수월하지 않을 것이므로 역시 쉽지 않은 전형입니다. 따라서 심층면접 준비에도 최선을 다해야 합니다. 수능 성적을 향상시키거나, 수능최저학력기준 미적용 대학, 면접이 없거나 서류 기반 면접을 실시하는 대학에서 반드시 합격한다는 마음으로 준비해야 합니다.

학생부교과전형

이 정거장의 학생들은 내신 성적은 훌륭하지만 수능최저학력기준을 충족하기 어려우므로 수능최저학력기준 미적용 대학인 한양대, 이화여대(고교 추천), 중앙대(학교장 추천, 2019학년도 신설), 한국외국어대(2020학년도 수능최저학력기준 폐지) 등에 지원하는 것이 좋습니다. 그러나 이때도 전체 1등급에 가까운 최고의 성적이어야 함을 잊지 말기 바랍니다. 수능 성적을 향상시킨다면 지원의 폭도 넓어집니다.

 이 정거장의 학생들은 반드시 수시에서 승부를 보아야 합니다. 그 어떤 전형도 합격을 예측하기는 어렵지만, 자신의 비교과 활동 수준에 따라 학생부종합전형의 합격 여부를 가늠하거나, 학생부교과전형에서 확실한 합격처를 만들어 놓을 필요가 있습니다. 단, 1.5등급 이하로 내려가면 수능최저학력기준을 미적용하는 상위권 대학에서 합격을 보장할 수 없으므로 지원 대학의 폭을 넓혀 지원해야 합니다.

전형		지원가능대학		Tip	
학생부 종합	수능최저 적용	춘천교대 교직적·인성인재 전형		• 1단계: 서류 100%(3배수) / 2단계: 1단계 40% + 면접 60% • 수능최저학력기준(신설): 국어, 수학, 영어, 탐구 영역 등급 합 14 이내(한국사 등급 4 이내) ∗ 면접: 60%로 비율이 큼. 교직적성(교직과 관련된 본질적 문제나 현실적 쟁점), 교직인성(서류 확인) 으로 9단계 평가함	☞ 수능최저학 력기준을 만 족할 수 있을 때 지원해야 함
	수능최저 미적용	서울대 일반전형		• 1단계: 서류 100%(2배수) / 2단계: 1단계 100% + 면접 및 구술고사 100% ∗ 사범대: 1단계 100% + 면접 및 구술고사 60% + 교 직적성, 인성면접 40% • 합격자 비율(2019학년도 기준): 일반고 : 특목고(예· 체고 제외) : 자사·공고 = 33.4 : 38.1 : 17.6 • 면접: 2019학년도와 동일한 방식으로 유지될 예정임. 제시문과 문항이 제공되며, 모집단위별로 30~45분 의 답변 준비 시간과 15분의 면접 시간이 주어짐. 정 답보다 풀이 과정에서의 사고방식과 학업 능력을 평 가함	☞ 심층 면접 준비가 필수! – 수능 준비 가 면접 준비
		포스텍 일반전형/ 창의IT인재전형		• 1단계: 서류 100%(3배수 내외) / 2단계: 면접 100% ∗ 서류: 학생부, 자소서, 교사추천서 • 단일 계열(무학과)로 선발함 • 개인면접으로 지원자의 인성, 자질, 학업 태도, 사고 력 등 과학 기술계 글로벌 리더로서의 잠재력을 종합 적으로 평가함. 잠재력 평가는 제출한 서류의 내용을 확인하면서 지원자의 인성적 측면을 평가함(예 자기 소개, 지원 동기, 공부하다가 무엇인가를 발견하고 기 뻤던 일) • 전형 간 중복 지원 불가능함	
		연세대	면접형	• 1단계: 학생부 교과 40% + 서류평가 60%(3배수) [2019학년도: 교과 50% + 비교과 50%] ∗ 교과: Z점수(50%) + 석차 등급(50%) 반영 ∗ 서류평가: 비교과, 자소서 활용 인성·발전 가능성 종합평가, 추천서 폐지 • 2단계: 1단계 40% + 면접 60% • 고3 재학생만 지원 가능함 • 학생부 등급 간 점수 차: 1~2등급 5점, 2~3등급 7.5점(1등급 100점) ∗ 전 과목 반영: 국어, 영어, 수학, 사탐, 과탐 70점 + 기타 과목 30점	

전형		지원가능대학		Tip
학생부 종합	수능최저 미적용	연세대	면접형	• 면접: 2019학년도와 동일한 방식으로 유지될 예정임. 제시문 활용 논리, 사고력면접(7분) + 서류 기반 창의사고력면접(7분) – 수능최저학력기준이 없고, 60% 반영이므로 합불의 결정 요소가 될 것으로 예측됨(면접 문제는 대체로 평이했다는 평가) • 활동우수형과 중복 지원 가능함
			활동우수형	• 1단계: 서류 100%(2.5배수 내외) / 2단계: 1단계 70% + 면접 30% • 서류평가: 학생부, 자소서, 추천서 • 수능최저학력기준 폐지 • 2019 수능최저학력기준: 국어, 수학(가/나), 탐구 1, 탐구 2 중 2과목 등급 합 4등급(탐구 2과목을 각각의 1과목으로 인정함, 국어와 수학 중 상위 등급 1과목 반드시 포함), 영어 2등급(국제 계열 1등급), 한국사 4등급
		서강대	종합형	• 전형명 변경: 종합형(2019학년도: 자기주도형) • 서류 100%(학생부, 자소서, 추천서(선택)) • 전공적합성보다는 학업 역량을 강조함 • 학교생활 보충자료는 2019학년도부터 폐지 • 정시 모집인원 확대로 인한 수시 모집인원 감소, 영미문화계 모집인원 대폭 감소(34명에서 24명으로) 등 학과별 모집인원 확인 필요함
			학업형	• 전형명 변경: 학업형(2019학년도: 일반형) • 서류 100%(자소서와 추천서 수능 이후 입력 및 제출) • 수능최저학력기준 폐지 – 2019학년도: 3개 영역 등급 합 6(탐구 1), 한국사 4등급 • 지원 계열에 따른 응시 영역 간 구분 두지 않음(수학, 탐구) • 일부 모집단위 학과별이 아닌 학부로 모집, 지원 학과 확인 필수
		성균관대 계열모집/학과모집		• 서류 100%(학생부, 자소서)[2019학년도: 학생부, 자소서, 교사추천서(선택)] • 전형명 변경: 계열모집(2019 성균인재): 계열 및 광역 모집단위 / 학과모집(2019 글로벌인재): 학과 모집단위 선발 • 전자전기공학부(98명), 경영학(105명) 학과모집으로 선발(2019년 성균인재 전형으로 선발) • 소프트웨어과학인재(특기자) 60명 폐지 → 학생부종합전형으로 흡수 • 글로벌인재전형 중 일부 학과[의예, 사범대(교육학, 한문교육, 수학교육, 컴퓨터교육), 스포츠과학: 1단계 – 서류 100%(3배수 내외) / 2단계 – 1단계 80% + 면접 20% • 학업 역량이 중요함
		한양대 학생부종합 (일반)		• 학생부종합평가 100%, 면접 없음 • 오직 학생부 하나로 평가함 *학업 역량(적성) 50% + 인성 및 잠재력 50%로 학생부의 수상 경력, 창의적 체험활동 상황, 세부 능력 및 특기 사항, 행동 특성 및 종합 의견을 유기적·종합적으로 평가함

☞심층면접 준비가 필수! – 수능 준비가 면접 준비

전형		지원가능대학		Tip

학생부
종합
	수능최저
	미적용
		한양대
		학생부종합
		(일반)
				• 같은 수준의 대학 중 합격 내신의 폭이 가장 넓은 대학임. 내신 성적을
				  보지 않는다기보다는 다양한 요소로 역량을 평가한다는 측면임
				• 경영학부: 자연 계열 12명 선발
				• 경제금융학부 자연 계열 5명 선발, 국제학부 10명 선발(2019학년도 특
				  기자전형으로만 선발)
				• 미래산업학부 데이터사이언스학과(신설) 20명 선발

		중앙대	다빈치형
			인재전형
				• 전형방법 변경: 서류 100%(일괄합산)(2019학년도 단계별, 2단계 면접)
				• 의학부: 8명 선발 / 체육교육과: 15명 선발
				• 2019학년도 학부모집에서 2020학년도 학과별 모집으로 일부 모집단
				  위 변경 및 다수 학과 모집인원 변동에 따른 확인 필수
				• 서류를 근거로 지원자의 학업 및 교내 다양한 활동을 통한 성장 가능
				  성을 종합적으로 평가함

			탐구형
			인재전형
				• 전형방법 변경: 서류 100%(일괄합산)(2019학년도 단계별, 2단계 면접)
				• 의학부: 8명 선발
				• 2019학년도 학부모집에서 2020학년도 학과별 모집으로 일부 모집단
				  위 변경 및 다수 학과 모집인원 변동에 따른 확인 필수
				• 서류를 근거로 지원자의 탐구 능력, 전공 분야의 학업 잠재력, 학교 충
				  실성 등을 종합적으로 평가함(소논문, 과제 연구, 심화 연구 등의 지적
				  탐구 과정에서 역량을 보여 줄 수 있어야 함)

			SW인재
			전형
				• 소프트웨어대학 75명 모집(2019학년도 소프트웨어학부 70명 모집)
				• 전형방법 변경: 서류 100%(일괄합산)(2019학년도 단계별 모집, 2단계
				  면접)
				• 서류평가는 학생부, 자소서, 추천서(2019학년도 제출한 SW 역량 입증
				  서류 폐지)

		한국외국어대
		학생부종합전형
				• 1단계: 서류 100%(3배수) / 2단계: 서류 70% + 면접 30%
				• 전형 자료를 종합적 · 정성적으로 종합평가하지만 학업 역량이 중요한
				  평가 요소 중 하나임
				• 모집인원 확대: 400명 → 442명(42명 증가)로 일부 모집단위(독일어,
				  스페인어, 경영학부 등) 모집인원 대폭 확대

		경희대	네오르네 상스전형	• 1단계: 서류 100%(3배수 내외) / 2단계: 서류 70% + 면접 30% • 학생부종합전형의 대표 브랜드

			고교연계
			전형
				• 전형방법 변경: 서류 70% + 학생부 교과 30%(서류평가 비중 확대
				  (60% → 70%))
				• 학교장 추천 인원: 인문 2명, 자연 3명, 예체능 1명
				• 계열 구분은 대학 모집단위 기준임
				• 지원 자격: 문화인재, 글로벌인재, 리더십인재, 과학인재 중 하나여야
				  함(태권도학과 지원자는 2단(품) 이상의 단증 소지자)

전형		지원가능대학	Tip
학생부 종합	수능최저 미적용	서울시립대 학생부종합전형	• 1단계: 서류 100%(2~4배수) / 2단계: 서류 50% + 면접 50% ＊2단계 면접 100%에서 50%로 축소되었지만 중요함 • 학부·학과별 인재상이 명확하게 제시되어 있으므로 반드시 확인이 필요함 ＊제시문 활용 발표 및 서류확인면접 • 서류평가: 학생부, 자소서(2019학년도: 학생부, 자소서, 교사추천서)
		경인교대 교직적성전형	• 전형명 변경: 교직적성전형(2019학년도: 교직적성잠재능력우수자) • 모집인원 감소: 400명 → 323명(77명 감소), 합격선의 상승이 예측됨 • 1단계: 서류 100%(2배수) / 2단계: 서류 70% + 면접 30%(성비 적용 없음) • 면접: 개인면접(서류 확인 - 교직인적성) + 집단면접(자체 개발 문항을 활용하여 토론면접 - 협동심, 리더십, 창의적 문제해결 능력, 의사소통 능력 평가) • 합격자 내신 분포: 대부분 1등급 초반~1.6등급. 그 이후 등급 충원 합격 사례가 있음
		부산교대 초등교직적성자전형	• 전형방법 변경: 1단계 - 학생부(교과·비교과) 100%(2배수) / 2단계 - 1단계 성적 60% + 면접 40%(2019학년도: 1단계 - 서류 100%(2배수) / 2단계 - 1단계 60% + 면접 40%) • 제출서류 간소화: 학생부(2019학년도: 학생부, 자소서, 추천서) ＊면접 방식 변경: 심층면접(면접관 3인이 지원자 3인 내외의 다대다 면접)[2019학년도: 집단면접 20% + 개별(교직인적성)면접 20%] • 성비 적용(어느 한 성이 모집인원의 65%를 초과할 수 없음) • 합격자 내신 분포: 대부분 1등급 초반~2등급 초반
		청주교대 배움나눔인재전형	• 1단계: 서류 100%(3배수) / 2단계: 1단계 60% + 면접 40% • 성비 적용(어느 한 성이 모집인원의 75%를 초과할 수 없음)
		진주교대 21세기형교직적성자 전형	• 전형방법 변경: 1단계 - 서류100%(2.5배수 내외) / 2단계 - 1단계 70% + 심층면접 30%(2019학년도: 1단계 50% + 심층면접 50%) 서류평가 반영 비율 확대 • 제출서류 중 교사추천서 폐지(필요시 현장 방문) ＊심층면접: 개별면접, 집단면접 시행 • 성비 적용(어느 한 성이 모집인원의 80%를 초과할 수 없음) • 합격자 내신 분포: 1등급 후반~2등급 초반
		광주교대 교직적성우수자전형	• 전형방법 변경: 1단계 - 서류 100%(3배수) / 2단계 - 1단계 60% + 심층면접 40%(2019학년도: 1단계 50% + 심층면접 50%) • 모집인원 축소: 146명 → 126명(20명 감소) • 성비 적용(어느 한 성이 모집인원의 60%를 초과할 수 없음) • 합격자 내신 분포: 1등급 초반~2등급 초반
		대구교대 참스승전형	• 1단계: 서류 100%(2.5배수) / 2단계: 1단계 50% + 면접 50%(2019학년도: 1단계 2배수) • 교사추천서 폐지

전형		지원가능대학	Tip
학생부 종합	수능최저 미적용	대구교대 참스승전형	• 모집인원 축소: 130명 → 90명(40명 감소)로 인한 합격선 상승 예상(지역인재전형 모집인원 확대 80명 → 120명) • 심층면접: 개별면접, 집단면접 시행 • 성비 적용(어느 한 성이 모집인원의 70%를 초과할 수 없음) • 합격자 내신 분포: 1등급 초반~2등급 초반
학생부 교과	수능최저 미적용	한양대 학생부교과전형	• 학부부 교과 100%(인문, 상경: 국어, 영어, 수학, 사회 / 자연: 국어, 영어, 수학, 과학 교과의 전 과목 반영) • 매우 높은 합격 커트라인을 형성함
		이화여대 고교추천전형	• 1단계: 학생부 교과 80% + 면접 20%(지원자 전원 면접) • 계열 구분 없이 학교당 5명 이내 • 국어, 수학, 영어, 사회, 과학 전 단위 반영
		중앙대 학교장추천전형	• 학생부 교과 60% + 서류(학생부, 자소서) 40% • 고등학교별 추천 인원 4명(단, 서울캠 3명까지), 모집단위별 1명씩만 추천 가능 • 모집인원의 소폭 증가(10명 증가)로 인한 모집단위의 변동과 모집단위별 모집인원의 변동 확인 필요

		한국외국어대
		교과전형
			• 학생부 교과 100% 석차 등급(2019학년도 석차 등급 혹은 원점수 적용에서 석차 등급으로만 변경)
			  – 수능최저학력기준: 2020학년도부터 폐지(2019학년도 국어, 수학(가/나), 영어, 사회탐구(2과목 평균) 중 2개 역 등급 합이 4 이내이고 한국사 4등급 이내)
			  – 수능최저학력기준의 폐지로 LD · LT 학부 등 일부 상위 학과 입결이 높아질 것으로 예상

논술	수능최저 미적용	연세대 논술전형	• 전형방법: 논술 100% • 2020학년도부터 수능최저학력기준 폐지(2019학년도 국어, 수학, 탐구(2개 과목) 등 총 4개 과목의 등급 합이 7 이내(자연 8 이내) • 모집 인원 축소: 643명 → 607명(36명 감소)(의예과 논술 폐지 등으로 모집인원의 감소가 나타났지만, 경영학부 등 일부 학과는 모집인원이 확대됨)
		한양대 논술전형	• 논술 80% + 학생부종합평가 20%(2019학년도: 논술 70% + 학생부종합평가 30%) *학생부종합평가: 학생부에 기록되어 있는 출결, 수상 경력, 봉사활동, 행동 특성 및 종합 의견 등을 참고하여 학생의 학교생활 성실도를 중심으로 종합평가함 • 경영학부: 자연 계열 9명 선발, 경제금융학부: 자연 계열 7명 선발(2019학년도 인문으로 19명 선발함, 2020학년도는 인문 12명/자연 7명으로 분할하여 선발함) • 공과대(융합전자공학부, 컴퓨터소프트웨어학부, 에너지공학과, 미래자동차공학과), 의예과 논술 야간(17:00 이후) 시행
		서울시립대 논술전형	• 1단계: 논술 100%(4배수) / 2단계: 논술 60% + 학생부 교과 40% • 학생부 성적: 원점수, 평균, 표준편차 활용 – Z점수

고3이라면?

이미 수능 성적을 올려서 정시에 지원하거나 수능최저학력기준 충족으로서 최상위권 대학에 도전하는 것은 어려워 보입니다. 마지막 남은 3학년 1학기 시험에서 최고의 역량을 발휘해 내신 성적을 더욱 강력한 무기로 만드는 것이 더 효율적일 듯합니다. 더불어 1·2학년에서부터 연계된 비교과 활동을 마무리하거나 완성도를 높여 학생부종합전형에서 성과를 내는 것도 효과적입니다.

심층면접 준비, 합격의 지름길!

학생부종합전형의 경우 최상위권 대학일수록 특히 심층면접 준비가 필수입니다. 제시문을 활용한 면접이나 제출 서류를 기반으로 한 확인 면접이 주를 이루므로 이에 맞게 모의면접을 통해 실전에 대비해야 합니다. 수업 시간에 발표와 토론에 적극적으로 참여하고, 기출문제를 풀거나 선배들의 면접 후기를 읽으면서 분위기를 익히는 등의 연습이 필요합니다.

수능 성적 향상은 학생부 위주 전형에서 더욱 빛을 발할 수 있습니다!

높은 내신을 활용하는 가장 좋은 방법은 학생부 위주 전형에 지원하는 것입니다. 그러나 상위권 이상의 많은 대학에서 학생부 위주 전형에도 수능최저학력기준을 적용하고 있기 때문에 이 정거장 학생들에게는 걸림돌이 될 수 있습니다. 내신이라는 자신의 무기는 잃지 않으면서 수능 성적 향상으로 수능최저학력기준을 충족하면서 최상위권 대학 진입을 꾀하는 것이 최상의 결과를 얻을 수 있는 방법입니다.

반면 대다수의 대학에서 수능최저학력기준을 적용하지 않는 학생부종합전형은 이 정거장의 수험생에게는 선물 같은 전형이므로 마지막 순간까지 희망 전공과 관련된 비교과 활동에 관심을 기울이고, 역량과 열정을 학생부와 같은 서류 속에 녹여 내기 위해 최선을 다해야 합니다.

상위 정거장으로 옮겨 가야 합니다!

최고의 내신! 여기에 수능 성적까지 상승한다면 금상첨화입니다.

● 수능 성적을 향상시키면

1번(26쪽), 10번(52쪽), 19번(96쪽) 정거장으로 GO!

29번 정거장

내신 **1.5** ~ **2.0** 등급, 수능 **3.0** ~ **5.0** 등급

38번 정거장 포함

훌륭한 내신이군요! 그렇다면 내신 성적을 활용한 학생부 위주 전형을 노려 볼 만합니다. 그러나 수능 성적도 포기할 만큼 낮은 성적이 아니므로 최선을 다해 상승시켜 봅시다. 그것이 수시전형에서도 소신껏 지원할 수 있는 밑거름이 될 것입니다.

현재 나의 위치는?

학생부종합전형, 반드시 성공해야 합니다!

내신에 비해 상대적으로 낮은 수능 성적 탓에 자신감을 잃기 쉽겠지만 훌륭한 내신 성적이 있습니다. 희망하는 대학 전형의 특징과 인재상을 확인하고, 비교과 활동을 통해 그에 맞는 역량과 열정을 드러내면서 학생부종합전형에서 승부를 보아야 합니다. 최상위권과 일부 대학에서만 수능최저학력기준을 적용할 뿐 대다수의 대학에서 적용하지 않는다는 장점이 있습니다.

그러나 수능 성적도 포기할 만큼 낮지는 않습니다. 수능을 아예 포기해 버리면 수시에서 지원 대학의 하한선이 어디까지 내려갈지 모르므로 끝까지 수능 공부도 놓지 말아야 합니다. 수시에서 합격을 보장할 수는 없기 때문입니다.

 수능 성적이 많이 부족하므로 학생부종합전형 지원 대학의 하한선을 정시전형 지원 가능 대학 바로 윗선까지도 조절해서 지원을 고려해야 합니다.

학생부교과전형

높은 내신 성적을 활용할 수 있는 또 하나의 전형은 학생부교과전형입니다. 일부 상위권 이상의 대학에서는 학생부교과전형을 실시하고 있지 않지만, 여전히 서울 소재 많은 대학에서 특히 중위권 대학 중심으로 학생부교과전형 선발 비율은 꽤 높습니다. 다만 합격을 보장하기에는 불안한 내신 성적이므로 수능 성적을 향상시켜서 수능최저학력기준을 적용하는 대학으로 지원하거나 면접을 시행하는 대학에 지원하는 것이 적절한 선택이 될 수 있습니다. 수능최저학력기준이 높을수록 내신의 합격선이 내려가고, 면접은 부담으로 작용해서 학생들이 기피할 수 있기 때문입니다. 평소 수업 시간을 통해 발표 및 토론 활동에 적극적으로 참여하면서 면접 준비에 관심을 기울여야 합니다.

특히 학생부교과전형의 경우 전년도의 합격 커트라인을 참고하는 경우가 많은데 전형방법이나 모집인원 등이 바뀌었을 때는 예년의 합격 점수를 적용해서는 안 됩니다. 그러므로 전년도 모집요강과 반드시 비교하며 확인해야 합니다.

논술전형

우수한 내신 성적을 활용해 학생부 위주 전형에 지원하는 것이 최선의 방법입니다. 그러나 비교과 활동이 준비가 안 되어 있어 서류 준비나 면접 등에 자신이 없을 때 논술전형도 하나의 방법입니다. 이때 수능최저학력기준이 걸림돌이 될 수 있으므로 수능 성적을 향상시켜 수능최저학력기준을 충족해 지원 대학 선택의 폭을 넓혀야겠지만, 그것이 어렵다면 수능최저학력기준이 낮거나 적용하지 않는 대학을 목표로 해야 합니다. 하지만 그러한 경우 당연히 경쟁률은 꽤 높게 형성될 것이며, 논술 실력이 합불의 결정적 요소가 될 것이므로 꼼꼼하게 논술 준비를 해야 합니다.

최근 공교육진흥법에 따라 대학별 고사에 '고교 교육과정 내 출제 원칙'이 적용되면서 논술 시험이 예전에 비해 쉬워졌고, 대학별 정보 공개가 활발히 이루어져 수험생 혼자서도 충분히 대비 가능한 수준으로 바뀌고 있습니다. 즉, 수능 공부가 논술전형 준비라는 뜻입니다. 먼저 자신이 논술전형에 지원할 만한 학업 역량이 있는지 확인한 후, 자신의 강점을 가장 잘 발휘할 수 있는 대학을 찾는 것이 좋습니다.

어떤 대학을 주목해야 할까?

전형		지원가능대학	Tip	
학생부 종합	수능최저 적용	춘천교대 교직적 · 인성인재 전형	• 1단계: 서류 100%(3배수) / 2단계: 1단계 40% + 면접 60% • 수능최저학력기준(신설): 국어, 수학, 영어, 탐구 영역 등급 합 14 이내(한국사 등급 4 이내) *면접: 60%로 비율이 큼. 교직적성(교직과 관련된 본질적 문제나 현실적 쟁점), 교직인성(서류 확인)으로 9단계 평가함	☞수능최저학력기준을 충족할 수 있을 때 지원해야 함
	수능최저 미적용	서울대 일반전형	• 1단계: 서류 100%(2배수) / 2단계: 1단계 100% + 면접 및 구술고사 100% *사범대: 1단계 100% + 면접 및 구술고사 60% + 교직적성, 인성면접 40% • 합격자 비율(2019학년도 기준): 일반고 : 특목고(예 · 체고 제외) : 자사 · 공고 = 33.4 : 38.1 : 17.6 • 면접: 2019학년도와 동일한 방식으로 유지될 예정임. 제시문과 문항이 제공되며, 모집단위로 30~45분의 답변 준비 시간과 15분의 면접 시간이 주어짐. 정답보다 풀이 과정에서의 사고방식과 학업 능력을 평가함	☞심층면접 준비가 필수! 수능 준비가 면접 준비

전형		지원가능대학		Tip	
학생부 종합	수능최저 미적용	포스텍 일반전형/ 창의IT인재전형		•1단계: 서류 100%(3배수 내외) / 2단계: 면접 100% ＊서류: 학생부, 자소서, 교사추천서 •단일 계열(무학과)로 선발함 •개인면접으로 지원자의 인성, 자질, 학업 태도, 사고력 등 과학 기술계 글로벌 리더로서의 잠재력을 종합적으로 평가함. 잠재력 평가는 제출한 서류의 내용을 확인하면서 지원자의 인성적 측면을 평가함(예 자기소개, 지원 동기, 공부하다가 무엇인가를 발견하고 기뻤던 일) •전형 간 중복 지원 불가능함	
		연세대	면접형	•1단계: 학생부 100%(3배수, 교과 50% + 비교과 50%) 학생부 교과 40% + 학생부 비교과 및 자기소개서 60%(3배수) ＊교과: Z점수(50%) + 석차 등급(50%) 반영 ＊비교과: 인성, 발전 가능성 등의 학생부종합평가 ＊서류평가: 비교과 자소서 활용 인성·발전 가능성 종합평가 •2단계: 서류 40%(학생부, 자소서, 추천서) 1단계 40% + 면접 60% •고3 재학생만 지원 가능함 •학생부는 1단계에서만 정량적으로 반영하고 그 외 모든 서류평가에서 학생부는 정성평가함 •학생부 등급 간 점수 차: 1~2등급 5점, 2~3등급 7.5점(1등급 100점) ＊전 과목 반영: 국어, 영어, 수학, 사탐, 과탐 70점 + 기타 과목 30점 •면접: 2018, 2019학년도와 동일한 방식으로 유지될 예정임. 제시문 활용 논리 사고력면접(7분) + 서류 기반 창의사고력면접(7분) - 수능최저학력기준이 없고, 60% 반영이므로 합불의 결정 요소가 될 것으로 예측됨(면접 문제는 대체로 평이했다는 평가) •활동우수형과 중복 지원 가능함	☞심층면접 준비가 필수! 수능 준비가 면접 준비
			활동우수형	•1단계: 서류 100% / 2단계: 1단계 70% + 면접 30% •수능최저학력기준 폐지 •2019학년도 수능최저학력기준: 국어, 수학(가/나), 탐구 1, 탐구 2 중 2과목 등급 합 4등급(탐구 2과목을 각각의 1과목으로 인정함. 국어와 수학 중 상위 등급 1과목 반드시 포함), 영어 2등급(국제 계열 1등급), 한국사 4등급	

29, 38번 정거장

전형		지원가능대학		Tip
학생부 종합	수능최저 미적용	서강대	종합형	• 전형명 변경 : 종합형(2019학년도: 자기주도형) • 서류 100%(학생부, 자소서, 추천서(선택)) • 전공적합성보다는 학업 역량을 강조함 • 학교생활 보충자료는 2019학년도부터 폐지 • 정시 모집인원 확대로 인한 수시 모집인원 감소, 영미문화계 모집인원 대폭 감소(34명에서 24명으로) 등 학과별 모집인원 확인 필요함
			학업형	• 전형명 변경: 학업형(2019학년도: 일반형) • 서류 100%(자소서와 추천서 수능 이후 입력 및 제출) • 수능최저학력기준 폐지 – 2019학년도 : 3개 영역 등급 합 6(탐구 1), 한국사 4등급 • 지원 계열에 따른 응시 영역 간 구분 두지 않음(수학, 탐구) • 일부 모집단위 학과별이 아닌 학부로 모집, 지원 학과 확인 필수

		한양대
		학생부종합
		(일반)
				• 학생부종합평가 100%, 면접 없음
				• 오직 학생부 하나로 평가함
				 *학업 역량(적성) 50% + 인성 및 잠재력 50%로 학생부의 수상 경력,
				  창의적 체험활동 상황, 세부 능력 및 특기 사항, 행동 특성 및 종합
				  의견을 유기적·종합적으로 평가함
				• 같은 수준의 대학 중 합격 내신의 폭이 가장 넓은 대학임. 내신 성적을
				 보지 않는다기보다는 다양한 요소로 역량을 평가한다는 측면임
				• 경영학부: 자연 계열 12명 선발
				• 경제금융학부 자연 계열 5명 선발, 국제학부 10명 선발(2019학년도 특
				 기자전형으로만 선발)
				• 미래산업학부 데이터사이언스학과(신설) 20명 선발

		성균관대 계열모집/학과모집		• 서류 100%(학생부, 자소서)[2019학년도: 학생부, 자소서, 교사추천서 (선택)] • 전형명 변경: 계열모집(2019 성균인재): 계열 및 광역 모집단위 / 학과 모집(2019 글로벌인재): 학과 모집단위 선발 • 전자전기공학부(98명), 경영학(105명) 학과모집으로 선발(2019년 성균 인재전형으로 선발) • 소프트웨어과학인재(특기자) 60명 폐지 → 학생부종합전형으로 흡수 • 글로벌인재전형 중 일부 학과[의예, 사범대(교육학, 한문교육, 수학교 육, 컴퓨터교육), 스포츠과학]: 1단계 – 서류 100%(3배수 내외) / 2단계 – 1단계 80% + 면접 20% • 학업 역량이 중요함
		중앙대	다빈치형 인재전형	• 전형방법 변경: 서류 100%(일괄합산)(2019학년도 단계별, 2단계 면접) • 의학부: 8명 선발 / 체육교육과: 15명 선발 • 2019학년도 학부 모집에서 2020학년도 학과별 모집으로 일부 모집단 위 변경 및 다수 학과 모집인원 변동에 따른 확인 필수 • 서류를 근거로 지원자의 학업 및 교내 다양한 활동을 통한 성장 가능 성을 종합적으로 평가함

전형		지원가능대학		Tip
학생부 종합	수능최저 미적용	중앙대	탐구형 인재전형	• 전형방법 변경: 서류 100%(일괄합산)(2019학년도 단계별, 2단계 면접) • 의학부: 8명 선발 • 2019학년도 학부모집에서 2020학년도 학과별 모집으로 일부 모집단위 변경 및 다수 학과 모집인원 변동에 따른 확인 필수 • 서류를 근거로 지원자의 탐구 능력, 전공 분야의 학업 잠재력, 학교 충실성 등을 종합적으로 평가함(소논문, 과제 연구, 심화 연구 등의 지적 탐구 과정에서 역량을 보여 줄 수 있어야 함)
			SW인재 전형	• 소프트웨어대학 75명 모집(2019학년도 소프트웨어학부 70명 모집) • 전형방법 변경: 서류 100%(일괄합산)(2019학년도 단계별 모집, 2단계 면접) 서류평가는 학생부, 자소서, 추천서(2019학년도 제출한 SW 역량 입증 서류 폐지)
		한국외국어대 학생부종합전형		• 1단계: 서류 100%(3배수) / 2단계: 서류 70% + 면접 30% • 전형 자료를 종합적·정성적으로 종합평가하지만 학업 역량이 중요한 평가 요소 중 하나임 • 모집인원 확대: 400명 → 442명(42명 증가)로 일부 모집단위(독일어, 스페인어, 경영학부 등) 모집인원 대폭 확대
		경희대	네오르네 상스전형	• 1단계: 서류 100%(3배수 내외) / 2단계: 서류 70% + 면접 30% • 학생부종합전형의 대표 브랜드
			고교연계 전형	• 전형방법 변경: 서류 70% + 학생부 교과 30%(서류평가 비중 확대 (60% → 70%)) • 학교장 추천 인원: 인문 2명, 자연 3명, 예체능 1명 계열 구분은 대학 모집단위 기준임 • 지원 자격: 문화인재, 글로벌인재, 리더십인재, 과학인재 중 하나여야 함(태권도학과 지원자는 2단(품) 이상의 단증 소지자)
		서울시립대 학생부종합전형		• 1단계: 서류 100%(2~4배수) / 2단계: 서류 50% + 면접 50% ＊2단계 면접 100%에서 50%로 축소되었지만 중요함 • 학부·학과별 인재상이 명확하게 제시되어 있으므로 반드시 확인이 필요함 ＊제시문 활용 발표 및 서류확인면접 • 서류평가: 학생부, 자소서(2019학년도: 학생부, 자소서, 교사추천서)
		건국대	KU 자기추천 전형	• 전형방법 변경: 1단계 – 서류 100%(학생부, 자소서, 3배수) / 2단계 – 1단계 70% + 면접 30%(2019학년도: 1단계 40% + 면접 60%) • 2020학년도부터 학생부 종합 내 중복 지원 가능 • 합격자의 내신 성적 분포가 매우 넓은 대학임 • 교내 활동에 자발적으로 참여하고 해당 전공에 관심과 소질이 있어 스스로를 추천할 수 있는 학생에게 유리함

전형		지원가능대학		Tip
학생부 종합	수능최저 미적용	건국대	KU 학교추천 전형	• 전형방법 변경: 학생부 교과 30% + 서류 70%(학생부, 자소서, 학교장 명의 추천 공문, 추천서 폐지)[2019학년도: 교과 40% + 서류 60%(학 생　부, 자소서, 교사추천서)] • 2020학년도부터 학생부 종합 내 중복 지원 가능 • 인성과 학업 역량이 우수하고 타의 모범이 되어 고교에서 추천받은 학생 • 학교별 추천 인원 제한 없음
		동국대	Do Dream 전형	• 1단계: 서류 100%(2.5~3배수) / 2단계: 1단계 70% + 면접 30% • 서류: 학생부, 자소서 • 서류평가: 전공적합성 40%, 자기 주도적 학습 능력 25%, 인성 · 사회 성 20%, 지원 동기 및 진로 계획 15% • 면접: 서류 내용 확인, 면접위원 2인, 10분 내외
			학교장 추천인재 전형	• 전형방식 변경: 학생부 100%, 자소서 폐지(2019학년도: 학생부, 자소 서), 면접 없음 • 학교장 추천 인원: 총 4명 이내(인문 2명, 자연 2명 – 대학 모집단위 기준) • 서류평가: 자기 주도적 학습 능력 40%, 전공적합성 25%, 인성 · 사회 성 20%, 지원 동기 및 진로 계획 15%
		숙명 여대	숙명인재 I (서류형) 전형	• 2020학년도 신설 전형, 420명 모집 • 서류: 학생부 100%, 면접 없음, 자소서 폐지 • 두 전형 간 중복 지원 가능
			숙명인재 II (면접형) 전형	• 전형명 변경: 숙명인재 II(면접형) 전형(2019학년도: 숙명인재전형) • 1단계: 서류 100%(4배수, 2019학년도 3배수) / 2단계: 1단계 40% + 면접 60% • 2단계에서 면접 비율 60%로 높음 • 2020 학년도 학생부종합전형이 두 유형으로 분리됨에 따라 모집단위 별 학과 모집인원 변동 확인 필요 • 두 전형 간 중복 지원 가능
		한국항공대 미래인재전형		• 전형방법 변경: 1단계 – 서류 100%(3배수) / 2단계 – 1단계 성적 70% + 일반면접 30%(2019학년도: 1단계 성적 60% + 일반면접 40%) • 대학 특성상 대학 학부(과) 특성화 분야에 잠재적 능력을 가진 학생이 유리함 • 학생부종합전형 모집인원의 확대로 항공교통물류학부와 경영학부의 모집인원 증가
		아주대	ACE전형	• 1단계: 서류 100%(3배수) / 1단계 70% + 면접 30%(의학과만 수능최저 적용) ＊인재상: 성실한 고교 활동과 교과, 비교과의 균형을 갖춘 인재 선발 • 소프트웨어학과 및 사이버보안학과는 특히 학과별 전공적합성이 뛰어 난 인재를 선발하고자 함

전형		지원가능대학		Tip
학생부 종합	수능최저 미적용	아주대	다산인재 전형	• 서류 100%, 면접 없음 • 모집인원 축소: 290명 → 246명(44명 감소) ＊인재상: 융복합적 사고, 실천적 창의, 의사소통, 글로벌 역량 중 하나 　이상의 강점이 있는 학생 – 자기 주도성 항목에서 평가 • 2019학년도 다산인재전형으로 선발한 소프트웨어학과는 2020학년도 　부터 학생부종합(SW융합인재전형)으로 전형을 변경하여 선발
			SW융합 인재전형	• 2020학년도 신설 전형(소프트웨어 학과 30명 모집) • 1단계: 서류종합평가(3배수) / 2단계: 1단계 70% + 면접 30% • 인재상: 수학 및 과학을 바탕으로 SW 분야의 역량과 잠재력을 갖춘 학생
		인하대	인하미래 인재전형	• 1단계:서류 100%(3배수 내외) / 2단계: 1단계 70% + 면접 30% • 모집단위별 모집인원 대폭 변경에 따른 모집인원 비교 후 지원 필요 　(확대 모집학과 : 기계공학과 등, 축소 모집학과 : 국제통상학과 등) ＊전공 분야의 잠재력을 갖춘 창의적 인재를 선발함 • CUBE 평가: 지성(전공학업 역량) 25%, 인성(개인) 25%, 적성(전공 탐 　색) 25%, 종합(모집단위 인재상) 25%로 서류와 면접평가에 적용함
			학교장추천 전형	• 서류 100%, 면접 없음 • 기계공학과 모집인원 축소 주의(31명 → 22명) ＊계열 구분 없이 학교당 5명 이내 추천(학교생활에 충실하며 적극적 　으로 참여한 학생을 선발함) • CUBE 평가: 지성(기초 학업 역량) 30%, 인성(공동체) 30%, 적성(진로 　관심) 20%, 종합(모집단위 인재상) 20%로 서류와 면접평가에 적용함
		부산교대 초등교직적성자전형		• 전형방법 변경: 1단계 – 학생부(교과 · 비교과) 100%(2배수) / 2단계 – 　1단계 성적 60% + 면접 40%(2019학년도: 1단계 – 서류 100%(2배수) 　/ 2단계 – 1단계 60% + 면접 40%) • 제출서류 간소화: 학생부(2019학년도: 학생부, 자소서, 추천서) ＊면접 방식 변경: 심층면접(면접관 3인이 지원자 3인 내외의 다대다 　면접)[2019학년도: 집단면접 20% + 개별(교직인적성)면접 20%] • 성비 적용(어느 한 성이 모집인원의 65%를 초과할 수 없음) • 합격자 내신 분포: 대부분 1등급 초반~2등급 초반
		청주교대 배움나눔인재전형		• 1단계: 서류 100%(3배수) / 2단계: 1단계 60% + 면접 40% • 성비 적용(어느 한 성이 모집인원의 75%를 초과할 수 없음)
		진주교대 21세기형교직적성자 전형		• 전형방법 변경: 1단계 – 서류100%(2.5배수 내외) / 2단계 – 1단계 70% 　+ 심층면접 30%(2019학년도: 1단계 50% + 심층면접 50%) 서류평가 　반영 비율 확대 • 제출서류 중 교사추천서 폐지(필요시 현장 방문) ＊심층면접: 개별면접, 집단면접 시행 • 성비 적용(어느 한 성이 모집인원의 80%를 초과할 수 없음) • 합격자 내신 분포: 1등급 후반~2등급 초반

전형		지원가능대학	Tip	
학생부 종합	수능최저 미적용	광주교대 교직적성우수자전형	• 전형방법 변경: 1단계 – 서류 100%(3배수) / 2단계 – 1단계 60% + 심층면접 40%(2019학년도: 1단계 50% + 심층면접 50%) • 모집인원 축소: 146명 → 126명(20명 감소) • 성비 적용(어느 한 성이 모집인원의 60%를 초과할 수 없음) • 합격자 내신 분포: 1등급 초반~2등급 초반	
		대구교대 참스승전형	• 1단계: 서류 100%(2.5배수) / 2단계: 1단계 50% + 면접 50%(2019학년도: 1단계 2배수) • 교사추천서 폐지 • 모집인원 축소: 130명 → 90명(40명 감소)로 인한 합격선 상승 예상(지역인재전형 모집인원 확대 80명 → 120명) • 심층면접: 개별면접, 집단면접 시행 • 성비 적용(어느 한 성이 모집인원의 70%를 초과할 수 없음) • 합격자 내신 분포: 1등급 초반~2등급 초반	
학생부 교과	수능최저 적용	한국항공대 교과성적우수자전형	• 학생부 교과 100% • 수능최저학력기준: 항공우주 및 기계공학부, 항공전자정보공학부, 항공재료공학과 – 2개 영역 등급 합 6(탐구 1 / 수학 나형 응시 경우 수학 나형을 제외하고 2개 영역 반영) / 소프트웨어학과, 항공운항과, 항공교통물류학부, 자유전공, 경영학부 – 2개 영역 등급 합 5(탐구 1) • 일부 학과(항공운항과, 항공교통물류학부)는 내신 1등급 초반대의 합격선을 이루고 있음	☞수능최저학력기준을 충족할 때 지원해야 함
		숭실대 학생부우수자전형	• 학생부 교과 100% • 학생부 교과 반영에서 계열별 반영 교과 가중치가 적용되므로 지원에 유의 (예 인문 계열은 국어, 영어 각 35% / 수학, 사회 각 15%) • 전형명 변경: 학생부 교과 → 학생부우수자 • 수능최저학력기준: 인문 – 국어, 수학(나), 탐구 2 중 2개 영역 등급 합 6/ 자연 – 국어, 수학(가), 과탐(2) 중 2개 영역 등급 합 7(탐구 2 평균) / 영어, 한국사 필수 응시	
		국민대 교과성적우수자전형	• 전형방법 변경: 학생부 교과 100%(2019학년도: 1단계 – 학생부 교과 100%(5배수) / 2단계 – 학생부 교과 70% + 면접 30%) • 수능최저학력기준(신설): 인문 – 국어, 수학, 탐구(1) 중 2개 영역 등급 합 6 / 자연 – 국어, 수학, 과탐(1) 중 2개 영역 등급 합 7	

전형		지원가능대학	Tip	
학생부 교과	수능최저 적용	단국대(죽전) 학생부교과우수전형	• 학생부 교과 100% • 학생부 교과 반영에서 계열별 반영 교과 가중치가 적용되므로 지원에 유의 • 모집인원 대폭 축소(483명 → 383명)에 따른 모집단위별 선발인원 감소 • 수능최저학력기준: 인문 – 국어, 수학(나), 영어, 사탐/과탐(1) 중 2개 영역 등급 합 6 / 자연 –국어, 수학(가), 영어, 과탐(1) 중 2개 영역 등급 합 6 ＊모집단위별로 필수 반영 과목 모두 응시해야 함	
	수능최저 미적용	이화여대 고교추천전형	• 1단계: 학생부 교과 80% + 면접 20%(지원자 전원 면접) • 계열 구분 없이 학교당 5명 이내 • 국어, 수학, 영어, 사회, 과학 전 단위 반영	☞ 1등급 중반 대에서 합격자가 많아졌으나, 내신 성적 향상을 위해 애써야 함
		한국외국어대 교과전형	• 학생부 교과 100% 석차 등급(2019학년도 석차 등급 혹은 원점수 적용에서 석차 등급으로만 변경) – 수능최저학력기준 : 2020학년도부터 폐지(2019학년도 국어, 수학(가/나), 영어, 사회탐구(2과목 평균) 중 2개 역 등급 합이 4 이내이고 한국사 4등급 이내) – 수능최저학력기준의 폐지로 LD · LT 학부 등 일부 상위 학과 입결이 높아질 것으로 예상	
		아주대 학업우수자전형	• 학생부 교과 100%(2019학년도: 학생부 교과 80% + 비교과 20%) • 학생부 교과 반영에서 계열별 반영 교과 가중치가 적용되므로 지원에 유의 • 모집인원 감소(336명 → 290명)에 따른 모집단위별 모집인원 확인 필요(예 생명과학과 15명 → 5명 등 대폭 감소 또는 행정학과 10명 → 15명 확대 등) • 수능최저학력기준을 적용하지 않지만, 계열 필수 과목은 반드시 수능에 응시해야 함	☞ 수능 성적이 저조할 때는 내신을 활용한 합격 전략을 세워야 함
		광운대 교과성적우수자전형	• 학생부 100%(교과 80% + 출석 10% + 봉사 10%)	
		세종대 학생부우수자전형	• 학생부 교과 100% • 모집인원 확대(415명 → 460명) • 합격자 내신 분포: 1등급 중반～2등급 초반	
논술	수능최저 미적용	연세대 논술전형	• 전형방법: 논술 100% • 2020학년도부터 수능최저학력기준 폐지(2019학년도: 국어, 수학, 탐구(2개 과목) 등 총 4과목의 등급 합이 7 이내(자연 8 이내) • 모집인원 축소: 643명 → 607명(36명 감소)(의예과 논술 폐지 등으로 모집인원의 감소가 나타났지만, 경영학부 등 일부 학과는 모집인원이 확대됨)	

전형		지원가능대학	Tip
논술	수능최저 미적용	한양대 논술전형	• 논술 80% + 학생부종합평가 20%(2019학년도: 논술 70% + 학생부종합평가 30%) ＊학생부종합평가: 학생부에 기록되어 있는 출결, 수상 경력, 봉사활동, 행동 특성 및 종합 의견 등을 참고하여 학생의 학교생활 성실도를 중심으로 종합평가함 • 경영학부: 자연 계열 9명 선발, 경제금융학부: 자연 계열 7명 선발(2019학년도 인문으로 19명 선발함, 2020학년도 인문 12명/자연 7명으로 분할하여 선발함) • 공과대(융합전자공학부, 컴퓨터소프트웨어학부, 에너지공학과, 미래자동차공학과), 의예과 논술 야간(17:00 이후) 시행
		서울시립대 논술전형	• 1단계: 논술 100%(4배수) / 2단계: 논술 60% + 학생부 교과 40% • 학생부 성적: 원점수, 평균, 표준편차 활용 – Z점수

어떤 노력을 기울여야 할까?

고3이라면? 내신이라는 가장 강력한 무기를 최대한 활용해야 합니다!

이 정거장의 학생들이 가진 무기 '훌륭한 내신'을 가장 효과적으로 활용할 수 있는 전형은 학생부 위주 전형입니다. 특히 수능최저학력기준이 적용되지 않는 학생부종합전형은 이 정거장의 수험생에게 주어진 가장 큰 기회이므로 마지막 순간까지 희망하는 학과와 관련된 비교과 활동에 노력을 기울이고, 서류를 통해 이를 확실하게 드러내야 합니다. 그리고 자신의 무기는 더 강하게 단련시켜야 합니다. 마지막 남은 3학년 1학기 내신 성적에서 최고의 결과를 끌어내도록 최선을 다해야 합니다. 특히 전공 관련 교과 활동을 통해 지원 학과에 대한 역량을 최대한 드러낼 수 있다면 그보다 좋은 스펙은 없을 것입니다.

경쟁자와 차별되는 자신만의 이야기를 만들어야 합니다!

이 정거장의 내신 성적 윗 그룹에 해당하는 학생 수도 많지만, 바로 아래 등급에서 이 정거장의 수험생을 제치고 합격하려는 수험생 수는 상상을 초월합니다.

위아래의 많은 경쟁자를 이기고 원하는 목표를 달성하기 위해서는 비교과 활동을 통해 전공 학과에 대한 호기심과 열정, 지원 동기 그리고 그들과 비교해서 뒤지지 않는 역량 등을 보여 주고 서류 속에 잘 녹여내야 합니다. 자신만의 콘텐츠가 가장 귀한 자산입니다!

상위 정거장으로 옮겨 가야 합니다!

수시전형 모집에서 학생부 위주 전형에 몰입하다 보면 수능은 아예 포기해 버리는 경우가 허다합니다. 하지만 수능 1등급의 상승이 의미 없다는 생각은 버려야 합니다. 교과에 대한 관심과 학습의 몰입은 당연히 수능 성적 상승이라는 결과로 연계될 수 있습니다.

저학년의 경우, 내신 성적은 유지하면서 수능 성적을 향상시킬 수 있다면, 대학을 선택할 때 무서울 것이 없을 것입니다. 더불어 수시전형의 면접에서도 자신감을 가질 수 있을 것입니다.

● **내신 성적을 향상시키면**

28번(169쪽) 정거장으로 GO!

● **수능 성적을 향상시키면**

2번(34쪽), 11번(64쪽), 20번(108쪽) 정거장으로 GO!

● **내신과 수능 성적을 모두 향상시키면**

1번(26쪽), 10번(52쪽), 19번(96쪽) 정거장으로 GO!

내신 **2.0** ~ **3.0** 등급, 수능 **3.0** ~ **4.0** 등급

눈높이는 높고 그에 도달할 수 있는 적합한 전형을 찾기는 애매하군요!
현재는 내신 성적을 활용한 학생부 위주 전형이 유리해 보이지만… 모
든 전형에 대해 가능성을 열어 두어야 합니다.

현재 나의 위치는?

학생부종합전형

  어느 모로 보나 학교생활 전반에 걸쳐 성실하게 임해 왔음을 짐작케 하는 성적
을 가지고 있습니다. 그러나 눈높이에 맞는 대학으로 지원하기에는 조금 불안정
한 내신과 수능 성적 탓에 자신감을 잃기도 쉽고, 소신껏 지원하기 어려운 성적대
입니다. 그러나 학업 역량을 바탕으로 한 비교과 활동 준비가 잘되어 있다면 학생
부종합전형에서 충분히 중상위권 이상 대학 진입이 가능하므로 희망하는 대학별

전형의 특징과 인재상을 확인하고 그에 맞게 서류를 준비해야 합니다. 무엇보다도 지원 학과에 대한 열정과 전공 관련 활동이 필요합니다. 그렇다고 수능을 아예 포기해 버리면 수시에서 지원 대학의 하한선이 어디까지 내려갈지 모르므로 수능 공부도 끝까지 놓지 말아야 합니다. 수시 어떤 전형에서도 합격을 장담할 수는 없기 때문입니다. 그리고 지금의 수능 성적도 결코 나쁘지 않습니다.

수능 성적이 내신 성적에 비해 많이 부족하므로 학생부종합전형 지원 대학의 하한선을 정시 지원 가능 대학 바로 윗선까지 조절해서 지원을 고려해야 합니다.

논술전형

우수한 내신 성적을 활용해 학생부 위주 전형에 지원하는 것이 최선의 방법입니다. 그러나 비교과 활동이 준비가 안 되어 있어 서류 준비나 면접 등에 자신이 없을 때 논술전형도 하나의 방법입니다. 이때 수능최저학력기준이 걸림돌이 될 수 있으므로 수능 성적을 향상시켜 수능최저학력기준을 충족해서 지원 대학 선택의 폭을 넓혀야겠지만, 그것이 어렵다면 수능최저학력기준이 낮거나 적용하지 않는 대학을 목표로 해야 합니다. 하지만 그러한 경우 당연히 경쟁률은 꽤 높게 형성될 것이며, 논술 실력이 합불의 결정적 요소가 될 것이므로 꼼꼼하게 논술 준비를 해야 합니다.

최근 공교육진흥법에 따라 대학별 고사에 '고교 교육과정 내 출제 원칙'이 적용되면서 논술 시험이 예전에 비해 쉬워졌고, 대학별 정보 공개가 활발히 이루어져 수험생 혼자서도 충분히 대비 가능한 수준으로 바뀌고 있습니다. 즉, 수능 공부가 논술전형 준비라는 뜻입니다. 먼저 자신이 논술전형에 지원할 만한 학업 역량이 있는지 확인한 후, 자신의 강점을 가장 잘 발휘할 수 있는 대학을 찾는 것이 좋습니다.

학생부교과전형

수능에 비해 상대적으로 높은 내신 성적을 활용할 수 있는 또 하나의 전형은 학생부교과전형입니다. 일부 상위권 이상의 대학에서는 학생부교과전형을 실시하고 있지 않지만, 여전히 서울 소재 많은 대학에서 특히 중위권 대학 중심으로 학생부교과전형 선발 비율은 꽤 높습니다. 다만 합격을 보장하기에는 불안한 내신 성적이므로 수능 성적을 향상시켜서 수능최저학력기준을 적용하는 대학으로 지원하거나 면접을 시행하는 대학에 지원하는 것이 적절한 선택이 될 수 있습니다. 수능최저학력기준이 높을수록 내신의 합격선이 내려가고, 면접은 부담으로 작용해서 학생들이 기피할 수 있기 때문입니다. 평소 수업 시간을 통해 발표 및 토론 활동에 적극적으로 참여하면서 면접 준비에 관심을 기울여야 합니다.

특히 학생부교과전형의 경우 전년도의 합격 커트라인을 참고하는 경우가 많은데 전형방법이나 모집인원 등이 바뀌었을 때는 예년의 합격 점수를 적용해서는 안 됩니다. 그러므로 전년도 모집요강과 반드시 비교하며 확인해야 합니다.

정시전형

한눈에 보기에도 내신 성적이 수능 성적보다 좋기 때문에 정시보다는 학생부 위주 전형을 선호할 것입니다. 그러나 학생부교과전형은 합격 내신 커트라인이 만만치 않게 높고, 비교과 활동이 준비되어 있지 않을 때의 학생부종합전형 지원이 정시로 지원하는 것보다 더 유리한 선택이라고 단언할 수는 없습니다. 정시전형에서는 수능 성적을 등급이 아니라 표준점수나 백분위로 활용합니다. 즉, 이 정거장의 수능 성적은 계산법에 따라서는 수시전형보다 상위 대학에 지원 가능한 성적일 수도 있습니다.

지금의 수능 성적이 결코 나쁘지 않으니 조금만 더 노력해서 실력을 향상시켜 봅시다. 그러면 수시에서 소신껏 지원할 수 있는 든든한 뒷배가 되어 주고, 논술 준비에도 큰 도움이 될 것입니다. 또 수시전형에서 수능최저학력기준까지 충족할 수 있는 합격의 열쇠를 갖게 될 수도 있습니다. 탄탄한 수능 준비가 무리한 수시 전형 지원의 부작용을 피하는 길이 되어 줄 것입니다.

어떤 대학을 주목해야 할까?

전형		지원가능대학	Tip	
학생부 종합	수능최저 미적용	한양대 학생부종합 (일반)	• 학생부종합평가 100%, 면접 없음 • 오직 학생부 하나로 평가함 　＊학업 역량(적성) 50% + 인성 및 잠재력 50%로 학 　생부의 수상 경력, 창의적 체험활동 상황, 세부 능 　력 및 특기 사항, 행동 특성 및 종합 의견을 유기 　적 · 종합적으로 평가함 • 같은 수준의 대학 중 합격 내신의 폭이 가장 넓은 대 학임. 내신 성적을 보지 않는다기보다는 다양한 요소 로 역량을 평가한다는 측면임 • 경영학부: 자연 계열 12명 선발 • 경제금융학부 자연 계열 5명 선발, 국제학부 10명 선 발(2019학년도 특기자전형으로만 선발) • 미래산업학부 데이터사이언스학과(신설) 20명 선발	☞ 부족한 내 신을 두드러 진 비교과 활 동으로 보완 할 수 있을 때 지원 가능함
		서울시립대 학생부종합전형	•1단계: 서류 100%(2～4배수) / 2단계: 서류 50% + 면접 50% 　＊2단계 면접 100%에서 50%로 축소되었지만 중요함 • 학부 · 학과별 인재상이 명확하게 제시되어 있으므로 반드시 확인이 필요함 　＊제시문 활용 발표 및 서류확인면접 • 서류평가: 학생부, 자소서(2019학년도: 학생부, 자소 서, 교사추천서)	
		한국외국어대 학생부종합전형	•1단계: 서류 100%(2～3배수) / 2단계: 서류 70% + 면접 30% • 전형 자료를 종합적 · 정성적으로 종합평가하지만 학 업 역량이 중요한 평가 요소 중 하나임 • 모집인원 확대: 400명 → 442명(42명 증가)로 일부 모집단위(독일어, 스페인어, 경영학부 등) 모집인원 대폭 확대	

전형		지원가능대학		Tip	
학생부 종합	수능최저 미적용	중앙대	다빈치형 인재전형	• 전형방법 변경: 서류 100%(일괄합산)(2019학년도 단계별 모집, 2단계 면접) • 의학부: 8명 선발 / 체육교육과: 15명 선발 • 2019학년도 학부모집에서 2020학년도 학과별 모집으로 일부 모집단위 변경 및 다수 학과 모집인원 변동에 따른 확인 필수 • 서류를 근거로 지원자의 학업 및 교내 다양한 활동을 통한 성장 가능성을 종합적으로 평가함	☞ 부족한 내신을 두드러진 비교과 활동으로 보완할 수 있을 때 지원 가능함
			탐구형 인재전형	• 전형방법 변경: 서류 100%(일괄합산)(2019학년도 단계별 모집, 2단계 면접) • 의학부: 8명 선발 • 2019학년도 학부모집에서 2020학년도 학과별 모집으로 일부 모집단위 변경 및 다수 학과 모집인원 변동에 따른 확인 필수 • 서류를 근거로 지원자의 탐구 능력, 전공 분야의 학업 잠재력, 학교 충실성 등을 종합적으로 평가함(소논문, 과제 연구, 심화 연구 등의 지적 탐구 과정에서 역량을 보여 줄 수 있어야 함)	
			SW인재 전형	• 소프트웨어대학 75명 모집(2019학년도 소프트웨어학부 70명 모집) • 전형방법 변경: 서류 100%(일괄합산)(2019학년도 단계별 모집, 2단계 면접) • 서류평가는 학생부, 자소서, 추천서(2019학년도 제출한 SW 역량 입증 서류 폐지)	
		경희대	네오르네 상스전형	• 1단계: 서류 100%(3배수 내외) / 2단계: 서류 70% + 면접 30% • 학생부종합전형의 대표 브랜드	
		건국대	KU 자기추천 전형	• 전형방법 변경: 1단계 − 서류 100%(학생부, 자소서, 3배수) / 2단계 − 1단계 70% + 면접 30%(2019학년도: 1단계 40% + 면접 60%) • 2020학년도부터 학생부 종합 내 중복 지원 가능 • 합격자의 내신 성적 분포가 매우 넓은 대학임 • 교내 활동에 자발적으로 참여하고 해당 전공에 관심과 소질이 있어 스스로를 추천할 수 있는 학생에게 유리함	
			KU 학교추천 전형	• 전형방법 변경: 학생부 교과 30% + 서류 70%(학생부, 자소서, 학교장 명의 추천 공문, 추천서 폐지)[2019학년도: 교과 40% + 서류 60%(학생부, 자소서, 교사추천서)] • 2020학년도부터 학생부 종합 내 중복 지원 가능 • 인성과 학업 역량이 우수하고 타의 모범이 되어 고교에서 추천받은 학생 • 학교별 추천 인원 제한 없음	

전형		지원가능대학		Tip
학생부 종합	수능최저 미적용	동국대	Do Dream 전형	• 1단계: 서류 100%(2.5~3배수) / 2단계: 1단계 70% + 면접 30% • 서류: 학생부, 자소서 • 서류평가: 전공적합성 40%, 자기 주도적 학습 능력 25%, 인성·사회 성 20%, 지원 동기 및 진로 계획 15% • 면접: 서류 내용 확인, 면접위원 2인, 10분 내외
			학교장 추천인재 전형	• 전형방식 변경: 학생부 100%, 자소서 폐지(2019학년도: 학생부, 자소 서), 면접 없음 • 학교장 추천 인원: 총 4명 이내(인문 2명, 자연 2명 – 대학 모집단위 기준) • 서류평가: 자기 주도적 학습 능력 40%, 전공적합성 25%, 인성·사회 성 20%, 지원 동기 및 진로 계획 15%
		숙명 여대	숙명인재Ⅰ (서류형) 전형	• 2020학년도 신설 전형, 420명 모집 • 서류: 학생부 100%, 면접 없음, 자소서 폐지 • 두 전형 간 중복 지원 가능
			숙명인재Ⅱ (면접형) 전형	• 전형명 변경: 숙명인재Ⅱ(면접형) 전형(2019학년도: 숙명인재전형) • 1단계: 서류 100%(4배수, 2019학년도 3배수) / 2단계: 1단계 40% + 면접 60% • 2단계에서 면접 비율 60%로 높음 • 2020 학년도 학생부종합전형이 두 유형으로 분리됨에 따라 모집단위 별 학과 모집인원 변동 확인 필요 • 두 전형 간 중복 지원 가능
		성신 여대	학교생활 우수자전형	• 1단계: 서류 100%(3배수) / 2단계: 1단계 60% + 면접 40% ＊서류: 학생부, 자소서(사범: 교사추천서) • 선발 인재상: 고교 재학 중 교내 학업 및 다양한 활동을 통하여 균형 있는 학교생활을 충실히 수행한 인재(학업 역량이 가장 핵심)
			자기주도 인재전형	• 2020학년도 신설, 263명 모집 • 1단계: 서류 100%(3배수) / 2단계: 1단계 60% + 면접 40% ＊서류: 학생부, 자소서(사범대 미선발) • 선발 인재상: 고교 재학 중 전공 분야에 대한 확고한 목표 의식과 열 정을 가지고 자기 주도적인 탐구 역량을 갖춘 인재(전공적합성이 가장 핵심)
		국민대	국민 프런티어 전형	• 1단계: 서류 100%(3배수) / 2단계: 1단계 70% + 면접 30% ＊615명 모집(예체능계 20명 포함) • 서류평가 요소: 자기 주도성 및 도전 정신 50%, 전공적합성 40%, 인 성 10% • 제출 서류 기반 면접 10분 내외
			학교장 추천전형	• 서류 70% + 학생부 교과 30% • 학교장 추천 인원 제한 없음, 면접 없음 • 서류평가 요소: 자기 주도성 및 도전 정신 50%, 전공적합성 40%, 인 성 10%

전형		지원가능대학		Tip
학생부 종합	수능최저 미적용	아주대	ACE전형	• 1단계: 서류 100%(3배수) / 1단계 70% + 면접 30%(의학과만 수능최저 적용) ＊인재상: 성실한 고교 활동과 교과, 비교과의 균형을 갖춘 인재 선발 • 소프트웨어학과 및 사이버보안학과는 특히 학과별 전공적합성이 뛰어난 인재를 선발하고자 함
			다산인재 전형	• 서류 100%, 면접 없음 • 모집인원 축소: 290명 → 246명(44명 감소) ＊인재상: 융복합적 사고, 실천적 창의, 의사소통, 글로벌 역량 중 하나 이상의 강점이 있는 학생 - 자기 주도성 항목에서 평가 • 2019학년도 다산인재전형으로 선발한 소프트웨어학과는 2020학년도부터 학생부종합(SW융합인재전형)으로 전형을 변경하여 선발
			SW융합 인재전형	• 2020학년도 신설전형(소프트웨어 학과 30명 모집) • 1단계: 서류종합평가(3배수) / 2단계: 1단계 70% + 면접 30% • 인재상: 수학 및 과학을 바탕으로 SW 분야의 역량과 잠재력을 갖춘 학생
		인하대	인하미래 인재전형	• 1단계: 서류 100%(3배수 내외) / 2단계: 1단계 70% + 면접 30% • 모집단위별 모집인원 대폭 변경에 따른 모집인원 비교 후 지원 필요 (확대 모집학과 : 기계공학과 등, 축소모집학과 : 국제통상학과 등) ＊전공 분야의 잠재력을 갖춘 창의적 인재를 선발함 • CUBE 평가: 지성(전공 학업 역량) 25%, 인성(개인) 25%, 적성(전공 탐색) 25%, 종합(모집단위 인재상) 25%로 서류와 면접평가에 적용함
			학교장 추천전형	• 서류 100%, 면접 없음 • 기계공학과 모집인원 축소 주의(31명 → 22명) ＊계열 구분 없이 학교당 5명 이내 추천(학교생활에 충실하며 적극적으로 참여한 학생을 선발함) • CUBE 평가 : 지성(기초 학업 역량) 30%, 인성(공동체) 30%, 적성(진로관심) 20%, 종합(모집단위 인재상) 20%로 서류와 면접평가에 적용함
		한국항공대 미래인재전형		• 전형방법 변경: 1단계 - 서류 100%(3배수) / 2단계 - 1단계 성적 70% + 일반면접 30%(2019학년도: 1단계 성적 60% + 일반면접 40%) • 대학 특성상 대학 학부(과) 특성화 분야에 잠재적 능력을 가진 학생이 유리함 • 학생부종합전형 모집인원의 확대로 항공교통물류학부와 경영학부의 모집인원 증가
		숭실대 SSU미래인재전형		• 1단계: 서류 100%(3배수) / 2단계: 1단계 70% + 면접 30% • 모집인원 증가: 686명 → 731명(45명 증가), 모집단위별 골고루 모집인원 증가 • 지원한 모집단위 전공에 관심과 열정이 뚜렷한 '자기 주도형, 창의형, 성실형' 인재상 • 서류(활동 역량 55%, 학업 역량 25%, 잠재 역량 20%)와 면접(전공적합성 50%, 인성 25%, 잠재력 25%) 평가 모두 계열별 전공적합성에 대한 점수가 매우 높음

전형		지원가능대학		Tip
학생부 종합	수능최저 미적용	단국대(죽전) DKU인재전형		• 서류 100%(문예창작과 제외) ＊문예창작과: 1단계 – 서류 100%(3배수) / 2단계 – 1단계 70% + 면접 30%(2019학년도 실기 위주 전형이었으나 2020학년도부터 DKU인재 전형으로 변경) • 학업 역량, 전공적합성 비중이 큼 ＊자소서에 기록하는 활동은 학생부에 기재되어 있는 활동만을 작성해야함(단, 필요시 해당자에 한해 고교 방문 또는 전화로 실사함) • 모집인원 확대: 309명 → 360명(51명 증가)에 따른 모집단위별 선발 인원 확인 필요(예 전기전자공학과 등 자연 계열학과)
		세종대 창의인재전형		• 1단계: 서류 100%(3배수) / 2단계:1단계 70% + 면접 30% • 면접평가 요소: 전공적합성, 발전 가능성, 인성, 의사소통 능력 등
		동덕여대 동덕창의리더전형		• 모집인원: 인문, 자연 172명 ＊1단계: 서류 100%(3배수, 학생부, 자소서) / 2단계: 1단계 50% + 면접 50%(제시문 활용) • 모집인원: 미술(회화과, 디지털공예과, 큐레이터학과) – 15명 / 디자인(패션,시각&실내, 미디어디자인) – 15명 ＊1단계: 서류 100%(3～5배수, 학생부, 자소서, 활동 보고서) / 2단계: 1단계 성적 60% + 면접 40%
		서울 여대	바롬인재 전형	• 1단계: 서류 100%(4배수) / 2단계: 1단계 60% + 면접 40%(기독교학과, 체육학과, 공예전공 제외), 238명 → 248명(10명 증가) • 서류평가: 학업 역량 30%, 전공적합성 30%, 인성 30%, 발전 가능성 20% • 현대미술전공은 스케치(20분) 기반 면접으로 진행됨 • 시각디자인전공 비실기 선발 • 수능 이전 면접
			플러스 인재전형	• 1단계: 서류 100%(4배수) / 2단계: 1단계 60% + 면접 40%(기독교학과, 예체능 계열 제외), 158명 → 172명(14명 증가) • 서류종합평가: 100%(학업 역량, 전공적합성, 인성ㆍ발전 가능성) • 수능 이후 면접, 수능 성적에 따라 응시 여부 고려 가능함
			융합인재 전형	• 1단계: 서류 100%(3배수) / 2단계: 1단계 60% + 면접 40%, 29명(모집단위 인원 변동 확인) • 소프트웨어를 활용하여 다양한 산업 분야와 융합을 이끌어 낼 수 있는 인재 • 모집단위: 경제학과, 문헌정보학과, 경영학과, 디지털미디어학과, 정보보호학과, 소프트웨어 융합학과, 화학ㆍ생명환경과학부 • 서류평가: 학업 역량 30%, 전공적합성 30%, 인성 30%, 발전 가능성 20% • 2020학년도에는 체육학과(2), 식품응용시스템학부(4)에서 모집을 하지 않으므로 모집단위 인원 변동 확인 필요 • 수능 이전 면접

전형		지원가능대학		Tip
학생부 종합	수능최저 미적용	덕성여대 덕성인재전형		• 전형방법 변경: 1단계 – 서류 100%(4배수) / 2단계 – 1단계 60% + 면접 40%(2020학년도 면접 신설) • 모집인원 증가: 220명 → 250명(30명 증가) • 모집단위 변화: 글로벌융합, 과학기술대학으로 모집(2019학년도 학과 별 모집) • 서류평가: 학업 역량, 발전 역량, 덕성 역량 • 선발 인재상: 융합적 사고와 창의적 능력을 가지고 올바른 가치관을 실현할 수 있는 자기 주도적 덕성인재
		서울과학기술대 학교생활우수자전형		• 전형방법 변경: 1단계 – 서류 100%(3배수) / 2단계 – 서류 70% + 면접 30%(2019학년도: 1단계 – 서류100% / 2단계 – 서류 60% + 면접 40%) *면접: 서류 기반 면접(인성 및 의사소통 능력, 논리적 사고력, 전공적 합성, 발전 가능성 항목 순) 2인 1조의 다대일 면접 • 모집인원 확대: 369명 → 398명(31명 증가), 모집단위별 모집인원 소 폭 변화 및 확인 필요
		명지대 명지인재전형		• 전형명 변경: 명지인재전형(2019학년도: 학생부종합전형) • 서류 100%(3배수) / 2단계: 1단계 70% + 면접 30% • 서류평가: 전공적합성 50%, 발전 가능성 30%, 인성 20% • 모집인원 확대: 677명 → 712명(35명 증가), 학과별 +1명으로 모집인원 확대가 합격선에 미칠 영향은 적어 보임 • 면접평가: 전공적합성 50%, 인성 30%, 의사소통 능력 30% *중위권 대학의 학생부종합전형 대표 브랜드
		가톨릭대	잠재능력 우수자전형	• 1단계: 서류 100%(3배수) / 2단계: 1단계 70% + 면접 30% • 서류종합평가: 전공적합성 40%, 발전 가능성 25%, 학업 역량 20%, 인성 15% • 합격 내신의 폭이 넓음 • 모집인원 축소: 370명 → 325명(45명 감소)에 따른 학과별 모집인원 확인 필요
			학교장추천 전형	• 1단계: 서류 100%(3배수) / 2단계: 1단계 70% + 면접 30% • 모집인원 204명(인문자연/공학 150명, 의예/간호 54명) • 2019학년도 의예과만 시행한 전형이며 2020학년도부터 인문/자연 계 열로 확대(의예, 간호만 수능최저학력기준 적용) • 고교별 추천 인원: 없음(의예과는 학교당 1명 추천 유지) • 서류종합평가: 전공적합성 35%, 학업 역량 30%, 인성 25%. 발전 가능성 10%
		광운대	광운참빛 인재전형	• 1단계: 서류종합평가 100%(3배수) / 2단계: 1단계 70% + 면접 30% • 서류평가: 전공적합성 30%, 인성 30%, 학업 역량 20%, 발전 가능성 20% • 면접평가: 발전 가능성 40%, 논리적 사고력 40%, 인성 20%
			소프트웨어 우수인재 전형	• 컴퓨터정보공학, 소프트웨어학부, 정보융합학부 등 3개 학과만 모집 (각 10명씩 모집) • 1단계: 서류종합평가 100%(3배수) / 2단계: 1단계 70% + 면접 30% • 서류평가: 전공적합성 30%, 인성 30%, 학업 역량 20%, 발전 가능성 20% • 면접평가: 발전 가능성 40%, 문제해결 능력 40%, 인성 20%

전형		지원가능대학		Tip	
학생부 종합	수능최저 미적용	상명대 상명인재전형		• 전형방법 변경: 1단계 – 서류 100%(3배수) / 2단계 – 서류 70% + 면접 30%(2019학년도: 1단계 – 서류100% / 2단계 – 서류 60% + 면접 40%) • 전공적합성, 발전 가능성, 인성 등 평가, 면접위원 2인, 10분 내외 • 다른 전형간 복수 지원이 가능[2캠퍼스(천안) 포함] • 2020학년도 학부(과) 개편되었으니 확인이 필요함	
		인천대 자기추천전형		•1단계: 서류 100%(3배수, 사범대, 동북아국제통상학부 5배수) / 2단계: 1단계 70% + 면접 30% • 면접평가: 전공적합성, 발전 가능성, 인성 · 사회성, 의사소통 능력	
		가천대 가천바람개비1 전형		• 전형명 변경: 가천바람개비1(2019학년도: 가천프런티어) •1단계: 서류 100%(4배수) / 2단계: 1단계 50% + 면접 50% ＊서류평가(학생부, 자기소개서): 인성 30%, 성장 가능성 30%, 기초 학업 능력 20%, 전공적합성 20% ＊자기소개서 문항 변경: 4문항 → 2문항(1, 4번 문항 폐지) • 모집단위 신설 ＊심리학과 50명(가천바람개비1 – 6명, 가천바람개비2 – 6명, 학생부 우수자 – 6명, 적성우수자 – 17명, 농어촌 – 적성 2명 / 종합 2명, 교육기회균형 1명) / 정시 10명 • 모집단위 명칭 변경(2019학년도): 경제학과(글로벌경제학과), 자유전공학부(자유전공학부 – 인문), 물리학과(나노물리학과), 화학과(나노화학과)	
		한양대 (에리카)	학생부 종합Ⅰ 전형	• 학생부종합평가 100%, 면접 없음 • 모집인원 축소: 329명 → 246명(83명 감소)에 따른 모집단위별 선발 인원 변동 확인 필요	☞학생부종합평가: 오직 학생부를 기반으로 교과 관련 성취, 전공적합성, 학교생활 충실도 및 학업 의지, 발전 가능성 등의 영역을 종합적으로 평가함
			학생부 종합Ⅱ 전형	•1단계: 학생부종합평가 100%(3배수) / 2단계: 1단계 70% + 면접 30% • 소프트웨어융합대학(소프트웨어학부 자연 15명, 인문 9명 / ICT융합학부 자연 9명, 인문 6명) 총 39명 모집	
		연세대(원주) 교과면접형		• 전형명 변경: 학생부종합(교과면접전형)[2019학년도: 학생부종합전형(면접형)] • 전형방법 변경: 1단계 – 교과 60% + 비교과 40%(4배수)/ 2단계 – 1단계 70% + 면접 30%(인성, 가치관 및 계열별 역량 평가)[2019학년도: 1단계 – 교과 55% + 비교과 25% + 출석, 봉사 20%(4배수)] • 면접: 인성 치관과 계열별 역량(제시문) 면접	

전형		지원가능대학		Tip	
학생부 종합	수능최저 미적용	경북대 일반학생전형		• 1단계: 서류 100%(3배수) / 2단계: 1단계 70% + 면접 30% ＊서류(학생부, 자소서): 0~350점 / 면접: 0~150점, 개인 발표(지원 동기 및 학업 계획, 2분 이내) 후 질의응답 / 각 절대평가	
		한동대	한동인재 전형	• 전형명 변경: 학생부종합(한동인재)(2019학년도: 학생부종합) • 1단계: 서류 100%(2배수) / 2단계: 1단계 90% + 면접 10% • 전원 무전공 / 무학과 자율 전공 모집 • 인재상: 자기 주도적 역량을 가진 학업 능력 우수 인재	
			한동 G-IMPACT 인재전형	• 전형명 변경: 학생부종합(한동G-IMPACT인재) [2019학년도: 학생부종합] • 1단계: 서류 100%(2배수) / 2단계: 1단계 70% + 면접 30% • 전원 무전공 / 무학과 자율 전공 모집 • 꿈과 끼를 개발하고 창의성과 성장 잠재력을 가진 창의 우수 인재	
논술	수능최저 적용	성신여대 논술우수자전형		• 288명 모집(2019년 신설 311명 모집) • 논술 70% + 학생부(교과 + 출석) 30% • 수능최저학력기준: 인문 – 2개 영역 등급 합 5(탐구 1) / 자연 – 2개 영역 등급 합 6(탐구 1)	☞수능최저학 력기준을 충 족할 수 있을 때 지원해야 함
		숭실대 논술우수자전형		• 논술 60% + 학생부 교과 40% • 모집인원 축소: 322명 → 296명(26명 감소) • 학생부 교과 반영에서 계열별 반영 교과 가중치가 적 용되므로 지원에 유의(例 인문 계열은 국어, 영어 각 35% / 수학, 사회 각 15%) • 자연계 논술: 과학논술 폐지 • 수능최저학력기준: 인문, 경상 – 국어, 수학(나), 탐 구(2) 중 2개 영역 등급 합 6 / 자연 – 국어, 수학(가), 과탐(2) 중 2개 영역 등급 합 7(탐구 2 평균) / 영어, 한국사 필수 응시	
		한양대(에리카) 논술전형		• 논술 70% + 학생부 교과 30% • 수능최저학력기준: 인문, 상경 – 2개 영역 등급 합 6 (탐구 1) / 자연 – 2개 영역 등급 합 6(탐구 1) / 한국 사 필수 응시(2019학년도 선택한 영역 각 4등급 이내 였음) • 합격자 내신 분포: 3등급 중후반~4등급 초반	
		연세대(원주) 일반논술전형		• 논술 70% + 학생부 30%(교과 20%, 출결·봉사 10%) • 수능최저학력기준: 인문 – 국어, 수학, 탐구(1) 중 2개 등급 합 6 / 자연 – 국어, 수학(가), 과탐(1) 중 2개 등 급 합 6 / 영어 3등급 이내, 한국사 필수 응시 / (간 호, 의예 제외) ＊학생부 반영 과목: 인문(국어, 영어), 자연(수학, 과 학) – 과목별 표준점수(Z) 반영 ＊내신 변별력이 낮고, 합격자 평균 등급은 4등급임	

전형		지원가능대학	Tip
논술	수능최저 적용	서울여대 논술우수자전형	• 논술 70% + 학생부 교과 30% • 수능최저학력기준: 2개 영역 등급 합 7(탐구 2 평균) / 영어 포함 시 2개 합 5 • 반영하는 영역 각각 4등급 이내 　예) 4·5·3등급은 충족, 1·5·5등급은 불충족
		덕성여대 논술위주전형	• 논술 80% + 학생부 교과 20% • 모집인원 축소: 257명 → 189명(68명 감소) • 수능최저학력기준 완화: 반영하는 영역 각각 4등급 이내 ＊글로벌융합대학: 국어, 영어, 수학(가/나), 탐구(1) 중 2개 영역 등급 합 7 ＊과학기술대: 국어, 영어, 수학(가/나), 탐구(1) 중 2개 영역 등급 합 7(수학(가) 선택 시 2개 영역 등급 합 8]
	수능최저 미적용	연세대 논술전형	• 전형방법: 논술 100% • 2020학년도부터 수능최저학력기준 폐지(2019학년도: 국어, 수학, 탐구 (2개 과목) 등 총 4과목의 등급 합이 7 이내(자연 8 이내) • 모집인원 축소: 643명 → 607명(36명 감소)(의예과 논술 폐지 등으로 모집인원의 감소가 나타났지만, 경영학부 등 일부 학과는 모집인원이 확대됨)
		한양대 논술전형	• 논술 80% + 학생부종합평가 20%(2019학년도: 논술 70% + 학생부종합평가 30%) ＊학생부종합평가: 학생부에 기록되어 있는 출결, 수상 경력, 봉사활동, 행동 특성 및 종합 의견 등을 참고하여 학생의 학교생활 성실도를 중심으로 종합평가함 • 경영학부: 자연 계열 9명 선발, 경제금융학부: 자연 계열 7명 선발 (2019학년도 인문으로 19명 선발함, 2020학년도 인문 12명/자연 7명으로 분할하여 선발함) • 공과대(융합전자공학부, 컴퓨터소프트웨어학부, 에너지공학과, 미래자동차공학과), 의예과 논술 야간(17:00 이후) 시행
		서울시립대 논술전형	• 1단계: 논술 100%(4배수) / 2단계: 논술 60% + 학생부 교과 40% • 학생부 성적: 원점수, 평균, 표준편차 활용 – Z점수
		인하대 논술우수자전형	• 논술 70% + 학생부 교과 30% • 학생부 등급 간 점수 차: 1등급 300점, 2등급 288점, 3등급~6등급 3점씩 감점
		아주대 논술우수자전형	• 논술 80% + 학생부 교과 20% • 학생부 변별력이 매우 낮음(논술이 당락을 결정함) • 자연계: 수리논술만 • 금융공학 10명 모집, 수리논술 응시
		한국항공대 논술우수자전형	• 논술 70% + 학생부 교과 30% • 모집인원 축소: 215명 → 166명(49명 감소) • 학생부 반영 방법: 매학기 반영 교과 영역별 최고 석차 등급 각 1과목 반영(매학기 4과목 반영, 일부 학과 사회/과학 중 우수성적 선택) • 합격자 내신 분포: 2등급~3등급 중반

Part 02. 나의 정거장을 찾아라!　201

전형		지원가능대학		Tip	
논술	수능최저 미적용	광운대 논술우수자전형		• 논술 60% + 학생부 40%(교과 20% + 출결 10% + 봉사 10%) • 교과 성적 등급 간 점수 차가 크므로 내신을 고려해 지원 • 논술평가: 인문(통합교과형, 2문제), 자연(수리논술 2문제 – 문제당 5개 내외 소문제) • 합격자 내신 분포: 인문, 자연 평균 3등급 중후반	
		단국대(죽전) 논술우수자전형		• 논술 60% + 학생부 교과 40% • 학생부 등급 간 점수 차: 1~6등급 각 4점 • 논술평가: 인문(인문사회 통합교과형 3문제), 자연(통합교과형 수학 2문제 – 문제별 소문항이 있을 수 있음) • 합격자 내신 분포: 4등급대	
학생부 교과	수능최저 적용	가톨릭대 학생부교과전형 (간호학과)		• 학생부 교과 100% • 수능최저기준 강화 *간호학과(인문): 국어, 수학(나), 영어, 사탐(1) 중 3개 영역 등급 합 6(2019학년도: 2개 영역 각 2등급) *간호학과(자연): 국어, 수학(가), 영어, 과탐(1) 중 3개 영역 등급 합 6(2019학년도: 2개 영역 각 2등급)	☞ 평균 3등급 이상의 수능 성적 향상으로 수능최저학력기준을 충족할 수 있을 때 지원해야 함
		단국대 학생부 교과우수 전형	죽전	• 학생부 교과 100% • 학생부 교과 반영에서 계열별 반영 교과 가중치가 적용되므로 지원에 유의 • 모집인원 대폭 축소(483명 → 383명)에 따른 모집단위별 선발인원 감소 • 수능최저학력기준: 인문 – 국어, 수학(나), 영어, 사탐/과탐(1) 중 2개 영역 등급 합 6 / 자연 – 국어, 수학(가), 영어, 과탐(1) 중 2개 영역 등급 합 6 *모집단위별로 필수 반영 과목 모두 응시해야 함	
			(천안) 간호학과	• 학생부 교과 100% • 수능최저학력기준: 국어, 수학(가/나), 영어 중 2개 영역 등급 합 5	
		을지대 교과성적우수전형 (간호학과)		• 학생부 교과 100% • 수능최저학력기준: 국어, 수학, 탐구(2 평균) 중 2개 영역 등급 합 6, 영어 3등급 이내 • 합격자 내신 분포: 2등급 후반까지	
		한국항공대 교과성적우수자전형		• 학생부 교과 100% • 수능최저학력기준: 항공우주 및 기계공학부, 항공전자정보공학부, 항공재료공학과 – 2개 영역 등급 합 6(탐구 1 / 수학 나형 응시 경우 수학 나형을 제외하고 2개 영역 반영) / 소프트웨어학과, 항공운항과, 항공교통물류학부, 자유전공, 경영학부 – 2개 영역 등급 합 5(탐구 1) • 일부 학과(항공운항과, 항공교통물류학부)는 내신 1등급 초반대의 합격선을 이루고 있음	

전형		지원가능대학	Tip	
학생부 교과	수능최저 적용	가천대 학생부우수자전형	• 학생부 교과 80% + 학생부 비교과 20%(출결, 봉사 활동) (2019학년도 학생부 교과 100%) • 학생부 반영 방법: 반영 교과별 상위 등급 5과목, 또한 특정 과목이 우수한 학생에게 유리한 교과 반영 방법 적용(국어, 영어, 수학, 사회(과학) 교과 중 반영 교과의 점수가 높은 순으로 35%, 25%, 25%, 15% 반영함) • 모집인원 감소(481명 → 441명)에 따른 모집단위별 선발 인원 주의(예 자유전공학부 22명 → 11명) • 수능최저학력기준: 국어, 수학(가/나), 영어, 사탐/과탐(1) 중 2개 영역 등급 합 6[자연 계열 일부 학과 수학(가) 지정]	☞ 평균 3등급 이상의 수능 성적 향상으로 수능최저학력기준을 충족할 수 있을 때 지원해야 함
		한양대(에리카) 학생부교과전형	• 학생부 교과 100% • 학생부 반영 방법 변경(국어, 수학, 사회(과학) → 국어, 영어, 수학, 사회(과학)) • 모집인원 증가: 290명 → 341명(51명 증가) • 수능최저학력기준: 인문, 상경 – 국어, 수학(나), 영어, 사탐 필수 응시, 2개 영역 등급 합 6 / 자연 – 국어, 수학(가), 영어, 과탐 필수 응시, 2개 영역 등급 합 6(탐구 1) / 디자인 – 2개 영역 등급 합 6(교과 100%, 탐구 1)	
		숭실대 학생부우수자전형	• 학생부 교과 100% • 학생부 교과 반영에서 계열별 반영 교과 가중치가 적용되므로 지원에 유의(예 인문 계열은 국어, 영어 각 35% / 수학, 사회 각 15%) • 전형명 변경: 학생부 교과 → 학생부우수자 • 수능최저학력기준: 인문 – 국어, 수학(나), 탐구 2 중 2개 영역 등급 합 6 / 자연 –국어, 수학(가), 과탐(2) 중 2개 영역 등급 합 7(탐구 2 평균) / 영어, 한국사 필수 응시	
		덕성여대 학생부100%(교과)	• 학생부 교과 100% • 모집인원 감소: 173명 → 153명 • 2019학년도 학과별 모집에서 2020학년도 계열별 모집으로 변경에 따른 합격 점수의 상승 예상 • 수능최저학력기준 변경 : 글로벌융합대 – 국어, 영어, 수학(가/나), 사탐/ 과탐(상위 1과목) 중 2개 영역 등급 합 7 이내 / 국어, 영어, 수학(가/나), 사탐/과탐(상위 1과목) 중 2개 영역 등급 합 7 이내(단, 선택 2개 영역 중 수학(가) 포함 시 2개 영역 등급 합 8 이내) ※반영하는 2개 영역 각각 4등급 이내	

전형		지원가능대학	Tip
학생부 교과	수능최저 적용	서울여대 교과우수자전형	• 학생부 교과 100% • 학생부 교과 반영 방법 : 국어, 영어, 수학, 사회(과학) 교과 상위 3과목 씩 12과목 반영 • 수능최저학력기준 완화: 국어, 수학(가/나), 영어, 탐구(1과목, 2019학년도 2과목 평균) 2개 영역 등급 합 7 / 영어 포함 시 2개 영역 등급 합 5 (각 4등급 이내) - 수능최저학력기준 충족 여부 중요함 • 제2외국어/한문은 사탐 영역의 한 과목으로 대체 불가(2019학년도 대체 가능)
		동덕여대 학생부교과우수자 전형	• 학생부 교과 100% • 수능최저학력기준: 국어, 수학(가/나), 영어, 탐구(2 평균) 2개 영역 등급 합 7(단, 영어 포함 시 2개 영역 등급 합 6)
		국민대 교과성적우수자전형	• 전형방법 변경: 학생부 교과 100%(2019학년도: 1단계 - 학생부 교과 100%(5배수) / 2단계 - 학생부 교과 70% + 면접 30%) • 수능최저학력기준(신설): 인문 - 국어, 수학, 탐구(1) 중 2개 영역 등급 합 6 / 자연 - 국어, 수학, 과탐(1) 중 2개 영역 등급 합 7
		한경대 일반전형	• 전형방법 변경: 학생부 교과 95% + 출결 5%(2019학년도: 학생부 교과 90% + 비교과 10%) • 모든 학과가 트랙제 교육과정으로 운영됨 • 수능최저학력기준: 탐구 1(직탐 미반영) ＊농업생명과학대(경영학과): 4개 중 2개 영역 등급 합 8 ＊인문/사회: 국어/영어 택 1 + 수학/탐구 택 1, 2개 영역 등급 합 8 ＊자연/공과: 수학 + 국어, 영어, 탐구 중 1개, 2개 영역 등급 합 8, 수학(가) -1등급 유리
		경기대 교과성적우수자전형	• 전형방법 변경: 학생부 교과 90% + 출결 10%(2019학년도: 학생부 교과 80% + 학생부 비교과(출결, 봉사) 20%) • 모집인원 변경(845명 → 739명) 주의 • 수능최저학력기준 완화: 인문, 예체능 - 국어, 수학(가/나), 영어, 탐구 1 중 2개 영역 등급 합 7 / 자연 - 국어, 수학(가), 영어, 탐구 1 중 2개 영역 등급 합 7 / 한국사 6등급(2019학년도: 인문, 예체능 - 국어, 수학(나), 영어, 탐구 1 중 3개 영역 등급 합 11 / 자연 - 국어, 수학(가), 영어, 탐구 1 중 3개 영역 등급 합 12 / 한국사 6등급)
		상명대 학생부교과우수자 전형	• 학생부 교과 100% • 모집인원 변경: 287명 → 270명 • 수능최저학력기준 완화: [전체학과] 국어, 수학 가형/나형, 영어, 사회탐구 / 과학탐구(1과목) 중 2개 영역 등급 합 7등급 이내
		인천대 교과성적우수자전형	• 학생부 교과 100% • 수능최저학력기준: 인문 - 국어, 영어, 수학, 탐구 1 중 2개 영역 등급 합 6 / 자연(소비자아동학과, 패션산업학과 제외) - 2개 영역 등급 합 7 [수학(가) 또는 과탐(1) 포함] • 사범대는 미선발

전형		지원가능대학		Tip
학생부 교과	수능최저 적용			• 공주대, 강원대, 충북대, 전북대, 전남대, 부경대, 창원대, 한국해양대 등의 상위 학과
	수능최저 미적용	아주대 학업우수자전형		• 학생부 교과 100%(2019학년도: 학생부 교과 80% + 비교과 20%) • 학생부 교과 반영에서 계열별 반영 교과 가중치가 적용되므로 지원에 유의 • 모집인원 감소(336명 → 290명)에 따른 모집단위별 모집인원 확인 필요 (예) 생명과학과 15명 → 5명 등 대폭 감소 또는 행정학과 10명 → 15명 확대 등) • 수능최저학력기준을 적용하지 않지만, 계열 필수 과목은 반드시 수능에 응시해야 함
		한국외국어대 (글로벌) 학생부교과전형		• 학생부 교과 100% • 교과 반영 방법 변경: 등급 환산 점수만 적용(2019학년도: 교과 반영 시 등급 환산 점수 또는 원점수 환산 점수 중 상위값 적용)
		광운대 교과성적우수자전형		• 학생부 100%(교과 80% + 출석 10% + 봉사 10%)
		세종대 학생부우수자전형		• 학생부 교과 100% • 모집인원 확대: 415명 → 460명 • 합격자 내신 분포: 1등급 중반~2등급 초반
		명지대	교과성적 전형	• 학생부 교과 100% • 모집인원 감소(409명 → 307명) 주의 • 학교생활기록부 반영 교과 변경에 따른 합격 성적 상승 예상(2019학년도: [전 계열] 국어, 영어, 수학, 사회, 과학 → 2020학년도: [인문 계열] 국어, 영어, 수학, 사회 / [자연 계열] 국어, 영어, 수학, 과학)
			교과면접 전형	• 1단계: 학생부 교과 100%(5배수) / 2단계: 학생부 교과 70% + 면접 30% • 모집인원 감소: 396명 → 367명 • 학과별 면접고사 질문문항 입학처 홈페이지에 참조 • 학교생활기록부 반영 교과 변경에 따른 합격 성적 상승 예상(2019학년도: [전 계열] 국어, 영어, 수학, 사회, 과학 → 2020학년도: [인문 계열] 국어, 영어, 수학, 사회 / [자연 계열] 국어, 영어, 수학, 과학 / [예체능 계열] 국어, 영어) • 디자인학부, 시각 · 패션: 교과면접에서 선발하지 않음
		인천대 INU교과 (면접)		• 1단계: 학생부 교과 100%(4배수) / 2단계: 1단계 70%+ 면접 30%(사범대 5배수, 동북아국제통상학부 3배수) • 동북아국제통상학부: 2015년 2월 및 이후 국내 고등학교 졸업(예정)자로서, 고교 전학년(졸업예정자는 3학년 1학기까지) 이수한 5개 교과(국어, 수학, 영어, 사회, 제2외국어)에 속한 과목 중 석차 등급 1등급이 10개 이상인 자

전형		지원가능대학	Tip
학생부 교과	수능최저 미적용	가천대 가천바람개비2 전형	• 전형방법 변경: 1단계 – 학생부 교과 100%(6배수) / 2단계 – 1단계 성적60% + 면접 40%(수능 이후 면접) • 학생부 반영 방법: 반영 교과별 상위 등급 5과목, 또한 특정 과목이 우수한 학생에게 유리한 교과 반영 방법 적용(국어, 영어, 수학, 사회/과학 교과 중 반영 교과의 점수가 높은 순으로 35%, 25%, 25%, 15% 반영함) • 등급 간 배점 변경 유의 • 교과등급표 |	1등급	2등급	3등급	4등급	5등급	6등급	7등급	8등급	9등급
---	---	---	---	---	---	---	---	---	---
2020	100	98	97	95	80	75	70	60	30	
		총신대 교과우수자전형	• 학생부 교과 80% + 면접 20% • 학년별 교과성적 반영 비율이 3학년 50%임에 주의 • 구술면접고사: 심층면접으로 실시하며 신앙, 인성, 의사소통 능력 영역을 평가기준(정성)에 따라 종합적으로 평가함 • 제출서류 : 담임목사추천서, 세례교인증명서
		삼육대 학생부교과우수자 전형 (보건)	• 학생부 교과 100% • 학생부 반영 방법: 국어, 영어, 수학, 사회 또는 과학 중 3개 선택, 학년별 차등 없이 반영함 • 보건 계열 합격자 내신 분포: 1.5~2.5등급
		인천가톨릭대 학교생활우수자전형 (간호학과)	• 1단계: 학생부 100%(5배수) / 2단계: 학생부 교과 80% + 면접 20%
정시		자연 계열	• 이 정거장의 수능 성적 중위권(3.5등급) 이상의 경우 가톨릭, 인천대, 명지대, 한국외국어대(글), 경기대, 가천대, 한성대, 연세대(원), 일부 지방 국립대학의 간호, 보건 계열학과, 강원대, 전남대, 전북대, 충남대, 충북대 등 지방 국립대 중상위 학과 등에 지원 가능함 • 이 정거장의 수능 성적 중위권(3.5등급) 이하인 경우 서경대, 경기대, 수원대, 용인대, 한경대 그리고 강원대, 전남대, 전북대, 충남대, 충북대 등 지방 거점 국립대 중하위 학과, 안동대, 군산대, 목포대, 한밭대 등 지방 소재 국립대 중상위 학과, 고려대(세), 단국(천), 순천향대, 홍익대(세) 등에 지원이 가능함	☞ 수시 지원과 유불리를 따져서 지원해야 함
		인문 계열	• 이 정거장의 수능 성적 중위권(3.5등급) 이상의 경우 연세대(원) 일부 학과, 한성대, 서경대, 단국대(천), 고려대(세), 홍익대(세) 그리고 강원대, 충남대, 충북대, 전남대, 전북대 등 지방 거점 국립대와 안동대, 군산대, 한밭대 등 지방 소재 국립 대학의 일부 학과, 수원대 등에 지원 가능함	

전형	지원가능대학	Tip
정시	인문 계열	• 이 정거장의 수능 성적 중위권(3.5등급) 이하인 경우 총신대, 한경대 등의 일부 경기 소재 대학, 전북대, 충북대, 제주대, 전남대, 강원대 등의 일부 하위 학과 그리고 한밭대, 안동대 한국교통대, 군산대, 목포대 등의 지방 소재 국립대, 지방 소재 사립대의 중상위 학과 등에 지원 가능함

어떤 노력을 기울여야 할까?

고3이라면? 학생부종합전형과 논술전형의 조합도 고려해 볼 필요가 있습니다!

이 정거장의 수험생이 가장 혼란을 느끼는 부분은 바로 자신의 강점과 약점을 구분하기 어렵다는 것입니다. 강점으로 보기에는 다소 부족하고 약점이라 생각했으나 합격 사례가 많으니, 이를 보는 수험생, 학부모, 교사 모두 혼란스러울 것입니다.

현재 가장 만족스럽게 대학에 진학할 수 있는 방법은 학생부종합전형입니다. 따라서 다른 경쟁자와 차별되는 자신만의 콘텐츠로 매력적인 비교과 활동을 구성해야 합니다. 희망 전공에 대한 열정과 지원 동기를 구체화하고, 이를 서류 안에 잘 드러내야 합니다.

또 하나, 수능을 목표로 최선의 노력을 기울이면서 논술전형에 대비하는 것도 좋은 방법입니다. 논술전형은 수시전형이지만 앞으로의 노력에 따라 결과가 크게 달라질 수 있는 전형이기도 합니다. 논술 문항과 관련된 과목에서 높은 수능 성적을 받기 위해 노력한다면 수능최저학력기준 통과와 논술에 대한 자신감, 두 마리 토끼를 모두 잡을 수 있는 기회가 될 수 있습니다.

명확한 목표 의식이 필요합니다!

목표점에 대한 명확한 의지가 필요합니다. 내신 성적도 수능 성적도 딱히 "○○전형이다!"라고 확실하게 말하기 어려운 이 정거장의 학생들은 자신의 강점을 잘 파악해서 자신에게 맞는 전형을 찾고, 그에 맞춰 철저하고 꼼꼼하게 준비해 나가는 노력이 필요합니다. 그리고 부족한 내신과 수능 성적을 조금씩만 올릴 수 있다면 선택의 폭이 넓어질 것입니다. 이 정거장에 위치한 전국 수험생의 수도 많지만, 바로 아래 등급에서 이 정거장의 학생들을 제치고 합격하려는 수험생의 수는 상상을 초월합니다.

상위 정거장으로 옮겨 가야 합니다!

내신과 수능 성적 어느 것 하나라도 향상시킬 수 있다면, 지원 가능한 영역이 크게 바뀔 수 있는 정거장에 와 있습니다. 학습 과정에서 자신의 강점을 강화하고 약점을 보완한다면 최상의 정거장에서 대학을 선택하는 자신을 발견할 수 있을 것입니다.

● **내신 성적을 향상시키면**

28번(169쪽), 29번(178쪽) 정거장으로 GO!

● **수능 성적을 향상시키면**

3번(42쪽), 12번(77쪽), 21번(124쪽) 정거장으로 GO!

● **내신과 수능 성적을 모두 향상시키면**

1번(26쪽), 2번(34쪽), 10번(52쪽), 11번(64쪽), 19번(96쪽), 20번(108쪽) 정거장으로 GO!

31.번 정거장

내신 3.0 ~ 4.0 등급, 수능 3.0 ~ 4.0 등급

'조금만 더……'라고 격려하고 싶군요! 많은 의미에서 경계선상에 있는 정거장입니다. 그러나 그만큼 도전의 기회가 널려 있는 것을 의미하기도 합니다. 자신의 강점을 파악해서 최적화된 전형을 설계하는 것이 우선입니다.

현재 나의 위치는?

논술전형

내신, 수능 모든 성적으로 볼 때, 현실적으로 어떤 전형이 적합할지 자신할 수 없는 정거장입니다. 논술전형으로 지원할 경우, 지원 범위가 매우 넓어서 상위권 대학까지도 바라볼 수 있습니다. 다만, 수능최저학력기준 적용 대학과 미적용 대학의 유불리를 잘 따져서 지원할 필요가 있습니다. 현재 성적에 딱 맞는 수능최저학력기준 적용 대학에 지원을 목표로 하기보다는 더 높은 대학을 목표로 수능 공부에 전력을 다한다면 논술까지 준비하는 효과를 발휘할 수 있을 것입니다. 수능최저학력기준 미적용 대학은 경쟁률이 높고, 논술 실력이 합불의 결정적인 요소가 될 것이므로 역시 꼼꼼한 논술 준비는 필수입니다. 공교육진흥법에 따라 대학별 고사에 고교 교육과정 내 출제 원칙이 적용되면서 시험이 예전에 비해 쉬워졌습니다. 또 대학별 정보 공개가 활발히 이루어져 수험생 혼자서도 충분히 대비 가능한 수준으로 바뀌고 있습니다. 즉, 수능 공부가 논술 준비라는 뜻입니다.

학생부종합전형

부족한 내신 성적 때문에 소신껏 지원하기가 쉽지 않지만, 전공과 관련하여 비교과 활동이 두드러진다면 학생부종합전형에 지원하는 것도 좋은 방법입니다. 이 정거장의 내신 성적으로도 중상위권 이상 대학에 합격한 사례가 꽤 많습니다. 더 높은 정거장 학생들과의 경쟁에서 뒤지지 않기 위해서는 그들과 비교해 뒤떨어지지 않는 역량과 열정이 있음을 드러내야 합니다. 각 대학 전형의 특징과 인재상을 제대로 이해하고, 그에 맞춰서 자신만의 변별력 있는 콘텐츠로 승부해야 부족한 내신을 보완할 수 있습니다.

정시전형

이 정거장에 있는 학생들은 수시전형과 정시전형 모두 미련이 남는 성적을 가지고 있습니다. 이거다 저거다 확신할 수 없는 상황에서 자칫 수시전형에 납치되어 가는 허탈한 결과를 가져오지 않도록 유불리를 따져 잘 설계하고 지원해야 함을 잊지 말기 바랍니다. 정시전형으로 시선을 돌리면 의외로 의미 있는 선택을 할 수도 있습니다. 수시전형은 지금까지 해 온 내신과 활동이 평가 요소가 되지만, 정시전형은 지금부터의 노력 여하에 따라 많이 달라질 수 있는 열린 장입니다. 바로 지금이 방향을 결정하는 중요한 시기입니다!

전형		지원가능대학	Tip	
논술	수능최저 적용	성신여대 논술우수자전형	• 288명 모집(2019년 신설 311명 모집) • 논술 70% + 학생부(교과 + 출석) 30% • 수능최저학력기준: 인문 – 2개 영역 등급 합 5(탐구 1) / 자연 – 2개 영역 등급 합 6(탐구 1)	☞수능최저학력조건을 충족할 수 있을 때 지원해야 함
		숭실대 논술우수자전형	• 논술 60% + 학생부 교과 40% • 모집인원 축소: 322명 → 296명(26명 감소) • 학생부 교과 반영에서 계열별 반영 교과 가중치가 적용되므로 지원에 유의 (예 인문 계열은 국어, 영어 각 35%, 수학, 사회 각 15%) • 자연계 논술: 과학 논술 폐지 • 수능최저학력기준: 인문, 경상 – 국어, 수학(나), 탐구(2) 중 2개 영역 등급 합 6 / 자연 – 국어, 수학(가), 과탐(2) 중 2개 영역 등급 합 7(탐구 2 평균) / 영어, 한국사 필수 응시	
		한양대(에리카) 논술전형	• 논술 70% + 학생부 교과 30% • 수능최저학력기준: 인문, 상경 – 2개 영역 등급 합 6(탐구 1) / 자연 – 2개 영역 등급 합 6(탐구 1) / 한국사 필수 응시(2019학년도 선택한 영역 각 4등급 이내였음) • 합격자 내신 분포: 3등급 중후반~4등급 초반	
		연세대(원주) 일반논술전형	• 논술 70% + 학생부 30%(교과 20%, 출결 · 봉사 10%) • 수능최저학력기준: 인문 – 국어, 수학, 탐구(1) 중 2개 등급 합 6 / 자연 – 국어, 수학(가), 과탐(1) 중 2개 등급 합 6 / 영어 3등급 이내, 한국사 필수 응시(간호, 의예 제외) ＊학생부 반영 과목: 인문(국어, 영어), 자연(수학, 과학) – 과목별 표준점수(Z) 반영 ＊내신 변별력이 낮고, 합격자 평균 등급은 4등급임	
		서울여대 논술우수자전형	• 논술 70% + 학생부 교과 30% • 수능최저학력기준: 2개 영역 등급 합 7(탐구 2 평균) / 영어 포함 시 2개 합 5 • 반영하는 영역 각각 4등급 이내 예 4 · 5 · 3등급은 충족, 1 · 5 · 5등급은 불충족	

전형		지원가능대학	Tip
논술		덕성여대 논술위주전형	• 논술 80% + 학생부 교과 20% • 모집인원 축소: 257명 → 189명(68명 감소) • 수능최저학력기준 완화: 반영하는 영역 각각 4등급 이내 *글로벌융합대: 국어, 영어, 수학(가/나), 탐구(1) 중 2개 영역 등급 합 7 *과학기술대: 국어, 영어, 수학(가/나), 탐구(1) 중 2개 영역 등급 합 7[수학(가) 선택 시 2개 영역 등급 합 8]
	수능최저 미적용	연세대 논술전형	• 전형방법: 논술 100% • 2020학년도부터 수능최저학력기준 폐지[2019학년도 국어, 수학, 탐구(2개 과목) 등 총 4개 과목의 등급 합이 7 이내(자연 8 이내)] • 모집인원 축소: 643명 → 607명(36명 감소)(의예과 논술 폐지 등으로 모집인원의 감소가 나타났지만, 경영학부 등 일부 학과는 모집인원이 확대됨)
		한양대 논술전형	• 논술 80% + 학생부종합평가 20%(2019학년도 논술 70% + 학생부종합평가 30%) *학생부종합평가: 학생부에 기록되어 있는 출결, 수상 경력, 봉사활동, 행동 특성 및 종합 의견 등을 참고하여 학생의 학교생활 성실도를 중심으로 종합평가함 • 경영학부: 자연 계열 9명 선발, 경제금융학부: 자연 계열 7명 선발(2019학년도 인문으로 19명 선발함 / 2020학년도 인문 12명, 자연 7명으로 분할하여 선발함) • 공과대(융합전자공학부, 컴퓨터소프트웨어학부, 에너지공학과, 미래자동차공학과), 의예과 논술 야간(17:00 이후) 시행
		서울시립대 논술전형	• 1단계: 논술 100%(4배수) / 2단계: 논술 60% + 학생부 교과 40% • 학생부 성적: 원점수, 평균, 표준편차 활용 - Z점수
		인하대 논술우수자전형	• 논술 70% + 학생부 교과 30% • 학생부 등급 간 점수 차: 1등급 300점, 2등급 288점, 3등급~6등급 3점씩 감점
		아주대 논술우수자전형	• 논술 80% + 학생부 교과 20% • 학생부 변별력이 매우 낮음(논술이 당락을 결정함) • 자연계: 수리논술만 • 금융공학 10명 모집, 수리논술 응시
		한국항공대 논술우수자전형	• 논술 70% + 학생부 교과 30% • 모집인원 축소: 215명 → 166명(49명 감소) • 학생부 반영 방법: 매학기 반영 교과 영역별 최고 석차 등급 각 1과목 반영 (매학기 4과목 반영, 일부 학과 사회/과학 중 우수성적 선택) • 합격자 내신 분포: 2등급~3등급 중반
		광운대 논술우수자전형	• 논술 60% + 학생부 40%(교과 20% + 출결 10% + 봉사 10%) • 교과 성적 등급 간 점수 차가 크므로 내신을 고려해 지원 • 논술평가: 인문(통합교과형 2문제), 자연(수리논술 2문제 - 문제당 5개 내외 소문제) • 합격자 내신 분포: 인문/자연 평균 3등급 중후반

전형		지원가능대학	Tip
논술	수능최저 미적용	단국대(죽전) 논술우수자전형	• 논술 60% + 학생부 교과 40% • 학생부 등급 간 점수 차: 1~6등급 각 4점 • 논술평가: 인문(인문사회 통합교과형 3문제), 자연(통합교과형 수학 2 문제 - 문제별 소문항이 있을 수 있음) • 합격자 내신 분포: 4등급대
		서울과학기술대 논술전형	• 논술 70% + 학생부 교과 30% • 학생부 교과 등급 간 점수 차가 3등급부터 커지므로 지원에 유의 • 합격자 내신 분포: 3등급 중후반~4등급 초반
		가톨릭대 논술전형	• 논술 70% + 학생부 교과 30% • 합격자 내신 분포: 인문 4.7등급(평균), 자연 4.8등급(평균)(간호, 의예 제외)
		한국외국어대 (글로벌) 논술전형	• 논술 70% + 학생부 교과 30% • 학생부 교과 반영 방법 변경: 석차 등급만 적용(2019학년도: 석차 등급 혹은 원점수 중상위값 적용) • 자연 계열은 논술 없음
		경기대 논술고사우수자전형	• 논술 60% + 학생부 교과 40% • 학생부 반영 방법: 전교과 반영 • 자연 계열은 논술 없음 *고등학교 교과서 내 제시문과 주제 활용(언어, 사회 영역 각 1문항씩 출제, 문항당 30점)

		한국기술교육대
		코리아텍
		일반전형
			• 학생부 교과 40% + 논술 60%
			• 공학 계열 학부: 수학 3문항(60%), 과학(물리 I 또는 화학 I) 2문항
			  (40%)
			• 산업경영학부: 수학 3문항(60%), 사회(경제) 2문항(40%)
			• 2019학년도 논술 경쟁률이 4.92 : 1로 낮아 동일 내신 등급대에서 수학
			  에 강점이 있는 학생이 유리함

		한국산업기술대 논술우수자전형	• 논술 60% + 학생부 교과 40% • 전형명 변경: 일반 → 논술우수자 • 모집단위: 공학 계열 • 출제 형식 변경: 수리논술 3문제(문항당 A4 용지 1장 이내) → 수리 문 제 2문제(문항당 A4 용지 1장 이내)
학생부 종합	수능최저 적용	연세대(원주) 학교생활우수자전형	• 서류 100%(학생부, 자소서, 추천서) • 수능최저학력기준: 국어, 수학(가/나), 탐구(1) 중 2개 과목 등급 합 7 이내 / 영어 3등급 이내, 한국사 필수 응시 • 수시 6회 안에서 모든 전형 간 복수 지원 가능함 • 수능최저학력기준 통과율 평균 50% 내외

전형		지원가능대학		Tip	
학생부 종합	수능최저 미적용	건국대 KU자기추천전형		• 전형방법 변경: 1단계 – 서류 100%(학생부, 자소서, 3 배수) / 2단계 – 1단계 70% + 면접 30%(2019학년도 1단계 40% + 면접 60%) • 2020학년도부터 학생부 종합 내 중복 지원 가능 • 합격자의 내신 성적 분포가 매우 넓은 대학임 • 교내 활동에 자발적으로 참여하고, 해당 전공에 관심 과 소질이 있어 스스로 추천할 수 있는 학생에게 유리함	☞ 두 드 러 진 비교과 활동 으로 부족한 내신을 보완 할 수 있어야 함
		동국대 Do Dream전형		• 1단계: 서류 100%(2.5〜3배수) / 2단계: 1단계 70% + 면접 30% • 서류: 학생부, 자소서 • 서류평가: 전공적합성 40%, 자기 주도적 학습 능력 25%, 인성 · 사회성 20%, 지원 동기 및 진로 계획 15% • 면접: 서류 내용 확인, 면접위원 2인, 10분 내외	
		한국항공대 미래인재전형		• 전형방법 변경: 1단계 – 서류 100%(3배수) / 2단계 – 1단계 성적 70% + 일반면접 30% (2019학년도: 1단계 성적 60% + 일반면접 40%) • 대학 특성상 대학 학부(과) 특성화 분야에 잠재적 능력을 가진 학생이 유리함 • 학생부종합전형 모집인원의 확대로 항공교통물류학부와 경영학부의 모집인원 증가	
		아주대	ACE전형	• 1단계: 서류 100%(3배수) / 2단계: 1단계 70% + 면접 30%(의학과만 수능최저적용) ＊인재상: 성실한 고교 활동과 교과, 비교과의 균형을 갖춘 인재 선발 • 소프트웨어학과 및 사이버보안학과는 특히 학과별 전공적합성이 뛰어 난 인재를 선발하고자 함	
			다산인재 전형	• 서류 100%, 면접 없음 • 모집인원 축소: 290명 → 246명(44명 감소) ＊인재상: 융복합적 사고, 실천적 창의, 의사소통, 글로벌 역량 중 하나 이상의 강점이 있는 학생 – 자기 주도성 항목에서 평가 • 2019학년도 다산인재전형으로 선발한 소프트웨어학과는 2020학년도 부터 학생부종합(SW융합인재전형)으로 전형을 변경하여 선발	
			SW융합 인재전형	• 2020학년도 신설 전형(소프트웨어학과 30명 모집) • 1단계: 서류종합평가(3배수) / 2단계: 1단계 70% + 면접 30% • 인재상: 수학 및 과학력을 바탕으로 SW분야의 역량과 잠재력을 갖춘 학생	
		인하대	인하미래 인재전형	• 1단계: 서류 100%(3배수 내외) / 2단계: 1단계 70% + 면접 30% • 모집단위별 모집인원 대폭 변경에 따른 모집인원 비교 후 지원 필요 (확대 모집학과: 기계공학과 등, 축소 모집학과: 국제통상학과 등) ＊전공 분야의 잠재력을 갖춘 창의적 인재를 선발함 • CUBE 평가: 지성(전공 학업 역량) 25%, 인성(개인) 25%, 적성(전공탐 색) 25%, 종합(모집단위 인재상) 25%로 서류와 면접평가에 적용함	

전형		지원가능대학		Tip
학생부 종합	수능최저 미적용	숭실대 SSU미래인재전형		• 1단계: 서류 100%(3배수) / 2단계: 1단계 70% + 면접 30% • 모집인원 증가: 686명 → 731명(45명 증가), 모집단위별로 골고루 모집 인원 증가 • 지원한 모집단위 전공에 관심과 열정이 뚜렷한 '자기 주도형, 창의형, 성실형' 인재상 • 서류(활동 역량 55%, 학업 역량 25%, 잠재 역량 20%)와 면접(전공적 합성 50%, 인성 25%, 잠재력 25%) 평가 모두 계열별 전공적합성에 대한 점수가 매우 높음
		한양대 (에리카)	학생부 종합Ⅰ	• 학생부종합평가 100%, 면접 없음 • 모집인원 축소: 329명 → 246명(83 명 감소), 모집단위별 선발 인원 변 동 확인 필요 • 학생부종합평가: 오직 학생 부를 기반으로 교과 관련 성 취, 전공적합성, 학교생활 충 실도 및 학업 의지, 발전 가 능성 등의 영역을 종합적으 로 평가함
			학생부 종합Ⅱ	• 1단계: 학생부종합평가 100%(3배수) / 2단계: 1단계 70% + 면접 30% • 소프트웨어융합대(소프트웨어학부 자연 15명, 인문 9명 / ICT융합학부 자연 9명, 인문 6명) 총 39명 모집
		국민대 프런티어전형		• 1단계: 서류 100%(3배수) / 2단계: 1단계 70% + 면접 30% • 615명 모집(예체능계 20명 포함) • 서류평가 요소: 자기 주도성 및 도전정신 50%, 전공적합성 40%, 인성 10% • 제출 서류 기반 면접 10분 내외
		단국대(죽전) DKU인재전형		• 서류 100%(문예창작과 제외) ＊문예창작과 – 1단계: 서류 100%(3배수) / 2단계: 1단계 70% + 면접 30%(2019학년도는 실기 위주 전형이었으나, 2020학년도부터 DKU 인재전형으로 변경) • 학업 역량, 전공적합성 비중이 큼 ＊자소서에 기록하는 활동은 학생부에 기재되어 있는 활동만을 작성해 야 함(단, 필요시 해당자에 한해 고교 방문 또는 전화로 실사함) • 모집인원 확대: 309명 → 360명(51명 증가), 모집단위별 선발 인원 확 인 필요(예) 전기전자공학과 등 자연 계열 학과)
		세종대 창의인재전형		• 1단계: 서류 100%(3배수) / 2단계: 1단계 70% + 면접 30% • 면접평가 요소: 전공적합성, 발전 가능성, 인성, 의사소통 능력 등
		성신 여대	학교생활 우수자전형	• 1단계: 서류 100%(3배수) / 2단계: 1단계 60% + 면접 40% ＊서류: 학생부, 자소서(사범: 교사추천서) • 선발 인재상: 고교 재학 중 교내 학업 및 다양한 활동을 통하여 균형 있는 학교생활을 충실히 수행한 인재(학업 역량이 가장 핵심)

전형		지원가능대학		Tip
학생부 종합	수능최저 미적용	성신 여대	자기주도 인재전형	• 2020학년도 신설, 263명 모집 • 1단계: 서류 100%(3배수) / 2단계: 1단계 60% + 면접 40% * 서류: 학생부, 자소서(사범대학 미선발) • 선발 인재상: 고교 재학 중 전공 분야에 대한 확고한 목표의식과 열정을 가지고 자기 주도적인 탐구 역량을 갖춘 인재(전공적합성이 가장 핵심)

		동덕여대 동덕창의리더전형		• 모집인원: 인문 · 자연 172명
				  * 1단계: 서류 100%(3배수, 학생부, 자소서) / 2단계: 1단계 50% + 면접 50%(제시문 활용)
				• 모집인원: 미술(회화과, 디지털공예과, 큐레이터학과) - 15명 / 디자인(패션, 시각&실내, 미디어디자인) - 15명
				  * 1단계: 서류 100%(3~5배수, 학생부, 자소서, 활동 보고서) / 2단계: 1단계 성적 60% + 면접 40%

		서울 여대	바롬인재 전형	• 1단계: 서류 100%(4배수) / 2단계: 1단계 60% + 면접 40%(기독교학과, 체육학과, 공예 전공 제외), 238명 → 248명(10명 증가) • 서류평가: 학업 역량 30%, 전공적합성 30%, 인성 30%, 발전 가능성 20% • 현대미술전공은 스케치(20분) 기반 면접으로 진행됨 • 시각디자인전공은 비실기 선발 • 수능 이전 면접
			플러스 인재전형	• 1단계: 서류 100%(4배수) / 2단계: 1단계 60% + 면접 40%(기독교학과, 예체능 계열 제외), 158명 → 172명(14명 증가) • 서류종합평가: 100%(학업 역량, 전공적합성, 인성, 발전 가능성) • 수능 이후 면접, 수능 성적에 따라 응시 여부 고려 가능함
			융합인재 전형	• 1단계: 서류 100%(3배수) / 2단계: 1단계 60% + 면접 40%, 29명(모집단위 인원 변동 확인) • 소프트웨어를 활용하여 다양한 산업분야와 융합을 이끌어 낼 수 있는 인재 • 모집단위: 경제학과, 문헌정보학과, 경영학과, 디지털미디어학과, 정보보호학과, 소프트웨어 융합학과, 화학 · 생명환경과학부 • 서류평가: 학업 역량 30%, 전공적합성 30%, 인성 30%, 발전 가능성 20% • 2020학년도에는 체육학과(2), 식품응용시스템학부(4)에서 모집을 하지 않으므로 모집단위 인원 변동 확인 필요 • 수능 이전 면접
		덕성여대 덕성인재전형		• 전형방법 변경: 1단계 - 서류 100%(4배수) / 2단계 - 1단계 60% + 면접 40%(2020학년도 면접 신설) • 모집인원 증가: 220명 → 250명(30명 증가) • 모집단위 변화: 글로벌 융합, 과학기술대로 모집(2019학년도: 학과별 모집) • 서류평가: 학업 역량, 발전 역량, 덕성 역량 • 선발 인재상: 융합적 사고와 창의적 능력을 가지고 올바른 가치관을 실현할 수 있는 자기 주도적 덕성인재

전형		지원가능대학		Tip
학생부 종합	수능최저 미적용	광운대	광운참빛 인재전형	• 1단계: 서류종합평가 100%(3배수) / 2단계: 1단계 70% + 면접 30% • 서류평가: 전공적합성 30%, 인성 30%, 학업 역량 20%, 발전 가능성 20% • 면접평가: 발전 가능성 40%, 논리적 사고력 40%, 인성 20%
			소프트 웨어 우수인재 전형	• 컴퓨터정보공학, 소프트웨어학부, 정보융합학부 등 3개 학과만 모집 (각 10명씩 모집) • 1단계: 서류종합평가 100%(3배수) / 2단계: 1단계 70% + 면접 30% • 서류평가: 전공적합성 30%, 인성 30%, 학업 역량 20%, 발전 가능성 20% • 면접평가: 발전 가능성 40%, 문제해결 능력 40%, 인성 20%
		서울과학기술대 학교생활우수자전형		• 전형방법 변경: 1단계 − 서류 100%(3배수) / 2단계 − 서류 70% + 면접 30%(2019학년도 − 1단계: 서류100% / 2단계: 서류 60% + 면접 40%) ＊면접: 서류 기반 면접(인성 및 의사소통 능력, 논리적 사고력, 전공적 합성, 발전 가능성 항목 순), 2인 1조의 다대일 면접 • 모집인원 확대: 369명 → 398명(31명 증가), 모집단위별 모집인원 소폭 변화 및 확인 필요
		명지대 명지인재전형		• 전형명 변경: 명지인재전형(2019학년도: 학생부종합전형) • 1단계: 서류 100%(3배수) / 2단계: 1단계 70% + 면접 30% • 서류평가: 전공적합성 50%, 발전 가능성 30%, 인성 20% • 모집인원 확대: 677명 → 712명(35명 증가), 학과별 +1명으로 모집인원 확대가 합격선에 미칠 영향은 적어 보임 • 면접평가: 전공적합성 50%, 인성 30%, 의사소통 능력 30% • 중위권 대학의 학생부종합전형 대표 브랜드
		상명대 상명인재전형		• 전형방법 변경: 1단계 − 서류 100%(3배수) / 2단계 − 서류 70% + 면접 30%(2019학년도 − 1단계: 서류100% / 2단계: 서류 60% + 면접 40%) • 전공적합성, 발전 가능성, 인성 등 평가, 면접위원 2인, 10분 내외 • 다른 전형 간 복수 지원이 가능[2캠퍼스(천안) 포함] • 2020학년도 학부(과) 개편되었으니 확인이 필요함
		인천대 자기추천전형		• 1단계: 서류 100%(3배수, 사범대, 동북아국제통상학부 5배수) / 2단계: 1단계 70% + 면접 30% • 면접평가: 전공적합성, 발전 가능성, 인성 · 사회성, 의사소통 능력
		가천대 가천바람개비1		• 전형명 변경: 가천바람개비1(2019학년도: 가천프런티어) • 1단계: 서류 100%(4배수) / 2단계: 1단계 50% + 면접 50% ＊서류평가(학생부, 자기소개서): 인성 30%, 성장 가능성 30%, 기초 학업 능력 20%, 전공적합성 20% ＊자기소개서 문항 변경: 4문항 → 2문항(1, 4번 문항 폐지) • 모집단위 신설 ＊심리학과 50명(가천바람개비1 − 6명, 가천바람개비2 − 6명, 학생부 우수자 − 6명, 적성우수자 − 17명, 농어촌 − 적성 2명, 종합 2명, 교육기회균형 1명) / 정시 10명 • 모집단위 명칭 변경(2019학년도): 경제학과(글로벌경제학과), 자유전공학부(자유전공학부 − 인문), 물리학과(나노물리학과), 화학과(나노화학과)

전형		지원가능대학		Tip
학생부 종합	수능최저 미적용	한성대 한성인재전형		• 학생부 교과 40% + 서류 60% • 모집단위: 크리에이티브인문학부, 사회과학부, 글로벌패션산업학부 　(교과 반영: 국어, 수학, 영어, 사회), IT공과대(교과 반영: 국어, 수학, 영 　어, 과학) • IT공과대: 학부 구분 없이 입학, 2학년 진학 시 학부(트랙) 선택 　＊학생부 등급 간 점수 차: 4등급까지 각 8점씩 감점
		경기대 KGU학생부종합전형		• 전형방법 변경: 1단계 – 서류 100%(3배수 내외) / 2단계 – 1단계 70% 　+ 면접 30%(2019학년도 1단계 60% + 면접 40%) • 면접: 제출 서류를 기반으로 발전 가능성 30%, 신뢰성 30%, 의사소통 　능력 25%, 인성(공동체의식) 영역 15% 등을 종합평가함(총 15분 내외) 　＊디자인비즈학부(시각정보디자인전공, 산업디자인전공, 장신구 · 금 　속디자인전공)는 아이디어 스케치(A3 용지, 60분 작성), 발표(3분), 　제출 서류 확인면접(10분 내외)
		가톨릭대	잠재능력 우수자 전형	• 1단계: 서류 100%(3배수) / 2단계: 1단계 70% + 면접 30% • 학업 역량 외에도 다양한 비교과 활동 평가(전공적합성 40%, 발전 가 　능성 25%, 학업 역량 20%, 인성 15%) • 합격 내신의 폭이 넓음 • 모집인원 축소: 370명 → 325명(45명 감소), 학과별 모집인원 확인 필요
			학교장추천 전형	• 1단계: 서류 100%(3배수) / 2단계: 1단계 70% + 면접 30% • 모집인원: 204명(인문, 자연, 공학 150명 / 의예 · 간호 54명) • 2019학년도 의예과만 시행한 전형이며, 2020학년도부터 인문/자연 계 　열로 확대(의예, 간호만 수능최저학력기준 적용) • 고교별 추천 인원: 없음(의예과는 학교당 1명 추천 유지)
		연세대(원주) 교과면접형		• 전형명 변경: 학생부종합(교과면접전형)[2019학년도: 학생부종합전형 　(면접형)] • 전형방법 변경: 1단계 – 교과 60% + 비교과 40%(4배수)/ 2단계 – 1단 　계 70% + 면접 30%(인성, 가치관 및 계열별 역량 평가)[2019학년도 – 　1단계: 교과 55% + 비교과 25% + 출석, 봉사 20%(4배수)] 　면접: 인성가치관과 계열별 역량(제시문) 면접
		경북대 일반학생전형		• 1단계: 서류 100%(3배수) / 2단계: 1단계 70% + 면접 30% 　＊서류(학생부, 자소서): 0~350점 / 면접: 0~150점, 개인 발표(지원 　동기 및 학업 계획, 2분 이내) 후 질의응답 / 각 절대평가
		한동대	한동인재 전형	• 전형명 변경: 학생부종합(한동인재)(2019학년도: 학생부종합) • 1단계: 서류 100%(2배수) / 2단계: 1단계 90% + 면접 10% • 전원 무전공/무학과 자율 전공 모집 • 인재상: 자기 주도적 역량을 가진 학업 능력 우수 인재
			한동 G–IMPACT 인재전형	• 전형명 변경: 학생부종합(한동G –IMPACT인재)(2019학년도: 학생부종합) • 1단계: 서류 100%(2배수) / 2단계: 1단계 70% + 면접 30% • 전원 무전공/무학과 자율 전공 모집 • 꿈과 끼를 개발하고 창의성과 성장 잠재력을 가진 창의 우수 인재

전형		지원가능대학	Tip
정시		자연 계열	• 이 정거장의 수능 성적 중위권(3.5등급) 이상의 경우 가톨릭대, 인천대, 명지대, 한국외국어대(글), 경기대, 가천대, 한성대, 연세대(원), 일부 지방 국립대학의 간호, 보건 계열 학과, 강원대, 전남대, 전북대, 충남대, 충북대 등 지방 국립대 중상위 학과 등에 지원 가능함
			• 이 정거장의 수능 성적 중위권(3.5등급) 이하인 경우 서경대, 경기대, 수원대, 용인대, 한경대 그리고 강원대, 전남대, 전북대, 충남대, 충북대 등 지방 거점 국립대 중하위 학과, 안동대, 군산대, 목포대, 한밭대 등 지방 소재 국립대 중상위 학과, 고려대(세), 단국대(천), 순천향대, 홍익대(세), 영남대 등에 지원이 가능함
		인문 계열	• 이 정거장의 수능 성적 중위권(3.5등급) 이상의 경우 연세대(원주) 일부 학과, 한성대, 서경대, 단국대(천), 고려대(세), 홍익대(세) 그리고 강원대, 충남대, 충북대, 전남대, 전북대 등 지방 거점 국립대와 안동대, 군산대, 한밭대 등 지방 소재 국립대학의 일부 학과, 수원대 등에 지원 가능함
			• 이 정거장의 수능 성적 중위권(3.5등급) 이하인 경우 총신대, 한경대 등의 일부 경기 소재 대학, 전북대, 충북대, 제주대, 전남대, 강원대 등의 일부 하위 학과 그리고 한밭대, 안동대 한국교통대, 군산대, 목포대 등의 지방 소재 국립대, 지방 소재 사립대 중상위 학과 등에 지원 가능함
학생부 교과	수능최저 적용	단국대(천안) 학생부교과우수자 전형	• 학생부 교과 100% • 모집인원 감소(829명 → 780명) • 학생부 교과 반영에서 계열별 반영 교과 가중치가 적용되므로 지원에 유의 • 수능최저학력기준: 인문(주간) – 국어, 수학, 영어 중 2개 영역 등급 합 7 / 인문(야) – 국어, 수학, 영어 중 1개 등급 4 / 자연 – 국어, 수학(가), 영어 중 수학 포함 2개 영역 등급 합 8[수학(나) 선택 시 2개 영역 등급 합 7]
		중앙대(안성) 학생부교과전형	• 학생부 교과 70% + 비교과 30% • 비교과 영역은 무단/미인정 결석 1일 이하, 봉사 25시간 이상 만점 • 수능최저학력기준: 자연 – 국어, 수학(가), 영어, 과탐(1) 중 2개 영역 등급 합 5 / 예체능 – 국어, 수학, 영어, 탐구(1) 중 2개 영역 등급 합 5 / 한국사 4등급 이내 • 제2외국어/한문, 사탐 한 과목으로 인정
		한성대 교과성적우수자전형	• 학생부 교과 100%(국어, 영어, 수학, 사회 / IT공과대 – 국어, 영어, 수학, 과학) • 수능최저학력기준: 크리에이티브인문학부, 사회과학부, 글로벌패션산업학부, 뷰티디자인매니지먼트학과 – 2개 영역 등급 합 6(탐구 1)(야간 – 등급 합 8) / IT공과대 – 국어, 수학(가/나), 영어, 과탐(1) 중 2개 영역 등급 합 7(야간 – 등급 합 8)

전형		지원가능대학	Tip
학생부 교과	수능최저 적용	경기대 교과성적우수자전형	• 전형방법 변경: 학생부 교과 90% + 출결 10%(2019학년도: 학생부 교과 80% + 학생부 비교과(출결, 봉사) 20%) • 모집인원 변경(845명 → 739명) 주의 • 수능최저학력기준 완화: 인문/예체능 – 국어, 수학(가/나), 영어, 탐구 1 중 2개 영역 등급 합 7 / 자연 – 국어, 수학(가), 영어, 탐구 1 중 2개 영역 등급 합 7 / 한국사 6등급(2019학년도: 인문/예체능 – 국어, 수학(나), 영어, 탐구 1 중 3개 영역 등급 합 11 / 자연 – 국어, 수학(가), 영어, 탐구 1 중 3개 영역 등급 합 12 / 한국사 6등급)
		서경대 교과성적우수자 전형	• 학생부 교과 100% • 수능최저학력기준: 국어, 영어, 수학, 탐구(1) 중 2개 영역 등급 합 6, 한국사 탐구 대체 가능
		용인대 교과성적우수자 전형	• 학생부 교과 100% • 학생부 교과 반영 방법 주의: 학년별 가장 성적이 좋은 과목 4과목씩 총 12과목 반영, 단, 한 학년에서 서로 다른 교과 선택 • 수능최저학력기준: 경찰행정 – 국어, 영어, 수학 합 9등급, 인문/자연 – 국어, 영어, 수학 중 2개 영역 등급 합 8[수학(가) 선택 시 1등급 상향]
		한국기술교육대 교과전형	• 전형방법 변경: 학생부 교과 90% + 면접 10%(2019학년도: 학생부 교과 80%+ 비교과(출결, 봉사) 20%) • 수능최저학력기준: 공학계열 – 수학(가/나), 영어 + 국어/탐구(2) 중 상위 1개 영역 등급 합 12.0 [수학(나) 선택 시 3개 영역 등급 합 10.0], 산업경영학부 – 국어, 영어 + 수학(가/나), 탐구(2) 중 상위 1개 영역 등급 합 12.0
		한국산업기술대 교과우수자전형	• 학생부 교과 100% • 학생부 교과 반영 : 교과별 상위 5개 과목 • 전형명 변경: 학생부우수자전형 → 교과우수자 • 수능최저학력기준: 수능 4개 영역 중 2개 영역 등급 합 6[단, 수학(가)는 1등급 하향], 영어 반영 / 한국사 필수 응시
			• 한국해양대, 목포해양대, 전북대, 전남대, 충북대, 충남대, 공주대, 강원대, 제주대 등의 중위 학과 • 경상대, 안동대, 한국교통대, 순천대, 금오공대, 창원대 등의 상위 학과
	수능최저 미적용	성공회대 학생부교과우수자 전형	• 학생부 교과 100% • 학생부 반영 교과목: 국어, 영어, 수학, 사회/과학 교과별 상위 3과목 (총 12과목, 학년, 학기 구분 없음)
		강남대 학생부교과전형	• 전형명 및 방법 변경: 학생부우수자전형(면접) → 학생부 교과전형 학생부 교과 100%(면접 폐지, 2019학년도 – 단계별 전형, 면접 실시) • 모집인원 감소(194명 → 166명) • 국어, 수학, 영어, 사회(자연계 과학) 교과 내 이수한 전 과목(2019학년도: 국어, 수학, 영어, 사회(자연계 과학) 교과 중 상위 12개 과목) • 모집인원 감소와 학생부 교과 반영 방법 변경에 따른 지원 주의

고3이라면? 자신만의 강점을 찾아야 합니다!

얼마 남지 않았습니다. 이제 윤곽을 드러내야 합니다. 내신과 수능 성적이 조금씩 부족하고 엇비슷한 이 정거장은 수시전형에도, 정시전형에도 미련이 남습니다. 자신의 강점을 부각시키거나 자신 있는 부분을 찾아 그에 맞는 전형으로 지원 전략을 세워야 합니다.

학생부종합전형을 선택했다면 비교과 활동 심화와 마무리, 논술전형을 선택했다면 수능과 논술 준비 시간 조절 및 정보 습득을 위해 노력해야 합니다. 그렇다고 선택하지 않은 영역에 대한 섣부른 포기는 금물입니다. 이 정거장은 어떤 전형으로든 발전할 수 있는 가능성을 품고 있기 때문입니다. 이 정거장의 수험생들은 같은 성적대가 아닌 더 높은 성적대의 학생들을 극복해야만 합격할 수 있다는 사실을 직시하며, 자신만의 강점으로 이를 극복해 나가야 합니다.

수능 공부가 가장 강력한 무기가 되어 줄 수 있습니다!

엇비슷한 내신과 수능 사이에서 치고 나갈 수 있는 요소가 '수능'이 될 수 있다면, 논술과 정시전형에서 놀라운 결과를 얻어 낼 수 있습니다. 정시전형은 마지막 보루가 되어 줄 수 있는 전형이며, 서울 소재 대학 중심으로 선발 인원 확대가 고무적입니다.

또 최고의 경쟁률을 자랑하는 논술전형에 미련을 버리지 못하는 것은, 내신 성적의 고하를 막론하고 최상위권 대학까지도 지원해 볼 수 있다는 장점 때문입니다. 이때 수능최저학력기준이 가장 먼저 고려해야 할 변수인데, 만일 상위권 대학을 목표로 수능을 준비한다면 수능최저학력기준 충족뿐 아니라 논술 준비도 되는 것이므로 지원 대학 선택의 폭을 꽤 넓힐 수 있습니다.

경쟁자와 차별되는 자신만의 이야기를 만들어야 합니다!

이 정거장의 성적대에서 학생부종합전형으로 이른바 '대박'을 경험한 학생은 아주 많습니다. 내신 성적은 부족했지만 돋보이는 비교과 활동으로 보완해 합격이라는 결실을 맺었다는 것을 의미합니다. 특히 학생부종합전형은 대부분의 대학에서 수능최저학력기준을 적용하지 않으므로, 이 정거장의 학생들에게는 값진 기회가 될 것입니다.

학생부종합전형에서는 서류 중심의 1단계 통과가 어렵습니다. 대학이 서류를 검토하면서 학생을 만나 보고 싶다는 결정을 내릴 수 있도록 매력적인 콘텐츠를 담아내야 합니다. 그리고 최선을 다해 면접을 준비한다면 합격 가능성이 매우 커질 것입니다. 자신만의 콘텐츠가 가장 큰 자산입니다!

상위 정거장으로 옮겨 가야 합니다!

수능과 내신 어느 것 하나라도 향상시킬 수 있다면 대학 선택의 폭이 무척 넓어집니다. 갈림길의 경계에 있는 듯한 모호함에 답답하겠지만, 이는 반대로 모든 전형에 가능성이 열려 있다는 뜻이기도 합니다. 어느 쪽으로 치고 나갈지는 학생 본인의 노력에 달려 있습니다.

● **내신 성적을 향상시키면**

28번(169쪽), 29번(178쪽), 30번(190쪽) 정거장으로 GO!

● **수능 성적을 향상시키면**

4번(48쪽), 13번(85쪽), 22번(142쪽) 정거장으로 GO!

● **내신과 수능 성적을 모두 향상시키면**

1번(26쪽), 2번(34쪽), 3번(42쪽), 10번(52쪽), 11번(64쪽), 12번(77쪽), 19번(96쪽), 20번(108쪽), 21번(124쪽) 정거장으로 GO!

32번 정거장

내신 **4.0** ~ **9.0** 등급, 수능 **3.0** ~ **4.0** 등급

33~36번 정거장 포함

내신이 많이 아쉽지만, 수능 성적이 받쳐 주고 있으니 힘을 냅시다! 수시 논술전형과 정시전형으로 충분히 좋은 결과를 이끌어 낼 수 있습니다. 수능날까지 정말 최선을 다해야 합니다.

현재 나의 위치는?

이 정거장에 위치한 학생들 중 전공 관련 교과 성적이 우수하고, 자신의 내신을 훨씬 뛰어넘는 비교과 활동과 전공 관련 활동을 충실히 한 학생이라면 학생부종합전형에 도전해 볼 만합니다. 하지만 내신에 비해 상대적으로 높은 수능 성적을 활용한 수시 논술전형과, 수능 위주의 정시전형이 최후의 목표가 되어야 합니다.

논술전형

정거장의 성적에 따라 수능최저학력기준 충족이 가능한 대학과 미적용 대학을 적절하게 안배하는 것이 좋습니다. 일부 대학은 6, 7등급부터는 등급 간 점수 차를 크게 벌려 놓아서 아무리 논술실력이 좋더라도 극복할 수 없습니다. 대학별 학생부 교과 성적 반영 방법을 확인하고 극복할 수 있는 범위 내의 대학을 선택해야 하지만, 우선은 내신 성적을 향상시켜서 선택의 폭을 넓히는 것이 최선입니다. 이 경우 어떤 정거장보다도 뛰어난 논술 실력이 뒷받침되어야 합니다. 최근 공교육진흥법에 따라 대학별 고사에 고교 교육과정 내 출제 원칙이 적용되면서 시험이 예전에 비해 쉬워졌습니다. 또 대학별 정보 공개가 활발히 이루어져 수험생 혼자서도 충분히 대비 가능한 수준으로 바뀌고 있습니다. 즉, 수능 공부가 논술전형 준비라는 뜻입니다. 논술 문항의 유형과 출제 경향이 비슷한 대학들을 묶어 준비하는 것이 좋습니다.

수능 성적이 뒷받침되지 않으면 논술 준비도, 수능최저학력기준도 모두 잃게 되므로 수능 날까지 최선을 다해 준비해야 합니다.

정시전형

현재 위치로는 수도권 지역의 중하위권 대학이나 지방 국립대 등에 지원할 수 있습니다. 이 정거장의 수능 성적이 3.0~3.9까지 넓게 분포되어 있기 때문에 지원 가능한 대학의 폭도 꽤 넓습니다. 도착지가 어느 곳이 될지는 지금부터의 노력에 달려 있습니다. 물론 수능 성적을 향상시켜 상위 정거장으로 옮겨 간다는 목표를 세워야 합니다.

전형		지원가능대학	Tip	
논술	수능최저 적용	성신여대 논술우수자전형	• 288명 모집(2019년 신설 311명 모집) • 논술 70% + 학생부(교과 + 출석) 30% • 수능최저학력기준: 인문 – 2개 영역 등급 합 5(탐구 1) / 자연 – 2개 영역 등급 합 6(탐구 1)	☞수능최저학력조건을 충족할 수 있을 때 지원해야 함
		숭실대 논술우수자전형	• 논술 60% + 학생부 교과 40% • 모집인원 축소 : 322명 → 296명(26명 감소) • 학생부 교과 반영에서 계열별 반영 교과 가중치가 적용되므로 지원에 유의 (예) 인문 계열은 국어, 영어 각 35%, 수학, 사회 각 15%) • 자연계 논술: 과학 논술 폐지 • 수능최저학력기준: 인문, 경상 – 국어, 수학(나), 탐구(2) 중 2개 영역 등급 합 6 / 자연 – 국어, 수학(가), 과탐(2) 중 2개 영역 등급 합 7(탐구 2 평균) / 영어, 한국사 필수 응시	
		한양대(에리카) 논술전형	• 논술 70% + 학생부 교과 30% • 수능최저학력기준: 인문, 상경 – 2개 영역 등급 합 6(탐구 1) / 자연 – 2개 영역 등급 합 6(탐구 1) / 한국사 필수 응시(2019학년도 선택한 영역 각 4등급 이내였음) • 합격자 내신 분포: 3등급 중후반~4등급 초반	
		연세대(원주) 일반논술전형	• 논술 70% + 학생부 30%(교과 20%, 출결·봉사 10%) • 수능최저학력기준: 인문 – 국어, 수학, 탐구(1) 중 2개 등급 합 6 / 자연 – 국어, 수학(가), 과탐(1) 중 2개 등급 합 6 / 영어 3등급 이내, 한국사 필수 응시(간호, 의예 제외) * 학생부 반영 과목: 인문(국어, 영어), 자연(수학, 과학) - 과목별 표준점수(Z) 반영 * 내신 변별력이 낮고, 합격자 평균 등급은 4등급임	
		서울여대 논술우수자전형	• 논술 70% + 학생부 교과 30% • 수능최저학력기준: 2개 영역 등급 합 7(탐구 2 평균) / 영어 포함 시 2개 합 5 • 반영하는 영역 각각 4등급 이내 (예) 4·5·3등급은 충족, 1·5·5등급은 불충족	

전형		지원가능대학	Tip

	수능최저
	적용
		덕성여대
		논술위주전형
			• 논술 80% + 학생부 교과 20%
			• 모집인원 축소: 257명 → 189명(68명 감소)
			• 수능최저학력기준 완화: 반영하는 영역 각각 4등급 이내
			  *글로벌융합대: 국어, 영어, 수학(가/나), 탐구(1) 중 2개 영역 등급 합 7
			  *과학기술대: 국어, 영어, 수학(가/나), 탐구(1) 중 2개 영역 등급 합
			   7[수학(가) 선택 시 2개 영역 등급 합 8]

			* 논술전형 지원 가능 대학: 수능최저학력조건 적용(내신 성적 고려)
			  32번 정거장: 숭실대, 덕성여대, 서울여대, 한양대(에), 연세대(원)
			  33번 정거장: 숭실대, 덕성여대, 서울여대, 한양대(에), 연세대(원)
			  34번 정거장: 덕성여대, 연세대(원),
			  35번 정거장: 덕성여대

논술	수능최저 미적용	연세대 논술전형	• 전형방법: 논술 100% • 2020학년도부터 수능최저학력기준 폐지[2019학년도 국어, 수학, 탐구 (2개 과목) 등 총 4개 과목의 등급 합이 7 이내(자연 8 이내)] • 모집인원 축소: 643명 → 607명(36명 감소)(의예과 논술 폐지 등으로 모집 인원의 감소가 나타났지만, 경영학부 등 일부 학과는 모집인원이 확대됨)

		한양대
		논술전형
			• 논술 80% + 학생부종합평가 20%(2019학년도 논술 70% + 학생부종
			 합평가 30%)
			 *학생부종합평가: 학생부에 기록되어 있는 출결, 수상 경력, 봉사활
			   동, 행동 특성 및 종합 의견 등을 참고하여 학생의 학교생활 성실도
			   를 중심으로 종합평가함
			• 경영학부: 자연 계열 9명 선발, 경제금융학부: 자연 계열 7명 선발
			 (2019학년도 인문으로 19명 선발함 / 2020학년도 인문 12명, 자연 7명
			 으로 분할하여 선발함)
			• 공과대(융합전자공학부, 컴퓨터소프트웨어학부, 에너지공학과, 미래자
			 동차공학과), 의예과 논술 야간(17:00 이후) 시행

		서울시립대 논술전형	• 1단계: 논술 100%(4배수) / 2단계: 논술 60% + 학생부 교과 40% • 학생부 성적: 원점수, 평균, 표준편차 활용 – Z점수
		인하대 논술우수자전형	• 논술 70% + 학생부 교과 30% • 학생부 등급 간 점수 차: 1등급 300점, 2등급 288점, 3등급~6등급 3 점씩 감점
		아주대 논술우수자전형	• 논술 80% + 학생부 교과 20% • 학생부 변별력이 매우 낮음(논술이 당락을 결정함) • 자연계: 수리논술만 • 금융공학 10명 모집, 수리논술 응시
		한국항공대 논술우수자전형	• 논술 70% + 학생부 교과 30% • 모집인원 축소: 215명 → 166명(49명 감소) • 학생부 반영 방법: 매학기 반영 교과 영역별 최고 석차 등급 각 1과목 반영 (매학기 4과목 반영, 일부 학과 사회/과학 중 우수성적 선택) • 합격자 내신 분포: 2등급~3등급 중반

전형		지원가능대학	Tip
논술	수능최저 미적용	광운대 논술우수자전형	• 논술 60% + 학생부 40%(교과 20% + 출결 10% + 봉사 10%) • 교과 성적 등급 간 점수 차가 크므로 내신을 고려해 지원 • 논술평가: 인문(통합교과형 2문제), 자연(수리논술 2문제 – 문제당 5개 내외 소문제) • 합격자 내신 분포: 인문 / 자연 평균 3등급 중후반
		단국대(죽전) 논술우수자전형	• 논술 60% + 학생부 교과 40% • 학생부 등급 간 점수 차: 1~6등급 각 4점 • 논술평가: 인문(인문사회 통합교과형 3문제), 자연(통합교과형 수학 2문제 – 문제별 소문항이 있을 수 있음) • 합격자 내신 분포: 4등급대
		서울과학기술대 논술전형	• 논술 70% + 학생부 교과 30% • 학생부 교과 등급 간 점수 차가 3등급부터 커지므로 지원에 유의 • 합격자 내신 분포: 3등급 중후반~4등급 초반
		가톨릭대 논술전형	• 논술 70% + 학생부 교과 30% • 합격자 내신 분포: 인문 4.7등급(평균), 자연 4.8등급(평균)(간호, 의예 제외)
		한국외국어대 (글로벌) 논술전형	• 논술 70% + 학생부 교과 30% • 학생부 교과 반영 방법 변경: 석차 등급만 적용(2019학년도: 석차 등급 혹은 원점수 중상위값 적용) • 자연 계열은 논술 없음
		경기대 논술고사우수자전형	• 논술 60% + 학생부 교과 40% • 학생부 반영 방법: 전교과 반영 • 자연 계열 논술 없음 *고등학교 교과서 내 제시문과 주제 활용(언어, 사회 영역 각 1문항씩 출제, 문항당 30점)
		한국기술교육대 코리아텍 일반전형	• 학생부 교과 40% + 논술 60% • 공학 계열 학부: 수학 3문항(60%), 과학(물리 I 또는 화학 I) 2문항 (40%) • 산업경영학부: 수학 3문항(60%), 사회(경제) 2문항(40%) • 2019학년도 논술 경쟁률이 4.92 : 1로 낮아 동일 내신 등급대에서 수학에 강점이 있는 학생이 유리함
		한국산업기술대 논술우수자전형	• 논술 60% + 학생부 교과 40% • 전형명 변경: 일반 → 논술우수자 • 모집단위: 공학 계열 • 출제 형식 변경: 수리논술 3문제(문항당 A4 용지 1장 이내) → 수리 문제 2문제(문항당 A4 용지 1장 이내)

전형	지원가능대학	Tip
논술		* 논술전형 지원 가능 대학: 수능최저학력조건 미적용(내신 성적 고려) 32번 정거장: 연세대, 한양대, 서울시립대, 인하대, 아주대, 광운대, 단국대, 한국항공대, 경기대, 서울과학기술대, 가톨릭대, 한국외국어대(글), 한국기술교육대, 한국산업기술대 33번 정거장: 연세대, 한양대, 인하대, 아주대, 광운대, 단국대, 한국항공대, 서울과학기술대, 가톨릭대, 한국외국어대(글), 한국기술교육대, 한국산업기술대 34, 35번 정거장: 연세대, 한국기술교육대, 가톨릭대 36번 정거장: 연세대
정시	자연 계열	• 이 정거장의 수능 성적 중위권(3.5등급) 이상의 경우 가톨릭대, 인천대, 명지대, 한국외국어대(글), 경기대, 가천대, 한성대, 연세대(원), 일부 지방 국립대의 간호, 보건 계열 학과, 강원대, 전남대, 전북대, 충남대, 충북대 등 지방 국립대 중상위 학과 등에 지원 가능함 • 이 정거장의 수능 성적 중위권(3.5등급) 이하인 경우 서경대, 경기대, 수원대, 용인대, 한경대 그리고 강원대, 전남대, 전북대, 충남대, 충북대 등 지방 거점 국립대 중하위 학과, 안동대, 군산대, 목포대, 한밭대 등 지방 소재 국립대 중상위 학과, 고려대(세), 단국대(천), 순천향대, 홍익대(세), 영남대 등에 지원 가능함
	인문 계열	• 이 정거장의 수능 성적 중위권(3.5등급) 이상의 경우 연세대(원) 일부 학과, 한성대, 서경대, 단국대(천), 고려대(세), 홍익대(세) 그리고 강원대, 충남대, 충북대, 전남대, 전북대 등 지방 거점 국립대와 안동대, 군산대, 한밭대 등 지방 소재 국립대 일부 학과, 수원대 등에 지원 가능함 • 이 정거장의 수능 성적 중위권(3.5등급) 이하인 경우 총신대, 한경대 등의 일부 경기 소재 대학, 전북대, 충북대, 제주대, 전남대, 강원대 등의 일부 하위 학과 그리고 한밭대, 안동대 한국교통대, 군산대, 목포대 등의 지방 소재 국립대, 지방 소재 사립대 중상위 학과 등에 지원 가능함

어떤 노력을 기울여야 할까?

고3이라면? 수능에 달려 있습니다!

이제 모든 것이 수능 성적에 달려 있습니다! 지금까지의 수고로움이 빛을 발하기 위해서는 수능날까지 남은 기간을 어떻게 보내느냐가 중요합니다. 지금도 결코 나쁘지 않은 성적이지만, 조금만 더 노력한다면 대학 선택의 폭이 크게 넓어질 것입니다.

작은 실수도 하지 않도록 기출문제와 출제 경향을 파악하고, 평소 시험을 치르듯 시간도 조절하면서 실전에 대비해야 합니다. 그리고 6·9월 수능모의평가를 통해 부족한 부분을 메워 가면서 꼼꼼하게 준비합시다. 수능 성적이 향상되어 23번 정거장으로 옮겨 간다면 서울의 중위권 이상 대학까지도 지원이 가능해집니다.

논술전형에 지원하려면 이것을 준비하자!

우선 가장 중요한 것은 수능 공부입니다. 수능최저학력기준 충족 여부 때문입니다. 또 인문논술은 제시문의 독해와 논리적 주장이 중요하고, 자연논술은 수학·과학의 문제 해결이 중요하기 때문에 수능 준비를 통한 학습 역량이 갖춰져야 논술 공부가 빛을 발할 수 있습니다.

논술은 글을 작성하는 시험이므로 어떤 방법으로 답안을 작성할지 정확한 방향을 잡고 연습하며 내면화하는 과정과, 기출문제 풀이를 통한 적응 훈련이 필요합니다.

대학에서 발표하는 선행학습 영향평가보고서를 통해 논술 문제의 출제 경향과 해설 등을 꼼꼼히 분석해야 합니다. 또한 모의 논술고사, 논술 관련 동영상, 입시 설명회 등을 통해 대학별 논술고사에 대한 정보를 습득하며 그에 맞게 대비해야 합니다.

상위 정거장으로 옮겨 가야 합니다!

고3이라면 이미 결정된 내신보다는 수능 쪽으로 가닥을 잡고 가야 하지만, 저학년이라면 내신 성적도 포기해서는 안 됩니다. 내신 성적을 향상시키면 대규모로 선발하는 수시 학생부 위주 전형에 지원하는 기회를 얻을 수 있습니다. 학생부종합전형에서는 저학년 때 내신 성적이 좋지 않았더라도 고학년으로 가면서 향상시켰다면, 잠재력의 지표로 평가되기도 하므로 포기해서는 안 됩니다. 많은 학생이 수능에 집중한다는 명목 아래 학교 수업을 소홀히 하는 경향이 있는데, 내신과 수능은 별개가 아닙니다. 학교 수업을 충실히 하는 것이 곧 내신 준비이자 수능 준비입니다.

● **내신 성적을 향상시키면**

28번(169쪽), 29번(178쪽), 30번(190쪽), 31번(209쪽) 정거장으로 GO!

● **수능 성적을 향상시키면**

5번(48쪽), 14번(85쪽), 23번(154쪽) 정거장으로 GO!

● **내신과 수능 성적을 모두 향상시키면**

1번(26쪽), 2번(34쪽), 3번(42쪽), 4번(48쪽), 10번(52쪽), 11번(64쪽), 12번(77쪽), 13번(85쪽), 19번(96쪽), 20번(108쪽), 21번(124쪽), 22번(142쪽) 정거장으로 GO!

39.번 정거장

내신 2.0 ~ 3.0 등급, 수능 4.0 ~ 6.0 등급

48번 정거장 포함

전형적인 내신형 학생이군요! 수능 성적이 좋지 않다고 위축되지 마세요. 수능에 비해 상대적으로 우수한 내신 성적을 활용해서 지원 전략을 짠다면 좋은 결과를 기대해 볼 수 있습니다.

현재 나의 위치는?

수능 성적에 비해 상대적으로 내신 등급이 높은 학생들이 위치한 정거장입니다. 따라서 내신 성적을 활용한 학생부 위주 전형으로 지원해야 되겠지만 수능최저학력기준 적용 대학은 지원하기 어려워 아쉽게도 선택지가 좁은 정거장입니다. 즉, 내신 성적이 빛을 발하기 위해서는 든든하게 받쳐 주는 수능 성적이 필요합니다. 물론 고3의 경우, 이미 수능을 기대하기보다는 내신을 활용한 전략을 짜야 되겠지만, 저학년이라면 장기적으로 목표를 잡고 수능 성적을 향상시켜 많은 선택지를 만들어 놓아야 합니다.

학생부종합전형

이 정거장의 학생들이 희망하는 눈높이의 대학으로 진학할 수 있는 가능성이 가장 큰 전형은 학생부종합전형입니다. 내신 성적이 최고는 아니더라도 자신만의 매력이 돋보이는 콘텐츠로 학업 역량, 발전 가능성, 전공적합성 등을 충분히 드러낼 수만 있다면 승부를 걸어 볼 만합니다. 다행히 많은 대학의 학생부종합전형에서 수능최저학력기준을 적용하지 않으므로, 반드시 이 전형에서 승부를 보겠다는 각오로 임해야 합니다. 최상위 1등급의 학생들과 경쟁해도 결코 뒤지지 않는 역량을 갖추고 있음을 알리는 것이 목표입니다!

그리고 수능최저학력기준을 걸고 있는 일부 대학의 경우, 충족할 수 있다면 실질 경쟁률이 떨어져 합격 가능성은 커집니다. 따라서 저학년일수록 부족한 수능 성적을 올려 수능최저학력기준이 높은 대학 지원을 목표로 삼는 것이 합격 가능성을 높이는 방법입니다.

학생부교과전형

수능에 비해 상대적으로 높은 내신 성적을 활용할 수 있는 또 하나의 전형은 학생부교과전형입니다. 중상위 이상의 대학에서는 학생부교과전형을 실시하지 않는 대학이 많지만, 중위권의 많은 대학에서는 높은 비율로 선발하고 있습니다. 합격을 확신하기에는 불안한 내신 성적이므로 수능최저학력기준을 적용해서 합격 내신 커트라인이 내려갈 수 있는 대학으로 지원하는 것이 좋겠지만, 이 정거장의 경우 그마저도 쉽지 않습니다. 그러나 수능최저학력기준이 대학별로 1개 영역 혹은 2개 영역에 제한되어 있는 경우가 많으므로, 전략적으로 준비해서 조건을 충족하는 방법도 고려해 볼 만합니다. 또는 면접을 시행하는 대학에 지원하는 것도 좋습니다. 면접은 학생들에게 부담으로 작용하기 때문에 경쟁률을 낮추는 요인이 될 수 있기 때문입니다. 따라서 합격 가능성을 높이기 위해 수능 성적을 향상시키는 데 최선을 다하고, 평소 수업 시간을 통해 발표 및 토론 활동에 적극적으로 참여하면서 면접 준비에 관심을 기울여야 합니다. 특히 학생부교과전형의 경우 전년도의 합격 커트라인을 참고하는 경우가 많은데, 전형방법이나 모집인원 등이 바뀌었을 때는 예년의 합격 점수를 적용해서는 안 됩니다. 그러므로 전년도 모집요강과 반드시 비교하며 확인해야 합니다.

논술전형

수능 성적에 비해 내신 성적이 상대적으로 높기 때문에 당연히 학생부위주전형으로 지원을 희망할 것입니다. 하지만 학생부교과전형의 합격선이 만만치 않게 높고, 비교과 활동이 준비되지 않아 학생부종합전형으로 지원하기가 여의치 않을 때, 그런데도 희망하는 눈높이의 대학으로 진학을 원할 때 고려해 볼 만한 전형이 논술전형입니다. 이 때 수능최저학력기준을 적용하는 대학으로 지원하기는 어려워 보입니다. 그러나 미적용 대학은 경쟁률이 높고 탄탄한 논술 실력이 뒷받침 되어야 하므로 어느 것 하나 쉽지 않습니다. 따라서 수능 성적을 향상시켜 수능최저학력기준을 잡고 가는 것이 실질 경쟁률을 낮추고 합격 가능성을 높이는 최선의 방법입니다. 더불어 꼼꼼한 논술 준비도 필요합니다. 최근 공교육진흥법에 따라 대학별 고사에 고교 교육과정 내 출제 원칙이 적용되면서 시험이 예전에 비해 쉬워졌습니다. 또 대학별 정보 공개가 활발히 이루어져 수험생 혼자서도 충분히 대비 가능한 수준으로 바뀌고 있습니다. 따라서 철저한 수능 대비 학습이 수능최저학력기준을 충족할 뿐만 아니라 논술 준비의 바탕이 됩니다.

전형		지원가능대학		Tip	
학생부종합	수능최저 미적용	한양대 학생부종합 (일반)		• 학생부종합평가 100%, 면접 없음 • 오직 학생부 하나로 평가함 　＊학업 역량(적성) 50% + 인성 및 잠재력 50%로 학생부의 수상 경력, 창의적 체험활동 상황, 세부 능력 및 특기 사항, 행동 특성 및 종합 의견을 유기적·종합적으로 평가함 • 같은 수준의 대학 중 합격 내신의 폭이 가장 넓은 대학임. 내신 성적을 보지 않는다기보다는 다양한 요소로 역량을 평가한다는 측면임 • 경영학부: 자연 계열 12명 선발 • 경제금융학부: 자연 계열 5명 선발, 국제학부: 10명 선발 (2019학년도 특기자 전형으로만 선발) • 미래산업학부 데이터사이언스학과(신설) 20명 선발	☞상위권 대학에 걸맞는 비교과 활동으로 부족한 내신 성적을 보완할 수 있을 때 지원을 고려해야 함
		한국외국어대 학생부종합전형		• 1단계: 서류 100%(3배수) / 2단계: 서류 70% + 면접 30% • 전형 자료를 종합적·정성적으로 종합평가하지만 학업 역량이 중요한 평가 요소 중 하나임 • 모집인원 확대: 400명 → 442명(42명 증가), 일부 모집단위(독일어, 스페인어, 경영학부 등) 모집인원 대폭 확대	
		중앙대	다빈치형 인재전형	• 전형방법 변경: 서류 100%(일괄합산)(2019학년도 단계별, 2단계 면접) • 의학부: 8명 선발 / 체육교육과: 15명 선발 • 2019학년도 학부 모집에서 2020학년도 학과별 모집으로 일부 모집단위 변경 및 다수 학과 모집인원 변동에 따른 확인 필수 • 서류를 근거로 지원자의 학업 및 교내 다양한 활동을 통한 성장 가능성을 종합적으로 평가함	
			탐구형 인재전형	• 전형방법 변경: 서류 100%(일괄합산)(2019학년도 단계별, 2단계 면접) • 의학부: 8명 선발 • 2019학년도 학부 모집에서 2020학년도 학과별 모집으로 일부 모집단위 변경 및 다수 학과 모집인원 변동에 따른 확인 필수 • 서류를 근거로 지원자의 탐구 능력, 전공 분야의 학업 잠재력, 학교 충실성 등을 종합적으로 평가함(소논문, 과제 연구, 심화 연구 등의 지적 탐구 과정에서 역량을 보여 줄 수 있어야 함)	

전형		지원가능대학		Tip	
학생부 종합	수능최저 미적용	중앙대	SW인재 전형	• 소프트웨어대 75명 모집(2019학년도 소프트웨어학부 70명 모집) • 전형방법 변경: 서류 100%(일괄합산)(2019학년도 단계별 모집, 2단계 면접) 서류평가는 학생부, 자소서, 추천서(2019학년도에 제출한 SW 역량 입증 서류 폐지)	☞상위권 대학에 걸맞는 비교과 활동으로 부족한 내신 성적을 보완할 수 있을 때 지원을 고려해야 함
		경희대 네오르네상스전형		• 1단계: 서류 100%(3배수 내외) / 2단계: 서류 70% + 면접 30% • 학생부종합전형의 대표 브랜드	
		건국대	KU 자기추천 전형	• 전형방법 변경: 1단계 – 서류 100%(학생부, 자소서, 3배수) / 2단계 – 1단계 70% + 면접 30%(2019학년도 – 1단계 40% + 면접 60%) • 2020학년도부터 학생부 종합 내 중복 지원 가능 • 합격자의 내신 성적 분포가 매우 넓은 대학임 • 교내 활동에 자발적으로 참여하고, 해당 전공에 관심과 소질이 있어 스스로를 추천할 수 있는 학생에게 유리함	
			KU 학교추천 전형	• 전형방법 변경: 학생부 교과 30% + 서류 70%(학생부, 자소서, 학교장 명의 추천 공문, 추천서 폐지)[2019학년도: 교과 40% + 서류 60%(학생부, 자소서, 교사추천서)] • 2020학년도부터 학생부종합전형 내 중복 지원 가능 • 인성과 학업 역량이 우수하고 타의 모범이 되어 고교에서 추천받은 학생 • 학교별 추천 인원 제한 없음	
		동국대	Do Dream 전형	• 1단계: 서류 100%(2.5~3배수) / 2단계: 1단계 70% + 면접 30% • 서류: 학생부, 자소서 • 서류평가: 전공적합성 40%, 자기 주도적 학습 능력 25%, 인성·사회성 20%, 지원 동기 및 진로 계획 15% • 면접: 서류 내용 확인, 면접위원 2인, 10분 내외	
			학교장 추천인재 전형	• 전형방식 변경: 학생부 100%, 자소서 폐지(2019학년도: 학생부, 자소서), 면접 없음 • 학교장 추천 인원: 총 4명 이내(인문 2명, 자연 2명 – 대학 모집단위 기준) • 서류평가: 자기 주도적 학습 능력 40%, 전공적합성 25%, 인성·사회성 20%, 지원 동기 및 진로 계획 15%	
		숙명 여대	숙명인재 I (서류형) 전형	• 2020학년도 신설 전형, 420명 모집 • 서류: 학생부100%, 면접 없음, 자소서 폐지 • 두 전형 간 중복 지원 가능	

전형		지원가능대학		Tip
학생부 종합	수능최저 미적용	숙명 여대	숙명인재II (면접형) 전형	• 전형명 변경: 숙명인재II(면접형) 전형(2019학년도: 숙명인재전형) • 1단계: 서류 100%(4배수, 2019학년도 3배수) / 2단계: 1단계 40% + 면접 60% • 2단계에서 면접 비율 60%로 높음 • 2020학년도 학생부종합전형이 두 유형으로 분리됨에 따라 모집단위 별 학과 모집인원 변동 확인 필요 • 두 전형 간 중복 지원 가능
		성신 여대	학교생활 우수자전형	• 1단계: 서류 100%(3배수) / 2단계: 1단계 60% + 면접 40% ＊서류: 학생부, 자소서(사범: 교사추천서) • 선발 인재상: 고교 재학 중 교내 학업 및 다양한 활동을 통하여 균형있 는 학교생활을 충실히 수행한 인재(학업 역량이 가장 핵심)
			자기주도 인재전형	• 2020학년도 신설, 263명 모집 • 1단계: 서류 100%(3배수) / 2단계: 1단계 60% + 면접 40% ＊서류: 학생부, 자소서(사범대 미선발) • 선발 인재상: 고교 재학 중 전공 분야에 대한 확고한 목표의식과 열 정을 가지고 자기 주도적인 탐구 역량을 갖춘 인재(전공적합성이 가 장 핵심)
		국민대	국민 프런티어 전형	• 1단계: 서류 100%(3배수) / 2단계: 1단계 70% + 면접 30% • 615명 모집(예체능계 20명 포함) • 서류평가 요소: 자기 주도성 및 도전정신 50%, 전공적합성 40%, 인성 10% • 제출서류 기반 면접 10분 내외
			학교장 추천전형	• 서류 70% + 학생부 교과 30% • 학교장 추천 인원 제한 없음, 면접 없음 • 서류평가 요소: 자기 주도성 및 도전정신 50%, 전공적합성 40%, 인성 10%
		아주대	ACE전형	• 1단계: 서류 100%(3배수) / 2단계: 1단계 70% + 면접 30%(의학과만 수능최저적용) ＊인재상: 성실한 고교 활동과 교과, 비교과의 균형을 갖춘 인재 선발 • 소프트웨어학과 및 사이버보안학과는 특히 학과별 전공적합성이 뛰어 난 인재를 선발하고자 함
			다산인재 전형	• 서류 100%, 면접 없음 • 모집인원 축소: 290명 → 246명(44명 감소) ＊인재상: 융복합적 사고, 실천적 창의, 의사소통, 글로벌 역량 중 하나 이상의 강점이 있는 학생 – 자기 주도성 항목에서 평가 • 2019학년도 다산인재전형으로 선발한 소프트웨어학과는 2020학년도 부터 학생부종합(SW융합인재전형)으로 전형을 변경하여 선발
			SW융합 인재전형	• 2020학년도 신설 전형(소프트웨어학과 30명 모집) • 1단계: 서류종합평가(3배수) / 2단계: 1단계 70% + 면접 30% • 인재상: 수학 및 과학을 바탕으로 SW분야의 역량과 잠재력을 갖춘 학생

전형		지원가능대학		Tip
학생부 종합	수능최저 미적용	인하대	인하미래 인재전형	• 1단계: 서류 100%(3배수 내외) / 2단계: 1단계 70% + 면접 30% • 모집단위별 모집인원 대폭 변경에 따른 모집인원 비교 후 지원 필요 (확대 모집학과: 기계공학과 등, 축소 모집학과: 국제통상학과 등) *전공 분야의 잠재력을 갖춘 창의적 인재를 선발함 • CUBE 평가: 지성(전공 학업 역량) 25%, 인성(개인) 25%, 적성(전공탐색) 25%, 종합(모집단위 인재상) 25%로 서류와 면접평가에 적용함
			학교장 추천전형	• 서류 100%, 면접 없음 • 기계공학과 모집인원 축소 주의(31명 → 22명) *계열 구분 없이 학교당 5명 이내 추천(학교생활에 충실하며 적극적으로 참여한 학생을 선발함) • CUBE 평가: 지성(기초 학업 역량) 30%, 인성(공동체) 30%, 적성(진로 관심) 20%, 종합(모집단위 인재상) 20%로 서류와 면접평가에 적용함
		숭실대 SSU미래인재전형		• 1단계: 서류 100%(3배수) / 2단계: 1단계 70% + 면접 30% • 모집인원 증가: 686명 → 731명(45명 증가), 모집단위별로 골고루 모집인원 증가 • 지원한 모집단위 전공에 관심과 열정이 뚜렷한 '자기 주도형, 창의형, 성실형' 인재상 • 서류(활동 역량 55%, 학업 역량 25%, 잠재 역량 20%)와 면접(전공적합성 50%, 인성 25%, 잠재력 25%) 평가 모두 계열별 전공적합성에 대한 점수가 매우 높음
		세종대 창의인재전형		• 1단계: 서류 100%(3배수) / 2단계: 서류 1단계 70% + 면접 30% • 면접평가 요소: 전공적합성, 발전 가능성, 인성, 의사소통 능력 등
		한국항공대 미래인재전형		• 전형방법 변경: 1단계 – 서류 100%(3배수) / 2단계 – 1단계 성적 70% + 일반면접 30% (2019학년도: 1단계 성적 60% + 일반면접 40%) • 대학 특성상 대학 학부(과) 특성화 분야에 잠재적 능력을 가진 학생이 유리함 • 학생부종합전형 모집인원의 확대로 항공교통물류학부와 경영학부의 모집인원 증가

		단국대(죽전) DKU인재전형		• 서류 100%(문예창작과 제외)
				  *문예창작과 – 1단계: 서류 100%(3배수) / 2단계 1단계 70% + 면접 30%(2019학년도는 실기 위주 전형이었으나, 2020학년도부터 DKU 인재전형으로 변경)
				• 학업 역량, 전공적합성 비중이 큼
				  *자소서에 기록하는 활동은 학생부에 기재되어 있는 활동만을 작성해야함(단, 필요시 해당자에 한해 고교 방문 또는 전화로 실사함)
				• 모집인원 확대: 309명 → 360명(51명 증가), 모집단위별 선발 인원 확인 필요(예 전기전자공학과 등 자연 계열 학과)

전형		지원가능대학		Tip
학생부 종합	수능최저 미적용	동덕여대 동덕창의리더전형		• 모집인원: 인문 · 자연 172명 *1단계: 서류 100%(3배수, 학생부, 자소서) / 2단계: 1단계 50% + 면접 50%(제시문 활용) • 모집인원: 미술(회화과, 디지털공예과, 큐레이터학과) – 15명 / 디자인(패션, 시각&실내, 미디어디자인) – 15명 *1단계: 서류 100%(3~5배수, 학생부, 자소서, 활동 보고서) / 2단계: 1단계 성적 60% + 면접 40%
		서울 여대	바롬인재 전형	• 1단계: 서류 100%(4배수) / 2단계: 1단계 60% + 면접 40%(기독교학과, 체육학과, 공예 전공 제외), 238명 → 248명(10명 증가) • 서류평가: 학업 역량 30%, 전공적합성 30%, 인성 30%, 발전 가능성 20% • 현대미술전공은 스케치(20분) 기반 면접으로 진행됨 • 시각디자인전공은 비실기 선발 • 수능 이전 면접
			플러스 인재전형	• 1단계: 서류 100%(4배수) / 2단계: 1단계 60% + 면접 40%(기독교학과, 예체능 계열 제외), 158명 → 172명(14명 증가) • 서류종합평가: 100%(학업 역량, 전공적합성, 인성, 발전 가능성) • 수능 이후 면접, 수능 성적에 따라 응시 여부 고려 가능함
			융합인재 전형	• 1단계: 서류 100%(3배수) / 2단계: 1단계 60% + 면접 40%, 29명(모집단위 인원 변동 확인) • 소프트웨어를 활용하여 다양한 산업분야와 융합을 이끌어 낼 수 있는 인재 • 모집단위: 경제학과, 문헌정보학과, 경영학과, 디지털미디어학과, 정보보호학과, 소프트웨어 융합학과, 화학 · 생명환경과학부 • 서류평가: 학업 역량 30%, 전공적합성 30%, 인성 30%, 발전 가능성 20% • 2020학년도에는 체육학과(2), 식품응용시스템학부(4)에서 모집을 하지 않으므로 모집단위 인원 변동 확인 필요 • 수능 이전 면접
		덕성여대 덕성인재전형		• 전형방법 변경: 1단계 – 서류 100%(4배수) / 2단계 – 1단계 60% + 면접 40%(2020학년도 면접 신설) • 모집인원 증가: 220명 → 250명(30명 증가) • 모집단위 변화: 글로벌 융합, 과학기술대로 모집(2019학년도 학과별 모집) • 서류평가: 학업 역량, 발전 역량, 덕성 역량 • 선발 인재상: 융합적 사고와 창의적 능력을 가지고 올바른 가치관을 실현할 수 있는 자기 주도적 덕성인재
		명지대 명지인재전형		• 전형명 변경: 명지인재전형(2019학년도: 학생부종합전형) • 1단계: 서류 100%(3배수) / 2단계: 1단계 70% + 면접 30% • 서류평가: 전공적합성 50%, 발전 가능성 30%, 인성 20% • 모집인원 확대: 677명 → 712명(35명 증가), 학과별 +1명으로 모집인원 확대가 합격선에 미칠 영향은 적어 보임 • 면접평가: 전공적합성 50%, 인성 30%, 의사소통 능력 30% • 중위권 대학의 학생부종합전형 대표 브랜드

전형		지원가능대학		Tip
학생부 종합	수능최저 미적용	경기대 KGU학생부종합 전형		• 전형방법 변경: 1단계 – 서류 100%(3배수 내외) / 2단계 – 1단계 70% + 면접 30%(2019학년도 1단계 60% + 면접 40%) • 면접: 제출 서류를 기반으로 발전 가능성 30%, 신뢰성 30%, 의사소통 능력 25%, 인성(공동체의식) 영역 15% 등을 종합평가함(총 15분 내외) ＊디자인비즈학부(시각정보디자인전공, 산업디자인전공, 장신구 · 금속 디자인전공)는 아이디어 스케치(A3 용지, 60분 작성), 발표(3분), 제출 서류 확인면접(10분 내외)
		가톨릭대	잠재능력 우수자전형	• 1단계: 서류 100%(3배수) / 2단계: 1단계 70% + 면접 30% • 서류종합평가: 전공적합성 40%, 발전 가능성 25%, 학업 역량 20%, 인성 15%) • 합격 내신의 폭이 넓음 • 모집인원 축소: 370명 → 325명(45명 감소)에 따른 학과별 모집인원 확인 필요
			학교장 추천전형	• 1단계: 서류 100%(3배수) / 2단계: 1단계 70% + 면접 30% • 모집인원: 204명(인문, 자연, 공학 150명 / 의예 · 간호 54명) • 2019학년도 의예과만 시행한 전형이며, 2020학년도부터 인문/자연 계열로 확대(의예, 간호만 수능최저학력기준 적용) • 고교별 추천 인원: 없음(의예과는 학교당 1명 추천 유지) • 서류종합평가: 전공적합성 35%, 학업 역량 30%, 인성 25%, 발전 가능성 10%
		인천대 자기추천전형		• 1단계: 서류 100%(3배수, 사범대, 동북아국제통상학부 5배수) / 2단계: 1단계 70% + 면접 30% • 면접평가: 전공적합성, 발전 가능성, 인성 · 사회성, 의사소통 능력
		서울과학기술대 학교생활우수자전형		• 전형방법 변경: 1단계 – 서류 100%(3배수) / 2단계 – 서류 70% + 면접 30%(2019학년도 – 1단계: 서류 100% / 2단계: 서류 60% + 면접 40%) ＊면접: 서류 기반 면접(인성 및 의사소통 능력, 논리적 사고력, 전공적합성, 발전 가능성 항목 순), 2인 1조의 다대일 면접 • 모집인원 확대: 369명 → 398명(31명 증가), 모집단위별 모집인원 소폭 변화 및 확인 필요
		광운대	광운참빛 인재전형	• 1단계: 서류종합평가 100%(3배수) / 2단계: 1단계 70% + 면접 30% • 서류평가: 전공적합성 30%, 인성 30%, 학업 역량 20%, 발전 가능성 20% • 면접평가: 발전 가능성 40%, 논리적 사고력 40%, 인성 20%
			소프트웨어 우수인재 전형	• 컴퓨터정보공학, 소프트웨어학부, 정보융합학부 등 3개 학과만 모집(각 10명씩 모집) • 1단계: 서류종합평가 100%(3배수) / 2단계: 1단계 70% + 면접 30% • 서류평가: 전공적합성 30%, 인성 30%, 학업 역량 20%, 발전 가능성 20% • 면접평가: 발전 가능성 40%, 문제해결 능력 40%, 인성 20%

전형		지원가능대학		Tip
학생부 종합	수능최저 미적용	상명대 상명인재전형		• 전형방법 변경: 1단계 – 서류 100%(3배수) / 2단계 – 서류 70% + 면접 30%(2019학년도 1단계: 서류 100% / 2단계: 서류 60% + 면접 40%) • 전공적합성, 발전 가능성, 인성 등 평가, 면접위원 2인, 10분 내외 • 다른 전형 간 복수 지원이 가능[2캠퍼스(천안) 포함] • 2020학년도 학부(과) 개편되었으니 확인이 필요함
		가천대 가천바람개비1		• 전형명 변경: 가천바람개비1(2019학년도: 가천프런티어) • 1단계: 서류 100%(4배수) / 2단계: 1단계 50% + 면접 50% ＊서류평가(학생부, 자기소개서): 인성 30%, 성장 가능성 30%, 기초학업 능력 20%, 전공적합성 20% ＊자기소개서 문항 변경: 4문항 → 2문항(1, 4번 문항 폐지) • 모집단위 신설 ＊심리학과 50명(가천바람개비1 – 6명, 가천바람개비2 – 6명, 학생부우수자 – 6명, 적성우수자 – 17명, 농어촌 – 적성 2명, 종합 2명, 교육기회균형 1명) / 정시 10명 • 모집단위 명칭 변경(2019학년도): 경제학과(글로벌경제학과), 자유전공학부(자유전공학부 – 인문), 물리학과(나노물리학과), 화학과(나노화학과)
		한양대 (에리카)	학생부 종합 I	• 학생부종합평가 100%, 면접 없음 • 모집인원 축소: 329명 → 246명 (83명 감소), 모집단위별 선발인원 변동 확인 필요
			학생부 종합 II	• 1단계: 학생부종합평가 100%(3배수) / 2단계: 1단계 70% + 면접 30% • 소프트웨어융합대(소프트웨어학부 자연 15명, 인문 9명 / ICT융합학부 자연 9명, 인문 6명) 총 39명 모집
		연세대(원주) 교과면접형		• 전형명 변경: 학생부종합(교과면접전형)[2019학년도:학생부종합전형(면접형)] • 전형방법 변경: 1단계 – 교과 60% + 비교과 40%(4배수)/ 2단계 – 1단계 70% + 면접 30%(인성, 가치관 및 계열별 역량 평가)[2019학년도 – 1단계: 교과 55% + 비교과 25% + 출석, 봉사 20%(4배수)] • 면접: 인성, 가치관과 계열별 역량(제시문) 면접
		경북대 일반학생전형		• 1단계: 서류 100%(3배수) / 2단계: 1단계 70% + 면접 30% ＊서류(학생부, 자소서): 0~350점 / 면접: 0~150점, 개인 발표(지원동기 및 학업 계획, 2분 이내) 후 질의응답 / 각 절대평가

학생부종합평가: 오직 학생부를 기반으로 교과 관련 성취, 전공적합성, 학교생활 충실도 및 학업 의지, 발전 가능성 등의 영역을 종합적으로 평가함

전형		지원가능대학		Tip
학생부 종합	수능최저 미적용	한동대	한동인재 전형	• 전형명 변경: 학생부종합(한동인재)(2019학년도: 학생부종합) • 1단계: 서류 100%(2배수) / 2단계: 1단계 90% + 면접 10% • 전원 무전공/무학과 자율 전공 모집 • 인재상: 자기 주도적 역량을 가진 학업 능력 우수 인재
			한동 G-IMPACT 인재 전형	• 전형명 변경: 학생부종합(한동G-IMPACT인재)(2019학년도: 학생부종 합) • 1단계: 서류 100%(2배수) / 2단계: 1단계 70% + 면접 30% • 전원 무전공/무학과 자율 전공 모집 • 꿈과 끼를 개발하고 창의성과 성장 잠재력을 가진 창의 우수 인재

학생부
교과
	수능최저
	미적용
			아주대
			학업우수자전형
				• 학생부 교과 100%(2019학년도: 학생부 교과 80% + 비교과 20%)
				• 학생부 교과 반영에서 계열별 반영 교과 가중치가 적용되므로 지원에
				  유의
				• 모집인원 감소(336명 → 290명)에 따른 모집단위별 모집인원 확인 필
				  요(예 생명과학과 15명 → 5명 등 대폭 감소 또는 행정학과 10명 → 15
				  명 확대 등)
				• 수능최저학력기준을 적용하지 않지만, 계열 필수 과목은 반드시 수능
				  에 응시해야 함

			광운대 교과성적우수자전형	• 학생부 100%(교과 80% + 출석 10% + 봉사 10%)

			을지대
			교과성적우수자전형
				• 학생부 100%
				• 수능최저학력기준
				＊보건과학대, 바이오융합대(장례지도학과 제외) - 국어, 수학, 탐구(2)
				  중 2개 영역 등급 합 8(탐구 2 평균) / 영어 4등급
				＊장례지도학과 - 국어, 수학, 탐구(2) 중 1개 영역 4등급(탐구 2 평균)
				  / 영어 4등급
				＊위 학과만 수능최저학력기준을 적용함

			세종대 학생부우수자전형	• 학생부 교과 100% • 모집인원 확대(415명 → 460명) • 합격자 내신 분포: 1등급 중반～2등급 초반

			인천대
			INU교과전형
			(면접)
				• 1단계: 학생부 교과 100%(4배수) / 2단계: 1단계 70% + 면접 30%(사
				  범대 5배수, 동북아국제통상학부 3배수)
				• 동북아국제통상학부: 2015년 2월 및 이후 국내 고등학교 졸업(예정)자
				  로서, 고교 전학년(졸업예정자는 3학년 1학기까지) 이수한 5개 교과(국
				  어, 수학, 영어, 사회, 제2외국어)에 속한 과목 중 석차 등급 1등급이 10
				  개 이상인 자

전형		지원가능대학		Tip
학생부 교과	수능최저 미적용	가천대 가천바람개비2		• 전형방법 변경: 1단계 – 학생부 교과 100%(6배수) / 2단계 – 1단계 성적60% + 면접 40%(수능 이후 면접) • 학생부 반영 방법: 반영 교과별 상위등급 5과목, 또한 특정 과목이 우수한 학생에게 유리한 교과 반영 방법 적용(국어, 영어, 수학, 사회(과학) 교과 중 반영 교과의 점수가 높은 순으로 35%, 25%, 25%, 15% 반영함) • 등급 간 배점 변경 유의 • 교과 등급표 |	1등급	2등급	3등급	4등급	5등급	6등급	7등급	8등급	9등급
---	---	---	---	---	---	---	---	---	---
2020	100	98	97	95	80	75	70	60	30	
		명지대	교과성적 전형	• 학생부 교과 100% • 모집인원 감소(409명 → 307명) 주의 • 학교생활기록부 반영 교과 변경에 따른 합격 성적 상승 예상[2019학년도: (전 계열) 국어, 영어, 수학, 사회, 과학 → 2020학년도: (인문 계열) 국어, 영어, 수학, 사회 / (자연 계열) 국어, 영어, 수학, 과학]
			교과면접 전형	• 1단계: 학생부 교과 100%(5배수) / 2단계: 학생부 교과 70% + 면접 30% • 모집인원 감소(396명 → 367명) • 학과별 면접고사 질문문항 입학처 홈페이지에 참조 • 학교생활기록부 반영 교과 변경에 따른 합격 성적 상승 예상 [2019학년도: (전 계열) 국어, 영어, 수학, 사회, 과학 → 2020학년도: (인문 계열) 국어, 영어, 수학, 사회(자연 계열) / 국어, 영어, 수학, 과학 / (예체능 계열) 국어, 영어] • 디자인학부, 시각 · 패션: 교과면접에서 선발하지 않음
		삼육대 학생부교과우수자 전형 (보건)		• 학생부 교과 100% • 학생부 반영 방법: 국어, 영어, 수학, 사회 또는 과학 중 3개 선택, 학년별 차등 없이 반영함 • 보건 계열 합격자 내신 분포: 1.5~2.5등급
		인천가톨릭대 학교생활우수자전형 (간호학과)		• 1단계: 학생부 100%(5배수) / 2단계: 학생부 교과 80% + 면접 20%
		총신대 교과우수자전형		• 학생부 교과 80% + 면접 20% • 학년별 교과성적 반영비율이 3학년 50%임에 주의 • 구술면접고사: 심층면접으로 실시하며 신앙, 인성, 의사소통 능력 영역을 평가기준(정성)에 따라 종합적으로 평가함 • 제출 서류: 담임목사추천서, 세례교인 증명서

		한경대
		일반전형
				• 전형방법 변경: 학생부 교과 95% + 출결 5%(2019학년도: 학생부 교과 90% + 비교과 10%)
				• 모든 학과가 트랙제 교육과정으로 운영됨
				• 수능최저학력기준: 탐구 1(직탐 미반영)
				  농업생명과학대(경영학과): 4개 중 2개 영역 등급 합 8
				＊인문/사회: 국어/영어 택 1 + 수학/탐구 택 1, 2개 영역 등급 합 8
				＊자연/공과: 수학 + 국어, 영어, 탐구 중 1개, 2개 영역 등급 합 8
				  (수학(가) –1등급 유리)

전형		지원가능대학	Tip
			• 한국해양대, 목포해양대, 공주대, 제주대, 충남대, 충북대, 창원대 등의 상위 학과
논술	수능최저 미적용	한양대 논술전형	• 논술 80% + 학생부종합평가 20%(2019학년도 논술 70% + 학생부종합평가 30%) ＊학생부종합평가: 학생부에 기록되어 있는 출결, 수상 경력, 봉사활동, 행동 특성 및 종합 의견 등을 참고하여 학생의 학교생활 성실도를 중심으로 종합평가함 • 경영학부: 자연 계열 9명 선발, 경제금융학부: 자연 계열 7명 선발(2019학년도 인문으로 19명 선발함 / 2020학년도 인문 12명, 자연 7명으로 분할하여 선발함) • 공과대(융합전자공학부, 컴퓨터소프트웨어학부, 에너지공학과, 미래자동차공학과), 의예과 논술 야간(17:00 이후) 시행
		서울시립대 논술전형	• 1단계: 논술 100%(4배수) / 2단계: 논술 60% + 학생부 교과 40% • 학생부 성적: 원점수, 평균, 표준편차 활용 – Z점수
		인하대 논술우수자전형	• 논술 70% + 학생부 교과 30% • 학생부 등급 간 점수 차: 1등급 300점, 2등급 288점, 3등급～6등급 3점씩 감점
		아주대 논술우수자전형	• 논술 80% + 학생부 교과 20% • 학생부 변별력이 매우 낮음(논술이 당락을 결정함) • 자연계: 수리논술만 • 금융공학 10명 모집, 수리논술 응시
		한국항공대 논술우수자전형	• 논술 70% + 학생부 교과 30% • 모집인원 축소: 215명 → 166명(49명 감소) • 학생부 반영 방법: 매학기 반영 교과 영역별 최고 석차 등급 각 1과목 반영 (매학기 4과목 반영, 일부 학과 사회/과학 중 우수성적 선택) • 합격자 내신 분포: 2등급～3등급 중반
		광운대 논술우수자전형	• 논술 60% + 학생부 40%(교과 20% + 출결 10% + 봉사 10%) • 교과 성적 등급 간 점수 차가 크므로 내신을 고려해 지원 • 논술평가: 인문(통합교과형 2문제), 자연(수리논술 2문제 – 문제당 5개 내외 소문제) • 합격자 내신 분포: 인문/자연 평균 3등급 중후반
		단국대(죽전) 논술우수자전형	• 논술 60% + 학생부 교과 40% • 학생부 등급 간 점수 차: 1～6등급 각 4점 • 논술평가: 인문(인문사회 통합교과형 3문제), 자연(통합교과형 수학 2문제 – 문제별 소문항이 있을 수 있음) • 합격자 내신 분포: 4등급대
		서울과학기술대 논술전형	• 논술 70% + 학생부 교과 30% • 학생부 교과 등급 간 점수 차가 3등급부터 커지므로 지원에 유의 • 합격자 내신 분포: 3등급 중후반～4등급 초반

전형		지원가능대학	Tip
논술	수능최저 미적용	가톨릭대 논술전형	• 논술 70% + 학생부 교과 30% • 합격자 내신 분포: 인문 4.7등급(평균), 자연 4.8등급(평균)(간호, 의예 제외)
		한국외국어대 (글로벌) 논술전형	• 논술 70% + 학생부 교과 30% • 학생부 교과 반영 방법 변경: 석차 등급만 적용(2019학년도: 석차 등급 혹은 원점수 중상위값 적용) • 자연 계열은 논술 없음
		경기대 논술고사우수자전형	• 논술 60% + 학생부 교과 40% • 학생부 반영 방법: 전교과 반영 • 자연 계열은 논술 없음 *고등학교 교과서 내 제시문과 주제 활용(언어, 사회 영역 각 1문항씩 출제, 문항당 30점)
		한국기술교육대 코리아텍 일반전형	• 학생부 교과 40% + 논술 60% • 공학 계열 학부: 수학 3문항(60%), 과학(물리Ⅰ 또는 화학Ⅰ) 2문항 (40%) • 산업경영학부: 수학 3문항(60%), 사회(경제) 2문항(40%) • 2019학년도 논술 경쟁률이 4.92 : 1로 낮아 동일 내신 등급대에서 수학 에 강점이 있는 학생 유리함.
		한국산업기술대 논술우수자전형	• 논술 60% + 학생부 교과 40% • 전형명 변경: 일반 → 논술우수자 • 모집 단위: 공학 계열 • 출제 형식 변경: 수리논술 3문제(문항당 A4 용지 1장 이내) → 수리 문 제 2문제(문항당 A4 용지 1장 이내)

어떤 노력을 기울여야 할까?

고3이라면? 수능이 어렵다면 내신을 유지하고, 비교과 활동 마무리를 잘하자!

지금이라도 수능 성적을 향상시켜서 대입 지원 선택지를 넓힐 수 있다면 좋겠지만, 수능 성적 향상이 어렵다면 당연히 내신 성적을 활용한 학생부 위주 전형에 지원해야 합니다. 그러기 위해서는 남은 3학년 1학기 내신에서 최선을 다하고, 그동안 해 왔던 비교과 활동을 희망 지원 학과와 맞춰 심화하며 제대로 마무리해야 합니다. 어떤 이는 3학년 때의 비교과는 평가 대상이 아니라고 말하기도 합니다.

하지만 입시 때문에 급하게 만든 경우가 아니라 그동안의 비교과 활동과 연계되거나 심화되는 과정이라면 자신의 진로를 이루기 위한 노력의 과정으로 평가됩니다.

선택지를 넓혀 갑시다!

지금은 내신 성적이 수능 성적보다 우수하기 때문에 수시 모집의 학생부 위주 전형 지원으로 단정 짓고 준비하겠지만, 수능 성적이 뒷받침될 때 더 넓은 선택지를 만들 수 있습니다. 학생부종합전형에서 최상위 일부 대학에서는 수능최저학력기준을 적용하고 있고, 학생부교과전형에서도 수능최저학력기준 적용 대학일수록 내신의 합격선이 내려가므로 합격 가능성을 높일 수 있기 때문입니다. 특히 저학년이라면 내신만 믿고 수능을 포기하지 말고, 남은 기간 수능 성적 향상을 위해 노력하는 것이 다양한 전형과 대학에 지원할 수 있는 기회를 만드는 길입니다. 수능 공부와 내신 공부를 별개로 두지 말고, 학교 수업에 성실히 임하면서 수능 공부에 최선을 다한다면 내신 성적도 더 향상될 것입니다.

상위 정거장으로 옮겨 가야 합니다!

이 정거장의 장점인 내신 성적을 최상으로 만든다면 더 높은 대학 선택이 가능해질 것입니다. 그러나 저학년의 경우, 수능도 절대로 포기해서는 안 됩니다! 정거장 노선도를 보세요! 이 정거장의 위로, 옆으로 매우 많은 정거장이 있습니다. 어느 정거장으로 옮겨 가느냐는 지금부터의 노력에 달려 있습니다.

● **내신 성적을 향상시키면**

37번(169쪽), 38번(178쪽) 정거장으로 GO!

● **수능 성적을 향상시키면**

3번(42쪽), 12번(77쪽), 21번(124쪽), 30번(190쪽) 정거장으로 GO!

● **내신과 수능 성적을 모두 향상시키면**

1번(26쪽), 2번(34쪽), 10번(52쪽), 11번(64쪽), 19번(96쪽), 20번(108쪽), 28번(169쪽), 29번(178쪽) 정거장으로 GO!

내신 **3.0** ~ **4.0** 등급, 수능 **4.0** ~ **6.0** 등급

49번 정거장 포함

어떤 전형이든 조금씩은 불안정하고 애매한 정거장입니다! 학생부종합 전형에 지원하더라도 두드러진 비교과 활동이 없을 때는 합격을 기대 하기 어렵습니다. 적성평가전형까지 포함해 모든 전형에 가능성을 열 어 놓아야 합니다!

현재 나의 위치는?

학생부종합전형

다수의 학생들이 내신 성적이 수능 성적보다 높아서 학생부종합전형을 믿고 준 비하겠지만, 수도권 소재 대학으로 지원할 경우 거의 합격 마지노선의 성적입니 다. 즉, 두드러진 비교과 활동이 뒷받침되어야 합격을 기대해 볼 수 있다는 뜻입 니다. 그러므로 상위 정거장 학생들에 비해 학업 역량이나 열정이 우수하다는 사 실을 증명해야 합니다. 스펙 위주의 나열보다는 고교 과정 중 어떻게 진로를 찾아

나가고, 그것을 이루기 위해 어떻게 노력해 왔는지 진솔한 스토리로 엮어 나가야만 설득력 있게 다가갈 수 있습니다. 각 대학과 전형의 인재상을 제대로 이해하고 그에 맞게 준비해야 합니다.

논술전형

논술전형이 너무도 높은 경쟁률과 최저의 합격률을 보이다 보니, 내신 성적이 좋은 학생들은 학생부 위주 전형으로 지원하는 경향이 커졌습니다. 그러다 보니 내신 성적이 부족한 학생들이 논술전형으로 몰리는 현상이 일어나고 있습니다. 이 정거장은 내신 성적으로 볼 때는 거의 불리하지 않지만, 수능 성적이 걸림돌이 될 수 있습니다. 수능 역량이 곧 논술 역량이 될 수 있기 때문이기도 하지만, 이 정거장의 수능 성적으로는 수능최저학력기준이 적용되는 대학은 선택하기 어렵기 때문입니다. 이 때 탄탄한 논술 실력이 뒷받침 되어야 합니다. 공교육진흥법에 따라 대학별 고사에 고교 교육과정 내 출제 원칙이 적용되면서, 평소의 수능 준비가 곧 논술 준비가 되었습니다. 또 대학별 정보 공개가 활발히 이루어져 충분한 대비가 가능해졌습니다. 지원하고자 하는 대학의 논술 유형과 자신의 강점이 일치하는지도 반드시 판단해 보아야 합니다.

그러나 수능 성적을 향상시켜서 수능최저학력기준이 적용되는 대학에 지원하면서 합격 가능성을 높이는 방법이 최선입니다. 그것이 어려울 때는 수능최저학력기준 미적용 대학과 적절히 안배해서 지원하는 전략을 세워야 합니다.

학생부교과전형

이 정거장의 성적으로 학생부교과전형으로 승부를 볼 수 있는 대학은 수도권 소재 일부 대학과 지방 거점 국립대 등이 있습니다. 물론 서울 소재 일부 대학에서 경쟁률 실패 등의 원인으로 아주 낮게 합격선이 형성되어 합격자가 나오는 경우가 있지만, 그 또한 대부분의 대학에서 수능최저학력기준을 적용하고 있어서 이 정거장에서는 쉽지 않은 상황입니다. 그러나 대부분 수능 과목 2~3개 특정 영역에 제한되어 있으므로 학습 전략을 잘 세워서 충족할 수만 있다면 합격 가능성은 커지게 됩니다. 지방 거점 국립대마저도 학생부교과전형에는 대부분 수능최저학력기준이 적용되므로, 그에 맞는 수능 성적 유지 및 향상이 필요합니다.

적성평가전형

내신 성적과 비교과 활동이 부족해서 학생부 위주 전형에 지원하기 어렵고 논술전형도 자신이 없으나, 수시전형에서 수도권 소재 대학으로 진학을 희망하는 수험생이라면 적성평가전형을 고려해 보아야 합니다. 예전과 달리 교과적성이라 불리는 적성평가전형이 예비 수능고사라고 불릴 정도로 수능과 유사한 문제 유형으로 출제되고 있습니다. 즉, 평소의 수능 공부가 적성평가전형 준비입니다. 그러나 시험 문항 수가 많아 시간이 부족하고, 새로운 유형에 대한 적응도 필요하므로 반드시 실전 대비 연습을 해야 합니다.

어떤 대학을 주목해야 할까?

전형		지원가능대학		Tip
학생부 종합	수능최저 적용	홍익대 (세종)	학교생활 우수자전형	• 모집계열과 단위: 자율전공(인문 · 예능, 자연 · 예능), 자연, 인문 – 서류 100% • 수능최저학력기준: 자연 – 국어, 수학(가), 영어, 과탐(1) 중 2개 영역 등급 합 9 / 인문 – 국어, 수학(가/나), 영어, 사탐/과탐(1) 중 2개 영역 등급 합 8 / 한국사 필수 응시
			미술 우수자 전형	• 전형명 변경: 미술우수자전형(2019학년도: 학교생활우수자전형 미술 계열) • 1단계(교과) 합격 가능한 학생은 소신 지원할 것 • 1단계: 교과 100%(6배수) / 2단계: 서류 100%(3배수) / 3단계: 서류 40% + 면접 60% • 수능최저학력기준: 국어, 수학(가/나), 영어, 사탐/과탐(1) 중 2개 영역 등급 합 7 / 한국사 필수 응시

전형		지원가능대학	Tip	
학생부 종합	수능최저 적용	충북대 학생부종합Ⅱ 전형	• 서류 100% • 모집인원 확대(160명 → 180명) * 전문성, 인성, 적극성 평가(80점 만점 – 기본 점수 40점) • 수능최저학력기준: 3개 영역 등급 합 13(간호 11, 수의예 8) • 수능최저학력기준 통과 여부가 당락의 중요한 열쇠일 것으로 예상됨 • 자연계 수학(나) 응시자는 2등급 불리(탐구 2 평균) • 수학(가) 인정 모집단위: 수학 · 정보통계학부, 수의예과	
		한국해양대 아치해양인재 전형	• 전형방법 변경: 일괄 – 학생부 교과 60% + 서류 40%(2019학년도 – 1단계: 학생부 60% + 서류 40%(3배수) / 2단계: 1단계 60% + 면접 40%) • 수능최저학력기준: 해사대 – 수학(가/나), 영어, 탐구(사탐 · 과탐) 중 2 개 영역 등급 합 7 / 해양과학기술대(해양체육학과 제외), 공과대 – 수 학(가/나), 영어, 탐구 중 2개 영역 등급 합 9 / 국제대 – 국어, 영어, 탐구 중 2개 영역 등급 합 8 * 탐구 영역은 2개 과목의 등급 평균 적용(소수점 이하 절사) / 한국사 필수 응시 • 서류 · 면접평가 요소: 인성, 전공적합성, 발전 가능성	
	수능최저 미적용	아주대	ACE전형	• 1단계: 서류 100%(3배수) / 2단계: 1단계 70% + 면접 30%(의학과만 수능최저적용) * 인재상: 성실한 고교 활동과 교과, 비교과의 균형을 갖춘 인재 선발 • 소프트웨어학과 및 사이버보안학과는 특히 학과별 전공적합성이 뛰어난 인재를 선발하고자 함
			다산인재 전형	• 서류 100%, 면접 없음 • 모집인원 축소: 290명 → 246명(44명 감소) * 인재상: 융복합적 사고, 실천적 창의, 의사소통, 글 로벌 역량 중 하나 이상의 강점이 있는 학생 – 자 기 주도성 항목에서 평가 • 2019학년도 다산인재전형으로 선발한 소프트웨어학 과는 2020학년도부터 학생부종합(SW융합인재전형) 으로 전형을 변경하여 선발
			SW융합 인재전형	• 2020학년도 신설 전형(소프트웨어학과 30명 모집) • 1단계: 서류종합평가(3배수) / 2단계: 1단계 70% + 면 접 30% • 인재상: 수학 및 과학을 바탕으로 SW분야의 역량과 잠재력을 갖춘 학생

(수능최저 미적용 행의 Tip 우측)
☞ 두드러진
비교과 활동
으로 부족한
내신을 보완
할 수 있어야
함

전형		지원가능대학		Tip	
학생부 종합	수능최저 미적용	인하대 인하미래인재 전형		• 1단계: 서류 100%(3배수 내외) / 2단계: 1단계 70% + 면접 30% • 모집단위별 모집인원 대폭 변경에 따른 모집인원 비교 후 지원 필요(확대 모집학과: 기계공학과 등, 축소 모집학과: 국제통상학과 등) ＊전공 분야의 잠재력을 갖춘 창의적 인재를 선발함 • CUBE 평가: 지성(전공 학업 역량) 25%, 인성(개인) 25%, 적성(전공탐색) 25%, 종합(모집단위 인재상) 25%로 서류와 면접평가에 적용함	☞ 두드러진 비교과 활동으로 부족한 내신을 보완할 수 있어야 함
		숭실대 SSU미래인재전형		• 1단계: 서류 100%(3배수) / 2단계: 1단계 70% + 면접 30% • 모집인원 증가: 686명 → 731명(45명 증가), 모집단위별로 골고루 모집인원 증가 • 지원한 모집단위 전공에 관심과 열정이 뚜렷한 '자기주도형, 창의형, 성실형' 인재상 • 서류(활동 역량 55%, 학업 역량 25%, 잠재 역량 20%)와 면접(전공적합성 50%, 인성 25%, 잠재력 25%) 평가 모두 계열별 전공적합성에 대한 점수가 매우 높음	
		한양대 (에리카)	학생부 종합 I	• 학생부종합평가 100%, 면접 없음 • 모집인원 축소: 329명 → 246명(83명 감소), 모집단위별 선발 인원 변동 확인 필요	• 학생부종합평가: 오직 학생부를 기반으로 교과 관련 성취, 전공적합성, 학교생활 충실도 및 학업 의지, 발전 가능성 등의 영역을 종합적으로 평가함
			학생부 종합 II	• 1단계: 학생부종합평가 100%(3배수) / 2단계: 1단계 70% + 면접 30% • 소프트웨어융합대(소프트웨어학부 자연 15명, 인문 9명 / ICT융합학부 자연 9명, 인문 6명) 총 39명 모집	
		국민대 프런티어전형		• 1단계: 서류 100%(3배수) / 2단계: 1단계 70% + 면접 30% • 예체능계 20명 선발 • 서류평가 요소: 자기 주도성 및 도전정신 50%, 전공적합성 40%, 인성 10% • 제출 서류 기반 면접 10분 내외	
		세종대 창의인재전형		• 1단계: 서류 100%(3배수) / 2단계: 1단계 70% + 면접 30% • 면접평가 요소: 전공적합성, 발전 가능성, 인성, 의사소통 능력 등	

전형		지원가능대학	Tip
학생부 종합	수능최저 미적용	단국대(죽전) DKU인재전형	• 서류 100%(문예창작과 제외) * 문예창작과 – 1단계: 서류 100%(3배수) / 2단계 1단계 70% + 면접 30%(2019학년도 실기 위주 전형이었으나 2020학년도부터 DKU인재전형으로 변경) • 학업 역량, 전공적합성 비중이 큼 * 자소서에 기록하는 활동은 학생부에 기재되어 있는 활동만을 작성해야 함(단, 필요시 해당자에 한해 고교 방문 또는 전화로 실사함) • 모집인원 확대: 309명 → 360명(51명 증가), 모집단위별 선발 인원 확인 필요(예 전기전자공학과 등 자연 계열 학과)
		성신여대 학교생활우수자전형	• 1단계: 서류 100%(3배수) / 2단계: 1단계 60% + 면접 40% * 서류: 학생부, 자소서(사범: 교사추천서) • 선발 인재상: 고교 재학 중 교내 학업 및 다양한 활동을 통하여 균형 있는 학교생활을 충실히 수행한 인재(학업 역량이 가장 핵심)
		동덕여대 동덕창의리더전형	• 모집인원: 인문 · 자연 172명 * 1단계: 서류 100%(3배수, 학생부, 자소서) / 2단계: 1단계 50% + 면접 50%(제시문 활용) • 모집인원: 미술(회화과, 디지털공예과, 큐레이터학과) – 15명 / 디자인(패션, 시각&실내, 미디어디자인) – 15명 * 1단계: 서류 100%(3~5배수, 학생부, 자소서, 활동 보고서) / 2단계: 1단계 성적 60% + 면접 40%
		서울 여대 / 바롬인재 전형	• 1단계: 서류 100%(4배수) / 2단계: 1단계 60% + 면접 40%(기독교학과, 체육학과, 공예 전공 제외), 238명 → 248명(10명 증가) • 서류평가: 학업 역량 30%, 전공적합성 30%, 인성 30%, 발전 가능성 20% • 현대미술전공은 스케치(20분) 기반 면접으로 진행됨 • 시각디자인전공은 비실기 선발 • 수능 이전 면접
		서울 여대 / 플러스 인재전형	• 1단계: 서류 100%(4배수) / 2단계: 1단계 60% + 면접 40%(기독교학과, 예체능 계열 제외), 158명 → 172명(14명 증가) • 서류종합평가: 100%(학업 역량, 전공적합성, 인성, 발전 가능성) • 수능 이후 면접, 수능 성적에 따라 응시 여부 고려 가능함
		서울 여대 / 융합인재 전형	• 1단계: 서류 100%(3배수) / 2단계: 1단계 60% + 면접 40%, 29명(모집단위 인원 변동 확인) • 소프트웨어를 활용하여 다양한 산업분야와 융합을 이끌어 낼 수 있는 인재 • 모집단위: 경제학과, 문헌정보학과, 경영학과, 디지털미디어학과, 정보보호학과, 소프트웨어 융합학과, 화학 · 생명환경과학부 • 서류평가: 학업 역량 30%, 전공적합성 30%, 인성 30%, 발전 가능성 20% • 2020학년도에는 체육학과(2), 식품응용시스템학부(4)에서 모집을 하지 않으므로 모집단위 인원 변동 확인 필요 • 수능 이전 면접

40, 49반 정거장

전형		지원가능대학		Tip
학생부 종합	수능최저 미적용	덕성여대 덕성인재전형		• 전형방법 변경: 1단계 – 서류 100%(4배수) / 2단계 – 1단계 60% + 면접 40%(2020학년도 면접 신설) • 모집인원 증가: 220명 → 250명(30명 증가) • 모집단위 변화: 글로벌 융합, 과학기술대로 모집(2019학년도 학과별 모집) • 서류평가: 학업 역량, 발전 역량, 덕성 역량 • 선발 인재상: 융합적 사고와 창의적 능력을 가지고 올바른 가치관을 실현할 수 있는 자기 주도적 덕성인재
		광운대	광운참빛 인재전형	• 1단계: 서류종합평가 100%(3배수) / 2단계: 1단계 70% + 면접 30% • 서류평가: 전공적합성 30%, 인성 30%, 학업 역량 20%, 발전 가능성 20% • 면접평가: 발전 가능성 40%, 논리적 사고력 40%, 인성 20%
			소프트웨어 우수인재 전형	• 컴퓨터정보공학, 소프트웨어학부, 정보융합학부 등 3개 학과만 모집 (각 10명씩 모집) • 1단계: 서류종합평가 100%(3배수) / 2단계: 1단계 70% + 면접 30% • 서류평가: 전공적합성 30%, 인성 30%, 학업 역량 20%, 발전 가능성 20% • 면접평가: 발전 가능성 40%, 문제해결 능력 40%, 인성 20%
		서울과학기술대 학교생활우수자전형		• 전형방법 변경: 1단계 – 서류 100%(3배수) / 2단계 – 서류 70% + 면접 30%(2019학년도 – 1단계: 서류 100% / 2단계: 서류 60% + 면접 40%) ＊면접: 서류 기반 면접(인성 및 의사소통 능력, 논리적 사고력, 전공적합성, 발전 가능성 항목 순), 2인 1조의 다대일 면접 • 모집인원 확대: 369명 → 398명(31명 증가), 모집단위별 모집인원 소폭 변화 및 확인 필요
		명지대 명지인재전형		• 전형명 변경: 명지인재전형(2019학년도: 학생부종합전형) • 1단계: 서류 100%(3배수) / 2단계: 1단계 70% + 면접 30% • 서류평가: 전공적합성 50%, 발전 가능성 30%, 인성 20% • 모집인원 확대: 677명 → 712명(35명 증가), 학과별 +1명으로 모집인원 확대가 합격선에 미칠 영향은 적어 보임 • 면접평가: 전공적합성 50%, 인성 30%, 의사소통 능력 30% • 중위권 대학의 학생부종합전형 대표 브랜드
		한성대 한성인재전형		• 학생부 교과 40% + 서류 60% • 모집단위: 크리에이티브인문학부, 사회과학부, 글로벌패션산업학부(교과 반영: 국어, 수학, 영어, 사회), IT공과대(교과 반영: 국어, 수학, 영어, 과학) • IT공과대: 학부 구분 없이 입학, 2학년 진학 시 학부(트랙) 선택 ＊학생부 등급 간 점수 차: 4등급까지 각 8점씩 감점
		상명대 상명인재전형		• 전형방법 변경: 1단계 – 서류 100%(3배수) / 2단계 – 서류 70% + 면접 30%(2019학년도 – 1단계: 서류 100% / 2단계: 서류 60% + 면접 40%) • 전공적합성, 발전 가능성, 인성 등 평가, 면접위원 2인, 10분 내외 • 다른 전형 간 복수 지원이 가능[2캠퍼스(천안) 포함] • 2020학년도 학부(과) 개편되었으니 확인이 필요함

전형		지원가능대학		Tip

학생부
종합
	수능최저
	미적용
		가천대
		가천바람개비1
				• 전형명 변경: 가천바람개비1(2019학년도: 가천프런티어)
				• 1단계: 서류 100%(4배수) / 2단계: 1단계 50% + 면접 50%
				  ＊서류평가(학생부, 자기소개서): 인성 30%, 성장 가능성 30%, 기초
				    학업 능력 20%, 전공적합성 20%
				  ＊자기소개서 문항 변경: 4문항 → 2문항(1, 4번 문항 폐지)
				• 모집단위 신설
				  ＊심리학과 50명(가천바람개비1 – 6명, 가천바람개비2 – 6명, 학생부
				    우수자 – 6명, 적성우수자 – 17명, 농어촌 – 적성 2명, 종합 2명, 교
				    육기회균형 1명) / 정시 10명
				• 모집단위 명칭 변경(2019학년도): 경제학과(글로벌경제학과), 자유전공학
				  부(자유전공학부 – 인문), 물리학과(나노물리학과), 화학과(나노화학과)

		경기대
		KGU학생부종합
		전형
				• 전형방법 변경: 1단계 – 서류 100%(3배수 내외) / 2단계 – 1단계 70%
				  + 면접 30%(2019학년도 1단계 60% + 면접 40%)
				• 면접: 제출 서류를 기반으로 발전 가능성 30%, 신뢰성 30%, 의사소통
				  능력 25%, 인성(공동체의식) 영역 15% 등을 종합평가함(총 15분 내외)
				  ＊디자인비즈학부(시각정보디자인전공, 산업디자인전공. 장신구·금속
				    디자인전공)는 아이디어 스케치(A3 용지, 60분 작성), 발표(3분), 제출
				    서류 확인면접(10분 내외)

		가톨릭대	잠재능력 우수자 전형	• 1단계: 서류 100%(3배수) / 2단계: 1단계 70% + 면접 30% • 서류종합평가: 전공적합성 40%, 발전 가능성 25%, 학업 역량 20%, 인 성 15%) • 합격 내신의 폭이 넓음 • 모집인원 축소: 370명 → 325명(45명 감소), 학과별 모집인원 확인 필요

			학교장
			추천전형
				• 1단계: 서류 100%(3배수) / 2단계: 1단계 70% + 면접 30%
				• 모집인원: 204명(인문, 자연, 공학 150명 / 의예, 간호 54명)
				• 2019학년도 의예과만 시행한 전형이며, 2020학년도부터 인문/자연 계
				  열로 확대(의예, 간호만 수능최저학력기준 적용)
				• 고교별 추천 인원: 없음(의예과는 학교당 1명 추천 유지)
				• 서류종합평가: 전공적합성 35%, 학업 역량 30%, 인성 25%. 발전 가능
				  성 10%

		인천대 자기추천전형		• 1단계: 서류 100%(3배수, 사범대, 동북아국제통상학부 5배수) / 2단계: 1단계 70% + 면접 30% • 면접평가: 전공적합성, 발전 가능성, 인성·사회성, 의사소통 능력
		성공회대 열린인재전형		• 1단계: 서류 100%(5배수) / 2단계: 서류 50% + 면접 50% • 서류를 활용하여 인성, 전공적합성, 학업 성취 가능성을 종합평가함 • 면접: 전공 이해, 학습 계획, 이해력과 논리력을 5단계 평가함
		총신대 코람데오인재전형		• 1단계: 서류 100%(3배수) / 2단계: 1단계 70% + 면접 30% • 영어교육과 모집인원 대폭 확대(11명 → 20명)

전형		지원가능대학		Tip
학생부 종합	수능최저 미적용	강남대	서류면접 전형	• 전형명 변경: 서류면접전형(2019학년도 잠재 역량우수자) • 전형방식 변경: 1단계 – 서류 100%(4배수) / 2단계 – 1단계 60% + 면접 40%(2019학년도: 서류 40% + 면접 60%) * 서류평가: 전공적합성 45%, 발전 가능성 30%, 인성 25% * 지원 모집단위: 인문/사회/자연 계열, 스포츠복지전공 * 서류를 바탕으로 전공적합성, 인성, 종합적 사고력 및 의사소통 능력 등을 평가함
			학생부전형	• 전형명 변경: 학생부 전형(2019학년도 학교생활우수자) • 서류(학생부) 100%(인성 45%, 전공적합성 30%, 발전 가능성 25%) • 인문, 사회, 자연 계열
		을지대 EU자기추천전형		• 전형 통합: EU자기추천(2019학년도: 을지리더십, 창의적인재) • 전형방법 변경: 1단계 – 학생부(교과/비교과) 100%(5배수)[2019학년도: 서류 100%(3배수)] / 2단계 – 1단계 70% + 면접 30% • 대전캠(임상병리, 간호학과), 성남캠(전학과) 모집 • 면접: 서류(학생부, 자소서) 기반 일반면접(인성, 전공적합성, 발전 가능성, 자세 및 태도)
		한국산업기술대 KPU인재전형		• 전형명 변경: 학생부종합(KPU인재)(2019학년도 학생부종합) • 1단계: 서류 100%(3배수) / 2단계 – 1단계 70% + 면접 30% * 서류 기반 개별면접(학업 역량, 전공적합성, 인성, 발전 가능성 평가, 15분)
		차의과학대 CHA학생부종합전형		• 전형명 변경: 학생부종합(CHA학생부종합전형)(2019학년도: CHA자기추천전형) • 모집인원 확대: 190명 → 214명(24명 증가), 학과별 고루 증가 • 전형방법 변경: 1단계 – 서류 100%(3배수) / 2단계 – 1단계 70% + 면접 30%(2019학년도: 2단계 – 1단계 60% + 면접 40%) • 전형방법: 서류 – 0점~700점 / 면접 – 0점~300점 • 자소서: 대학 자율문항 폐지 * 서류, 면접평가: 학업 역량, 전공적합성, 인성, 발전 가능성, 문제해결 능력 평가
		한경대 잠재력우수자		• 전형방법 변경: 1단계 – 서류 100%(3배수) / 2단계 – 1단계 70% + 심층면접 30%(2019학년도: 2단계 – 1단계 60% + 심층면접 40%) • 서류평가: 인성 40%, 전공적합성 30%, 발전 가능성 30%
		한동대	한동인재 전형	• 전형명 변경: 학생부종합(한동인재)(2019학년도: 학생부종합) • 1단계: 서류 100%(2배수) / 2단계 – 1단계 90% + 면접 10% • 전원 무전공/무학과 자율 전공 모집 • 인재상: 자기 주도적 역량을 가진 학업 능력 우수 인재
			한동 G-IMPACT 인재전형	• 전형명 변경: 학생부종합(한동G –IMPACT인재) (2019학년도: 학생부종합) • 1단계: 서류 100%(2배수) / 2단계 – 1단계 70% + 면접 30% • 전원 무전공/무학과 자율 전공 모집 • 꿈과 끼를 개발하고 창의성과 성장 잠재력을 가진 창의 우수 인재

전형		지원가능대학		Tip	
학생부 종합	수능최저 미적용	경북대 일반학생전형		• 1단계: 서류 100%(3배수) / 2단계: 1단계 70% + 면접 30% ＊서류(학생부, 자소서): 0~350점 / 면접: 0~150점, 개인 발표(지원 동기 및 학업 계획, 2분 이내) 후 질의응답 / 각 절대평가	
		충북대 학생부종합Ⅰ전형		• 1단계: 서류 100%(3배수) / 2단계: 서류 80% + 면접 20% ＊실질 반영 점수(전문성, 인성, 적극성): 서류 – 총점 80점(40점~80 점) / 면접 – 총점 20점(0점~20점)	
		부경대 학교생활우수인재 전형		• 1단계: 서류 100%(3배수) / 2단계: 서류 80% + 인성면접 20% • 서류종합평가: 기초 수학 능력, 전공적합성, 인성 및 품성, 발전 가능성 (1,000점~757점) • 면접평가: 전공적합성, 인성 및 품성, 의사소통 능력(200점~170점)	
		강원대 (춘천)	미래인재 전형	• 1단계: 서류 100%(3배수) / 2단계: 서류 70% + 면접 30% • 서류평가: 학업 역량 30%, 전공적합성 25%, 인성 24%, 발전 가능성 21% • 면접평가: 학업 역량 50%, 인성 30%, 잠재 역량 20%	
			소프트웨어 인재전형	• 2020학년도 신설 전형(IT대 컴퓨터공학과: 15명 모집) • 전형방법, 서류, 면접평가: 미래인재전형과 동일	
		전북대 큰사람전형		• 1단계: 서류 100%(4배수) / 2단계: 1단계 70% + 면접 30% • 수능최저학력기준: 의예과, 치의예과, 수의예과, 간호학과만 해당 • 서류평가: 인성 및 리더십, 학업 의지 및 전공적합성, 성장 잠재력 및 발전 가능성 • 면접평가: 개인면접(인성 및 리더십, 학업 의지 및 전공적합성, 성장 잠 재력 및 발전 가능성)	
		전남대 고교생활우수자전형/ 지역인재전형		• 전형명 변경: 고교생활우수자전형(2019학년도 학생부종합 일반전형) • 1단계: 종합서류평가 100%(4배수) / 2단계: 1단계 70% + 면접 30% • 지역인재전형(호남 지역 소재 고등학교)은 고교생활우수자전형과 동 일함 (단, 의예과, 치의학전문대학원은 수능최저학력기준 적용함) • 면접: 학업 수행 역량과 인성 역량, 300점 만점(기본 점수 150점) • 모집단위 분할(공과대, 수산해양대), 신설(문화관광경영학과), 전공 폐 지(지역개발학전공), 캠퍼스 이동(특수교육학부: 여수 → 광주)이 있으 니 확인할 것	
		제주대 일반학생전형		• 전형명 변경: 일반학생(2019학년도: 일반학생 2) • 전형방법 변경: 1단계 – 서류 100%(3배수) / 2단계 – 1단계 70% + 면 접 30%(2019학년도 – 2단계: 1단계 60% + 면접 40%) ＊서류에서 전공적합성, 면접에서 인성·공동체 기여도를 크게 평가함 • 모집단위 명칭 변경: 해양의생명과학부 → 해양생명과학과, 수산생명의학과	
논술	수능최저 미적용	한양대 논술전형		• 논술 80% + 학생부종합평가 20%(2019학년도 논술 70% + 학생부종합평가 30%) ＊학생부종합평가: 학생부에 기록되어 있는 출결, 수상 경력, 봉사활동, 행동 특성 및 종합 의견 등을 참고하 여 학생의 학교생활 성실도를 중심으로 종합평가함	☞ 철저한 논 술 준비가 필 요함

40, 49반 정거장

전형		지원가능대학	Tip	
논술	수능최저 미적용	한양대 논술전형	• 경영학부: 자연 계열 9명 선발, 경제금융학부: 자연 계열 7명 선발함(2019 인문으로 19명 선발함 / 2020학 년도 인문 12명, 자연 7명으로 분할하여 선발함) • 공과대(융합전자공학부, 컴퓨터소프트웨어학부, 에 너지공학과, 미래자동차공학과), 의예과 논술 야간 (17:00 이후) 시행	☞ 철처한 논 술 준비가 필 요함
		서울시립대 논술전형	• 1단계: 논술 100%(4배수) / 2단계: 논술 60% + 학생 부 교과 40% • 학생부 성적: 원점수, 평균, 표준편차 활용 – Z점수	
		인하대 논술우수자전형	• 논술 70% + 학생부 교과 30% • 학생부 등급 간 점수 차: 1등급 300점, 2등급 288점, 3등급~6등급 3 점씩 감점	
		아주대 논술우수자전형	• 논술 80% + 학생부 교과 20% • 학생부 변별력이 매우 낮음(논술이 당락을 결정함) • 자연계: 수리논술만 • 금융공학 10명 모집, 수리논술 응시	
		한국항공대 논술우수자전형	• 논술 70% + 학생부 교과 30% • 모집인원 축소: 215명 → 166명(49명 감소) • 학생부 반영 방법: 매학기 반영 교과 영역별 최고 석차 등급 각 1과목 반영 (매학기 4과목 반영, 일부 학과 사회/과학 중 우수성적 선택) • 합격자 내신 분포: 2등급~3등급 중반	
		광운대 논술우수자전형	• 논술 60% + 학생부 40%(교과 20% + 출결 10% + 봉사 10%) • 교과 성적 등급 간 점수 차가 크므로 내신을 고려해 지원 • 논술평가: 인문(통합교과형 2문제), 자연(수리논술 2문제 – 문제당 5개 내외 소문제) • 합격자 내신 분포: 인문/자연 평균 3등급 중후반	
		단국대(죽전) 논술우수자전형	• 논술 60% + 학생부 교과 40% • 학생부 등급 간 점수 차: 1~6등급 각 4점 • 논술평가: 인문(인문사회 통합교과형 3문제), 자연(통합교과형 수학 2 문제 – 문제별 소문항이 있을 수 있음) • 합격자 내신 분포: 4등급대	
		서울과학기술대 논술전형	• 논술 70% + 학생부 교과 30% • 학생부 교과 등급 간 점수 차가 3등급부터 커지므로 지원에 유의 • 합격자 내신 분포: 3등급 중후반~4등급 초반	
		가톨릭대 논술전형	• 논술 70% + 학생부 교과 30% • 합격자 내신 분포: 인문 4.7등급(평균), 자연 4.8등급(평균)(간호, 의예 제외)	

전형		지원가능대학	Tip	
논술	수능최저 미적용	한국외국어대 (글로벌) 논술전형	• 논술 70% + 학생부 교과 30% • 학생부 교과 반영 방법 변경: 석차 등급만 적용(2019학년도: 석차 등급 　혹은 원점수 중상위값 적용) • 자연 계열은 논술 없음	
		경기대 논술고사우수자전형	• 논술 60% + 학생부 교과 40% • 학생부 반영 방법: 전교과 반영 • 자연 계열은 논술 없음 ＊고등학교 교과서 내 제시문과 주제 활용(언어, 사회 영역 각 1문항씩 　출제, 문항당 30점)	
		한국기술교육대 코리아텍 일반전형	• 학생부 교과 40% + 논술 60% • 공학 계열 학부: 수학 3문항(60%), 과학(물리Ⅰ 또는 화학Ⅰ) 2문항 　(40%) • 산업경영학부: 수학 3문항(60%), 사회(경제) 2문항(40%) • 2019학년도 논술 경쟁률이 4.92 : 1로 낮아 동일 내신 등급대에서 수학 　에 강점이 있는 학생 유리함.	
		한국산업기술대 논술우수자전형	• 논술 60% + 학생부 교과 40% • 전형명 변경: 일반 → 논술우수자 • 모집단위: 공학 계열 • 출제 형식 변경: 수리논술 3문제(문항당 A4 용지 1장 이내) → 수리 문 　제 2문제(문항당 A4 용지 1장 이내)	
학생부 교과	수능최저 적용	• 홍익대(세), 상명대(천), 한국기술교육대, 순천향대, 상위 지방 사립대		
		• 경기대, 을지대(의,성), 용인대 등 경기 소재 대학		
		• 목포해양대, 전북대, 공주대, 강원대, 제주대, 경상대, 안동대, 한국교통대, 순천대, 창원대, 금 　오공대 등 지방 국립대		
	수능최저 미적용	건국대(글) 교과면접, 동국대(경) 교과면접, 한림대, 삼육대(자연), 서경대, 대진대, 강남대, 성공 회대, 차의과학대, 수원대(일반, 미래인재), 성결대, 한세대, 한신대 등 경기 소재 대학		
적성평가	수능최저 적용	평택대 PTU적성전형 (간호학과)	• 학생부 교과 60% + 적성고사 40% • 2020학년도 신설(5명) • 적성고사 과목: 국어 + 수학 • 학생부 등급 간 점수 차: 7등급까지 각 6점 　＊1문제(8점)로 내신 1등급 이상 만회 가능함 • 수능최저학력기준: 국어, 수학, 영어, 탐구영역(1과목) 　중 상위 2개의 등급 합이 6 이내	☞ 수능 성적 향상으로 수 능최저학력기 준을 충족할 때 지원 가능 함
		고려대(세종) 학업능력고사 전형	• 학생부 교과 60% + 학업능력고사 40% • 모집인원 감소(470명 → 430명) • 수능최저학력기준: 국어 3등급 이내, 또는 수학(가/ 　나) 3등급 이내, 또는 영어 2등급 이내, 또는 탐구(사 　탐/과탐) 2과목 합이 6등급 이내	

전형		지원가능대학	Tip	
적성평가	수능최저 적용	고려대(세종) 학업능력고사 전형	※4개 영역(국어, 수학, 영어, 탐구) 등급 조건 중 어느 한 가지 조건만 충족하면 됨 (단, 자연계 일부 학과 수학(가) 반드시 응시해야 함) *수능최저학력기준 충족 여부가 합격의 중요한 요인으로 작용함 • 학업능력고사 과목: 인문/예체능 – 국어 + 영어 / 자연 – 영어 + 수학 • 학생부 등급 간 점수 차: 6등급까지 각 20점(총점600점) • 합격자 내신 분포: 4~5등급(총 40문항 중 27~28문항이면 합격 가능했음) • 고사 예정일자: 11. 23(토)	☞수능 성적 향상으로 수능최저학력기준을 충족할 때 지원 가능함
		홍익대(세종) 학생부적성전형	• 학생부 교과 60% + 적성고사 40% • 국어, 수학, 영어, 사회(자연계 과학) 교과 중 상위 3과목씩 12개 과목) • 수능최저학력기준: 인문 – 2개 영역 등급 합 8 / 자연 – 2개 영역 등급 합 9[수학(가) 필수 응시], 탐구 1 *수능최저학력기준 충족 여부가 합격의 중요한 요인으로 작용함 • 적성고사 과목: 영어 + 수학 • 합격자 내신 분포: 4등급 초중반 • 고사 예정일자: 11. 17(일)	
	수능최저 미적용	가천대 적성우수자전형	• 학생부 교과 60% + 적성고사 40% • 적성고사 과목: 국어 + 영어 + 수학 • 합격자 내신 분포: 3등급 중반 • 학생부 반영 방법: 반영 교과별 상위 등급 5과목, 또한 특정 과목이 우수한 학생에게 유리한 교과 반영 방법 적용[국어, 수학, 영어, 사회(과학) 교과 중 반영 교과의 점수가 높은 순으로 35%, 25%, 25%, 15% 반영함] • 학생부 등급 간 점수 차: 5등급까지 각 3점, 내신 1등급 간 점수 차는 적성 문제 1문항으로 만회 가능함 • 합격 정답률: 70% 이상 맞혀야 합격 가능함 • 고사 예정일자: 11. 24(일)	
		을지대 교과적성우수자전형	• 학생부 교과 60% + 적성고사 40% • 적성고사 과목: 국어 + 영어 + 수학 – 수학(15문항) 영역에 한하여 객관식 사지선다형 10문항과 단답형 주관식 5문항이 혼합 출제 • 학생부 등급 간 점수 차: 6등급까지 각 12점(총점 600점) • 합격자 내신 분포: 4~5등급(간호학과는 3등급 중반) • 합격 정답률: 60문항 중 평균 46개 이상 정답을 맞혔음. 단, 간호학과는 50~53개 이상 • 고사 예정일자: 10. 12(토)	

전형		지원가능대학	Tip
적성평가	수능최저 미적용	삼육대 교과적성우수자전형	• 학생부 교과 60% + 적성고사 40% • 모집인원 증가: 215명 → 238명, 글로벌한국학과 신설(4명) • 적성고사 과목: 국어 + 수학 • 학생부 등급 간 점수 차: 3등급까지 각 6점, 5등급까지 각 9점 • 합격자 내신 분포: 2등급 후반~4등급 중후반 • 고사 예정일자: 10. 6(일)
		서경대 일반학생전형	• 학생부 교과 60% + 적성고사 40% • 모집인원 대폭 증가: 235명 → 325명(85명 증가), 각 학과 모집인원 골고루 증가 • 적성고사 과목: 언어 + 수리 • 학생부 교과 반영 방법 : 국어, 영어, 사회(인문) / 수학, 영어, 과학(자연) 교과 중 상위 3과목씩 9개 과목 • 학생부 등급 간 점수 차: 6등급까지 각 12점 • 합격자 내신 분포: 2등급 후반~4등급 중반 • 고사 예정일자: 9. 29(일)
		성결대 적성우수자전형	• 학생부 교과 60% + 적성고사 40% • 모집인원 증가: 249명 → 283명, 관광개발학과(야) 주간으로 변경 모집, 동아시아물류학부 및 공과대 모집인원 증가 • 적성고사 과목: 국어 + 수학 • 학생부 등급 간 점수 차: 6등급까지 각 7점 • 합격자 내신 분포: 2등급 중반~4등급 중반(그러나 최종 등록자의 80% 커트라인은 5등급 초중반이었음) • 고사 예정일자: 10. 26(토)
		수원대 일반(적성)전형	• 학생부 교과 60% + 적성고사 40% • 모집인원 증가: 262명 → 304명 • 적성고사 과목: 국어 + 수학 • 학생부 등급 간 점수 차: 5등급까지 3점 • 합격자 내신 분포: 인문 – 4등급 초중반 / 자연 – 4등급 중후반 • 합격 정답률: 60문항 중 인문/자연은 40~42개, 공과대 등 인기 학과는 평균 45개 이상 정답을 맞혔음. 특히 수학은 인문 15개 이상, 자연은 20~21개 이상 정답률을 보임 • 고사 예정일자: 10. 5(토) – 자연 / 10. 6일(금) – 인문
		한신대 적성우수자전형	• 학생부 교과 60% + 적성고사 40% • 적성고사 과목: 국어 + 수학 • 학생부 교과 반영 방법: 국어/수학 교과 중 3과목 + 영어 교과 3과목 + 사회/과학 교과 중 3과목(총 9과목) • 학생부 등급 간 점수 차: 7등급까지 각 6점 • 합격자 내신 분포: 최종 합격자의 80% 커트라인은 4등급 초반~5등급 초반 – 학과별 차이 많음 • 고사 예정일자: 12. 1(일)

40, 49만 정거장!

전형		지원가능대학	Tip
적성평가	수능최저 미적용	한국산업기술대 적성우수자전형	• 학생부 교과 60% + 적성고사 40% • 적성고사 과목: 국어 + 수학 • 문항수 축소: 문항수 50문제(국어: 25문제, 수학: 25문제)[2019학년도 문항수 60문제 (국어: 30문제, 수학: 30문제)] • 학생부 교과 반영 방법 변경(성적 등락 폭이 큰 학생 주목): 반영 교과 내 상위 5과목 • 학생부 등급 간 점수 차: 5등급까지 각 3점 • 합격자 내신 분포: 3등급 후반~4등급 초반 • 충원 합격 비율이 매우 적어 신중한 지원이 요구됨 • 고사 예정일자: 11. 17(일)
		평택대 PTU적성전형	• 학생부 교과 60% + 적성고사 40% • 모집인원 증가: 136명 → 177명(대부분의 학과 모집인원 증가. 단, 국제 지역학부 선발 인원 대폭 감소 21명 → 12명) • 적성고사 과목: 국어 + 수학 • 학생부 등급 간 점수 차: 7등급까지 각 6점 *1문제(8점)로 내신 1등급 이상 만회 가능함 • 고사 예정일자: 11. 30(토)
		한성대 적성우수자전형	• 학생부 교과 60% + 적성고사 40% • 전공적성고사 과목: 국어 + 수학 • 학생부 등급 간 점수 차: 1~4등급 각 8점, 4~5등급 12점 • 모집단위: 크리에이티브인문학부, 사회과학부, 글로벌패션산업학부, IT 공과대 • 고사 예정일자: 10. 20(일)

어떤 노력을 기울여야 할까?

고3이라면? 자신의 강점을 찾아야 합니다!

현재로서는 수능보다 상대적으로 높은 내신 성적을 활용해 학생부 위주 전형으로 지원 전략을 짜고 합격을 노리는 방법이 최선입니다. 그중에서도 수능최저학력기준이 없고 부족한 내신을 비교과 활동으로 보완할 수 있는 학생부종합전형이 적절해 보입니다. 수도권 소재 대학에서도 합격자가 많은 성적대이므로 전공관련 학업 역량, 열정 그리고 자신의 강점을 살린 콘텐츠로 승부를 걸어 볼 만합니다.

단순한 스펙의 나열보다는 고교 과정에서 어떻게 진로를 찾고, 그것을 이루기 위해 어떻게 노력해 왔는지 진솔하게 서술하는 것이 더 설득력이 있습니다. 나만의 콘텐츠가 가장 큰 자산입니다!

적성평가 대비를 위한 기초 학업 역량을 길러야 합니다!

적성평가전형은 낮은 내신으로 수도권 대학 진입을 목표로 할 때 고려해 볼 만한 전형입니다. 이 정거장의 내신 성적은 적성평가전형을 준비하는 학생들 중에서는 높은 성적에 해당하지만, 적성고사를 치르기 위해서는 기초 학업 역량이 향상되어야 합니다. 적성고사는 처음에는 IQ 테스트처럼 교과와 무관한 문제도 많았으나, 요즘은 고교 교육과정 내 출제 원칙으로 인해 교과적성이라고 부를 만큼 수능과 유사해졌습니다. 즉, 평소의 수능 준비가 적성평가전형 준비입니다.

적성평가 문항은 깊은 지식을 측정하기 위한 것이 아니라 기초 개념에 충실한 학생이라면 해결할 수 있는 수준이라는 것이 특징입니다. 꾸준하게 공부한 학생에게 주어진 또 한 번의 기회를 잡는 것도 좋은 전략입니다.

상위 정거장으로 옮겨 가야 합니다!

수능과 내신 어느 하나라도 향상시켜서 상위 정거장으로 이동할 수 있다면 좋겠지만, 지금의 상황에서는 내신을 더욱 강하게 다지는 전략이 필요합니다. 수시 전형으로 승부를 보고 싶다면 당연히 내신 성적의 상승이 상위 정거장으로 이동하는 발판이 될 것입니다.

저학년이라면 수능과 내신 모두를 잡는 전략을 세워서 모든 전형에 대한 가능성을 열어 놓아야 합니다!

40, 49번 정거장

- ● **내신 성적을 향상시키면**

  37번(169쪽), 38번(178쪽), 39번(231쪽) 정거장으로 GO!

- ● **수능 성적을 향상시키면**

  4번(48쪽), 13번(85쪽), 22번(142쪽), 31번(209쪽) 정거장으로 GO!

- ● **내신과 수능 성적을 모두 향상시키면**

  1번(26쪽), 2번(34쪽), 3번(42쪽), 10번(52쪽), 11번(64쪽), 12번(77쪽), 19번(96쪽), 20번(108쪽), 21번(124쪽), 28번(169쪽), 29번(178쪽), 30번(190쪽) 정거장으로 GO!

내신 $4.0 \sim 5.0$ 등급, 수능 $4.0 \sim 6.0$ 등급

50번 정거장 포함

어떤 전형이든 자신 있게 도전해 보기에는 조금씩 부족한 성적이라 자 칫 포기하지 않을까 염려됩니다. 등급을 보세요! 9등급제의 중간에 있 습니다. 이제 위로 향할지, 이대로 머무를지 방향을 정할 때입니다!

현재 나의 위치는?

사실 이 정거장은 어떤 전형이든 수도권 소재 대학으로 지원하기에는 어려운 상황입니다. 지방 국립대의 경우에도 더 이상 낮출 수 없는 경계에 와 있습니다. 자신을 잘 분석해서 특정 전형에 두드러진 강점을 발전시키거나 최적화해 높은 벽을 뚫어야 합니다.

논술전형

수시전형도 정시전형도 결정하기 애매한 이 정거장에서 성적에 비해 훨씬 상위 대학으로 진학할 수 있는 방법이 있다면 바로 논술전형입니다. 논술전형이 너무도 높은 경쟁률과 최저의 합격률을 보이다 보니, 내신 성적이 좋은 학생들은 학생부 위주 전형으로 지원하고, 내신 성적이 부족한 학생들이 내신의 영향력이 약한 논술전형으로 몰리는 경향이 나타나고 있습니다. 일부 대학에서는 내신 등급 간 점수 차를 크게 벌려 놓아서 논술로 극복할 수 없기도 하지만, 이 정거장의 내신 성적은 아직은 극복 범위 내에 있으므로 논술 실력이 탄탄하다면 해 볼 만합니다. 이 정거장은 내신보다 오히려 수능 성적이 걸림돌이 될 수 있습니다. 물론 수능 역량이 곧 논술 역량이 될 수 있기 때문이기도 하지만, 이 정거장의 수능 성적으로는 수능최저학력기준이 적용되는 대학은 선택하기 어렵기 때문입니다. 따라서 철저한 수능 준비로 수능최저학력기준 충족, 논술 준비라는 두 마리 토끼를 모두 잡는 학습 전략을 세워야 합니다. 그러나 수능최저학력기준 미적용 대학과 적절히 안배해서 지원하는 전략이 필요합니다.

적성평가전형

내신 성적과 비교과 활동이 부족해서 학생부 위주 전형에 지원하기 어렵고, 논술전형도 자신이 없으나 수도권 소재 대학을 희망한다면 적성평가전형을 고려해 보아야 합니다. 예전과 달리 적성평가전형이 예비 수능고사라고 불릴 정도로 수능과 유사한 문제 유형으로 출제되고 있습니다. 즉, 평소의 수능 공부가 적성평가전형 준비인 셈입니다. 그러나 시험 시간당 문항 수가 많아 시간이 부족하고, 새로운 유형에 대한 적응도 필요하므로 반드시 연습을 해야 합니다. 사실 이 정거장의 성적대에서 수도권 대학, 특히 인기가 많은 보건 계열 등의 학과로 진학할 수 있는 거의 유일한 전형이기도 합니다.

학생부종합전형

이 정거장의 경우, 학생부종합전형에서 학업 역량이 중요한 평가 요소이기 때문에 특별하거나 두드러진 비교과 활동이 없으면 수도권 소재 대학에 진입하기 쉽지 않습니다. 그러나 때때로 대학별 서류평가 방법에 따라 성적 대비 훨씬 상위 대학에서 합격 사례가 나오기도 합니다. 이는 상위 정거장 학생들에 비해 학업 역량이나 열정이 우수함을 증명한 경우입니다! 스펙 위주의 나열보다는 고교 과정 중 어떻게 진로를 찾아 나가고, 그것을 이루기 위해 어떻게 노력해 왔는지 진솔한 스토리로 엮어 나가야만 호소력 있게 다가갈 수 있습니다. 각 대학과 전형의 인재상을 제대로 이해하고, 그에 맞게 준비해야 합니다.

학생부교과전형

학생부교과전형은 수능최저학력기준이 적용될 경우 합격 내신 커트라인이 내려가고, 적용하지 않을 경우 경쟁률과 합격선이 올라가는 것이 특징입니다. 이 정거장의 경우 수능최저기준이 높은 대학은 충족하기 어렵고, 미적용 대학은 내신 성적이 부족해서 지원이 어려운 상황입니다. 수능이든 내신이든 어느 한 쪽이라도 향상시켜야 선택지를 넓힐 수 있습니다. 이 정거장에 있는 학생들이 노려 볼 만 한 대학은 일부 지방 국립대로, 대부분의 대학에서 다양한 수능최저학력기준을 적용하고 있으므로 대학별 조건을 반드시 확인하고 준비해야 합니다.

정시전형

수능과 내신 모두 경계에 있는 이 정거장에서 어떤 전형에서도 해답을 찾을 수 없다면, 최종 정시전형을 목표로 하는 것이 정답일 수 있습니다. 9월 수시가 다가오면, 너무도 많은 학생이 수시전형 준비로 수능 공부에서 손을 떼면서 성적 구조에 변화가 나타납니다. 수능은 9등급제의 상대평가입니다. 다른 학생들의 성적

하향은 오직 정시전형만을 목표로 하는 학생들의 성적 상승으로 이어집니다. 어떤 이는 9월 수시전형부터 수능까지의 2개월을 '골든 타임'이라고 부릅니다. 즉, 대입의 승패를 결정하는 중요한 시간이라는 뜻입니다. 실제로 성적이 4등급 중후반이던 학생이 수능 공부에 올인해 정시전형에서 서울의 중위권 대학에 당당히 합격한 사례가 있습니다.

어떤 대학을 주목해야 할까?

전형		지원가능대학	Tip
논술	수능최저 미적용	한양대 논술전형	• 논술 80% +학생부종합평가 20%(2019학년도 논술 70% + 학생부종합평가 30%) *학생부종합평가: 학생부에 기록되어 있는 출결, 수상 경력, 봉사활동, 행동 특성 및 종합 의견 등을 참고하여 학생의 학교생활 성실도를 중심으로 종합평가함 • 경영학부: 자연 계열 9명 선발, 경제금융학부: 자연 계열 7명 선발(2019학년도 인문으로 19명 선발함 / 2020학년도 인문, 12명 자연 7명으로 분할하여 선발함) • 공과대(융합전자공학부, 컴퓨터소프트웨어학부, 에너지공학과, 미래자동차공학과), 의예과 논술 야간(17:00 이후) 시행
		서울시립대 논술전형	• 1단계: 논술 100%(4배수) / 2단계: 논술 60% + 학생부 교과 40% • 학생부 성적: 원점수, 평균, 표준편차 활용 – Z점수
		인하대 논술우수자전형	• 논술 70% + 학생부 교과 30% • 학생부 등급 간 점수 차: 1등급 300점, 2등급 288점, 3등급~6등급 3점씩 감점
		아주대 논술우수자전형	• 논술 80% + 학생부 교과 20% • 학생부 변별력이 매우 낮음(논술이 당락을 결정함) • 자연계: 수리논술만 • 금융공학 10명 모집, 수리논술 응시
		한국항공대 논술우수자전형	• 논술 70% + 학생부 교과 30% • 모집인원 축소: 215명 → 166명(49명 감소) • 학생부 반영 방법: 매학기 반영 교과 영역별 최고 석차 등급 각 1과목 반영 (매학기 4과목 반영, 일부 학과 사회/과학 중 우수성적 선택) • 합격자 내신 분포: 2등급~3등급 중반
		광운대 논술우수자전형	• 논술 60% + 학생부 40%(교과 20% + 출결 10% + 봉사 10%) • 교과 성적 등급 간 점수 차가 크므로 내신을 고려해 지원

전형		지원가능대학	Tip	
논술	수능최저 미적용	광운대 논술우수자전형	• 논술평가: 인문(통합교과형 2문제), 자연(수리논술 2문제 – 문제당 5개 내외 소문제) • 합격자 내신 분포: 인문/자연 평균 3등급 중후반	
		단국대(죽전) 논술우수자전형	• 논술 60% + 학생부 교과 40% • 학생부 등급 간 점수 차: 1~6등급 각 4점 • 논술평가: 인문(인문사회 통합교과형 3문제), 자연(통합교과형 수학 2문제 – 문제별 소문항이 있을 수 있음) • 합격자 내신 분포: 4등급대	
		서울과학기술대 논술전형	• 논술 70% + 학생부 교과 30% • 학생부 교과 등급 간 점수 차가 3등급부터 커지므로 지원에 유의 • 합격자 내신 분포: 3등급 중후반~4등급 초반	
		가톨릭대 논술전형	• 논술 70% + 학생부 교과 30% • 합격자 내신 분포: 인문 4.7등급(평균), 자연 4.8등급(평균)(간호, 의예 제외)	
		한국외국어대 (글로벌) 논술전형	• 논술 70% + 학생부 교과 30% • 학생부 교과 반영 방법 변경: 석차 등급만 적용(2019학년도: 석차 등급 혹은 원점수 중상위값 적용) • 자연 계열은 논술 없음	
		경기대 논술고사우수자전형	• 논술 60% + 학생부 교과 40% • 학생부 반영 방법: 전교과 반영 • 자연 계열 논술 없음 *고등학교 교과서 내 제시문과 주제 활용(언어, 사회 영역 각 1문항씩 출제, 문항당 30점)	
		한국기술교육대 코리아텍 일반전형	• 학생부 교과 40% + 논술 60% • 공학 계열 학부: 수학 3문항(60%), 과학(물리Ⅰ 또는 화학Ⅰ) 2문항(40%) • 산업경영학부: 수학 3문항(60%), 사회(경제) 2문항(40%) • 2019학년도 논술 경쟁률이 4.92:1로 낮아 동일 내신 등급대에서 수학에 강점이 있는 학생이 유리함	
		한국산업기술대 논술우수자전형	• 논술 60% + 학생부 교과 40% • 전형명 변경: 일반 → 논술 우수자 • 모집단위: 공학 계열 • 출제 형식 변경: 수리논술 3문제(문항당 A4 용지 1장 이내) → 수리 문제 2문제(문항당 A4 용지 1장 이내)	
적성평가	수능최저 적용	평택대 PTU적성전형 (간호학과)	• 학생부 교과 60% + 적성고사 40% • 2020학년도 신설(5명) • 적성고사 과목: 국어 + 수학 • 학생부 등급 간 점수 차: 7등급까지 각 6점 *1문제(8점)로 내신 1등급 이상 만회 가능함 • 수능최저학력기준: 국어, 수학, 영어, 탐구영역(1과목) 중 상위 2개의 등급 합이 6 이내	☞ 수능 성적 향상으로 수능최저학력기준을 충족할 때 지원해야 함

전형		지원가능대학	Tip	
적성평가	수능최저 적용	고려대(세종) 학업능력고사전형	• 학생부 교과 60% + 학업능력고사 40% • 모집인원 감소(470명 → 430명) • 수능최저학력기준: 국어 3등급 이내, 또는 수학(가/나) 3등급 이내, 또는 영어 2등급 이내, 또는 탐구(사탐/과탐) 2과목 합이 6등급 이내 ※ 4개 영역(국어, 수학, 영어, 탐구) 등급 조건 중 어느 한 가지 조건만 충족하면 됨 (단, 자연계 일부 학과 수학(가) 반드시 응시해야 함) *수능최저학력기준 충족 여부가 합격의 중요한 요인으로 작용함 • 학업능력고사 과목: 인문/예체능 − 국어 + 영어 / 자연 − 영어 + 수학 • 학생부 등급 간 점수 차: 6등급까지 각 20점(총점600점) • 합격자 내신 분포: 4~5등급(총 40문항 중 27~28문항이면 합격 가능했음) • 고사 예정일자: 11. 23(토)	☞ 수 능 성 적 향상으로 수능최저학력기준을 충족할 때 지원해야 함
		홍익대(세종) 학생부적성전형	• 학생부 교과 60% + 적성고사 40% • 국어, 수학, 영어, 사회(자연계 과학) 교과 중 상위 3과목씩 12개 과목) • 수능최저학력기준: 인문 − 2개 영역 등급 합 8 / 자연 − 2개 영역 등급 합 9[수학(가) 필수 응시], 탐구 1 *수능최저학력기준 충족 여부가 합격의 중요한 요인으로 작용함 • 적성고사 과목: 영어 + 수학 • 합격자 내신 분포: 4등급 초중반 • 고사 예정일자: 11. 17(일)	
	수능최저 미적용	가천대 적성우수자전형	• 학생부 교과 60% + 적성고사 40% • 적성고사 과목: 국어 + 영어 + 수학 • 합격자 내신 분포: 3등급 중반 • 학생부 반영 방법 : 반영 교과별 상위 등급 5과목, 또한 특정 과목이 우수한 학생에게 유리한 교과 반영 방법 적용[국어, 영어, 수학, 사회(과학) 교과 중 반영 교과의 점수가 높은 순으로 35%, 25%, 25%, 15% 반영함] • 학생부 등급 간 점수 차: 5등급까지 각 3점. 내신 1등급 간 점수 차는 적성 문제 1문항으로 만회 가능함 • 합격 정답률: 70% 이상 맞혀야 합격 가능함 • 고사 예정일자: 11. 24(일)	
		을지대 교과적성우수자 전형	• 학생부 교과 60% + 적성고사 40% • 적성고사 과목: 국어 + 영어 + 수학 − 수학(15문항) 영역에 한하여 객관식 사지선다형 10문항과 단답형 주관식 5문항이 혼합 출제 • 학생부 등급 간 점수 차: 6등급까지 각 12점(총점 600점) • 합격자 내신 분포: 4~5등급(간호학과는 3등급 중반)	

전형		지원가능대학	Tip
적성평가	수능최저 미적용	을지대 교과적성우수자 전형	• 합격 정답률: 60문항 중 평균 46개 이상 정답을 맞혔음. 단, 간호학과는 50~53개 이상 • 고사 예정일자: 10. 12(토)
		삼육대 교과적성우수자 전형	• 학생부 교과 60% + 적성고사 40% • 모집인원 증가: 215명 → 238명, 글로벌한국학과 신설(4명) • 적성고사 과목: 국어 + 수학 • 학생부 등급 간 점수 차: 3등급까지 각 6점, 5등급까지 각 9점 • 합격자 내신 분포: 2등급 후반~4등급 중후반 • 고사 예정일자: 10. 6(일)
		서경대 일반학생전형	• 학생부 교과 60% + 적성고사 40% • 모집인원 대폭 증가: 235명 → 325명(85명 증가), 각 학과 모집인원 골고루 증가 • 적성고사 과목: 언어 + 수리 • 학생부 교과 반영 방법 : 국어, 영어, 사회(인문) / 수학, 영어, 과학(자연) 교과 중 상위 3과목씩 9개 과목 • 학생부 등급 간 점수 차: 6등급까지 각 12점 • 합격자 내신 분포: 2등급 후반~4등급 중반 • 고사 예정일자: 9. 29(일)
		성결대 적성우수자전형	• 학생부 교과 60% + 적성고사 40% • 모집인원 증가: 249명 → 283명, 관광개발학과(야) 주간으로 변경 모집, 동아시아물류학부 및 공과대 모집인원 증가 • 적성고사 과목: 국어 + 수학 • 학생부 등급 간 점수 차: 6등급까지 각 7점 • 합격자 내신 분포: 2등급 중반~4등급 중반(그러나 최종 등록자의 80% 커트라인은 5등급 초중반이었음) • 고사 예정일자: 10. 26(토)
		수원대 일반(적성)전형	• 학생부 교과 60% + 적성고사 40% • 모집인원 증가: 262명 → 304명 • 적성고사 과목: 국어 + 수학 • 학생부 등급 간 점수 차: 5등급까지 3점 • 합격자 내신 분포: 인문 – 4등급 초중반 / 자연 – 4등급 중후반 • 합격 정답률: 60문항 중 인문/자연은 40~42개, 공과대 등 인기 학과는 평균 45개 이상 정답을 맞혔음. 특히 수학은 인문 15개 이상, 자연은 20~21개 이상 정답률을 보임 • 고사 예정일자: 10. 5(토) – 자연 / 10. 6일(금) – 인문
		한신대 적성우수자전형	• 학생부 교과 60% + 적성고사 40% • 적성고사 과목: 국어 + 수학 • 학생부 교과 반영 방법: 국어/수학교과 중 3과목 + 영어교과 3과목 + 사회/과학교과 중 3과목(총 9과목) • 학생부 등급 간 점수 차: 7등급까지 각 6점 • 합격자 내신 분포: 최종 합격자의 80% 커트라인은 4등급 초반~5등급 초반 – 학과별 차이 많음 • 고사 예정일자: 12. 1(일)

41, 50번 정거장

전형		지원가능대학		Tip
적성평가	수능최저 미적용	한국산업기술대 적성우수자전형		• 학생부 교과 60% + 적성고사 40% • 적성고사 과목: 국어 + 수학 • 문항수 축소: 문항수 50문제(국어: 25문제, 수학: 25문제[2019학년도 문항수 60문제 (국어: 30문제, 수학: 30문제)] • 학생부 교과 반영 방법 변경(성적 등락 폭이 큰 학생 주목): 반영 교과 내 상위 5과목 • 학생부 등급 간 점수 차: 5등급까지 각 3점 • 합격자 내신 분포: 3등급 후반~4등급 초반 • 충원 합격 비율이 매우 적어 신중한 지원이 요구됨 • 고사 예정일자: 11. 17(일)
		평택대 PTU적성전형		• 학생부 교과 60% + 적성고사 40% • 모집인원 증가: 136명 → 177명(대부분의 학과 모집인원 증가. 단, 국제지역학부 선발 인원 대폭 감소 21명 → 12명) • 적성고사 과목: 국어 + 수학 • 학생부 등급 간 점수 차: 7등급까지 각 6점 ∗1문제(8점)로 내신 1등급 이상 만회 가능함 • 고사 예정일자: 11. 30(토)
		한성대 적성우수자전형		• 학생부 교과 60% + 적성고사 40% • 전공적성고사 과목: 국어 + 수학 • 학생부 등급 간 점수 차: 1~4등급 각 8점, 4~5등급 12점 • 모집단위: 크리에이티브인문학부, 사회과학부, 글로벌패션산업학부, IT공과대 • 고사 예정일자: 10. 20(일)
학생부 종합	수능최저 미적용	명지대 명지인재전형		• 전형명 변경: 명지인재전형(2019학년도: 학생부종합전형) • 1단계: 서류 100%(3배수) / 2단계: 1단계 70% + 면접 30% • 서류평가: 전공적합성 50%, 발전 가능성 30%, 인성 20% • 모집인원 확대: 677명 → 712명(35명 증가), 학과별 +1명으로 모집인원 확대가 합격선에 미칠 영향은 적어 보임 • 면접평가: 전공적합성 50%, 인성 30%, 의사소통 능력 30% • 중위권 대학의 학생부종합전형 대표 브랜드
		서울 여대	바롬 인재전형	• 1단계: 서류 100%(4배수) / 2단계: 1단계 60% + 면접 40%(기독교학과, 체육학과, 공예 전공 제외), 38명 → 248명(10명 증가) • 서류평가: 학업 역량 30%, 전공적합성 30%, 인성 30%, 발전 가능성 20% • 현대미술전공은 스케치(20분) 기반 면접으로 진행됨 • 시각디자인전공은 비실기 선발 • 수능 이전 면접

☞ 두드러진 비교과 활동으로 부족한 내신을 보완할 수 있을 때 지원을 고려해야 함

전형		지원가능대학		Tip	

학생부
종합
	수능최저
	미적용
		서울
		여대
			플러스
			인재전형
				• 1단계: 서류 100%(4배수) / 2단계: 1단계60% + 면접
				  40%(기독교학과, 예체능 계열 제외), 158명 → 172명
				  (14명 증가)
				• 서류종합평가: 100%(학업 역량, 전공적합성, 인성, 발
				  전 가능성)
				• 수능 이후 면접, 수능 성적에 따라 응시 여부 고려 가
				  능함
					☞ 두드러진
					비교과 활동
					으로 부족한
					내신을 보완
					할 수 있을 때
					지원을 고려
					해야 함

			융합인재
			전형
				• 1단계: 서류 100%(3배수) / 2단계: 1단계 60% + 면접
				  40%, 29명(모집단위 인원 변동 확인)
				• 소프트웨어를 활용하여 다양한 산업분야와 융합을
				  이끌어 낼 수 있는 인재
				• 모집단위: 경제학과, 문헌정보학과, 경영학과, 디지털
				  미디어학과, 정보보호학과, 소프트웨어 융합학과, 화
				  학·생명환경과학부
				• 서류평가: 학업 역량 30%, 전공적합성 30%, 인성
				  30%, 발전 가능성 20%
				• 2020학년도에는 체육학과(2), 식품응용시스템학부(4)에
				  서 모집을 하지 않으므로 모집단위 인원 변동 확인 필요
				• 수능 이전 면접	

		덕성여대
		덕성인재전형
				• 전형방법 변경: 1단계 – 서류 100%(4배수) / 2단계 –
				  1단계 60% + 면접 40%(2020학년도 면접 신설)
				• 모집인원 증가: 220명 → 250명(30명 증가)
				• 모집단위 변화: 글로벌 융합, 과학기술대로 모집
				  (2019학년도 학과별 모집)
				• 서류평가: 학업 역량, 발전 역량, 덕성 역량
				• 선발인재상: 융합적 사고와 창의적 능력을 가지고 올
				  바른 가치관을 실현할 수 있는 자기 주도적 덕성인재	

		동덕여대
		동덕창의리더전형
				• 모집인원: 인문·자연 172명
				 *1단계: 서류 100%(3배수, 학생부, 자소서) / 2단계:
				   1단계 50% + 면접 50%(제시문 활용)
				• 모집인원: 미술(회화과, 디지털공예과, 큐레이터학과) –
				  15명 / 디자인(패션, 시각&실내, 미디어디자인) – 15명
				 *1단계: 서류 100%(3~5배수, 학생부, 자소서, 활동
				   보고서) / 2단계: 1단계 성적 60% + 면접 40%	

		한성대
		한성인재전형
				• 학생부 교과 40% + 서류 60%
				• 모집단위: 크리에이티브인문학부, 사회과학부, 글로
				  벌패션산업학부(교과 반영: 국어, 수학, 영어, 사회),
				  IT공과대(교과 반영: 국어, 수학, 영어, 과학)
				• IT공과: 학부 구분 없이 입학, 2학년 진학 시 학부(트
				  랙) 선택
				 *학생부 등급 간 점수 차: 4등급까지 각 8점씩 감점	

전형		지원가능대학		Tip	
학생부 종합	수능최저 미적용	상명대 상명인재전형		• 전형방법 변경: 1단계 – 서류 100%(3배수) / 2단계 – 서류 70% + 면접 30%(2019학년도 1단계: 서류100% / 2단계: 서류 60% + 면접 40%) • 전공적합성, 발전 가능성, 인성 등 평가, 면접위원 2인, 10분 내외 • 다른 전형 간 복수 지원이 가능[2캠퍼스(천안) 포함] • 2020학년도 학부(과) 개편되었으니 확인이 필요함	☞ 두드러진 비교과 활동 으로 부족한 내신을 보완 할 수 있을 때 지원을 고려 해야 함
		가천대 가천바람개비1		• 전형명 변경: 가천바람개비1(2019학년도: 가천프런티어) • 1단계: 서류 100%(4배수) / 2단계: 1단계 50% + 면접 50% ＊서류평가(학생부, 자기소개서): 인성 30%, 성장 가능성 30%, 기초 학업 능력 20%, 전공적합성 20% ＊자기소개서 문항 변경: 4문항 → 2문항(1, 4번 문항 폐지) • 모집단위 신설 ＊심리학과 50명(가천바람개비1 – 6명, 가천바람개비 2 – 6명, 학생부우수자 – 6명, 적성우수자 – 17명, 농어촌 – 적성 2명, 종합 2명, 교육기회균형 1명) / 정시 10명 • 모집단위 명칭 변경(2019학년도): 경제학과(글로벌경제학과), 자유전공학부(자유전공학부 – 인문), 물리학과(나노물리학과), 화학과(나노화학과)	
		한양대 (에리카)	학생부 종합Ⅰ	• 학생부종합평가 100%, 면접 없음 • 모집인원 축소: 329명 → 246명(83명 감소), 모집단위별 선발 인원 변동 확인 필요	• 학생부종합평가: 오직 학생부를 기반으로 교과 관련 성취, 전공적합성, 학교생활 충실도 및 학업 의지, 발전 가능성 등의 영역을 종합적으로 평가함
			학생부 종합Ⅱ	• 1단계: 학생부종합평가 100%(3배수) / 2단계: 1단계 70% + 면접 30% • 소프트웨어융합대(소프트웨어학부 자연 15명, 인문 9명 / ICT융합학부 자연 9명, 인문 6명) 총 39명 모집	
		경기대 KGU학생부종합 전형		• 전형방법 변경: 1단계 – 서류 100%(3배수 내외) / 2단계 – 1단계 70% + 면접 30%(2019학년도 1단계 60% + 면접 40%)	

전형		지원가능대학		Tip	
학생부 종합	수능최저 미적용	경기대 KGU학생부종합 전형		• 면접: 제출 서류를 기반으로 발전 가능성 30%, 신뢰성 30%, 의사소통 능력 25%, 인성(공동체의식) 영역 15% 등을 종합평가함(총 15분 내외) *디자인비즈학부(시각정보디자인전공, 산업디자인전공, 장신구·금속디자인전공)는 아이디어 스케치(A3 용지, 60분 작성), 발표(3분), 제출 서류 확인면접(10분 내외)	☞ 두드러진 비교과 활동으로 부족한 내신을 보완할 수 있을 때 지원을 고려해야 함
		가톨릭대	잠재능력 우수자 전형	• 1단계: 서류 100%(3배수) / 2단계: 1단계 70% + 면접 30% • 서류종합평가: 전공적합성 40%, 발전 가능성 25%, 학업 역량 20%, 인성 15%) • 합격 내신의 폭이 넓음 • 모집인원 축소: 370명 → 325명(45명 감소), 학과별 모집인원 확인 필요	
			학교장 추천전형	• 1단계: 서류 100%(3배수) / 2단계: 1단계 70% + 면접 30% • 모집인원: 204명(인문자연, 공학 150명 / 의예·간호 54명) • 2019학년도 의예과만 시행한 전형이며, 2020학년도부터 인문/자연 계열로 확대(의예, 간호만 수능최저학력기준 적용) • 고교별 추천 인원: 없음(의예과는 학교당 1명 추천 유지) • 서류종합평가: 전공적합성 35%, 학업 역량 30%, 인성 25%, 발전 가능성 10%	
		성공회대 열린인재전형		• 1단계: 서류 100%(5배수) / 2단계: 서류 50% + 면접 50% • 서류를 활용하여 인성, 전공적합성, 학업 성취 가능성을 종합평가함 • 면접: 전공 이해, 학습 계획, 이해력과 논리력을 5단계 평가함	
		총신대 코람데오인재전형		• 1단계: 서류 100%(3배수) / 2단계: 1단계 70% + 면접 30% • 영어교육과 모집인원 대폭 확대(11명 → 20명)	
		강남대	서류 면접전형	• 전형명 변경: 서류면접전형(2019학년도 잠재 역량우수자) • 전형방식 변경: 1단계 − 서류 100%(4배수) / 2단계 − 1단계 60% + 면접 40%(2019학년도: 서류 40% + 면접 60%) *서류평가: 전공적합성 45%, 발전 가능성 30%, 인성 25% *지원 모집단위: 인문/사회/자연 계열, 스포츠복지전공 *서류를 바탕으로 전공적합성, 인성, 종합적 사고력 및 의사소통 능력 등을 평가함	
			학생부 전형	• 전형명 변경: 학생부 전형(2019학년도 학교생활우수자) • 서류(학생부) 100%(인성 45%, 전공적합성 30%, 발전 가능성 25%) • 인문, 사회, 자연 계열	

41,50만 정거장

전형		지원가능대학	Tip
학생부 종합	수능최저 미적용	대진대 윈윈대진전형	• 전형방법 변경: 1단계 – 서류 100%(4배수) / 2단계 – 1단계 70% + 면접 30%[2019학년도 – 1단계: 100%(4배수) / 2단계: 1단계 60% + 면접 40%] ＊서류평가: 기초 학습 능력 40% + 성장 잠재력 30% + 인성 30% ＊면접: 서류 기반 면접(학업 역량 30% + 잠재 역량 30% + 인성 40%, 15분이내)
		서울신학대 학생부종합전형 (일반)	• 1단계: 서류 100%(4배수) / 2단계: 서류 60% + 면접 40% ＊교과가 4~5등급이라도 종교적 신앙심을 표현할 수 있으면 지원해 볼 만함
		을지대 EU자기추천전형	• 전형 통합: EU자기추천(2019학년도: 을지리더십, 창의적인재) • 전형방법 변경 – 1단계: 학생부(교과/비교과) 100%(5배수)[2019학년도: 서류 100%(3배수)] / 2단계: 1단계 70% + 면접 30% • 대전캠(임상병리, 간호학과), 성남캠(전학과) 모집 • 면접: 서류(학생부, 자소서) 기반 일반면접(인성, 전공적합성, 발전 가능성, 자세 및 태도)
		협성대 협성창의인재전형	• 1단계: 서류 100%(3배수) / 2단계: 심층면접 100% • 사회복지학과, 호텔관광 · 유통경영학과(트랙) 두 학과만 각각 20명 모집 ＊심층면접: 지원 동기, 학업 계획, 면접 태도, 인성 및 전공 이해 등을 종합적으로 심층평가함
		한국산업기술대 KPU인재전형	• 전형명 변경: 학생부종합(KPU인재)(2019학년도 학생부종합) • 1단계: 서류 100%(3배수) / 2단계: 1단계 70% + 면접 30% ＊서류 기반 개별면접(학업 역량, 전공적합성, 인성, 발전 가능성 평가, 15분)
		평택대 PTU인재종합전형	• 1단계: 서류 100%(3배수) / 2단계: 면접 100%
		차의과학대 CHA학생부종합전형	• 전형명 변경: 학생부종합(CHA학생부종합전형)(2019학년도: CHA자기추천전형) • 모집인원 확대: 190명 → 214명(24명 증가), 학과별 고루 증가 • 전형방법 변경: 1단계 – 서류 100%(3배수) / 2단계 – 1단계 70% + 면접 30%(2019학년도: 2단계 – 1단계 60% + 면접 40%) • 전형방법: 서류 – 0점~700점 / 면접 – 0점~300점 • 자소서: 대학 자율문항 폐지 ＊서류, 면접평가: 학업 역량, 전공적합성, 인성, 발전 가능성, 문제해결 능력 평가
		한신대 참인재전형	• 서류평가(서류: 학생부 교과, 비교과) 60% + 면접 40% • 서류평가: 인성 30%, 학업수행 능력 25%, 전공 관심도 25%, 발전 가능성 20% • 모집인원 확대: 236명 → 310명(74명 증가) • 학생부 교과 반영: 국어/수학 교과 중 3과목 + 영어 교과 3과목 +사회/과학 교과 중 3과목(계열 구분 없음, 2019학년도는 구분함)

전형		지원가능대학	Tip
학생부 종합	수능최저 미적용	한신대 참인재전형	• 면접문항 공개: 기초소양 분야 1문항, 전공ㆍ적성 분야 1문항 총 2문항 사전 공개
		한경대 잠재력우수자전형	• 전형방법 변경: 1단계 – 서류 100%(3배수) / 2단계 – 1단계 70% + 심 층면접 30%(2019학년도: 2단계 – 1단계 60% + 심층면접 40%) • 서류평가: 인성 40%, 전공적합성 30%, 발전 가능성 30%
		충북대 학생부종합Ⅰ전형	•1단계: 서류 100%(3배수) / 2단계: 서류 80% + 면접 20% ＊실질 반영 점수(전문성, 인성, 적극성): 서류 – 총점 80점(40점~80 점) / 면접 – 총점 20점(0점~20점)
		부경대 학교생활우수인재전형	•1단계: 서류 100%(3배수) / 2단계: 서류 80% + 인성면접 20% • 서류종합평가: 기초 수학 능력, 전공적합성, 인성 및 품성, 발전 가능성 (1,000점~757점) • 면접평가: 전공적합성, 인성 및 품성, 의사소통 능력(200점~170점)
		강원대 (춘천)	미래인재 전형	•1단계: 서류 100%(3배수) / 2단계: 서류 70% + 면접 30% ＊서류평가: 학업 역량 30%, 전공적합성 25%, 인성 24%, 발전 가능성 21% ＊면접평가: 학업 역량 50%, 인성 30%, 잠재 역량 20%
			소프트웨어 인재전형	• 2020학년도 신설 전형(IT대 컴퓨터공학과: 15명 모집) • 전형방법, 서류, 면접평가: 미래인재전형과 동일
		경상대 일반전형	• 전형명 변경: 일반전형(2019학년도 개척인재전형) • 전형방법 변경: 1단계 – 서류 100%(3배수) / 2단계 – 서류 70% + 면 접 30%(2019학년도 – 2단계: 서류 50% + 심층면접 50%) • 서류 1,000점(기본 점수: 850점) / 면접 300점(기본 점수: 255점) [2019학년도: 면접 500점(기본 점수: 425점)]
		금오공과대 kit인재전형	•1단계: 서류 100%(2~3배수) / 2단계: 1단계 70% + 면접 30%(개별면접) • 기계시스템공학과, 신소재공학부, 화학소재공학부, 환경공학과, 응용 화학과: 1단계 2.5배수(2019학년도 2배수), IT융합학과 미선발 • 학과 분리 모집: 화학소재융합공학부 → 화학소재공학부(고분자, 소재 디자인, 화학공학과), 환경공학과, 응용화학과
		전북대 큰사람전형	•1단계: 서류 100%(4배수) / 2단계: 1단계 70% + 면접 30% • 수능최저학력기준: 의예과, 치의예과, 수의예과, 간호학과만 해당 • 서류평가: 인성 및 리더십, 학업 의지 및 전공적합성, 성장 잠재력 및 발전 가능성 • 면접평가: 개인면접(인성 및 리더십, 학업 의지 및 전공적합성, 성장 잠 재력 및 발전 가능성)
		전남대 고교생활우수자전형/ 지역인재전형	• 전형명 변경: 고교생활우수전형(2019학년도 학생부종합 일반전형) •1단계: 종합서류평가 100%(4배수) / 2단계: 1단계 70% + 면접 30% • 지역인재전형(호남 지역 소재 고등학교)은 학생부종합일반전형 고교 생활우수전형과 동일함 (단, 의예과, 치의학전문대학원은 수능최저학력기준 적용함)

전형		지원가능대학		Tip
학생부 종합	수능최저 미적용	전남대 고교생활우수자전형/ 지역인재전형		• 면접: 학업 수행 역량과 인성 역량, 300점 만점(기본 점수 150점) • 모집단위 분할(공과대, 수산해양대), 신설(문화관광경영학과), 전공 폐지(지역개발학전공), 캠퍼스 이동(특수교육학부: 여수 → 광주)이 있으니 확인할 것
		제주대 일반학생전형		• 전형명 변경: 일반학생(2019학년도: 일반학생 2) • 전형방법 변경: 1단계 – 서류 100%(3배수) / 2단계 – 1단계 70% + 면접 30%(2019학년도 – 2단계: 1단계 60% + 면접 40%) ＊서류에서 전공적합성, 면접에서 인성·공동체 기여도를 크게 평가함 • 모집단위 명칭 변경: 해양의생명과학부 → 해양생명과학과, 수산생명의학과
	수능최저 적용	홍익대 (세종)	학교생활 우수자 전형	• 모집계열과 단위: 자율전공(인문·예능, 자연·예능), 자연, 인문 – 서류 100% • 수능최저학력기준: 자연 – 국어, 수학(가), 영어, 과탐(1) 중 2개 영역 등급 합 9 / 인문 – 국어, 수학(가/나), 영어, 사탐/과탐(1) 중 2개 영역 등급 합 8 / 한국사 필수 응시
			미술우수자 전형	• 전형명 변경: 미술우수자전형(2019학년도: 학교생활우수자전형 미술계열) • 1단계(교과) 합격 가능한 학생은 소신 지원할 것 • 1단계: 교과 100%(6배수) / 2단계: 서류 100%(3배수) / 3단계: 서류 40% + 면접 60% • 수능최저학력기준: 국어, 수학(가/나), 영어, 사탐/과탐(1) 중 2개 영역 등급 합 7 / 한국사 필수 응시
		충북대 학생부종합II 전형		• 서류 100% • 모집인원 확대(160명 → 180명) ＊전문성, 인성, 적극성 평가(80점 만점 – 기본 점수 40점) • 수능최저학력기준: 3개 영역 등급 합 13(간호 11, 수의예 8) • 수능최저학력기준 통과 여부가 당락의 중요한 열쇠일 것으로 예상됨 • 자연계 수학(나) 응시자는 2등급 불리(탐구 2 평균) • 수학(가) 인정 모집단위: 수학·정보통계학부, 수의예과
		한국해양대 아치해양인재 전형		• 전형방법 변경: 일괄 – 학생부 교과 60% + 서류 40%(2019학년도 – 1단계: 학생부 60% + 서류 40%(3배수) / 2단계: 1단계 60% + 면접 40%) • 수능최저학력기준: 해사대 – 수학(가/나), 영어, 탐구(사탐·과탐) 중 2개 영역 등급 합 7 / 해양과학기술대(해양체육학과 제외), 공과대 – 수학(가/나), 영어, 탐구 중 2개 영역 등급 합 9 / 국제대 – 국어, 영어, 탐구 중 2개 영역 등급 합 8 ＊탐구 영역은 2개 과목의 등급 평균 적용(소수점 이하 절사) / 한국사 필수 응시 • 서류·면접평가 요소: 인성, 전공적합성, 발전 가능성

전형		지원가능대학	Tip
정시		4.1 ~ 5등급	• 4개 영역 반영 대학 강원대, 공주대, 충북대, 제주대, 경상대, 경북대(상) 등 일부 지방 거점 국립대학, 군산대, 한국교통대, 안동대, 창원대, 한밭대, 경남과기대 등 지방 국립대 , 울산대, 조선대, 동아대, 경상대, 계명대 ,신라대, 한려대, 동명대, 창신대, 제주국제대, 대구대, 동서대, 원광대, 동의대, 부산가톨릭대, 고신대, 위덕대, 동양대, 중원대, 유원대, (호남대, 동신대, 남부대 광주대 – 5개 영역 반영), 조선대(자연) 등에 지원 가능함 • 3개 영역 반영 대학 평택대, 강남대, 협성대 등 경기 소재 하위 대학 / 목포대, 안동대(일부 학과), 순천대 지방 국립대 / 순천향대(자연), 나사렛대, 백석대, 서원대, 선문대, 세명대, 우송대, 전주대, 청운대, 청주대, 호서대, 홍익대(세), 동국대(경), 건국대(글 – 2개 영역 반영), 건양대, 목원대, 배재대, 한남대, 대전대, 중부대 등 지방 사립대
학생부 교과	수능최저 적용		• 경상대, 안동대, 한국교통대, 순천대, 창원대, 금오공대 등의 지방 국립대 중하위 학과와 전남대, 공주대 ,강원대 등의 제2 캠퍼스
			• 홍익대(세), 상명대(천), 순천향대, 한림대, 청운대(인) 등 지방 사립대
	수능최저 미적용		• 목포대, 강릉원주대, 군산대 등의 지방 국립대
			• KC대, 서울한영대, 강남대, 서울신학대, 성결대, 신한대, 안양대, 차의과학대, 협성대, 평택대 등 경기 소재 사립대와 건국대(글), 동국대(경) 등의 지방 사립대

어떤 노력을 기울여야 할까?

고3이라면? 또 하나의 기회, 적성평가전형도 고려해 봅시다!

  적성평가전형은 부족한 내신이지만 수도권 소재 대학에 진학을 희망하는 수험생에게는 간절한 전형입니다. 처음에는 IQ 테스트처럼 교과와 무관한 문제도 많았으나, 요즘은 고교 교육과정 내에서 출제하므로 교과적성이라 부를 만큼 수능과 유사해졌습니다. 적성평가 문항은 깊은 지식을 측정하기 위한 것이 아니라 기초 개념에 충실한 학생이라면 해결할 수 있는 수준입니다. 즉, 평소의 수능 공부가 적성평가전형 준비입니다. 꾸준하게 공부한 학생에게 주어진 또 한 번의 기회, 역전의 기회로 활용해 보는 것도 좋습니다!

수능 공부가 많은 것을 해결해 줍니다!

적성, 논술, 정시…… 이 모든 것을 해결할 방법이 수능 준비입니다. 적성평가 전형이나 논술전형 혹은 학생부 위주 전형의 면접조차도 고교 교육과정 내 출제 원칙으로 모두 학교 수업에 기초를 두고 있습니다. 현재의 애매모호한 성적 구조에서 벗어나는 방법도 수능 공부에서 찾을 수 있습니다. 저학년일수록 각 과목의 기본과 개념에 충실한 준비로 상위 정거장으로 옮겨 갈 발판을 마련해야 합니다.

상위 정거장으로 옮겨 가야 합니다!

수능과 내신 어느 것 하나라도 향상시켜서 상위 정거장으로 이동할 수 있다면 좋겠지만, 지금의 상황에서는 내신이 더 이상 떨어지지 않도록 조심해야 합니다. 당연히 내신이 수시전형의 가장 중요한 평가 요소이기도 하지만, 이 정거장보다 낮은 내신으로 떨어지면 대학별 고사 등의 학생부 반영 방법에서 많은 점수 차로 감점되어 합격 가능성이 훨씬 줄어들기 때문입니다. 저학년이라면 수능과 내신 모두 상승시키는 전략으로 모든 전형에 대한 가능성을 열어 놓아야 합니다!

● **내신 성적을 향상시키면**

37번(169쪽), 38번(178쪽), 39번(231쪽), 40번(246쪽) 정거장으로 GO!

● **수능 성적을 향상시키면**

5번(48쪽), 14번(85쪽), 23번(154쪽), 32번(223쪽) 정거장으로 GO!

● **내신과 수능 성적을 모두 향상시키면**

1번(26쪽), 2번(34쪽), 3번(42쪽), 4번(48쪽), 10번(52쪽), 11번(64쪽), 12번(77쪽), 13번(85쪽), 19번(96쪽), 20번(108쪽), 21번(124쪽), 22번(142쪽), 28번(169쪽), 29번(178쪽), 30번(190쪽), 31번(209쪽) 정거장으로 GO!

42번 정거장

내신 5.0 ~ 7.0 등급, 수능 4.0 ~ 5.0 등급

43번 정거장 포함

수능에 답이 있습니다! 반드시 정시를 목표로 하자는 뜻은 아닙니다. 내신의 불리함 때문에 논술전형, 적성평가전형 등의 대학별 고사를 통한 대학진학을 노린다 해도 모두 수능 공부가 발판이 됩니다. 평소 학교 수업에 충실해야 합니다.

현재 나의 위치는?

정시전형

딱히 무엇이라고 말할 수 있는 정답은 보이지 않지만, 현재로는 수능 성적이 내신 성적에 비해 상대적으로 높으므로 누가 보아도 최종 정시를 목표로 하는 것이 맞습니다. 또 수능 공부는 수시 논술전형이나 적성평가전형 준비도 되므로 지금 위치에서 가장 중요한 일은 수능 공부입니다!

9월 수시가 다가오면, 너무도 많은 학생이 수시전형 준비로 수능 공부에서 손을 떼면서 성적 구조에 변화가 나타납니다. 수능은 9등급제의 상대평가입니다. 다른 학생들의 성적 하향은 오직 정시전형만을 목표로 하는 학생들의 성적 상승으로 이어집니다. 어떤 이는 9월 수시전형부터 수능까지의 2개월을 '골든 타임'이라고 부릅니다. 즉, 대입의 승패를 결정하는 중요한 시간이라는 뜻입니다. 실제로 성적이 4등급 중후반이던 학생이 수능 공부에 올인해 정시전형에서 서울의 중위권 대학에 당당히 합격한 사례가 있습니다.

논술전형

수시전형도 정시전형도 결정하기 애매한 이 정거장에서 성적에 비해 훨씬 상위 대학으로 진학할 수 있는 방법이 있다면 바로 논술전형입니다. 논술전형이 너무도 높은 경쟁률과 최저의 합격률을 보이다 보니, 내신 성적이 좋은 학생들은 학생부 위주 전형으로 지원하고 내신 성적이 부족한 학생들이 내신의 영향력이 약한 논술전형으로 몰리는 경향이 나타나고 있습니다. 일부 대학에서는 5~7등급부터 내신 등급 간 점수 차를 크게 벌려 놓아서 논술로 극복할 수 없는 경우도 있으므로 더 이상 내신 성적이 떨어지지 않도록 주의하고 관리해야 합니다. 이 정거장은 내신보다 오히려 수능 성적이 걸림돌이 될 수 있습니다. 물론 수능 역량이 곧 논술 역량이 될 수 있기 때문이기도 하지만, 이 정거장의 수능 성적으로는 수능최저학력기준이 적용되는 대학은 선택하기 어렵기 때문입니다. 따라서 철저한 수능준비로 수능최저학력기준 충족, 논술 준비라는 두 마리 토끼를 모두 잡는 학습 전략을 세워야 합니다. 그러나 수능최저학력기준 미적용 대학과 적절히 안배해서 지원하는 전략이 필요합니다.

적성평가전형

내신 성적과 비교과 활동이 부족해서 학생부 위주 전형에 지원하기 어렵고 논술전형도 자신이 없으나, 수시전형에서 수도권 소재 대학으로 진학을 희망하는 수험생이라면 적성평가전형을 고려해 볼 만합니다. 그러나 논술전형과 마찬가지로 일부 대학에서 5~7등급부터 내신 등급 간 점수 차를 크게 벌려 놓아서 적성만으로 극복할 수 없게 장치를 해놓기도 합니다. 따라서 더 이상 내신 성적이 떨어지지 않도록 유지 혹은 향상시켜야 합니다. 예전과 달리 교과적성이라 불리는 적성평가전형이 예비 수능고사라고 불릴 정도로 수능과 유사한 문제 유형으로 출제되고 있습니다. 즉, 평소의 수능 공부가 적성평가전형 준비입니다. 그러나 시험 문항 수가 많아 시간이 부족하고, 새로운 유형에 대한 적응도 필요하므로 반드시 실전 대비 연습을 해야 합니다.

어떤 대학을 주목해야 할까?

전형		지원가능대학	Tip	
적성평가	수능최저 적용	평택대 PTU적성전형 (간호학과)	• 학생부 교과 60% + 적성고사 40% • 2020학년도 신설(5명) • 적성고사 과목: 국어 + 수학 • 학생부 등급 간 점수 차: 7등급까지 각 6점 *1문제(8점)로 내신 1등급 이상 만회 가능함 • 수능최저학력기준: 국어, 수학, 영어, 탐구영역(1과목) 중 상위 2개의 등급 합이 6 이내	☞ 수능 성적 향상으로 수능최저학력기준을 충족할 수 있을 때 지원 가능함
		고려대(세종) 학업능력고사 전형	• 학생부 교과 60% + 학업능력고사 40% • 모집인원 감소: 470명 → 430명 • 수능최저학력기준: 국어 3등급 이내 또는 수학(가/나) 3등급 이내, 또는 영어 2등급 이내, 또는 탐구(사탐/과탐) 2과목 합이 6등급 이내 ※ 4개 영역(국어, 수학, 영어, 탐구) 등급 조건 중 어느 한 가지 조건만 충족하면 됨 (단, 자연계 일부 학과 수(가) 반드시 응시해야 함) *수능최저학력기준 충족 여부가 합격의 중요한 요인으로 작용함 • 학업능력고사 과목: 인문/예체능 – 국어 + 영어 / 자연 – 영어 + 수학 • 학생부 등급 간 점수 차: 6등급까지 각 20점(총점600점) • 합격자 내신 분포: 4~5등급(총 40문항 중 27~28문항이면 합격 가능함) • 고사 예정일자: 11. 23(토)	

전형		지원가능대학	Tip	
적성평가	수능최저 적용	홍익대(세종) 학생부적성전형	• 학생부 교과 60% + 적성고사 40% • 국어, 수학, 영어, 사회(자연계 과학) 교과 중 상위 3 과목씩 12개 과목) • 수능최저학력기준: 인문 – 2개 영역 등급 합 8 / 자연 –2개 영역 등급 합 9[수학(가) 필수 응시], 탐구 1 ＊수능최저학력기준 충족 여부가 합격의 중요한 요인으로 작용함 • 적성고사 과목: 영어 + 수학 • 합격자 내신 분포: 4등급 초중반 • 고사 예정일자: 11. 17(일)	☞ 수 능 성 적 향상으로 수능 최저학력기준을 충족할 수 있을 때 지원 가능함
	수능최저 미적용	가천대 적성우수자전형	• 학생부 교과 60% + 적성고사 40% • 적성고사 과목: 국어 + 영어 + 수학 • 합격자 내신 분포: 3등급 중반 • 학생부 반영 방법: 반영 교과별 상위 등급 5과목, 또한 특정과목이 우수한 학생에게 유리한 교과 반영 방법 적용[국어, 수학, 영어, 사회(과학) 교과 중 반영 교과의 점수가 높은 순으로 35%, 25%, 25%, 15% 반영함] • 학생부 등급 간 점수 차: 5등급까지 각 3점, 내신 1등급 간 점수 차는 적성 문제 1문항으로 만회 가능함 • 합격 정답률: 70% 이상 맞혀야 합격 가능함 • 고사 예정일자: 11. 24(일)	
		을지대 교과적성우수자 전형	• 학생부 교과 60% + 적성고사 40% • 적성고사 과목: 국어 + 영어 + 수학 – 수학(15문항) 영역에 한하여 객관식 사지선다형 10문항과 단답형 주관식 5문항이 혼합 출제 • 학생부 등급 간 점수 차: 6등급까지 각 12점(총점 600점) • 합격자 내신 분포: 4~5등급(간호학과는 3등급 중반) • 합격 정답률: 60문항 중 평균 46개 이상 정답을 맞혔음. 단, 간호학과는 50~53개 이상 • 고사 예정일자: 10. 12(토)	
		삼육대 교과적성우수자 전형	• 학생부 교과 60% + 적성고사 40% • 모집인원 증가: 215명 → 238명, 글로벌한국학과 신설(4명) • 적성고사 과목: 국어 + 수학 • 학생부 등급 간 점수 차: 3등급까지 각 6점, 5등급까지 각 9점 • 합격자 내신 분포: 2등급 후반~4등급 중후반 • 고사 예정일자: 10. 6(일)	
		서경대 일반학생전형	• 학생부 교과 60% + 적성고사 40% • 모집인원 대폭 증가: 235명 → 325명(85명 증가), 각 학과 모집인원 골고루 증가 • 적성고사 과목: 언어 + 수리 • 학생부 교과 반영 방법 : 국어, 영어, 사회(인문) / 수학, 영어, 과학(자연) 교과 중 상위 3과목씩 9개 과목	

전형		지원가능대학	Tip
적성평가	수능최저 미적용	서경대 일반학생전형	• 학생부 등급 간 점수 차: 6등급까지 각 12점 • 합격자 내신 분포: 2등급 후반~4등급 중반 • 고사 예정일자: 9. 29(일)
		성결대 적성우수자전형	• 학생부 교과 60% + 적성고사 40% • 모집인원 증가: 249명 → 283명, 관광개발학과(야) 주간으로 변경 모집, 동아시아물류학부 및 공과대 모집인원 증가 • 적성고사 과목: 국어 + 수학 • 학생부 등급 간 점수 차: 6등급까지 각 7점 • 합격자 내신 분포: 2등급 중반~4등급 중반(그러나 최종 등록자의 80% 커트라인은 5등급 초중반이었음) • 고사 예정일자: 10. 26(토)
		수원대 일반(적성)전형	• 학생부 교과 60% + 적성고사 40% • 모집인원 증가: 262명 → 304명 • 적성고사 과목: 국어 + 수학 • 학생부 등급 간 점수 차: 5등급까지 3점 • 합격자 내신 분포: 인문 – 4등급 초중반 / 자연 – 4등급 중후반 • 합격 정답률: 60문항 중 인문/자연은 40~42개, 공과대 등 인기 학과는 평균 45개 이상 정답을 맞혔음. 특히 수학은 인문 15개 이상, 자연은 20~21개 이상 정답률을 보임 • 고사 예정일자: 10. 5(토) – 자연 / 10. 6일(금) – 인문
		한신대 적성우수자전형	• 학생부 교과 60% + 적성고사 40% • 적성고사 과목: 국어 + 수학 • 학생부 교과 반영 방법: 국어/수학 교과 중 3과목 + 영어 교과 3과목 + 사회/과학 교과 중 3과목(총 9과목) • 학생부 등급 간 점수 차: 7등급까지 각 6점 • 합격자 내신 분포: 최종 합격자의 80% 커트라인은 4등급 초반~5등급 초반 – 학과별 차이 많음 • 고사 예정일자: 12. 1(일)
		한국산업기술대 적성우수자전형	• 학생부 교과 60% + 적성고사 40% • 적성고사 과목: 국어 + 수학 • 문항수 축소: 문항수 50문제(국어: 25문제, 수학: 25문제)[2019학년도 문항수 60문제 (국어: 30문제, 수학: 30문제)] • 학생부 교과 반영 방법 변경(성적 등락 폭이 큰 학생 주목): 반영 교과 내 상위 5과목 • 학생부 등급 간 점수 차: 5등급까지 각 3점 • 합격자 내신 분포: 3등급 후반~4등급 초반 • 충원 합격 비율이 매우 적어 신중한 지원이 요구됨 • 고사 예정일자: 11. 17(일)

전형		지원가능대학	Tip
적성평가	수능최저 미적용	평택대 PTU적성전형	• 학생부 교과 60% + 적성고사 40% • 모집인원 증가: 136명 → 177명(대부분의 학과 모집인원 증가. 단, 국제지역학부 선발 인원 대폭 감소21명 → 12명) • 적성고사 과목: 국어 + 수학 • 학생부 등급 간 점수 차: 7등급까지 각 6점 ＊1문제(8점)로 내신 1등급 이상 만회 가능함 • 고사 예정일자: 11. 30(토)
		한성대 적성우수자전형	• 학생부 교과 60% + 적성고사 40% • 전공적성고사 과목: 국어 + 수학 • 학생부 등급 간 점수 차: 1~4등급 각 8점, 4~5등급 12점 • 모집단위: 크리에이티브인문학부, 사회과학부, 글로벌패션산업학부, IT공과대 • 고사 예정일자: 10. 20(일)
논술	수능최저 미적용	인하대 논술우수자전형	• 논술 70% + 학생부 교과 30% • 학생부 등급 간 점수 차: 1등급 300점, 2등급 288점, 3등급~6등급 3점씩 감점
		아주대 논술우수자전형	• 논술 80% + 학생부 교과 20% • 학생부 변별력이 매우 낮음(논술이 당락을 결정함) • 자연계: 수리 논술만 • 금융공학 10명 모집, 수리논술 응시
		한국항공대 논술우수자전형	• 논술 70% + 학생부 교과 30% • 모집인원 축소: 215명 → 166명(49명 감소) • 학생부 반영 방법: 매학기 반영 교과 영역별 최고 석차 등급 각 1과목 반영 (매학기 4과목 반영, 일부 학과 사회/과학 중 우수성적 선택) • 합격자 내신 분포: 2등급~3등급 중반
		광운대 논술우수자전형	• 논술 60% + 학생부 40%(교과 20% + 출결 10% + 봉사 10%) • 교과 성적 등급 간 점수 차가 크므로 내신을 고려해 지원 • 논술평가: 인문(통합교과형 2문제), 자연(수리논술 2문제 – 문제당 5개 내외 소문제) • 합격자 내신 분포: 인문/자연 평균 3등급 중후반
		단국대(죽전) 논술우수자전형	• 논술 60% + 학생부 교과 40% • 학생부 등급 간 점수 차: 1~6등급 각 4점 • 논술평가: 인문(인문사회 통합교과형 3문제), 자연(통합교과형 수학 2문제 – 문제별 소문항이 있을 수 있음) • 합격자 내신 분포: 4등급대
		서울과학기술대 논술전형	• 논술 70% + 학생부 교과 30% • 학생부 교과 등급 간 점수 차가 3등급부터 커지므로 지원에 유의 • 합격자 내신 분포: 3등급 중후반~4등급 초반

전형		지원가능대학	Tip
논술	수능최저 미적용	가톨릭대 논술전형	• 논술 70% + 학생부 교과 30% • 합격자 내신 분포: 인문 4.7등급(평균), 자연 4.8등급(평균)(간호, 의예 제외)
		한국외국어대 (글로벌) 논술전형	• 논술 70% + 학생부 교과 30% • 학생부 교과 반영 방법 변경: 석차 등급만 적용(2019학년도: 석차 등급 혹은 원점수 중상위값 적용) • 자연 계열은 논술 없음
		한국기술교육대 코리아텍 일반전형	• 학생부 교과 40% + 논술 60% • 공학 계열 학부: 수학 3문항(60%), 과학(물리Ⅰ 또는 화학Ⅰ) 2문항 (40%) • 산업경영학부: 수학 3문항(60%), 사회(경제) 2문항(40%) • 2019학년도 논술 경쟁률 4.92 : 1로 낮아 동일 내신 등급대에서 수학에 강점이 있는 학생이 유리함
		한국산업기술대 논술우수자전형	• 논술 60% + 학생부 교과 40% • 전형명 변경: 일반 → 논술 우수자 • 모집단위: 공학 계열 • 출제 형식 변경: 수리논술 3문제(문항당 A4 용지 1장이내) → 수리 문제 2문제(문항당 A4 용지 1장 이내)

* 논술전형 지원 가능 대학(내신 성적 고려)
　42번 정거장: 인하대, 아주대, 광운대, 단국대, 한국항공대, 서울과학기술대, 가톨릭대, 한국외국어대(글), 한국기술교육대, 한국산업기술대
　43번 정거장: 가톨릭대, 한국기술교육대

전형	지원가능대학	Tip
정시	4.1~5등급	• 4개 영역 반영 대학 　강원대, 공주대, 충북대, 제주대, 경상대, 경북대(상) 등 일부 지방 거점 국립대학, 군산대, 한국교통대, 안동대, 창원대, 한밭대, 경남과기대 등 지방 국립대 . 울산대, 조선대, 동아대, 경상대, 계명대 ,신라대, 한려대, 동명대, 창신대, 제주국제대, 대구대, 동서대, 원광대, 동의대, 부산가톨릭대, 고신대, 위덕대, 동양대, 중원대, 유원대, (호남대, 동신대, 남부대, 광주대 – 5개 영역 반영), 조선대(자연) 등에 지원 가능함 • 3개 영역 반영 대학 　평택대, 강남대, 협성대 등 경기 소재 하위 대학 / 목포대, 안동대(일부 학과), 순천대 등 지방 국립대 / 순천향대(자연), 나사렛대, 백석대, 서원대, 선문대, 세명대, 우송대, 전주대, 청운대, 청주대, 호서대, 홍익대(세), 동국대(경), 건국대(글 – 2개 영역 반영), 건양대, 목원대, 배재대, 한남대, 대전대, 중부대 등 지방 사립대

고3이라면? 또 하나의 기회, 적성평가전형도 고려해 봅시다!

적성평가전형은 부족한 내신이지만 수도권 소재 대학에 진학을 희망하는 수험생에게는 간절한 전형입니다. 처음에는 IQ 테스트처럼 교과와 무관한 문제도 많았으나, 요즘은 고교 교육과정 내에서 출제하므로 교과적성이라 부를 만큼 수능과 유사해졌습니다. 적성평가 문항은 깊은 지식을 측정하기 위한 것이 아니라 기초 개념에 충실한 학생이라면 해결할 수 있는 수준입니다. 즉, 평소의 수능 공부가 적성평가전형 준비입니다.

그러나 내신 성적 관리가 필수입니다. 꾸준하게 공부한 학생에게 주어진 또 한 번의 기회, 역전의 기회로 활용해 보는 것도 좋습니다!

수능 공부가 많은 걸 해결해 줍니다!

적성, 논술, 정시…… 이 모든 것을 해결할 방법이 수능 준비입니다. 적성평가전형이나 논술전형 혹은 학생부 위주 전형의 면접조차도 고교 교육과정 내 출제 원칙으로 모두 학교 수업에 기초를 두고 있습니다. 현재의 애매모호한 성적 구조에서 벗어나는 방법도 수능 공부에서 찾을 수 있습니다. 저학년일수록 각 과목의 기본과 개념에 충실한 준비로 상위 정거장으로 옮겨 갈 발판을 마련해야 합니다.

상위 정거장으로 옮겨 가야 합니다!

수능과 내신 어느 것 하나라도 향상시켜서 상위 정거장으로 이동할 수 있다면 좋겠지만, 지금의 상황에서는 내신이 더 이상 떨어지지 않도록 조심해야 합니다. 당연히 내신이 수시전형의 가장 중요한 평가 요소이기도 하지만, 대학별 고사 등의 학생부 반영 방법에서 많은 점수 차로 감점되어 합격 가능성이 훨씬 줄어들기 때문입니다. 저학년이라면 수능과 내신 모두 상승시키는 전략으로 모든 전형에 대한 가능성을 열어 놓아야 합니다!

● **내신 성적을 향상시키면**

37번(169쪽), 38번(178쪽), 39번(231쪽), 40번(246쪽), 41번(263쪽) 정거장으로 GO!

● **수능 성적을 향상시키면**

6번(48쪽), 15번(85쪽), 24번(154쪽), 33번(223쪽) 정거장으로 GO!

● **내신과 수능 성적을 모두 향상시키면**

1번(26쪽), 2번(34쪽), 3번(42쪽), 4번(48쪽), 5번(48쪽), 10번(52쪽), 11번(64쪽), 12번(77쪽), 13번(85쪽), 14번(85쪽), 19번(96쪽), 20번(108쪽), 21번(124쪽), 22번(142쪽), 23번(154쪽), 28번(169쪽), 29번(178쪽), 30번(190쪽), 31번(209쪽), 32번(223쪽) 정거장으로 GO!

내신 **7.0** ~ **9.0** 등급, 수능 **4.0** ~ **5.0** 등급

45번 정거장 포함

딱 봐도 정시군요! 내신에 비해 수능 성적이 상대적으로 훨씬 높습니다. 수능이 치고 올라가면 어디까지 갈지 모르니 어디 한번 가 봅시다!

현재 나의 위치는?

내신과 수능 성적 차이가 꽤 크군요. 학교 시험보다 수능 시험 경향이 본인과 잘 맞든가, 우수한 학생이 많이 모여 있는 학교라서 내신 성적 산출에서 불리했을 경우로 보입니다. 당연히 최종 정시를 목표로 공부해 왔으리라 짐작됩니다. 혹은 수시 논술전형으로 지원해 볼 수 있지만, 6~7등급부터 내신 등급 간 점수 차를 많이 벌려 놓아서 논술 실력만으로 극복하기 어려운 대학이 많이 있습니다. 학생부 등급 간 점수 차가 크게 벌어지지 않는 대학으로 지원하는 것이 좋습니다.

정시전형

　최종 목표입니다! 수능 준비에 전력을 다해서 정시에서 승부를 보아야 하는 정거장입니다. 9월 수시가 다가오면, 너무도 많은 학생이 수시전형 준비로 수능 공부에서 손을 떼면서 성적 구조에 변화가 나타납니다. 수능은 9등급제의 상대평가입니다. 다른 학생들의 성적 하향은 오직 정시전형만을 목표로 하는 학생들의 성적 상승으로 이어집니다. 어떤 이는 9월 수시전형부터 수능까지의 2개월을 '골든타임'이라고 부릅니다. 즉, 대입의 승패를 결정하는 중요한 시간이라는 뜻입니다. 실제로 성적이 4등급 중후반이던 학생이 수능 공부에 올인해 정시전형에서 서울의 중위권 대학에 당당히 합격한 사례가 있습니다.

논술전형

　수능최저학력기준이 낮거나 적용하지 않는 대학에 지원할 수 있어 보이지만, 많은 대학이 학생부 반영 시 6~7등급부터 내신 등급 간 점수 차를 크게 벌려 놓아서 사실상 논술 실력만으로 극복하기 어려운 경우가 많습니다. 그렇기 때문에 내신 등급 간 점수 차가 크게 벌어지지 않는 대학 지원을 고려해야 하고, 논술 시험에서 만점을 목표로 철저히 준비해야 합니다.

어떤 대학을 주목해야 할까?

전형	지원가능대학	Tip
정시	4.1 ~ 5등급	• 4개 영역 반영 대학 강원대, 공주대, 충북대, 제주대, 경상대, 경북대(상) 등 일부 지방 거점 국립대학, 군산대, 한국교통대, 안동대, 창원대, 한밭대, 경남과기대 등 지방 국립대 · 울산대, 조선대, 동아대, 경상대, 계명대, 신라대, 한려대, 동명대, 창신대, 제주국제대, 대구대, 동서대, 원광대, 동의대, 부산가톨릭대, 고신대, 위덕대, 동양대, 중원대, 유원대, (호남대, 동신대, 남부대 광주대 – 5개 영역 반영), 조선대(자연) 등에 지원 가능함

44 ~ 45번 정거장

전형		지원가능대학	Tip
정시		4.1 ~ 5등급	• 3개 영역 반영 대학 평택대, 강남대, 협성대 등 경기 소재 하위 대학 / 목포대, 안동대(일부 학과), 순천대 등 지방 국립대 / 순천향대(자연), 나사렛대, 백석대, 서원대, 선문대, 세명대, 우송대, 전주대, 청운대, 청주대, 호서대, 홍익대(세), 동국대(경), 건국대(글 – 2개 영역 반영), 건양대, 목원대, 배재대, 한남대, 대전대, 중부대 등 지방 사립대
논술	수능최저 미적용	가톨릭대 논술전형	• 논술 70% + 학생부 교과 30% • 합격자 내신 분포: 인문 4.7등급(평균), 자연 4.8등급(평균)(간호, 의예 제외)
		경북대 논술(AAT)전형	• 논술 70% + 학생부 30%(교과 20%, 비교과 10%), • 수능최저학력기준: 인문대, 사회대, 자연대, 공과대, 농업생명과학대, 간호대, IT대, 생활과학대, 자율전공 – 3개 영역 등급 합 8(탐구 1) / 경상대, 사범대, 수의과대, 행정학부 – 3개 영역 등급 합 6(탐구 1) / 한국사 4등급 ＊모바일전공 –수학(가), 과탐 2개 영역 등급 합 3(한국사 필수 응시) • 문항 유형: 논술형, 약술형, 풀이형(빈칸 채우기, 단답형 병행 출제) 20자 정도로 짧게 쓰는 서술식 문제이므로 제시문의 내용을 정확히 파악하는 것이 무엇보다 중요함
		* 논술전형 지원 가능 대학(내신 성적 고려) 44번 정거장: 가톨릭대, 경북대	

고3이라면? 대수능을 목표로 앞만 보고 가야 합니다!

정답은 수능입니다! 수능 날까지 남은 시간이 곧 재산입니다! 그러니 하루하루 낭비하지 말고 아끼고 아껴서 조금이라도 더 수능 성적을 챙겨야 합니다. 학교 수업은 내신만 관계있고 수능과는 별개라고 생각해서는 안 됩니다. 물론 내신평가는 수업 중 배운 내용을 바탕으로 하는 것이 원칙이지만, 수능 공부도 학교 수업이 바탕이 되어야 합니다. EBS 연계 교재를 통해 실전 연습도 하고, 모의고사를 통해 자신의 위치를 파악하고 출제 경향을 분석하면서 현명하게 수능에 대비해야 합니다. 대학별 정시 선발 인원의 변화도 확인하기 바랍니다.

논술전형에 지원하려면 이것을 준비하자!

논술전형 준비에서 중요한 것은 수능 준비입니다. 첫째, 수능 역량이 곧 논술 역량이기 때문이고, 둘째, 수능최저학력기준 충족 여부가 매우 중요한 합불의 열쇠가 되기 때문입니다. 또 인문논술은 제시문의 독해와 논리적 주장이 중요하고, 자연논술은 수학·과학의 문제 해결이 중요하므로 수능 학업 역량이 갖춰져야 논술 공부가 빛을 발할 수 있습니다.

논술은 글을 작성하는 시험이므로 어떤 방법으로 답안을 작성할지 정확한 방향을 잡고 연습하며 내면화하는 과정과 기출문제 풀이를 통한 적응 훈련이 반드시 필요합니다. 더불어 이 정거장의 경우, 논술전형에서 선택지를 넓히기 위해서는 내신 성적 향상이 필수입니다. 저학년은 내신 등급 간 감점의 불이익을 적게 받기 위해 최소한 6등급 이상으로는 올려야 선택할 수 있는 대학이 많아집니다.

상위 정거장으로 옮겨 가야 합니다!

이 정거장의 동아줄이 있다면 바로 수능! 그렇다면 그것을 최고로 만들어 더 높은 곳으로 올라가는 것이 최선입니다. 그러나 저학년이라면 내신도 절대로 포기해서는 안 됩니다! 수능 성적이 상위 대학의 수능최저학력기준을 충족할 수 있는 수준으로 향상되더라도 내신 때문에 논술전형에 지원할 수 없는 경우가 발생할 수 있습니다. 어떤 전형이든 지원 가능하게 만들어 놓을 필요가 있습니다.

● **내신 성적을 향상시키면**

37번(169쪽), 38번(178쪽), 39번(231쪽), 40번(246쪽), 41번(263쪽), 42번(279쪽), 43번(279쪽) 정거장으로 GO!

● **수능 성적을 향상시키면**

8번(48쪽), 17번(91쪽), 26번(162쪽), 35번(223쪽) 정거장으로 GO!

● 내신과 수능 성적을 모두 향상시키면

1번(26쪽), 2번(34쪽), 3번(42쪽), 4번(48쪽), 5번(48쪽), 6번(48쪽), 7번(48쪽), 10번(52쪽), 11번(64쪽), 12번(77쪽), 13번(85쪽), 14번(85쪽), 15번(85쪽), 16번(91쪽), 19번(96쪽), 20번(108쪽), 21번(124쪽), 22번(142쪽), 23번(154쪽), 24번(154쪽), 25번(162쪽), 28번(169쪽), 29번(178쪽), 30번(190쪽), 31번(209쪽), 32번(223쪽), 33번(223쪽), 34번(223쪽) 정거장으로 GO!

46번 정거장

내신 1 ~ 1.5 등급, 수능 5.0 ~ 9.0 등급

55·64·73번 정거장 포함

참 드문 경우입니다! 내신과 수능 성적 차이가 너무 크군요. 딱 보아도 내신 등급을 활용한 학생부 위주 전형 지원이 답입니다! 앞으로 남아 있는 학교 시험에서 지금의 내신 성적을 유지하기 위해 최선을 다해야 합니다. 나의 소중한 무기를 잃어서는 안 되겠지요? 더불어 희망 전공과 관련한 비교과 활동을 설계하고 준비해야 합니다.

현재 나의 위치는?

이 정거장은 참 특이합니다! 내신과 수능 성적이 너무 현격하게 차이가 나는군요. 그렇다면 월등한 내신 성적을 활용한 학생부 위주 전형으로 지원하는 것이 답입니다. 최상위권 대학의 학교장추천 대상자가 될 가능성이 높지만, 수능최저학력기준 불충족으로 추천 대상에서 제외되거나 추천되더라도 합격을 기대하기가 어렵습니다. 지금의 수능 성적으로는 어떤 전형이든 수능최저학력기준 미적용 대학으로 지원해야 하는, 선택지가 좁은 정거장입니다.

학생부종합전형

이 정거장의 학생들에게는 선물과도 같은 전형입니다. 특히 학생부종합전형은 일부 대학을 제외하곤 수능최저학력기준이 적용되지 않는 경우가 대부분이라 반드시 성공해야 하는 전형입니다.

훌륭한 내신 성적을 볼 때, 이미 학교생활 충실성과 학업 역량은 최고로 평가받을 것입니다. 이제 비교과 활동을 통해 희망하는 대학과 전공에서 원하는 인재상을 이해하고 그에 맞는 열정과 잠재력을 드러내야 합니다. 이 정거장의 학생들이 희망하는 눈높이의 대학에 합격하려면 우수한 성적의 학생들과 경쟁하게 되므로, 자신만의 매력이 돋보일 수 있는 콘텐츠로 승부를 걸어야 합니다. 단순한 스펙의 나열보다는 고교 과정에서 진로를 찾아 나가고, 그것을 이루기 위해 노력해 가는 과정을 진솔하게 서술하여 설득력 있게 다가가는 것이 좋습니다.

학생부교과전형

많은 상위권 대학들이 학생부교과전형을 실시하지 않는 경향이라서 이 정거장 학생들의 눈높이에 맞는 지원 대학의 범위가 넓지 않습니다. 이 정거장의 학생들은 내신 성적은 훌륭하지만 수능최저학력기준을 충족하기 어려우므로, 수능최저학력기준 미적용 대학인 한양대, 이화여대(고교추천), 중앙대(학교장추천 - 2019학년도 신설), 한국외국어대(2020폐지) 등에 지원하는 것이 좋습니다. 그러나 이때도 전체 1등급에 가까운 최고의 성적이어야 함을 잊지 말기 바랍니다. 수능 성적을 향상시킨다면 지원 시 선택의 폭이 넓어집니다.

수시전형 지원은 정시전형 지원 가능 대학보다는 높은 수준의 대학이나 학과로 지원하는 것이 원칙입니다. 수시전형에 실패했을 때는 정시전형이 기다리고 있으니까요. 그런데 이 정거장은 수능 성적이 상대적으로 많이 낮기 때문에 수시전형 지원의 폭을 넓힐 필요가 있습니다. 수시전형 모집에서 실패했을 경우, 정시전형에서는 많이 어려워지기 때문입니다.

자신의 비교과 활동 수준에 따라 학생부종합전형의 합격 여부를 가늠하고, 수능최저학력기준이 없는 학생부종합전형에서 폭을 넓혀 지원해야 합니다. 학생부교과전형에서 확실한 합격처를 만들어 놓을 필요가 있는데 한양대, 이화여대, 중앙대, 한국외대 학생부교과전형을 전략적으로 활용해야 합니다.

어떤 대학을 주목해야 할까?

전형		지원가능대학		Tip
학생부 종합	수능최저 미적용	서강대	종합형	• 전형명 변경: 종합형(2019학년도: 자기주도형) • 서류 100%[학생부, 자소서, 추천서(선택)] • 전공적합성보다는 학업 역량을 강조함 • 학교생활보충자료는 2019학년도부터 폐지 • 정시 모집인원 확대로 인한 수시 모집인원 감소, 영미문화계 모집인원 대폭 감소(34명에서 24명으로) 등 학과별 모집인원 확인 필요함
			학업형	• 전형명 변경: 학업형(2019학년도: 일반형) • 서류 100%(자소서와 추천서 수능 이후 입력 및 제출) • 수능최저학력기준 폐지 – 2019학년도: 3개 영역 등급 합 6(탐구 1), 한국사 4등급 • 지원 계열에 따른 응시 영역 간 구분 두지 않음(수학, 탐구) • 일부 모집단위 학과별이 아닌 학부로 모집, 지원 학과 확인 필수
		성균관대 계열모집/학과모집		• 서류 100%(학생부, 자소서)[2019학년도: 학생부, 자소서, 교사추천서(선택)] • 전형명 변경: 계열모집(2019학년도 성균인재) – 계열 및 광역 모집단위 / 학과모집(2019학년도 글로벌인재) – 학과 모집단위 선발 • 전자전기공학부(98명), 경영학(105명) 학과 모집으로 선발(2019학년도 성균인재 전형으로 선발) • 소프트웨어과학인재(특기자) 60명 폐지 → 학생부종합전형으로 흡수 • 글로벌인재전형 중 일부 학과[의예, 사범대(교육학, 한문교육, 수학교육, 컴퓨터교육), 스포츠과학]: 1단계 – 서류 100%(3배수 내외) / 2단계 – 1단계 80% + 면접 20% • 학업 역량이 중요함

전형		지원가능대학		Tip

학생부
종합
	수능최저
	미적용
		한양대
		학생부종합전형
		(일반)
				• 학생부종합평가 100%, 면접 없음
				• 오직 학생부 하나로 평가함
				＊학업 역량(적성) 50% + 인성 및 잠재력 50%로 학생부의 수상 경력,
				  창의적 체험활동 상황, 세부 능력 및 특기 사항, 행동 특성 및 종합
				  의견을 유기적·종합적으로 평가함
				• 같은 수준의 대학 중 합격 내신의 폭이 가장 넓은 대학임. 내신 성적을
				  보지 않는다기보다는 다양한 요소로 역량을 평가한다는 측면임
				• 경영학부: 자연 계열 12명 선발
				• 경제금융학부: 자연 계열 5명 선발, 국제학부: 10명 선발 (2019학년도
				  특기자 전형으로만 선발)
				• 미래산업학부 데이터사이언스학과(신설) 20명 선발

		중앙대	다빈치형
			인재전형
				• 전형방법 변경: 서류 100%(일괄합산)(2019학년도 단계별, 2단계 면접)
				• 의학부: 8명 선발 / 체육교육과: 15명 선발
				• 2019학년도 학부 모집에서 2020학년도 학과별 모집으로 일부 모집단
				  위 변경 및 다수 학과 모집인원 변동에 따른 확인 필수
				• 서류를 근거로 지원자의 학업 및 교내 다양한 활동을 통한 성장 가능
				  성을 종합적으로 평가함

			탐구형
			인재전형
				• 전형방법 변경: 서류 100%(일괄합산)(2019학년도 단계별, 2단계 면접)
				• 의학부: 8명 선발
				• 2019학년도 학부 모집에서 2020학년도 학과별 모집으로 일부 모집단
				  위 변경 및 다수 학과 모집인원 변동에 따른 확인 필수
				• 서류를 근거로 지원자의 탐구 능력, 전공 분야의 학업 잠재력, 학교 충
				  실성 등을 종합적으로 평가함(소논문, 과제 연구, 심화 연구 등의 지적
				  탐구 과정에서 역량을 보여 줄 수 있어야 함)

			SW인재 전형	• 소프트웨어대 75명 모집(2019학년도 소프트웨어학부 70명 모집) • 전형방법 변경: 서류 100%(일괄합산)(2019학년도 단계별 모집, 2단계 면접) • 서류평가는 학생부, 자소서, 추천서(2019학년도 제출한 SW 역량 입증 서류 폐지)

		경희대
		고교연계전형
				• 전형방법 변경: 서류 70% + 학생부 교과 30%[서류평가 비중 확대
				  (60% → 70%)]
				• 학교장추천 인원: 인문 2명, 자연 3명, 예체능 1명
				  계열 구분은 대학 모집단위 기준임
				• 지원 자격: 문화인재, 글로벌인재, 리더십인재, 과학인재 중 하나여야
				  함(태권도학과 지원자는 2단(품) 이상의 단증 소지자)

		건국대
		KU학교추천전형
				• 전형방법 변경: 학생부 교과 30% + 서류 70%(학생부,
				  자소서, 학교장 명의 추천 공문, 추천서 폐지)[2019학년
				  도 교과 40% + 서류 60%(학생부, 자소서, 교사추천서)]
				• 2020학년도부터 학생부종합전형 내 중복 지원 가능
				• 인성과 학업 역량이 우수하고 타의 모범이 되어 고교
				  에서 추천 받은 학생
				• 학교별 추천 인원 제한 없음　　　☞수능 성적이
				저조할 때는
				우수한 내신
				성적을 활용한
				합격 전략을
				세워야 함

전형		지원가능대학	Tip	
학생부 종합	수능최저 미적용	동국대 학교장추천인재 전형	• 전형방식 변경: 학생부 100%, 자소서 폐지(2019학년 도: 학생부, 자소서), 면접 없음 • 학교장 추천 인원: 총 4명 이내(인문 2명, 자연 2명 - 대학 모집단위 기준) • 서류평가: 자기 주도적 학습 능력 40%, 전공적합성 25%, 인성·사회성 20%, 지원 동기 및 진로 계획 15%	☞수능 성적이 저조할 때는 우수한 내신 성적을 활용한 합격 전략을 세워야 함
학생부 교과	수능최저 미적용	한양대 학생부교과전형	• 학생부 교과 100%(인문, 상경: 국어, 영어, 수학, 사회 / 자연: 국어, 영 어, 수학, 과학 교과의 전 과목 반영) • 매우 높은 합격 커트라인을 형성함	
		중앙대 학교장추천전형	• 학생부 교과 60% + 서류(학생부, 자소서) 40% • 고등학교별 추천 인원 4명(단, 서울캠 3명까지), 모집단위별 1명씩만 추천 가능 • 모집인원의 소폭 증가(10명 증가)로 인한 모집단위의 변동과 모집단위 별 모집인원의 변동 확인 필요	
		한국외국어대 교과전형	• 학생부 교과 100% 석차 등급(2019학년도 석차 등급 혹은 원점수 적용 에서 석차 등급으로만 변경) – 수능최저학력기준: 2020학년도부터 폐지(2019학년도 국어, 수학(가/ 나), 영어, 사회탐구(2과목 평균) 중 2개 영역 등급 합이 4 이내이고, 한국사 4등급 이내) – 수능최저학력기준의 폐지로 LD, LT 학부 등 일부 상위 학과 입결이 높아질 것으로 예상	

어떤 노력을 기울여야 할까?

고3이라면? 학생부종합전형이 나의 길!

수시에서 학생부 위주 전형으로 지원할 경우, 정시 지원이 가능한 대학보다 훨씬 더 상위권 대학으로 지원할 수 있습니다. 특히 수능최저학력기준 미적용 최상위권 대학으로 진입이 가능한 전형이 학생부종합전형입니다. 물론 대학과 전형의 인재상에 맞는 두드러진 비교과 활동이 뒷받침되어야 합니다. 최상위권 대학일수록 학업 역량을 보여 줄 수 있는 활동이 중요한 평가 요소가 되므로, 그동안의 비교과 활동을 심화하거나 마무리를 잘해서 충분한 역량과 열정을 가지고 있음을 드러내야 합니다.

심층면접 준비, 합격의 지름길!

학생부 위주 전형의 경우 최상위권 대학일수록 특히 심층면접 준비가 필수입니다. 제시문을 활용한 면접이나 제출 서류를 기반으로 한 확인면접이 주를 이루므로, 이에 맞게 모의면접을 통해 실전에 대비해야 합니다. 수업 시간에 발표와 토론에 적극적으로 참여하고, 기출문제를 풀거나 선배들의 면접 후기를 읽으면서 분위기를 익히는 등의 연습이 필요합니다.

상위 정거장으로 옮겨 가야 합니다!

훌륭한 내신 성적을 믿고 수시 모집에서 학생부 위주 전형에 몰입하다 보면, 수능은 아예 포기해 버리는 경우가 허다합니다. 하지만 수능 1등급의 상승이 의미 없다는 생각은 버려야 합니다. 저학년의 경우, 내신 성적은 유지하면서 수능 성적을 향상시킬 수 있다면 대학을 선택할 때 무서울 것이 없습니다. 더불어 수시전형의 면접에서도 자신감을 가질 수 있을 것입니다. 내신과 수능은 결코 별개가 아닙니다. 교과에 대한 관심과 학습은 당연히 수능 성적 상승이라는 결과로 이어집니다.

● 수능 성적을 향상시키면

1번(26쪽), 10번(52쪽), 19번(96쪽), 28번(169쪽), 37번(169쪽) 정거장으로 GO!

47.^번 정거장

내신 **1.5 ~ 2.0** 등급, 수능 **5.0 ~ 9.0** 등급

56·65·74번 정거장 포함

전형적인 내신형의 학생입니다! 수능 성적은 부족하지만, 우수한 내신 성적을 활용하여 학생부 위주 전형으로 지원 전략을 짠다면 좋은 결과를 기대할 수 있습니다. 그러나 저학년이라면 수능도 포기하지 말아야 합니다.

47, 56, 65, 74번 정거장

현재 나의 위치는?

이 정거장에는 수능 성적에 비해 상대적으로 내신 등급이 월등하게 높은 학생들이 있습니다. 수능최저학력기준이 적용되지 않는 학생부 위주 전형에 지원해야 하는 선택지가 좁아 아쉬운 정거장입니다.

수능최저학력기준이 적용되지 않을 때, 학생부교과전형은 내신 1등급 초반대의 합격선을 형성합니다. 비교과 활동이 훌륭하다면, 상위권 대학의 학생부종합전형에 지원하는 것이 최선의 방법이 될 수 있습니다.

학생부종합전형 – 반드시 성공해야 합니다!

누가 보아도 학교생활을 열심히 해 왔으리라 짐작됩니다. 낮은 수능 성적 때문에 자신감을 잃기 쉽겠지만, 우수한 내신 성적을 활용하여 학생부종합전형이나 학생부교과전형 지원 전략을 짠다면 좋은 결과를 기대할 수 있습니다. 학생부종합전형은 일부 대학에서만 수능최저학력기준을 적용할 뿐 대다수의 대학에서는 적용하지 않으므로 이 정거장에는 선물과도 같은 전형입니다. 희망하는 대학과 전형의 특징과 인재상을 제대로 이해하고, 그에 맞게 비교과를 준비하고 서류 속에 녹여내야 합니다. 무엇보다도 지원 학과에 대한 열정과 역량을 드러낼 수 있는 전공 관련 활동이 필요합니다.

내신 성적은 우수하지만 어떤 것도 합격을 장담할 수 없으므로 수시전형에서는 정시 지원 가능 대학 바로 위 선의 대학까지 6회 지원합니다. 학생부종합전형으로 꼭 합격할 수 있도록 수시전형 지원의 마지노선을 잘 정해야 합니다.

학생부교과전형

높은 내신 성적을 활용할 수 있는 또 하나의 전형은 학생부교과전형입니다. 일부 상위권 이상의 대학에서는 학생부교과전형을 실시하고 있지 않지만, 여전히 서울 소재 많은 대학에서 특히 중위권 대학을 중심으로 학생부교과전형 선발 비율은 꽤 높습니다. 다만, 합격을 보장하기에는 불안한 내신 성적이므로 수능최저학력기준을 적용하는 대학으로 지원해서 합격 가능성을 높이는 방법이 좋지만, 이 정거장의 학생들은 그나마 수능최저학력기준을 적용하지 않는 대학으로 지원해야 할 상황입니다. 또 다른 방법은 면접을 시행하는 대학으로 지원하는 것이 적절한 선택이 될 수 있습니다. 면접은 부담으로 작용해서 경쟁률을 떨어뜨리고, 철저한 면접 준비가 최후 역전의 기회를 만들어 줄 수도 있기 때문입니다. 평소 수업 시간을 통해 발표 및 토론 활동에 적극적으로 참여하면서 면접 준비에 관심을 기울여야 합니다.

특히 학생부교과전형의 경우 전년도의 합격 커트라인을 참고하는 경우가 많은데, 전형방법이나 모집인원 등이 바뀌었을 때는 예년의 합격 점수를 적용해서는 안 됩니다. 그러므로 전년도 모집요강과 반드시 비교하며 확인해야 합니다.

어떤 대학을 주목해야 할까?

전형		지원가능대학		Tip
학생부 종합	수능최저 미적용	서강대	종합형	• 전형명 변경: 종합형(2019학년도: 자기주도형) • 서류 100%[학생부, 자소서, 추천서(선택)] • 전공적합성보다는 학업 역량을 강조함 • 학교생활보충자료는 2019학년도부터 폐지 • 정시 모집인원 확대로 인한 수시 모집인원 감소, 영미문화계 모집인원 대폭 감소(34명에서 24명으로) 등 학과별 모집인원 확인 필요함
			학업형	• 전형명 변경: 학업형(2019학년도: 일반형) • 서류 100%(자소서와 추천서 수능 이후 입력 및 제출) • 수능최저학력기준 폐지 　– 2019학년도: 3개 영역 등급 합 6(탐구 1), 한국사 4등급 • 지원 계열에 따른 응시 영역 간 구분 두지 않음(수학, 탐구) • 일부 모집단위 학과별이 아닌 학부로 모집, 지원 학과 확인 필요
		한양대 학생부종합전형 (일반)		• 학생부종합평가 100%, 면접 없음 • 오직 학생부 하나로 평가함 　＊학업 역량(적성) 50% + 인성 및 잠재력 50%로 학생부의 수상 경력, 창의적 체험활동 상황, 세부 능력 및 특기 사항, 행동 특성 및 종합 의견을 유기적·종합적으로 평가함 • 같은 수준의 대학 중 합격 내신의 폭이 가장 넓은 대학임. 내신 성적을 보지 않는다기보다는 다양한 요소로 역량을 평가한다는 측면임 • 경영학부: 자연 계열 12명 선발 • 경제금융학부: 자연 계열 5명 선발, 국제학부: 10명 선발 (2019학년도 특기자 전형으로만 선발) • 미래산업학부 데이터사이언스학과(신설) 20명 선발
		성균관대 계열모집/학과모집		• 서류 100%(학생부, 자소서)[2019학년도: 학생부, 자소서, 교사추천서 (선택)] • 전형명 변경: 계열모집(2019학년도 성균인재): 계열 및 광역 모집단위 / 학과모집(2019학년도 글로벌인재) – 학과 모집단위 선발 • 전자전기공학부(98명), 경영학(105명) 학과 모집으로 선발(2019년 성균인재 전형으로 선발)

전형		지원가능대학		Tip
학생부 종합	수능최저 미적용	성균관대 계열모집/학과모집		• 소프트웨어과학인재(특기자) 60명 폐지 → 학생부종합전형으로 흡수 • 글로벌인재전형 중 일부 학과[의예, 사범대(교육학, 한문교육, 수학교육, 컴퓨터교육), 스포츠과학]: 1단계 – 서류 100%(3배수 내외) / 2단계 – 1단계 80% + 면접 20% • 학업 역량이 중요함
		중앙대	다빈치형 인재전형	• 전형방법 변경: 서류 100%(일괄합산)(2019학년도 단계별, 2단계 면접) • 의학부: 8명 선발 / 체육교육과: 15명 선발 • 2019학년도 학부 모집에서 2020학년도 학과별 모집으로 일부 모집단위 변경 및 다수 학과 모집인원 변동에 따른 확인 필수 • 서류를 근거로 지원자의 학업 및 교내 다양한 활동을 통한 성장 가능성을 종합적으로 평가함
			탐구형 인재전형	• 전형방법 변경: 서류 100%(일괄합산)(2019학년도 단계별, 2단계 면접) • 의학부: 8명 선발 • 2019학년도 학부 모집에서 2020학년도 학과별 모집으로 일부 모집단위 변경 및 다수 학과 모집인원 변동에 따른 확인 필수 • 서류를 근거로 지원자의 탐구 능력, 전공 분야의 학업잠재력, 학교 충실성 등을 종합적으로 평가함(소논문,과제 연구, 심화 연구 등의 지적 탐구 과정에서 역량을 보여 줄 수 있어야 함)
			SW인재 전형	• 소프트웨어대 75명 모집(2019학년도 소프트웨어학부 70명 모집) • 전형방법 변경: 서류 100%(일괄합산)(2019학년도 단계별 모집, 2단계 면접) • 서류평가는 학생부, 자소서, 추천서(2019학년도 제출한 SW 역량 입증 서류 폐지)
		경희대 고교연계전형		• 전형방법 변경: 서류 70% + 학생부 교과 30%[서류평가 비중 확대(60% → 70%)] • 학교장추천 인원: 인문 2명, 자연 3명, 예체능 1명 계열 구분은 대학 모집단위 기준임 • 지원 자격: 문화인재, 글로벌인재, 리더십인재, 과학인재 중 하나여야 함(태권도학과 지원자는 2단(품) 이상의 단증 소지자)
		건국대 KU학교추천전형		• 전형방법 변경: 학생부 교과 30% + 서류 70%(학생부, 자소서, 학교장 명의 추천 공문, 추천서 폐지)[2019학년도 교과 40% + 서류 60%(학생부, 자소서, 교사추천서)] • 2020학년도부터 학생부종합전형 내 중복 지원 가능 • 인성과 학업 역량이 우수하고 타의 모범이 되어 고교에서 추천 받은 학생 • 학교별 추천 인원 제한 없음
		동국대 학교장추천인재전형		• 전형방식 변경: 학생부 100%, 자소서 폐지(2019학년도: 학생부, 자소서), 면접 없음 • 학교장 추천 인원: 총 4명 이내(인문 2명, 자연 2명 – 대학 모집단위 기준) • 서류평가: 자기 주도적 학습 능력 40%, 전공적합성 25%, 인성 · 사회성 20%, 지원 동기 및 진로 계획 15%

전형		지원가능대학	Tip
학생부 종합	수능최저 미적용	아주대 다산인재전형	• 서류 100%, 면접 없음 • 모집인원 축소: 290명 → 246명(44명 감소) ＊인재상: 융복합적 사고, 실천적 창의, 의사소통, 글로벌 역량 중 하나 이상의 강점이 있는 학생 – 자기 주도성 항목에서 평가 • 2019학년도 다산인재전형으로 선발한 소프트웨어학과는 2020학년도부터 학생부종합(SW융합인재전형)으로 전형을 변경하여 선발
		인하대 학교장추천전형	• 서류 100%, 면접 없음 • 기계공학과 모집인원 축소 주의(31명 → 22명) ＊계열 구분 없이 학교당 5명 이내 추천(학교생활에 충실하며 적극적으로 참여한 학생을 선발함) • CUBE 평가: 지성(기초 학업 역량) 30%, 인성(공동체) 30%, 적성(진로 관심) 20%, 종합(모집단위 인상) 20%로 서류와 면접평가에 적용함
		단국대(죽전) DKU인재전형	• 서류 100%(문예창작과 제외) ＊문예창작과 – 1단계: 서류 100%(3배수) / 2단계: 1단계 70% + 면접 30%(2019학년도는 실기 위주 전형이었으나, 2020학년도부터 DKU 인재전형으로 변경) • 학업 역량, 전공적합성 비중이 큼 ＊자소서에 기록하는 활동은 학생부에 기재되어 있는 활동만을 작성해야함(단, 필요시 해당자에 한해 고교 방문 또는 전화로 실사함) • 모집인원 확대: 309명 → 360명(51명 증가), 모집단위별 선발 인원 확인 필요(예 전기전자공학과 등 자연 계열 학과)
학생부 교과	수능최저 미적용	광운대 교과성적우수자전형	• 학생부 100%(교과 80% + 출석 10% + 봉사 10%)
		아주대 학업우수자전형	• 학생부 교과 100%(2019학년도: 학생부 교과 80% + 비교과 20%) • 학생부 교과 반영에서 계열별 반영 교과 가중치가 적용되므로 지원에 유의 • 모집인원 감소(336명 → 290명), 모집단위별 모집인원 확인 필요(예 생명과학과 15명 → 5명 등 대폭 감소 또는 행정학과 10명 → 15명 확대 등) • 수능최저학력기준을 적용하지 않지만, 계열 필수 과목은 반드시 수능에 응시해야 함
		세종대 학생부우수자전형	• 학생부 교과 100% • 모집인원 확대(415명 → 460명) • 합격자 내신 분포: 1등급 중반~2등급 초반
		한국외국어대 (서울, 글로벌) 학생부교과전형	• 학생부 교과 100% • 교과 반영 방법 변경: 등급 환산 점수만 적용(2019학년도: 교과 반영 시 등급 환산 점수 또는 원점수 환산 점수 중 상위값 적용)

고3이라면? 내신이라는 가장 강력한 무기를 최대한 활용해야 합니다!

이 정거장의 학생들에게 가장 강력한 무기는 수능 성적보다 훨씬 높은 내신 성적입니다. 이 무기를 가장 효과적으로 발휘할 수 있는 전형은 학생부 위주 전형입니다. 특히 수능최저학력기준이 적용되지 않는 학생부종합전형은 이 정거장의 수험생에게 주어진 가장 큰 기회이므로, 마지막 순간까지 지원을 희망하는 대학과 학과에 맞는 비교과 활동에 관심을 기울이고, 전공 관련 역량과 열정을 서류를 통해 드러내야 합니다. 마지막 남은 3학년 1학기 내신 성적에서 최고의 결과를 끌어내도록 최선을 다하고, 특히 전공 관련 교과 활동에서 역량을 최대한 드러낼 수 있다면 그보다 좋은 스펙은 없을 것입니다.

경쟁자와 차별되는 자신만의 이야기를 만들어야 합니다!

이 정거장의 내신 성적에 해당하는 학생 수도 많지만, 바로 아래 등급에서 이 정거장의 학생들을 제치고 합격하려는 수험생의 수는 상상을 초월합니다. 이 많은 경쟁자를 이기고 원하는 목표를 달성하기 위해서는 전공 학과에 대한 호기심과 열정, 지원 동기 그리고 누구와 비교해도 뒤지지 않는 역량 등을 비교과를 통해 보여 주어야 합니다. 자신만의 콘텐츠가 가장 귀한 자산입니다!

상위 정거장으로 옮겨 가야 합니다!

훌륭한 내신 성적을 믿고 수시전형 모집에서 학생부 위주 전형에 몰입하다 보면, 수능은 아예 포기해 버리는 경우가 허다합니다. 하지만 수능 1등급 상승이 의미 없다는 생각은 버려야 합니다. 저학년의 경우, 내신 성적은 유지하면서 수능 성적을 향상시킬 수 있다면 대학을 선택할 때 무서울 게 없을 것입니다. 더불어 수시전형의 면접에서도 자신감을 가질 수 있습니다. 내신과 수능은 결코 별개가 아닙니다. 교과에 대한 관심과 학습은 당연히 수능 성적 상승이라는 결과로 이어집니다.

● 내신 성적을 향상시키면

46번(293쪽) 정거장으로 GO!

● 수능 성적을 향상시키면

2번(34쪽), 11번(64쪽), 20번(108쪽), 29번(178쪽), 38번(178쪽) 정거장으로 GO!

● 내신과 수능 성적을 모두 향상시키면

1번(26쪽), 10번(52쪽), 19번(96쪽), 28번(169쪽), 37번(169쪽) 정거장으로 GO!

47, 56, 65, 74번 정거장!

51번 정거장

내신 **5.0 ~ 6.0** 등급, 수능 **5.0 ~ 6.0** 등급

내신도 수능도 어떤 전형이다 결정하기 애매한 성적이지만 포기하지 맙시다! 눈높이를 최상위권 대학에 맞추면 한없이 어렵지만, 자신의 진로와 그에 맞는 학과를 찾는 방법은 다양합니다. 내가 희망하는 진로에 가까워지기 위한 노력을 계속해야 합니다.

현재 나의 위치는?

적성평가전형

내신이나 수능 성적 모두 부족하지만 수도권 소재 대학으로 진입을 희망하는 학생들이 선택할 수 있는 거의 유일한 전형으로, 3~5등급의 학생들이 주로 지원합니다. 고려대(세종), 홍익대(세종)를 제외하고는 수능최저학력기준이 적용되지 않으며, 학생부 실질 반영률이 크지 않기 때문에 적성고사가 당락을 결정하는 열쇠입니다. 그러나 논술전형과 마찬가지로 6~7등급부터는 내신 등급 간 점수 차를 크게 벌려 놓아서 적성 점수가 아무리 좋아도 극복할 수 없는 경우가 있으므로, 내신 성적이 더 떨어지지 않도록 관리하고 향상시킬 수 있도록 노력해야 합니다. 예전에는 적성고사에 교과와 별개로 IQ 테스트 같은 문제가 출제되기도 했으나, 최근에는 고교 교육과정 내 출제 원칙하에 교과적성이라고 불릴 만큼 수능과 유사한 문제가 출제됩니다. '국어 + 수학', '국어 + 수학 + 영어', '영어 + 수학' 등 대학마다 과목이 달라 지원 시 유의해야 합니다. 대학의 기출문제를 풀어 보고 모의 적성고사에 응시하여 지원하고자 하는 대학의 출제 경향을 미리 경험하는 것도 준비하는 데 도움이 될 것입니다.

보건 계열에 지원하고자 하는 학생은 가천대(메디컬), 을지대(성남), 수원대 적성고사를 목표로 준비하는 것도 좋습니다. 다만, 높은 합격선을 형성하므로 철저한 준비가 필요합니다.

학생부종합전형

상위권 학생들의 전유물이라고 생각했던 학생부종합전형은 이제 부족한 내신 성적을 비교과 활동으로 보완하면서 성적 대비 상위 대학으로 지원을 희망하는 거의 모든 학생들의 돌파구 역할을 하고 있습니다. 그러나 학생부종합전형의 가장 중요한 평가 요소가 학업 역량이므로, 그에 맞는 내신 성적이나 비교과 활동이 없으면 합격을 담보하기 어렵습니다. 면접을 시행하는 대학에 지원하고 열심히 준비해서 약간은 부족한 내신을 뚫고 나가는 것도 좋은 방법입니다. 평소 학교 수업에서 발표 및 토론에 적극 참여하면서 준비하면 일석이조의 효과를 거둘 수 있습니다. 또한 지원을 희망하는 학교 및 학과에 대한 공부를 미리미리 해 두며 평소에 대비해야 합니다.

학생부교과전형

눈높이에 맞는 희망 대학으로 지원하기는 어렵겠지만, 그래도 이 정거장의 학생들이 가장 많이 대학 진학의 방법으로 선택하고 있는 전형입니다. 이 정거장 학생들이 현실적으로 가장 많이 지원하고 있고, 경쟁률을 낮출 수 있는 방법이 '교과 + 면접' 전형입니다. 합격 가능성을 높이기 위해 1단계 선발 배수가 높은 대학을 선택하고, 2단계 면접 준비에 최선을 다하는 것도 현명한 방법입니다. 대학별로 면접 기출문제와 동영상을 제공하고 있으며, 일부 대학은 면접 문제를 미리 공개하여 수험생이 준비할 수 있게 합니다. 학교에서 선생님, 친구들과 모의 면접으로 실전 연습을 철저히 한다면 합격률을 높일 수 있습니다.

정시전형

수능과 내신 모두 경계에 있는 이 정거장에서 어떤 전형에서도 해답을 찾을 수 없다면, 최종 정시전형을 목표로 하는 것이 정답일 수 있습니다. 내신 성적은 이미 지나 온 결과물이라면, 수능은 미래가 열려 있는 상승이 가능한 성적이니까요. 9월 수시가 다가오면, 너무도 많은 학생이 수시전형 준비로 수능 공부에서 손을 떼면서 성적 구조에 변화가 나타납니다. 수능은 9등급제의 상대평가입니다. 다른 학생들의 성적 하향은 오직 정시전형만을 목표로 하는 학생들의 성적 상승으로 이어집니다. 어떤 이는 9월 수시전형부터 수능까지의 2개월을 '골든 타임'이라고 부릅니다. 즉, 대입의 승패를 결정하는 중요한 시간이라는 뜻입니다. 실제로 성적이 4등급 중후반이던 학생이 수능 공부에 올인해 정시전형에서 서울의 중위권 대학에 당당히 합격한 사례가 있습니다.

전형		지원가능대학	Tip
적성평가	수능최저 미적용	가천대 적성우수자전형	• 학생부 교과 60% + 적성고사 40% • 적성고사 과목: 국어 + 영어 + 수학 • 합격자 내신 분포: 3등급 중반 • 학생부 반영 방법: 반영 교과별 상위 등급 5과목, 또한 특정 과목이 우수한 학생에게 유리한 교과 반영 방법 적용[국어, 수학, 영어, 사회(과학) 교과 중 반영 교과의 점수가 높은 순으로 35%, 25%, 25%, 15% 반영함] • 학생부 등급 간 점수 차: 5등급까지 각 3점. 내신 1등급 간 점수 차는 적성 문제 1문항으로 만회 가능함 • 합격 정답률: 70% 이상 맞혀야 합격 가능함 • 고사 예정일자: 11. 24(일)
		을지대 교과적성우수자 전형	• 학생부 교과 60% + 적성고사 40% • 적성고사 과목: 국어 + 영어 + 수학 – 수학(15문항) 영역에 한하여 객관식 사지선다형 10문항과 단답형 주관식 5문항이 혼합 출제 • 학생부 등급 간 점수 차: 6등급까지 각 12점(총점 600점) • 합격자 내신 분포: 4~5등급(간호학과는 3등급 중반) • 합격 정답률: 60문항 중 평균 46개 이상 정답을 맞혔음. 단, 간호학과는 50~53개 이상 • 고사 예정일자: 10. 12(토)
		삼육대 교과적성우수자 전형	• 학생부 교과 60% + 적성고사 40% • 모집인원 증가: 215명 → 238명, 글로벌한국학과 신설(4명) • 적성고사 과목: 국어 + 수학 • 학생부 등급 간 점수 차: 3등급까지 각 6점. 5등급까지 각 9점 • 합격자 내신 분포: 2등급 후반~4등급 중후반 • 고사 예정일자: 10. 6(일)
		서경대 일반학생전형	• 학생부 교과 60% + 적성고사 40% • 모집인원 대폭 증가: 235명 → 325명(85명 증가), 각 학과 모집인원 골고루 증가 • 적성고사 과목: 언어 + 수리 • 학생부 교과 반영 방법: 국어, 영어, 사회(인문)/수학, 영어, 과학(자연) 교과 중 상위 3과목씩 9개 과목) • 학생부 등급 간 점수 차: 6등급까지 각 12점 • 합격자 내신 분포: 2등급 후반~4등급 중반 • 고사 예정일자: 9. 29(일)
		성결대 적성우수자전형	• 학생부 교과 60% + 적성고사 40% • 모집인원 증가: 249명 → 283명, 관광개발학과(야) 주간으로 변경 모집, 동아시아물류학부 및 공과대 모집인원 증가

전형		지원가능대학	Tip
적성평가	수능최저 미적용	성결대 적성우수자전형	• 적성고사 과목: 국어 + 수학 • 학생부 등급 간 점수 차: 6등급까지 각 7점 • 합격자 내신 분포: 2등급 중반~4등급 중반(그러나 최종 등록자의 80% 커트라인은 5등급 초중반이었음) • 고사 예정일자: 10. 26(토)
		수원대 일반(적성)전형	• 학생부 교과 60% + 적성고사 40% • 모집인원 증가: 262명 → 304명 • 적성고사 과목: 국어 + 수학 • 학생부 등급 간 점수 차: 5등급까지 3점 • 합격자 내신 분포: 인문 – 4등급 초중반 / 자연 – 4등급 중후반 • 합격 정답률: 60문항 중 인문/자연은 40~42개, 공과대 등 인기 학과는 평균 45개 이상 정답을 맞혔음. 특히 수학은 인문 15개 이상, 자연은 20~21개 이상 정답률을 보임 • 고사 예정일자: 10. 5(토) – 자연 / 10. 6일(금) – 인문
		한신대 적성우수자	• 학생부 교과 60% + 적성고사 40% • 적성고사 과목: 국어 + 수학 • 학생부 교과 반영 방법: 국어/수학 교과 중 3과목 + 영어 교과 3과목 + 사회/과학 교과 중 3과목(총 9과목) • 학생부 등급 간 점수 차: 7등급까지 각 6점 • 합격자 내신 분포: 최종 합격자의 80% 커트라인은 4등급 초반~5등급 초반 – 학과별 차이 많음 • 고사 예정일자: 12. 1(일)
		한국산업기술대 적성우수자	• 학생부 교과 60% + 적성고사 40% • 적성고사 과목: 국어 + 수학 • 문항수 축소: 문항수 50문제(국어: 25문제, 수학: 25문제)[2019학년도 문항수 60문제(국어: 30문제, 수학: 30문제)] • 학생부 교과 반영 방법 변경(성적 등락 폭이 큰 학생 주목): 반영 교과 내 상위 5과목 • 학생부 등급 간 점수 차: 5등급까지 각 3점 • 합격자 내신 분포: 3등급 후반~4등급 초반 • 충원 합격 비율이 매우 적어 신중한 지원이 요구됨 • 고사 예정일자: 11. 17(일)
		평택대 PTU적성전형	• 학생부 교과 60% + 적성고사 40% • 모집인원 증가: 136명 → 177명(대부분의 학과 모집인원 증가, 단 국제지역학부 선발인원 대폭 감소 21명 → 12명) • 적성고사 과목: 국어 + 수학 • 학생부 등급 간 점수 차: 7등급까지 각 6점 　*1문제(8점)로 내신 1등급 이상 만회 가능함 • 고사 예정일자: 11. 30(토)

전형		지원가능대학	Tip
적성평가	수능최저 미적용	한성대 적성우수자전형	• 학생부 교과 60% + 적성고사 40% • 전공적성고사 과목: 국어 + 수학 • 학생부 등급 간 점수 차: 1~4등급 각 8점, 4~5등급 12점 • 모집단위: 크리에이티브인문학부, 사회과학부, 글로벌패션산업학부, IT공과대 • 고사 예정일자: 10.20(일)
학생부 종합	수능최저 미적용	강남대 서류면접전형	• 전형명 변경: 서류면접전형(2019학년도 잠재 역량우수자) • 전형방식 변경: 1단계 – 서류 100%(4배수) / 2단계 – 1단계 60% + 면접 40%(2019학년도: 서류 40% + 면접 60%) ＊서류평가: 전공적합성 45%, 발전 가능성 30%, 인성 25% ＊지원 모집단위: 인문/사회/자연 계열, 스포츠복지전공 ＊서류를 바탕으로 전공적합성, 인성, 종합적 사고력 및 의사소통 능력 등을 평가함
		강남대 학생부전형	• 전형명 변경: 학생부 전형(2019학년도 학교생활우수자) • 서류(학생부) 100%(인성45%, 전공적합성 30%, 발전 가능성 25%) • 인문, 사회, 자연 계열
		대진대 윈윈대진전형	• 전형방법 변경: 1단계 – 서류 100%(4배수) / 2단계 – 1단계 70% + 면접 30%[2019학년도 – 1단계: 100%(4배수) 2단계: 1단계 60% + 면접 40%] ＊서류평가: 기초 학습 능력 40% + 성장 잠재력 30% + 인성 30% ＊면접: 서류 기반 면접(학업 역량 30% + 잠재 역량 30% + 인성 40%, 15분이내)
		협성대 협성창의인재전형	• 전형명 변경: 창의인재입학사정관전형 → 협성창의인재전형 • 1단계: 서류 100%(3배수) / 2단계: 심층면접 100% ＊심층면접: 지원 동기, 학업 계획, 면접 태도, 인성 및 전공 이해 등을 종합적으로 심층평가함
		평택대 PTU인재전형	• 1단계: 서류 100%(3배수) / 2단계: 면접 100%
			• 그 외 지방 국립대 자연계 하위 학과와 지방 사립대 중상위 학과
정시		5.1 ~ 6등급	• 4개 영역 반영 대학 강릉원주대, 강원대(삼) 상위 학과, 경북대(상), 경성대, 계명대, 고신대, 군산대, 대구대, 동국대(경), 동의대, 동아대, 부산외국어대, 세명대, 안동대, 안양대, 영남대(야), 용인대(야), 울산대, 원광대, 인제대, 전남대(여), 조선대, 평택대, 공주대(예), 극동대, 제주대, 한남대, 호서대 등에 지원 가능함 • 3개 영역 반영 대학 경남대 상위 학과, 남서울대, 선문대, 청운대(인), 대진대, 목포대, 성결대(야), 순천대, 우송대, 전주대, 청주대, 한남대, 협성대, 호서대(천) 등 지방 사립대의 상위 일부 학과
학생부 교과			• 강릉원주대, 군산대, 목포대 등의 일부 지방 국립대 하위 학과와 지방 사립대

고3이라면? 적성고사전형도 고려해 보자!

일부 대학에서는 학생부 실질 반영률이 매우 낮아서 적성고사에서 한두 문제만 더 맞히면 역전이 가능한 곳도 있습니다. 그리고 많지는 않지만, 합격자가 나오는 성적대입니다. 일반적으로 수학을 잘하는 학생이 유리하지만, 적성고사 출제 방식 차이에 따른 유불리를 잘 따져서 지원해야 합니다. 가천대, 을지대, 한국산업기술대는 국어·수학·영어 세 과목을 출제하며, 나머지 대학은 대부분 국어와 수학만 출제합니다. 적성고사 난이도 적응과 빠른 정답 도출을 위해 대학 기출문제 풀이와 모의 적성고사 참가를 통해 주어진 시간 내에 모든 문제를 풀어내는 연습을 하는 것이 중요합니다.

학교 수업에 적극적으로 참여하자!

적성평가전형이든 학생부 위주 전형이든 모두 내신 성적의 영향력을 무시할 수 없습니다. 그리고 정시 지원 가능 대학보다 상위 대학으로 진학하기 위해 수시전형을 선택한다면, 지금보다 내신 성적이 더 떨어지지 않도록 신경 써야 합니다. 학생부 위주 전형이야 당연히 내신 성적이 합불의 결정적 요소이지만, 적성평가 전형에서도 일정 내신 등급 이하가 되면 등급 간 점수 차가 커져서 거의 극복이 불가능한 경우가 있습니다. 학교 수업에 충실히 임하고, 발표와 토론을 통해 학생부 위주 전형의 면접 준비도 미리미리 해 두는 것이 좋습니다.

전공적합성과 관련 있는 비교과 활동을 찾자!

학생부종합전형에서는 전반적인 학업 역량이 매우 중요하게 평가되지만, 특히 중하위권 많은 대학에서는 지원 학과에 대한 관심과 활동을 보여 주는 전공적합성이 드러날 때 합격 가능성이 높습니다. 따라서 자신의 꿈과 진로를 찾기 위해 최선을 다하기 바랍니다. 아직 진로가 확실치 않다면, 자신이 잘하거나 관심 있는 교과와 연관된 진로를 찾아보는 것도 하나의 방법입니다. 포기하지 말고 내가 무엇을 좋아하고 잘하는지 찾아서, 수업과 동아리 · 봉사 · 독서 활동으로 연결해 나가기 바랍니다. 모든 과목을 잘할 수는 없지만, 그렇다고 포기하는 과목이 있어서도 안 됩니다. 성실성의 평가 척도가 될 수 있습니다.

상위 정거장으로 옮겨 가야 합니다!

수능과 내신 어느 것 하나라도 향상시켜서 상위 정거장으로 이동할 수 있다면 좋겠지만, 지금의 상황에서는 내신이 더 이상 떨어지지 않도록 조심해야 합니다. 당연히 내신이 수시전형의 가장 중요한 평가 요소이기도 하지만, 대학별 고사 등의 학생부 반영 방법에서 많은 점수 차로 감점되어 합격 가능성이 훨씬 줄어들기 때문입니다. 저학년이라면 수능과 내신 모두 상승시키는 전략으로 모든 전형에 대한 가능성을 열어 놓아야 합니다!

● **내신 성적을 향상시키면**

46번(293쪽), 47번(299쪽), 48번(231쪽), 49번(246쪽), 50번(263쪽) 정거장으로 GO!

● **수능 성적을 향상시키면**

6번(48쪽), 15번(85쪽), 24번(154쪽), 33번(223쪽), 42번(279쪽)정거장으로 GO!

● **내신과 수능 성적을 모두 향상시키면**

1번(26쪽), 2번(34쪽), 3번(42쪽), 4번(48쪽), 5번(48쪽), 10번(52쪽), 11번(64쪽), 12번(77쪽), 13번(85쪽), 14번(85쪽), 19번(96쪽), 20번(108쪽), 21번(124쪽), 22번(142쪽), 23번(154쪽), 28번(169쪽), 29번(178쪽), 30번(190쪽), 31번(209쪽), 32번(223쪽), 37번(169쪽), 38번(178쪽), 39번(231쪽), 40번(246쪽), 41번(263쪽) 정거장으로 GO!

52.번

정거장

내신 **6.0** ~ **9.0** 등급, 수능 **5.0** ~ **9.0** 등급

53, 54, 61~63, 70~72, 79~81번 정거장 포함

먼저 자신감을 회복합시다! 할 수 있습니다! 진정한 나의 진로를 세우는 것이 먼저입니다. 그리고 그것을 이뤄 나가는 과정은 다양합니다. 눈높이를 너무 높게 잡는다면, 막연하고 불가능하게만 보일 것입니다. 실현 가능한 목표를 세우고, 꼭 이겨 나가겠다는 의지를 다져야 합니다.

현재 나의 위치는?

현재의 위치를 비관하지 말기 바랍니다. 지금의 성적으로도 갈 수 있는 대학이 많이 있습니다. 하지만 좀 더 눈높이에 맞는 대학 진학과 자신의 진로를 위해 조건을 맞춰 나가며 노력할 필요가 있습니다.

내신도 수능도 애매한 지금의 상황에서 어느 한쪽으로라도 윤곽을 드러내면 좋겠지만, 저학년이라면 어느 하나도 포기해서는 안 됩니다. 궁극적으로는 수능이라는 목표를 향한 장기 레이스에서 누가 끈기 있게 이겨 나가느냐의 문제입니다.

지금의 상황이 곧 결과는 아니라는 뜻입니다. 목표점에 누가 먼저 가 있느냐는 지금부터의 노력 여하에 달려 있습니다.

정시전형

이 정거장의 수험생들이 끝까지 붙들고 가야 하는 전형이 정시입니다. 수시전형에 비해 정시 모집 규모가 많이 줄었다고는 하지만(2020 정시 모집인원 소폭 상승), 수시 이월 인원까지 고려하면 매우 큰 규모의 전형임에 틀림없습니다. 특히 이 정거장은 수능 성적이 내신 성적에 비해 좋으니 이를 잘 이용해야 합니다. 내신 성적은 이미 기록에 남아 대입에 영향을 미치지만, 수능 성적은 지금부터의 노력에 따라 어디까지 올라갈지 모르는, 활짝 문이 열려 있는 '기회'입니다. 그곳이 어디인지 가 봅시다!

학생부교과전형

지방 소재 대학은 수시전형 모집 선발 인원 대부분을 학생부교과전형으로 선발하고 있습니다. 다양한 종류의 교과전형 중에서 자신에게 유리한 전형 방법을 찾고, 그에 맞는 대비 전략을 짜야 합니다. 내신 성적이 낮으므로 교과 100%보다는 1단계에서 많은 배수로 선발한 후 면접을 실시하는 대학으로 지원하고, 면접 준비에 최선을 다하는 것이 합격 가능성을 높일 수 있는 방법입니다.

52~54, 61~63, 70~72, 79~81번 정거장

어떤 대학을 주목해야 할까?

지금의 상황으로는 정시전형이나 수시전형 모두 주로 지방 사립대에서 지원 가능한 대학을 찾아볼 수 있으며, 합격자가 나오는 정거장입니다. 대학의 교육 목표와 커리큘럼이 자신의 진로 계획과 방향성이 맞는다면 그 자체로 좋은 선택이 될 수 있습니다. 눈높이를 최상위 대학에만 놓고 불가능하다고 한숨짓기보다는

지금의 상황에서 최선이 될 수 있는 목표를 선택해서 하나씩 이뤄 나갈 때 또 다른 목표를 세울 수 있습니다. 만일 내신을 향상시켜 5등급대로 진입하거나, 수능을 5등급 안쪽으로 향상시킬 수 있다면 훨씬 넓은 선택지를 받을 수 있게 됩니다. 저학년이라면 개념 이해부터 다시 계획을 세워서 내신과 수능을 향상시켜 봅시다!

| 정시 지원 가능 대학 |

• 4개 영역 반영 대학

강릉원주대, 강원대(삼척) 상위 학과, 경북대(상주), 경성대, 계명대, 고신대, 군산대, 대구대, 동국대(경주), 동의대, 동아대, 부산외국어대, 세명대, 안동대, 안양대, 영남대(야간), 용인대(야간), 울산대, 원광대, 인제대, 전남대(여수), 조선대, 평택대, 공주대(예산), 극동대, 제주대, 한남대, 호서대 등에 지원 가능함

• 3개 영역 반영 대학

경남대 상위 학과, 남서울대, 선문대, 청운대(인천), 대진대, 목포대, 성결대(야간), 순천대, 우송대, 전주대, 청주대, 한남대, 협성대, 호서대(천안) 등 지방 사립대의 상위 일부 학과

어떤 노력을 기울여야 할까?

고3이라면?

이 정거장의 학생들이 수시전형에 지원할 경우, 지방 사립대의 수시 선발 인원이 가장 많은 학생부교과전형에 지원할 가능성이 큽니다. 내신이 이미 많은 부분 결정되어 있긴 하지만, 당연히 남은 3학년 1학기 시험에서 최선을 다해 좋은 내신을 받는 것이 좋습니다. 학생부종합전형이나 학생부교과전형 모두 면접이 시행되는 대학에 지원하고, 면접 준비에 최선을 다하는 것이 합격 가능성을 높이는 방법입니다. 면접을 통해 합격 의지와 전공에 대한 열정을 제대로 보여준다면 좋은 결과를 얻을 수 있습니다. 합격할 수 있다는 자신감을 가지고 준비하기 바랍니다.

자신의 강점을 찾아야 합니다!

저학년 학생이라면 이도 저도 아닌 애매한 상황에서 벗어나기 위한 뚜렷한 목표 설정이 필요합니다. 학생부 위주 전형을 목표로 한다면 내신과 전공 관련 비교과 활동을 준비해야 하고, 적성평가전형이나 정시전형을 목표로 한다면 지금보다 더 노력해서 수능 역량을 키워 나가야 합니다. 자신의 강점을 찾고 윤곽을 나타내야 합니다.

상위 정거장으로 옮겨 가야 합니다!

정거장 노선도를 다시 보세요! 지금의 정거장 위로 너무도 많은 정거장이 있습니다. 그곳들이 모두 옮겨 갈 수 있는 정거장입니다. 그 넓은 곳에서 어디로 갈지는 지금부터의 노력 여하에 달려 있습니다. 그러나 목표를 1번 정거장으로 두지는 마세요. 너무 높고 불가능하게 생각되어 지쳐 버릴 수 있습니다. 한 정거장씩 올라가는 겁니다!

정거장 노선도를 앞에 펴 놓고, 내신 성적을 향상시켜서 가로줄 왼쪽으로, 수능 성적을 향상시켜서 위쪽으로 옮겨 가 보세요. 훨씬 넓어진 선택지를 받게 될 것입니다. 희망하는 정거장으로 옮겨 갈 여러분의 모습을 기대하며, 마음을 다해 응원하겠습니다.

52~54, 61~63, 70~72, 79~81번 정거장

57번 정거장

내신 **2.0 ~ 3.0** 등급, 수능 **6.0 ~ 9.0** 등급

66·75번 정거장 포함

딱 보아도 내신입니다! 당연히 우수한 내신 성적을 활용해 학생부 위주 전형으로 지원하는 것이 정답입니다. 그러나 수능최저학력기준이 적용되지 않는 대학으로 지원해야만 하는 선택지가 좁은 아쉬운 정거장입니다.

현재 나의 위치는?

학생부종합전형

이 정거장의 학생들은 학생부종합전형에서 반드시 성공해야 합니다! 다행히 학생부종합전형은 일부 대학을 제외하고는 대부분의 대학에서 수능최저학력기준을 적용하지 않으므로 반드시 승부를 내야 하는 전형입니다. 내신 성적이 높지도, 그렇다고 낮지도 않은 애매한 상태입니다. 눈높이에 맞는 대학에 안정적으로 지원하기에는 조금은 부족하므로, 상위 정거장의 학생들과 비교해서 열정과 역량이 결코 뒤지지 않음을 증명하며, 두드러진 비교과 활동으로 부족한 내신을 보완할 수 있어야 합니다. 나만의 콘텐츠가 자산입니다!

학생부교과전형

내신 성적을 활용할 수 있는 또 하나의 전형은 학생부교과전형이며, 이 정거장의 학생들에게는 매우 중요한 전형입니다. 이 전형에서도 역시 수능최저학력기준 충족 여부가 중요한 변수입니다. 하지만 수능최적학력기준 미적용 대학으로 지원해야 하는 상황이므로, 내신 합격 커트라인이 높게 형성될 것을 감안할 때 면접 시행 대학으로 지원하여 정면 승부를 걸어 보는 것이 합격 가능성을 높이는 방법입니다. 만일 비교과 활동 준비가 되어 있지 않아서 학생부종합전형에서 합격을 확신할 수 없다면, 학생부교과전형에서 안정적으로 지원해야 합니다. 학생부종합전형과 학생부교과전형 둘 다 놓치면, 정시로는 어디까지 내려갈지 알 수 없기 때문입니다.

> **이것만은 기억하자!**
>
> 수시전형 지원은 정시전형 지원 가능 대학보다는 높은 수준의 대학이나 학과로 지원하는 것이 원칙입니다. 수시전형에 실패했을 때는 정시전형이 기다리고 있으니까요. 그러나 이 정거장의 경우 반드시 수시전형에서 성공해야 하므로, 학생부 위주 전형의 수시 지원 폭을 넓혀야 합니다. 자신의 비교과 활동 수준에 따라 학생부종합전형의 합격 여부를 가늠하고, 학생부교과전형에서 확실한 합격처를 만들어 놓을 필요가 있습니다.

전형		지원가능대학		Tip	
학생부 종합	수능최저 미적용	한양대 학생부종합전형 (일반)		• 학생부종합평가 100%, 면접 없음 • 오직 학생부 하나로 평가함 *학업 역량(적성) 50% + 인성 및 잠재력 50%로 학생부의 수상 경력, 창의적 체험활동 상황, 세부 능력 및 특기 사항, 행동 특성 및 종합 의견을 유기적·종합적으로 평가함 • 같은 수준의 대학 중 합격 내신의 폭이 가장 넓은 대학임. 내신 성적을 보지 않는다기보다는 다양한 요소로 역량을 평가한다는 측면임 • 경영학부: 자연 계열 12명 선발 • 경제금융학부: 자연 계열 5명 선발, 국제학부: 10명 선발 (2019학년도 특기자전형으로만 선발) • 미래산업학부 데이터사이언스학과(신설) 20명 선발	☞ 부족한 내신을 두드러진 비교과 활동으로 보완할 수 있을 때 지원 가능함
		중앙대	다빈치형 인재전형	• 전형방법 변경: 서류 100%(일괄합산)(2019학년도 단계별, 2단계 면접) • 의학부: 8명 선발 / 체육교육과: 15명 선발 • 2019학년도 학부 모집에서 2020학년도 학과별 모집으로 일부 모집단위 변경 및 다수 학과 모집인원 변동에 따른 확인 필수 • 서류를 근거로 지원자의 학업 및 교내 다양한 활동을 통한 성장 가능성을 종합적으로 평가함	
			탐구형 인재전형	• 전형방법 변경: 서류 100%(일괄합산)(2019학년도 단계별, 2단계 면접) • 의학부: 8명 선발 • 2019학년도 학부 모집에서 2020학년도 학과별 모집으로 일부 모집단위 변경 및 다수 학과 모집인원 변동에 따른 확인 필수 • 서류를 근거로 지원자의 탐구 능력, 전공 분야의 학업 잠재력, 학교 충실성 등을 종합적으로 평가함(소논문, 과제 연구, 심화 연구 등의 지적 탐구 과정에서 역량을 보여 줄 수 있어야 함)	
			SW인재 전형	• 소프트웨어대 75명 모집(2019학년도 소프트웨어학부 70명 모집) • 전형방법 변경: 서류 100%(일괄합산)(2019학년도 단계별, 2단계 면접) • 서류평가는 학생부, 자소서, 추천서(2019학년도 제출한 SW 역량 입증 서류 폐지)	

전형		지원가능대학	Tip
학생부 종합	수능최저 미적용	건국대 KU학교추천전형	• 전형방법 변경: 학생부 교과 30% + 서류 70%(학생부, 자소서, 학교장 명의 추천 공문, 추천서 폐지)[2019학년도 교과 40% + 서류 60%(학생부, 자소서, 교사추천서)] • 2020학년도부터 학생부종합전형 내 중복 지원 가능 • 인성과 학업 역량이 우수하고 타의 모범이 되어 고교에서 추천 받은 학생 • 학교별 추천 인원 제한 없음
		동국대 학교장추천인재전형	• 전형방식 변경: 학생부 100%, 자소서 폐지(2019학년도: 학생부,자소서), 면접 없음 • 학교장 추천 인원: 총 4명 이내(인문 2명, 자연 2명 – 대학 모집단위 기준) • 서류평가: 자기 주도적 학습 능력 40%, 전공적합성 25%, 인성·사회성 20%, 지원 동기 및 진로 계획 15%
		국민대 학교장추천전형	• 서류 70% + 학생부 교과 30% • 학교장 추천 인원 제한 없음, 면접 없음 • 서류평가 요소: 자기 주도성 및 도전정신 50%, 전공적합성 40%, 인성 10%
		아주대 다산인재전형	• 서류 100%, 면접 없음 • 모집인원 축소: 290명 → 246명(44명 감소) * 인재상: 융복합적 사고, 실천적 창의, 의사소통, 글로벌 역량 중 하나 이상의 강점이 있는 학생 – 자기 주도성 항목에서 평가 • 2019학년도 다산인재전형으로 선발한 소프트웨어학과는 2020학년도부터 학생부종합(SW융합인재전형)으로 전형을 변경하여 선발
		인하대 학교장추천전형	• 서류 100%, 면접 없음 • 기계공학과 모집인원 축소 주의(31명 → 22명) * 계열 구분 없이 학교당 5명 이내 추천(학교생활에 충실하며 적극적으로 참여한 학생을 선발함) • CUBE 평가: 지성(기초 학업 역량) 30%, 인성(공동체) 30%, 적성(진로 관심) 20%, 종합(모집단위 인재상) 20%로 서류와 면접평가에 적용함

		단국대(죽전) DKU인재전형	• 서류 100%(문예창작과 제외)
			  * 문예창작과 – 1단계: 서류 100%(3배수) / 2단계: 1단계 70% + 면접 30%(2019학년도는 실기 위주 전형이었으나, 2020학년도부터 DKU 인재전형으로 변경)
			• 학업 역량, 전공적합성 비중이 큼
			  * 자소서에 기록하는 활동은 학생부에 기재되어 있는 활동만을 작성해야 함(단, 필요시 해당자에 한해 고교 방문 또는 전화로 실사함)
			• 모집인원 확대: 309명 → 360명(51명 증가), 모집단위별 선발 인원 확인 필요(예 전기전자공학과 등 자연 계열 학과)

57, 66, 75만점기찬

전형		지원가능대학		Tip
학생부 종합	수능최저 미적용	한양대 (에리카)	학생부 종합 I	• 학생부종합평가 100%, 면접 없음 • 모집인원 축소: 329명 → 246명(83명 감소), 모집단위별 선발 인원 변동 확인 필요
			학생부 종합 II	• 1단계: 학생부종합평가 100%(3배수) / 2단계: 1단계 70% + 면접 30% • 소프트웨어융합대(소프트웨어학부 자연 15명, 인문 9명 / ICT융합학부 자연 9명, 인문 6명) 총 39명 모집
학생부 교과	수능최저 미적용	아주대 학업우수자전형		• 학생부 교과 100%(2019학년도 학생부 교과 80% + 비교과 20%) • 학생부 교과 반영에서 계열별 반영 교과 가중치가 적용되므로 지원에 유의 • 모집인원 감소(336명 → 290명)에 따른 모집단위별 모집인원 확인 필요(예) 생명과학과 15명 → 5명 등 대폭 감소 또는 행정학과 10명 → 15명 확대 등) • 수능최저학력기준을 적용하지 않지만, 계열 필수 과목은 반드시 수능에 응시해야 함
		광운대 교과성적우수자전형		• 학생부 100%(교과 80% + 출석 10% + 봉사 10%)
		세종대 학생부우수자전형		• 학생부 교과 100% • 모집인원 확대(415명 → 460명) • 합격자 내신 분포: 1등급 중반~2등급 초반
		명지대 교과성적전형		• 학생부 교과 100% • 모집인원 감소(409명 → 307명) 주의 • 학교생활기록부 반영교과 변경에 따른 합격 성적 상승 예상[2019: (전계열) 국어, 영어, 수학, 사회, 과학 → 2020학년도: (인문 계열) 국어, 영어, 수학, 사회 / (자연 계열) 국어, 영어, 수학, 과학]
		삼육대 학생부교과우수자 전형 (보건)		• 학생부 교과 100% • 학생부 반영 방법: 국어, 영어, 수학, 사회 또는 과학 중 3개 선택, 학년별 차등 없이 반영함 • 보건 계열 합격자 내신 분포: 1.5~2.5등급

학생부종합평가가 학생부 종합 I 칸 옆 Tip 우측:
• 학생부종합평가: 오직 학생부를 기반으로 교과 관련 성취, 전공적합성, 학교생활 충실도 및 학업 의지, 발전 가능성 등의 영역을 종합적으로 평가함

고3이라면? 학생부 위주 전형이 답입니다!

내신 성적과 수능 성적이 너무 현격하게 차이가 나서 확실한 방향이 보입니다. 그중에서도 이 정거장의 성적으로 가장 상위 대학에 진학할 수 있는 방법은 학생부종합전형일 것입니다. 이를 위해서는 부족한 내신을 보완할 수 있을 만큼의 두드러진 비교과 활동이 필요합니다. 희망 전공과 관련하여 누구에게도 뒤지지 않는 열정과 역량을 갖추고 있음을 자신만의 매력적인 콘텐츠로 드러내야 합니다. 단순한 스펙의 나열보다는 고교 과정에서 어떻게 진로를 찾고, 그 목표를 이루기 위해 어떻게 노력해 왔는지 진솔하게 서술함으로써 설득력 있게 다가가는 것이 좋습니다.

저학년이라면? 수능이 뒷받침된다면 내신 성적이 빛을 발할 수 있습니다!

수능 성적이 많이 부족하므로 정시전형 지원이 가능한 대학 수준까지 수시전형 지원 대학의 폭을 넓혀 고려해야 합니다. 만일 수능 성적이 뒷받침되어 수능최저학력기준을 충족할 수 있다면 학생부교과전형에서 내신이 다소 부족해도 합격 가능성이 커질 것이고, 정시전형 지원 가능성이 커질수록 수시전형 모집에서 소신껏 지원할 수 있는 든든한 뒷배가 되어 줄 것입니다. 즉, 더 나은 수능 성적이 지금의 내신 성적과 합쳐지면 최상의 시너지 효과를 낼 수 있습니다.

상위 정거장으로 옮겨 가야 합니다!

내신 성적만 믿고 수능 공부를 게을리 하는 경우가 허다합니다. 그러나 수능 공부와 내신은 결코 별개가 아닙니다. 학교 수업에 충실히 임하는 것이 수능과 내신의 기본입니다.

저학년의 경우, 내신 성적을 유지하거나 향상시키면서 수능 성적을 올릴 수 있다면 대학 선택의 폭이 매우 넓어질 것입니다.

● 내신 성적을 향상시키면

55번(293쪽), 56번(299쪽) 정거장으로 GO!

● 수능 성적을 향상시키면

3번(42쪽), 12번(77쪽), 21번(124쪽), 29번(178쪽), 30번(190쪽), 39번(231쪽), 48번(231쪽) 정거장으로 GO!

● 내신과 수능 성적을 모두 향상시키면

1번(26쪽), 2번(34쪽), 10번(52쪽), 11번(64쪽), 19번(96쪽), 20번(108쪽), 28번(169쪽), 29번(178쪽), 37번(169쪽), 38번(178쪽), 46번(293쪽), 47번(299쪽) 정거장으로 GO!

58.번 정거장

내신 3.0 ~ 4.0 등급, 수능 6.0 ~ 9.0 등급

67·76번 정거장 포함

학생부 위주 전형으로 수도권 소재 대학에 지원할 수 있는 거의 마지막 정거장입니다. 수능에 비해 내신 성적이 월등히 좋지만, 합격을 확신하기엔 조금은 부족한 성적입니다. 지금은 내신 성적을 향상시키는 것이 최선입니다.

현재 나의 위치는?

학생부종합전형

수능 성적 대비 훨씬 높은 내신 성적을 활용하기에는 학생부종합전형이 좋습니다. 하지만 수도권 소재 대학으로 지원할 경우, 거의 합격 마지노선의 내신 성적입니다. 즉, 두드러진 비교과 활동이 뒷받침되어야 합격을 기대해 볼 수 있는 성적이라는 뜻입니다. 그러므로 상위 정거장 학생들에 비해 학업 역량이나 열정이 뒤지지 않음을 증명하고, 자신만의 강점을 매력 있게 드러내야 합니다. 스펙 위주의 나열보다는 고교 과정 중 어떻게 진로를 찾아 나가고, 그것을 이루기 위해 어떻게 노력해 왔는지 진솔한 스토리로 엮어 나가야만 설득력 있게 다가갈 수 있습니다. 각 대학과 전형의 인재상을 제대로 이해하고 그에 맞게 준비해야 합니다.

학생부교과전형

상대적으로 높은 내신 성적을 활용할 수 있는 또 하나의 전형은 학생부교과전형입니다. 이 정거장은 수능최저학력기준이 적용되는 대학 지원이 어려우므로, 수능최저학력기준 미적용 대학이나 면접이 시행되는 대학으로 지원하는 정면 승부가 부족한 내신을 보완할 수 있는 좋은 방법입니다. 이 정거장에서 학생부교과전형으로 많이 지원하는 대부분의 지방 거점 국립대는 수능최저학력기준이 적용되므로 지원 가능한 대학을 잘 선택해야 합니다. 일부 수도권 중하위권 대학에서 합격자가 나오기도 하는 정거장입니다.

어떤 대학을 주목해야 할까?

전형		지원가능대학		Tip		
학생부종합	수능최저미적용	아주대	다산인재전형	• 서류 100%, 면접 없음 • 모집인원 축소: 290명 → 246명 (44명 감소) ＊인재상: 융복합적 사고, 실천적 창의, 의사소통, 글로벌 역량 중 하나 이상의 강점이 있는 학생 – 자기 주도성 항목에서 평가 • 2019학년도 다산인재전형으로 선발한 소프트웨어학과 2020학년도부터 학생부종합(SW융합인재전형)으로 전형을 변경하여 선발	☞두드러진 비교과 활동으로 부족한 내신을 보완할 수 있어야 함	＊낮은 수능 성적으로 인해 면접 미실시 대학으로 지원 고려

전형		지원가능대학		Tip	
학생부 종합	수능최저 미적용	한양대 (에리카)	학생부 종합 I	• 학생부종합평가 100%, 면접 없음 • 모집인원 축소: 329명 → 246명 (83명 감소), 모집단위별 선발 인원 변동 확인 필요	• 학생부종합평가: 오직 학생부를 기반으로 교과 관련 성취, 전공적합성, 학교생활 충실도 및 학업 의지, 발전가능성 등의 영역을 종합적으로 평가함
			학생부 종합 II	• 1단계: 학생부종합평가 100%(3배수) / 2단계: 1단계 70% + 면접 30% • 소프트웨어융합대학(소프트웨어학부 자연 15명, 인문 9명 / ICT융합학부 자연 9명, 인문 6명) 총 39명 모집	
		단국대(죽전) DKU인재전형		• 서류 100%(문예창작과 제외) ＊문예창작과 – 1단계: 서류 100%(3배수) / 2단계: 1단계 70% + 면접 30%(2019학년도 실기 위주 전형이었으나, 2020학년도부터 DKU인재전형으로 변경) • 학업 역량, 전공적합성 비중이 큼 ＊자소서에 기록하는 활동은 학생부에 기재되어 있는 활동만을 작성해야 함(단, 필요시 해당자에 한해 고교 방문 또는 전화로 실사함) • 모집인원 확대: 309명 → 360명(51명 증가), 모집단위별 선발인원 확인 필요(예 전기전자공학과 등 자연계열 학과)	＊낮은 수능 성적으로 인해 면접 미실시 대학으로 지원 고려
		한성대 한성인재전형		• 학생부 교과 40% + 서류 60% • 모집단위: 크리에이티브인문학부, 사회과학부, 글로벌패션산업학부 (교과 반영: 국어, 수학, 영어, 사회), IT공과대(교과 반영: 국어, 수학, 영어, 과학) • IT공과대: 학부 구분 없이 입학, 2학년 진학 시 학부(트랙) 선택 ＊학생부 등급 간 점수 차: 4등급까지 각 8점씩 감점	
학생부 교과	수능최저 미적용	• 건국대(글) 교과면접, 동국대(경) 교과면접, 한림대, 삼육대(자연), 서경대, 대진대, 강남대,성공회대, 차의과학대, 수원대, 성결대, 한세대, 한신대 등 경기 소재 대학			

어떤 노력을 기울여야 할까?

고3이라면? 학생부종합전형에서 승부를 걸어야 합니다!

현재로서는 수능보다는 상대적으로 높은 내신 성적을 활용하는 학생부 위주 전형으로 지원 전략을 짜야 합니다. 그중에서도 수능최저학력기준이 없고, 부족한 내신을 비교과 활동으로 보완할 수 있는 학생부종합전형이 가장 좋은 방법일 수 있습니다. 수도권 소재 대학에서도 합격자가 많이 나오는 내신 성적대이므로 자신의 강점을 살린 비교과 활동과 서류로 승부를 보아야 합니다. 상위 정거장에 있는 학생들에 비해 열정과 역량이 결코 뒤떨어지지 않음을 드러내는 것이 목표입니다! 단순한 스펙의 나열보다는 고교 과정 중 어떻게 진로를 찾아 나가고, 그것을 이루기 위해 어떻게 노력해 왔는지 진솔한 스토리로 엮어 나가야만 설득력 있게 다가갈 수 있습니다. 나만의 콘텐츠가 자산입니다!

저학년이라면? 수능을 포기해야 할까요?

내신과 수능 성적 차이가 너무 커서 수시전형, 정시전형이 확연하게 갈라지지만, 수시전형이라고 해서 수능과 아주 무관하지는 않습니다. 수시전형에서 수능최저학력기준 적용 여부도 중요하지만, 대학별 고사는 모두 수능 준비를 바탕으로 해야 하기 때문입니다. 지금 수능 성적이 너무 낮다고 해서 해 보지도 않고 벌써 포기하는 것은 너무 안일한 대처가 아닐까요? 더구나 내신 성적 또한 안정한 것은 아니라서 만족할 만한 대학으로 진학하기에는 눈높이에 안 맞을 수도 있습니다. 지금부터라도 기초부터 다시 계획을 세우고 개념부터 찬찬히 학습하고 한 정거장씩 올라가 봅시다. 분명히 내신 성적과 함께 시너지 효과를 낼 것입니다!

상위 정거장으로 옮겨 가야 합니다!

수능과 내신 어느 하나라도 향상시켜서 상위 정거장으로 이동할 수 있다면 좋겠지만, 지금의 상황에서는 내신을 좀 더 향상시키는 전략이 필요합니다. 수시전형으로 승부를 보고 싶다면 당연히 '내신 상승'이 상위 대학으로 이동하기 위한 발판이 될 것입니다.

저학년이라면 수능도 포기하지 않아야 정시뿐 아니라 수시 모집의 모든 전형에서 선택의 폭을 넓힐 수 있습니다.

● **내신 성적을 향상시키면**

55번(293쪽), 56번(299쪽), 57번(318쪽) 정거장으로 GO!

● **수능 성적을 향상시키면**

4번(48쪽), 13번(85쪽), 22번(142쪽), 31번(209쪽), 40번(246쪽), 49번(246쪽) 정거장으로 GO!

● **내신과 수능 성적을 모두 향상시키면**

1번(26쪽), 2번(34쪽), 3번(42쪽), 10번(52쪽), 11번(64쪽), 12번(77쪽), 19번(96쪽), 20번(108쪽), 21번(124쪽), 28번(169쪽), 29번(178쪽), 30번(190쪽), 37번(169쪽), 38번(178쪽), 39번(231쪽), 46번(293쪽), 47번(299쪽), 48번(231쪽) 정거장으로 GO!

59번 정거장

내신 **4.0** ~ **5.0** 등급, 수능 **6.0** ~ **9.0** 등급

68·77번 정거장 포함

멀리 내다보고 계획을 세웁시다! 비록 지금은 확실한 미래가 눈앞에 펼쳐지지 않지만, 많은 기회가 잠재되어 있습니다. 내가 무엇을 잘할 수 있는지 확인하고, 그걸 무기로 만드는 겁니다.

현재 나의 위치는?

모의고사를 치를 때마다 실망과 좌절을 맛보았을 겁니다. 그러나 내신 성적은 모든 걸 포기하기에는 꽤 괜찮은 잠재성을 가지고 있습니다. 기존 성적 때문에 합산한 내신 성적이 하루아침에 확 오르는 것은 아니지만, 성적의 향상도는 잠재 역량의 평가 지표로도 활용되므로 지속적인 노력을 통해 학생부 위주 전형에 가까이 다가갈 수 있습니다.

학생부종합전형

학생부종합전형의 장점이라면 일부 대학을 제외하고는 수능최저학력기준을 적용하지 않는다는 것입니다. 그리고 이 정거장의 내신 성적은 학생부 위주 전형에서 충분히 역할을 해낼 수 있는 수준입니다. 눈높이를 최상위에 두면 어렵겠지만, 지속적인 노력으로 목표를 향해 나아가는 것은 꽤 의미가 있습니다. 학생부종합전형에서는 과거의 내신 성적이 좋지 않더라도 점차 향상되는 모습을 보여 주면 잠재력이 있는 것으로 평가되며, 잠재력은 학생부종합전형의 키워드이기도 합니다. 단, 두드러진 비교과 활동으로 상위 정거장의 학생들과 비교하여 학업 역량이나 열정에 전혀 부족함이 없음을 증명할 수 있어야 합니다.

학생부교과전형

누가 보아도 내신 성적을 활용한 학생부 위주 전형으로 지원해야 하는 것은 확실합니다. 그런데 비교과 활동이 부족해서 역량이나 열정을 드러내기에 불충분할 때 내신 성적을 활용할 수 있는 또 하나의 전형 방법이 학생부교과전형입니다. 현재의 내신 성적만 볼 때 지방 국립대에서도 합격자가 많이 나오는 성적대이지만, 대부분 수능최저학력기준을 적용하는 상황이므로 전략적으로 몇 개 과목을 준비해서 수능최저학력기준을 뚫고 가는 방법이 최선입니다. 혹은 교과 100% 전형보다는 면접을 실시하는 대학에 지원해서 정면 승부하는 게 좋습니다.

어떤 대학을 주목해야 할까?

전형		지원가능대학	Tip
학생부 종합	수능최저 미적용	성공회대 열린인재전형	• 1단계: 서류 100%(5배수) / 2단계: 서류 50% + 면접 50% • 서류를 활용하여 인성, 전공적합성, 학업 성취 가능성을 종합평가함 • 면접: 전공 이해, 학습 계획, 이해력과 논리력을 5단계 평가함

전형		지원가능대학	Tip
학생부 종합	수능최저 미적용	총신대 코람데오인재전형	• 1단계: 서류 100%(3배수) / 2단계: 1단계 70% + 면접 30% • 영어교육과 모집인원 대폭 확대(11명 → 20명)
		강남대 — 서류면접 전형	• 전형명 변경: 서류면접전형(2019학년도 잠재 역량우수자) • 전형방식 변경: 1단계 – 서류 100%(4배수) / 2단계 – 1단계 60% + 면접 40%(2019학년도: 서류 40% + 면접 60%) ＊서류평가: 전공적합성 45%, 발전 가능성 30%, 인성 25% ＊지원 모집단위: 인문/사회/자연 계열, 스포츠복지전공 ＊서류를 바탕으로 전공적합성, 인성, 종합적 사고력 및 의사소통 능력 등을 평가함
		강남대 — 학생부 전형	• 전형명 변경: 학생부전형(2019학년도 학교생활우수자) • 서류(학생부) 100%(인성 45%, 전공적합성 30%, 발전 가능성 25%) • 인문, 사회, 자연 계열
		대진대 윈윈대진전형	• 전형방법 변경: 1단계 – 서류 100%(4배수) / 2단계 – 1단계 70% + 면접 30%[2019학년도 – 1단계: 100%(4배수) 2단계: 1단계 60% + 면접 40%] ＊서류평가: 기초 학습 능력 40% + 성장 잠재력 30% + 인성 30% ＊면접: 서류 기반 면접(학업 역량 30% + 잠재 역량 30% + 인성 40%, 15분이내)
		서울신학대 학생부종합전형(일반)	• 1단계: 서류 100%(4배수) / 2단계: 서류 60% + 면접 40% ＊교과가 4～5등급이라도 종교적 신앙심을 표현할 수 있으면 지원해 볼 만함
		을지대 EU자기추천전형	• 전형 통합: EU자기추천(2019학년도: 을지리더십, 창의적인재) • 전형방법 변경: 1단계 – 학생부(교과/비교과) 100%(5배수)[2019학년도: 서류 100%(3배수)] / 2단계 – 1단계 70% + 면접 30% • 대전캠(임상병리, 간호학과), 성남캠(전학과) 모집 • 면접: 서류(학생부, 자소서) 기반 일반면접(인성, 전공적합성, 발전 가능성, 자세 및 태도)
		협성대 협성창의인재전형	• 1단계: 서류 100%(3배수) / 2단계: 심층면접 100% • 사회복지학과, 호텔관광 · 유통경영학과(트랙) 두 학과만 각각 20명 모집 ＊심층면접: 지원 동기, 학업 계획, 면접 태도, 인성 및 전공 이해 등을 종합적으로 심층평가함
		한국산업기술대 KPU인재전형	• 전형명 변경: 학생부종합(KPU인재)(2019학년도 학생부종합) • 1단계: 서류 100%(3배수) / 2단계: 1단계 70% + 면접 30% ＊서류 기반 개별면접(학업 역량, 전공적합성, 인성, 발전 가능성 평가, 15분)
		평택대 PTU종합전형	• 1단계: 서류 100%(3배수) / 2단계: 면접 100%

전형		지원가능대학		Tip
학생부 종합	수능최저 미적용	차의과학대 CHA학생부종합전형		• 전형명 변경: 학생부종합(CHA학생부종합전형)(2019학년도: CHA자기 추천전형) • 모집인원 확대: 190명 → 214명(24명 증가), 학과별 고루 증가 • 전형방법 변경: 1단계 − 서류 100%(3배수) / 2단계 − 1단계 70% + 면 접 30%(2019학년도: 2단계 − 1단계 60% + 면접 40%) • 전형방법: 서류 − 0점~700점 / 면접 − 0점~300점 • 자소서: 대학 자율문항 폐지 ＊서류, 면접평가: 학업 역량, 전공적합성, 인성, 발전 가능성, 문제해결 능력 평가
		한신대 참인재전형		• 서류평가(서류: 학생부 교과, 비교과) 60% + 면접 40% • 서류평가: 인성 30%, 학업 수행 능력 25%, 전공 관심도 25%, 발전 가 능성 20% • 모집인원 확대: 236명 → 310명(74명 증가) • 학생부 교과 반영: 국어/수학 교과 중 3과목 + 영어 교과 3과목 + 사 회/과학 교과 중 3과목(계열 구분 없음, 2019학년도는 구분함) • 면접문항 공개: 기초소양 분야 1문항, 전공 · 적성 분야 1문항 총 2문항 사전 공개
		한경대 잠재력우수자전형		• 전형방법 변경: 1단계 − 서류 100%(3배수) / 2단계 − 1단계 70% + 심 층면접 30%(2019학년도: 2단계 − 1단계 60% + 심층면접 40%) • 서류평가: 인성 40%, 전공적합성 30%, 발전 가능성 30%
		강원대 (춘천)	미래인재 전형	• 1단계: 서류 100%(3배수) / 2단계: 서류 70% + 면접 30% ＊서류평가: 학업 역량 30%, 전공적합성 25%, 인성 24%, 발전 가능성 21% ＊면접평가: 학업 역량 50%, 인성 30%, 잠재 역량 20%
			소프트웨어 인재전형	• 2020학년도 신설 전형(IT대학 컴퓨터 공학과: 15명 모집) • 전형방법, 서류, 면접 평가: 미래인재전형과 동일
		경상대 일반전형		• 전형명 변경: 일반전형(2019학년도 개척인재전형) • 전형방법 변경: 1단계 − 서류 100%(3배수) / 2단계 − 서류 70% + 면 접 30%(2019학년도: 2단계 − 서류 50% + 심층면접 50%) • 서류 1,000점(기본 점수: 850점) / 면접 300점(기본 점수: 255점) [2019학년도: 면접 500점(기본 점수: 425점)]
		금오공과대 kit인재전형		• 1단계: 서류 100%(2~3배수) / 2단계: 1단계 70% + 면접 30%(개별 면접) • 기계시스템공학과, 신소재공학부, 화학소재공학부, 환경공학과, 응용 화학과 : 1단계 2.5배수(2019학년도: 2배수), IT융합학과 미선발 • 학과 분리 모집: 화학소재융합공학부 → 화학소재공학부(고분자, 소재 디자인, 화학고학과), 환경공학과, 응용화학과

전형		지원가능대학	Tip
학생부 종합	수능최저 미적용	제주대 일반학생전형	• 전형명 변경: 일반학생(2019학년도: 일반학생 2) • 전형방법 변경: 1단계 – 서류 100%(3배수) / 2단계 – 1단계 70% + 면접 30%(2019학년도: 2단계 – 1단계 60% + 면접 40%) ＊서류에서 전공적합성, 면접에서 인성·공동체 기여도를 크게 평가함 • 모집단위 명칭 변경: 해양의생명과학부 → 해양생명과학과, 수산생명의학과
학생부 교과	수능최저 미적용		• 성공회대, KC대, 서울한영대, 강남대, 서울신학대, 성결대, 신한대, 안양대, 차의과학대, 협성대, 평택대 등 경기 소재 대학과 건국대(글), 동국대(경) 등의 지방 사립대 그리고 목포대, 강릉원주대 등 지방 국립대

어떤 노력을 기울여야 할까?

학교 수업에 적극적으로 참여하자!

내신 성적을 지금보다 향상시키는 것이 가장 큰 전략입니다. 3등급대로 진입한다면 수도권 소재 대학의 학생부 위주 전형에서 합격자가 많이 나오는 정거장으로 옮겨 갈 수 있습니다. 학교 수업 중에 발표와 토론에 열심히 참여하고, 교과 선생님과 교감하는 것도 중요합니다. 평소의 적극적인 수업 참여가 바탕이 되어 내신 시험에서 효과를 볼 수 있습니다. 내신 성적의 향상은 학생부교과전형의 바탕이 될 뿐만 아니라 학생부종합전형에서도 잠재력 면에서 좋은 평가를 받을 수 있습니다.

전공적합성과 관련 있는 비교과 활동을 찾자!

학생부종합전형에서는 전반적인 학업 역량을 매우 중요하게 평가하지만, 중위권 대학에서는 지원 학과에 대한 관심과 활동을 보여 주는 전공적합성이 합격 가능성을 높여 줍니다. 자신의 꿈과 진로를 찾기 위해 최선을 다하기 바랍니다. 아직 진로가 확실치 않다면, 자신이 잘하거나 관심 있는 교과와 연관된 진로를 찾아보는 것도 하나의 방법이 될 수 있습니다. 포기하지 말고 내가 무엇을 좋아하고 잘하는지 찾아, 그것을 수업과 동아리 · 봉사 · 독서 활동으로 연결해 나가기 바랍니다. 모든 과목을 잘할 수는 없지만, 그렇다고 포기하는 과목이 있어서도 안 됩니다. 성실성의 평가 척도가 될 수 있습니다.

상위 정거장으로 옮겨 가야 합니다!

지금의 상황에서는 내신 성적을 올리는 것이 가장 빠른 지름길입니다. 저학년이라면 수능과 내신 모두 향상시켜서 지원 대학 선택의 폭을 넓혀야 합니다.

● **내신 성적을 향상시키면**

64번(293쪽), 65번(299쪽), 66번(318쪽), 67번(325쪽) 정거장으로 GO!

● **수능 성적을 향상시키면**

5번(48쪽), 14번(85쪽), 23번(154쪽), 32번(223쪽), 41번(263쪽), 50번(263쪽), 59번(330쪽) 정거장으로 GO!

● **내신과 수능 성적을 모두 향상시키면**

1번(26쪽), 2번(34쪽), 3번(42쪽), 4번(48쪽), 10번(52쪽), 11번(64쪽), 12번(77쪽), 13번(85쪽), 19번(96쪽), 20번(108쪽), 21번(124쪽), 22번(142쪽), 28번(169쪽), 29번(178쪽), 30번(190쪽), 31번(209쪽), 37번(169쪽), 38번(178쪽), 39번(231쪽), 40번(246쪽), 46번(293쪽), 47번(299쪽), 48번(231쪽), 49번(246쪽), 55번(293쪽), 56번(299쪽), 57번(318쪽), 58번(325쪽) 정거장으로 GO!

60번 정거장

내신 **5.0 ~ 6.0** 등급, 수능 **6.0 ~ 9.0** 등급

69·78번 정거장 포함

눈높이를 최상위에 맞추고 그곳만 바라본다면 어렵고 막연하게만 보이겠지요. 그러나 자신의 진로를 찾고, 그것을 이룰 수 있는 방법은 다양합니다.

현재 나의 위치는?

내신 성적이 수능 성적에 비해 좋기 때문에 학생부 위주 전형으로 지원하는 것이 바람직합니다. 눈높이를 최고의 대학에 맞추면 모든 것이 부족하고 불안하지만, 지금 상황에서도 지원 가능한 대학이 많기 때문에 진정 내가 하고 싶은 일이 무엇인지, 어떤 공부를 하고 싶은지 깊이 있게 고민한 후 그것을 바탕으로 최선의 선택을 한다면 만족스러운 결과를 기대할 수 있을 것입니다.

학생부종합전형

이 정거장의 내신 성적으로 수도권 소재 대학에 진학하기는 어렵겠지만, 지방 국립대 등에서 충분히 합격자가 나올 수 있습니다. 그러나 학생부종합전형에서는 학업 역량이 가장 중요한 평가 요소입니다. 따라서 전공 관련 비교과 활동을 통해 상위 정거장의 학생들과 비교해서 학업 역량이 결코 부족함이 없음을 드러내야 합니다. 자신만의 매력 있는 콘텐츠로 부족한 내신을 극복해야만 상위 대학 진입을 노려 볼 수 있습니다.

학생부교과전형

현재 수능 성적으로 보아 정시전형에서 어디까지 갈 수 있을지 걱정스럽다면, 학생부교과전형에서 수시전형의 마지막 합격선을 결정하는 것이 좋습니다. 일부 지방 국립대, 특히 자연 계열에서 합격 사례가 있으므로 교차 지원이나 면접 등 다양한 방법으로 유불리를 따져 선택해야 합니다.

어떤 대학을 주목해야 할까?

전형		지원가능대학	Tip
학생부 종합	수능최저 미적용	대진대 원원대진전형	• 전형방법 변경: 1단계 – 서류 100%(4배수) / 2단계 – 1단계 70% + 면접 30%[2019학년도: 1단계 – 100%(4배수) / 2단계 – 1단계 60% + 면접 40%] ＊서류평가: 기초 학습 능력 40% + 성장 잠재력 30% + 인성 30% ＊면접: 서류 기반 면접(학업 역량 30% + 잠재 역량 30% + 인성 40%, 15분이내)
		협성대 협성창의인재전형	• 1단계: 서류 100%(3배수) / 2단계: 심층면접 100% • 사회복지학과, 호텔관광·유통경영학과(트랙) 두 학과만 각각 20명 모집 ＊심층면접: 지원 동기, 학업 계획, 면접 태도, 인성 및 전공 이해 등을 종합적으로 심층평가함
		평택대 PTU종합전형	• 1단계: 서류 100%(3배수) / 2단계: 면접 100%

전형		지원가능대학	Tip
학생부 종합	수능최저 미적용		• 그 외 지방 국립대 자연계 하위 학과와 지방 사립대 중상위 학과
학생부 교과			* 강릉원주대, 군산대, 목포대 등의 일부 지방 국립대 하위 학과와 지방 사립대

내신 성적을 더욱 향상시켜야 합니다!

이 정거장의 학생들에게 가장 효율적인 방법은 내신 성적의 향상입니다! 어차피 수능으로 정시전형까지 가지 않을 것이라면, 지금보다 내신 성적을 향상시켜서 학생부 위주 전형 지원의 효과를 높여야 합니다. 내신 성적은 우리 학교에서 나를 가르친 선생님들이 출제합니다. 즉, 수업 시간에 충실히 임하는 것이 곧 내신 준비입니다. 내신은 센스입니다! 교과 선생님의 표정과 제스처를 통해 내용의 중요성과 문제 출제 가능성이 드러나기도 합니다. 상위권 학생들은 수업 시간에 사소한 것 하나도 놓치지 않고 차근차근 정리해 나가고 있습니다.

더불어 희망 전공과 관련하여 열정과 역량을 드러낼 만한 비교과 활동 기록을 쌓아야 합니다. 이 정거장의 많은 학생들이 학생부종합전형을 준비하지 않는 경향이 있어서, 조금만 준비해도 두드러져 보일 수 있습니다. 강력한 스펙보다는 학교생활 충실성에 초점을 맞추고, 나의 진로를 위해 어떤 노력을 해 왔는지 진솔하게 서술함으로써 설득력 있게 다가가는 것이 좋습니다.

상위 정거장으로 옮겨 가야 합니다!

학교 수업을 파고들어야 합니다. 내신을 더 올려야 합니다!

● 내신 성적을 향상시키면

64번(293쪽), 65번(299쪽), 66번(318쪽), 67번(325쪽), 68번(330쪽) 정거장으로 GO!

● 수능 성적을 향상시키면

6번(48쪽), 15번(85쪽), 24번(154쪽), 33번(223쪽), 42번(279쪽), 51번(306쪽), 60번(336쪽) 정거장으로 GO!

● 내신과 수능 성적을 모두 향상시키면

1번(26쪽), 2번(34쪽), 3번(42쪽), 4번(48쪽), 5번(48쪽), 10번(52쪽), 11번(64쪽), 12번(77쪽), 13번(85쪽), 14번(85쪽), 19번(96쪽), 20번(108쪽), 21번(124쪽), 22번(142쪽), 23번(154쪽), 28번(169쪽), 29번(178쪽), 30번(190쪽), 31번(209쪽), 32번(223쪽), 37번(169쪽), 38번(178쪽), 39번(231쪽), 40번(246쪽), 41번(263쪽), 46번(293쪽), 47번(299쪽), 48번(231쪽), 49번(246쪽), 50번(263쪽), 55번(293쪽), 56번(299쪽), 57번(318쪽), 58번(325쪽), 59번(330쪽) 정거장으로 GO!

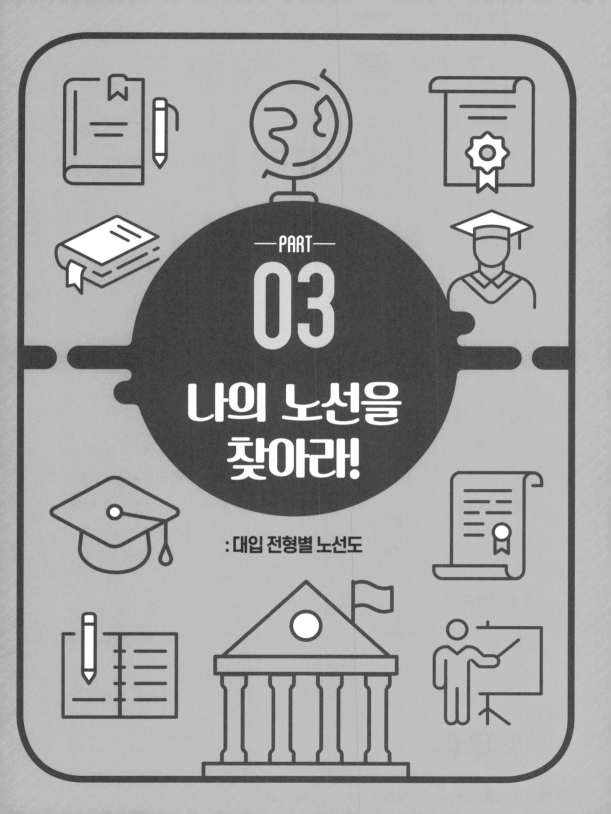

—PART—
03

나의 노선을
찾아라!

: 대입 전형별 노선도

2020학년도 정시 선발 인원과 일정

2020학년도 정시전형 선발 인원은 전체 모집인원의 22.7%(2019학년도 23.8%)인 79,090명(2019학년도 82,972명)입니다. 정시 모집인원은 2018학년도에 처음으로 10만 명 아래로 내려갔고, 2019년 대비 3,882명이 감소했습니다. 이 비율은 역대 최저치로 2020학년도에도 정시전형에서 경쟁이 치열할 것으로 예상됩니다.

정시 모집의 최종 선발 인원은 수시 모집에서 미선발된 이월 인원을 포함하기 때문에 실제로는 처음 발표된 것보다 훨씬 많은 인원을 선발합니다. 이 경우 모집 단위별 이월 인원수에 따라서 경쟁률에도 영향을 미치기 때문에 입시 결과에 큰 변화를 주기도 합니다. 2019학년도 입시에서 서울 소재 대학의 대입 전형 계획에 발표된 최초 수시와 정시 인원수 비율은 각각 70.5%, 29.5%(전국: 수시 76.2%, 정시 23.8%)이었습니다. 하지만 수도권 주요 17개 대학의 경우 실제 모집 비율의 약 10% 가까이 늘어난 인원을 선발했습니다.

2019학년도 서울 소재 대학별 정시 최종 모집인원

(단위: 명)

2019학년도				2018학년도			
대학명	이월 비율	이월 인원	최종 인원	대학명	이월 비율	이월 인원	최종 인원
고려대	28%	239	851	인하대	28%	242	852
서울대	24%	217	901	고려대	24%	190	802
인하대	21%	176	837	서강대	23%	94	408
연세대	21%	267	1,278	연세대	23%	297	1,313
서강대	18%	68	388	성균관대	20%	184	901
서울시립대	14%	97	710	서울대	20%	175	860
이화여대	10%	74	768	이화여대	13%	96	747
숙명여대	10%	77	810	서울시립대	12%	93	765
성균관대	9%	69	779	단국대	7%	144	1,933
홍익대	9%	136	1,569	동국대	7%	62	855
동국대	8%	71	894	중앙대	7%	98	1,352
단국대	5%	93	1,715	건국대	7%	94	1,398
한국외국어대	3%	42	1,227	숙명여대	7%	60	905
중앙대	3%	40	1,185	경희대	6%	91	1,489
경희대	3%	39	1,429	한양대	4%	32	817
건국대	2%	20	1,191	홍익대	4%	57	1,484
한양대	1%	12	864	한국외국어대	3%	46	1,356
평균	10%	1,737	17,396	평균	11%	2,055	18,237

2020학년도 정시전형 일정

2020학년도 대학수학능력시험은 고등학교 교육과정 운영 정상화와 대학의 전형 일정을 종합적으로 고려하여 전년도와 비슷한 2019년 11월 14일(목)에 실시됩니다. 수능 성적은 12월 4일(수)에 발표될 예정이며, 그 이후에 수시 합격자 발표와 등록이 모두 끝난 12월 26일(목)부터 2019년 12월 31일(화)까지 정시 모집 원서 접수가 진행됩니다.

정시 모집	원서 접수		2019. 12. 26(목)~31(화) 중 3일 이상
	전형 기간	가군	2020. 1. 2(목)~10(금)(9일)
		나군	2020. 1. 11(토)~19(일)(9일)
		다군	2020. 1. 20(월)~30(목)(11일)
	합격자 발표		2020. 2. 4(화)까지
	합격자 등록		2020. 2. 5(수)~7(금)(3일)
	정시 미등록 충원 합격 통보 마감		2020. 2. 17(월) 21시까지
	정시 미등록 충원 등록 마감		2020. 2. 18(화)
추가 모집	원서 접수 & 전형일 & 합격자 발표		2020. 2. 20(목)~27(목) 21시까지
	등록 기간		2020. 2. 28(금)

정시전형 선발 방법

정시 모집에서 수능 반영 영역은 대학별로 차이가 있습니다.

서울 소재 주요 대학 등 많은 대학에서 4개 영역을 반영하며, 수도권 일부 대학 등에서는 4개 영역 중 3개 영역만 반영하기도 합니다. 또한 수능 성적을 반영하는 방법으로 중상위권 이상의(대부분) 대학에서 표준점수를 활용하거나 등급이나 백분위를 반영하는가 하면, 표준점수와 백분위를 합산해 반영하는 곳도 있습니다. 희망하는 대학에 맞게 필요한 영역에 집중해서 준비하는 동시에, 6월 평가원 모의평가 후 상담을 통하여 신중히 결정하는 것이 바람직합니다.

정시 모집은 수능 성적을 어떻게 조합하는가에 따라서 유불리가 달라지기 때문에 자신에게 유리한 조합을 선택하여 지원하는 전략이 필요합니다. 예를 들어, 국어 과목 성적이 저조한 경우에는 '수학·영어·탐구', 수학 성적이 저조할 때는 '국어·영어·탐구' 혹은 '국어·영어·수학·탐구 중 택 3' 반영 대학에 지원하는 것입니다. 따라서 자신에게 상대적으로 유리한 영역의 조합과 반영 지표, 영역별 반영 비율 등을 철저하게 분석해야 합니다. 정시전형에서 계열별 교차 지원 여부도 따져 볼 필요가 있습니다. 다음 표에서 수학 영역의 가/나, 탐구 영역의 사탐/과탐이 특정 영역으로 지정되지 않았다면 교차 지원이 가능함을 의미합니다. 다만, 교차 지원을 허용하는 대학에서 수학(가) 또는 과탐 영역에 5~25%의 가산점을 적용하여 선발하기 때문에 유불리를 잘 따져 보아야 합니다.

1) 수도권 대학 수능 영역별 반영 비율 및 반영 지표(일반전형 기준)

(백: 백분위 / 표: 표준점수 / 변: 변환표준점수 / 음영: 수학 부분 음영은 수(가) 지정)

대학명	수능 성적 반영 비율	계열	국	수(가)	수(나)	영	사	과	가산점	반영 지표	제2외국어/한문 → 탐구 1과목	비고
가천대	수능 100% (일반1)	인문	30	25		20	20			백	–	• 인문/자연: 한국사 5% 반영 • 인문/자연: 탐구 1 • 의예/한의예: 탐구 2 • 일반전형 2: 국어/수학/영어/탐구 중 상위 3개 영역 반영 (탐구 1)
		자연 (기계공학과 외 일부 학과)	25	30		20	20		과탐 3%			
		자연 (건축학부 외 일부 학과)	25	30		20	20		수(가) 5% 과탐 3%			
		의예/한의예	25	30		20		25				
		한의예(인문)	25	30		20	25					
가톨릭대	수능 100%	인문/사회	30	20		20	30			표 + 변	○ 인문 사회 / 간호 (인문)	• 탐구 2 • 신학: 탐구 1 • 의예: 영어 가산점(최대 10점) • 한국사 등급별 가점 적용
		의예	30	40		–		30				
		간호(자연)	30	40		–		30				
		간호(인문)	30		40	–	30					
		자연과학부/공학	20	30		20		30	수(가) 10%			

대학명	수능 성적 반영 비율	계열	국	수(가)	수(나)	영	사	과	가산점	반영지표	제2외국어/한문→탐구 1과목	비고
감리교신학대	수능 60% 학생부 30% 면접 10%	신학부	40	–		40	20		–	백	–	• 탐구 1
강남대	수능 100%	인문사회	(50)	(50)		30	20		수(가) 20%	백	–	• 탐구 1
		자연	–	50		30	20					
건국대	수능 90% 학생 10%	인문Ⅰ	30		25	15	25		–	표+변	○ (인문계열)	• 탐구 2 • 한국사 5% 반영
		인문Ⅱ	25		30	15	25					
		자연Ⅰ	20	35		15		25				
		자연Ⅱ	20	30		15		30				
경기대	수능 100%	휴먼인재융합대 관광문화대	40	30		20	10		수(가) 15%	백	–	• 탐구 1 • 유아교육: 수능 95% + 적인성 5% • 한국사 등급별 감점
		국제산업정보	30	–		60	10					
		국제산업정보 외	30	40		20	10					
		융합과학대/ 창의공과대	25	40		20		15				
경희대	수능 100%	인문	35		25	15	20		–	표+변	○ (인문·사회 한의예(인))	• 탐구 2 • 한국사 5% 반영
		사회	25		35	15	20					
		자연	20	35		15		25				
고려대 (서울)	수능 100%	인문/가정교육과	36	36				28	–	표+변	–	• 탐구 2 • 영어 등급별 감점 • 한국사 등급별 가산점
		자연	31	38				31				
		간호/컴퓨터 (수학&탐구 유형별로 각 50% 선발)	31	38		–		31				
			36	36				28				
광운대	수능 100%	인문사회	30		25	20	25		건축학과 (5년제) 정보융합 수(가) 15% 과탐 5%	표+변	○ (사탐 응시자)	• 탐구 2
		경영 국제통상학부	30		35	20	15					
		자연	20	35		20		25				
		정보융합학부	20	35		20		25				

대학명	수능 성적 반영 비율	계열	국	수(가)	수(나)	영	사	과	가산점	반영 지표	제2외국어/한문 → 탐구 1과목	비고
국민대	수능 100%	인문/건축(인문)	30	20		20	30		수(가) 10%	백	–	• 탐구 2
		자연	20	30		20		30				
단국대 (죽전)	수능 100%	경영경제대	25		35	20	20			백	○ (인문/예능계/건축학과)	• 탐구 2과목
		문과대/법과대/사회과학/특수교육/한문교육	35		25	20	20					
		건축학과	35	25		20	20		수(가) 15%			
		자연(건축 제외)	20	35		20		25				
대진대	수능 100%	인문 • 자연	(35)	(35)		(35)	30		수(가) 5% 과탐 3%	백	–	• 탐구 1 • 한국사: 탐구 대체 가능
덕성 여대	수능 100%	인문사회	35	20		20		25	수(가) 10%	백		• 탐구 2
		자연	20	35		20		25				
동국대	수능 90% + 학생부 10%	인문	30	25		20	20		–	표 + 변	○ (인문/예체능)	• 탐구 2 • 한국사 5%
		자연	25	30		20		20				
동덕 여대	수능 100%	인문	30	25		25	20		수(가) 10%	백	–	• 탐구 2
		자연	25	30		25		20				
명지대	수능 100%	인문 • 자연	30	30		20	20		수(가) 10% 과탐 10%	백	–	• 탐구 2
삼육대	수능 100%	인문	35	25		20	20		수(가) 10%	백	○ (전학과)	• 탐구 1 • 한국사 총점에 가산점
		자연	25	35		20		20				
상명대	수능 100%	인문사회, 경영 경제, 사범(인문), 국가안보학과	35	25		20	20		수(가) 10%	표	–	• 탐구 1
		의류/외식영양	30	30		20	20					
		융합공과대	20	35		20		25				
		자연 (수학교육)	25	40		15		20				

대학명	수능 성적 반영 비율	계열	수능 영역별 반영 비율						가산점	반영 지표	제2외국어/한문 → 탐구 1과목	비고
			국	수(가)	수(나)	영	사	과				
서강대	수능 100%	전계열	34.4	46.9	–		18.7		수(가) 10%	표 + 변	–	• 탐구 2 • 영어 가산점
서경대	수능 100%	인문사회	40	10	25	25				백	○ (전모집 단위)	• 탐구 2 • 군사학과: 수능 80% + 면접 10% + 체력고사 10%
		군사학과	25	25	25	25						
		이공대	10	40	25	25			수(가) 5% 과탐 5%			
서울 과기대	수능 100%	인문	30		25	20	25		과탐 II 3%	표	–	• 탐구 2
		자연	20	35		20	25					
서울대	수능 100%	인문/사회/경영	33.3	40		–		26.7		표 + 변	〈제2외국어/한문〉 1~2등급 만점, 3등급 이하 0.5점씩 차등 감점	• 탐구 2 • 수능 응시 영역 기준은 요강 참고 • 영어 감점
		자연과/공대 등	33.3	40				26.7				
서울 시립대	수능 100%	인문1	30	30		25	15		–	표 + 변	○ (인문 계열)	• 탐구 2
		인문2	30	35		25	10					
		자연	20	30		20		30				
서울 신학대	수능 90% 학생부 10%	전학과	(33.3)	(33.3)	(33.3)	(33.3)			–	백	○ (인문 계열)	• 탐구 1
서울 여대	수능 100%	인문/패션산업/인문(자율전공)	30	20		30	20			백	○ (전학과)	• 탐구 1
		디지털미디어, 정보보호 sw융합학과, 수학과	20	30		30	20		수(가) 10%			
		자연(자율전공) 식품응용시스템	20	30		30	20		과탐 10%			

대학명	수능 성적 반영 비율	계열	수능 영역별 반영 비율						가산점	반영 지표	제2외국어/한문 → 탐구 1과목	비고
			국	수(가)	수(나)	영	사	과				
서울 장신대	수능 100%	전학과	40	–		30	30		–	백	–	• 탐구 1
서울 한영대	수능 60% 학생부 40%	전학과	30	–		30	20		–	백	–	• 탐구 1 • 한국사 20% (신학과 면접)
성결대	수능 90% 학생부 10%	전모집단위	(35)	(35)	(35)	30			수(가) 10%	백	–	• 탐구 1 • 국어, 수학, 영어 영역 중 상위 2개 영역 선택 반영
성공회대	수능 100%	인문/사회/미디어컨텐츠융합	(33.4)	(33.4)	33.3	33.3				백	○ (인문)	• 탐구 1 • 한국사 가산점
		IT융합자율	(33.4)	(33.4)	33.3	33.3			수(가) 10% 수(나) 5%			
성균관대	수능 100%	인문	40	40		–	20		–	표 + 변	○ (인문계열)	• 탐구 2 • 영어, 한국사 가산점
		자연	25	40				35				
성신 여대	수능 100%	인문사회	30	20		30	20		–	백	–	• 탐구 2 • 한국사 가산점
		경제/경영/융합	20	30		30	20					
		간호(인문)	20	30		30	20					
		간호(자연)/글로벌의과학, 식품영양, 수학, 화학, 청정융합에너지, 바이오공학	10	35		30		25	〈일부〉 수(가) 10% 〈일부〉 과탐 5%			
		의료산업, 통계, 융합안보, 컴퓨터, 정보시스템, 서비스, 디자인공학	10	35		30		25				

대학명	수능 성적 반영 비율	계열	수능 영역별 반영 비율						가산점	반영 지표	제2외국어/ 한문 → 탐구 1과목	비고
			국	수(가)	수(나)	영	사	과				
세종대	수능 100%	인문	30		30	20	20		국방/ 항공 수(가) 10% 창의 소프트 수(가) 5%	표 + 변	–	• 인문/자연(계약 학과 제외): 한 국사 가산점 • 탐구 2
		자연	15	40		20		25				
		항공/국방	15	40		20		25				
수원대	수능 100%	인문사회	30		20	30	20		수(가) 10%	백	–	• 탐구 1 • 간호(탐구 2) • 한국사 가산점
		자연	20		30	20		30				
숙명 여대	수능 100%	인문	35		25	20	20		응용물리 전공: 물리 20%	백	○ (인문 계열 / 의류학과)	• 탐구 2 • 한국사 가산점
		경상대	30		30	20	20					
		물리/화학/생명 컴퓨터/IT공학/ 화공생명/식영	25	35		20		20				
		수학	15	50		20		15				
		통계(인문)	(30)		50	20	(30)					
		통계(자연)	(30)	50		20		(30)				
		의류학과(인문)	35		25	20	20					
		의류학과(자연)	35	25		20		20				
		컴퓨터/SW(인문)	25		35	20	20					
		컴퓨터/SW(자연)	25	35		20	20					
숭실대	수능 100%	인문	35		25	20	20			표 + 변	○ (인문 · 경상 계열)	• 탐구 2 • 독일, 프랑스, 중국, 일본어, 한문만 사탐 1 과목 대체 가능
		경상	25		35	20	20					
		자연1	20	35		20		25				
		자연2 융합특성자전	20		35	20		25	수(가) 10% 과탐 5%			
신한대	수능 100%	인문사회	50	(50)		(50)	(50)		–	백	–	• 탐구 1
		자연공학	(50)	50		(50)		(50)				

대학명	수능 성적 반영 비율	계열	국	수(가)	수(나)	영	사	과	가산점	반영 지표	제2외국어/한문→탐구 1과목	비고
아주대	수능 100%	인문(간호) 경영	25		40	20	15		–	표+변	–	• 탐구 2 • 의예: 수능 80% + 면접 20% • 국방디지털융합: 1단계 – 수능 100%(5배수) / 2단계 – 1단계 80% + 면접 20% • 한국사 감점 방식
		인문사회	35		25	20	20					
		의학과/국방디지털융합	15	40		10		35				
		자연	15	40		20		25				
안양대	수능 100%	인문/사회/사범	40			30	30		수(가) 10% 과탐 10%	백	–	• 탐구 1
		자연			40	30		30				
연세대 (서울)	수능 100%	인문/사회	33.3	33.3		16.7	16.7		–	표+변	○ (인문 사회)	• 탐구 2 • 과탐: 서로 다른 2과목(Ⅰ, Ⅱ 구분 없음) • 한국사 가산점
		자연	22.2	33.3		11.2		33.3				
용인대	수능 100%	인문/사범	40	–		30	30		자연 수(가) 10%	백	–	• 탐구 1
		경찰행정	30	20		30	20					
		자연	–	40		30		30				
		군사학과	35.7	35.7		28.6	–		수(가) 15%			
을지대	수능 90% 학생부 10%	간호대/ 보건과학대 바이오시스템 융합학부	(30)	40		30		(30)	수(가) 10% 과탐 10%	백	–	• 탐구 2 • 한국사 가산점
		보건복지융합학부	30	(30)		40		(30)				
	수능 100%	의대	30	30		10		30				• 탐구 1 (의예: 탐구 2)
		간호대/ 보건과학대	(50)	(50)		(50)		(50)				
이화 여대	수능 100%	인문	25		25	25	25		–	표+변	○ (인문 계열)	• 탐구 2 • 한국사 가산점
		자연	25	25		25		25				

대학명	수능 성적 반영 비율	계열	국	수(가)	수(나)	영	사	과	가산점	반영 지표	제2외국어/한문→탐구 1과목	비고
인천 가톨릭대	수능 100%	간호학과	30	30	–	20	20		수(가) 5%	백	–	• 탐구 2 • 한국사 가산점
인천대	수능 100%	인문/패션산업	40	30		–	30		수(가) 15%	백	○ (동북아국제통상만)	• 탐구 2 • 동 북 아 통 상 : 영어 1등급 + 국어, 수학, 탐구(1) 중 2개 합 3 • 영어 가(감)점
		동북아국제통상학	30	40		–	30					
		자연	30	40		–		30				
인하대	수능 100%	인문	30		25	20	20		–	표 + 변	○ (인문계열)	• 탐구 2 • 한국사 5% 반영
		(아태물류/글로벌금융/공간정보공학/건축과/간호학과/컴퓨터공학)	30		30	20	15					
		자연	20	30		20		25				
중앙대	수능 100%	인문	40	40	–		20		–	표 + 변	○ (인문계열)	• 탐구2 • 영어 가(감)점 • 한국사 가산점
		자연	25	40	–			35				
차의 과학대	수능 100%	인문	25	(25)		50		(25)	자연 수(가) 10%	백	–	• 탐구 2 (인문: 탐구 1)
		간호		30		40		30				
		자연		30		40		30				
총신대	수능 90% 면접 10%	인문사회/사범	(40)	(40)		30	30		–	백	–	• 탐구 2 • 한국사 가산점
평택대	수능 100%	전학과	(35)	(35)		30	30		수(가) 10%	등	–	• 탐구 1 한국사: 탐구 1 대체 가능
한경대	수능 100%	농생대	20	30		30	20		수(가) 15% 과탐 10%	백	–	• 탐구 1
		자연/공학	20	30		30	20		수(가) 20% 과탐 I 10% 과탐 II 15%			

대학명	수능 성적 반영 비율	계열	수능 영역별 반영 비율						가산점	반영 지표	제2외국어/한문 → 탐구 1과목	비고
			국	수(가)	수(나)	영	사	과				
한경대	수능 100%	인문사회	30	20		30	20		−	백	−	• 탐구 1
		행정학과	30	10		40	20					
		영어학과	30	15		40	15					
한국산업기술대	수능 100%	공학	25	35		20		20	수(가) 10%	백	−	• 일반: 탐구 1 • 수능우수: 탐구 2 수학 60% + 상위 1과목 40%
		경영학	35	25		20		20				
한국 외국어대	수능 100%	인문	35		30	15	20		−	표 + 변	○ (인문계열)	• 탐구2 • 한국사: 인문 (가산점), 자연 (필수 응시)
		자연	20	35		15		30				
한국 항공대	수능 100%	공학	20	35		25		20	−	표	−	• 탐구 2 • 한국사 가산점
		이학	20		30	30		20	수(가) 5%			
		경영학부	30		20	30	20		−			
한성대	수능 100%	상상력인재 학부 ICT디자인 학부	국어/수학 중 높은 점수 40% 낮은 점수 20%			25	15		수(가) 10점		−	• 탐구 1 • 한국사 가산점
한세대	수능 100%	전학과	(40)	(40)		30	30		수(가) 5%	백	−	• 탐구 1 • 신학과: 수능 80% + 면접 20% • 한국사 가산점
한신대	수능 100%	전학과	(40)	(40)		30	30		수(가) 5%	백	−	• 탐구 1 • 한국사 가산점
한양대	〈가군〉 수능 100% 〈나군〉 수능 90% 학생부 10%	인문	30		30	10	30		과탐II 3%	표 + 변	○ (인문·상경)	• 탐구 2 • 영어, 한국사 가(감)점
		상경	30		40	10	20					
		자연	20	35		10		35				

대학명	수능 성적 반영 비율	계열	수능 영역별 반영 비율						가산점	반영 지표	제2외국어/ 한문 → 탐구 1과목	비고
			국	수(가)	수(나)	영	사	과				
한양대 (에리카)	수능 100%	인문/상경	30		30	20	20		–	표 + 변	○ (인문 · 상경)	• 탐구 2 • 한국사 가산점
		보험계리학과	20		40	20	20					
		자연	20	35		20		25				
협성대	수능 100%	전 학과	(40)		(40)	30	30		–	백		• 탐구 1
홍익대	수능 100%	인문사회	25		25	25	25		–	표	–	• 탐구 2 • 한국사 가(감)점
		자연	16.7	33.3		16.7		33.3				

2) 국립대학 수능 영역별 반영 비율 및 반영 지표(일반전형 기준)

대학명	수능 성적 반영 비율	계열	수능 영역별 반영 비율						가산점	반영 지표	제2외국어/ 한문 → 탐구 1과목	비고
			국	수(가)	수(나)	영	사	과				
강릉 원주대	수능 100%	인문/사회/ 예체능	40	10		25	20		수(가) 10% 과탐 5%	백	–	• 탐구 1 • 한국사 5%
		자연/공학	10	40		25	20					
		치의예과	20	25		20		30				
강원대	수능 100%	인문/사회	30	20		20			수(가) 20% 과탐 10%	백	○ (사탐 응시자)	• 탐구 2 • 한국사 가중 치 부여
		자연/이공	30	20			30					
		수교/과교/ 수의	20	30		20		30				
경남 과기대	수능 100%	전학과	33.3	33.3		16.7	16.7		수(가) 10%	표	–	• 탐구 2
경북대	수능 100%	인문	28.6	28.6		28.6	14.2		수(가) 15%	표 + 변	○ (인문 계열)	• 탐구 2 • 모바일공학: 수(가), 과탐 (1) 2개 영역 등급 합 3 • 한국사 가산점
		자연	22.2	33.4		22.2		22.2				
		자연(일부)	22.2	33.3		22.2		22.2				

대학명	수능 성적 반영 비율	계열	수능 영역별 반영 비율						가산점	반영 지표	제2외국어/ 한문 → 탐구 1과목	비고
			국	수(가)	수(나)	영	사	과				
경상대	수능 100%	인문	30	25		20	25		수(가) 10% 과탐 10%	표	–	• 탐구 2
		자연	25	30		20	25					
		의예/수의예	25	30		20		25				
공주대	수능 100%	인문	30	20		30	20		수(가) 25% 과탐 13%	백	○ (수교 제외 전모집 단위)	• 탐구 2 • 사범: 수능 80% + 면접 20%
		자연	20	30		30	20					
		수학교육	20	30		30	20					
군산대	수능 100%	인문/자연	30	20		30	20		수(가) 20% 과탐 10%	백	–	• 탐구 2 • 예체능 실기 포함 • 한국사 가산점
		자연	20	30		30	20					
		예체능	(40)	(40)		40	20					
금오 공대	수능 100%	공학/이학	20	30		20		30	수(가) 15% 과탐 5%	백	–	• 탐구 2 • 한국사 가산점
		경영	30	30		20		20				
목포대	수능 100%	인문	40	(30)		30	(30)		수(가) 10% 과탐 5%	백	–	• 탐구 2 • 수교: 수(가) 필수
		자연	(30)	40		30	(30)					
부경대	수능 100%	인문/패션 디자인	30	25		20	25		수(가) 20% 과탐 6%	표	–	• 탐구 2 • 영어 가산점 • 사범: 수능 90% + 면접 10% • 한국사 가산점
		자연	25	30		20	25					
		예체능	35			35	30					
부산대	수능 100%	인문/사회	30	25		20	25			표 + 변	○ (인문 사회)	• 탐구 2 • 사범: 수능 90% + 면접 10% • 제2외국어/한 문 5% 가산 (응시 영역에 해당 학과) • 한국사 가산점
		자연	20	30		20		30				
		생활/ 생명자원	20	30		20		30	수(가) 10%			

대학명	수능 성적 반영 비율	계열	수능 영역별 반영 비율						가산점	반영 지표	제2외국어/한문 → 탐구 1과목	비고
			국	수(가)	수(나)	영	사	과				
순천대	수능 100%	인문/사회/예	33.3	(33.3)		33.3		(33.3)	수(가) 10점 과탐 5점 (자연계열)	백	–	• 탐구 2
		자연	(33.3)	33.3		33.3		(33.3)				
		수학교육	(33.3)	33.3		33.3		(33.3)				
안동대	수능 100%	인문	30	20		30	20			백	–	• 예술/체육/물리학: 상위 2개 영역 선택 • 탐구 1
		예술체육/물리학	(50)	(50)		(50)	(50)					
		자연	20	30		30		20	수(가) 15% 과탐 5%			
전남대	수능 100%	인문/자율전공	40	30			30		수(가) 20%	표	○ (인문대)	• 탐구 2 • 영어 등급 점수 • 한국사 가산점
		자연	30	40		–		30				
전북대	수능 100%	인문	40	30			30		수(가) 20% 과탐 10%	표	○ (제2외국어 관련 학과)	• 탐구 2 • 영어 가산점 • 학과별 수(가)/(나) 및 사/과 반영 다름 • 한국사 가산점
		자연	30	40		–		30				
제주대	나군 수능 86% 학생부 14% 다군 수능 100%	인문/사회/체교	30	20		30	20		수(가) 10% 공대 15% 과탐 10%	백	–	• 탐구 2 • 한국사 가산점
		회계, 초등, 패션의류, 식품영양, 생활환경, 간호	25	25		30	20					
		자연/공학	20	30		30		20				
		수의예/수교	20	30		30		20				
		의예	25	35		10		30				
		과학교육	20	30		30		20				
창원대	수능 100%	인문/사회/경영	30	20		25	25			백	○ (인문대)	• 탐구 2
		경영학과	30	25		30	15					

대학명	수능 성적 반영 비율	계열	국	수(가)	수(나)	영	사	과	가산점	반영 지표	제2외국어/한문 → 탐구 1과목	비고
창원대	수능 100%	자연/공대	20	30		25		25	수(가) 10% 공대 수(가) 15%	백	○ (인문대)	• 탐구 2
		의류 식영/생명보건	25	25		25		25	과탐 10%			
충남대	수능 100%	인문	45	25		–	30		제2외국어 2%	표	○ (인문대)	• 탐구 2 • 사범: 1단계 수능 100%(3배수)/2단계 수능 80% + 면접 20% • 영어, 한국사 등급별 감점
		국가안보융합	40	30			30					
		자연	25	45				30	수(가) 15%			
		수학/수, 의예	25	45				30				
충북대	수능 100%	인문	30	20		20	30		수(가) 가산점	표	–	• 탐구 2 • 사범: 수능 95.2% + 면접 4.8% • 의예: 1단계 – 수능 100%(3배수) 2단계 – 수능 95.2% + 면접 4.8%
		자연	20	30		20		30				
		수학/수의예	20	30		20		30				
한경대	수능 100%	인문/사회	30	20		30	20		수(가) 15% 과탐 10%	백	–	• 탐구 1
		농생대	20	30		30		20				
		행정학과	30	10		40	20					
		영어학과	30	15		40	15					
		자연/공학	20	30		30		20	수(가) 15~20% 과탐 I 10% 과탐 II 15%			

대학명	수능 성적 반영 비율	계열	수능 영역별 반영 비율						가산점	반영 지표	제2외국어/한문 → 탐구 1과목	비고
			국	수(가)	수(나)	영	사	과				
한국 교원대	수능 100%	제1대	27.5	25		25	22.5		수(가) 10% 과탐 10% 가산점 자체 계산	백	○ (일부 인문 모집단위)	• 탐구 2
		제2대 (영제외)	30	20		25	25					
		제3대	27.5	30		22.5	25					
		제4대	(36.7)	(36.7)		33.3	30					
한국 교통대	수능 100%	자연/항공운항	20	30		30	20		–	백	–	• 탐구 2 • 한국사 최저 6등급 이내 (음악, 스포츠 제외)
		인문	30	20		30	20					
		철도경영/ 물류/컴퓨터	25	25		30	20		수학 10%			
한국 해양대	수능 100%	인문	32.5	22.5		25	20		수(가) 10%~20% 과탐 10%	표	–	• 탐구 2 • 한국사 가산점
		자연	22.5	32.5		25	20					
한밭대	수능 100%	인문	35	20		30	15		–	백	–	• 탐구 1
		경상	30	30		30	10					
		자연	20	35		30	15		수(가) 20% 과탐 10%			

3) 교육대학 수능 영역별 반영 비율 및 반영 지표(일반전형 기준)

교육대학 정시 반영 비율은 일반 대학과 다릅니다. 서울교대, 대구교대, 전주교대, 춘천교대를 제외하면 전 영역을 균등하게 반영하고, 수능 응시 영역 구분 없이 지원 가능합니다. 단, 일부 대학에서는 수학(가)형이나 과탐 영역에 가산점을 부여하여 선발하는 점을 고려해야 합니다. 또 서울교대는 수능 영어 영역을 반영하지 않으나, 수능최저학력기준을 3등급 이내로 제한하고 있습니다. 제주대가 '다'군에서 '나'군 모집으로 변경함에 따라, 2020학년도부터 한국교원대 및 모든 교육대학의 초등교육과가 '나'군에서 모집합니다.(이화여대 초등교육 제외 – 정시 '가'군)

대학명 (모집군)	전형방식	정시 모집 반영 요소 및(실질)반영 비율			수능 반영 영역					가산점	반영 지표	성비 적용 (한쪽 성의 비율)
		수능	학생부	면접	국	수(가)	수(나)	영	사/과			
경인교대 (나군)	1단계(1.5배수)	100	–	–	25	25		25	25	–	백	○ (80%)
	2단계	70	–	30								

• 225명 선발 • 탐구 2과목

	1	2	3	4	5	6	7	8	9
영어	100	95	90	85	80	75	70	65	60
한국사	0	0	0	0	– 2	– 4	– 6	– 8	– 10

대학명 (모집군)	전형방식	수능	학생부	면접	국	수(가)	수(나)	영	사/과	가산점	반영지표	성비 적용
공주교대 (나군)	1단계(2배수)	100	–	–	25	25		25	25	수(가) 5% 과탐 5%	표	○
	2단계	90		10								

• 170명 선발 • 탐구 2과목

	1	2	3	4	5	6	7	8	9
영어	200	190	180	170	160	140	120	100	80
한국사	2	2	1.75	1.75	1.5	1.5	1	1	0

대학명 (모집군)	전형방식	수능	학생부	면접	국	수(가)	수(나)	영	사/과	가산점	반영지표	성비 적용
광주교대 (나군)	1단계(2배수)	90	10		25	25		25	25	수(가) 3%	백	○ (60%)
	2단계	90		10								

• 118명 선발 • 탐구 2과목

	1	2	3	4	5	6	7	8	9
영어	225	215	205	195	185	175	165	155	145
한국사	2	2	1.5	1.5	1	1	0.5	0.5	0

대학명 (모집군)	전형방식	수능	학생부	면접	국	수(가)	수(나)	영	사/과	가산점	반영지표	성비 적용
대구교대 (나군)	1단계(2배수)	100	–	–	30.8	30.8		15.3	23.1	수(가) 5% 과탐 5%	표	○ (70%)
	2단계	88.8	8.2	3								

• 166명 선발 • 탐구 2과목 • 한국사 응시

	1	2	3	4	5	6	7	8	9
영어	100	95	90	85	80	75	70	65	0

대학명 (모집군)	전형방식	정시 모집 반영 요소 및(실질)반영 비율			수능 반영 영역					가산점	반영 지표	성비 적용 (한쪽 성의 비율)
		수능	학생부	면접	국	수(가)	수(나)	영	사/과			
부산교대 (나군)	일괄합산	78.4	17.6	3.9	25	25		25	25	–	백	○ (65%)

부산교대 (나군) • 156명 선발 • 탐구 2과목 • 한국사 응시

영어	1	2	3	4	5	6	7	8	9
	100	90	80	70	60	50	40	30	20

대학명 (모집군)	전형방식	수능	학생부	면접	국	수(가)	수(나)	영	사/과	가산점	반영 지표	성비 적용
서울교대 (나군)	1단계(2배수)	100	–	–	33.3	33.3	–	33.3		수(가) 5% 과탐 5%	표	–
	2단계	80	–	20								

서울교대 (나군) • 155명 선발 • 탐구 2과목
• 영어 3등급 및 한국사 4등급 이내

전주교대 (나군)	1단계(2배수)	100	–	–	28	28	16	28		–	표 + 백	–
	2단계	83.3	13.9	2.8								

전주교대 (나군) • 199명 선발 • 탐구 2과목 • 국 ⇨ 표준점수 반영 / 수학, 탐구 ⇨ 백분위점수 반영 • 한국사 4등급 이내

영어	1	2	3	4	5	6	7	8	9
	96	90	80	70	50	40	30	20	0

진주교대 (나군)	1단계(2배수)	72.7	27.3	–	25	25	25	25		수(가) 5%	백	○ (70%)
	2단계	71.4	26.8	1.8								

진주교대 (나군) • 103명 선발 • 탐구 2과목 • 한국사 응시

영어	1	2	3	4	5	6	7	8	9
	100	97.3	94.6	92	89.3	86.6	66.6	46.6	26.6

청주교대 (나군)	1단계(2배수)	100	–	–	25	25	25	25		수(가) 5%	표	○ (75%)
	2단계	80	11	9								

청주교대 (나군) • 124명 선발 • 탐구 2과목 • 한국사 응시

영어	1	2	3	4	5	6	7	8	9
	200	192	178	154	120	80	46	22	0

대학명 (모집군)	전형방식	정시 모집 반영 요소 및(실질)반영 비율			수능 반영 영역					가산점	반영 지표	성비 적용 (한쪽 성의 비율)
		수능	학생부	면접	국	수(가)	수(나)	영	사/과			
춘천교대 (나군)	1단계(2배수)	100	–	–	28.6	28.6		14.2	28.6	수(가) 5% 과탐 5%	표	○ (75%)
	2단계	80	12	8								

춘천교대(나군)
• 141명 선발 • 탐구 2과목

	1	2	3	4	5	6	7	8	9
영어	100	95	88	76	59	39	22	10	0
한국사	10	9.8	9.6	9.4	0	0	0	0	0

영어 등급별 반영 점수

1) 등급별 반영 비율 적용 대학

대학	영어 등급별 점수										비고
	반영 비율	1	2	3	4	5	6	7	8	9	
가천대	20	98	95	91	80	70	60	50	40	30	등급
가톨릭대	20	200	196	190	180	170	160	150	140	0	등급
강남대	30	100	95	90	80	70	50	30	10	0	등급
강릉원주대	25	100	95	90	85	77.5	70	62.5	55	40	등급
강원대	20	100	97	94	84	81	78	75	72	40	등급
건국대(인)	15	200	196	193	188	183	180	170	160	150	등급
경기대	20	100	98	94	86	70	50	30	10	0	등급
경남과기대	16.7	100	95	90	85	80	75	70	65	60	등급
경북대(인)	28.6	200	197	192	187	182	177	172	167	162	등급
경상대	20	200	192	186	176	166	160	154	144	134	등급
경인교대	25	100	95	90	85	80	75	70	65	60	등급
경희대	15	200	192	178	154	120	80	46	22	0	등급
고려대(세)	40	100	95	90	85	80	75	70	65	60	등급

대학	영어 등급별 점수										비고
	반영 비율	1	2	3	4	5	6	7	8	9	
공주교대	25	200	190	180	170	160	140	120	100	80	등급
공주대	30	100	95	88	76	59	39	22	10	3	등급
광운대	20	200	197	192	184	172	160	148	136	0	등급
광주교대	25	225	215	205	195	185	175	165	155	145	등급
국민대	20	100	98	95	90	85	80	75	70	0	등급
군산대	30	100	95	90	85	80	75	70	65	60	등급
금오공대	20	100	95	90	85	80	75	70	65	60	등급
단국대(죽)	20	100	97	90	70	50	30	15	5	0	등급
대구교대	15.3	100	95	90	85	80	75	70	65	0	등급
덕성여대	20	100	98	94	80	70	60	50	40	0	등급
동국대(서)	20	200	198	196	190	180	160	140	20	0	등급
동덕여대	25	100	97	91	82	70	55	40	20	0	등급
명지대	20	100	98	96	90	80	60	40	20	0	등급
목포대	30	100	95	90	85	80	75	70	65	0	등급
목포해양대	30	100	88	76	64	52	40	28	16	4	등급
부경대	20	200	194	186	176	164	152	140	128	128	등급
부산교대	25	100	90	80	70	60	50	40	30	20	등급
부산대	20	200	198	195	190	185	180	175	170	165	등급
삼육대	20	100	98	95	92	87	80	70	60	0	등급
상명대	20	100	98	96	94	90	80	70	60	40	등급
서경대	25	100	90	80	70	50	30	20	10	0	등급
서울과기대	20	135	130	125	115	100	80	60	30	0	등급
서울시립대(인)	25	250	246	242	238	234	230	226	222	0	등급
서울신학대	(33.3)	100	92	83	72	60	45	30	15	5	등급
서울여대	30	100	97	94	80	65	50	35	20	0	등급

대학	영어 등급별 점수										비고
	반영 비율	1	2	3	4	5	6	7	8	9	
서울장신대	30	95	85	75	65	55	45	35	25	15	등급
성결대	(35)	100	90	80	70	60	50	35	20	0	등급
성공회대	33.3	100	97	93	86	77	66	53	38	21	등급
성신여대	30	100	95	85	70	55	40	25	10	0	등급
세종대	20	100	95	85	70	50	30	15	5	0	등급
수원대	20	100	95	90	83	73	63	48	33	18	등급
숙명여대	20	100	95	85	75	65	55	45	35	25	등급
순천대	33.3	100	95	90	85	80	75	70	65	60	등급
숭실대	20	140	136	130	121	101	81	61	31	0	등급
아주대	20	200	192	184	168	120	80	40	20	0	등급
안동대	30	100	95	90	85	80	75	70	65	60	등급
안양대	30	100	95	90	85	80	65	50	30	0	등급
연세대(원)	20	100	95	90	80	70	60	40	20	10	등급
연세대	16.7	100	95	87.5	75	60	40	25	12.5	5	등급
용인대	30	105	95	85	75	65	55	45	35	25	등급
을지대	30	100	95	90	80	70	60	50	30	10	등급
이화여대	25	100	98	94	88	84	80	76	72	68	등급
인하대	20	200	195	190	180	170	150	120	80	0	등급
전주교대	16	96	90	80	70	50	40	30	20	0	등급
제주대	30	95	90	85	80	70	60	50	40	30	등급
진주교대	25	100	97.3	94.6	92	89.3	86.6	66.6	46.6	26.6	등급
차의과대(인)	50	100	95	90	80	70	60	50	40	30	등급
청운대	(40)	100	95	88	76	59	39	22	10	3	등급
창원대(인)	25	175	171	167	159	151	143	135	123	111	등급
청주교대	25	200	192	178	154	120	80	46	22	0	등급

대학	반영 비율	영어 등급별 점수									비고
		1	2	3	4	5	6	7	8	9	
총신대	30	100	95	90	85	80	75	70	65	60	등급
춘천교대	14.2	100	95	88	76	59	39	22	10	0	등급
충북대	20	10	9.5	9	8.5	8	7	6	4	0	등급
평택대	30	180	176	172	168	164	160	156	112	60	등급
한경대	30	100	90	80	70	60	50	40	30	20	등급
한국교원대	25	100	95	88	76	59	39	22	10	0	등급
한국교통대	30	100	99.5	99	98	96	92	84	68	36	등급
한국산기대	20	100	97	93	85	70	55	35	20	10	등급
한국외대	15	105	100	92	80	60	40	20	10	0	등급
한국항공대	30	136	133	128	123	118	113	108	103	98	등급
한국해양대	25	200	196	190	180	160	140	120	100	80	등급
한밭대	30	100	98	96	93	90	87	82	77	72	등급
한성대	25	100	97	94	80	70	55	40	25	10	등급
한세대	30	100	95	88	79	68	55	40	25	10	등급
한신대	30	100	95	90	85	70	60	50	30	20	등급
한양대(인)	10	100	96	90	82	72	60	46	30	12	등급
한양대(자)	10	100	98	94	88	80	70	58	44	28	등급
한양대(에)	20	200	199	198	196	193	190	185	180	170	등급
협성대	30	100	95	92	88	75	60	40	20	10	등급
홍익대	25	200	195	188	179	168	155	140	123	104	등급

2) 등급별 가감점 반영 대학

대학	영어 등급별 점수									비고
	1	2	3	4	5	6	7	8	9	
고려대	0	− 1	− 3	− 5	− 7	− 9	− 11	− 13	− 15	감산
서강대	100	99	98	97	96	95	94	93	92	가산
서울대	0	− 0.5	− 1	− 1.5	− 2	− 2.5	− 3	− 3.5	− 4	감산
성균관대(인)	100	97	92	86	75	64	58	53	50	가산
성균관대(자)	100	98	95	92	86	75	64	58	50	가산
인천대	30	26	19	10	0	− 10	− 19	− 26	− 30	가감
전남대	200	190	180	170	160	150	140	130	0	가산
전북대	30	27	24	18	12	9	6	3	0	가산
중앙대	100	95	88	78	66	54	44	37	32	가산

정시전형의 흐름과 전략

정시전형에서 거의 모든 대학은 수능을 절대적인 평가 요소로 활용하고 있습니다. 그만큼 수험생에게 수능 준비는 매우 중요합니다. 그러나 일부 대학에서 학생부교과 성적을 일정 비율 반영하거나 사범대학에서는 면접을 실시하기 때문에, 3학년 2학기 내신 성적 관리 및 면접에 대한 준비도 병행해야 합니다. 더불어 반영 영역뿐만 아니라 영역별 반영 비율도 지원 전략을 세우는 데 중요한 요소이므로 관심 대학의 수능 영역별 반영 비율을 파악해 두는 것이 좋습니다.

2019년 수능에서는 영어 절대평가 결과 90점 이상 1등급 인원이 27,942명(5.3%), 80점 이상 2등급 인원이 75,565명(14.34%)이었습니다. 2018학년도 영어 1등급 인원 52,983명(10.03%)과 영어 2등급 인원 103,756명(19.65%)과 비교하면, 1, 2등급 인원이 무려 30%에 가까웠던 2018학년도에 비해 2019학년도 수능에서는 19.64%, 특히 1등급 인원이 5.3%로 거의 절반으로 줄어들었기 때문에 상위권 대학에서 영어 영역의 영향력이 컸습니다. 특히 경희대, 숙명여대 등 영어 등급 간 점수 차가 큰 대학에서는 오히려 영어 영역의 영향력이 합격과 불합격의 중요한 요소로 작용했습니다. 수도권 소재 대학에 지원하기 위해서는 최소한 2등급 이내로 받아야 할 것으로 예상되므로, 영어가 절대평가로 인해 쉬울 것이라 생각하고 학습에 소홀한 것은 매우 위험합니다.

또한, 2020학년도 모집에서 제2외국어/한문 영역을 사탐 1과목으로 대체할 수 있는 대학들에 변화가 있기 때문에, 반드시 지원 전 2020학년도 모집요강의 세부사항을 확인해야 합니다. 그리고 시기별 모의고사 일정을 확인하고 그에 따른 학습 계획과 학습 전략을 세워야 합니다.

시기별 수능 전략

월	전략	평가 및 모의고사	월	전략	평가 및 모의고사
3	교과별 개념 정리	3. 7(서울)	7	취약 과목 대비 수시 지원	7. 10(인천)
4		4. 10(경기)	8		
5	내신 대비		9	모의평가 대비	9. 4(평가원)
6	모의평가 대비	6. 4(평가원)	10	파이널 문제 풀이	10. 15(서울)

용어 풀이

- **원점수:** 맞힌 문항에 부여된 배점을 단순히 합산한 점수를 의미합니다.
- **백분위:** 계열별 전체 응시자 중 한 수험생이 얻은 점수(표준점수)보다 더 낮은 점수를 얻은 수험생들이 전체 학생 중 몇 %가 있는지를 나타내 주는 표시 방법을 말합니다. 백분위를 통해 집단의 크기나 시험의 종류가 다르더라도 상대적인 위치(석차)를 서로 비교해 볼 수 있어, 학생 자신의 영역별 강·약점을 대략적으로 알아보는 데 이용할 수 있습니다.
  ① 백분위는 영역/과목 내에서 개인의 상대적 서열을 나타내는 수치입니다.
     즉, 해당 수험생의 백분위는 응시 학생 전체에 대한 그 학생보다 낮은 점수를 받은 학생 집단의 비율을 백분율로 나타낸 수치입니다.
  ② 백분위는 정수로 표기된 표준점수에 근거하여 산출되는데, 예를 들어 수험생 100명의 표준점수 분포가 아래 표와 같다면,

표준점수	인원수
98	5
93	10
92	12
89 이하	73

  표준점수 92점인 수험생의 백분위는 (73 + 12/2) / 100 × 100 = 79입니다.
- **표준점수:** 동일한 영역의 시험을 치른 응시자 집단에서 해당 수험생의 상대적인 성취 수준을 나타내는 점수입니다. 수험생들의 원점수 분포를 정상 분포에 가깝게 가공해 수험생 개개인의 점수가 평균점으로부터 어느 위치에 있는지를 계산해 매겨지는데, 평균점이 낮은 영역에서 높은 점수를 받으면 표준점수는 크게 높아지며, 반대의 경우는 크게 낮아집니다. 한마디로 난이도를 고려한 점수입니다.
- **변환표준점수:** 과목 선택의 유불리를 최소화하기 위해 대학에서 백분위를 활용하여 자체적으로 산출하는 점수로, 주로 탐구 영역의 성적을 반영할 때 활용하고 있습니다.

학생부교과전형의 특징

학생부교과전형은 학교 내신 성적이 절대적인 평가 요소이며, 다른 전형에 비해 합·불을 예측하기 쉬운 전형입니다. 또한 다른 전형보다 경쟁률이 낮고, 중복 합격이 많아 충원 합격이 많은 전형이기도 합니다.

학생부교과전형에 지원할 때는 목표 대학의 반영 교과, 반영 비율(교과별, 학년별), 산출지표, 이수단위 반영 여부, 실질 반영 비율 등을 꼼꼼하게 따져봐야 합니다. 대학마다 학생부교과전형의 반영 방법이 다양하기 때문에 유, 불리를 잘 살펴서 지원전략을 세워야 합니다.

① 학생부교과전형은 학생부교과학습발달상황, 즉 교과 성적을 정량적으로 평가합니다.
② 정량적인 평가이기 때문에 일반계 고등학교 학생들에게 유리합니다.
③ 주로 교과 성적으로 학생을 선발하지만, 경우에 따라서는 교과 성적에 수능 최저학력기준 또는 비교과나 면접을 활용하여 선발하기도 합니다.

④ 자기소개서를 써야 한다는 압박감이 없습니다.

⑤ 상위 15개 대학은 학생부종합전형 선발 인원이 학생부교과전형 선발 인원보다 많지만, 전국적으로 보면 학생부교과전형으로 뽑는 인원이 학생부종합전형보다 많습니다.

⑥ 내신이 좋은 학생이 여러 대학에 중복 지원하기 때문에 최초 합격자 발표 이후에도 충원 합격 가능성이 높습니다.

⑦ 수능최저학력기준이 적용되지 않는 경우, 보통은 경쟁률이 높고 이에 따라 합격자의 내신 성적이 높아집니다. 반대로 수능최저학력기준이 적용되는 경우 합격자의 내신 성적의 폭이 넓으며, 최종 합격선은 많이 내려갈 수 있습니다.

⑧ 모집인원

구분	전형 유형	2020학년도	2019학년도
수시	학생부(교과)	147,345(42.4%)	144,340명(41.4%)
	학생부(종합)	85,168(24.5%)	84,764명(24.3%)
	논술 위주	12,146(3.5%)	13,310명(3.8%)
	실기 위주	19,377(5.6%)	19,383명(5.6%)
	기타	4,740(1.4%)	4,065명(1.2%)

학생부교과전형 선발 방법

1) 교과 성적 100% + 수능최저학력기준

교과 성적과 수능최저학력기준이라는 단순한 도구를 이용해 학생을 선발하는 방법입니다. 이 전형을 시행하는 대학 중 상대적으로 수능최저학력기준이 높게 설정된 홍익대, 숙명여대, 인하대 등의 일부 대학은 교과 성적도 중요하지만 수능최저학력기준 통과 여부가 합·불의 변수가 될 수 있습니다.

또한 탐구 영역 반영에서 탐구 1과목을 반영하거나 제2외국어/한문을 탐구 1과목으로 대체할 수 있는 대학에도 관심을 기울여야 합니다.

• 교과 성적과 수능최저학력기준으로 선발하는 사립대

대학	전형	수능최저학력기준		비고
		인문	자연	
가톨릭대	학생부교과우수자	국어, 수학, 영어, 탐구(1) 중 2개 영역 등급 합 6		• 탐구 1 • 간호(인문): 국어, 수(나), 영어, 사탐 중 3개 합 6 • 간호(자연): 국어.수(가), 영어, 과탐 중 3개 합 6
국민대	교과성적우수자	국어, 수학, 탐구(1) 중 2개 영역 등급 합 6	국어, 수학, 과탐(1) 중 2개 영역 등급 합 7	탐구 1
단국대 (죽전)	학생부교과우수자	국어, 수학(나), 영어, 탐구 중 2개 영역 등급 합 6	국어, 수학(가), 영어, 과탐 중 2개 영역 등급 합 6	• 탐구 1 • 한국사 필수 응시
덕성여대	학생부교과	글로벌융합대: 국어, 수학, 영어, 탐구 중 2개 합 7 (단, 반영 영역 각 4등급 이내)	과학기술대: 국어, 수학, 영어, 탐구 중 2개 합 7 (단, 반영 영역 각 4등급 이내)	• 탐구 1 • 과학기술대: 수(가) 반영 시 2개 영역 등급 합 8
동덕여대	학생부교과우수자	2개 영역 등급 합 7 (단, 영어 포함 시 2개 영역 등급 합 6)		• 탐구 2 평균 • 한국사 필수 응시
삼육대	학생부교과우수자	간호, 물리치료: 국어, 수학, 영어, 탐구 중 2개 영역 등급 합 6		탐구 2
상명대	학생부교과우수자	국어, 수학, 영어, 탐구 중 2개 영역 등급 합 7		• 탐구 1 • 한국사 필수 응시 • 안보학 전형: 수능최저 폐지
서경대	교과성적우수자	국어, 수학, 영어, 탐구 중 2개 영역 등급 합 6		• 탐구 1 • 한국사 탐구 1 대체 가능
서울여대	교과우수자 (체육 제외)	2개 영역 등급 합 7(각 4등급 이내) 단, 영어 영역 포함 시 2개 영역 등급 합 5		탐구 1
성신여대	교과우수자	국어, 수학, 영어, 탐구 중 3개 영역 등급 합 7	국어, 수학, 영어, 탐구 중 3개 영역 등급 합 8	탐구 1
숙명여대	학생부교과	국어, 수학, 영어, 탐구 중 2개 영역 등급 합 4	국어, 수(가), 영어, 과탐 중 2개 영역 등급 합 4 (단, sw융합전공, 의류학과: 국어, 수(나), 영어, 탐구)	• 탐구 1 • 한국사 필수 응시
숭실대	학생부우수자	국어, 수(나), 탐구 중 2개 영역 등급 합 6	국어, 수(가), 탐구 중 2개 영역 등급 합 7	• 탐구 2 • 한국사 필수 응시 • (교과)계열별 교과 반영 비율 적용 삽입

대학	전형	수능최저학력기준		비고
		인문	자연	
을지대	교과성적우수자	• 의예과: 4개 영역 등급 합 5 • 간호학과: 국어, 수학, 탐구 중 2개 영역 등급 합 6, 영어 3등급 • 임상병리학과, 보건과학대, 바이오융합대(장례지도학과 제외): 국어, 수학, 탐구 중 2개 영역 등급 합 8, 영어 4등급 • 장례지도학과: 국어, 수학, 탐구 중 1개 영역 4등급, 영어 4등급		• 의예과: 수(가), 탐구 1 • 간호학과, 임상병리학과, 보건과학대, 바이오융합대: 탐구 2 평균
	지역인재	(대전) 의예과: 4개 영역 등급 합 6		수(가), 탐구 1 필수
인하대	학생부교과	국어, 수(가/나), 영어, 탐구 중 3개 영역 등급 합 7	국어, 수(가), 영어, 과탐 중 2개 영역 등급 합 4 (의예과) 4개 영역 중 3개 영역 각 1등급	• 인문 · 자연: 탐구 1 • 인문: 제2외국어/한문 → 사탐1 • 의예: 과탐 2평균 • 교과: 1학년(20%) + 2학년(40%) + 3학년(40%) 반영
용인대	교과성적우수자	• 국어, 수학, 영어 중 2개 영역 등급 합 8 • 경찰행정: 국어, 수학, 영어 3개 영역 등급 합 9		• 한국사 필수 응시 • 수(가) 선택 시 1등급 유리(경찰행정 제외)
청운대	일반	국어, 수(가/나), 영어, 탐구 중 3개 영역 등급 합 13		• 탐구 1 • 인천 캠퍼스 및 간호학과
한성대	교과성적우수자	2개 영역 등급 합 6 (야간) 2개 등급 합 8	2개 영역 등급 합 7 (야간) 2개 등급 합 8	탐구 1
한국산업기술대	교과우수자/수학과학 교과우수자	국어, 수학, 영어, 탐구 중 2개 영역 등급 합 6		• 탐구 1 • 한국사 필수 응시 • 수(가) 반영 시 1등급 유리
한국항공대	교과성적우수자	• 항공우주 및 기계공, 항공전자정보공학, 항공재료공학과: 국어, 수(가), 영어, 과탐 중 2개 합 6 • 소프트웨어, 항공교통물류, 항공운항, 자유전공, 경영학: 국어 수(가/나), 영어, 탐구 중 2개 합 5		• 탐구 1 • (교과)계열별 교과 반영 비율 적용 삽입
한양대(에리카)	학생부교과	국어, 수학, 영어, 사탐(1) 중 2개 영역 등급 합6	국어, 수(가), 영어, 과탐 중 2개 영역 등급 합 6	• 탐구 1 • 디자인대: 국어, 수학, 영어, 탐구 1 중 2개 영역 합 6
홍익대	교과우수자	국어, 수학, 영어, 탐구 중 3개 영역 등급 합 (세종) 2개 등급 합 8	국어, 수(가), 영어, 과탐 중 2개 영역 등급 합 7 (세종) 2개 등급 합 9	• 한국사 4등급 / (세종) 한국사 필수 응시 • 탐구 2과목 응시 1과목 반영 • 자연: 수(가), 과탐 필수

• 교과 성적과 수능최저학력기준으로 선발하는 국립대

대학	전형	수능최저학력기준		비고
		인문	자연	
경상대	일반/ 지역인재	• 3개 영역 등급 합 9~13 • 의대: 수(가) 포함 3개 영역 등급 합 4 • 수의예: 수(가) 포함 3개 영역 등급 합 6 • 해양과학대: 전 모집단위 수능 최저 미적용		• 탐구 2 평균 • 한국사 필수 응시 • 자연: 수(나) 1등급 불리 • 사범: 교과 90% + 인적성 10%
공주대	일반	국어, 영어, 탐구 3개 영역 등급 합 8~17	수학, 영어, 탐구 3개 영역 등급 합 8~17	• 탐구 2 • 제2외국어/한문 → 사탐 1 • 수(가)는 2등급 유리 (수교는 수(가) 필수) • 한국사 필수 응시
부산대	학생부교과/ 지역인재	3개 영역 등급 합 6~7	• 2개 영역 등급 합 5~6 • 의예: 국어, 수(가), 과탐 합 4, 영어 2등급 • 치전/한의전: 수(가) 포함 3개합 4등급	• 탐구 2 • 한국사 4등급 • 교과: 1학년 20% + 2학년 40% + 3학년 40%
서울 시립대	학생부교과	국어, 수학, 영어, 탐구 중 3개 영역 등급 합 7	국어, 수(가), 영어, 과탐 중 3개 영역 등급 합 8	• 탐구 1 • 한국사 필수 응시 • 교과 성적: Z점수 반영
안동대	일반학생/ 지역인재	• 일반: 2개 영역 등급 합 7~11 등급 • 원예생약, 생명공학, 물리, 식물, 미술: 미적용		• 탐구 1, 한국사 필수 응시 • 영교: 영어 2등급 이내 • 국교: 국어 3등급 이내 • 수교: 수(가) 3등급 이내 • 교과: 계열별 교과 반영 비율 적용
인천대	교과성적우수자	2개 영역 등급 합 6	2개 영역 등급 합 7 [수(가) 또는 과탐(1) 포함]	• 탐구 1 • 한국사 응시 필수 • 사범계 모집단위 없음 • 교과: 계열별 교과 반영 비율 적용
제주대	일반학생/ 지역인재	• 2개 영역 등급 합 8~11 • 의예: 국어, 수(가), 과1, 과2 중 수(가) 포함 3개 영역 등급 합 5, 영어 2등급 • 수의예: 국어, 수(가), 영, 과탐 중 수(가) 포함 3개 영역 등급 합 6		• 탐구 2 평균 • 한국사 응시 필수 • 교과: 1학년 30% + 2, 3학년 70% • 수교, 수의예, 의예: 수(가) 필수 반영

대학	전형	수능최저학력기준		비고
		인문	자연	

충남대	일반학생/
	지역인재
		국어, 영어, 탐구 합 10등급
		(단, 사범은 합 8등급)
			• 수(가), 영어, 탐구 합 12
			• 의예: 국어, 영어, 과탐
			  중 2개 영역 + 수(가) 등
			  급 합 4
			• 수의예: 수(가), 영어, 과
			  탐 합 6
			• 수교: 수(가), 영어, 탐구
			  합 9
				• 수(나) 2등급 불리
				• 탐구 2 평균
				• 한국사 응시 필수
				• 학생부: 1학년 30% + 2,
				  3학년 70%

충북대	학생부교과/
	지역인재
		3개 영역 합 12등급
		(단, 사범은 합 9등급)
			• 3개 영역 합 12등급
			  (단, 사범은 합 9등급)
			• 의예: 3개 등급 합 4
			• 수의예: 3개 등급 합 7
			• 간호: 3개 합 10
				• 탐구 2 평균
				• 한국사 필수 응시
				• 자연 계열 수학 필수 반영
				• 수(나) 2등급 불리
				• 학생부: 1학년 20% + 2,
				  3학년 80%

한국 교통대	학생부교과 (일반)	• 3개 영역 등급 합 15 • 간호, 물리치료: 3개 영역 등급 합 12 • 철도경영물류, 컴퓨터학, 철도공학: 3개 영역 등급 합 10		• 탐구 1 • 한국사 6등급 이내 • 교과: 1학년 30% + 2학 년 30% + 3학년 40%

한국
해양대
	교과성적우수자/
	일반
		• 해사대: 수학, 영어, 탐구 중 2개 영역 등급 합 6
		• 해양과학기술대(해양체육학과 제외), 공과대: 수학, 영
		  어, 탐구 중 2개 영역 등급 합 8
		• 국제대: 국어, 영어, 탐구 중 2개 영역 등급 합 7
				• 탐구 2 평균(소수점 이
				  하 절사)
				• 한국사 필수 응시
				• 학생부: 1학년 30% + 2,
				  3학년 70%

• 교과 성적과 수능최저학력기준으로 선발하는 교대

대학	전형	수능최저학력기준		비고
		인문	자연	
공주교대	고교성적우수자	• 1단계: 학생부 100%(3배수) • 2단계: 1단계 90.2% + 면접 9.8% • 국어, 수학, 영어, 탐구 영역 등급 합 11		• 탐구 2 평균 • 면접: 교직관 및 교양, 표현력, 태도 종합평가
서울교대	학교장추천	• 1단계: 교과 100%(2배수) • 2단계: 1단계 90% + 면접 10% • 4개 영역 등급 합 9(단, 수(가) + 과탐의 경우, 4개 영역 등급 합 11)		• 탐구 2 평균 • 한국사 4등급 이내
전주교대	고교성적우수자	• 1단계: 교과 90% + 출결 10%(2배수) • 2단계: 1단계 90% + 면접 10% • 국어, 수학, 영어, 탐구, 한국사 5개 영역 등급 합 13		탐구 2 평균
제주대 (초등 교육)	일반학생	4개 영역 등급 합 9		• 탐구 2, 한국사 필수 • 학생부: 1학년 30% + 2, 3학년 70%

2) 교과 성적 100%(수능최저학력기준 없음)

학생의 학생부교과 영역을 정량평가로 선발하는 유형으로 대부분 대학에서 일괄 선발하기 때문에 충원 합격자가 많은 유형 중 하나입니다.

대학
강릉원주대, 강원대(삼척, 도계), 강남대, 군산대, 명지대, 삼육대, 서울신학대, 성공회대, 성결대, 세종대, 수원대, 순천대, 신한대, 아주대, 안양대, 용인대, 케이씨대, 평택대, 한국외국어대, 한세대, 한신대, 한양대, 협성대 등

3) 교과 성적 + 비교과

학생부교과전형의 비교과 반영 영역은 대부분 출결과 봉사입니다. 대학에 따라 다르지만, 무단결석 2~3일 이하라면 대부분의 대학에서 감점을 하지 않으며, 봉사 점수도 교내/외 봉사활동을 구분하지 않아 지원자 대부분 감점이 없습니다. 따라서 교과 100%와 비슷한 유형입니다.

• 교과 성적과 비교과로 선발하는 사립대

대학	전형	전형방법	수능최저학력기준		비고
			인문	자연	
가천대	학생부 우수자	교과 80% + 비교과 20%	인문/자연2: 국어, 수학, 영어, 탐구(1) 중 2개 합 6	• 자연1: 국어, 수학(가), 영어, 과탐(1) 중 2개 합 6 • 의예: 3개 영역 각 1등급(수학(가), 과탐 2) • 한의예: 2개 영역 각 1등급(수학(가), 과탐 2)	• 비교과 : 출결, 봉사 • 교과: 반영 교과 점수 높은 순으로 35%, 25%, 25%, 15% 반영
광운대	교과성적 우수자	교과 80% + 비교과 20%	없음		• 비교과: 출결 10% + 봉사 10% • 1학년 20% + 2학년 40% + 3학년 40%
경기대	교과성적 우수자	교과 90% + 비교과 10%	• 인문: 국어, 수(가/나), 영어, 탐구 중 2개 영역 등급 합 7 • 자연: 국어, 수(가), 영어, 탐구 중 2개 영역 등급 합 7		• 비교과 10%: 출결, 봉사 • 탐구 1, 한국사 6등급
중앙대	학생부교과	교과 70% + 비교과 30%	• 인문: 국어, 수학, 영어, 탐구 중 3개 합 6 • 자연 – 서울: 국어, 수(가), 영어, 과탐 중 3개 합 6 • 자연 – 안성: 국어, 수(가), 영어, 과탐 중 2개 합 5		• 탐구 1, 한국사 4등급 • 비교과 30%: 출결, 봉사 • 제2외국어/한문 → 사탐 1
		교과 60% + 서류 40%	없음		• 학교장추천전형(서울 3명, 안성 1명) • 서류: 학생부, 자소서, 추천서
차 의과학대	CHA학생부 교과	교과 90% + 비교과 10%	없음		비교과: 출결 5% + 봉사 5% 한국사 필수 응시

• 교과 성적과 비교과로 선발하는 국립대

대학명	전형명	전형방법	수능최저학력기준		비고
			인문	자연	
강원대 (춘천)	일반/ 지역인재	교과 83% + 비교과 17%	• 국어, 수학, 영어, 탐구 중 2개 합 5~9 • 수의예: 3개 합 7		• 비교과: 출결 + 봉사 • 탐구 2 평균 • 한국사 필수 응시 • 제2외국어/한문 → 사 탐 1 대체 • 사범: 학생부 80% + 교 직 인적성 면접 20% • 수학(나) 선택 시 2등급 불리
경남 과기대	일반	교과 90% + 비교과 10%	• 국어, 수학, 영어, 탐구 중 1개 4등급 • 간호: 2개 각 3등급 • 공학: 수학, 과탐 중 1개 4~5등급		• 비교과 10%: 출결 • 한국사 필수 응시, 탐구 2 • 수(가)는 1등급 유리 • 교과: 1학년 20% + 2학 년 40% + 3학년 40%
경북대	일반학생	교과 90% + 비교과 10%	• 3개 영역 등급 합 6~8 • 의대, 치대: 4개 영역 등급 합 5 • 전자공학, 모바일전공: 수(가), 과탐 합산 3등 급 • 상주: 2개 영역 등급 합 7 • 자연: 수(가) 반영 시 2등급 유리		• 탐구 1 • (대구) 한국사 4등급 • (상주) 한국사 필수 응시 • 비교과 10%: 출결 · 봉사 • 1학년 20% + 2학년 40% + 3학년 40% • 지역인재 서류: 학생부, 자소서
	지역인재	교과 70% + 서류 30%			
금오 공과대	학생부교과	교과 90% + 비교과 10%	• 자연: 수(가) 포함 3개 등급 합 13 • 인문: 영어 포함 3개 등급 합 13		• 비교과 10%: 출결 • 탐구 1 • 자연: 수(나) 2등급 불리 • 1학년 20% + 2학년 40% + 3학년 40% • 한국사 필수 응시
목포대	학생부 교과	교과 90% + 비교과 10%	없음		• 비교과 10%: 출결 • 한국사 필수 응시
목포 해양대	학생부성적 우수자/ 일반학생	교과 90% + 비교과 10%	• 항해학부: 수학, 영어 등급 합 7 • 해상운송학부, 항해정보시스템학부: 국어, 수 학, 영어 중 2개 합 7 • 해양경찰학부: 국어, 수학, 영어 중 2개 합 8 • 해군사관학부: 국어, 수학, 영어, 탐구 중 2개 합 6 • 기관시스템공학, 해양메카트로닉스학부, 해 양공과대: 수능최저학력기준 미적용		• 비교과 10%: 출결 • 수(가) 반영 시 1등급 유리 • 해군사관학부: 탐구 2

대학명	전형명	전형방법	수능최저학력기준		비고
			인문	자연	
부경대	교과성적 우수인재 I	교과 90% + 비교과 10%	3개 영역 등급 합 10	3개 영역 등급 합 11	• 비교과 10%: 출결 • 탐구 1, 한국사 응시 • 자연: 수(나) 1등급 불리 • 교과성적우수인재 II 는 학업 계획서 제출
	교과성적 우수인재 II	교과 90% + 비교과 10%	인문사회: 국어 포함 2개 영역 등급 합 7, 영어3	(자연) 수학 포 함 2개 영역 등 급 합 8, 영어 3	
순천대	학생부성적 우수자	교과 80% + 비교과 20%	• 간호: 2개 영역 평균 5등급 • 일반 학과: 최저 없음		• 비교과 20%: 출결, 탐구 2 • 수(가) 1등급 유리 • 한국사 응시 필수
전남대	일반	교과 90% + 서류 10%	• 3개 영역 등급 합 6~15 • 의예과: 4개 영역 등급 합 5 • 치의학: 4개 영역 등급 합 6		• 비교과 10%: 출결, 탐구 1 • 의, 치, 수의예, 수학교 육, 공과대는 수(가), 과 탐 2 필수 응시
전북대	일반학생/ 지역인재	교과 90% + 출결 10%	• 3개 영역 등급 합 6~15 • 의예과, 치의예과: 4개 영역 등급 합 5(지역인 재 합 6) • 수의예과: 3개 영역 등급 합 7		• 탐구 2 평균 • 한국사 응시 필수 • 제2외국어/한문 → 사 탐 1 • 자연: 수학 필수 포함
창원대	학업성적 우수자 지역인재	교과 90% + 출결 10%	국어, 수학, 영어, 탐구 중 2개합 8 (단, 특수교육, 세무학과, 간호학과는 합6, 유아 교육과는 합 7) – 국어, 수학, 영어 중 1개 영역 6등급이내		• 자연: 수학(나) 1등급 불리 • 한국사 필수 응시 • 탐구 2 평균 • 1학년 30% + 2·3학년 70%
한경대	일반	교과 95% + 비교과 5%	• 농생대, 경영: 2개 영역 등급 합 8 • 공과대(주간) 및 자연과학대: 수학 + 3개 영 역 중 1개 등급 합 8 • 인문사회과학대: 국어 또는 영어 + 수학 또 는 탐구 등급 합 8 • 공대(야간): 수학 + 3개 영역 중 1개 영역 등 급 합 9		• 비교과: 출결 5%, • 탐구 1, 한국사 응시 필수 • 1학년 30% + 2학년 30% + 3학년 40% • 수학(가) 1등급 유리
한국 체육대	교과성적 우수자	(운동건강 관리) 교과 80% + 출결 20%	국어, 수학, 영어, 탐구 중 3개 4등급		• 탐구 1 • 한국사 응시 필수 • 학생부: 1학년 30% + 2 학년 30% + 3학년 40%
한밭대	학생부교과 (일반)	교과 90% + 비교과 10%	수능 최저 없음		비교과: 출결 10%

4) 교과 성적 + 면접

학생부교과전형에 지원하는 학생의 내신 성적 점수대가 촘촘하고 차이가 크지 않습니다. 또한 교과 100%로 선발하는 전형보다 면접이 포함된 전형은 학생들에게 부담으로 작용해서 경쟁률이 낮아지는 경향이 있습니다. 따라서 면접에 강점이 있거나 면접 준비가 되어 있는 학생이 촘촘한 내신 성적을 뛰어 넘을 수 있는 유리한 전형입니다. 특히 단계별 전형을 실시하는 대학에서는 2단계 면접 결과에 따라, 합격자 중 20%~30% 정도가 1단계 내신 성적 순위의 불리함을 극복하고 합격할 수 있는 전형이기도 합니다.

• 교과 성적과 면접으로 선발하는 사립대

대학	전형	전형방법	비고
가천대	가천바람개비2	• 1단계: 교과 100%(6배수) • 2단계: 1단계 60% + 면접 40%	• 면접: 수능 이후 실시 • 교과: 반영 교과 점수 높은 순으로 35%, 25%, 25%, 15% 비율 적용
감리교 신학대	일반	교과 72% + 비교과 8% + 면접 20%	면접: 지원 동기, 의사 표현력, 인·적성, 교회 활동 경력, 태도 평가
고려대	학교추천 I	• 1단계: 교과 100%(3배수) • 2단계: 1단계 50% + 면접 50%	• 인문: 3개 영역 등급 합 6 • 자연: 3개 영역 등급 합 7, 수(가) 응시 필수 • 의예: 4개 영역 등급 합 5, 수(가) 응시 필수 • 탐구 2 평균, 한국사 3등급(인문), 한국사 4등급(자연) • 교과: 1학년 20% + 2학년 40% + 3학년 40% • 면접: 인재상에 부합하는 역량을 종합적으로 평가 • 인문계: 1단계 – 학생부 기반 면접 + 2단계 – 토론 면접 • 자연계: 1단계 – 학생부 기반 면접 + 2단계 – 제시문 기반 면접
대진대	학생부우수자	학생부 70% + 면접 30%	면접: 논리 사고력, 전공 능력, 인성 (2인 면접관 개인별 5분)
루터대	루터미래인재	학생부 60% + 면접 40%	• 교과: 1학년 30% + 2, 3학년 70% • 기본: 지원 동기, 가치관, 정서적 안정성 • 전공: 사회봉사, 이해력, 표현력 논리력, 사회성, 전공에 대한 관심 등
	일반	학생부 80% + 면접 20%	

대학	전형	전형방법	비고
명지대	교과면접	• 1단계: 교과 100%(5배수) • 2단계: 1단계 70% + 면접 30%	• 면접: 성실성/공동체의식, 기초 학업 역량, 전공 잠재 역량 • 내용: 대기실 기초 자료 작성(20분), 개별면접(5분)
상명대	안보학	• 1단계: 교과 100%(3배수) • 2단계: 1단계 80% + 면접10% + 기타 10%	• 교과: 국어, 수학, 영어 전과목 성적 반영 • 기타: 체력 검정
서경대	군사학과	교과 80% + 면접 10% + 체력 10%	• 교과: 국어, 수학, 사회 전과목 성적 반영 • 신체, 인성검사 / 신원 조회(합불 판정)
서울 장신대	학생부우수자/ 목회자 자녀	• 학생부교과 80% + 면접 20% • 신학과, 기독교육: 국어, 수학, 영어, 탐구 중 2개 4등급	• 면접은 제출 서류를 토대로 서류 내용과 기본적인 학업 소양을 면접하여 반영함 • 교과: 1학년 20% + 2학년 40% + 3학년 40%
세종대	군 계약학과 국방시스템 (해군장학생)	• 1단계: 교과 100%(3배수) • 2단계: 1단계 80% + 면접 10% + 체력 10%	• 국어, 수학, 영어 등급 합 9, 한국사 필수 응시 • 신체, 인성검사 / 신원 조회(합불 판정)
	군 계약학과 항공시스템 (공군장학생)	• 1단계: 교과 100%(5배수) • 2단계: 1단계 100% + 공군 주관 (합·불)	• 국어, 수학, 영어 등급 합 9, 한국사 3등급 • 공군 주관: 신체, 인성·적성검사, 면접 평가, 신원 조사(합불 판정)
수원대	미래핵심인재	• 1단계: 교과 100%(6배수) • 2단계: 교과 70% + 면접 30%	• 면접: 인성, 창의력, 사고력, 전공적합성, 학업 계획 및 포부 • 내용: 학업 계획서(30분) 작성 후 구술 면접
신한대	일반	교과 70% + 면접 30%	• 면접: 기본 소양 및 인성 평가(개별 구술 면접 5분) • 교과: 5개 학기 중 우수한 2개 학기 전과목 반영(졸업생은 6개 학기 중 우수 2개 학기)
서울 기독대	일반	학생부 80% + 면접 20%	• 교과: 1학년 30% + 2학년 30% + 3학년 40% • 면접: 인성 및 전공 적성
서울 신학대	일반	학생부 60% + 면접 40%	• 면접: 기초 지식 및 사고력, 지원 동기, 학업 계획, 봉사활동, 인성 등 기본적인 자질 및 적성 • 사범계: 교직 인·적성 포함 • 교과: 국어, 영어, 수학, 사회/과학 교과별 상위 3과목 총 12과목
서울 한영대	일반	학생부 60% + 면접 40%	• 교과: 1학년 20% + 2학년 30% + 3학년 50% • 면접: 인성 및 전공 적성

대학	전형	전형방법	비고
안양대	아리수학생부 면접	• 1단계: 교과 100%(5배수) • 2단계: 교과 80% + 면접 20%	• 교과: 1학년 20% + 2학년 40% + 3학년 40% • 면접: 전공 소양, 일반 소양, 교양, 태도 및 표현력
용인대	군사학과	1단계: 교과 100%(5배수) 2단계: 교과 80% + 기타 20%	• 기타: 면접, 체력 검사 • 국어, 수학, 영어 등급 합 15
이화여대	고교추천	교과 80% + 면접 20%	• 면접: 인성, 자기 주도성, 전공 잠재력 및 발전 가능성 등의 종합평가 • 고교별 계열 구분 없이 5명 이내
인천 가톨릭대	학교생활우수자 (간호, 신학)	• 1단계: 교과 100%(5배수) • 2단계: 교과 80% + 면접 20%	• 교과: 1학년 20% + 2학년 40% + 3학년 40% • 면접: 인성, 잠재적 가능성, 전공적합성, 관심도, 표현력, 태도 • 면접위원 2인~3인 + 수험생 3~5인 • 면접시간: 15분 내외
	ICCU미래인재 (문화예술콘텐츠)	• 1단계: 교과 100%(5배수) • 2단계: 교과 70% + 면접 30%	
총신대	교과우수자	학생부 80% + 면접 20%	• 교과 : 1학년 20% + 2학년 30% + 3학년 50% • 기독교 신앙, 서류 내용 확인 • 인성(신학과 – 목회자 인성, 인문사회 – 일반 인성, 사범 계열 – 교직 적성·인성)의 개별면접
KC (케이씨)대	일반	• 교과 80% + 면접 20% • 간호: 국어, 수학, 탐구(1) 중 2개 합 7	• 교과: 1학년 30% + 2학년 30% + 3학년 40% • 인재상 부합 정도 및 지원한 전공 관심도, 이해도, 인성, 가치관, 학업 성취 가능성 등을 평가(간호: 5분, 2 : 1 면접 / 일반: 10~15분, 집단면접)

• 교과 성적과 면접으로 선발하는 국립대

대학명	전형명	전형 방법	비고
공주대	일반	• 학생부 80% + 면접 20%(사범) • 예체능 제외	• 인문: 국어, 영어, 탐구 3개 영역 등급 합 8 ~ 17 • 자연: 수학, 영어, 탐구 3개 영역 등급 합 8 ~ 17 • 한국사 응시 필수, 탐구 2 평균 • 수(가)는 2등급 유리 • 제2외국어/한문 → 사탐 1 대체 • 면접: 교직 인적성 면접으로 교육에 대한 관심, 인간 지향성, 의사소통 능력 평가

대학명	전형명	전형 방법	비고
순천대	성적우수자 (사범대)	• 1단계: 교과 80% + 출결 20%(3배수) • 2단계: 1단계 100% + 면접 50%	• 사범대: 2개 영역 평균 5등급 • 수학교육과: 수(가) 필수 반영 • 한국사 필수 응시, 탐구 2 • 면접: 교직 인적성 개별면접
안동대	일반학생/ 지역인재	사범: 교과 80% + 면접 20%	• 2개 영역 등급 합 7~9등급, 탐구 1 • 영교: 영어 2등급 / 국교: 국어 3등급 • 수교: 수(가) 3등급 필수, 인·적성 면접 • 교과성적: 계열별 교과 반영 비율 적용
인천대	INU교과	• 1단계: 교과 100%(4배수) • 사범: 5배수, 동북아통상: 3배수 • 2단계: 교과 70% + 면접 30%	• 면접: 학과별 인재상에 맞는 역량을 평가하기 위한 기본 소양 평가(개별면접 5분) • 교과: 계열별 교과 반영 비율 적용
제주대	일반학생/ 지역인재	의예과 • 1단계: 교과 100%(5배수) • 2단계: 1단계 50% + 면접 50%	• 의예: 국어, 수(가), 과(1), 과(2) 중 수(가) 포함 3개 영역 등급 합 5(지역인재 합 6), 영어 2등급 • 탐구 2, 한국사 응시 필수 • 학부생: 1학년 30% + 2, 3학년 7
충북대	학생부교과 사범대/의예	• 1단계: 교과 100%(4배수) • 2단계: 교과 80% + 면접 20%	• 교과: 1학년 20% + 2학년·3학년 80% • 사범: 교직 적성(교직·교육관, 발전 가능성, 전공 소양) / 인성(정서·인성) / 3개 영역 등급 합 9 • 의예: 전문성, 인성, 적극성 / 3개 영역 등급 합 4, 한국사 필수 응시, 탐구 2
한밭대	학생부교과 (학석사)	• 1단계: 교과 90% + 출결 10%(3배수) • 2단계: 교과 70% + 면접 30%	• 면접: 발표, 질의응답 종합평가 • 교과: 국어, 영어, 수학 각 상위 5과목 총 15과목 + 과학 상위 3과목 반영

Q 학생부교과전형에도 학생을 추천하는 대학이 있나요?

A 네, 있습니다. 대표적으로 고려대 '학교추천Ⅰ' 전형입니다. 고려대 '학교추천Ⅰ'의 경우 1단계는 교과 100%, 2단계는 1단계 성적 50%와 면접 50%를 합산해서 선발합니다. 고려대에 추천할 수 있는 학생은 3학년 재적 학생수의 4%입니다. 3학년이 300명이라면 12명을 추천할 수 있습니다. 단, 고등학교별 추천 인원은 '학교추천Ⅰ'과 '학교추천Ⅱ'를 합산해서 계산합니다. 또한 계열 구분 없이 5명을 추천하는 이화여대 고교추천전형(학생부교과 80% + 면접 20%)과 중앙대 학교장추천전형(학생부교과 60% + 서류 40%)도 있습니다.

Q 학생부교과전형에서 수능최저학력기준이 있는 대학을 지원하는 것이 유리한가요?

A 학생부교과전형은 학생부종합전형과 논술전형보다는 경쟁률이 낮습니다. 왜냐하면 학생부교과전형은 정량적인 평가이기 때문에 합·불 예측이 가능해서 무리해서 지원하지 않습니다. 충족할 수 있다면 수능최저학력기준이 있는 대학이 유리합니다. 전국적으로 살펴보면 학생부교과 성적은 우수하지만 의외로 수능 성적이 좋지 않은 학생이 많거든요. 예를 들어, 서울대 지역균형선발전형에서 어떤 해에는 40% 이상의 학생이 3과목 2등급이라는 수능최저학력조건을 충족하지 못하기도 합니다. 실제로도 1단계를 통과하면, 최초 합격에서 떨어지더라도, 수능최저학력기준 불충족으로 탈락된 학생과 중복 합격으로 인한 미등록자 증가로 인하여 충원 합격이 될 가능성이 많습니다. 즉, 수능최저학력기준이 적용되는 대학의 실질 경쟁률은 낮아지고, 충족할 수만 있다면 그만큼 합격 가능성은 높아지고 부족한 내신 성적을 보완할 수 있게 됩니다.

Q 내신 성적으로 선발하는 전형이 학생부교과전형이라고 하셨는데, 그렇다면 좋은 성적을 받은 과목의 반영 비율이 높은 대학에 지원해야 합격률을 높일 수 있지 않을까요?

A 맞습니다. 그러니까 대학별로 무슨 과목을 반영하는지 파악하는 것이 중요합니다. 당연히 자신에게 유리한 과목 반영 비율을 적용한 대학에 지원해야 합격률을 높일수 있습니다. 서울 소재 대학만 살펴보면, 학생부교과전형에서 학생부 전 교과를 반영하는 대학은 극히 일부로 서울교대, 서울시립대, 경기대 등 입니다. 이들 대학을 제외한 대부분의 대학에서 인문 계열은 국어 · 영어 · 수학 · 사회 과목 교과 성적을, 자연 계열은 국어 · 영어 · 수학 · 과학 과목 교과 성적을 반영하는 것이 일반적입니다. 또한 인문 계열은 수학을, 자연 계열은 국어를 제외하는 대학도 있는데 덕성여대, 서경대 등이 대표적입니다.

Q 학년별 반영 비율에 대한 질문입니다. 만약에 제 내신 성적이 학년이 지날수록 떨어졌다면 어떤 전략을 쓰는 게 좋을까요?

A 많은 대학에서 2 · 3학년 때 성적을 1학년 때보다 높은 비율로 반영합니다. 하지만 학년별 반영 비율 구분 없이 동일한 비율로 반영하는 대학들도 많습니다. 학년이 오를수록 내신 성적이 떨어졌다면 학년별 반영 비율을 구분하지 않는 대학에 지원하는 것이 유리합니다. 대표적인 대학은 한양대, 이화여대, 중앙대, 서울시립대, 한국외국어대, 홍익대, 국민대, 숙명여대, 명지대, 세종대, 숭실대 등입니다.

물론 학년별 반영 비율 뿐만 아니라 반영 교과 영역에 반영 비율을 적용하여 선발하는 경우도 있답니다. 예를 들어, 숭실대는 인문 계열의 학생부교과 영역에서 국어(35%) 수학(15%) 영어(35%) 사회(15%)를 반영하지만, 경상 계열은 국어(15%) 수학(35%) 영어(35%) 사회(15%), 자연 계열은 국어(15%) 수학(35%) 영어(25%) 과학(25%)의 반영 비율을 적용합니다. 따라서 자신에게 유리한 전형방법이 적용되는 대학에 지원하기 위해 교과 반영 방식의 유불리를 잘 살펴봐야 합니다.

Q 학생부교과전형에서의 평가 요소는 무엇인가요?

A 학생부교과전형은 대학마다 교과 성적 산출 지표, 이수 단위 반영, 학년별 반영 비율, 학생부 반영 교과 등 반영 방법이 모두 다릅니다.

가. 대다수의 대학이 이수 단위에 따른 석차 등급을 활용하지만, 연세대와 같이 과목별 원점수, 평균, 표준편차를 반영한 고유 점수인 Z점수를 활용하는 대학도 있습니다.

나. 수능최저학력기준: 교과 성적만으로 선발하는 대학도 있지만, 상당수의 대학은 수능최저학력기준을 적용합니다. 그런데 요즘은 수능최저학력기준을 적용하지 않거나 완화하는 추세입니다. 수능최저학력기준이 상대적으로 높게 설정되어 있는 성신여대, 인하대, 숙명여대, 홍익대 및 지방 국립대의 경우 수능최저학력기준을 충족할 수 있다면 내신이 조금 부족해도 충원 합격 가능성을 기대해 볼 만합니다.

다. 면접: 수능최저학력기준을 적용하지 않거나 완화하는 대부분의 대학은 단계별 전형을 도입합니다. 1단계에서 학생부교과 100%로 모집인원의 2~5배수를 선발하고, 2단계에서는 면접을 시행하는 유형입니다. 2단계에서는 일반적으로 1단계 성적 70%, 면접 30% 정도를 반영하기도 합니다. 이럴 때 면접이 당락을 결정할 수 있습니다. 학생부교과전형은 학생 교과 성적 분포가 촘촘하기 때문에, 많은 대학에서 면접 점수로 30% 내외까지 뒤집기가 가능합니다. 따라서 면접 준비에 최선을 다해야 합니다.

학생부종합전형은 성적 위주의 '획일적인 선발 방식'에서 벗어나 학생이 가진 인성, 소질과 적성, 잠재력, 발전 가능성의 다양한 측면을 학교생활기록부, 자기소개서, 추천서, 면접 평가 등의 전형 요소를 활용하여 정성적이고 종합적으로 학생을 선발하는 제도입니다.

> 학생들의 가능성과 자질은 사람들의 얼굴만큼이나 다양합니다. 따라서 하나의 정형화된 공식과 기계적인 수치는 학생의 다양한 능력을 모두 보여 주지 못합니다. 학생이 속한 환경과 학업 동기, 학업에 대한 의지, 열정, 노력과 같은 요소들도 반영할 수 없습니다. 이러한 문제를 보완하기 위하여 도입한 종합적인 평가 제도가 바로 학생부종합전형(구 입학사정관제)입니다. 학생부종합전형은 수치로 계산된 성적만을 반영하지 않고, 지원자가 제출한 서류를 바탕으로 학업 능력뿐만 아니라 학업에 대한 노력, 의지, 열정, 적극성, 도전 정신, 발전 가능성 등을 종합적으로 평가하는 방식입니다.
> * 출처: 2020학년도 서울대학교 학생부종합전형 안내

2019학년도부터 학생부종합전형의 외형적 확대보다는 내실화에 초점을 맞추겠다는 발표가 있었고, 2020학년도 대입부터 정시전형의 모집인원을 늘리는 경향을 보였지만, 학생부종합전형의 위력은 여전합니다. 일부에서 학생부종합전형의

불공정성을 제기하며 학생부종합전형을 폐지해야 한다는 의견을 내기도 합니다. 하지만, 학생부종합전형이 학교 교육 현장에 끼친 순기능을 인정하며 지속적으로 개선하고 보완해야 한다는 의견이 우세합니다. 따라서 앞으로도 대입에서 학생부종합전형의 중요성은 계속될 것입니다.

학생부종합전형 선발 인원

1) 2019 vs 2020학년도 수시 모집 선발 인원 비교

(단위: 명, %)

구분	전형유형	2020학년도		2019학년도		2020학년도 상위 15개 대학 총 모집인원 대비 선발 비율
		수시 기준 비율	대입 기준 비율	수시 기준 비율	대입 기준 비율	
수시	학생부교과	147,435명 (54.9%)	42.4%	144,340명 (54.3%)	41.4%	6.47%
	학생부종합	85,168명 (31.7%)	24.5%	84,764명 (31.9%)	24.3%	44.53%
	논술 위주	12,146명 (4.5%)	3.5%	13,310명 (5.0%)	3.8%	12.44%
	실기 위주	19,377명 (7.2%)	5.6%	19,383명 (7.3%)	5.6%	7.49%
	기타	4,740명 (1.7%)	1.4%	4,065명 (1.5%)	1.2%	
	소계	268,776명 (100%)	77.7%	265,862명 (100%)	76.3%	

한국대학교육협의회가 발표한 전국 201개 4년제 대학의 2020학년도 수시 비중은 77.3%, 그중 가장 선발 비율이 높은 전형이 학생부교과전형입니다. 학생부교과전형의 비중은 2019학년도 41.4%에서 2020학년도 42.4%로 소폭 확대되었으며, 수치상으로 본다면 대입 전형 중 가장 큰 부분을 차지하고 있습니다. 그러나 상위 15개 대학을 기준으로 다시 살펴보면 학생부종합전형의 비중이 가장 높음을 알 수 있습니다.

우수 학생이 수시 모집에 지원하려는 경향과 상위권 대학에서 우수 학생을 선점하려는 수요 때문에, 학생부종합전형의 비중이 높아지는 추세는 계속될 것으로 예상됩니다.

2) 2019 ~ 2020학년도 지역별 · 유형별 수시 모집인원 비교

(단위: 명)

수시	학생부교과			학생부종합			실기			논술		
	2020	2019	증감	2020	2019	증감	2020	2019	증감	2020	2019	증감
서울	10,477	10,419	58	31,583	31,319	264	4,695	5,142	▼447	7,932	8,902	▼970
인천	1,853	1,749	104	2,685	2,839	▼154	316	271	45	562	564	▼2
경기	15,193	16,081	▼888	8,707	8,689	18	2,836	2,749	87	1,474	1,688	▼214
강원	7,850	7,233	617	3,976	4,099	▼123	654	807	▼153	314	350	▼36
대전	11,098	10,363	735	3,488	3,566	▼78	973	929	44			
세종	1,064	1,080	▼16	448	426	22	188	184	4			
충남	14,882	14,376	506	5,727	5,809	▼82	2,445	2,247	198	230	241	▼11
충북	10,510	10,020	490	2,569	2,869	▼300	814	746	68			
대구	3,307	3,037	270	2,735	2,866	▼131	738	712	26	793	825	▼32
경북	16,618	15,696	922	4,774	4,459	315	1,805	1,762	43			
부산	17,589	16,749	840	6,377	7,099	▼722	1,661	1,413	248	679	727	▼48
울산	1,466	1,855	▼389	795	388	407	222	212	10	12	16	▼4
경남	9,385	9,340	45	2,855	2,516	339	281	352	▼71			
광주	9,772	9,931	▼159	2,205	1,829	376	431	426	5			
전남	6,023	5,871	152	1,451	1,470	▼19	258	296	▼38			
전북	8,134	8,090	44	3,838	3,867	▼29	981	926	55			
제주	1,494	1,584	▼90	612	613	▼1	79	77	2			
합계	148,735	145,493	3,241	86,845	86,742	102	21,397	21,270	126	14,016	15,332	▼1,317

3) 주요 대학 학생부종합 선발 인원(정원 내)

(단위: 명, %)

대학	2020학년도	2019학년도	인원 변화
서울대	2,495 (100.0)	2,453 (100.0)	▼42
연세대	1,091 (47.5)	971 (40.2)	▲120
고려대	2,338 (74.4)	2,357 (75.2)	▼19
서강대	867 (78.7)	882 (70.1)	▼15
성균관대	1,573 (71.6)	1,606 (62.8)	▼33
한양대	1,078 (55.5)	1,075 (58.1)	▲3
이화여대	898 (39.9)	843 (36.0)	▼55
중앙대	1,186 (48.5)	1,333 (54.7)	▼147
경희대	2,233 (67.9)	2,691 (70.4)	▼458
한국외국어대	1,011 (47.0)	994 (44.7)	▲17
서울시립대	727 (67.6)	732 (60.9)	▼5
건국대	1,342 (73.7)	1,644 (75.9)	▼302
동국대	1,225 (66.0)	1,526 (71.2)	▼301
홍익대	671 (45.8)	639 (44.5)	▲32
숙명여대	708 (49.9)	573 (48.5)	▲135
합계	19,434 (62.3)	20,319 (62.5)	▼960

학생부종합전형 선발 방법

1) 수능최저학력기준 적용 대학

학생부종합전형에서 수능최저학력기준이 적용되는 대학은 의대와 일부 지방 국립대를 제외하면, 수도권 대학에서는 서울대, 고려대, 이화여대, 홍익대 정도입니다. 이 중 수능최저학력기준 충족 여부가 합·불에 가장 큰 영향을 미칠 수 있는 대학은 수능최저학력기준이 상대적으로 높게 제시된 고려대, 홍익대 등입니다.

• 2020학년도 학생부종합전형 수능최저학력기준 ⑩

대학	전형	전형방법	수능최저학력기준	비고
가천대	가천의예	•1단계: 100%(4배수) •2단계: 1단계 50% + 면접 50%	3개 영역 각 1등급	•수(가) 필수 응시 •과탐 2 평균 •서류: 학생부, 자소서
가톨릭대	학교장 추천(의예과)	•1단계: 100%(3배수) •2단계: 1단계 70% + 면접 30%	3개 영역 등급 합 4 및 한국사 4등급	•수(가) 필수 응시 •과탐 2 평균: 소수점 첫째 자리에서 버림 •서류: 학생부, 자소서, 추천서 •고교별 1명 추천
	학교장 추천(간호학과)		국어, 수학, 영어, 탐구 중 3개 영역 등급 합 6	•인문: 수학(나), 사탐 1 •자연: 수학(가), 과탐 1 •서류: 학생부, 자소서
강릉 원주대	해람인재/지역인재 (치의예)	•1단계: 학생부 100%(5배수) •2단계: 1단계 80% + 면접 20%	국어, 수(가), 탐구 3개 영역 등급 합 5 (지역인재: 3개 합 6)	•학생부: 교과, 비교과, 인성, 전공 적합도 •탐구 1
고려대	일반	•1단계: 서류 100%(5배수) •2단계: 1단계 70% + 면접 30%	•인문: 4개 영역 등급 합 6 및 한국사 3등급 •자연: 4개 영역 등급 합 7 및 한국사 4등급 •의예과: 4개 영역 등급 합 5 및 한국사 4등급	•인문·자연: 탐구 1 •자연 계열: 수(가) 필수 •의예: 탐구 2 평균 •서류: 학생부, 자소서 •면접: 학생부 기반 및 제시문 기반 면접

대학	전형	전형방법	수능최저학력기준	비고
고려대	학교추천Ⅱ	• 1단계: 서류 100%(5배수) • 2단계: 1단계 50% + 면접 50%	• 인문: 3개 영역 등급 합 5 및 한국사 3등급 • 자연: 3개 영역 등급 합 6 및 한국사 4등급 • 의예과: 4개 영역 등급 합 5 및 한국사 4등급	• 자연: 수(가) 필수 응시 • 탐구 2 평균 • 서류: 학생부, 자소서, 추천서(선택) • 면접: 학생부 기반 및 제시문 기반 면접
경북대	학생부종합(일반학생) 의, 치의예	• 1단계: 서류 100%(5배수) • 2단계: 1단계 70% + 면접 30%	4개 영역 등급 합 5 및 한국사 4등급	• 서류: 학생부, 자소서 • 면접: 개인 발표(2분 이내) + 질의응답 • 탐구 2 평균
단국대 (치의예)	DKU인재	서류종합평가	국어, 수(가), 영어, 과탐 등급 합 5	서류: 학생부, 자소서 탐구 1
부산대	학생부종합 지역인재	서류 100%	• 인문 · 사회: 3개 영역 등급 합 6~7 • 자연: 2개 영역 등급 합 5~6 • 의예: 국어, 수(가), 과탐 • 3개 영역 등급 합 4 / 영어 2등급 • 치의학전: 국어, 영어, 수(가), 과탐 중 수(가)를 포함한 3개 영역 등급 합 4	• 한국사 4등급, 탐구 2 평균(자연과학대, 공과대, 사범대, 간호대, 나노과학기술대) 수(가) 포함 • 서류: 학생부, 자소서 • 의예과는 학생부종합(지역인재)으로만 40명 모집
서울교대	교직인성우수자	• 1단계: 서류 100%(2배수) • 2단계: 1단계 50% + 심층면접 50%	4개 영역 등급 합 9	• 수(가)와 과탐 선택 시 합 11 • 탐구 2과목 평균 • 한국사 4등급 • 서류: 학생부, 자소서 • 심층면접: 심층 문답을 통해 5C(인성, 융합, 창의성, 코칭, 의사소통) 역량을 종합평가
서울대	지역균형	서류 70% + 면접 30% (음대, 미대는 실기 포함)	• 3개 영역 이상 각 2등급 • 성악과, 기악과: 2개 영역 이상 각 3등급 • 국악과: 3개 영역 각 3등급	• 과탐 응시기준: 서로 다른 과목(Ⅰ + Ⅱ / Ⅱ + Ⅱ) • 서류: 학생부, 자소서, 추천서 • 미술, 작곡과 이론: 서류평가 40% + 면접 30% + 실기 30% • 음악대학(작곡과 이론 제외): 서류평가 40% + 면접 10% + 실기 40%

대학	전형	전형방법	수능최저학력기준	비고
서울대	일반	• (체교) 1단계: 서류 100%(2배수) / 2단계: 1단계 성적 100% + 면접 및 구술고사 60% + 교직 적성, 인성 면접 40% • (미술대: 실기 포함) 1단계: 통합실기평가 100%(5배수) / 2단계: 종합평가 100% • (미술대: 실기 미포함) 1단계: 서류평가 100%(2배수) / 2단계: 면접 및 구술고사 100%	• (체육교육과) 2개 영역 각 4등급 • (실기 포함 전형: 디자인, 서양학과) 3개 영역 각 3등급 • (실기 포함 전형: 동양화과) 국어, 수학, 영어, 탐구, 한국사 중 3개 영역 각 3등급 • (실기 포함 전형: 조소과) 2개 영역 이상 각 3등급 • (실기 미포함 전형: 디자인학부) 3개 영역 각 2등급	(미술대: 실기 포함) 2단계 종합평가 – 통합실기평가, 서류평가, 면접 및 구술고사 결과를 종합적으로 고려함
아주대	아주ACE (의예)	• 1단계: 서류 100%(3배수) • 2단계: 1단계 70% + 면접 30%	4개 영역 등급 합 5	• 수(가), 과탐 필수 응시 • 탐구 2 평균 • 서류: 학생부, 자소서
이화여대	미래인재	서류 100%	• 인문: 3개 영역 등급 합 5 • 자연: 3개 영역 등급 합 6 • 의예과: 4개 영역 등급 합 5	• 제2외국어/한문 → 탐구 1과목 대체 • 탐구 1
			• 스크랜튼학부(인문): 3개 영역 등급 합 4 • 스크랜튼학부(자연), 뇌인지과학: 3개 영역 등급 합 5	• 자연, 의예, 스크랜튼: 수(가) • 서류: 학생부, 자소서, 추천서
전남대	지역인재 (의예, 치의학전)	• 1단계: 서류(4배수) • 2단계: 1단계 70% + 면접 30%	• 의예과: 4개 영역 등급 합 6 • 치의학: 4개 영역 등급 합 7	• 탐구 1, 서류: 학생부 • 호남지역 고교출신자 • 면접: 인성 역량, 학업 수행 역량
전북대	큰사람	• 1단계: 서류(4배수) • 2단계: 1단계 70% + 면접 30%	• 의예과: 3개 영역 등급 합 7 • 치의예과: 3개 영역 등급 합 7, 탐구 2과목 평균 등급 절사 • 수의예: 3개 영역 합 8 • 간호: 3개 영역 합 10	• 탐구 2 • 의예, 치의예, 수의예는 수(가) 필수 포함 • 서류: 학생부, 자소서 • 면접: 인성 및 가치관과 잠재 능력 및 발전 가능성에 대한 선택 문항과 보충 질문으로 15분 내외 실시

대학	전형	전형방법	수능최저학력기준	비고
전주교대	지역인재	• 1단계: 학생부 60% + 서류 40%(3배수) • 2단계: 1단계 50% + 면접 50%	국어, 수학, 탐구, 한국사 각각 4등급, 영어 2등급	• 탐구 2 • 서류: 학생부, 자소서 • 면접: 학업 적성 및 교직 적성과 잠재 능력 평가(15분 내외)
춘천교대	강원교육인재	• 1단계: 서류 100% • 2단계: 1단계 40% + 면접 60%	국어, 수학, 영어, 탐구 4개 영역 등급 합 14, 한국사 4등급	서류: 학생부, 자소서, 추천서
충남대	학생부종합 I (PRISM인재)	• 1단계: 서류 100%(2~3배수) • 2단계: 서류60% + 면접 40%	• 의예과: 국어, 영어, 과탐 중 2개 영역과 수(가) 합산 5 • 수의예과: 수(가), 영어, 과탐 합산 9 • 사범대(수학교육): 수(가), 영어, 탐구 합 10 • 건설공학교육, 자연계열: 수(가), 영어, 탐구 합산 12[(수(나) 응시자 10등급] • 사범대(인문): 국어, 영어, 탐구 합산 9	• 탐구 2 평균 • 서류: 학생부, 자소서
충북대	학생부종합II	서류 100%	• 3개 영역 등급 합 13 (자연과학대, 공과대, 전자정보대는 수학 필수 반영) • 수의예: 3개 영역 등급 합 8 • 간호학과: 3개 영역 등급 합 11	• 서류: 학생부, 자소서 • 수(나) 선택 시 2등급 불리 • 탐구 2 평균
한국 교원대	학생부종합우수자 일반	• 1단계: 서류 100%(3배수) • 2단계: 1단계 80% + 면접 20%	• 4개 영역 등급 합 13 등급 • 체육교육과: 국어 / 수학, 영어, 탐구 3개 영역 등급 합 9	• 탐구 2 평균 • 서류: 학생부, 자소서 • 초등교육, 불어교육과: 수능최저학력기준 미적용 • 체육교육과는 국어, 수학 중 1개 반영
한국 해양대	아치해양인재 I , II	학생부교과 60% + 서류 40%	• 해사: 수학, 영어, 탐구 중 2개 영역 등급 합 7 • 해양과학기술대, 공과대: 수학, 영어, 탐구 중 2개 영역 등급 합 9 • 국제대: 국어, 영어, 탐구 중 2개 영역 등급 합 8	• 한국사 필수 응시 • 탐구 2 평균 • 서류: 학생부, 자소서 / 건강진단서(해사대)

대학	전형	전형방법	수능최저학력기준	비고
한국 해양대	학생부종합(지역인재)	• 1단계: 학생부 100%(5배수) • 2단계: 1단계 80% + 면접 20%	• 해사대: 수학, 영어, 탐구 중 2개 영역 등급 합 6 • 해양과학기술대, 공과대: 수학, 영어, 탐구 중 2개 영역 등급 합 8 • 국제대: 국어, 영어, 탐구 중 2개 영역 등급 합 7	• 한국사 필수 응시 • 탐구 2 평균 • 서류: 학생부, 자소서 / 건강진단서(해사대)
홍익대 (서울)	학교생활우수자	서류 100% 자율전공(자연·예능), 자율전공(인문·예능), 자연 계열, 인문 계열, 예술학과	• 인문, 예체능: 3개 영역 등급 합 6 • 자연, 예체능: 3개 영역 등급 합 7	• 한국사 4등급, 탐구 1 • 자연, 예체능: 수(가), 과탐 필수 • 학교생활우수자 전형: 서류 – 학생부, 자소서 • 미술우수자 전형: 학생부, 미술활동 보고서
	미술우수자	미술 계열(예술학과 제외) 1단계: 학생부 100%(6배수) 2단계: 서류 100%(3배수) 3단계: 2단계 40% + 면접60%	미술: 3개 영역 등급 합 8	

2) 수능최저학력기준 미적용 대학

• 수도권 사립대

대학	전형	전형방법	비고
가천대	가천바람개비1, 가천SW, 학석사통합	• 1단계: 서류 100%(4배수) • 2단계: 1단계 50% + 면접 50%	서류: 학생부, 자소서
가톨릭대	잠재능력우수자	• 1단계: 서류 100%(3배수) • 2단계: 1단계 70% + 면접 30%	서류: 학생부, 자소서
감리교 신학대	자기추천자	자기보고서 60% + 면접 40%	서류: 학생부, 자기보고서
강남대	학생부종합(서류면접)	• 1단계: 서류 100%(4배수) • 2단계: 서류 60% + 면접 40%	서류: 학생부, 자소서
	학생부종합(학생부)	일괄 합산: 서류 100%	서류: 학생부
건국대	KU자기추천	• 1단계: 서류 100%(3배수) • 2단계: 1단계 70% + 면접 30%	서류: 학생부, 자소서
경기대	KGU학생부종합	• 1단계: 서류 100%(3배수) • 2단계: 1단계 70% + 면접 30%	서류: 학생부, 자소서

대학	전형	전형방법	비고
경희대	네오르네상스	• 1단계: 서류 100%(3배수) • 2단계: 1단계 70% + 면접 30%	서류: 학생부, 자소서, 추천서(선택)
광운대	광운참빛인재/ 소프트웨어우수인재	• 1단계: 서류 100%(3배수) • 2단계: 1단계 70% + 면접 30%	서류: 학생부, 자소서
국민대	국민프런티어	• 1단계: 서류 100%(3배수) • 2단계: 1단계 70% + 면접 30%	서류: 학생부, 자소서
단국대	DKU인재/창업인재	서류종합평가 100%	서류: 학생부, 자소서
	SW인재	• 1단계: 서류100%(3배수) • 2단계: 1단계 70% + 면접 30%	서류: 학생부, 자소서
대진대	윈윈대진	• 1단계: 서류 100%(4배수) • 2단계: 1단계 70% + 면접 30%	서류: 학생부, 자소서
덕성여대	덕성인재	• 1단계: 서류 100%(4배수) • 2단계: 1단계 60% + 면접 40%	서류: 학생부, 자소서
동국대 (서울)	Do Dream	• 1단계: 서류 100%(3배수) • 2단계: 1단계 70% + 면접 30%	서류: 학생부, 자소서
동덕여대	동덕창의리더	• 1단계: 서류 100%(3배수) • 2단계: 1단계 50% + 면접 50%	서류: 학생부, 자소서
명지대 (서울)	명지인재/ 크리스천리더	• 1단계: 서류 100%(3배수) • 2단계: 1단계 70% + 면접 30%	서류: 학생부, 자소서
삼육대	학교생활우수자	• 1단계: 서류 100%(4배수) • 2단계: 1단계 60% + 면접 40%	서류: 학생부, 자소서
	MVP	• 1단계: 서류 100%(4배수) • 2단계: 1단계 60% + 면접 40%	서류: 학생부, 자소서, 목회자추천서
상명대	상명인재	• 1단계: 서류 100%(3배수) • 2단계: 1단계 60% + 면접 40%	서류: 학생부, 자소서
서강대	학생부종합 (종합형, 학업형, SW우수자)	서류종합평가 100%	서류: 학생부, 자소서, 추천서(선택)
서울 신학대	학생부종합	• 1단계: 서류 100%(4배수) • 2단계: 1단계 60% + 면접 40%	기타: 학생부, 자소서
서울여대	바롬인재 플러스인재 융합인재	• 1단계: 서류 100%(4배수) • 2단계: 1단계 60% + 면접 40%	서류: 학생부, 자소서
성공회대	열린인재	• 1단계: 서류 100%(5배수) • 2단계: 1단계 50% + 면접 50%	서류: 학생부, 자소서

대학	전형	전형방법	비고
성균관대	학생부종합(학과 모집) 의예, 교육학, 한문교육, 수학교육, 컴퓨터교육, 스포츠과학과	• 1단계: 서류 100%(3배수) • 2단계: 1단계 80% + 면접 20%	서류: 학생부, 자소서
	학생부종합(학과 모집)	서류100%	
	학생부종합(계열 모집)		
성신여대	학교생활우수자/ 자기주도인재	• 1단계: 서류 100%(3배수) • 2단계: 1단계 60% + 면접 40%	서류: 학생부, 자소서 (사범: 추천서 제출)
세종대	창의인재	• 1단계: 서류 100%(3배수) • 2단계: 1단계 70% + 면접 30%	서류: 학생부, 자소서
숙명여대	숙명인재 I (서류형)	서류100%	서류: 학생부
	숙명인재 II (면접형)/ SW융합인재	• 1단계: 서류 100%(3배수) • 2단계: 1단계 40% + 면접 60%	서류: 학생부, 자소서
숭실대	SSU미래인재	• 1단계: 서류 100%(3배수) • 2단계: 1단계 70% + 면접 30%	서류: 학생부, 자소서
아주대	ACE/ SW융합인재	• 1단계: 서류 100%(3배수) • 2단계: 1단계 70% + 면접 30%	서류: 학생부, 자소서
	다산인재	서류100%	서류: 학생부, 자소서
안양대	아리학생부종합	• 1단계: 서류 100%(5배수) • 2단계: 1단계 70% + 면접 30%	서류: 학생부, 자소서
연세대	학생부종합(면접형)	• 1단계: 학생부교과 40% + 서류 60%(3배수) • 2단계: 1단계 40% + 면접 60%	• 서류: 학생부, 자소서, 추천서 • 고3 학생만 지원 가능 • 교과: Z점수 50% + 등급 50%
	학생부종합 (활동우수형, 국제형, 기회균형)	• 1단계: 서류 100%(일정 배수) • 2단계: 1단계 60% + 면접 40%	• 서류: 학생부, 자소서, 추천서 • 면접형과 중복 지원 가능
을지대	EU자기추천	• 1단계: 학생부(교과/비교과) 100%(5배수) • 2단계: 1단계 70% + 면접 30%	학생부: 교과/비교과
인하대	인하미래인재	• 1단계: 서류 100%(3배수) • 2단계: 1단계 70% + 면접 30%	서류: 학생부, 자소서
중앙대	다빈치형인재/ 탐구형인재/SW인재	1단계: 서류 100%(일괄 합산)	서류: 학생부, 자소서, 추천서
차 의과학대	CHA학생부종합	• 1단계: 서류 100%(3배수) • 2단계: 1단계 70% + 면접 30%	서류: 학생부, 자소서

대학	전형	전형방법	비고
총신대	코람데오인재	• 1단계: 서류 100%(3배수) • 2단계: 1단계 70% + 면접 30%	서류: 학생부, 자소서, 세례증명서, 담임목사추천서
평택대	PTU종합	• 1단계: 서류 100%(3배수) • 2단계: 면접 100%	서류: 학생부, 자소서
포항 공대	일반전형, 창의IT인재	• 1단계: 서류 100%(3배수 내외) • 2단계: 면접 100%	서류: 학생부, 자소서, 추천서
한국산업 기술대	KPU인재	• 1단계: 서류 100%(3배수) • 2단계: 1단계 70% + 면접 30%	서류: 학생부, 자소서
한국 외국어대	학생부종합	• 1단계: 서류 100%(3배수) • 2단계: 1단계 70% + 면접 30%	서류: 학생부, 자소서
한국 항공대	미래인재	• 1단계: 서류 100%(3배수) • 2단계: 1단계 70% + 면접 30%	서류: 학생부, 자소서
한동대	한동인재	• 1단계: 서류 100%(2배수) • 2단계: 1단계 90% + 면접10%	서류: 학생부, 자소서
	한동G – IMPACT인재/ 지역인재/SW인재	• 1단계: 서류 100%(2배수) • 2단계: 1단계 70% + 면접 30%	서류: 학생부, 자소서
한성대	한성인재	학생부교과 40% + 서류평가 60%	서류: 학생부, 자소서
한신대	참인재	서류평가 60% + 면접 40%	서류: 학생부 추천서(신학부 지원자)
한양대	학생부종합(일반)	학생부종합평가 100%	경영학부(자연) 12명, 경제금융학부(자연) 5명, 데이터사이언스학과(인문/자연) 20명 선발
협성대	창의인재	• 1단계: 서류 100%(3배수) • 2단계: 면접 100%	서류: 학생부, 자소서

• 국립대

대학	전형	전형방법	비고
강릉 원주대	해람인재/ 지역인재	• 1단계: 학생부 100%(3배수) • 2단계: 1단계 80% + 면접 20%	학생부: 교과, 비교과, 인성, 전공적합도
강원대	미래인재/ SW인재	• 1단계: 서류 100%(3배수) • 2단계: 1단계 70% + 면접 30%	서류: 학생부, 자소서
경북대	학생부종합 (일반학생)	• 1단계: 서류 100%(3배수) • 2단계: 1단계 70% + 면접 30%	서류: 학생부, 자소서

대학	전형	전형방법	비고
경상대	일반	• 1단계: 서류 100%(3배수) • 2단계: 1단계 70% + 면접 30%	서류: 학생부, 자소서
	지역인재	• 서류 100%(의예과) • 1단계: 서류평가 100%(3배수) • 2단계: 서류평가 70% + 면접 30%	서류: 학생부, 자소서
공주대	일반/ 지역인재	• 1단계: 서류 100%(3배수) • 2단계: 1단계 70% + 면접 30%	서류: 학생부, 자소서, 추천서(선택)
군산대	새만금인재	• 1단계: 서류100%(4배수) • 2단계: 1단계 70% + 면접 30%	기타: 학생부, 자소서
금오공대	KIT인재/ 지역인재	• 1단계: 서류 100%(2~3배수) • 2단계: 1단계 70% + 면접 30%	서류: 학생부, 자소서
광주과학 기술원	일반	• 1단계: 서류 100%(4배수) • 2단계: 1단계 70% + 면접 30%	서류: 학생부, 자소서, 추천서
목포대	종합일반/ 지역인재	• 1단계: 학생부100%(3배수) • 2단계: 1단계 80% + 면접 20%	학생부교과, 비교과 정성평가
부경대	학교생활우수인재	• 1단계: 서류 100%(3배수) • 2단계: 1단계 80% + 면접 20%	서류: 학생부, 자소서
서울대	일반	• 1단계: 서류 100%(2배수) • 2단계: 1단계 50% + 면접 50%	• 서류: 학생부, 자소서, 추천서 실기 능력 증빙서류 • 체육교육과: 실기 능력을 확인 할 수 있는 자료 • 동양화과, 서양화과, 작곡과(작 곡전공): 포트폴리오 제출
	일반(사범계열)	• 1단계: 서류 100%(2배수) • 2단계: 1단계 50% + 면접 및 구술 30% + 교직 인적성 면접 20%	
서울과학 기술대	학교생활우수자/ SW인재	• 1단계: 서류 100%(3배수) • 2단계: 1단계 70% + 면접 30%	서류: 학생부, 자소서
서울 시립대	학생부종합	• 1단계: 서류 100%(일정배수) • 2단계: 1단계 50% + 면접 50%	서류: 학생부, 자소서
순천대	SCNU지역인재 SCNU창의인재	• 1단계: 서류 100%(3~5배수) • 2단계: 1단계 80% + 면접 20%	서류: 학생부
안동대	ANU미래인재	• 1단계: 서류 100%(4배수) • 2단계: 1단계 70% + 면접 30%	서류: 학생부, 자소서
인천대	자기추천	• 1단계: 서류 100%(3배수) • 2단계: 1단계 70% + 면접 30%	• 서류: 학생부, 자소서 • 사범/동북아국제통상학부: 1단 계 5배수

대학	전형	전형방법	비고
전남대	고교생활우수자/ 지역인재	• 1단계: 서류(4배수) • 2단계: 1단계 70% + 면접 30%	서류: 학생부
전북대	모험 · 창의인재형/큰사람/ 글로벌 인재	• 1단계: 서류 100%(4배수) • 2단계: 1단계 70% + 면접 30%	서류: 학생부, 자소서
제주대	일반학생	• 1단계: 서류 100%(3배수) • 2단계: 1단계 70% + 면접 30%	서류: 학생부, 자소서
창원대	글로벌창의인재	• 1단계: 서류(3배수) • 2단계: 1단계 70% + 면접 30%	서류: 학생부, 자소서
충남대	학생부종합 I (PRISM인재)	• 1단계: 서류 100%(2~3배수) • 2단계: 서류 60% + 면접 40%	서류: 학생부, 자소서
충북대	학생부종합 I	• 1단계: 서류 100%(3배수) • 2단계: 서류 66.7% + 면접 33.3%	서류: 학생부
한경대	잠재력우수자	• 1단계: 서류 100%(3배수) • 2단계: 1단계 70% + 면접30%	서류: 학생부, 자소서
한국 교원대	학생부종합우수자 일반	• 1단계: 서류100%(3배수) • 2단계: 1단계 80% + 면접 20%	• 서류: 학생부, 자소서 • 초등교육, 불어교육만 수능최 저 없음
한국 교통대	학생부종합I (NAVI), 학생부종합II (지역인재)	• 1단계: 100%(3배수) • 2단계: 1단계 60% + 면접 40%	• 서류: 학생부, 자소서 • 항공서비스학과: 1단계 7배수
한밭대	학생부종합/지역인재	• 1단계: 서류 100%(3배수) • 2단계: 1단계 70% + 면접 30%	서류: 학생부, 자소서

• 교대

대학	전형	전형방법	비고
경인교대	교직적성잠재능력우수자/ 고른기회	• 1단계: 서류 100%(2배수) • 2단계: 1단계 70% + 면접 30%	서류: 학생부, 자소서
공주교대	지역인재선발, 국가보훈대상자, 기회균형선발, 특수교육대상자	• 1단계: 서류 100%(2배수) • 2단계: 1단계 50% + 면접 50%	서류: 학생부, 자소서, 교사 추천서, 자기활동 보고서(선택)
광주교대	교직적성우수자 전남교육감추천 지역인재 등	• 1단계: 서류 100%(3배수) • 2단계: 1단계 60% + 심층면접 40%	서류: 학생부, 자소서
대구교대	참스승/지역인재 국가보훈 등	• 1단계: 서류 100%(2~2.5배수) • 2단계: 1단계 50% + 면접 50%	서류: 학생부, 자소서

대학	전형	전형방법	비고
부산교대	초등교직적성자 지역인재, 다문화 등	• 1단계: 서류 100%(2배수) • 2단계: 1단계 60% + 면접 40%	서류: 학생부
서울교대	사향인재추천	• 1단계: 서류 100%(2배수) • 2단계: 1단계 50% + 면접 50%	서류: 학생부, 자소서, 교사 추천서
	교직인성우수자/다문화 등	• 1단계: 서류 100%(2배수) • 2단계: 1단계 50% + 면접 50%	서류: 학생부, 자소서
진주교대	21세기형교직적성/ 지역인재	• 1단계: 서류 100%(2.5배수) • 2단계: 1단계 70% + 심층면접 30%	서류: 학생부, 자소서
청주교대	배움나눔인재 충북인재	• 1단계: 서류 100%(3배수) • 2단계: 1단계 60% + 면접 40%	서류: 학생부, 자소서

3) 학교(장)추천전형

대학	전형	추천 인원	선발 인원	전형 방식	수능최저학력기준
가톨릭대	학생부 종합	제한 없음 (의예 1명, 간호학과는 제한 없음)	204	• 1단계: 서류 100%(3배수) • 2단계: 1단계 70% + 면접 30%	• 의예: 국어, 수(가), 영어, 과탐(2 개 평균) 중 3개 영역 등급 합 4 및 한국사 4등급 이내 • 간호: 3개 영역 등급 합 6[인문 – 수(나), 사탐 1/자연 – 수(가), 과 탐 1]
건국대	KU학교추천	제한 없음	475	학생부교과 30% + 서류 70%	없음
경희대	학생부종합 (고교연계)	인문 2, 자연 3, 예체능 1	800	교과 50% + 서류평가 50%	없음
고려대	학교추천 I	전형 합산 4% (전형 간 복수 지원 불가)	400	• 1단계: 교과 100%(3배수) • 2단계: 1단계 50% + 면접 50%	• 인문: 국어, 수(가/나), 영어, 탐 구(2) 중 3개 영역 등급 합 6, 한 국사 3 • 자연: 국어, 수(가), 영어, 과탐(2) 중 3개 영역 등급 합 7, 한국사 4 • 의대: 국어, 수(가), 영어, 과탐 (2) 중 4개 영역 등급 합 5, 한국 사 4

대학	전형	추천 인원	선발 인원	전형 방식	수능최저학력기준
고려대	학교추천II		1,100	• 1단계: 서류 100%(5배수) • 2단계: 1단계 50% + 면접 50%	• 인문: 국어, 수(가/나), 영어, 탐구(2) 중 3개 영역 등급 합 5, 한국사 3 • 자연: 국어, 수(가), 영어, 과탐(2) 중 3개 영역 등급 합 6, 한국사 4 • 의대: 국어, 수(가), 영어, 과탐(2) 중 4개 영역 등급 합 5, 한국사 4
광주 과기원 (GIST)	학교장추천	2명 이내	40	• 1단계: 서류종합평가 100%(4배수) • 2단계: 서류 70% + 면접 30%	없음
국민대	학교장추천	제한 없음	324	교과 30% + 서류 70%	없음
대구경북 과학기술원 (DGIST)	미래브레인 추천	1명	50	• 1단계: 서류종합평가 100%(3배수) • 2단계: 종합면접	없음
동국대	학교장추천 인재	계열별 2명 총 4명 이내	400	서류종합평가 100%	없음
서울 교대	학교장추천	제한 없음	60	• 1단계: 교과 100%(2배수) • 2단계: 1단계 67% + 면접 33%	• 4개 영역 등급 합 9 • 한국사 4등급 • 수(가), 과탐 선택 시 합 11
서울대	지역균형	2명 이내	756	서류평가 + 면접	• 3개 영역 각 2등급 이내 • 경영, 농생명, 생과대, 자유전공: 직탐 응시 지원 가능 • 탐구 2등급 인정 기준: 2과목 모두 2등급
연세대	연세한마음 학생	제한 없음	80	• 1단계: 서류 100%(일정 배수) • 2단계: 서류 60% + 면접 40%	없음 국민기초생활보장 수급자
이화 여대	고교추천	5명	390	교과 80% + 면접 20%	없음
인하대	학교장추천	5명 추천	286	서류종합평가	없음(학교생활우수자 변경)
중앙대	학교장추천	4명(서울 3명, 안성 1명)	160	교과 60% + 서류 40%	없음 서류: 학생부, 자소서, 추천서
한국 과기원 (KAIST)	학교장추천	2명	85	• 1단계: 서류종합평가 100% • 2단계: 1단계 70% + 종합면접 30%	없음

대학	전형	추천 인원	선발 인원	전형 방식	수능최저학력기준
육군사관 학교	학교장추천	재학생 2명, 졸업생 1명	66	• 1단계: 국어, 수학, 영어 지필평가 • 2단계: 면접 640점 + 체력160점 + 내신 200점	없음
해군사관 학교	학교장추천	학교당 2명 (졸업생 포함)	51	• 1단계: 국어, 수학, 영어 지필평가 300점 + 교과 100점 + 비교과 100점 • 2단계: 면접 100점 + 체력 80점 + 잠재 역량 410점 + 신검 • 최종: 1단계 200점 + 2단계 600점 + 서류평가 200점	없음
국군간호 사관학교	학교장추천	학교당 2명	42	• 1단계: 국어, 영어, 수학 각 200점 총 600점 만점으로 남자(인문 4배수, 자연 6배수), 여자 4배수 • 2단계: 1단계 25% + 면접 40% + 체력 검정 10% + 학생부 25% + 한국사 능력시험	없음

〈참고 자료 1〉 대학별 인재상 사례

대학	인재상
건국대	• 성(誠): 전인적 인격의 지성인 • 신(信): 미래 지향의 전문인 • 의(義): 공동체 발전의 선두자
경희대	• 세계인: 세계 시민 의식, 글로벌 역량 • 창조인: 융합적 전문 지식, 창의적 문제 해결 역량 • 문화인: 문화 예술적 소양, 의사소통 능력
고려대	• 학교생활에 충실하고 성실성, 리더십, 공선사후정신, 전공적합성, 창의성을 갖춘 인재
서강대	• 도덕적으로 건전하며 정의롭고, 남을 위해 봉사하는 인성을 두루 갖춘 인재 • 남과 함께, 남을 위해, 남을 통해 봉사하는 삶을 살아가려는 시대적 사명을 지닌 인재 • 언어 · 역사 · 문화 · 지리적인 한계를 넘어서 국제 사회에 능동적으로 참여할 수 있는 세계화된 인재
서울대	세계를 선도하는 창의적 지식 공동체 • 학교 교육과정을 성실히 이수하고 학업 능력이 우수한 학생 • 학교생활에서 적극적이고 진취적인 태도를 보이는 학생 • 글로벌 리더로 성장할 수 있는 자질을 가진 학생 • 다양한 교육적 · 사회적 · 문화적 배경과 경험을 지닌 학생 • 사회적 약자에 대한 배려와 공동체의식을 가진 학생

대학	인재상
연세대	• 대학 교육에 적합한 학업 능력 및 학문적 수월성 추구에 대한 열정 • 관용, 다양성에 대한 존중, 적극적인 사회 참여를 기반으로 한 민주적 시민의식 • 국제화에 대한 균형 잡힌 시각을 기반으로 한 글로벌 리더십 • 건학 이념인 진리, 자유의 정신을 갖춘 리더로 성장 잠재력이 있는 학생
이화여대	• 기독교적 진선미의 교육 이념을 바탕으로 국가와 인류 사회의 발전에 공헌하는 여성 • 주도하는 인재 • 지혜로운 인재 • 실천하는 인재
중앙대	• 의와 참의 정신을 바탕으로 진리 탐구의 정신을 갖춘 자율적 교양인, 실용적 전문인, 실험적 창조인과 사회 정의 구현을 위해 실천적으로 참여 · 봉사하는 실천적 봉사인, 개방적 문화인

〈참고 자료 2〉 모집단위별 인재상 사례

모집단위	인재상
행정학과	• 공직 마인드, 봉사정신, 리더십, 책임감이 있으며, 적극적 사고와 소통 능력, 글로벌 역량을 갖춘 학생
국제관계학과	• 외국어 및 사회 교과(세계사, 국사, 지리 등) 성취도가 우수하며, 국제사회 문제(남북 관계, 국제 평화 등)에 관심이 많고 봉사정신이 있는 학생
경제학부	• 수학적 소양, 정보화 적응력 및 분석적 사고력을 바탕으로 창의성이 뛰어나며, 글로벌 마인드, 적극적인 리더십 그리고 높은 윤리의식을 가진 학생
사회복지학과	• 사회과학적 사고 능력, 대인관계 기술, 복지사회 리더십을 갖추고 세계 평화, 사회 정의, 빈곤 퇴치, 국제 협력, 공동체성에 대한 관심과 열정이 있는 학생
세무학과	• 통합적 사고 능력을 바탕으로 법학, 경영학, 경제학의 융합적 사고를 할 수 있는 창의적이고 근면 성실한 학생
경영학부	• 비즈니스 마인드, 리더십, 글로벌 역량, 창의와 혁신적 사고, 변화 관리 능력을 바탕으로 기업가 또는 전문 경영자로 발전 가능성이 높은 학생
국어국문학과	• 언어 능력이 출중하고, 문학 전반에 관심이 많은 학생
영어영문학과	• 영미 문학 및 영미 문화에 관심과 열정이 있으며, 영어 능력을 기본으로 창의력과 사고력을 갖춘 학생
국사학과	• 역사적 사고 능력과 사료를 해석하기 위한 언어 능력을 갖춘 학생
철학과	• 사회 전반에서 발생하는 여러 철학적 문제를 이해할 수 있고, 이러한 문제들을 논리적이고 창의적인 방식으로 탐구할 수 있는 학생
중국어문화학과	• 인문학적 소양을 갖추고, 중국 문화 전반에 남다른 관심과 열정을 가지고 있는 학생

모집단위	인재상
도시행정학과	• 적극적이고 진취적이며 타인에 대한 배려, 사회문제와 공익에 대한 관심이 크고 리더십이 있는 학생
도시사회학과	• 기초 교과 성취도가 우수하며, 도시의 다양한 현상을 사회과학적으로 이해하고, 구체적인 해결 방안을 제시할 수 있는 소양을 갖춘 학생
자연전자전기 컴퓨터공학부	• 수학과 기초과학(물리, 화학)에 대한 지식이 풍부하며, 전공 이수에 필요한 외국어 능력을 갖추고 전자 · 전기 · 컴퓨터 공학기술에 대한 탐구심으로 성실히 공부하는 창의적인 학생
화학공학과	• 기초 과학 및 수학 교과목에 깊은 소양을 갖추고, 공학적 응용에서 요구되는 창의적이고 분석적인 사고력을 겸비한 학생
기계정보공학과	• 기본 학습 능력이 탄탄하며, 독창성과 창의성을 갖춘 학생
신소재공학과	• 공학 이수를 위한 기초 교과(수학, 물리, 화학) 및 외국어능력 성취도가 우수하며 전공에 대한 흥미와 창의성, 학업적 열의가 강한 학생
토목공학과	• 공학 이수를 위한 기초 교과(수학, 물리, 화학, 지구과학) 성취도가 우수하며, 사회 전반에서 발생하는 여러 문제에 대한 이해도와 문제 해결 의지가 강한 학생
컴퓨터과학부	• 문제를 해결할 때 한 가지 방식이 아닌 다양한 방식으로 접근할 수 있는 창의적 사고를 갖춘 학생
수학과	• 단순한 수학 문제 풀이에 능한 학생이 아닌, 새로운 수학적 개념을 이해하거나 제시할 수 있는 창의적 능력이 있는 학생
통계학과	• 사회 전반의 문제에 지속적인 관심을 가지며, 실증적 자료에 근거한 합리적인 사고 및 의사소통 능력을 갖춘 학생
물리학과	• 물리학과 첨단기술 분야에 흥미가 있고, 자연현상의 근본 원리에 호기심이 많으며, 이론과 실험 및 컴퓨터 활용을 바탕으로 문제를 해결해 내는 인재
생명과학과	• 생명과학에 대한 지식뿐만 아니라 생명 현상의 본질과 응용에 관심이 많은 학생
환경원예학과	• 환경 · 생태계 · 도시 식물에 대한 관심과 과학적 소질을 바탕으로 창의적 사고를 하며, 당면 문제를 독창적으로 해결해 갈 수 있는 학생
건축학부 (건축공학)	• 건축공학 분야에 대한 흥미와 학업적 열의가 강하고, 창의성과 실천력을 갖춘 인재로 발전할 가능성이 높은 학생
건축학부 (건축학)	• 관찰 및 표현 능력, 형태 및 공간 지각 능력, 창의적 디자인 능력 등을 바탕으로 건축의 사회적 · 공공적 기능을 이해하고 실천하는 열정과 리더십을 갖춘 학생
도시공학과	• 기초 교과 성취도가 우수하고, 도시 문제와 공익에 대한 관심이 크며, 기획력, 의사소통 능력, 창의적 리더십을 갖춘 학생
교통공학과	• 기초 교과(수학, 과학, 영어) 성취도가 우수하며, 사물과 현상에 대한 수학적 · 과학적 사고력이 뛰어난 학생

모집단위	인재상
조경학과	• 조경학에 대한 관심 및 학업 열의가 강하며, 자연현상 및 과학에 대한 지식과 예술적 소양을 갖춘 학생
환경공학부	• 수학과 과학(물리, 화학 중심)에 대한 우수한 학습능력을 갖추고, 환경 문제에 관한 공학적 해석 능력을 갖춘 학생
공간정보공학과	• 수학과 과학 교과 성취도가 우수하고, 전산(프로그래밍, 앱 개발 등) 관련 활동에 관심과 열의가 강한 학생
스포츠과학부	• 강인한 도전 정신과 적극적인 사고, 투철한 봉사 정신과 책임의식을 바탕으로 스포츠를 통한 복지 실현을 위한 글로벌 창의적 사고력을 갖춘 학생
자유전공학부	• 인문 · 사회과학 분야의 소양을 토대로 다학제적 응용 능력을 발현할 수 있는 학생

* 출처: 서울시립대

학생부 준비 전략

1) 자율활동

① 학교 자체적인 프로그램 및 단위 학급에서 실시하는 프로그램을 통해 학생 개개인의 활동 경험을 공동체 의식, 학업 역량, 지적 호기심, 진로 희망 등과 연계하여 의미있는 기록이 되도록 준비해야 합니다.

② 단순하게 학교 행사에 참가한 것은 의미가 없습니다. 공동체 안에서 자신의 역할 수행과 그 역할의 중요성, 그리고 행사에 참여하는 과정이 자신에게 어떠한 점에서 의미가 있었는지 드러나도록 해야 합니다.

2) 동아리활동

① 동아리활동은 지원자의 진로 희망과 전공 분야에 대한 흥미, 관심을 엿볼 수 있는 항목입니다. 진로와 관련하여 자신의 흥미를 고취 시킬 수 있는 동아리에 가입해 활동했다면 전공적합성에서 긍정적인 평가를 받을 수 있습니다.

② 전공 관련 영역 주제, 사회적 이슈, 연구(실험)주제를 선정하고 어떻게 자신의 주장을 전개해 가는지, 또는 실험 및 실습을 위해 어떤 절차로 수행해

나가는지의 모습은 학생의 학업 소양을 가늠해 보는 중요한 정보가 될 수 있습니다.

③ 동아리활동의 대부분은 협업으로 진행되므로 활동 과정에서 다른 부원과 어떻게 소통하고, 자신의 역할을 수행하면서 어떤 것을 얻고 성장했으며, 팀에 어떤 기여를 했는지 구체적으로 기술해야 역량 및 인성을 평가 받을 수 있습니다.

3) 봉사활동

① 봉사활동의 3요소는 지속성, 자발성, 희생성입니다. 1년에 한두 번의 봉사활동만으로는 서류평가 및 면접에서 긍정적 평가를 받기는 어렵습니다.

② 봉사활동은 시간 실적보다 봉사 목적을 달성했느냐가 더욱 중요합니다. 봉사활동의 의미를 스스로 확립할 수 있도록 점검해야 합니다. 예를 들어, '양로원 봉사'가 왜 봉사활동이 되며, 그 과정을 통해 어떠한 것들을 배웠는지, 또한 공동체 활동에서 나눔, 배려, 협력의 관계를 실천할 수 있는지 스스로 정리할 수 있어야 합니다.

4) 진로활동

① 희망 진로와 관련해 수행한 활동과 노력의 과정을 기록합니다.

② 고등학교 3년 동안 진로를 찾아 나가는 과정, 그리고 그것을 이루기 위해 어떤 노력을 했는지 보여 주어야 합니다.

5) 독서활동 상황

① 교과 영역을 확장한 독서활동, 문화적 소양을 고양시키는 독서 등 다양한 방식의 독서활동은 학생의 사고를 확장시켜 주는 주요한 활동임에 틀림이 없습니다.

② 독서활동 기록방식에 대한 변경으로 독서활동에 대한 평가의 경중에 변화가 있습니다. 그러나 무엇보다 독서활동 상황은 자신의 진로와 관심사를 보여 줄 수 있는 항목으로 독서와 함께 얼마나 학업 역량을 발달시켰는지를 보여 주는 것이 중요합니다.

③ 독서는 또 다른 학업의 형태입니다. 독서활동으로 학업 과정에서의 궁금증을 해결하거나, 동아리활동 또는 소규모 주제 탐구 활동에서 특정 분야에 대한 관심과 열정을 수행해 가는 과정을 통해 전공 역량을 평가 받을 수 있습니다. 가장 대표적인 자기 주도 학습의 형태입니다.

자기소개서 기재 전략

1) 자소서의 개념

① 자소서는 지면을 통해 평가자 등을 설득하기 위한 논설문입니다.

② 자소서는 말 그대로 나만의 이야기, 자신의 정체성(identity)을 나타내는 글입니다.

③ 자소서가 감동을 주고 설득력을 갖기 위해서는 진정성, 객관성, 사실성, 논리성을 갖추면서 의미 있게 서술되어야 합니다.

④ 자신을 잘 나타내기 위해서는 문항별 평가 내용이 무엇인지를 먼저 알아야 합니다.

- ### 자소서 평가 내용

평가 항목		평가 요소	평가 내용
전공 적합성	대학에서 학업을 수행할 수 있는 기초 학업 능력과 전공에 대한 관심 및 노력	학업 역량	• 학업적 노력 정도 및 성취 수준
		전공 적성	• 고교 교육과정 내에서 이루어지는 지원 분야 관련 학업 및 학업 외적인 활동의 내용과 성취 수준

발전 가능성	목표를 이루어 가는 과정에서 드러나는 성장 가능성 및 잠재력	자기 주도성	• 자신의 꿈을 위해 스스로 계획하여 추진해 나가는 태도
		도전 정신	• 관심 분야에 대한 도전 과정 및 성취 수준
인성	학교 교육을 통해 성장 · 발현되는 개인적 품성 및 사회성	성실성	• 학교의 규칙과 원칙을 지키려는 태도 • 자신의 역할에 책임감을 갖고 끈기 있게 임하는 자세
		공동체 의식	• 공동의 목표를 위해 협동하여 자신의 역할을 다하는 자세 • 타인을 이해하고 배려하는 태도

3) 자소서 작성 시 유의 사항

① 추상적인 단어나 미사어구는 지양하고, 간단명료하게 단문으로 작성해야 합니다.

② 자신만의 강점을 부각해서 기억에 남게 작성해야 합니다.

③ 구체적인 사례를 중심으로 작성해야 합니다. 자신이 열심히 탐구했던 과정과 그 과정 속에서 무엇을 얻었으며, 어떻게 성장했는지를 보여 주는 것이 중요합니다.

④ 일기나 넋두리를 쓰는 곳이 아닙니다. 평가자 입장에서 서술해야 합니다.

면접 준비 전략

1) 공통 영역의 면접 예상 질문

① 기본 소양

• 대학 및 학과 지원 동기

• 대학 생활 계획(학업 계획, 학업 외 계획)

• 자기소개

• 세부 전공 계획

- 대학 진학에 대한 열의
- 대학 졸업 후 진로 및 장래 희망
- 지원 학과의 적성 부합 정도
- 고교 생활에 대한 평가
- 학생부의 비교과 영역 기록 내용(자격증, 봉사활동, 창체 활동, 독서, 수상 경력, 출결 등)
- 기본 질문(생활신조, 좌우명, 취미, 특기, 출신 학교의 특성이나 자랑거리, 현재 살고 있는 곳이나 고향의 특성, 제출 서류 내용 질문)

② 시사 상식(예시)

- 4차 산업혁명에 대해 설명하기 바랍니다.
- 빅데이터에 대하여 설명하기 바랍니다.
- 탈원전 정책에 대한 자신의 생각을 말하기 바랍니다.
- 미투 운동을 보고 느끼는 점을 말하기 바랍니다.
- 무인자동차 사고에 대한 책임은 누구에게 있는지 설명하기 바랍니다.
- 필리버스터 제도에 대한 자신의 생각을 말하기 바랍니다.
- 브렉시트(Brexit)에 대한 자신의 생각을 말하기 바랍니다.
- 인터넷 스마트화의 역기능에 대하여 말하기 바랍니다.
- 세컨더리 보이콧에 대해 설명하기 바랍니다.
- 최저임금 인상에 대한 자신의 생각을 말하기 바랍니다.
- 온라인 시대에서 모바일 시대로 변화하고 있는데 이로 인해 개인에게 미치는 영향은 무엇인지 말하기 바랍니다.
- 해외직구 의약품의 유해성에 대하여 말하기 바랍니다.

2) 전공 영역의 면접 예상 질문

① 전공에 대한 관심 및 태도: 고교 시절 가장 잘했던 과목이나 좋아했던 분야는 무엇인가? 그것이 지원한 전공에 어떤 도움이 될 것이라고 생각하는가?

② 전공에 대한 기본 소양: 최근에 접한 책, 영화, 뉴스 중에서 전공하고자 하는 분야와 관련하여 가장 기억에 남는 것은 무엇인가? 그 이유는 무엇인가?

③ 전공적합성 및 발전 가능성: 20년 후 어떤 분야에서 어떤 활동을 하고 있을 것 같은가? 그 일이 자신과 우리 사회에 어떤 의미가 있을 것이라고 생각하는가?

학생부로 보는 학생부종합전형 합격 사례

• 학생부종합전형 합격 사례(인문)

지원 대학	서울대		
학과	인문 계열		
평가 요소	학업 능력, 학업 태도, 학업 외 소양		
전형	지역균형		
진로희망사항	1학년: 아나운서	2학년: 언론인	3학년: 언론인, 외교관
내신 성적	1학년: 1.08	2학년: 1.0	3학년: 1.4

학생부 항목	학생부 추출 내용
자율활동	〈학업 태도〉 1. [2학년] 급우들과 함께 1학년 때부터 2년간 스터디그룹을 만들어 저녁 자율학습 시간을 활용하여 꾸준히 활동함. 특히 독서와 문법 과목에 많은 도움을 받았으며, 음운의 변동에 대해 공부할 때 각자 조사한 다양한 예시를 접하며 이해하기 어려운 부분을 터득하게 됨. 함께 공부하는 효과와 장점을 알게 되었으며 수업 내용 이해에 많은 도움을 받음. 2. [3학년] 3년간 스터디그룹 활동을 통해 같은 분야의 학습 목표를 가진 친구들과 함께 목표를 세워 공부함. 사회문화 과목에 많은 흥미를 가지게 되어 친구들과 함께 다양한 출판사의 사회문화 교과서를 살펴보고 이를 통해 다양한 정보와 지식을 접함. 또한 교과서에 나오는 관련 영상을 친구들과 함께 찾아서 감상하고 토론하면서 폭넓은 지식을 가지려고 노력함. 〈학업 외 소양〉 1. [1학년] 학급회의 활동에서 적극적으로 학급 발전에 대한 의견을 내어 의사소통에 기여했을 뿐만 아니라 결정사항을 실천하려는 노력이 두드러짐. 학급의 쾌적한 환경을 조성하기 위한 환경미화 활동에서 급우들과 결의하여 맡은 구역에서 항상 청결하게 정리하여 교내 환경미화 심사에서 좋은 성적을 받음. 2. [2학년] 학생회 여학생대표로 선출되어 학생들의 건의사항을 메신저로 받아 효과적이고 신속하게 학생들의 의견을 처리함. 학생회의 진행사항을 학생들에게 투명하게 공개하고자 월간지를 창간하여 매월 발간하였으며 SNS 신문고를 활성화시켜 학생회 운영에 효율성을 더함.
동아리 활동	〈학업 능력〉 1. [3학년] 공감 능력이 높아 깊이 있는 취재를 바탕으로 수준 높은 기사를 작성하여 언론인으로서의 성장 잠재력을 보임. 사전 설문을 통해 학생들이 원하는 인터뷰 대상을 조사하고 학생부장 교사와의 인터뷰를 진행한 뒤 교지에 기사를 수록하여 학생 독자들에게 관심과 호응을 얻음. 〈학업 태도〉 1. [1학년] 시사 내용 분석 요약 정리 및 진로신문 제작에 참여하여 논리적 사고력과 대안 제시 능력을 기르고 높은 발표 참여율을 보이며 동아리활동에 적극적으로 참여하면서 꿈인 언론인에 필요한 자질을 기르는 데에 큰 도움이 됨. 동일한 사회문제에 대한 다른 입장의 기사들을 찾아보고 똑같은 자료를 다른 차원에서 해석할 수도 있다는 것을 알게 됨. 2. [2학년] 언론사 방문을 통해 언론에 대한 지식을 얻고 시사를 읽고 정리하며 언론이 판단하는 뉴스 가치에 대해 궁금증을 갖고 이를 해결하기 위해 관련 서적을 찾아보는 등 연구보고서를 작성하여 발표함.

학생부 항목	학생부 추출 내용
동아리 활동	3. [3학년] 추진력이 뛰어난 학생으로, 다양한 아이디어를 제시하고 의견을 수렴하며 동아리활동 계획을 수립하는 데에 주도적인 역할을 함. 〈학업 외 소양〉 1. [2학년] 독립프로젝트를 통해 기념관에 다녀와 전교생에게 우리나라의 독립에 대해 발표함. 동아리 회장으로서 프로젝트를 이끌고 리더십을 키웠으며, 심층토론을 통해 논리적 말하기와 사고력을 기름.
봉사활동	〈학업 외 소양〉 1. [1학년] 평소에 학급의 청소를 스스로 하며, 교내에 떨어진 쓰레기를 줍는 등 이타심과 봉사정신이 강함. 학교 사랑의 날 봉사활동에서 학급 청소 및 교실 미화에 맡은 바 역할을 성실히 수행함은 물론이고 다른 학생들이 꺼리는 화장실 청소에 자발적으로 참여함. 2. [2학년] 기초학습능력이 부족한 친구들을 위해 기본 학습 능력을 기를 수 있도록 멘토 – 멘티 활동을 하며 공부를 도와줌. 3. [3학년] 3년간 멘토 – 멘티 활동에 참여하여 기초학력이 부족한 친구들의 학습을 도와주는 교육봉사활동을 함. 축구부 친구의 멘토가 되어 공부를 가르쳐 주고 수업에 적응할 수 있도록 도와주었으며, 영어 공부에 어려움을 겪는 친구를 위해 자신의 영어단어장을 주는 등 학습에 대한 다양한 조언과 도움을 주는 멘토로서의 역할에 최선을 다함.
진로활동	〈학업 태도〉 1. [1학년] 자신의 진로를 확고히 하는 기회로 삼기 위해 꿈발표회에 참가하여 발표를 함. 현재 본인 진로로 아나운서를 갖기까지의 진로탐색과정과 아나운서가 되기 위해 해온 활동들을 발표하면서 진로를 더욱 확고히 함. 2. [2학년] 언론과 방송 제작에 관심이 많아 여름방학을 이용하여 영상 장비를 빌려 뉴스를 제작함. 어두운 하굣길을 주제로 하여 본교를 포함한 인근 고등학교의 상황을 취재하고 학생들과의 인터뷰를 진행하였으며, 그 성과로 본교의 하굣길을 밝히는 데 일조함. 3. [3학년] 미디어, 언론과 관련된 다양한 진로활동과 동아리활동 등을 하였으며, 사회현상과 관련된 UCC제작과 토론활동에도 적극 참여. 정치와 외교문제에도 관심이 많으며 영어, 프랑스어 등 외국어에도 소질이 있어 정치 외교 분야에 대해 깊은 지식과 경험을 쌓은 후 세계 속에서 우리나라를 대변하는 외교관이 되고 싶다는 새로운 진로 목표도 세우게 됨.
세부 능력 및 특기 사항	〈학업 능력〉 1. [1학년] 국어Ⅱ: 자연권에 대한 로크의 견해와 조지 오웰의 1984를 인용하여 사회질서를 유지하기 위한 거짓말이 개인의 자연권을 침해해서는 안 되며, 참인 정보가 주어짐으로써 사실에 대해 객관적으로 생각하고 판단할 기회를 주는 것이 옳다는 결론을 제시함. 2. [1학년] 실용영어Ⅱ: 풍부한 어휘력과 탁월한 독해 능력이 있어 다소 어려운 어휘를 접하더라도 전체적인 문맥과 흐름을 통해 문장을 이해함. 3. [1학년] 한국지리: 20세기 이후 인간 활동과 관련하여 나타난 기후 변화의 현상과 그 원인을 이해하고, 우리 생활과 환경에 미친 영향을 설명할 수 있을 정도로 학습 이해력이 우수함. 또한 조별 발표 시간에는 자연재해의 발생 원인과 그 영향을 이해하고, 대책을 제시했을 뿐만 아니라 인간이 토양과 식생을 비롯한 자연 생태계에 어떤 영향을 미쳤는지 설명하고 자연과 더불어 살아가는 방법에 대해 체계적으로 조사하여 다른 학습 구성원들에게 자신 있게 발표함.

학생부 항목	학생부 추출 내용
세부 능력 및 특기 사항	4. [3학년] 화법과 작문: 엘리아데의 신화론에 대한 제시문을 읽고 역사적 시간과 신화적 시간의 의미에 대해 관심을 가짐. 관련 문헌 자료를 찾아 읽으면서 주요 개념을 정리하여 다른 학생들이 쉽게 이해할 수 있도록 재구성하여 설득력 있게 발표함. 특히 제시문에서 학생들이 이해하기 어려워하는 내용을 다양한 비유와 예시를 들어가면서 청자를 이해 수준을 고려하여 표현하는 능력이 탁월함. 또한 신화론의 의의와 현재적 가치를 설명하면서 현재 우리가 살아가고 있는 현실이 곧 신화이며 신화를 떠나 존재할 수 없다는 결론을 제시하며 학생들의 큰 공감을 얻음. 5. [3학년] 영어독해와 작문: 가장 높은 수준의 영어 실력을 가지고 있는 학생으로 자신의 생각을 말과 글로 표현하는 데 있어 다른 학생들보다 월등히 뛰어남. "A Corpse of The Koryo"이라는 다소 어려운 원서를 읽고 글의 줄거리와 자신이 느낀 점을 논리적으로 영어로 잘 표현하여 여러 선생님과 친구들로부터 호평을 얻음. 스피킹에서도 유창함을 가지고 자연스럽게 자신의 의견을 얘기할 줄 아는 영어 구사력이 매우 뛰어난 학생임. 지문의 내용을 그대로 이해하기 보다는 자신만의 논리를 가지고 비판적으로 접근하여 필자의 주장을 반박하는 모습을 자주 보여 줌. 6. [3학년] 프랑스어 II: 언론 분야에 관심이 많아 조별 발표 주제로 프랑스 언론에 대해 조사하여 발표함. 프랑스 언론의 역사와 발달 과정, 지역 신문이 발달한 지방분권적인 특징 등에 대해 광범위하게 조사하여 조리 있게 발표함. 〈학업 태도〉 1. [1학년] 국어 II: 이강백의 파수꾼을 읽고 질서를 위한 거짓말이 용납될 수 있는지에 대한 의문을 품고 이에 대한 에세이를 작성함. 2. [1학년] 수학 II: 피보나치수열에 대해 조사하고 보고서를 작성하면서 자연현상에 존재하는 수열에 대해 자세히 파악했으며, 이를 확장시켜 황금비를 구하는 과정도 유도할 수 있음을 알게 됨. 3. [1학년] 실용영어 II: 자신의 진로를 영문으로 작성하여 발표하는 시간을 통해 자신의 진로인 아나운서에 대한 철저한 사전조사를 하였고 본인의 세부적 실천 목표를 친구들 앞에서 자신감 있게 발표함. 4. [2학년] 법과정치: 법정 반장을 맡아 매 시간 신문 등 수업 자료를 준비하고 대통령 담화문을 발표하는 등 수업과 관련된 효과적인 자료를 수집 및 제안하면서 수업에 열의를 보임. 5. [3학년] 프랑스어 II: 프랑스 3대 일간지를 조사하면서 각 신문의 정치적 성향과 특징, 구독률 등을 살펴봄. 프랑스에서 기자가 되는 법에 대해 조사하면서 우리나라의 경우와 비교 · 정리하여 발표함. 〈학업 외 소양〉 1. [2학년] 법과 정치: 모의법정 시연 시 검사 및 팀장을 맡아 주도적으로 팀을 이끔. 또한 팀원들이 원하는 방향대로 대본을 쓰기 위해 직접 대본을 작성하여 성공적인 결과를 이끌어내는 등 팀원들로부터 많은 호응을 얻음.
행동 특성 및 종합의견	〈학업 능력〉 1. [2학년] 목표가 뚜렷하고 집중력과 끈기가 있어 자기 주도적 학습이 잘 실천되고 있는 학생으로 전 과목 최상위권의 성적을 유지하고 있음. 〈학업 태도〉 1. [1학년] 사고가 논리적이고 성실하며 책임감과 지적 탐구심이 강해 전 교과목의 성적이 매우 우수함. 또한 스스로 계획을 세우고 실천하는 자기관리 능력이 탁월함. 특히 수학 시간에 멘토 – 멘티 학습 방법을 통해 누군가를 가르치는 입장에서 수업 태도는 물론 준비사항과 과제 수행 능력도 훌륭하여 주변 친구들의 학습에 도움을 줌. 2. [2학년] 사교육보다는 스스로 학습하는 것의 중요성을 알아 교실개방학습에 한번도 빠지지 않고 충실히 임하였으며, 자신이 부족한 부분을 계획을 세워 꾸준히 보충해 나감.

학생부 항목	학생부 추출 내용
	〈학업 외 소양〉 1. [1학년] 1년 동안 학급의 반장으로서 성공적인 운영에 큰 기여를 하였으며 리더십이 뛰어나고 품행이 바른 학생임. 2. [2학년] 상대방을 존중하고 배려하며 겸손한 태도를 가져 앞장서서 일을 주도해도 미움과 시기를 받지 않고 늘 사랑을 받는 리더로서의 자질을 충분히 가진 학생으로 본인에게 맡겨진 일에 대한 책임과 의무를 다하고 목표를 이루기 위해 노력하는 끈기와 승부욕도 가지고 있음. 3. [2학년] 멘토로 봉사하며 멘티 학생의 학습을 도와주면서 보람을 느낌.

• 학생부종합전형 합격 사례(인문)

지원 대학	연세대		
학과	언론홍보학과		
평가 요소	학업 역량, 전공적합성, 발전 가능성, 인성		
전형	활동우수형		
진로희망사항	1학년: 광고기획자	2학년: 광고기획자	3학년: 광고기획자
내신 성적	1학년: 1.27	2학년: 1.1	3학년: 1.13

학생부 항목	학생부 추출 내용
자율활동	〈발전 가능성〉 1. [2학년] 세미나에서 학생회의 활동에 대해 반성할 점과 개선 방안을 생각하여 발표함. 선도부와 대위원회의 발표에 대해 질문하고 같이 해결 방안을 찾아봄. 동아리소논문 계획서를 작성하고, 설문지를 만들어 설문조사를 실시함. 통계자료를 토대로 소논문을 작성함(학업 역량 포함). 2. [3학년] 교향악단의 연주회를 보고, 공연에는 많은 직업이 필요하다는 것을 깨달은 것에 대해 보고서를 작성함. 호기심과 흥미가 있는 분야에 대해 찾아보고 탐구하는 것을 즐겨함. 〈인성〉 1. [1학년] 개인의 꿈과 끼를 키우고, 단체 활동을 통해 공동체의식을 형성하고 자율성과 창의성을 함양하며 협동심과 인성, 나눔과 배려를 실천하여 건전한 학생상을 확립함.
동아리활동	〈학업 역량〉 1. [1학년] 영자신문을 읽으면서 다양한 국제적 이슈를 접함. 관심있는 내용을 스크랩하며 조원들끼리 그 내용에 대해 토론하면서 영어 말하기, 쓰기, 듣기 능력을 향상시킴. 〈전공적합성〉 1. [2학년] 방송 언론 동아리 구성원으로서 사회적 이슈를 분석해 팀원들과 문제 원인과 해결 방안에 대해 심층 토론함. 또한 '학교 육교 안전'을 주제로 직접 광고를 제작하기도 함. 2. [3학년] 홍보용 카드뉴스와 이모티콘을 제작하는 역할을 맡고, 아이디어를 정리함. 국내 방송통신심의규정의 범위를 알아보고 방송심의제재가 가해진 사례를 뉴스, 광고, 예능, 드라마로 나누고 그 중 뉴스부문 심의제재사례를 연구함. 학교폭력 주제로 꼭지기사를 작성해 상상뉴스로 보도하는 등 전공과 관련한 지적 호기심을 해결하기 위해 노력함.

학생부 항목	학생부 추출 내용
	〈발전 가능성〉 1. [1학년] 역할극을 영어로 짜고 직접 시연을 해 봄으로써 실제 상황에서 자연스럽게 할 수 있는 영어 말하기 훈련을 함(학업 역량 포함). 학교 영자신문에 학교행사 기사를 씀. 2. [3학년] 2018 평창 동계올림픽 성공 개최를 위한 광고를 제작하고자 동아리 부원을 모아 새로운 방법으로 홍보할 수 있는 방안에 토의하고 역할을 분담함(전공적합성 포함).
봉사활동	**〈발전 가능성〉** 1. [1학년] 지루하지 않고 집중할 수 있는 분위기를 만들기 위해 영어동화책, 그림그리기, 영어노래 등 다양한 멘토링 방법을 생각하고 실행함. 2. [2학년] 일주일에 한 과목씩 주말에는 개념 정리를, 점심시간에는 질문과 문제풀이를 진행하여 계획적으로 활동함. 국어 비문학 스터디그룹도 만들고, 교사가 학생들에게 추천을 할만큼 멘토링을 잘 진행함(인성 포함). **〈인성〉** [1학년] 지역아동센터에서는 중학생의 영어 멘토로서 주 2회 방문하여 영어 멘토링을 진행함.
진로활동	**〈전공적합성〉** 1. [1학년] 사제 간 진로체험활동으로 지역을 방문하여 역사지리적 위치, 토속체험, 종(鐘)의 기원과 종류, 역사적 인물의 업적 및 사당 방문, 롱다리의 전설과 답사를 통해 역사 체험과 진로와 관련된 부분을 찾고 상담활동을 함. 2. [2학년] 교내 동아리소논문 '일상생활 속 광고의 각인 정도를 알아보는 연구'를 작성함. 버스 앞좌석 광고의 각인 정도, 문제점, 해결 방안을 묻는 설문지를 만들어 시내 버스정류장을 돌아다니며 10대부터 50대 이상까지 연령별로 조사함. 특히 소논문 결론 정리 과정에서 바뀌지 않는 광고, 단순한 시각자료, 스마트폰만 사용하는 탑승객과 같은 문제점을 해결하여 직접 광고를 제작하는 역할을 맡음. 3. [3학년] 방송심의규정이 약해진 것 같다는 생각이 계기가 되어 교내 주제 탐구보고서 발표에 참가함. 언론자생동아리의 토론 내용을 바탕으로 주제를 정하고 설문조사연구를 선택함. 교사에게 질문하여 연구 방법을 더 적절한 사례 연구로 바꾸고 결론 방향을 수정함. **〈발전 가능성〉** 1. [2학년] QR코드와 NFC 기능을 이용해 스마트폰으로 광고를 볼 수 있게 하여 시각뿐만 아니라 청각도 자극하는 등 해결 방안을 찾음(전공적합성 포함).
세부 능력 및 특기 사항	**〈학업 역량〉** 1. [1학년] 사회: 인간과 자연환경은 서로 유기적인 관계를 맺고 살아가는 관계로서 인간은 자연환경에 순응하기도 하고 때로는 자연환경을 적극적으로 이용한다는 내용을 자신의 독특한 관점으로 조사하여 발표하는 등 창의융합역량이 뛰어난 학생임. 토론시간에 환율에 대해 친구들과 토론하고 교사에 질문하는 등 잘 이해가 가지 않는 개념을 강의 시간을 통해 완벽히 이해하려고 노력하는 학생임. 2. [1학년] 과학: 학습한 내용의 개념들이 어떻게 조직되어 있는지를 분석하고 체계화하는 능력이 뛰어나 짧은 시간에 효과적으로 교과 내용을 습득하는 능력이 있음. 한편, 생명 현상에 대한 관심과 열의가 매우 높아 유전자와 염색체에 관련된 지식과 유전 암호의 기본 개념이 잘 형성되어 있으며 평가 결과도 매우 탁월함. 3. [2학년] 문학: '홍계월전(작자 미상)'을 읽고, 계월의 행동 중 칭찬 받을 만한 행동과 비난을 받아야 하는 행동을 정리하고 그 이유를 현재 일어나는 사회 현상과 연결지어 독창적으로 발표함.

학생부 항목	학생부 추출 내용
	4. [2학년] 독서와 문법: 독도와 동해 표기오류 현황과 문제점, 해결 방안을 '동해 표기에 대한 계량적 분석', '동해 및 독도의 지명 표기와 향후 과제' 등의 논문을 읽고 조사함. 논문의 출처를 확인하고, 그래프와 표를 연계하여 이해하는 것으로 보아 글 내용의 신뢰성, 타당성, 통일성을 판단하는 비판적 읽기 능력이 뛰어남. 글을 읽을 때 글의 각 문단에 담겨진 여러 문장 중에서 가장 중요한 문장을 찾고, 이들의 관계를 고려하여 글 전체의 중심 내용 및 주제를 파악하는 능력이 뛰어남. 5. [3학년] 세계사: 프랑스 혁명을 배우는 과정에서 마리앙투아네트와 관련한 에피소드를 듣고 본인이 알고 있던 마리앙투아네트와 다르다는 사실을 인지하고 이를 더 찾아보고 싶다는 지적 호기심이 생겨 서양사학과 교수의 칼럼과 관련 도서를 찾아 읽어보는 등 학업면에서 적극성을 보임. 수업 도중 불시에 교과 관련 활동지를 배부하고 배운 내용을 점검할 때마다 빈칸 없이 정답을 써서 제출하는 등 평상시에 꾸준히 교과 공부에 매진하고 있음을 보임. 특히 지정은제의 결과를 청대의 폭발적인 인구 증가 현상과 관련지어 설명하였으며, 몽테스키외의 법의 정신을 바탕으로 절대 왕정을 비판하라는 논술형 질문에 역사적 사실에 근거하여 자신의 의견을 논리적으로 작성함. 〈전공적합성〉 1. [2학년] 독서와 문법: 자신의 진로와 관련된 책을 읽고, 그 내용을 요약하여 발표하는 활동에 참여함. '창의적인 광고'라는 주제로 광고제작과정, 필요한 자질, 인상 깊게 본 광고, 이 책을 읽은 뒤 나의 노력과 다짐을 발표함(학업 역량 포함) 2. [3학년] 화법과 작문: 2018 평창 동계올림픽 개최와 관련하여 역대 하계, 동계 올림픽 6개를 대상으로 각각 올림픽의 개회식, 폐회식, 마스코트 등 전반적인 컨셉을 세부적인 기준을 선정하여 정리함. 개최국의 특징이 어떤 부분에서 잘 드러났고, 홍보에 도움이 되었는지 탐구함(학업 역량 포함). 지문에서 새롭게 알게 된 검색 광고 기법과 기사형 광고 방법에 대해 더 찾아보고 내용을 추가하여 지문을 표제 – 부제 – 본문 – 해설 등으로 재구성함(학업 역량 포함).
세부 능력 및 특기 사항	〈발전 가능성〉 1. [2학년] 문학: '제망매가(월명사)'를 읽고, 3단 구성과 차자 표기의 원리를 활용하여 '오늘부터 기말 대비'라는 시를 창작함. 2. [2학년] 확률과 통계 :간단하게 풀 수 있는 방법을 생각하다가 하나의 그래프로 이항분포와 정규분포 모두를 표현할 수 있는 방법을 생각해내고 문제풀이 시간을 단축시킴(학업 역량 포함). 후에 확률과 통계를 공부하는 과정에서 자주 잊어버리는 공식이나 헷갈리는 공식과 자신이 고안한 공식을 마인드맵을 만들어 단원별로 정리함. 3. [2학년] 확률과 통계: '순열과 조합' 단원에서 중복순열과 중복조합을 구별해야하는 문제를 풀던 중 계속 중복조합을 중복순열로 구하거나 중복순열을 중복조합으로 구하는 실수를 반복하고 있다는 것을 깨닫고 '중복조합과 중복순열을 쉽게 구별할 수 있는 방법이 없을까?'고민함(학업 역량 포함). 함수의 모양으로 순서가 상관있는 문제인지 상관없는 문제인지 쉽게 구별하는 방법을 고안함. 4. [3학년] 화법과 작문: 상업광고, 공익광고 등을 접할 때 주장의 오류를 파악하고, 제시하는 논거를 질의 검증과 양의 검증을 통해 논리적 허점을 찾으며, 문제 제기만 하는 것이 아니라 그 문제에 대한 대안을 다양한 관점에서 제시함(학업 역량 포함). 예습하던 중, 광고와 관련된 지문을 읽고 타당성, 공정성 측면에서 비판적으로 분석함(학업 역량 포함). 5. [3학년] 사회문화: 수업 교재에서 "구별도 차별이다."라는 글을 읽고, 직접 제작했던 광고를 차별의 관점에서 돌아봄(학업 역량/전공적합성 포함). 종합적 분석력이 필요한 난이도가 높은 응용문제들을 여러 학문적 지식을 종합한 나름대로의 분석을 통해 해결해내는 뛰어난 문제해결력과 창의력을 보임(학업 역량 포함). 6. [3학년] 세계사: '바람직한 국가를 만들기 위한 상상토론문 작성하기' 활동에서는 수업 시간에 배운 역사적 인물들의 업적을 바탕으로 덕치주의, 법가사상, 민주정치, 제정을 주장하는 참여자들의 말투를 달리하여 생생하게 작성하고 사회자도 등장시켜 토론을 이끌어가는 등 창의적으로 상상토론문을 작성함(학업 역량 포함).

학생부 항목	학생부 추출 내용
	〈인성〉
	1. [1학년] 기술가정: 미래의 기술 발달 부분에 대해 관심이 많아 질문을 하며 흥미롭게 수업에 임하며 남다른 창의적인 사고를 발휘하여 미래의 친환경 건축모형 제작 수행평가과제에서는 팀원들을 <u>주도하며 아이디어 구상에 적극적으로 참여하여 독창적인 건축 모형을 만들어 좋은 점수를 받음</u>(학업 역량 포함).
	2. [2학년] 문학: 문학과 예술 간의 관계를 소설과 영화 시나리오를 비교, 분석한 자료를 만들어 발표함(학업 역량/전공적합성 포함). 학급에서 국어 멘토가 되어 교과서와 부교재의 문학 작품을 내용, 형식, 표현을 고려하여 체계적으로 정리하여 친구들에게 알려줌(학업 역량 포함).
	3. [3학년] 사회문화: 사회계층 구조와 사회 이동을 주제로 부여된 과제 수행을 위해 조직한 모둠활동에서 문제 해결을 위한 자신의 역할을 능동적으로 수행하고 풀이과정을 논리적으로 발표함으로써 <u>협업 과제에 실질적인 도움을 주는 등 뛰어난 공동체 역량을 발휘함</u>(학업 역량 포함).
행동 특성 및 종합의견	〈발전 가능성〉
	1. [1학년] 장래희망에 대해 선생님께 질문하고 탐색검사를 받는 등 적극적으로 꿈을 찾아가려함. 장래희망과 관련된 책을 읽고, 동아리소논문 발표에서 '광고와 방송매체'를 주제로 정하고, '학급신문'에도 직접 공익광고를 창작하여 삽입하는 과정에서 꿈에 대해 <u>스스로 탐색함</u>(전공적합성 포함).
	〈인성〉
	1. [1학년] 친구들에게 먼저 잘 다가가는 활발한 학생임. 국어문법, 영어독해, 수학문제 등 질문을 받고 친절하게 답해주면서 친구들과의 친밀감과 신뢰도가 높음.
	2. [2학년] 교내 활동 뿐만 아니라 교외 진로활동을 찾아보고 <u>친구들에게 알리며 함께 신청하고 활동하는 모습을 보임</u>(발전 가능성 포함).

• 학생부종합전형 합격 사례(자연)

지원 대학	한양대		
학과	신소재공학과		
평가 요소	학업 역량, 인성 및 잠재력		
전형	학생부종합전형		
진로희망사항	1학년: 화학공학연구원	2학년: 신소재연구원	3학년: 공학연구원
내신 성적	1학년: 1.79	2학년: 1.62	3학년: 2.22

학생부 항목	학생부 추출 내용
	〈학업 역량〉
	[1학년] 과학의 날에 참여하면서 과학에 대한 기본적 상식과 <u>실생활과 관련된 과학 원리에 대하여 깊이 있게 탐구하고 보고서를 작성하여 발표함.</u>
자율활동	〈인성 및 잠재력〉
	1. [2학년] 과학 한마당에 참여하여 '모기퇴치제의 화학적 성분'에 대해 조사한 내용을 발표함(학업 역량 포함). <u>방문자들의 연령에 맞추어 설명하는 친절과 안정적인 발표력을 보여주고, 분담한 역할을 책임감 있게 수행함.</u>

학생부 항목	학생부 추출 내용
	2. [3학년] 학급 내에서 '초록 실험실'을 구성하여 다육식물을 기르며 식물의 성장 과정 일지를 작성함. 다육식물의 생태학적 특징에 대해 동아리 내에서 발표하며 지식을 나누는 시간을 가지고, 교실 내 기르기 적합한 장소에 대하여 토의함(학업 역량 포함).
동아리 활동	〈학업 역량〉 1. [1학년] 실생활 과학의 응용과 과학 탐구를 주로 하는 동아리에서 중점 노력 과제인 주제 탐구활동으로 '염생식물의 생육과 활용 방안'을 탐구하여 교내 소논문 대회에 참가함. 2. [2학년] 정기적으로 찬반 토론을 진행하며 논리적인 토론 실력을 보여 줌. 동물실험과 관련해 진지한 자세로 토론하고, 충분한 자료조사를 바탕으로 본인의 의견을 정리해 설득력 있게 입론하여 과학과 관련된 윤리문제에 대한 관심이 엿보임. 〈인성 및 잠재력〉 1. [1학년] '지역주민과 함께하는 과학콘서트'에서 부스를 운영함. 학교에서 배운 지식을 지역주민들에게 상세히 설명함. 포털사이트에서 과학 관련 리플 달기를 하면서 과학 지식을 공유하고 '그래핀'을 주제로 자유 발표를 실시함(학업 역량 포함). 2. [3학년] 적정 기술에 대해 자세히 소개하고 동아리의 공통 주제로 설정할 것을 제안하는 모습에서 동아리의 부장으로서 리더십이 뛰어남. 매사에 열정적인 모습을 보이며 편백나무와 활성탄 여과식 필터를 이용하여 친환경 공기 청정기를 제작함. 수력 발전기에 대해 조사한 후 물레방아를 이용한 수력 발전기 모형을 설계하여 제작함. 물의 힘을 버틸 안정적인 구조를 위한 고민과 시도 끝에 비스듬한 계단식으로 만드는 창의적인 설계 능력이 인상적임. 제작한 모형을 이용해 실험 후 발전의 효율성을 보고서로 작성하여 환경 공학 분야에 대한 열정이 느껴짐(학업 역량 포함).
봉사활동	〈인성 및 잠재력〉 1. [1학년] 올바른 환경의식을 갖고 깨끗한 환경을 위해 봉사정신을 발휘하며 학교 분리수거 활동 및 학급 환경지킴이 활동을 수행함. 2. [2학년] 평소 아이들을 좋아하고 과학 분야에 풍부한 지식을 가진 학생으로 자신의 특기를 살려 격주로 토요일마다 복지관에 방문하여 복지관 아이들에게 과학 실험을 알려주는 봉사활동을 함. 3. [3학년] 학급의 분리수거통에 이름표를 붙이고, 혼란스러울 수 있는 항목들을 안내함. 학기 초 분리수거가 잘 안 되자 학급회의를 통하여 친구들에게 바른 분리수거에 대하여 공지하고 안내문을 작성하여 게시하며 쉬는 시간 쓰레기통 주변에서 수시로 안내하는 등의 꾸준한 계도 활동을 함.
진로활동	〈인성 및 잠재력〉 1. [1학년] 학예전에서 다양한 전시 행사 프로그램, 무대 행사 프로그램, 운동장 행사 프로그램, 체험 부스 행사 프로그램, 동아리활동 등에 적극적으로 참여하고 감상문을 작성하여 발표함. 2. [2학년] 과학탐구 토론 한마당에 참가하여 폐프린터의 불순물을 검은 곰팡이와 폐수를 이용하여 재활용하는 방안을 제시함(학업 역량 포함). 환경을 보호하고 희귀금속을 확보할 수 있는 적절한 방안으로서 문제해결 능력과 과학적 탐구력을 보임(학업 역량 포함). 3. [3학년] 교내 창의 과학 캠프에 참여하여 '트랜센던스' 감상, '투석기 만들기', '계란 낙하', 'DNA추출' 실험을 하며 과학적 지식을 함양하고 주어진 문제를 창의적으로 해결함. '계란 낙하' 실험을 위해 발생할 수 있는 여러 가지 경우에 대비하여 다양한 구조물을 검색하여 장단점을 분석하며 진지하게 토론을 이끌어 나감(학업 역량 포함). 논리적인 근거를 들어 자신의 생각을 설득력 있게 이야기함. '투석기 만들기'를 하며 건축 구조물의 안정성에 대하여 호기심을 갖고 관련 자료를 찾아 보고서를 작성하며 깊이 있는 탐구활동을 함. 이에 그치지 않고 남은 재료를 이용하여 견고하고 세밀한 구조물을 다시 만들어보는 열정을 보임(학업 역량 포함).

학생부 항목	학생부 추출 내용
세부 능력 및 특기 사항	〈학업 역량〉 1. [1학년] 경제: 경제에 관한 기본 개념과 원리 습득 능력이 뛰어나며 나아가 자유 무역과 보호 무역 실시에 따른 각각의 장단점에 대하여 신문, 텔레비전, 인터넷 등을 통해 자료를 수집, 분석, 종합, 평가하여 보고서를 제출하였고, 수업 시간 중 학생들에게 '국제 유가 하락이 세계 경제에 미치는 영향'에 대해 자신의 생각과 의견을 정리하여 발표하였음. 특히 방대한 자료 조사와 세심한 분석 능력이 인상 깊었으며, 이를 통해 복잡하고 다양한 경제문제들을 스스로 탐구하고 해결하는 능력을 가진 학생임(인성 및 잠재력 포함). 2. [1학년] 과학: 과학의 다양한 분야에 두루 관심이 있으며 관련 자료들을 스크랩하고 토론 및 발표하며 폭넓고 심화된 지식을 공부하고, 전문 서적과 논문을 바탕으로 탐구 내용을 작성하며 완성도 있는 연구활동을 함. 3. [1학년] 과학교양: 과학 관련 주제를 선정해 그것에 대해 발표하는 수업으로 이루어지는 과학교양 수업 시간에 '외계생명체가 존재할 가능성'과 '드론'에 관해 조사하여 발표함. 과학 교과 수업 시간에 배운 지식을 바탕으로 지구와 비슷한 환경의 행성과 생명체가 나타날 조건을 응용하여 외계 생명체가 존재할 조건을 제시하고 그 가능성을 예측하는 과학적 응용력이 인상적임. 원시 대기가 현재의 대기로 바뀌는 과정의 화학식을 제시하고 설명하는 모습에서 산화와 환원 등의 화학 반응에 대한 이해가 보임. 4. [2학년] 미적분 I : 수학적 아이디어를 발전시켜 문제를 해결하는 것에 흥미를 보이며 교과과정의 수학 개념을 하나하나 증명하면서 개념에 대해 완벽하게 이해하고, 이를 바탕으로 문제에 창의적으로 접근하기 위해 성실히 노력하는 학생임(발전 가능성 포함). 5. [2학년] 과학융합: 쇄빙선으로 빙하를 부시지 않고 극지방 거주자에게 물건을 운송하는 방안에 대해 빙하에 구멍을 뚫은 다음 파도의 친환경 에너지를 사용하는 컨베이어 벨트를 연결하는 방안을 제시해 학우들의 감탄을 자아냄(발전 가능성 포함). 음극, 양극판의 산화, 환원으로 동력을 얻는 소금물 연료전지 로봇에 다양한 종류의 액체와 소금물의 농도와 양을 각각 달리하여 투여하면서 로봇의 운동 속도 및 운동량 차이를 기록하여 로봇의 동력 요인을 밝혀내는 보고서를 작성함. 6. [3학년] 영어독해와 작문: 평소 영어와 세계화에 관심이 많은 학생으로, 환경과 신소재 분야에 과학적인 흥미가 있어 '세계의 친환경 소재 기술'을 주제로 학술보고서를 작성하여 친환경 신소재들과 이를 활용한 기술에 관해 조사함. [3학년] 영어독해와작문: 1학기에 걸쳐 자료를 찾고 관련 기사를 정기적으로 읽어 보고서에 나타내는 면에서 환경과 신소재에 대한 꾸준한 관심이 보임. 탄소나노튜브를 이용한 독일의 '연료 감응 태양전지', 나노 신소재를 이용한 미국의 '열전 발전 기술' 등 세계 여러 나라의 친환경 기술을 조사하고 그 과학적 원리를 세세하게 밝히며 수준 높은 학술보고서를 작성함(인성 및 잠재력 포함). 7. [3학년] 물리 I : 역학에 대한 관심도가 높고 자기 주도적인 탐구력이 뛰어난 학생으로 동아리활동에서 만든 수력 발전기 모형을 이용하여 물이 수력 발전기에 하는 일을 운동에너지의 변화량을 이용하여 계산함. 물이 수력 발전기에 닿기 직전과 직후의 속력을 측정한 후 운동에너지 계산식에서 물의 질량을 알아내는 데 착오가 있었지만 끈기 있는 탐구 끝에 일정 시간 동안 흐른 유체의 부피에 해당하는 질량을 계산할 것을 알아내고 물의 질량을 밀도, 단면적과 속도를 이용하여 계산해 냄. 8. [3학년] 화학 II : '산과 염기의 세기' 부분에서는 영재 활동에서의 간이 pH미터기 만들기를 계획하였으나 실패한 원인이 용액의 농도에 대한 계산은 하지 않고 이온화도만 고려해서임을 알게 됨. 본인의 실패 원인을 철저히 분석하고 교과 관련 지식을 확장시켜 사고하는 능력이 탁월함(인성 및 잠재력 포함). 산과 염기의 상대적 세기와 표준 전극 전위를 관련지어 학습하며 pH미터기에 사용되는 전극인 유리 전극의 유리한 점을 물리적·화학적으로 분석함.

학생부 항목	학생부 추출 내용
세부 능력 및 특기 사항	〈인성 및 잠재력〉 1. [1학년] 과학: 지역공동영재학급에서 실험기구 조작을 잘하였으며 실험 결과를 관찰한 내용을 잘 분석하여 수행보고서를 우수하게 작성함(학업 역량 포함). 또한, '녹조, 적조 현상의 해결 방법 탐구'란 주제로 5월부터 10월까지 탐구 설계 및 수행(실험) 과정에서 공동 발표에 참여하고, 실험보고서를 작성하며 그 해결 방안으로 생명과 환경에 관련된 친환경 화학신소재를 만들어 새로운 접근 아이디어를 제시함(학업 역량 포함). 2. [2학년] 미적분 I : 수학과 관련된 주제를 탐구하여 발표하는 수업에서 독서를 통해 알게 된 비둘기집의 원리가 기본적인 원리지만 심화되어 쓰이는 것에 흥미를 가져 이를 주제로 선정함(학업 역량 포함). 비둘기집의 원리를 귀류법으로 증명하고, 반의 인원수에 맞춰 관련 문제를 직접 만들어 해결 과정을 차근차근 설명하며 해당 개념에 대한 이해와 응용력을 발휘하고, 이를 학우들에게 이해시키려고 재차 확인하는 발표 태도가 바람직함(학업 역량 포함). 3. [2학년] 화학 I : 교내에서 지원하는 화학 R&E 논문 팀에 선발되어 인근 대학과 연계하여 '고분자를 이용한 수퍼커패시터 음극재용 탄소 섬유 제조'를 주제로 R&E 논문을 작성함(학업 역량 포함). 약 9개월에 걸쳐 PAN 고분자로 탄소 섬유를 제조하고 활성화시킨 다음 실험실 장비를 이용해 음극재로서의 성능을 분석하는 실험을 진행함. 전기 방사, 퍼니스, x선 회절 분석법 등을 이용한 다소 어려운 실험이었음에도 불구하고 자신만의 창의적인 방법을 활용하여 탐구활동을 함(학업 역량 포함). 4. [2학년] 과학융합: 토의를 할 때 항상 조원의 의견을 물어보며 주도적으로 이끌고, 본인의 아이디어를 활발하게 발표하는 등 창의성 기법 수업 시간을 진심으로 즐겨 장래가 촉망되는 학생임.
행동 특성 및 종합의견	〈인성 및 잠재력〉 1. [1학년] 학급의 자율적인 학습활동 및 자율활동에서 급우들이 즐겁고 사이좋은 관계가 될 수 있도록 의견을 수렴하고 소수 의견이 존중받을 수 있도록 조율하는 화합의 능력을 보여 줌. 평상시 급우들의 불편사항을 주의 깊게 관찰해 의견을 제시하고 해결하려는 모습을 보임. 2. [2학년] 평소 학우들을 먼저 배려하는 이타적인 성격임. 특정 학우의 마니또 역할을 할 때 간식 챙겨주기, 응원하는 편지 쓰기, 칠판 청소 도와주기 등 세심하게 배려함. 팀별 활동을 할 때 전체의 성공을 위해 자신이 맡은 역할을 책임감 있게 수행하며, 다른 팀원들의 협조를 이끌어 내어 좋은 결과가 있도록 함.

• 학생부종합전형 합격 사례(자연)

지원 대학	건국대		
학과	융합생명공학과		
평가 요소	학업 역량, 전공적합성, 발전 가능성, 인성		
전형	KU자기추천		
진로희망사항	1학년: 생명공학연구원	2학년: 생명공학연구원	3학년: 생명공학연구원
내신 성적	1학년: 1.52	2학년: 2.12	3학년: 1.98

학생부 항목	학생부 추출 내용
자율활동	〈학업 역량〉 1. [2학년] 융합학술대회에 참가하여 '뇌의 연상에 의한 착시'를 주제로 발표하였으며, '인공지능의 발전 및 응용'을 주제로 한 강연을 듣는 등 학구적인 자세로 생활함. 〈발전 가능성〉 1. [1학년] 학습 다이어리를 자신에게 맞는 방법으로 제작하여 효율적으로 시간을 관리하는 모습에서 자기주도 학습 능력이 탁월함이 드러남. 〈인성〉 1. [1학년] 사소한 부분까지 놓치지 않는 학생으로 학급 학생들의 친목 도모를 위해 마니또를 기획하고 성공적으로 수행함. 멘토 – 멘티 활동을 정기적으로 실천하며 학생들의 학습 결손 부분에 대해 개별 지도하고 자신의 경험담을 통하여 대상 학생의 가능성과 학습의지를 북돋아 주는 역할을 성실하게 수행하여 급우들의 추천에 의해 모범상을 수상함. 2. [2학년] 1학년 학생과 멘토 – 멘티 활동을 진행하였으며, 자신의 경험을 바탕으로 학기별 준비사항들을 친절하게 알려주고, 생명과학 교과 학습에 도움을 줌.
동아리 활동	〈학업 역량〉 1. [1학년] '메르스 확산속도 분석'이라는 주제로 연구하고 소논문을 작성하며 실생활에서 과학의 활용성을 경험함(전공적합성/발전 가능성 포함). 2. [2학년] 동아리의 중점 과제인 주제 탐구활동으로 '갑각류속 키토산과 과일 껍질을 이용한 식물 성장 촉진 효과'를 연구하여 교내 수학·과학 소논문 대회에 참가함. 전국 생명과학 동아리 연합 하이바이오에서 토의 및 잡지 발간 활동을 하며 과학적 지식을 함양함(전공적합성 포함). 〈전공적합성〉 1. [1학년] 드론을 관찰하면서 곤충의 생김새와 행동방식을 모방하는 생체공학에 대해 연구하는 계기가 됨(학업 역량 포함). 〈발전 가능성〉 1. [3학년] 동일한 환경에서 감자의 성장속도가 다르게 나타나는 요인을 생명과학Ⅱ에서 배운 식물세포의 흡수력·삼투압·팽압의 관계와 연관 지어 생각한 결과, 토양의 부분적인 산성화가 삼투압을 변화시켜 영양소의 차등 섭취를 유발했다는 결론을 내림(학업 역량/전공적합성 포함). 〈인성〉 [2학년] 과학콘서트 부스 운영을 통해 부원들과 협력하는 법을 배우고 본인의 지식을 다른 사람들과 공유함.

학생부 항목	학생부 추출 내용
봉사활동	〈학업 역량〉 1. [2학년] '코흐의 눈송이 곡선'을 주제로 한 창의 인성 과제에서 무한등비급수를 이용하여 문제를 풀이하였으며, 과제 제출일에 학급 친구들의 과제물을 검토하여 오류를 수정해 주었음. 〈인성〉 1. [2학년] 다른 미적분 I 수행 과제에서는 제시된 문제들의 풀이를 SNS에 게시한 후 모르는 부분은 개별적으로 설명해주는 등 학급 친구들이 과제를 수월하게 해결할 수 있도록 도움. 2. [3학년] 평소 학급 환경 개선에 힘쓰는 학생으로 학습 환경이 쾌적하지 않다고 생각되면 직접 나서서 청소하는 모습을 보였으며, 학급 친구들의 추천으로 환경봉사상을 받음.
진로활동	〈학업 역량〉 1. [3학년] 2학년 때 실시한 '갑각류 속 키토산과 과일껍질을 이용한 식물 성장 촉진 효과 연구'의 부족한 부분을 보완하기 위해 추가적인 연구를 진행함. 키토산과 과일껍질을 혼합하여 이용하면 종자의 발아 및 성장을 촉진할 수 있다는 결론의 신뢰도를 높이고자 관련 분야의 교수님께 자문함. 이를 통해 키토산의 종류와 과일껍질의 pH에 관한 내용을 보충하였으며, 키토산과 과일껍질을 이용한 식물 성장 촉진제를 개발함으로써 음식물 쓰레기와 관련된 사회적 문제를 해결할 수 있을 것이라는 보고서를 작성함.(전공적합성/발전 가능성포함). 〈발전 가능성〉 1. [2학년] 키토산과 과일껍질의 종류에 따른 씨앗 발아 및 생장에 대한 1차 실험은 실패하였으나 이에 낙담하지 않고 그 원인을 분석 및 보완하여 2차 실험을 진행함으로써 키토산과 과일껍질을 혼합 사용할 경우 씨앗의 발아를 촉진시킬 수 있다는 결론을 도출해 냄. 〈인성〉 1. [1학년] 다양한 활동을 통하여 학교의 크고 작은 행사 진행 도우미로 주인의식을 갖고 원활하고 성공적으로 치러내는 데 주역의 역할을 톡톡히 해냄. 진로캠프에 학교대표로 선발되어 타 학교 학생들과도 조화롭고 성숙된 자세로 리드해 나가는 자랑스러운 모습을 보여 줌. 2. [2학년] 직접 주제 선정, 가설 설정, 실험 설계를 하면서 연구원으로서의 자질을 길렀으며, 팀장으로서 팀원들과의 원활한 소통을 위해 노력함(학업 역량 포함).
세부 능력 및 특기 사항	〈학업 역량〉 1. [1학년] 실용영어 II: 교실수업 외에 자신만의 영어 학습으로 미국 드라마 시청을 하여 듣기 능력을 향상시키고, 일상생활에 활용할 수 있는 어휘/구절뿐만 아니라 법의학 관련 전문용어를 익힘. 영어가 단순한 언어 지식이 아닌 소통하기 위한 학문임을 인식하고 다양한 경험을 통해 영어 쓰기 능력을 점진적으로 신장시켰음(발전 가능성 포함). 2. [2학년] 독서와 문법: 언어 감각이 뛰어나고 독해력이 우수하여 수업 시간에 항상 두각을 나타냄. 특히 글의 구조를 고려하여 핵심 요지를 알아내는 데 뛰어나 글을 빠르게 읽고 정확하게 주제를 파악하는 능력이 단연 최고임. 무기, 병균, 금속 중 특히 인류 문명에 많은 영향을 미친 병균들에 관한 부분을 인상 깊게 읽고, 여러 사건을 통해 유럽이 세계를 정복할 수 있었던 힘의 원천이 총기, 말 등과 같은 군사 기술, 유라시아 고유의 전염병 등이었음을 파악하여 서술함(전공적합성 포함). 3. [2학년] 미적분 I: 생물학에도 관심이 많아 '수학이 생물학에서 어떻게 활용되는지'에 대해 발표하며 관련 내용을 학생들에게 전달함. 생물학의 5가지 혁명 속 수학, 꽃잎 수의 피보나치수열, 아미노산 서열의 경우의 수 등의 예시를 들어 생물학에서 수학이 활용된 부분을 상세히 설명함(전공적합성/발전 가능성 포함).

학생부 항목	학생부 추출 내용
세부 능력 및 특기 사항	4. [2학년] 과학융합: 미니 드론 제작, 소금물 연료전지 로봇 제작 등 여러 실험에 적극적으로 참여하였으며, 이에 적용된 과학 원리를 파악하는 능력이 우수하여 조장으로 선발되어 조별 활동을 주도적으로 이끌어나가는 모습을 보임(인성 포함). 5. [3학년] 확률과 통계: 평소 관심이 많은 '생명과학' 과목을 '확률과 통계' 과목과 연관시켜 생각할 줄 아는 학생으로, '확률분포' 단원에서 학습한 정규분포곡선을 생명과학Ⅰ에서 배운 다인자 유전을 통계 처리할 때도 볼 수 있음을 떠올림. 이를 계기로 생명과학과 통계의 연관성을 조사하는 과정에서, 생명과학과 관련된 연구를 진행 및 분석하는데 통계가 필수적임을 깨달음. 특히 모집단의 성격을 추측하기 위한 표본 집단을 추출할 때, 실험값을 표준화 할 때 등의 상황에서 통계를 유용하게 사용할 수 있음을 알게 됨(전공적합성/인성 포함). 6. [3학년] 기하와 벡터: 수학의 기본지식을 습득, 적용하여 매시간 미리 배울 내용을 숙지하고 문제를 풀어와 수업 내용과 비교하여 새로운 풀이 방법에 대해서는 관심을 두고 문제를 다각도에서 접근하여 해결하는 능력이 뛰어남(발전 가능성 포함). 개인별 주제 탐구활동으로 '3D 게임 프로그래밍을 위한 기초 수학'을 주제로 보고서를 작성하고 발표함. 7. [3학년] 생명과학Ⅱ: 생명의 기원과 다양성 및 진화의 원리 등에도 관심이 많아 이것에 대해 알아보고 탐구하는 자세가 바르게 잡혀 있는 학생임. 교과서에 있는 물음이나 연구와 같은 확인 과정에 있어서 문제해결 능력이 뛰어나 과학적 사고력과 창의력을 바탕으로 자연과학에 대한 탐구 능력을 키움. 〈전공적합성〉 1. [1학년] 실용영어Ⅱ: 자신이 희망하고 있는 '생명공학연구원'이 되어 외국의 새로운 연구 발표를 정확하고 신속하게 받아들이며, 자신의 연구 내용도 적극적으로 알리기 위해서 유창한 영어의 사용이 필수적임을 깨닫고 영어 실력을 향상시키기 위해 1년 간 꾸준하게 노력함(발전 가능성 포함). 2. [1학년] 과학: 체세포분열과 생식세포분열의 핵상과 DNA량 변화, 면역에서 항원항체반응과 같은 어려운 원리들을 정확히 파악하고 체계화하여 멘토 – 멘티 활동에서 다른 학생들에게 쉽게 설명해주는 모습을 보임(학업 역량/인성 포함). 3. [3학년] 생명과학Ⅱ: 세포의 구조와 현미경관찰법, 광합성과 세포호흡의 내용을 비교를 할 수 있고, DNA의 구조, 복제 및 유전자 발현의 조절을 설명할 수 있음(학업 역량 포함). 〈발전 가능성〉 1. [2학년] 미적분Ⅰ: 본인만의 오답노트를 만들어 꾸준한 실력 향상을 위하여 노력하였으며 친구가 모르는 문제가 있으면 같이 고민하기도 하고 선생님께 찾아와 질문을 하는 등 수학에 대한 열정이 돋보이는 학생이었음. 2. [2학년] 과학융합: '생각의 발견' 책자를 통해 진행한 발명 수업에서 학급 학생들이 느끼는 실생활의 불편함을 해소하기 위해 우산 길이에 상관없이 우산을 고정할 수 있는 실리콘 패킹을 부착하고 기존 제품에는 없는 배수로를 추가한 '우산꽂이'를 발명하였음. 3. [2학년] 과학융합: 각 실험의 STEAM 요소들을 분석하고 심화 실험을 실시했던 내용을 바탕으로 다양한 활동을 하여 과학(S)이 기술(T), 공학(E), 예술(A), 수학(M)과 같은 다양한 요소가 융합된 학문임을 알게 되었으며, 융합적인 사고 능력도 갖추게 되었음. 4. [3학년] 생명과학Ⅱ: 생명과학 개념의 체계적 이해, 과학적 탐구 능력과 과학적 해결 능력을 기름으로 생명과학, 기술, 사회 사이의 관계를 바르게 인식하고 생명과학 기술과 관련된 사회 문제를 합리적으로 해결함(학업 역량 포함). 〈인성〉 1. [1학년] 기술가정: 학생으로서 봉사에 참여할 수 있는 방법을 모색하다가 save the children이라는 후원회에 가입하여 다양한 방법으로 배려와 나눔을 실천함. 더 나아가 생명과학 분야에 진로를 희망하고 있는 자신도 본인의 재능을 이용하여 열악한 환경의 사람들을 돕기 위한 과학 기술을 개발해야겠다고 다짐하는 계기가 됨(전공적합성 포함).

학생부 항목	학생부 추출 내용
세부 능력 및 특기 사항	2. [2학년] 미적분Ⅰ: 부장으로서 수업이 시작되기 전에 수업이 원만하게 이루어지도록 수업 준비를 하고 수행평가에서는 잘 모르는 친구에게 풀이를 설명해 주는 등 적극적이고 성실한 모습을 보임. 3. [3학년] 기하와벡터: 학급 친구들이 3D 게임프로그래밍에서 벡터의 연산과 내적이 어떠한 방법으로 활용되는지를 이해하는 데 큰 도움을 주었고, 신선하고 흥미로운 주제로 친구들이 즐겁게 수학 공부를 하도록 학습 분위기를 향상하는 데 이바지함.
행동 특성 및 종합의견	〈학업 역량〉 1. [1학년] 1년간 정기적으로 과학 서적을 읽으면서 복제 기술, 유전자 조작 작물, DNA에 관한 깊이 있는 지식을 갖게 되면서 생명과학 관련 다소 난이도가 높은 책을 읽고 이해할 수 있을 정도로 지식이 향상됨(학업 역량/전공적합성 포함). 2. [2학년] 생명과학 학습에 대한 열의가 돋보이는 학생으로 학습한 지식을 바탕으로 뛰어난 재능을 보임. 우수한 두뇌만 믿지 않고 모든 일에 성실한 자세로 생활하는 것이 더 감동을 주는 학생으로 장래 발전 가능성이 매우 큰 탁월한 인재임. 과학, 기술, 공학, 예술, 수학(STEAM) 학문 영역 간의 융합적인 사고와 창의적 문제해결력의 향상을 위해 교내의 다양한 활동에 참여함(전공적합성/발전 가능성 포함). 〈인성〉 1. [1학년] 시험 기간 동안 스터디 그룹을 형성하여 수학·과학 과목의 멘토를 맡았으며, 서로 학습 할당량을 정한 후 검사하는 등의 협력 학습을 함. 2. [2학년] 'STEAM 요소들을 최적으로 융합한 인공지능의 모습 표현'이라는 대 주제를 바탕으로 '인공지능과 실생활의 연관성'이라는 소주제를 정해 거미줄의 모습으로 표현해내기까지 조원들 간의 의견 충돌이 있었지만 리더십을 발휘해 각각의 의견을 수렴할 수 있도록 노력한 결과 갈등을 극복해냄(학업 역량 포함).

• 학생부종합전형 합격 사례(자연)

지원 대학	경희대		
학과	유전공학		
평가 요소	학업 역량, 전공적합성, 발전 가능성, 인성		
전형	네오르네상스		
진로희망사항	1학년: 생명공학자	2학년: 유전공학연구원	3학년: 유전공학연구원
내신 성적	1학년: 2.04	2학년: 2.11	3학년: 1.97

학생부 항목	학생부 추출 내용
자율활동	〈학업 역량〉 [3학년] '생명과학, 신에게 도전하다(김웅빈 외)'라는 책을 통해 유전자 교정과 합성생물학에 대한 전반적인 내용을 이해하고 이런 기술이 가져올 미래를 긍정적인 부분과 부정적인 부분으로 나눠 생각해본 후 과학기술에 대해 정확히 알고 이를 비판적으로 수용하는 자세가 중요할 것이라는 의견을 독후감으로 작성하여 발표함. 〈전공적합성〉 [3학년] 다큐멘터리 '유전자 가위, 신의 도구인가'를 시청 후 발전하는 과학기술에 대해 우리가 어떤 태도를 가져야 하는지 생각하고 이 생각을 바탕으로 감상문을 작성하여 진로 관련 지식을 확장시킴. 자신의 꿈인 유전공학연구원을 희망하는 이유를 진로심리검사 결과와 재미있게 연관지어 친구들에게 소개하고 꿈을 이루면 세계 식량문제 해결에 기여하는 인재가 되고 싶다는 자신의 생각을 자신 있게 발표함. 〈인성〉 [2학년] 바른생활부장으로서 규칙을 준수하고 올바른 학교생활을 할 수 있도록 친구들을 독려함.
동아리 활동	〈전공적합성〉 1. [2학년] 임상병리학과 진로 체험 시 곰팡이, 효소, 바이러스, 세균에 대해 알게 되며 무좀균과 탈모균을 주사전자현미경으로 직접 관찰하며 미생물에 대한 관심이 증폭됨. 2. [3학년] 유사한 진로를 희망하는 학생들과 '바이오산업'이라는 대주제를 정해 심화연구를 진행함으로써 진로성숙도를 높임. 〈발전 가능성〉 [3학년] 책 쓰기 프로젝트에서 식량과 관련한 그린바이오 분야를 탐구하면서 GMO, 배양육, 스마트팜을 중심으로 원고를 작성하고, 식량문제를 해결하는 생명 분야의 인재가 되고자 함. PPT로 자료를 정리, 발표를 통해 지식을 공유하고, 활동 성과물을 책으로 제작함. 〈인성〉 [1학년] 축제기간 중 알콜총발사, 레이저를 이용한 소리관찰 등의 부스를 운영하며 친구들에게 재미있는 과학현상을 알기 쉽게 설명하여 친구들의 높은 참여를 이끌어 냄.
봉사활동	〈인성〉 1. [1학년] 1년 동안 근면성실한 자세로 칠판 걸레질, 사물함 및 온풍기 청소 등을 담당하는 모습이 타의 모범이 됨.

학생부 항목	학생부 추출 내용
	2. [2학년] 복지관을 통해 도움과 학습이 필요한 학생과 멘토 멘티를 이루어 자신의 재능을 나눔. 때론 친구처럼 때론 선생님처럼 지내며 학생의 성장을 도왔으며, 앞으로도 꾸준히 주위의 소외된 계층에 도움을 주겠다는 다짐을 함.
	3. [3학년] 특별실을 담당하여 쾌적한 특별실이 될 수 있게 지속적으로 꾸준히 청소함. 방학식 날 교실 냉난방기 교체 작업으로 인해 교실 내 짐을 모두 옮겨야 할 때 끝까지 남아 정리를 마무리하는 책임감 있는 모습을 보여 줌.
진로활동	〈학업 역량〉 1. [2학년] 수학 체험전 체험활동에서 오각바퀴 자전거 체험과 수학 캐릭터 작품 전시를 보며 수학의 개념과 원리 및 기호 등의 의미와 원리를 이해하며 이를 실생활에 직접 적용한 내용을 정리하여 발표함. 2. [3학년] 평소 신문기사를 읽으며 유전자 가위를 통한 멸종 동물의 복원과 배양육에 관한 내용에 흥미를 갖고 관련 기사를 스크랩하여 새롭게 알게 된 점과 느낀 점 등을 보고서로 작성하여 발표함(전공적합성 포함). 〈전공적합성〉 1. [1학년] 학년 초부터 체계적인 포트폴리오 작성을 통하여 자아 탐색 및 진로 설계에 관해 지속적으로 노력함.
세부 능력 및 특기 사항	〈학업 역량〉 1. [1학년] 생활과 윤리: 다양한 이론을 문제에 적용하여 분석 및 해석할 줄 아는 학생으로서 다른 친구들과 비교하여 예리하고 분석력이 뛰어난 학생임. 2. [1학년] 실용영어Ⅱ: 친구에게 영어로 편지쓰기 활동을 통해 수업시간에 배운 다양한 영어 구문과 단어를 활용하여 글을 썼음. 편지를 받은 친구가 내용을 공개하고 싶다고 추천할 정도로 멋진 편지글을 작성함. 3. [2학년] 생명과학실험: 다양한 실험을 통해 생물의 구조와 기능에 대해 무척추동물과 척추동물을 비교하여 공통점과 차이점을 조사하여 발표함. 또한 효소와 기질의 농도 증가에 따른 반응 속도 증가를 확인하여 효소의 특성을 이해함. 〈전공적합성〉 1. [2학년] 화학Ⅰ: 과학자 로잘린드 프랭클린에 대해 탐구활동을 수행함(학업 역량 포함). X선 회절을 통해 DNA의 구조에 관한 뛰어난 업적에도 불구하고 일찍 세상을 떠나 같은 업적의 다른 과학자가 노벨상을 수상한 역사를 들며 흥미를 유발하는 재미있는 발표를 함. 2. [3학년] 영어Ⅱ: 세포의 특이적 면역 반응에 관한 지문을 읽고 표적항암제 분야에 대해 구체적으로 조사하여 영어로 발표함. 영어로 된 다양한 신문기사를 읽고 분석하면서 특히 기후 변화 문제에 대한 심각성에 관한 기사와 아프리카 난민에 관한 기사를 읽고 인류 공동의 지속적인 발전을 위해서 환경을 보호하고 회복시킬 수 있는 기술의 개발과 이를 실천할 인재 양성이 필요할 것이라는 내용으로 요약 정리함. 〈발전 가능성〉 1. [1학년] 생활과 윤리: 동서양 및 한국 윤리 사상에 대한 종합적인 이해도가 높으며, 윤리적 딜레마에 대한 자기 주도적 탐구와 성찰을 통한 의견 제시 능력이 탁월함. 특별히 수업 중 과학기술의 가치중립 논쟁에 흥미를 갖고 학습 내용을 더욱 깊이 이해하기 위한 관련 도서를 능동적으로 찾아나서는 등 수업에 대한 열정이 대단한 학생임.

학생부 항목	학생부 추출 내용
	2. [1학년] 사회: 스스로 공부 계획을 세워서 실천하는 능력이 뛰어나며 수업 시간 외에도 관련 문제와 개념을 복습하고 꼼꼼하게 모르는 부분에 대하여 질문하고 확인해 나가면서 학습함. 특히 통계 자료에 관심이 많고 주제도 및 통계 자료 해석을 잘하여 환율 변동과 세계의 인구문제 탐구활동 자료 해석에서 탁월한 능력을 발휘함(학업 역량 포함). 3. [2학년] 미적분॥: 꾸준히 노력하고 한 문제라도 다양한 풀이로 생각하고 고민하며 풀이할 줄 아는 사고력을 지닌 학생임. 4. [3학년] 확률과 통계: 책에서 언급되었던 순환소수 0.999… = 1이라는 식에 궁금증을 갖고 더 조사하여 이 식의 증명이 어떻게 가능한지를 스스로 알아냄. 또한 여기에서 그치지 않고 여러 가지 증명 방법을 덧붙여 추가로 발표를 함. 5. [3학년] 생명과학॥: 프레파라트를 만들어 현미경을 통해 프레파라트의 상을 잘 찾는 모습을 보였으며, 접안 마이크로미터로 세포의 크기를 측정하는 그림을 세밀하게 잘 묘사하는 모습에서 정밀한 관찰력을 드러냄.
세부 능력 및 특기 사항	〈인성〉 1. [1학년] 생활과 윤리: 윤리 수행평가 중 '언어 폭력'을 주제로 한 UCC를 제작하는 과정에서 평소에 가지고 있던 언어 습관에 대해 진지하게 성찰하고 반성하는 시간을 가짐. 토론 수업 시 친구들의 발표를 경청하는 자세가 칭찬할 만하며, 다른 사람의 비판을 겸손하게 적극적으로 수용하는 모습이 인상적임. 2. [1학년] 사회: 학급 친구들이 모르는 개념을 질문하였을 때 이해하기 쉽도록 설명해주는 것을 잘함. 3. [1학년] 실용영어॥: 영어 essay에서는 'Island'라는 영화에 대해 자신의 글을 완성하고, 친구의 작문을 도와주는 멘토의 역할을 잘 해내었음. 특히 시험 직전에 함께 공부하며 멘티의 어려움을 잘 해결하고 이끌어 주었음. 4. [2학년] 미적분॥: 내용 정리와 관련 문제를 학습지로 만들고 발표하는 모둠활동에서 이끄미를 맡아 모둠진행을 담당하고 자신이 만든 문제를 소개하고 풀이해주어 급우들의 학업을 도움. 5. [3학년] 확률과 통계: 공부에 대한 욕심이 많이 있어서 자기 주도 학습을 하면서 질문도 잘하고 착한 마음으로 친구들의 질문에 성실하게 도와주는 학생임.
행동 특성 및 종합의견	〈인성〉 1. [1학년] 시험 기간에 친구들이 찾아와 모르는 문제를 질문하면 결코 거절하는 일이 없이 웃으며 친절하게 학습 멘토링을 해 줌. 사랑의 빵 나누기 활동을 통해 평소 무심코 낭비되던 돈을 경제적으로 어려운 사람들을 위해 기부하면서, 이웃사랑 실천의 중요성을 새삼 인식하고 나눔의 기쁨을 느끼게 됨. 지역 복지관과 본교가 해마다 결연사업으로 진행하고 있는 사랑나누기 프로그램에서 거동이 불편한 어르신을 조금의 힘든 내색도 하지 않고 즐겁게 도와드리는 등 따뜻한 성품이 인상적인 학생임. 2. [2학년] 직접 정리한 공부 내용을 친구들에게 보여 주고 해결하지 못한 문제를 함께 풀며 학급의 학습 분위기를 조성하였으며, 항상 친절하고 웃는 얼굴로 대하는 배려심이 넘치는 학생임.

Q 학생부종합전형에 적합한 학생이란 어떤 학생인가요?

A 학생부종합전형에는 분명한 진로가 설정되어 있고, 그것을 이루기 위한 열정을 보여 주는 학생이 유리합니다. 학교생활도 성실히 하면서 전반적으로 성적이 향상되고, 특히 전공과 관련된 과목에서 역량을 드러낸 학생이 적합합니다. 학생부종합전형은 현재 모습뿐만 아니라 미래에 얼마나 발전 가능성이 있는지를 보기 때문에 학생들은 독서, 토론, 연구 보고서 등의 심화 활동을 통해 잠재 역량과 열정을 충분히 드러내야 합니다. 또한 교내 활동에서도 적극적으로 참여하면서 학교생활 충실성을 드러내고 그 가운데 의미를 찾는 학생이어야 합니다. 자율활동, 동아리활동, 봉사활동, 진로활동 등에 적극적으로 임해야 합니다. 모든 학교 활동을 성실히 수행하는 학생이 학생부종합전형에 적합한 학생입니다.

Q 학생부종합전형이 중요하다고 하는데 어떻게 준비하면 되나요?

A 학생부종합전형은 기본적으로 교과 성적이 중요합니다. 교과 성적은 그 학생의 성실도와 함께 대학에서도 공부할 수 있는 학업 능력을 보여 주는 요소이기 때문입니다. 간혹 주요 교과만 열심히 공부하고 다른 교과목은 대충 하는 학생들도 있는데, 성실성이라는 측면에서 보면 이건 매우 위험합니다. 전공과 관련된 교과목을 가장 열심히 공부해야 하지만 다른 교과목도 함께 열심히 공부해야 합니다.

또한 학교 프로그램에도 성실하고 적극적인 모습으로 참여하는 것이 중요합니다. 학생의 비교과 활동을 통해서 학업 능력이나 전공적합성, 인성, 발전 가능성 등을 인정받을 수 있기 때문입니다. 물론 단순한 참여는 아무 의미가 없고, 의미를 찾을 수 있는 적극성이 필요합니다.

마지막으로 반드시 기록으로 남겨야 합니다. 교내 활동의 동기와 과정, 느낀 점 등을 꼼꼼히 기록해 나중에 선생님들께 증빙자료로 보여드릴 수 있고, 학생이 자소서 쓸 때 참고할 수도 있습니다.

Q 학생부종합전형에서는 학생을 종합적으로 평가한다고 하는데, 이게 무슨 의미인가요?

A 교과와 비교과를 종합적으로 평가한다는 뜻입니다. 서류평가 과정에서는 학생의 학업 능력과 자기 주도적 학업 태도, 전공 분야에 대한 관심, 지적 호기심, 창의적 인재로 발전할 가능성 등을 종합적으로 평가합니다. 이때 종합적으로 평가한다는 의미는 한 종류의 서류나 항목만으로 학생을 평가하는 것이 아니라 학생부와 자소서, 추천서 등의 내용을 연계하여 평가한다는 것입니다. 예를 들어, 적극적인 학업 태도를 갖춘 학생인지를 판단하기 위해서는 학생부에 기재된 교과수업 참여도와 교과수업 선택 내역, 교내 대회 참여도, 학업 관련 교내 활동 참여 노력, 자소서나 추천서에 드러난 지적 호기심을 해결하기 위한 노력 등 제출 서류에서 드러나는 학업과 관련된 모든 부분을 종합적으로 고려합니다. 학생부, 자소서, 추천서의 서류별 반영 비율은 정해져 있지 않습니다. 학생부에서도 특정 부분만을 평가에 활용하는 것이 아니라 교과 성취도, 교내 수상 경력, 세부 능력 및 특기 사항, 독서활동 상황, 행동 특성 및 종합의견, 창의적 체험활동 등 기재된 모든 내용을 유기적으로 연계하여 평가합니다. 자세한 내용은 아래 도표를 참고하기 바랍니다.

학업 능력 지적 성취	학생부	• 교과 관련 성취 수준(정성평가) • 학업 관련 교내 수상
	자소서, 추천서	• 세부 능력 및 특기 사항(교과 및 방과 후 학교 이수 내용) • 창의적 체험활동(학업 관련 동아리활동, 탐구 및 연구활동) • 자소서의 학업 관련 내용
	학교 소개 자료	• 추천서의 학업 관련 내용 • 교과 개설 현황, 교내 시상 현황, 교내 프로그램 개설 현황
지적 호기심 자기 주도성 적극성 열정	학생부	• 학업 관련 교내 수상(교내 대회 참여도 및 노력) • 창의적 체험활동(동아리, 교내 활동 참여도 및 노력)
	자소서, 추천서	• 세부 능력 및 특기 사항(수업 참여도 및 태도, 심화 과목 선택 노력 등) • 학업에 대한 노력, 자기 주도적 학습 태도, 수업 참여도
개인적 특성 학업 외 소양	학생부	• 학업 외 교내 수상 • 창의적 체험활동(동아리활동, 리더십, 책임감, 공동체의식, 봉사활동에서 나타난 배려심)
	자소서, 추천서	• 출결 상황 • 지원자의 인성, 대인관계

Q 대학은 학생의 자율활동 내용을 통해 무엇을 평가하나요?

A 대학은 자율활동을 통해 지원자가 어떤 교육적 환경에서 어떤 경험을 하면서 성장했는지를 가늠합니다. 즉, 지원자가 학교 및 학급 활동 중에 보여 주는 특성, 역할, 기여 정도와 성과 등을 보면서 그 학생의 역량을 파악합니다. 그리고 면접평가로 그 과정에서 얻게 된 것이 무엇인지, 개인적 성장에 어떤 영향을 미쳤는지, 참여를 통해 사고력을 확장시켰는지 등을 묻기도 합니다.

Q 자율활동을 하기 위해서 구체적으로 어떤 활동을 하면 좋을까요?

A 예전에는 고등학교에서 이 항목을 학교 프로그램에 대한 소개로 채워서 지원자 개인의 특성을 파악하는 데 한계가 있었지만, 요즘에는 학교에서도 많은 변화가 일어나고 있습니다. 즉, 학생이 학급 또는 학교 내에서 어떤 역할을 수행하고, 그 과정에서 어떤 기여를 했으며, 무엇을 느꼈으며, 어떤 결과를 가져왔는지에 대해 구체적으로 기록해 주고 있습니다.

예를 들어, 학교에서 제주도 수학여행을 갔다고 가정했을 때, 제주도 수학여행에서 학생의 리더십 역량, 공동체의식, 의사소통 능력 등을 어떻게 보여 줄 수 있을까 고민하기 바랍니다.

이건 어떨까요? 제주도 자료집을 만들어 친구들에게 배포하고 방문할 장소를 안내해 주거나, 제주도에서 외국인들을 인터뷰하고 이를 UCC로 만들어 영어 시간에 발표하는 것도 좋을 것입니다. 다시 말해 자율활동에서는 학생의 주체적인 모습이 드러나도록 활동을 하는 것이 중요합니다.

Q 동아리활동을 할 때 어떤 점에 유의하는 게 좋을까요?

A 동아리활동을 하는 것은 분명히 특별한 이유와 목적이 있기 때문입니다. 그렇기 때문에 고등학교 3년 동안 학생이 했던 동아리활동을 보면 그 활동 간의 연관성이 드러나게 되어 있습니다. 특히 활동 자체가 본인의 관심 분야거나 향후 목표로 하는 직업, 진로와 연관이 있을 때 특히 두드러지게 나타나는 경우가 많습니다. 처음에는 하나의 활동으로 자신의 관심사를 진행해 나가다가 좀 더 심화된 동아리활동으로 발전되어 가는 것이 자기 주도성과 발전 가능성, 더 나아가 전공적합성까지 평가할 수 있는 좋은 요소가 됩니다. 따라서 동아리활동을 할 때는 큰 흐름을 유지하면서 각각의 활동이 서로 연계되어 점차 발전되어 가는 모습을 보여 주는 것이 좋습니다.

Q 동아리를 많이 하는 것이 좋을까요?

A 동아리를 안 하는 것보다는 많이 하는 것이 더 낫습니다. 그런데 학생이 한 학년 동안 너무 많은 동아리활동을 하면 진정성을 의심받지 않을까요?
공부만 하기에도 바쁠 텐데 여러 동아리를 한다는 것은 힘든 일입니다. 차라리 하나의 동아리라도 확실하게 하는 것이 수박 겉핥기식으로 여러 개를 하는 것보다 더 의미가 있을 것입니다. 즉, 관심사가 비슷한 친구들과 학교에서 충분히 수행할 수 있는 범위 내에서 알차게 활동하는 것이 좋습니다. 그리고 동아리활동이 학생부에 제대로 기록되기 위해서는 활동할 때마다 활동 시간, 활동 내용, 느끼고 배운 점 등을 활동일지에 남겨 두는 것이 바람직합니다.

Q 진로활동 영역의 특기 사항란이 중요한 것 같은데, 팁 좀 주세요.

A 진로활동은 학생의 학업 진로, 직업 진로에 대한 계획서, 진로와 관련된 각종 검사 및 학교 활동을 바탕으로 특기 사항을 입력할 수 있습니다. 따라서 진로와 관련된 포트폴리오를 스스로 작성해 두는 것이 좋습니다. 이때 단순한 교내 진로활동 참여 내용보다는 참여 태도, 결과 등이 구체적으로 기록되어야 합니다. 진로를 찾기 위한 적극적인 자세와 노력이 필요합니다. 또 그로 인해 변화된 모습을 일관된 흐름으로 기록하는 것이 좋습니다. 그래야만 나중에 담임선생님과 상담할 때 하나도 놓치지 않고 자신이 했던 모든 것을 보여 줄 수 있습니다

Q 독서활동 상황에는 책 제목과 저자만 쓸 수 있다고 하는데요. 그렇다면 그 중요도가 약해진 건가요?

A 이제는 독서활동 상황에 독서 내용을 입력할 수 없고, 책 제목과 저자만 입력할 수 있습니다. 그렇다고 절대로 중요도가 약화된 것은 아닙니다. 독서는 모든 학습의 기본입니다. 따라서 학생의 전공적합성이나 학업 역량, 발전 가능성을 보여 줄 수 있는 기본적인 척도로 독서가 쓰일 수 있습니다. 그리고 독서활동 상황에만 내용을 쓸 수 없을 뿐이지 다른 항목에는 충분히 독서 내용을 쓸 수 있습니다. 예를 들어, 교과별 세부 능력 및 특기 사항이나 창의적 체험활동, 진로 희망 사유 등에서 독서와 관련된 내용을 쓸 수 있습니다. 평소 독서 후 증빙 자료를 제출하되, 독서의 계기, 이해한 내용, 자신에게 미친 영향과 변화한 점, 자신이 느낀 점 등을 기록해 교과목 선생님이나 담임선생님께 제출해야 합니다. 독서를 통한 학생의 학업 역량을 보여 줄 수 있는 방법입니다.

Q 독서는 어떻게 하는 게 좋을까요?

A 독서는 지원자의 전공 분야에 대한 관심과 열정뿐만 아니라 다양한 분야에 대한 지적 깊이를 엿볼 수 있는 중요한 항목입니다. 교내외 다른 활동들은 참여가 제한적일 수 있는 반면, 독서는 학생 개인의 노력으로 충분히 자신의 관심 분야에 대한 지적 탐색, 사고의 확장을 꾀할 수 있는 분야이기 때문에 대학에서는 독서활동도 중요한 평가 정보로 활용하고 있습니다. 보통 독서는 학생의 학업에 대한 기초적인 지식을 바탕으로 심화된 내용까지 전개해 나가는 것이 좋습니다. 고등학교 1학년 때는 일반적인 내용의 독서가 주를 이루었다면, 고등학교 2·3학년 때는 좀 더 심화된 내용의 책을 읽는 것입니다. 물론 독서의 원칙은 본인의 지적 호기심을 채울 수 있는 책을 선정하여 읽어야 한다는 겁니다.

Q 자소서 1번은 어떻게 작성해야 하나요?

A 자소서 1번 문항은 고등학교 재학 기간 중 학업에 기울인 노력과 학습 경험과 관련해, 배우고 느낀 점을 중심으로 1,000자 이내로 기술하는 것입니다. 학생의 학업(지적) 역량뿐만 아니라, 대학에서의 전공과목 수학 능력 및 창의적인 인재로서의 발전 가능성을 평가하는 항목입니다. 그런데 학생들은 키워드인 '학습 경험'을 '성적'에만 한정하고 있습니다. 그러다 보니 대부분 성적 향상, 나만의 공부법, 오답노트, 영어 단어 암기, 수학 문제 풀이, 야간 자율 학습, 학습플래너 같은 이야기만 늘어놓습니다. 하지만 이런 내용은 변별력이 없습니다.

주요 평가 요소에는 학생의 자기 주도적 학습 경험, 호기심 해결 과정과 태도, 전공 분야에 대한 열정과 관심 등이 있습니다. 따라서 독서활동 과정에서 호기심을 느껴 좀 더 심화된 독서로 연결시키거나, 교과 학습 시간 중 탐구한 내용에 흥미를 느껴 더 심화된 내용의 탐구활동을 한 내용 등 학교 활동 중 지적 호기심과 흥미를 가지고 심화 학습(조사, 토론, 보고서 작성, 발표)을 한 경험을 기록하는 것이 학생의 학업 역량을 표현하는 데 큰 도움이 됩니다.

Q 자소서 2번은 어떻게 작성해야 하나요?

A 자소서 2번 문항은 고등학교 재학 기간 중 본인이 의미를 두고 노력했던 교내 활동을, 배우고 느낀 점을 중심으로 3개 이내로 골라서 1,500자 이내로 기술하는 것입니다. 우선 '3개 이내'라는 표현에 눌려 반드시 3개를 쓸 필요는 없습니다. 오히려 의미 있는 활동 한두 개를 골라서 자신 있게 쓰는 것이 더 좋을 수도 있습니다.

이 문항은 공동체의식, 리더십 등의 학업 외 역량도 좋지만, 지원자의 전공 관련 역량을 반드시 드러내야 하는 항목입니다.

'전공과 관련된 학업 역량'의 소재는 동아리활동과 진로활동(전문 직업인 특강, 학과 탐방, 선배와의 진로 탐색 시간, 진로 수업 등)에서 찾을 수 있고, '사고의 깊이와 지식의 확장'과 관련된 소재는 독서활동, 탐구 대회, 소논문 활동 등에서도 찾을 수 있습니다.

'다양성'과 관련해서는 반장과 임원 활동(리더십, 시행착오, 학급 내 또는 학생회 활동), 봉사활동(장애인 봉사, 노인 봉사, 다문화 돕기, 아우인형, 월드비전), 여러 대회(모의 유엔, 체육 대회, 축제, 영어 촌극 대회, 프로젝트 대회, 탐구 대회)에서 찾을 수 있습니다.

'학교에서 제공하여', '우연한 기회에' 등의 소극적인 표현보다는 자신이 의미를 두고 직접 찾아 노력한 과정이 드러나도록 작성해야 합니다. 만약 활동 과정 중에 시행착오가 있었다면 솔직히 쓰되, 반성이나 개선의 과정이 드러나도록 하는 것이 좋습니다.

Q 자소서 3번은 어떻게 작성해야 하나요?

A 자소서 3번 문항은 학교생활 중 배려, 나눔, 협력, 갈등 관리 등을 실천한 사례를 들고, 그 과정을 통해 배우고 느낀 점을 1,000자 이내로 기술하는 것입니다. 이 항목에서는 배려, 나눔, 협력, 갈등 관리 4가지 영역을 나열해도 상관없고, 가장 돋보이는 것 한두 가지만 써도 됩니다. 배려와 나눔, 갈등 관리와 협력으로 묶어서 작성하면 쉽게 접근할 수 있습니다. 예를 들어 이 항목을 통해서 지원자의 공동체의식, 리더십, 협력 활동의 경험을 엿볼 수 있습니다. 중요한 점은 검증이 어려운 사소하고 개인적인 경험을 제시하는 것보다는 학생부에 기재된 활동이나 기재 사항을 바탕으로 자신의 강점을 추가적으로 드러낼 수 있는 사례 위주로 제시해야 합니다.

이때 중요한 것은 바로 '진정성'입니다. 소소한 사건이라도 그 안에 진정성이 녹아 있다면 좋은 자소서가 될 수 있습니다. 많은 학생들이 범하는 오류 중에 하나는 모든 일의 중재자가 바로 '나'여야 하며, '나'만 착한 학생임을 드러낸다는 것입니다.

예를 들어, 집단과 집단, 혹은 개인과 개인 간의 갈등이 있었는데, 자신이 등장함으로써 모든 게 해결되었다는 식의 글을 씁니다. 이런 글은 자소서 3번을 작성할 때 예시라고 해도 좋을 정도로 빈번하게 등장하기 때문에, 진정성도 느껴지지 않고 다른 글에 비해 눈에 띄지 않습니다. 이보다는 오히려 자신을 과장하지 않고 경험을 솔직하게 기술하며, 자신의 잘못을 되돌아보는 모습을 보여 주는 것이 더 '진정성' 있습니다. 물론 그 안에서 개인이 느낀 것과 가치관의 변화를 중심으로 배려, 나눔, 협력, 갈등 상황을 보여 줘야 합니다.

Q 자소서를 쓰기 위해 제가 어느 수준으로 공부하고 준비해야 하는지 통 감이 안 와요.

A 사회학과 지원자들을 평가한다고 가정하겠습니다. 고등학교 수준에서 사회학을 얼마나 많이 아는지로 학생을 판단하지는 않습니다. 그렇다고 대학 수준의 사회학을 공부하는 것이 중요할까요? 오히려 입학사정관들은 학생이 사회학에 관심을 가지게 된 계기와 고민의 깊이를 봅니다. 사회학을 잘할 수 있는 기본적 토대가 갖추어져 있는지가 가장 중요합니다. 이 토대에는 기본적 고교 교육과정을 충실히 이수한 흔적을 보여 주는 교과 관련 성적을 비롯한 학업 능력도 포함되겠지만, 얼마나 학문적 흥미를 가지고 있는지 판단하는 것도 입학사정관들의 중요한 몫입니다. 각종 활동도 마찬가지입니다. 대학 진학을 목표로 기획한 활동들을 나열하는 것보다는 많은 활동을 통해 내가 남들과 비교해 어떤 장점을 갖추었는지를 알리는 것이 좋습니다. 활동에서 내가 고민하고, 만들고, 좌절하고, 협력하는 과정에서 얻어 내고 느낀 점들, 자소서에 적힌 이러한 미묘하지만 중요한 자신만의 경험이 평가에 도움이 됩니다.

Q 자소서 쓰는 팁 좀 주세요.

A 우선 학생부의 기재 내용을 충분히 이해하고 난 후에 작성하는 것이 중요합니다. 미사여구나 추상적인 표현을 나열하기보다 에피소드 중심으로 자신의 느낌과 변화상을 기록하되, 배우고 느낀 점을 중심으로 작성해야 합니다. 그리고 분량은 반드시 지켜야 합니다. 또한 학생부에 기록된 내용 자체를 그대로 반복하지 말고 본인의 목소리가 들릴 수 있도록 사실을 뒷받침하는 구체적인 내용을 작성하는 것이 가장 중요합니다. 단순한 실적 유무보다 지원자의 활동이 어떤 동기로 이루어졌는지, 그 과정과 역할은 무엇이었는지, 그 경험이 지원자에게 어떤 영향과 변화를 이끌어 냈는지 보여 줄 수 있도록 작성해야 합니다. 많은 활동 가운데 자신의 역량을 충분히 보여 줄 수 있는 활동을 선별해 중요도에 따라 작성하되, 표절로 밝혀질 경우 불이익을 받을 수 있으니 반드시 자신만의 경험을 솔직하게 작성해야 합니다. 마지막으로 지원할 대학의 인재상과 평가 요소를 정확히 파악하고, 자기 진로와의 연결고리를 찾아내는 것이 중요합니다.

Q 이제 자소서를 작성하려고 하는데요. 마지막으로 조언 좀 부탁드려요.

A 자소서는 최대한 이른 시기에 써 보는 것이 중요합니다. 쓰다 보면 자신을 객관화해서 볼 수 있습니다. 그리고 희망 대학과 학과도 조사할 필요가 있습니다. 해당 대학의 학과 홈페이지를 방문해 커리큘럼, 졸업 후 진로 등을 꼼꼼히 따져 보고, 학교 인재상과 학과별 역량을 검색한 후, 자신이 그에 적합함을 자소서에 녹여낼 수 있다면 금상첨화입니다.

자소서를 쓰기 위해서는 '활동'이 필요한데, 활동 그 자체가 중요한 것이 아니라, '그 활동이 나의 변화와 성장에 어떤 도움을 주었나'에 주목해야 합니다. 즉, 'What'이 아니라 'How'가 중요합니다.

Q 저는 스펙이 별로 없는데 자소서 쓰는 데 불리하겠죠?

A 그렇지 않습니다. 오히려 과도하게 화려한 스펙은 독이 될 수도 있습니다. 학교생활에서 가장 중요한 것은 교과 수업입니다. 그런데 과도하다 싶을 만큼 화려한 비교과 활동 경력은 자칫 가장 기본적인 학교 수업을 소홀히 한 게 아닌가 하는 의심을 부를 수 있습니다. 많은 스펙을 나열하기보다는 자신의 성장, 발전에 의미 있는 교내 활동을 기재해야만 좋은 평가를 받을 수 있습니다.

Q **수업 시간에 열심히 들었고 나름 탐구활동도 열심히 했는데, 여전히 1번 항목을 쓰기가 힘드네요.**

A 자기 주도적으로 학업을 해 나가는 과정에 대해 서술하면 좋습니다. 예를 들면, '수업을 듣던 중에 이러한 지적 호기심이 생겼고, 이를 해결하기 위해 이런 책을 읽게 되었다. 그런데 책을 읽으면서 이런 부분이 궁금해서 여러 자료를 참고하여 연구보고서를 작성하게 되었고 이런 것을 배우게 되었다. 그래서 이 내용을 이렇게 실생활에 적용해 봤다.' 이러한 흐름이라면 본인의 생각과 고민이 조금 더 구체적으로 드러날 수 있지 않을까요? 이를 통해 학생의 관심 분야와 학업 흥미를 파악할 수 있고, 학습의 경험과 확장 과정을 보여 줄 수도 있습니다. 그리고 학교 교육과 수업의 효과, 교사와의 상호작용, 단순한 결과 기록을 넘어선 과정 기술을 통한 장점을 드러낼 수 있습니다.

Q **자소서 2번을 작성할 때 동아리활동을 쓰려고 하는데요. 함께 동아리활동을 함께 했던 친구들과 내용이 비슷해지지 않을까요?**

A 2번 문항은 다양한 학교 교육 프로그램 참여를 통해 자신의 장점을 결과가 아닌 과정 중심으로 작성하는 항목입니다. 여러 명이 동일한 활동을 했더라도 공통의 성과가 아니라 학생이 맡은 역할이나 기여한 점 그리고 느낀 점을 중심으로 작성한다면 모두 같을 수는 없습니다. 만약 교지편집부 활동을 쓴다면, '내가 작성했던 글은 어떤 문제의식에서 시작되었고, 기존의 글과 어떻게 다른가', '이 글을 통해 학생들에게 이야기하고자 한 것이 무엇인가'라는 심화된 내용이 들어간다면, 단순하게 교지 출판 과정을 기술하는 것보다 눈길을 끌 수 있습니다. 특히 교지편집부에서 활동하면서 배우고 느낀 점을 구체적으로 기록해 어떤 점에서 의미가 있었는지를 작성하는 것이 중요합니다.

학생부 종합전형 Q&A 면접

Q 면접 준비를 어떻게 해야 하나요?

A 면접에서는 제출 서류에서 드러난 활동 과정이나 결과를 바탕으로 질문을 하기 때문에 학생부와 자소서의 내용을 철저하게 분석하는 것이 면접 준비의 첫걸음입니다. 그리고 평가자의 입장에서 제출 서류를 바라봐야 합니다. 자신의 고교 생활을 회상해 보고 각각의 활동에서 배우고 느꼈던 내용을 다시 한번 떠올리면서 요약하고 정리하는 것이 필요합니다. 또 10~15분이라는 제한된 시간 내에 본인의 역량을 최대한 보여 주기 위해서는 면접관의 질문 의도를 정확하게 파악해야 합니다.

Q 면접 시 대답 요령이 있나요?

A 면접 시에는 두괄식으로 답변하는 것이 좋습니다. 학생부종합전형 면접은 학생들이 무슨 생각을 하고 있고, 어떤 문제와 관련해 어떤 태도나 관점을 갖고 있는지를 알아보는 것이 목적입니다. 그렇기 때문에, 질문에 하나의 정답만 존재하는 것은 아닙니다.

또 자신이 제출한 서류의 내용을 숙지하고 면접에 임해야 하며, 자신의 개성을 돋보이려고 지나치게 과장해서는 안 됩니다. 그리고 예상하지 못한 질문을 받더라도 절대 당황하지 말고, 본인의 생각을 체계적이고 논리적으로 표현하는 것이 중요합니다.

면접을 볼 때는 예의 바르되 자신감을 가지고 당당한 목소리로, 조금은 도전적으로 보일 만큼 면접에 임하는 것이 좋습니다. 만약 질문의 내용을 제대로 파악하지 못했을 때는 다시 질문해 달라고 요청하고, 질문이 좀 어렵거나 답변이 바로 생각나지 않으면 '잠깐 생각할 수 있는 시간을 주십시오.'라고 정중하게 부탁해도 괜찮습니다.

Q 심층면접이라는 것이 무엇이고, 어떻게 준비해야 할까요?

A 학생부종합전형에서 심층면접은 제출 서류에 대한 확인과 함께 지원자의 학업 역량과 인성 등을 보는 면접입니다. 제출 서류는 대개 학생부와 자소서, 추천서입니다. 이를 토대로 학교와 전공에 대한 열정 및 관심도, 전공 수업에 필요한 기초 학업 능력 등의 전공적합성, 개인적인 인성과 공동체 의식 유무, 비교과 실적 내용의 공헌도 및 참여도에 관한 부분, 학생 개인의 발전 가능성 등을 깊이 있게 질문합니다. 보통은 10~15분간 진행되며, 모집단위 인재상과 지원자의 부합도 등을 종합적·정성적으로 평가합니다.

Q 면접 시에 다양한 상황이 발생할 수 있는데요. 각 상황별로 대처 요령을 알려 주세요.

A 가장 많이 발생하는 상황은 학생이 너무 긴장해서 면접관이 질문하는 핵심을 잘 이해하지 못하는 것입니다. 이럴 때는 "죄송하지만 다시 말씀해 주십시오."라고 말하거나 '○○이라는 뜻인가요?'라고 다시 물어 정확한 내용을 이해하고 나서 그에 맞는 답변을 하는 것이 좋습니다. 또 간혹 모르는 것을 질문 받을 때도 있는데, 그럴 때는 "모르겠습니다. 앞으로 더 공부하겠습니다."라고 정직하게 대답하는 것이 좋습니다. 면접관의 질문에 대답하다가 자신의 의사와는 다른 대답을 하거나 틀린 대답을 했을 때는 즉시 정정하여 다시 말해야 합니다. 그리고 마지막으로 면접이 끝나갈 즈음에 면접관이 "질문 있습니까?" 또는 "더 하고 싶은 말 있습니까?"라고 질문하면 그런 기회를 놓치지 말고 이야기해야 합니다. 단순하게 "뽑아 주시면 열심히 공부하겠습니다."라는 상투적인 말보다는 자신을 확실히 드러낼 수 있는 대답을 하는 것이 좋을 것입니다.

논술전형은 단순 암기식 지식을 평가하기보다는 이해를 바탕으로 종합적·논리적·창의적으로 문제를 해결하는 능력을 평가하는 대학별 고사입니다. 일반적으로 논술평가와 학생부평가의 합산으로 이루어지지만, 실제 학생부 반영 비율을 고려한다면 논술 성적이 합격과 불합격을 결정한다고 할 수 있습니다. 또한 논술 시험을 실시하는 대다수 대학이 수능최저학력기준을 적용하기 때문에 지속적인 수능 공부뿐만 아니라 학생 개개인에 적합한 지원 전략을 세울 필요가 있습니다.

논술전형 선발 인원은 2019학년도 3.8%(13,310명) 모집에서 2020학년도 3.5%(12,146명) 모집으로 소폭 감소하였습니다. 또한 연세대(서울)가 수능최저학력기준을 폐지하고, 반대로 건국대의 경우 수능최저학력기준을 적용하여 선발합니다. 그 외에 동국대, 숙명여대는 수능최저학력기준을 완화하여 선발하고 있습니다.

• 2020학년도 논술전형 선발 인원(33개 대학) (단위: 명)

대학	2020년	2019년	증감	대학	2020년	2019년	증감
가톨릭대	175	175	–	숙명여대	300	302	▽2
건국대(서울)	451	465	▽14	숭실대	296	322	▽26
경기대(수원)	130	135	▽5	아주대	212	221	▽9
경기대(서울)	42	42	–	연세대(원주)	314	350	▽36
경북대	793	825	▽32	연세대(서울)	607	643	▽36
경희대	714	770	▽56	울산대	12	16	▽4
광운대	206	206	–	이화여대	543	670	▽127
단국대(죽전)	350	350	–	인하대	562	564	▽2
덕성여대	299	303	▽4	중앙대(안성)	97	66	▲31
동국대(서울)	470	474	▽4	중앙대(서울)	730	820	▽90
부산대	679	727	▽48	한국기술교육대	230	241	▽11
서강대	235	346	▽111	한국산업기술대	150	150	–
서울과학기술대	270	271	▽1	한국외국어대 (글로벌)	115	104	▽11
서울시립대	142	154	▽12	한국외국어대 (서울)	378	442	▽64
서울여대	150	150	–	한국항공대	166	215	▽49
성균관대	532	895	▽363	한양대(서울)	376	378	▽2
성신여대	288	311	▽23	한양대(에리카)	387	419	▽32
세종대	348	392	▽44	홍익대(서울)	397	399	▽2

논술전형 선발 방법

　논술전형을 실시하는 대다수 대학이 수능최저학력기준을 적용하고 있어서, 수능최저학력기준 충족 여부가 가장 중요한 변수로 작용합니다. 수능최저학력기준이 적용되는 않는 대학들의 경우, 2019학년도 입시에서 한양대 미디어커뮤니케

이선학과 177.33 : 1, 컴퓨터소프트웨어학부 104 : 1, 인하대 의예과 384.1 : 1
의 높은 경쟁률을 보인 반면, 수능최저학력기준을 적용하는 대학의 경우 충족하
지 못하는 비율이 일반 학과 기준으로 40~70%에 달하기 때문에 실질 경쟁률은
많이 떨어지기도 합니다. 예를 들어, 경희대 국어국문과의 경우 최초 경쟁률은
76.3 : 1이었으나 실질 경쟁률은 27.6 : 1이었고, 유전공학과의 경우 최초 경쟁
률은 47.7 : 1이었으나 실질 경쟁률은 21.8 : 1이었습니다. 따라서 논술 준비뿐
만 아니라 수능 준비에도 철저를 기해야 합니다.

• 수능최저학력기준 미적용 대학

대학	전형방법
가톨릭대	논술 70% + 학생부 교과 30%
경기대	논술 60% + 학생부 교과 40%
광운대	논술 60% + 학생부 40%(학생부 : 교과 80% + 출결 10% + 봉사 10%)
단국대(죽전)	논술 60% + 학생부 교과 40%
서울과학기술대	논술 70% + 학생부 30%(학생부: 교과 60% + 출결 · 봉사 40%)
서울시립대	1단계: 논술 100%(4배수) / 2단계: 논술 60% + 학생부 교과 40%
아주대	논술 80% + 학생부 교과 20%
연세대(서울)	논술 100%
인하대	논술 70 + 학생부 교과 30%
한국기술교육대	논술 60% + 학생부 교과 40%
한국산업기술대	논술 60% + 학생부 교과 40%
한국외국어대(글로벌)	논술 70% + 학생부 교과 30%
한국항공대	논술 70% + 학생부 교과 30%
한양대(서울)	• 논술 80% + 학생부종합평가 20% • 종합평가: 출결, 수상, 봉사, 행동 특성 및 종합 의견, 학교 내신 미반영(교과 이수 확인)

• 수능최저학력기준 적용 대학

대학	전형방법	수능최저학력기준
가톨릭대	논술 70% + 학생부 30%	• 의예과, 간호학과만 있음 • 간호학과(인문): 국, 수(나), 영, 사탐(1과목) 중 3개 영역 등급 합 6 • 간호학과(자연): 국, 수(가), 영, 과탐(1과목) 중 3개 영역 등급 합6 • 의예과: 국, 수(가), 영, 과탐(2과목) 중 3개 영역 등급 합 4 및 한국사 4
건국대	논술 100%	• 인문: 국, 수(가/나), 영 탐구(1) 중 2개 영역 등급 합 4, 한국사 5 • 자연: 국, 수(가), 영, 과(1) 중 2개 영역 등급 합 5, 한국사 5 • 수의예: 국, 수(가), 영, 과(1) 중 3개 영역 등급 합 4, 한국사 5
경북대 (AAT)	논술 70% + 학생부 교과 20% + 비교과(출결, 봉사) 10%	• 의과대, 치과대: 국, 수(가), 영, 탐구(1과목) 4개 영역 등급 합 5 및 한국사 4 • 경상대, 사범대(인문), 행정학부: 국, 수, 영, 탐구(1과목) 상위 3개 영역 등급 합 6 및 한국사 4 • 사범대(자연), 수의예: 국, 수(가), 영, 탐(1) 중 3개 영역 등급 합 6, 한국사 4 • 인문대, 사회대, 자연대, 공대, 농생대, 생과대, IT대, 간호대, 자율전공 : 국, 수, 영, 탐구(1과목) 중 3개 영역 등급 합 8 및 한국사 4 • (상주캠)생활환경대, 과학기술대: 국, 수, 영, 탐구(1과목) 중 2개 영역 등급 합 7 및 한국사 응시 • 전자공학부 모바일 전공: 수(가), 과탐(1과목) 2개 영역 등급 합 3 및 한국사 응시 * 농업생명과학대, 생활과학대, 생태환경대학, 과학기술대학 : 수(가) 반영 시 2등급 유리
경희대	논술 70% + 학생부 교과 · 비교과 30%(학생부 비교과: 출결, 봉사)	• 인문[한의예과(인문) 제외] : 국, 수(가/나), 영, 사 · 과탐(1과목) 중 2개 영역 등급 합 4 및 한국사 5 • 한의예과(인문): 국, 수(나), 영, 사탐(1과목) 중 3개 영역 등급 합 4 및 한국사 5 • 자연(의학 계열 모집단위 제외): 국, 수(가), 영, 과탐(1과목) 중 2개 영역 등급 합 5 및 한국사 5 • 의예과, 한의예과(자연), 치의예과: 국, 수(가), 영, 과탐(1과목) 중 3개 영역 등급 합 4 및 한국사 5 • 체육대학: 국, 영 중 1개 영역 3등급 및 한국사 필수 응시
덕성여대	논술 80% + 학생부20%	• 인문, 사회, 의상: 국, 수(가/나), 탐구(2) 중 국어 포함 2개 영역 등급 합 6 (반영 영역 각각 4등급 이내) • 자연대, 공과대: 국, 수(가/나), 과(2) 중 수학(가/나) 포함 2개 영역 등급 합 7(수(나) 반영 시 합 6),(반영 2개 영역 각각 4등급 이내)
동국대 (서울)	논술 60% + 학생부 교과 20% + 출결 10% + 봉사 10%	• 인문: 국, 수(가/나), 영, 사/과탐(1) 중 2개 영역 등급 합 4 • 자연: 국, 수(가), 영, 과탐(1) 중 2개 영역 등급 합 4 / 수학(가) 또는 과탐(1) 포함 • 경찰행정학부: 국, 수(가/나), 영 중 2개 영역 등급 합 4, 한국사 4

대학	전형방법	수능최저학력기준
부산대	논술 70% + 학생부 교과 20% + 학생부 비교과(출결, 봉사) 10%	• 경영대, 경제통상대: 국, 수(가/나), 영, 탐구(2) 중 3개 영역 등급 합 6 ,한국사 4 • 인문대, 사회과학대, 사범대, 예술대: 국, 수(가/나), 영, 탐구(2) 중 3개 영역 등급 합 7, 한국사 4 • 의예과: 국, 수(가), 과탐(2) 중 3개 영역 합 4 + 영어 2등급, 한국사 4 • 자연과학대, 공대, 사범대, 간호대, 나노기술대: 국, 수(가), 영, 과탐(2) 중 수(가) 포함 2개 영역 등급 합 5, 한국사 4 • 생활환경대: 국, 수(가/나), 영, 과탐(2) 중 2개 영역 등급 합 6, 한국사 4
서강대	논술 80% + 교과 10% + 비교과(출결, 봉사) 10%	• 전 계열: 국, 수(가/나), 영, 탐구(1) 중 3개 합 6, 한국사 4
서울여대	논술 70% + 학생부 교과 30%	• 전 계열 : 국, 수(가/나), 영, 탐구(1) 중 2개 영역 등급 합 7, 반영 영역 각 4등급 이내(단, 영어 반영 시 2개 영역 등급 합 5)
성균관대	논술 60% + 학생부 40%	• 인문계 : 국, 수(가/나), 탐구(2) 중 2개 합 4 및 영 2, 한국사 4 • 자연계: 국, 수(가), 과탐(2) 중 2개 합 4 및 영 2, 한국사 4 • 글로벌(리더학, 경제학, 경영학): 국, 수(가/나), 탐구(2) 중 2개 합 3 및 영 2, 한국사 4 • 반도체시스템공학, 소프트웨어학, 글로벌바이오메디컬공학: 수(가), 과탐(1) 등급 합 3 및 영 2, 한국사 4 • 인문계는 제2외국어/한문 → 사탐 1 * 의예 모집인원 없음
성신여대	논술 70% + 학생부 30%	• 인문 : 국, 수(가/나), 영, 탐구(1) 중 3개 합 7 • 자연 : 국, 수(가/나), 영, 탐구(1) 중 3개 합 8
세종대	논술 60% + 학생부 교과 40%	• 인문 계열: 국, 수(나), 영, 사탐(1) 중 2개 영역 등급 합 4 • 자연 계열: 국, 수(가), 영, 과탐(1) 중 2개 영역 등급 합 5
숙명여대	논술 60% + 학생부 교과 40%	• 인문: 국, 수(가/나), 영, 사탐/과탐(1) 중 2개 영역 등급 합 4, 한국사 응시 • 자연 계열: 국, 수(가), 영, 과탐(1) 중 2개 합 4, 한국사 응시 • 통계학과, 소프트웨어융합전공, 의류학과는 인문계형과 자연계형 중 택 1
숭실대	논술 60% + 학생부 교과 40%	• 인문/경상 계열: 국, 수(나), 탐구(2) 중 2개 합 6, 한국사 응시 • 자연 계열: 국, 수(가), 과탐(2) 중 2개 합 7, 한국사 응시
아주대	논술 80% + 학생부 교과 20%	• 의학과: 국, 수(가), 영, 과탐(2) 등급 합 5 • 일반 학과 수능 최저 없음
연세대 (원주)	논술 70% + 학생부 교과 20% + 학생부 비교과(출결, 봉사) 10% [교과: 인문(국, 영), 자연(수학, 과학) 반영]	• 인문: 국, 수(가/나), 탐구(1) 중 2개 영역 등급 합 6, 영어 3등급 • 자연: 국, 수(가), 과탐(1) 중 2개 영역 등급 합 6, 영어 3등급 • 의예: 국, 수(가), 과탐 1, 과탐 2 총 4과목 중 3개 1등급, 영어 2등급, 한국사 4등급
울산대	논술 60% + 학생부 교과 40%	• 의예과: 국, 수(가), 영, 과탐(2) 4개 합 5, 한국사 4

대학	전형방법	수능최저학력기준
이화여대	논술 70% + 학생부 교과 30%	• 인문 계열: 국, 수(나), 영, 탐구(1) 중 3개 합 5 • 자연 계열: 국, 수(가), 영, 과탐(1) 중 3개 합 6 • 의예과: 국, 수(가), 영, 과탐(1) 중 4개 합 5 • 스크랜튼(인문): 국, 수(나), 영, 탐구(1) 중 3개 합 4 • 스크랜튼(자연), 뇌인지과학: 국, 수(가), 영, 과탐(1) 중 3개 합 5 • 제2외국어/한문 → 사탐 1
인하대	논술 70% + 학생부 교과 30%	• 의예 : 국, 수(가), 영, 과탐(2) 중 3개 각 1등급 • 일반 학과 수능최저 없음
중앙대	논술 60% + 학생부 교과 20% + 학생부 비교과(출결, 봉사) 20%	• 인문: 국, 수(가/나), 영, 탐구(2) 중 3개 영역 등급 합 6, 한국사 4등급(제2외국어/한문 사탐 1과목 대체 가능) • 의학부: 국, 수(가), 영, 과(2) 4개 합 5, 한국사 4 • 자연: 국, 수(가), 영, 과(1) 중 3개 합 6, 한국사 4 • 안성: 국, 수(가), 영, 과(1) 중 2개 합 5, 한국사 4
한국외국어대 (서울)	논술 70% + 학생부 교과 30%	• 국, 수(가/나), 영, 사탐(2) 중 2개 합 4, 한국사 4 • Language & Diplomacy 학부, Language & Trade 학부): 국, 수(가/나), 영, 사탐(1) 중 3개 합 4, 한국사 4 • 제2외국어/한문 → 사탐 1 • 글로벌캠퍼스 : 최저 없음
한양대 (에리카)	논술 70% + 학생부 교과 30%	• 인문, 상경: 국, 수(나), 영, 탐구(1) 중 2개 합 6, 한국사 응시 • 자연: 국, 수(가), 영, 탐구(1) 중 2개 합 6, 한국사 응시
홍익대	논술 60% + 학생부 교과 40%	• 캠퍼스 자율전공(인문, 예능), 인문 계열, 예술학과: 국, 수(가/나), 영, 사ㆍ과(1) 중 3개 합 6, 한국사 4 • 캠퍼스 자율전공(자연, 예능), 자연 계열: 국, 수(가), 영, 과(1) 중 3개 합 7, 한국사 4

• 2020학년도 논술전형 학생부 학년별 반영 비율

학년별 비율			대학
1학년	2학년	3학년	
100%			가톨릭대, 경기대, 경희대, 단국대, 동국대, 덕성여대, 서강대, 서울과학기술대, 서울시립대, 서울여대, 성신여대, 세종대, 숙명여대, 숭실대, 연세대(원주), 이화여대, 중앙대, 한국산업기술대, 한국외국어대, 한국항공대, 한양대(에리카), 홍익대
20%	40%	40%	경북대, 광운대, 부산대, 성균관대, 울산대, 인하대
20%	80%		아주대, 한국기술교육대

• 논술전형 실시 대학 학생부 등급 간 점수

대학	2020년	2019년	증감	등급점수(10점 기준)								
				1	2	3	4	5	6	7	8	9
가톨릭대	175	175	–	10	9.9	9.8	9.7	9.6	9.5	9.4	8.8	6.4
건국대(서울)	451	465	▽14	반	영	안	함					
경기대(수원)	130	135	▽5	10	9.6	9.2	8.8	8.4	7	5	2	0
경기대(서울)	42	42	–	10	9.6	9.2	8.8	8.4	7	5	2	0
경북대	793	825	▽32	10	9.9	9.8	9.7	9.6	9.5	9.4	9	0
경희대	714	770	▽56	10	9.9	9.71	9.43	9.05	8.48	7.33	4.9	0
광운대	206	206	–	10	9.8	9.6	9.4	9.2	8.8	8	7	0
단국대(죽전)	350	350	–	10	9.9	9.8	9.7	9.6	9.5	7	4	0
덕성여대	299	303	▽4	10	9.9	9.8	9.7	9.6	9.2	8.6	8	0
동국대(서울)	470	474	▽4	10	9.95	9.9	9.8	9.6	9.3	8.8	8	6
부산대	679	727	▽48	10	9.9	9.8	9.7	9.6	9.5	9	6	0
서강대	235	346	▽111	32개 세부 급간으로 점수 부여하며, 1~5등급 차 0.015(10점 만점)								
서울과학기술대	270	271	▽1	10	9.83	9.67	9.33	9	8.67	7.33	5.67	0
서울시립대	142	154	▽12	Z점수								
서울여대	150	150	–	10	9.67	9.33	9	8.33	7.67	7	6	5
성균관대	532	895	▽363	10	9.97	9.93	9.9	9.83	9.67	9	8	6.67
성신여대	288	311	▽23	10	9.9	9.8	9.6	9.5	9.2	9	7	5
세종대	348	392	▽44	10	9.93	9.56	9.17	8.67	6.89	5.73	2.13	0
숙명여대	300	302	▽2	10	9.89	9.78	9.66	9.54	9.04	8.59	8.19	0.30
숭실대	296	322	▽26	10	9.5	9	8.5	8	7	5	3	0
아주대	212	221	▽9	10	9.9	9.8	9.5	9	8.5	7.5	6.5	0
연세대(원주)	314	350	▽36	Z점수								
연세대(서울)	607	643	▽36	반	영	안	함					
울산대	12	16	▽4	27개 세부 급간으로 점수 부여하며, 1~3등급 차 0.11(10점 만점)								
이화여대	543	670	▽127	10	9.8	9.4	8.8	8.2	7	5	2	0

대학	2020년	2019년	증감	등급점수(10점 기준)								
				1	2	3	4	5	6	7	8	9
인하대	562	564	▽2	10	9.6	9.5	9.4	9.3	9.2	7.2	3.6	0
중앙대(안성)	97	66	▲31	10	9.96	9.92	9.88	9.84	9.8	9.6	8	4
중앙대(서울)	730	820	▽90	10	9.96	9.92	9.88	9.84	9.8	9.6	8	4
한국기술교육대	230	241	▽11	10	9.9	9.8	9.55	9.3	9.05	6.15	3.25	0.35
한국산업기술대	150	150	–	10	9.9	9.8	9.7	9.6	9.4	8	6	2.5
한국외국어대(글로벌)	115	104	▲11	10	9.87	9.9	9.8	9.67	9.33	9	8	0
한국외국어대(서울)	378	442	▽64	10	9.87	9.9	9.8	9.67	9.33	9	8	0
한국항공대	166	215	▽49	10	9.9	9.8	9.7	9.6	9.5	9.4	8.8	8
한양대(서울)	376	378	▽2	종	합	평	가					
한양대(에리카)	387	419	▽32	10	9.9	9.8	9.5	9	7	5	2.5	0
홍익대(서울)	397	399	▽2	10	9.9	9.7	9.4	9	8.5	6	3	0
계	12,146	13,313	▽1,167									

논술고사 유형

• 2020학년도 대학별 논술고사 분류(인문)

유형	대학명
문학 제재	가톨릭대, 건국대(서울), 경기대, 경희대, 광운대, 단국대(죽전), 동국대, 서강대, 서울과기대, 서울여대, 성균관대, 홍익대, 연세대(서울), 연세대(원주), 이화여대, 인하대, 중앙대, 한국외국어대(서울), 한국외국어대(글로벌), 한국항공대, 한양대(서울), 한양대(에리카)
문학 제재 포함 인문논술(언어논술)만 출제	가톨릭대(간호 – 인문), 경희대(인문/체능), 광운대(인문), 동국대(인문Ⅰ, Ⅱ), 서울과기대(인문), 숙명여대(인문), 한양대(인문), 홍익대(인문)
문학 제재 포함 가능 인문논술(언어논술)만 출제	세종대(인문), 숙명여대(인문), 숭실대(인문)
도표·그래프 포함한 수리논리	경희대(사회계), 숭실대(경상: 경제 자료 정량적 계산), 연세대(서울 – 인문/사회, 원주 – 인문: 수리통계 자료 가능), 이화여대(인문Ⅱ – 경제, 정량적 계산), 인하대(인문 – 수치 가공), 한국항공대(이학)
도표·그래프 없는 수리논리	가톨릭대(생활과학, 미디어기술), 건국대(인문사회 2 – 수리 분석 자료, 지문 제시형과 수리 논증형), 중앙대(경영경제), 한양대(상경)

유형	대학명
수리논리 없는 도표 · 그래프, 시각자료	건국대(인문사회 1), 경기대(인문), 경북대(인문), 단국대(죽전 – 인문), 서강대(인문), 서울시립대(인문), 서울여대(인문), 성균관대(인문), 아주대(인문), 한국외국어대(인문), 한국외국어대(글로벌 – 인문), 한국항공대(사회), 한양대(인문), 한양대(에리카 – 인문, 상경)
영어제시문	경희대(사회), 이화여대(인문Ⅰ), 한국외국어대

• 2020학년도 대학별 논술고사 분류(자연)

유형	대학명
수리논술만 출제	경북대(자연 계열Ⅰ), 광운대, 단국대(통합교과형 수리), 부산대, 서강대, 서울과기대, 서울시립대, 세종대, 숙명여대, 아주대, 연세대(원주 – 자연), 이화여대, 인하대, 한국항공대(공학), 한양대(서울), 한양대(에리카), 홍익대
수리 + 과학 선택	건국대(서울 – 단위별 과학 지정, 미지정 단위 선택), 경북대(의치수의 택 2), 경희대, 성균관대, 연세대(서울), 연세대(원주 – 의예), 중앙대, 한국기술교육대
수리 + 과학 통합	가톨릭대(수리 과학 개념), 동국대(과학 통합, 수리 단독), 숭실대(과학 통합, 수리 단독), 울산대(의예 – 수리 과학 개념)
과학	• 연세대(서울) : 지구과학 포함 • 경희대(자연, 의학) : 과학Ⅱ 포함 그 이외는 물리, 화학, 생명과학 중 택 1
언어논술 통합	가톨릭대(의예 – 통합형 의학논술), 서울여대(통합 교과), 울산대(의예 – 의학논술), 한국항공대(이학)

논술전형 준비 전략

1) 논술전형 준비 방법

　논술전형은 대부분의 대학에서 '논술 + 내신 성적 + 수능최저학력기준'으로 선발하고 있습니다(일부 대학: 수능최저등급 미적용 혹은 논술 100%). 그러나 전형 요소 중에서 내신 성적의 영향력이 작아서 상대적으로 논술의 변별력이 매우 크기 때문에 철저한 준비가 필요합니다. 그리고 논술은 대학별 고사이므로 대학별로 출제 방향, 출제 영역 및 채점 기준이 모두 다릅니다. 따라서 최근 실시된 3개년 동안의 기출문제와 예시문제, 모의 논술문제를 중점적으로 분석해 준비해야 합니다. 그러기 위해서는 해당 대학 홈페이지를 통한 자료 수집이 먼저 이루어져야 합니다.

최근 공교육진흥법에 따라 대학별 고사에 '고교 교육과정 범위 내 출제 원칙'이 적용되면서 시험이 예전에 비해 쉬워졌고, 대학별 활발한 정보 공개로 수험생 혼자서도 충분히 대비 가능한 수준으로 바뀌고 있습니다.

| 논술참고(인문) |

〈성균관대 논술 가이드북〉

'아무리 창의성 있는 글을 요구한다고 하더라도 글 전체가 완전히 새로운 아이디어로 구성될 수는 없을 것입니다. 주어진 제시문의 아이디어를 더 심화시키거나 다른 영역으로 확대 적용하는 것도 창의적인 글을 쓰는 방식입니다.' 비슷한 뜻의 문장을 반복하거나 제시문의 문장을 그대로 옮겨 쓰지 않고 자신의 언어로 내용을 통일감 있고 조리 있게 요약했으면 가점(표현력 등) 또한 창의적으로 문장을 구성하지 않고 제시문의 문장을 그대로 옮겨 쓴 답안에 대해서는 좋은 점수를 받지 못합니다.

〈경희대 논술 작성 요령 및 유의점〉

- 출제의도를 파악하여 자신의 주장과 논리를 창의적으로 전개
- 논제에 관해 자신이 알고 있는 지식을 서술하기보다는, 제시문의 내용과 관점을 근거로 논제가 요구하는 답안 작성
- 차별성 있는 논거와 참신한 사례를 바탕으로 독창적인 답안 작성

| 논술참고(자연) |

〈성균관대 논술 가이드 북〉

- ■ 수리논술 대비법
- 논술은 답뿐만 아니라 그 풀이과정이 매우 중요하다. 따라서 답안에 풀이과정을 생략하고 정답만 적는 것과 제시문 내용을 그대로 옮겨 적는 것은 피해야 한다. 제시문 내용만 답안에 옮겨 쓴 것은 학생이 올바른 수리 과정을 거치지 못했다는 반증이다. 채점 기준이 단계별로 평가하도록 되어 있으므로 답안에 풀이과정이 제시되어 있지 않으면 좋은 점수를 받을 수 없다.

- 풀이과정의 분량은 평가 대상이 아니다. 지나치게 간략하면 내용이 충분하지 않으므로 좋은 점수를 받지 못하고 너무 장황하면 논리성을 불명확하게 하는 효과가 있어 사고의 흐름을 보여 주는 데 실패한다.
- 계산과정의 실수도 감점 대상이 된다. 답안 전체를 보면 논리적인 서술이 되어 있어도 계산 실수로 최종 답이 다르게 나오는 경우가 있다. 올바른 계산 역시 교과과정에서 중요한 요소이고 다른 소문항에 영향을 줄 수 있으므로 감점 대상이 된다.
- 논리적 사고를 단계별로 명확히 서술하는 것이 중요하다. 수험생은 풀이과정의 생략 없이 사고의 흐름을 그대로 보여 주는 것이 중요하므로 줄바꿈, 적절한 기호와 그림을 추론과정에 방해되지 않는 선에서 사용하는 것이 좋다.

■ **과학논술 대비법**
- 물리는 단답식 답변을 요구하기보다 물리 법칙을 이용한 답안 도출을 요구하므로 답안 도출과정에서 사용하는 수식이 적절한지, 중간 계산과정이 적절하게 기술되었는지가 중요한 평가 항목이다. 그러므로 논리적 비약이나 중간 과정 생략 등은 감점 요소가 된다. 또한 단위나 운동 방향 등도 생략해서는 안 된다.
- 화학은 장황한 서술보다는 핵심 내용에 대한 서술이 있는지가 중요하다. 완성된 화학 반응식을 정확히 제시하지 않고 암산에 의해 답을 찾아가거나 일부가 생략된 형태의 화학 반응식으로 문제를 풀이하면 좋은 점수를 받기 어렵다. 결국 답을 유추하는 과정에 있어 반드시 필요한 핵심 부분에 대해서 충분한 서술이 있어야 한다.
- 생명과학 I 은 기본 개념에 대한 정확한 이해를 기반으로 문제 해결에 필요한 풀이 과정을 최대한 자세히 적어야 한다. 필요한 경우 그래프, 표, 그림 등으로 정리하는 것이 좋다.

2) 논술전형 준비 시기

논술 준비를 시작하는 시기는 정답이 없고 사람마다 다를 수 있습니다. 지적 수준과 글쓰기 능력을 갖춘 학생이라면 아주 짧은 기간의 준비로도 합격이 가능하겠지만, 그렇지 않다면 많은 연습 기간이 필요합니다. 물론 오랫동안 논술 준비를 한 학생들만 합격할 수 있는 것은 아닙니다. 서강대, 성균관대, 이화여대, 중앙대 등은 수능최저학력기준의 충족 여부가 합격과 불합격을 결정짓는 중요한 요소가 될 수 있지만, 일반적으로 인문논술은 빠른 시간 내에 지문을 정확하게 독해하는 연습이 필요하며, 공통 화제를 파악하여 논지를 일반화시키고, 핵심 내용을 명확하게 정리하여 압축적으로 개념을 제시할 수 있는지가 중요합니다. 또 자연논술은 수학·과학의 배경지식을 바탕으로 하는 과정 중심의 서술형 시험이기 때문에 엄밀한 논리적 근거에 따라 문제해결 과정의 서술이 중요합니다.

따라서 평소 수업 시간을 통해 사회·과학에 대한 배경지식과 수학·과학적 개념에 대한 확실한 지적 역량이 갖춰 두어야만 논술 공부가 빛을 발할 수 있습니다. 수능모의평가 성적이 저조한 경우 논술 준비를 서두르는 것은 다소 위험할 수 있습니다. 이는 수능최저학력기준 충족 여부가 매우 중요한 합격과 불합격의 결정적 요소이며, 평소 수능 준비가 논술 준비이기 때문이다.

3) 논술전형 출제 범위

공교육진흥법에 따른 논술전형은 대학별 고사의 '고교 교육과정 범위 내 출제 원칙'하에 전반적으로 쉬워졌다는 평입니다. 인문과 자연 모두 학교 교육과정에 충실한 논술 문항이 주를 이뤘는데, 전체적으로 교과서 내용을 벗어나지 않는 범위에서 출제되면서 이제 누구나 할 수 있다는 생각을 가져도 될 만큼 평이하게 출제되고 있습니다.

인문논술도 주로 교과서 중심의 제시문과 자료라서 어렵지는 않지만, 학생들의 사고력 깊이를 묻는 창의성 중심으로 출제되어 평소 자기만의 언어로 독특한 글을 써 나가는 연습이 필요해 보입니다. 주로 국어, 사회, 윤리 과목 교육과정을 반영해 출제되고 있지만, 인문사회 분야의 통합 논술형으로 도표나 통계, 수리 과학적 제시문도 함께 출제되는 경향이 강하게 나타나고 있습니다.

자연논술은 전반적으로 교과서 내용을 벗어나지 않는 범위에서 출제되고 있으며, 주변에서 흔히 지나칠 수 있는 사회 현상이나 자연 현상을 주제로 교과 내용 속에 함축되어 있는 수학·과학적 원리를 활용한 통합 논술형으로 출제됩니다. 이해력과 분석력, 논리적 전개에 따른 서술 능력 및 문제해결력과 창의성 등을 평가합니다. 물론 대학별로 수리논술만 출제하거나 '수리 + 과학' 논술로 출제하기도 합니다.

4) 논술전형에서 수능최저학력기준 충족 여부

논술전형에서 수능최저학력기준은 영어 절대평가의 도입으로 대부분의 대학에서 완화되었다고 볼 수 있습니다. 2019년 수능에서 영어 1등급 비율이 5.3%로 떨어지면서 합불의 중요한 변수가 되었습니다.

대부분의 대학에서 논술전형에 수능최저학력조건을 적용하고 있는데, 사실 수능최저학력기준을 충족하지 못해 불합격하는 학생이 매우 많습니다. 높은 수능최저학력기준을 적용하는 최상위 학과나 대학에서 40~80 : 1 의 경쟁률이 실질 경쟁률 10~20 : 1로 급격하게 떨어지는 이유는 바로 수능최저학력기준을 충족하지 못한 경우가 대다수이기 때문입니다. 다시 말해 논술전형은 사실상 수능 성적의 영향을 크게 받는 수능형 수시전형이라 할 수 있습니다. 따라서 철저한 수능 대비 학습이 논술 준비의 첫걸음이며, 합격의 문을 여는 열쇠가 될 수 있습니다.

2020학년도 적성고사 실시 대학 및 주요 특징

대학	전형방법	모집인원		적성고사		
		전형	인원	내용(문항 수)	문항 수	시간(분)
가천대 (11. 24)	학생부 60% + 적성 40%	적성우수자	1,015	• 국어(20) + 수학(20) + 영어(10) • 인문: 국어4 점, 수학 3점, 영어 3점 자연 : 국어 3점, 수학 4점, 영어 3점 • 기본점수: 230점	50	60
		농어촌(적성)	59			
		내신			수능최저	
	인문: 국어, 영어, 수학, 사회 / 자연: 국어, 영어, 수학, 과학 상위 등급 4과목, 반영 교과 점수 높은 순으로 35%, 25%, 25%, 15% 반영				없음	
고려대 (세종) (11. 23)	학생부 60% + 학업 능력고사 40%	학업능력고사	430	• 인문: 국어(20) + 영어(20) • 자연: 수학(20) + 영어(20) • 문항당 10점, 5지선다형	40	80
		내신			수능최저	
	인문: 국어, 영어, 수학, 사회 / 자연: 국어, 영어, 수학, 과학 전 과목 반영(학년별 반영 비율 없음)				있음	

대학	전형방법	모집인원		적성고사		
		전형	인원	내용(문항 수)	문항 수	시간(분)
삼육대 (10. 06)	학생부 60% + 적성 40%	교과적성우수자	238	• 국어(30) + 수학(30) • 기본점수: 190점 • 인문: 국어 4점, 수학 3점 • 자연: 국어 3점, 수학 4점	60	60
	내신				수능최저	
	국어, 영어, 수학, 사회/과학 중 3개 교과 반영(단, 사회/과학을 같이 반영 못함) 졸업생: 3학년 1학기까지 반영				없음	
서경대 (09. 29)	학생부 60% + 적성 40%	일반 학생 1	325	• 언어(20) + 수리(20) • 문항당 10점	40	60
		농어촌 학생 (정원 외)	50			
	내신				수능최저	
	인문, 사회, 예술: 국어, 영어, 사회 / 이공: 수학, 영어, 과학 교과별 상위 3과목 총 9과목 반영(학년별 반영 비율 없음)				없음	
성결대 (10. 26)	학생부 60% + 적성 40%	적성우수자	283	• 국어(25) + 수학(25) • 수능교과형, 문항당 8점	50	60
	내신				수능최저	
	국어, 영어, 수학, 사회/과학 교과별 가장 우수한 과목을 학기별로 선택하여 반영함 졸업생: 3학년 1학기까지 성적만 반영				없음	
수원대 (10. 6/7)	학생부 60% + 적성 40%	일반전형(적성)	555	• 국어(30) + 수학(30) • 인문: 국어 4점, 수학 3점 • 자연: 국어 3점, 수학 4점 • 기본점수: 190점	60	60
		국가보훈대상자	16			
		사회배려대상자	35			
	내신				수능최저	
	인문: 국어, 영어, 수학, 사회 / 자연: 국어, 영어, 수학, 과학 전 과목(학년별 반영 비율 없음) 졸업생: 3학년 1학기 까지 성적만 반영				없음	
을지대 (대전/성남) (10. 12)	학생부 60% + 적성 40%	교과적성우수자	354	• 국어(20) + 영어(20) + 수학(15), • 수학: 객관식 10 + 단답형 5 • 난이도별 5점, 6점, 7점 • 기본점수: 40점	55	60
		사회기여 및 배려대상자	53			
		특성화고교 졸업자	7			
	내신				수능최저	
	국어, 영어, 수학, 사회, 과학 교과 전 과목(학년별 반영 비율 없음)				없음	

대학	전형방법	모집인원		적성고사		
		전형	인원	내용(문항 수)	문항 수	시간(분)
평택대 (11. 30)	학생부 60% + 적성 40%	PTU적성	177	• 국어(25) + 수학(25) • 문항당 점수 8점	50	60
	내신				수능최저	
	국어/수학 중 상위 3과목, 영어 상위 3과목, 사회/과학 중 상위 3과목 총 9과목 반영 (학년별 반영 비율 없음) 졸업생: 3학년 1학기까지 반영				없음(단, 간호: 국어, 수학, 영어, 탐구(1) 중 2개 합 6)	
한국 산업 기술대 (11. 17)	학생부 60% + 전공적성 40%	적성우수자	300	• 국어(25) + 수학(25) • 경영/디자인: 국어 3점, 수학 2점 • 공학 계열: 국어 2점, 수학 3점 • 기본점수: 75점	50	70
		농어촌 학생	55			
	내신				수능최저	
	공학: 국어, 영어, 수학, 과학 교과 상위 5과목씩 총 20과목 반영 경영/디자인: 국어, 영어, 수학, 사/과 교과 상위 5과목씩 총 20과목 반영 (학년별 반영 비율 없음)				없음	
한성대 (10. 20)	학생부 60% + 전공적성 40%	적성우수자	380	• 국어(30) + 수학(30) • 기본점수: 100점 • 인문: 국어 6점, 수학 4점 • 사회과학: 국어 5점, 수학 5점 • 공과: 국어 4점, 수학 6점	60	60
	내신				수능최저	
	인문, 사회: 국어, 영어, 수학, 사회 / 공대: 국어, 영어, 수학, 과학 전 과목(학년별 반영 비율 없음)				없음	
한신대 (12. 01)	학생부 60% + 적성 40%	적성우수자	304	• 국어(30) + 수학(30) • 인문: 국어 4점, 수학 3점 • 자연: 국어 3점, 수학 4점 • 기본점수: 190점	60	60
	내신				수능최저	
	국어/수학교과 중 3과목 + 영어교과 3과목 + 사회/과학교과 중 3과목 총 9과목 반영 (학년별 반영 비율 없음)				없음	
홍익대 (세종) (11. 17)	학생부 60% + 적성 40%	학생부적성	168	• 수학(25) + 영어(25) • 5지선다형	50	100
	내신				수능최저	
	국어, 영어, 수학, 사회/과학 중 교과별 상위 3과목씩 총 12과목 반영(학년별 반영 비율 없음)				있음	

2020학년도 수능최저학력기준 적용 적성고사 실시 대학

대학	수능 최저
고려대(세종) (11. 23)	• 인문: 국어 3등급 또는 수학(가/나) 3등급 또는 영어 2등급 또는 탐구 2개 합 6, 한국사 응시 • 자연(데이터계산과학전공, 디스플레이융합전공, 반도체물리전공, 사이버보안전공, 신소재화학과, 전자기계융합공학과): 국어 3등급 또는 수학(가) 3등급 또는 과탐 2개 합 6 또는 영어 2등급, 한국사 응시 • 자연(생명정보공학과, 식품생명공학과, 전자및정보공학과, 컴퓨터융합소프트웨어학과, 환경시스템공학과): 국어 3등급 또는 수학(가/나) 3등급 또는 과탐 2개 합 6 또는 영어 2등급, 한국사 응시 • 자연(국가통계, 빅데이터, 자전): 국어 3등급 또는 수학(가/나) 3등급 또는 탐구 2개합 6급 또는 영어 2등급, 한국사 응시
홍익대(세종) (11. 17)	• 인문: 국어, 수학(가/나), 영어, 사/과탐(1과목) 중 2개 영역 등급 합 8, 한국사 응시 • 자연: 국어, 수학(가), 영어, 과탐(1과목) 중 2개 영역 등급 합 9, 한국사 응시
평택대 (11. 30)	(간호학과) 국어, 수학, 영어, 탐구(1) 중 2개 합 6

  적성고사전형을 실시하는 12개 대학 중 수능최저학력기준을 적용하는 대학은 고려대(세종)와 홍익대 그리고 평택대 간호학과 정도입니다. 그리고 이 대학들은 중복 지원과 수능최저학력기준 미충족으로 결시율이 높아 실질 경쟁률이 절반 이하로 낮아지는 경향이 두드러져 수능최저학력기준을 충족한다면 합격 가능성이 높습니다.

대학별 학생부 등급 간 점수

대학	등급 간 감점									3~4등급 간 감점 극복 문항 수	배점
	1	2	3	4	5	6	7	8	9		
가천대	(600)	3	3	3	3	18	60	150	180	1개	3점, 4점
고려대(세종)	(600)	20	20	20	20	20	100	200	200	2개	10점
삼육대	(600)	6	6	9	9	18	42	150	360	3개	3점, 4점
서경대	(600)	12	12	12	12	12	60	120	240	2개	10점
성결대	(600)	7	7	7	7	7	135	220	210	1개	8점
수원대	(600)	3	3	3	3	6	30	60	192	1개	3점, 4점

대학	등급 간 감점									3~4등급 간 감점 극복 문항 수	배점
	1	2	3	4	5	6	7	8	9		
을지대	(600)	12	12	12	12	12	120	180	180	2~3개	5점, 6점, 7점
평택대	(600)	6	6	6	6	6	6	282	282	1개	8점
한국산업기술대	(300)	3	3	3	3	6	42	60	105	1~2개	2점, 3점
한성대	(600)	8	8	8	12	24	100	100	190	2개	4점, 5점, 6점
한신대	(600)	6	6	6	6	6	6	84	180	2개	3점, 4점
홍익대(세종)	(600)	6	12	18	24	30	150	180	180	3	8점

적성고사 준비 전략

적성고사전형에서 합격자 내신은 대부분 3~5등급대에서 결정되며, 어느 정도까지의 내신까지는 등급 간 점수 차를 적성고사로 극복할 수 있습니다. 그러나 앞서 표에서 볼 수 있듯이 특정 등급 이하가 되면 사실상 합격이 불가능하므로 대학별 학생부 성적 반영 방법과 적성고사의 영역별 문항 배점 등 유불리를 꼼꼼히 따져 지원해야 합니다.

예를 들어, 가천대의 경우 학생부 내신 등급 간 점수 차가 3점에 불과하기 때문에 적성고사 1문항으로 내신 한 개 등급 역전이 가능합니다. 또한 대부분 대학에서 국어·수학 문항만 출제하고, 일부 대학에서는 영어 문항도 출제합니다. 그러나 같은 등급대의 학생이라면 수학 영역의 변별력이 가장 크기 때문에 수학 영역에 강점이 있는 학생에게 매우 유리합니다. 적성고사전형은 빠른 시간 안에 많은 문제를 풀어야 하기 때문에 지원 대학의 기출문제뿐만 아니라 다른 대학의 기출문제도 풀어 보면서 반드시 연습의 과정을 거쳐야 합니다.

특기자전형의 주요 특징

2020학년도 특기자전형은 총 35개 대학에서 총 1,992명을 선발합니다.

지역별로는 서울 지역 19개, 경기 지역 5개, 부산 지역 3개, 경남/대전/충북/전남 각 1개, 강원/충남 각 2개 대학이며, 학생부전형으로 선발하는 서강대(11명), 숙명여대(19명), 한성대(학생부교과전형 4명, 학생부종합전형 15명), 아주대(50명) 99명을 제외하면 1,858명을 선발해서 2018학년도의 2,481명에 비해 623명이 감소하였고, 컴퓨터/IT 분야에서 20명이 증가(학생부전형 제외)한 것을 제외하고는 모든 분야에서 모집인원이 감소하였습니다.

전국·국제 규모 대회 입상자 등 체육특기자를 제외하면 대부분 대학에서 수학/과학특기자와 어학 관련 특기자로 모집하고 있고, 연세대의 경우 25.6% 축소(지난해 805명에서 206명 감소한 599명 모집 예정)하였으며, 고교 교육 내실화를 위해 고교 졸업자 및 졸업예정자로 지원 자격을 제한하였습니다.

2020학년도 특기자전형 신설 대학은 케이씨대 어학특기자전형(12명 모집)이며, 폐지 대학은 경희대 실기우수자전형(문학 – 시·소설), 숭실대 예체능우수인재전형

(문학), 연세대 사회과학인재, 총신대 외국어(영어)우수자전형, 한국외국어대 특기자전형(수학/과학), 경주대 특기자(외식·조리학부), 동국대(경주) 어학특기자, 연세대(원주) 특기자전형, 군산대 어학특기자전형 등이고 학생부종합전형으로 변경한 대학은 서강대 알바트로스창의전형, 성균관대 소프트웨어과학인재, 숙명여대 글로벌인재전형, 아주대 SW특기자전형(소프트웨어학과) 등이 있습니다. 연세대 특기자전형은 IT명품인재전형에서 과학인재전형으로 명칭이 변경되었습니다.

1) 2020년 특기자전형 모집인원

지역	대학	시기	전형명(모집단위)	문학	어학	수학 과학	컴퓨터/IT	기타	합계
서울	경희대	수시	실기우수자(K – SW인재) (소프트웨어융합대학)				10		10
			실기우수자[글로벌(영어)] (국제학과)		30				30
	고려대	수시	특기자(인문)		146				146
			특기자(자연)			219			219
			특기자(국방학과(정원 외))				18		18
	국민대	수시	어학특기자		48				48
			소프트웨어특기자(소프트웨어학부)				15		15
			기능특기자(자동차공학과)					1	1
			건축디자인특기자(건축학부)					2	2
	동국대	수시	실기(문학 – 국어국문·문예창작학부)	23					23
			실기(SW)				20		20
	동덕여대	수시	특기자(국어능력 – 국어국문학과)					5	5
			특기자(문학 – 문예창작과)	5					5
			특기자(한국사 – 국사학과)					5	5
			특기자(어학 – 인문/사회과학대)		44				44
	명지대	수시	문학특기자	15					15

지역	대학	시기	전형명(모집단위)	문학	어학	수학 과학	컴퓨터/ IT	기타	합계
서울	명지대	수시	바둑특기자					10	10
	서강대	수시	학생부종합(SW우수자)					16	16
	서경대	수시	어학특기자(국제비즈니스어학부)		8				8
	성신여대	수시	어학우수자		22				22
	숙명여대	수시	학생부종합(소프트웨어융합인재)					19	19
	숭실대	수시	SW특기자					21	21
	연세대	수시	특기자(어문학인재)		54				54
			특기자(과학인재)			273			273
			특기자(국제인재)					228	228
	이화여대	수시	어학특기자		60				60
			과학특기자			69			69
			국제학특기자					54	54
	장로회 신학대	수시	성경경시대회 특기자					6	6
	추계예술대	수시	수상실적특기자(문학 – 문예창작)	4					4
	KC(케이 씨)대	수시	어학특기자(G2빅데이터경영학과)		12				12
	한국 외국어대	수시	특기자(외국어)		55				55
	한성대	수시	학생부교과(특기자) 뷰티디자인매니지먼트학과					4	4
			학생부종합(상상SW특기자)				15		15
	한양대	수시	글로벌인재(어학특기자)		68				68
			소프트웨어인재(소프트웨어특기자) 컴퓨터소프트웨어학부				13		13
경기	서울신학대	수시	어학특기자		16				16
	아세아연합 신학대	정시	성경지식우수자					8	8
	아주대	수시	학생부종합(SW융합인재) 소프트웨어학과				30		30

지역	대학	시기	전형명(모집단위)	문학	어학	수학 과학	컴퓨터/ IT	기타	합계
경기	아주대	수시	학생부종합(국방IT우수인재1)(정원외) 국방디지털융합학과				20		20
	중앙대	수시	실기(특기형)(문학 – 문예창작)	4					4
	한국 외국어대	수시	특기자(외국어)		21				21
			특기자(소프트웨어)				11		11
부산	경성대	수시	외국어특기자		18				18
	부산대	수시	SW특기자				15		15
	부산 외국어대	수시	학생부종합(SW인재)				12		12
			외국어능력우수자		60				60
경남	한국 국제대	수시	조리특기자					3	3
강원	상지대	수시	특기자(어학)		18				18
			특기자(컴퓨터)				4		4
	한림대	수시	외국어특기자		25				25
대전	우송대	수시	외국어우수자		20				20
충남	건양대	수시	글로벌인재(특기자)					47	47
	금강대	수시	어학특기자(글로벌융합학부)		10				10
충북	세명대	수시	특기자(어학)		30				30
전남	순천대	수시	특기자(문예창작학과)					3	3
합 계				51	765	561	239	376	992

2) 2020 유형별 특기자전형 선발 방법

(1) 문학특기자

지역	대학	전형명	모집 인원	전형방법	비고
서울	동국대	실기(문학) (국어국문 · 문예창작 학부) 일반 18명, 입상자 5명	23	교과 20 + 출결 10 + 봉사 10 + 실기 60	

지역	대학	전형명	모집인원	전형방법	비고
서울	동덕여대	특기자(문학)	5	수상실적 등 54.4 + 학생부 교과 13 + 면접 32.6	국, 수, 영, 탐구(2) 중 2개 합 8, 한국사 응시
	명지대	문학특기자	15	• 1단계(3배수): 서류 100 • 2단계: 서류 70 + 면접 30	서류: 학생부, 실적증빙서류
	추계예술대	수상실적특기자(문학)(문예창작)	4	서류(수상실적) 100	대학교 인정 문예대회 입상자
경기	중앙대	실기(특기형)	4	수상실적 80 + 실기 20	
전남	순천대	특기자(문예창작학과)	3	• 1단계: 학생부 60(교과 50 + 출결 10) + 대회기록 점수40 • 2단계: 1단계 83.3 + 면접 16.7	

(2) 어학특기자

지역	대학	전형명	모집인원	전형방법	비고
서울	경희대	실기우수자 글로벌(영어)	30	• 1단계(3배수 내외): 서류 100 • 2단계: 서류 70 + 면접 30	서류: 학교생활기록부, 자기소개서, 개인 활동자료 및 실적(A4 용지 단면 20매 이내, TOEIC, TOEFL, TEPS 등 공인외국어성적평가 미반영, 제출 불가)
	고려대	특기자(인문)	146	• 1단계(5배수): 서류100 • 2단계: 1단계 50 + 면접 50	• 서류: 학생부, 자소서, 추천서, 활동증빙서류(A4 3매 이내, 검정고시 및 해외고 8매 이내) • 국제학부: 영어심층면접(영어 에세이 능력 포함)
	국민대	어학특기자	48	• 1단계(8배수): 어학성적 100 • 2단계: 1단계 20 + 면접 50 + 학생부 교과 30	• 영어: TOEIC 900점 이상 또는 TOEFL IBT 95점 이상 또는 TEPS 800점 이상 • 일본어: 일본어능력시험(新JLPT) N1급 이상 등
	동덕여대	특기자(어학)	34	수상실적(공인어학성적) 등 50 + 학생부 교과 20 + 면접 30	• 영어, 프랑스어, 독일어, 일본어, 중국어 • 국, 수, 영, 탐구(2) 중 2개 합 8, 한국사 응시
	서경대	어학특기자(국제비즈니스어학부)	8	어학성적 100	수능최저학력기준: 국어, 영어 2개 영역 합 10

지역	대학	전형명	모집인원	전형방법	비고
서울	성신여대	어학우수자	22	• 1단계(3배수): 공인어학능력시험 100 • 2단계: 1단계 50 + 학생부 30 + 면접 20	서류: 공인어학능력시험, 학생부
	이화여대	어학특기자	60	• 1단계(4배수): 서류 100 • 2단계: 1단계 70 + 면접 30	서류: 학생부, 활동보고서 등
	케이씨대	어학특기자 (G2빅데이터경영학과)	12	면접 30 + 실기 70	TOEFL IBT 61점, TOEIC 650점, TEPS 521점, NEAT 195점, (新)HSK 5급 이상
	한국 외국어대	특기자(외국어)	55	• 1단계(3배수): 서류 100 • 2단계: 서류 70 + 면접 30	서류: 자소서, 활동보고서, 활동증빙서류
	한양대	글로벌인재 (어학특기자)	68	• 1단계(3배수): 외국어 Essay 100 • 2단계: 외국어면접60 + 학생부종합평가 40	• 서류: 학교생활기록부, 학력증명서(해당자) • 영어: 영어영문학과, 영어교육과, 국제학부 • 중국어: 중어중문학과 • 독일어: 독어독문학과
경기	서울신학대	어학특기자	16	서류(어학) 60 + 면접 40	• 영어과: TOEFL(iBT – 84점), TOEIC(760점), TEPS(655점) • 중국어과: (新)HSK(5급) • 일본어과: JLPT(3급), JPT(520점)
	한국 외국어대 (글로벌)	특기자(외국어)	21	• 1단계(3배수): 서류100 • 2단계: 서류70 + 면접30	서류: 학생부, 자소서, 활동보고서, 활동증빙서류
부산	경성대	외국어특기자	18	서류(어학성적) 70 + 면접 30	• 영어영문학과: TOEIC 730점, TOEFL(PBT 520점 이상, CBT 190점 이상, IBT 68점 이상), TEPS 720점 이상 • 중국학과: (新)HSK 4급 이상
	부산 외국어대	외국어능력우수자	60	공인외국어성적 100	서류: 공인외국어시험성적
강원	상지대	특기자(어학)	18	서류 60 + 면접 40	• 영어: 영어인증점수(TOEIC, TOEFL, TEPS) • 중국어: 중국어인증점수((新)HSK)

지역	대학	전형명	모집인원	전형방법	비고
강원	한림대	외국어특기자	25	면접 40 + 서류 60	• 공통: 학교생활기록부(국외고: 고등학교 재학성적 또는 SAT, A–Level 등 공인학력평가 성적, • 검정고시: 검정고시 취득점수, 자기소개서, 공인외국어성적(선택)
대전	우송대	외국어우수자	20	• 1단계(5배수): 서류 100 • 2단계: 면접 50 + 서류 50	• 영어교과성적 우수자: 모든 영어교과 중 2등급 이내인 과목이 한 학기 이상 • 외국어/국제 전문교과 이수자, 해외 고교 졸업(예정)자, 검정고시 영어 과목 90점 이상인 자 • 자기추천자 등
충남	금강대	어학특기자	10	학생부 20 + 면접 30 + 서류 50	영어(토익, 텝스, 토플) 성적, 중국어(HSK) 성적, 일본어(JPT, JLPT) 성적 반영
충북	세명대	어학특기자 (국제언어문화학부)	30	어학성적 55.6 + 면접 44.4	TOEIC 600점, TOEFL iBT 67점, TEPS 478점, (新)HSK 4급 180점, JLPT N3 95점, JPT 541점 이상

(3) 수학/과학

지역	대학	전형명	모집인원	전형방법	비고
서울	고려대	특기자 (자연)	219	• 1단계(5배수): 서류 100 • 2단계: 1단계 50 + 면접 50	서류: 학생부, 자기소개서, 추천서, 활동증빙서류(A4 3매 이내, 검정고시 및 해외 8매 이내)
	이화여대	과학특기자	69	• 1단계(4배수): 서류 100 • 2단계: 1단계 성적 70 + 면접 30	서류: 학생부, 활동보고서 등

(4) 컴퓨터/IT

지역	대학	전형명	모집인원	전형방법	비고
서울	경희대	실기우수자 (K – SW인재)	10	• 1단계(3배수): 서류 100 • 2단계: 서류 70 + 면접 30	서류: 학교생활기록부, 자기소개서, 개인 활동자료 및 실적(A4용지 단면 20매)
	고려대	특기자 (사이버국방학과)	18	• 1단계(3.5배수) 서류 100 • 2단계: 1단계 60 + 면접 20 + 기타 20(군 면접 + 체력검정)	서류: 학생부, 자소서, 추천서, 활동증빙서류(A4 3매 이내, 검정고시 및 해외고 8매 이내)
서울	국민대	소프트웨어특기자 (소프트웨어학부)	15	• 1단계(3배수): 입상성적 100 • 2단계: 1단계 20 + 면접 50 + 학생부 교과 30	
	동국대	실기(SW)	20	교과 20 + 출결 10 + 봉사 10 + 실기 60	• 컴퓨터공학/정보통신공학: SW 설계(120분) • 멀티미디어공학과: 프로그래밍 (120분)
	서강대	학생부종합 (SW우수자)	16	서류평가 100	학생부, 자소서, 추천서(선택)
	숙명여대	학생부종합 (SW융합인재전형)	19	• 1단계(4배수): 서류 100 • 2단계: 1단계 40 + 면접 60	서류: 학생부, 자소서
	숭실대	SW특기자	21	• 1단계(3배수): 서류 100 • 2단계: 1단계 70 + 면접 30	서류: 학생부, 자소서, 실적증빙자료
	한성대	학생부종합 상상SW특기자전형	15	• 1단계(5배수): 서류 100 • 2단계: 1단계 60 + 면접 40	서류: 학생부, 자소서
	한양대	소프트웨어인재 (컴퓨터소프트웨어)	13	• 1단계(5배수): 실적평가 100 • 2단계: 면접60 + 학생부 종합평가 40	서류: 학생부, 소프트웨어 관련 활동소개서
경기	아주대	학생부종합 (SW융합인재) (소프트웨어학과)	30	• 1단계(3배수): 서류평가 100 • 2단계: 서류 70 + 면접 30	서류: 학생부, 자소서
		학생부종합 (국방IT우수인재1) (국방디지털융합학과)	20		
	한국외국어대	특기자(SW)	11	• 1단계(3배수): 서류 100 • 2단계: 서류 70 + 면접 30	서류: 자소서, 활동보고서, 활동증빙서류

지역	대학	전형명	모집인원	전형방법	비고
부산	부산대	SW특기자	15	• 1단계(2배수): 서류평가 100 • 2단계: 1단계 40 + 면접 60	서류: 학생부, 포트폴리오, SW 관련 대회 입상실적 및 자격증 등
	부산외국어대	학생부종합(SW인재)	12	• 1단계(5배수): 학생부 100 • 2단계: 1단계 성적 60 + 면접 40	학생부: 교과 50 + 비교과 50
강원	상지대	특기자(컴퓨터)	4	면접 40 + 실적 60	광역시 · 도 이상 규모 대회 입상자 시 · 군 이상 규모대회 3위 이내

(5) 기타

지역	대학	전형명	모집인원	전형방법	비 고
서울	국민대	기능특기자 (자동차공학과)	1	• 1단계(8배수): 특기(입상성적) 100 • 2단계: 1단계 20 + 면접 50 + 학생부 교과 30	
		건축디자인특기자 (건축학부)	2	• 1단계(8배수): 특기(입상실적) 100 • 2단계: 1단계 20 + 면접 50 + 학생부 교과 30	
	동덕여대	특기자(국어능력)	5	수상실적 54.4 + 학생부 교과 13 + 면접 32.6	
		특기자(한국사)	5	수상실적 50 + 학생부 교과 20 + 면접 30	
	연세대	특기자(어문학인재)	54	• 1단계(일정 배수): 서류 100 • 2단계: 서류 60 + 면접 40	서류: 학생부, 자소서, 추천서
		특기자(과학인재)	273		
		특기자(국제인재)	228		
	이화여대	국제학 특기자	54	• 1단계(4배수): 서류 100 • 2단계: 1단계 70 + 면접 30	서류: 학생부, 활동보고서
	장로회신학대	성경경시대회 특기자	3	수상점수 80 + 면접 20	
	한성대	학생부교과 특기자 (뷰티디자인매니지먼트학과)	4	학생부(기본교과) 100 (국/영/수/사 반영)	미용사자격증(일반/피부/네일/메이크업), 이용사자격증 중 1개 이상 소지자

지역	대학	전형명	모집 인원	전형방법	비 고
경기	아세아연합 신학대	성경지식우수자	8	실기(고사성적) 60 + 면접 40	
경남	한국국제대	조리특기자	3	학생부 40 + 서류 60	서류: 자격증 취득 수
충남	건양대	글로벌인재(특기자)	39	• 1단계(4배수): 특기실적 100 • 2단계: 1단계 60 + 면접 40	

특기자전형 지원 전략 - 상위권 대학으로 가는 또 하나의 티켓!

특기자전형에 지원하려면 일단 자신의 현재 상황을 파악하여 지원 자격이 되는 지를 살펴봐야 합니다. 어학우수자는 공인성적만 있으면 되는지, 고교 재학 기간 중에 취득한 것만 해당되는지, 활동보고서에 외부 수상 내역을 기록할 수 있는지 등을 2020학년도 수시모집요강 세부 사항에서 꼭 확인해야 합니다.

면접은 합격과 불합격에 영향을 줄 정도로 중요하며 지원 동기나 입학 후 학업 계획 등을 서류를 통해 확인합니다. 수학과 과학 특기자전형의 경우, 수학과 과학 교과지식을 토대로 지원자의 문제해결 능력과 창의력 등을 묻기 때문에 매년 3월 말 대학별로 발표되는 선행학습 영향평가 보고서에서 기출문제를 반드시 확인하 여 준비하는 것이 중요합니다.

그리고 대부분의 특기자 전형은 수능최저학력기준을 적용하지 않습니다.

1) 어학특기자전형의 특징과 준비 전략

일반적으로 공인어학성적을 바탕으로 면접이나 해당 언어의 에세이 시험 성적 으로 합격자를 선발합니다. 영어, 중국어, 일본어, 국제 계열 등 선발 학과가 제한 적이고 모집인원도 적은 편이지만, 대부분 수능최저학력기준을 적용하지 않고 교 과 성적도 반영하지 않습니다.

상위권 대학은 고득점의 공인어학성적 소지자가 너무 많기 때문에 변별력을 가늘하기 위해 에세이, 면접 등의 평가를 진행합니다.

어학특기자 선발 전형에서 서류평가를 진행하는 대표적인 대학은 고려대, 이화여대, 한국외국어대, 경희대입니다. 이 대학들은 학생부를 통해 지원자의 전반적인 학업 능력과 학교생활 충실성, 전공과 연계된 활동 내역까지도 종합적으로 평가하고 있습니다. 공인어학성적을 중심으로 평가하는 중하위권 대학의 어학특기자전형은 지원 자격을 충족하는 고득점의 공인어학성적 취득을 우선적인 목표로 삼고 준비해 나가는 것이 좋습니다.

2) 과학특기자전형의 특징과 준비 전략

과학특기자전형은 영재고 및 과학고 학생뿐만 아니라 일반고 학생에게도 지원의 문을 열어 놓고 있습니다. 서류종합평가 중심이며, 준비서류는 학생부, 자소서, 추천서, 증빙 서류 목록표 등입니다. 이는 학생부종합전형과 동일하므로 병행 준비 전략을 고려해도 좋습니다.

과학특기자전형은 서류평가 이후 수학, 과학 관련 우수성과 발전 가능성 등을 심층면접이나 활동증빙자료 등을 통해서 확인합니다. 활동증빙자료를 요구하는 대학은 각종 대회 수상 실적 등을 평가 요소로 활용하며, 면접에서 수학, 과학 관련 심층 사고 능력을 평가하기 때문에 단순 암기가 아닌 논리적 사고력과 추론 능력을 갖추어야 합니다.

(3) 소프트웨어 특기자전형의 특징과 준비 전략

소프트웨어특기자는 대학에 따라 특기자전형과 학생부종합전형으로 전형을 달리 운영합니다. 미래창조과학부는 2015년 8개 대학(가천대, 고려대, 경북대, 서강대, 성균관대, 세종대, 아주대, 충남대), 2016년 6개 대학(국민대, 동국대, 부산대, 서울여대, KAIST, 한양대), 2017년 6개 대학(경희대, 중앙대, 광운대, 단국대, 조선대, 한동대)을 선정하여 2018학년도 입시부터 선발했고, 2018년 10개 대학(강원대, 건국대, 숭실대, 한림대, 한양대(에리카), 동명대, 선문대, 우송대, 원광대, 제주대), 2019년 5개 대학(대구가톨릭대, 안동대, 연세대(원주), 이화여대, 충북대)을 선정하여 총 35개 대학을 운영하고 있습니다.

선정된 대학들은 지능정보사회를 이끌어 갈 SW에 재능 있는 우수인재를 선발하기 위해 대부분 1단계에서 서류 100%로 선발하며, 학생부교과전형 등 학생부 위주로 선발합니다. 따라서 학생부종합전형을 준비한다는 자세로 내신 관리에 힘쓰고, 소프트웨어 관련 비교과 및 소프트웨어 경진대회 등 활동자료를 축적하며, 수학과 물리 등 관련 교과 학업 성취도를 향상시키고 심화 탐구활동을 하는 것이 중요합니다.

2020학년도 소프트웨어(SW) 중심 대학 전형방법(35개 대학)

대학	선정	전형	인원	전형방법		특이사항
				1단계	2단계	
가천대	2015	가천SW	25	서류 100% (4배수)	1단계 50% + 면접 50%	서류: 학생부, 자소서
고려대	2015	특기자 (컴퓨터학부)	18	서류 100% (5배수)	1단계 50% + 면접 50%	학생부, 자소서, 추천서, 활동증빙서류, 학교특성소개서
경북대	2015	SW특별 (컴퓨터학부)	6	서류 100% (5배수)	서류 50% + 면접 50%	학생부, 자소서, 추천서, 추가 서류
서강대	2015	SW우수자	16	서류 100%		서류: 학생부, 자소서, 추천서(선)
성균관	2015	학생부종합 (SW학과)	75	서류 100%		서류: 학생부, 자소서
세종대 SW융합 대학	2015	창의인재	218	서류 100% (3배수)	1단계 70% + 면접 30%	서류: 학생부, 자소서
		논술우수자	84	교과 40% + 논술 60%		국, 수(가), 영, 과(1) 중 2개 합 5
		학생부우수자	52	교과 100%		
아주대	2015	SW융합인재	30	서류 100% (3배수)	1단계 70% + 면접 30%	서류: 학생부, 자소서
충남대	2015	SW인재	3	서류 100% (2~3배수)	1단계 60% + 면접 40%	서류: 학생부, 자소서, 추천서

대학	선정	전형	인원	전형방법		특이사항
				1단계	2단계	
국민대	2016	SW특기자	15	입상실적 100%(3배수)	1단계 20% + 학생부 교과 30% + 면접 50%	수능최저 없음. 포트폴리오 제한 없음(면접 시 활용)
동국대	2016	실기(SW)	20	일괄: 교과 20% + 출결 10% + 봉사 10% + 실기 60%		
부산대	2016	SW특기자	15	서류 100% (2배수)	1단계 40% + 면접 60%	학생부, 포트폴리오, 입상실적 등
서울여대	2016	융합인재	29	서류 100% (4배수)	1단계 60% + 면접 40%	학생부, 자소서
KAIST	2016	특기자	20	서류 100% (2배수)	1단계 60% + 면접 40%	서류: 학생부, 자소서, 추천서, 특기입증자료
한양대	2016	SW인재 컴퓨터SW학부	13	실적 100% (5배수)	면접 60% + 학생부종합평가 40%	서류 : 학생부, sw활동소개서
경희대	2017	실기우수자 (K – SW)	10	서류 100% (3배수)	1단계 70% + 실기재평가 30%	서류: 학생부, 자소서, 활동자료
중앙대	2017	SW인재	75	서류 100%		서류: 학생부, 자소서, 추천서
광운대	2017	소프트웨어 우수인재	30	서류 100% (3배수)	1단계 70% + 면접 30%	서류: 학생부, 자소서
단국대	2017	SW인재	50	서류100% (3배수)	1단계 70% + 면접 30%	서류: 학생부, 자소서
조선대	2017	SW	12	서류 100%		서류: 학생부, 자소서
한동대	2017	SW인재	5	서류 100% (3배수)	1단계 70% + 면접 30%	서류: 학생부, 자소서
강원대	2018	SW인재	15	서류 100% (3배수)	1단계 70% + 면접 30%	서류: 학생부, 자소서
건국대	2018	별도 선발 인원 없음	47	KU학교추천(19), KU자기추천(14), 논술(14)		소프트웨어학과, 컴퓨터공학과 통합 예정
숭실대	2018	SW특기자	21	서류 100% (3배수)	1단계 70% + 면접30%	서류: 학생부, 자소서, 실적증빙서류
한림대	2018	한림SW인재	25	서류 100% (6배수)	1단계 70% + 면접 30%	서류: 학생부, 자소서

대학	선정	전형	인원	전형방법		특이사항
				1단계	2단계	
한양대 (에리카)	2018	학생부종합2 (sw융합대학)	39	서류 100% (3배수)	1단계 70% + 면접 30%	서류: 학생부
동명대	2018	교사 추천	15	학생부 40% + 비교과 60%		서류: 학생부, 추천서
선문대	2018	SW인재	30	서류 100% (4배수)	1단계 60% + 면접 40%	서류: 학생부, 자소서
우송대	2018	별도 선발 인원 없음	173	교과(일반 1, 일반 2, 독자기준, 지역인재), 학생부종합(잠재능력우수자)로 선발		IT미디어학부, 테크노미디어학부
원광대	2018	SW열린인재	44	서류 100% (5배수)	1단계 70% + 면접 30%	서류: 학생부
제주대	2018	세부 내용 미정				
대구, 가톨릭대, 안동대, 연세대 (원주), 이화여대, 충북대	2019	세부 내용 미정				

Q 과학특기자전형에서 활동보고서는 어떻게 준비해야 하나요?

A 우선 수학·과학 관련 외부 경시대회나 외부 활동 실적을 기록하거나, 또는 수학·과학 분야를 포함해서 자신의 역량을 드러낼 수 있는 내용을 기록하면 됩니다. 물론 대학에 따라 학술 논문이나 발명에 대한 수상은 기록할 수 없는 곳도 있으므로 반드시 모집요강을 숙지해서 준비해야 합니다.

Q 연세대 특기자면접은 어떤 식으로 실시되나요?

A 과학인재면접은 제시문을 바탕으로 학생 1명과 면접관 2~3명이 진행하는 다대일 심층면접입니다. 제시문은 수학·과학 통합 문제가 주어지고, 지원자들은 제시문 숙지 시간을 포함하여 면접고사가 20분간 진행됩니다. 제시문에 수학·과학 문제가 나오기 때문에 문제 풀이식 면접으로 오해할 수 있지만, 논리적 사고력과 추론 능력이 중점적인 평가 대상으로, 깊은 사고력을 바탕으로 한 학업 역량이 우수한 학생에게 유리합니다. 어문학 인재의 경우 학교생활기록부, 자기소개서를 바탕으로 해당 전공의 특기자로서 역량을 확인하는 특기 역량 확인 면접을 실시하며 제시문 숙지 시간을 포함하여 20분간 면접이 진행됩니다.

국제인재의 경우 언더우드 계열은 영어면접을 실시하고 융합인문사회(HASS)계열, 융합과학공학(ISE)계열 심층면접은 한국어로, 일반면접은 영어로 실시하며, 역시 제시문 숙지 시간을 포함하여 20분간 면접이 진행되며 융합인문사회(HASS)학부와 융합과학공학(ISE)부 입학생은 4년간 인천 송도국제캠퍼스에서 전 교육과정을 이수합니다.

Q **어학특기자는 어떤 학과에서 많이 뽑고 경쟁률은 어떤가요?**

A 어학특기자는 주로 어학 관련 학과에서 뽑고 있습니다. 영문학과, 독어, 불어, 일본어, 중국어나 국제와 관련되어 있는 국제물류, 국제비지니스 등입니다. 어학 성적이 우수한 학생들이 지원하지만, 선발 인원이 많지 않아 경쟁률이 높은 편입니다. 실례로 한양대 글로벌인재 중어중문학과가 27.14 : 1, 국제학부 13.76 : 1, 영어영문학과 12.4 : 1이고, 국민대 어학특기자전형 글로벌인문지역대학 일본학과 18.67 : 1, 성신여대 어학우수자 중국어문화학과 19 : 1, 영어영문 14.67 : 1이었습니다.

어학특기자는 외고 학생들뿐만 아니라 일반고 학생들도 많이 지원하고 있습니다. 보통은 1단계는 어학 성적으로, 2단계는 면접이나 에세이로 선발합니다. 어학 성적이 지원 자격으로만 쓰일 경우에는 어학 성적 점수에 따라 합격과 불합격이 결정되는 것이 아니기 때문에 면접, 에세이, 교과 성적 등이 중요합니다.

Q **면접은 영어로 진행되나요? 그리고 영어 에세이는 어떻게 준비해야 하나요?**

A 어학특기자전형 면접은 대부분 영어로 진행되고 있습니다. 한국외국어대 어학특기자의 경우 한글 제시문을 읽고 10분 내외로 한국어 및 해당 외국어로 면접이 진행됩니다. 동덕여대의 구술 및 언어구사 능력 평가는 해당 외국어 지문을 제시하고 지정된 고사용지에 답안을 작성(번역 또는 작문)하는 형태로 20분 내외로 진행되며 이후 전공에 대한 기본적인 이해도, 면학의지, 수학 계획 등을 확인하는 면접이 10분 내외로 진행됩니다.

국민대는 한국어면접과 영어면접을 병행하여 일반적인 사회 현상이나 이슈화되는 내용에 대한 문제 열람 후 질의응답 형식의 개별 구술면접을 실시하고 있습니다.

한양대에서는 에세이가 전형 요소인데, 쉽게 말해서 논술을 영어로 보는 겁니다. 따라서 학교 수업만으로는 힘들 수 있습니다. 막연하게 공인어학성적이 높아서 지원하기 보다는 선행학습 영향평가 보고서를 통해 기출문제를 먼저 풀어 보고 문제 유형을 익히는 것이 중요합니다.

예체능 비실기전형의 주요 특징

예체능 계열은 수시전형에서 실기 반영 비율이 매우 높은 모집단위입니다. 따라서 예체능 계열 진학을 위해서는 저학년 때부터 꾸준히 실기를 준비해야 합니다. 그러나 실기에 대한 준비나 부담 없이 잠재력이나 해당 학과의 적성을 고려하여 선발하는 비실기전형도 있습니다. 일반 학과와는 다르게 수시모집에서 예체능 계열 비실기전형 모집인원은 상대적으로 소수이지만, 해마다 증가하는 추세입니다. 특히 미술 계열의 경우 서울대, 홍익대, 이화여대, 경희대 등이 목표라면 다양한 교내 미술 활동을 통해 독창적이고 창의적인 능력을 기르는 것이 중요합니다. 비실기전형에는 서류와 면접을 활용하는 학생부종합전형, 학생부교과 성적 100% 또는 학생부교과 성적과 면접이나 수능최저학력기준을 적용하는 경우도 있습니다. 또한 일부 대학에서는 논술고사를 활용하여 선발합니다. 따라서 일반 계열 학생도 내신과 수능을 모두 잘 관리한다면 실기 없이 자신이 원하는 대학에 진학할 수 있습니다. 수능최저학력기준이 적용되는 대학이나 학과를 희망한다면, 수능최저학력기준을 충족하기 위해 자신에게 유리한 조합을 선택하여 전략적 과목 선택과 집중 학습을 이어 나가야 합니다. 예를 들어 경기대는 2020학년도 신입생 수시모집 중 KGU학생부종합전형으로 디자인비즈니스학부에서 시각정보디자인(12명), 산업디자인(12명), 장신구금속디자인(12명), 서양화·미술경영학과(10명)에서 선발합니다. 1단계에서 학생부, 자소서 등의 서류 100%로 3배수를 선발한 뒤 2단계에서 1단계 성적 70%와 면접 30%(디자인비지니스학부: 아이디어 발표면접 포함)를 반영해 최종 선발합니다. 물론 수능최저학력기준은 없습니다. 또한 경기대 서양화·미술경영학과에서는 교과우수자전형(교과 100%)으로 10명 모집 예정이고, 국어·수학·영어·탐구(1과목) 중 2개 영역 합산 7등급의 수능최저학력기준을 적용하여 선발합니다. 한양대도 학생부종합(일반)전형으로 체육학과 5명, 스포츠산업학과 9명, 연극영화학과(영화) 8명을 선발하면서 실기 없이 학생부 100%로 수능최저학력기준 없이 선발하고 있습니다.

예체능 분야별 비실기전형 선발 유형(수도권 대학 및 지방 국립대)

1) 음악 분야

대학	전형명	전형방법	모집단위	비고
한국 교통대	NAVI인재(종합)	•1단계: 서류 100%(3배수) •2단계: 1단계 60% + 면접 40%	음악학과	서류: 학생부, 자소서

2) 미술 분야

대학	전형	전형방법	모집단위	비고
가천대	학생부우수자	학생부 100%	패션디자인	국어, 수학(가/나), 영어, 탐구(1) 중 2개 영역 합 6
	적성우수자	학생부 60% + 적성 40%		
	가천바람개비2	•1단계: 교과 100%(6배수) •2단계:1단계 60% + 면접 40%		가천바람개비2 면접 수능 이후
	가천바람개비1	•1단계: 서류100%(4배수) •2단계: 1단계 50% + 면접 50%		서류: 학생부, 자소서

대학	전형	전형방법	모집단위	비고
강릉 원주대	해람교과	학생부 교과 100%	미술학과, 패션디자인학과, 도자디자인학과, 섬유디자인학과	
	해람인재 / 지역인재	• 1단계: 학생부 100%(3배수) • 2단계: 1단계 80% + 면접 20%		
경기대	교과성적 우수자	교과 90% + 비교과 10%	서양화 · 미술경영과	2개 영역 합 7, 탐구 1, 한국사 6, 비교과(출결, 봉사)
	KGU 학생부종합	• 1단계: 서류100%(3배수) • 2단계: 1단계 70% + 면접 30%	시각정보디자인, 산업디자인, 장신구금속디자인, 서양화 · 미술경영학 과, 미디어영상학과	서류 : 학생부, 자소서
경북대	학생부종합 (일반 학생)	• 1단계: 서류 100%(3배수) • 2단계: 1단계 70% + 면접 30%	미술학과, 섬유패션디자인학부 (패션디자인전공)	서류 : 학생부, 자소서
	학생부교과 (일반 학생)	학생부교과 90% + 비교과 10%	섬유패션디자인학부 (섬유공학전공)	국어, 수학(가/나), 영어, 탐 구(1) 중 2개 영역 등급 합 7 비교과(출결, 봉사)
경희대	네오르네상스	• 1단계: 서류 100%(3배수내외) • 2단계: 1단계 70% + 면접 30%	예술디자인대학 (산업디자인, 시각디 자인, 환경조경디자인, 의류디자인, 디지털콘 텐츠학과, 도예학과)	서류 : 학생부, 자소서, 추천서
	고교연계	서류70% + 교과30%		
공주대	학생부종합 (일반전형 /지역인재)	• 1단계: 서류 100%(3배수) • 2단계: 서류 70% + 면접 30%	게임디자인학과 영상학과	서류: 학생부, 자소서, 추천서
	학생부교과 (일반)	교과 100%		국, 영, 탐구 2 영역 합 14
	학생부종합 (일반)	• 1단계: 서류 100%(3배수) • 2단계: 서류 70% + 면접 30%	미술교육과	서류: 학생부, 자소서, 추천서
국민대	국민프런티어	• 1단계: 서류 100%(3배수) • 2단계: 1단계 70% + 면접 30%	시각디자인학과, 공간 디자인학과, 영상디자 인학과	서류: 학생부, 자소서

대학	전형	전형방법	모집단위	비고
덕성여대	학생부 100%	교과 100%	의상디자인학과	국어, 수학, 영어, 탐구(1) 중 2개 영역 등급 합 7
	논술	논술 80% + 교과 20%		
	덕성인재	• 1단계: 서류 100%(4배수) • 2단계: 1단계 60% + 면접 40%	의상디자인학과	서류: 학생부, 자소서
동덕여대	동덕창의리더	• 1단계: 서류 100 % • 2단계: 1단계 40% + 면접 60%	회화과, 디지털공예과, 큐레이터학과, 패션디자인, 실내디자인, 시각디자인, 미디어디자인	서류: 학생부, 자소서, 활동보고서
	학생부 교과우수자	학생부 100%	큐레이터학과	국어, 수학(가/나), 영어, 탐구(2) 중 2개 영역 합 7(단, 영어 반영 시 합6)
목포대	교과일반	학생부 교과 90% + 출결 10%	미술학과	
	종합일반	• 1단계: 학생부 100%(3배수) • 2단계: 1단계 80% + 면접 20%		
부경대	교과성적우수인재1 교과성적우수인재2	학생부 교과 90% + 출결 10%	패션디자인학과	• 국어, 수학(가/나), 영어, 탐구(1) 중 3개 영역 합 10 • 교과성적우수인재2는 학업계획서 제출
	학교생활 우수인재	• 1단계: 서류100%(3배수) • 2단계: 1단계 80% + 면접 20%		서류: 학생부, 자소서
부산대	학생부교과	교과 100%	디자인학과	국어, 수학(가/나), 영어, 탐구(2) 중 3개 영역 등급 합 7, 한국사 4등급
상명대	상명인재	• 1단계: 서류100%(3배수) • 2단계: 1단계 60% + 면접 40%	생활예술학과, 조형예술학과	서류: 학생부, 자소서
	학생부교과우수자	학생부 교과100%	아트엔디자인학과	
서울여대	바롬인재	• 1단계: 서류100%(5배수) • 2단계: 서류 60% + 면접 40%	산업디자인학과, 현대미술전공, 시각디자인전공	서류: 학생부, 자소서

대학	전형	전형방법	모집단위	비고
성결대	교과성적우수자	교과 100%	뷰티디자인전공	
	적성우수자	교과 60% + 적성 40%		
	SKU창의적 인재	• 1단계: 교과 100%(5배수) • 2단계: 서류 30% + 면접 70%		서류:학생부, 자소서
성균관대	학생부종합(학과)	서류 100%	의상학과	서류: 학생부, 자소서
성신여대	학교생활우수자	• 1단계 서류100%(3배수) • 2단계 : 1단계 60% + 면접 40%	뷰티산업학과	서류: 학생부, 자소서
순천대	SCNU지역인재 SCNU창의인재	• 1단계: 서류 100%(5배수) • 2단계: 1단계 70% + 면접 30%	패션디자인	서류: 학생부(교과, 비교과)
	학생부우수자	교과 80% + 비교과 20%		최저 없음
신경대	학생부 위주(교과)	학생부 교과 100%	뷰티디자인학과	최저 없음
신한대	일반	학생부 70% + 면접 30%	디자인학부 (패션, 산업, 공간) 디자인	
	학생부우수자	학생부 100%		
안동대	학생부교과 (일반 학생)	학생부 교과 100%	미술학과(동양화, 서양화, 조소)	
인천대	교과성적우수자	교과 100%	디자인학부	국어, 수학(가/나), 영어, 탐구(1) 중 2개 영역 등급 합 6
인하대	인하미래인재	• 1단계: 서류 100%(3배수) • 2단계: 1단계 70% + 면접 30%	의류디자인	서류: 학생부, 자소서
	학생부교과	교과 100%		국어, 수학(가/나), 영어, 탐구(1) 중 3개 영역 합 7
전남대	학생부교과 (일반전형)	학생부 교과 90% + 출결 10%	미술학과이론전공	국어, 수학(가/나), 영어, 탐구(1) 중 3개 영역 합 10
전북대	일반 학생	학생부 100%	산업디자인학과 (제품/시각영상)	국어, 영어, 탐구(2) 영역 합 9

대학	전형	전형방법	모집단위	비고
중앙대	학생부종합	서류 100%	실내환경디자인, 패션디자인	서류: 학생부, 자소서, 추천서
	학생부교과	교과 70% + 출결, 봉사 30%	실내환경디자인, 패션디자인	국어, 수학(가/나), 영어, 탐구(1) 중 2개 영역 등급 합 5
평택대	PTU학생부종합	• 1단계: 서류 100%(3배수) • 2단계: 면접 100%	패션디자인 및 브랜딩학과	서류: 학생부, 자소서
한경대	잠재력우수자	• 1단계: 서류 100%(3배수) • 2단계: 1단계 60% + 면접 40%	디자인학과 (무실기)	서류: 학생부종합
한국교통대	학생부종합 (NAVI/지역인재)	• 1단계: 서류100%(3배수), • 2단계: 1단계 60% + 면접 40%	디자인학부	서류: 학생부, 자소서
	학생부교과 (일반)	학생부교과100%		최저 없음
한국산기대	일반전형(적성)	교과 60% + 전공적성 40%	디자인학부	• 1단계: 서류100%(3배수) • 2단계: 1단계 70% + 면접 30%
	학생부우수자	교과 100%		
한성대	교과성적우수자	교과 100%	뷰티디자인매니지먼트학과	2개 영역 합 6, 탐구 1 (야간: 2개 영역 합 8)
	학생부종합 (KPU인재)	학생부 40% + 서류 60%	글로벌패션산업학과, 뷰티디자인매니지먼트학과	서류: 학생부, 자소서
	적성우수자	학생부 교과 60% + 적성고사 40%	글로벌패션산업학과	수능최저 없음
한세대	학생부우수자	학생부 100%	시각정보디자인, 실내건축디자인, 섬유패션디자인	
한양대 (에리카)	학생부교과	교과 100%	(주얼리패션, 서피스인테리어, 테크노프로덕트, 커뮤니케이션, 엔터테인먼트)디자인	국어, 수학(가/나), 영어, 탐구(1) 중 2개 영역 등급 합 6

대학	전형	전형방법	모집단위	비고
홍익대	학교생활우수자	서류 100%	예술학과	• 서류: 학생부, 자소서 • 국어, 수학(가/나), 영어, 탐구(1) 중 3개 영역 등급 합 6, 한국사 4등급
	학생부교과	학생부 교과 100%	예술학과	국어, 수학(가/나),영어, 탐구(1) 중 3개 영역 등급 합 6, 한국사 4등급
	논술	학생부 교과 40% + 논술60%	예술학과	
	미술우수자	• 1단계: 교과 100%(6배수) • 2단계: 서류 100%(3배수) • 3단계: 서류 40% + 면접 60%	동양화과, 회화과, 판화과, 조소과, 디자인학부, 금속조형디자인과, 도예·유리과, 목조형가구학과, 섬유미술패션디자인과, 미술대학자율전공	• 서류: 학생부, 활동보고서 • 국어, 수학(가/나), 영어, 탐구(1) 중 3개 영역 등급 합 8, 한국사 4등급 • 면접: 미술 관련 소양, 창의성, 표현 능력, 제출 서류의 진실성 등 종합평가
홍익대 (세종)			디자인컨버전스학부, 영상애니메이션학부, 게임그래픽디자인전공	• 서류: 학생부, 미술활동보고서 • 국어, 수학(가/나), 영어, 탐구(1) 중 2개 영역 등급 합 7

3) 체육 분야

대학	전형	전형방법	모집단위	서류
가천대	가천바람개비1	• 1단계: 서류 100%(4배수), • 2단계: 1단계 50% + 면접 50%	운동재활복지학과	
	학생부우수자	학생부 100%	운동재활복지학과	국어, 수학(가/나), 영어, 탐구(1) 중 2개 영역 합 6
	적성우수자	학생부 60% + 적성고사 40%	운동재활복지학과	
	가천바람개비2	• 1단계: 교과 100%(6배수) • 2단계: 1단계 60% + 면접 40%	운동재활복지학과	• 서류: 학생부, 자소서 • 수능 이후 면접
강남대	학생부종합 (서류면접)	• 1단계: 서류 100%(4배수) • 2단계: 1단계 60% + 면접 40%	스포츠복지전공	서류: 학생부, 자소서

대학	전형	전형방법	모집단위	서류
경북대	학생부종합 (일반학생)	• 1단계: 서류 100% • 2단계: 1단계 70% + 면접 30%	체육교육과	서류: 학부, 자소서
경희대	네오르네상스	• 1단계: 서류 100%(3배수) • 2단계: 1단계 70% + 면접 30%	체육학과, 스포츠의학과, 골프산업학과, 태권도학과, 스포츠지도학과	서류: 학부, 자소서, 추천서
	고교연계	서류 70% + 교과 30%	체육학과, 스포츠의학과, 태권도학과	
	논술우수자	논술 70% + 학생부교과 30%	체육학과, 스포츠의학과, 골프산업학과, 태권도학과	국어, 영어 중 1개 영역 3등급
고려대 (세종)	학업 능력고사	교과 60% + 학업능력고사 40%	스포츠과학전공, 스포츠비즈니스전공	국어, 수학, 탐구 중 1개 영역 3등급 또는 영어 2등급, 탐구 2
	학생부 교과전형	학생부 교과 100%	스포츠과학전공, 스포츠비즈니스전공	
국민대	국민프런티어	• 1단계: 서류 100%(3배수) • 2단계: 1단계 70% + 면접 30%	스포츠산업 · 레저전공, 스포츠건강재활전공	서류 : 학생부, 자소서
명지대	학생부교과 면접	• 1단계: 교과 100%(5배수) • 2단계: 1단계 70% + 면접 30%	바둑학과	
목포대	교과일반	학생부 교과90% + 출결 10%	체육학과	
	종합일반	• 1단계: 학생부 100%(3배수) • 2단계: 1단계 80% + 면접 20%		
부산대	학생부교과	교과 100%	스포츠과학부 (인문/자연)	국어, 수학(가/나), 영어, 탐구(2) 중 3개 영역 등급합 7, 한국사 4등급
삼육대	학생부교과우수자	학생부 교과 100%	생활체육학과	
	MVP특별	• 1단계: 학생부종합(4배수) • 2단계: 1단계 60% + 면접 40%	생활체육학과	
상명대	상명인재	• 1단계: 서류 100%(3배수) • 2단계: 서류 60% + 면접 40%	스포츠건강과학과	서류: 학생부, 자소서

대학	전형	전형방법	모집단위	서류
서울과기대	학교생활우수	• 1단계: 서류 100%(3배수) • 2단계: 1단계 70% + 면접 30%	스포츠과학과	
서울시립대	학생부종합	• 1단계: 서류 100% • 2단계: 1단계 50% + 면접 50%	스포츠과학과	서류: 학생부, 자소서, 추천서
성균관대	학생부종합 (학과모집)	• 1단계: 서류평가 100%(3배수) • 2단계: 1단계 80% + 면접 20%	스포츠과학	학생부, 자소서, 추천서
순천대	SCNU 창의인재	• 1단계: 서류 100%(5배수) • 2단계: 1단계 70% + 면접 30%	사회체육	서류: 학생부(교과, 비교과)
신경대	학생부(교과)	학생부 교과 100%	스포츠레저학과	
이화여대	예체능서류	• 1단계: 서류100%(4배수) • 2단계: 1단계 70% + 면접 30%	체육과학부	서류: 학생부, 활동보고서, 추천서, 수능최저: 국어, 수학, 영어, 탐구(1) 중 3개 영역 등급 합 8
인하대	인하미래인재	• 1단계: 서류 100%(3배수) • 2단계: 1단계 70% + 면접 30%	스포츠과학과, 체육교육과	서류: 학생부, 자소서
중앙대	다빈치형인재	서류100%	체육교육과	서류: 학생부, 자소서, 추천서
한경대	일반	학생부 교과 95% + 출결 5%	스포츠과학과	수학 포함 2개 영역 합 8, 탐구 1 수(가) 응시자 합 9
	잠재력우수자	• 1단계: 서류 100%(3배수) • 2단계: 1단계 70% + 면접 30%	스포츠과학과	서류: 학생부종합
한국교원대	학생부종합 우수자	• 1단계: 서류 100(3배수) • 2단계: 1단계 80% + 면접 20%	체육교육과	• 서류: 학생부, 자소서 • 국어/수학, 영어, 탐구(2) 3개 영역 합 9
한국체육대	교과성적우수자	• 1단계: 학생부 교과 80% + 출결 20%(5배수) • 2단계 : 최종(수능최저)	운동건강관리학과	국어, 수학, 영어, 탐구(1) 중 3개 영역 4등급
한양대	학생부종합	학생부종합 100%	스포츠산업학과 체육학과	
한양대 (에리카)	학생부종합 I	학생부종합 100%	스포츠과학부	

4) 영상 분야

대학	전형	전형방법	모집단위	비고
경기대	교과성적우수자	학생부교과 90% + 비교과 10%	미디어영상학과	• 국어, 수학(가/나), 영어, 탐구(1) 중 2개 영역 등급 합 7, 한국사 6등급 • 비교과 : 출결 10%
	KGU학생부종합	• 1단계: 서류 100%(3배수) • 2단계: 1단계 60% + 면접 40%	미디어영상학과	서류: 학생부, 자소서
	논술고사우수자	논술 60% + 교과 40%	미디어영상학과	
공주대	학생부종합 (일반/지역인재)	• 1단계: 서류 100%(3배수) • 2단계: 서류 70% + 면접 30%	영상학과	서류: 학생부, 자소서, 추천서
	학생부교과 (일반)	교과 100%		국어, 영어, 탐구(2) 영역 합 14
경희대	네오르네상스	• 1단계: 서류 100% • 2단계: 1단계 70% + 면접 30%	디지털콘텐츠학과, 연극영화학과	서류: 학생부, 자소서, 추천서
	고교연계	서류 70% + 학생부교과 30%	디지털콘텐츠학과	
명지대	학생부교과면접	• 1단계: 교과 100%(5배수) • 2단계: 1단계 70% + 면접 30%	영화전공	
동국대	Do Dream	• 1단계: 서류 100%(3배수) • 2단계: 1단계 70% + 면접 30%	연극학부(연출), 영화영상학과	서류: 학생부, 자소서
	학교장추천인재	서류100%	영화영상학과	
부산대	학생부교과	교과 100%	예술문화영상학과	3개 영역 합 7, 탐구(2), 한국사 4
	논술	논술 70% + 학생부 30%(교과 20% + 비교과 10%)		국어, 수학(가/나), 영어, 탐구(2) 중 3개 영역 등급 합 7, 한국사 4등급
성균관대	학생부종합(학과)	서류 100%	영상학과	서류: 학생부, 자소서
순천대	SCNU창의인재 SCNU지역인재	• 1단계: 서류 100%(5배수) • 2단계: 1단계 70% + 면접 30%	사진예술, 영상디자인	서류: 학생부(교과, 비교과)
	학생부우수자	교과 80% + 비교과 20%	영상디자인	최저 없음
인천 가톨릭대	ICCU 미래인재	• 1단계: 교과 100%(5배수) • 2단계: 1단계 80% + 면접 20%	문화예술 콘텐츠학과	
	가톨릭지도자추천	교과 60% + 면접 40%		
중앙대	다빈치형 인재	서류 100%	공간연출, 문예창작	서류: 학생부, 자소서, 추천서
한양대	학생부종합	학생부 100%	연극영화학과(영화)	
	논술	논술 80% + 학생부 20%	연극영화학과(영화)	

2019. 6. 5. 초 판 1쇄 인쇄
2019. 6. 12. 초 판 1쇄 발행

저자와의
협의하에
검인생략

지은이 | 강인실, 박승의, 조원배, 황일주
펴낸이 | 이종춘
펴낸곳 | **BM** (주)도서출판 **성안당**
주소 | 04032 서울시 마포구 양화로 127 첨단빌딩 3층(출판기획 R&D 센터)
10881 경기도 파주시 문발로 112 출판문화정보산업단지(제작 및 물류)
전화 | 02) 3142-0036
031) 950-6300
팩스 | 031) 955-0510
등록 | 1973. 2. 1. 제406-2005-000046호
출판사 홈페이지 | **www.cyber.co.kr**
ISBN | 978-89-315-8809-5 (13370)
정가 | 28,000원

이 책을 만든 사람들
기획 | 최옥현
진행 | 오영미
교정 | 오영미, 이진영
표지 · 본문 디자인 | 이플디자인
홍보 | 김계향, 정가현
국제부 | 이선민, 조혜란, 김혜숙
마케팅 | 구본철, 차정욱, 나진호, 이동후, 강호묵
제작 | 김유석

www.cyber.co.kr ★★★
성안당 Web 사이트

■ 도서 A/S 안내

성안당에서 발행하는 모든 도서는 저자와 출판사, 그리고 독자가 함께 만들어 나갑니다.
좋은 책을 펴내기 위해 많은 노력을 기울이고 있습니다. 혹시라도 내용상의 오류나 오탈자 등이 발견되면 "좋은 책은 나라의 보배"로서 우리 모두가 함께 만들어 간다는 마음으로 연락주시기 바랍니다. 수정 보완하여 더 나은 책이 되도록 최선을 다하겠습니다.
성안당은 늘 독자 여러분들의 소중한 의견을 기다리고 있습니다. 좋은 의견을 보내주시는 분께는 성안당 쇼핑몰의 포인트(3,000포인트)를 적립해 드립니다.
잘못 만들어진 책이나 부록 등이 파손된 경우에는 교환해 드립니다.